2017
KENLI YEARBOOK

垦利年鉴

垦 利 区 人 民 政 府　主办
垦利区党史史志办公室　承编

方志出版社
Publishing House of Local Records

图书在版编目（CIP）数据

垦利年鉴. 2017 / 垦利区党史史志办公室编. -- 北京 : 方志出版社, 2017.12

ISBN 978-7-5144-2847-6

Ⅰ. ①垦… Ⅱ. ①垦… Ⅲ. ①垦利县－2017－年鉴Ⅳ. ①Z525.24

中国版本图书馆CIP数据核字（2017）第315949号

垦利年鉴（2017）

编　　者： 垦利区党史史志办公室
责任编辑： 李志瑜
出 版 人： 冀祥德
出 版 者： 方志出版社
地址：北京市朝阳区潘家园东里9号（国家方志馆4层）
邮编：100021
网址：http://www.fzph.org
发　　行： 方志出版社图书经销中心
电话：（010）67110500
经　　销： 各地新华书店
印　　刷： 郑州新海岸电脑彩色制印有限公司

开　　本： 889×1194　1/16
印　　张： 35.75
字　　数： 768千字
版　　次： 2017年12月第1版　2017年12月第1次印刷
印　　数： 0001~1000册

ISBN 978-7-5144-2847-6　定价：198.00元

垦利区行政区划图

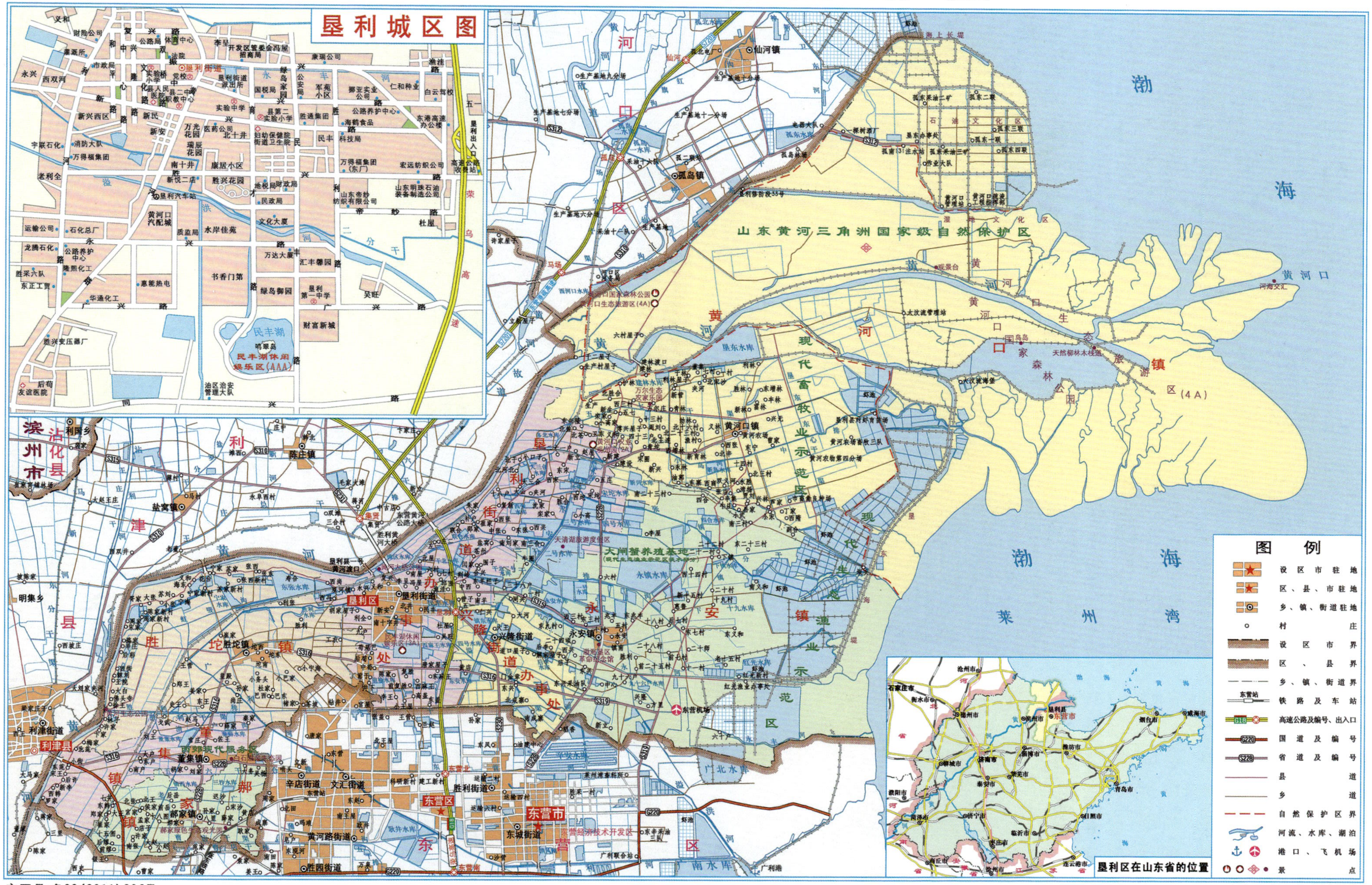

审图号：鲁SG(2011)236号

山东省地图出版社编制

垦利区地方史志编纂委员会

《垦利年鉴》（2017）编审人员

领导关怀

2016 年 11 月 4 日，省委副书记、省长郭树清（第二排中）在黄河三角洲国家级自然保护区调研

2016 年 2 月 20 日下午，省委常委、常务副省长孙伟（前右二）到垦利县第一实验小学调研大班额项目建设

领导关怀

2016 年 5 月 27 日，省委常委、政法委书记张江汀（中）到垦利县群众工作中心视察

2016 年 10 月 25 日，原省委副书记、省委农村工作领导小组副组长王军民（右二）到蓝湖大闸蟹基地调研

2016 年 3 月 20 日，市委书记、市人大常委会主任申长友（前右二）到垦利调研

2016 年 3 月 4 日，市委副书记、市长赵豪志（右二）到开发区企业调研

领导关怀

2016 年 9 月 9 日，区委书记、区人大常委会主任韩利学（左一）到垦利一中走访慰问

2016 年 12 月 30 日，区委书记刘斯杰（右二）调研指导政法信访工作

2016年6月29日，县委副书记、县长崔建华（左二）调研公共安全监管工作

2016年12月21日，区委副书记、区长马保文（右一）到永安镇调研

黄河口生态新城

2016 年 8 月 2 日，东营市垦利区揭牌成立（杜双全）

植物园儿童娱乐区（王腾）

公共自行车（王娜）

老旧小区改造（王娜）

城区一角（郑旭东）

开发区（兴隆街道）鸟瞰

黄河三角洲经贸文化交流中心（程建军）

山东兴达新能源有限公司主厂房集控室工作人员查看集中供热各项数据（孟小朵）

沿黄生态产业带

11 月 30 日，区农村产权交易大厅首笔土地流转上线交易签约成功

10 月 22 日，第六届黄河三角洲（中国·垦利）国际生态农业博览会开幕

1 月 12 日，“辉煌十二五·喜看新成就”——全县“十二五”经济社会发展成果展开展

生态林场

红地毯

2016 年 8 月 28 日，玉米“一防双减”项目实施现场

2016 年垦利街道举办第十三届蜜桃冬枣采摘节

汇鑫莲藕种植合作社的农民整理出口迪拜的莲藕

垦利街道景明水语小镇

光伏太阳能产业

东部海洋产业区

2016 年 8 月 20 日，东营·蓝色经济发展论坛成功签约

海盈公司工程化南美白对虾养殖丰收（闫汉庭）

海参生产线

盐田

大美港湾

2016 年东营集体婚礼在现代渔业区举行

2016 年中国・垦利赶海拾贝节

滨海浴场

中部新型工业区

2016年8月26日，东营·国家科技领军人才石油化工产业对接洽谈会在垦利召开

胜通光学膜车间

明珠冷链车项目建设现场（李洁）

高端石油装备产业

中国汽车制动系统行业年会在开发区召开

2016 年 7 月 6 日，垦利智慧工业平台上线启动

2016 年 4 月 20 日，国际投资环境研究院院长黄静教授做《科学有效的招商引资操作与实施》专题授课

2016 年 7 月 31 日，垦利县企业创新转型对接恳谈会召开

兴达新能源公司

西郊现代服务区

龙翔石材大板超市（郭亚娟）

山东宝德汽车服务有限公司综合服务大厅（田鹏飞）

华信二手车交易（田鹏飞）

天猫家装 e 站工作人员通过互联网接收订单（田鹏飞）

东营首届黄河 80 千米骑行挑战赛（程永峰）

金融企业入驻

金钊源 O2O 购物平台仓储、运输管理系统获专利版权

汽车 4S 店

社会事业

2016 年 5 月 12 日，全国家长学校建设实验基地经验交流会议在垦利召开

2016 年 4 月 22 日，东营市首届读书节暨垦利县第三届“黄河口书香节”开幕式

东营市地税局垦利分局成功开出第一张“营改增”税票

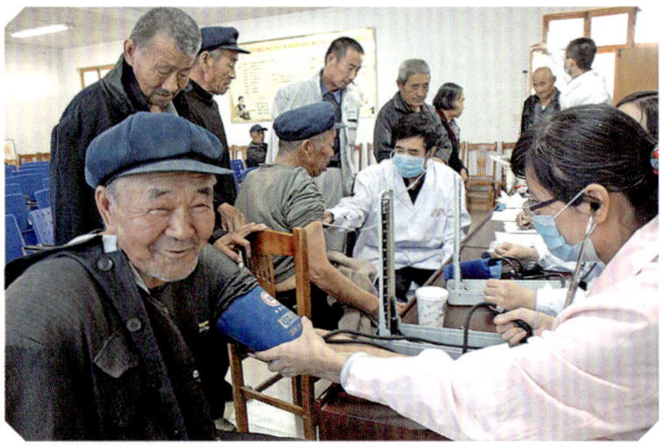

免费查体

2016 年 1 月 28 日，胜坨镇的老年人领到了老年人生活救助金

秧歌表演队

党员服务社亲情服务

东营市遗体器官捐献纪念碑

左一村敬老院

农村社区一角

中国万达集团
CHINA WANDA GROUP

尚吉永
中国光彩事业促进会副会长
中国太平洋经济合作全国委员会副会长
全国工商联执行委员、省工商联副主席
山东省人大代表
中国万达集团董事局主席、党委书记

中国万达集团创建于1988年，在近30年的发展中，始终秉承“汇聚科技精华，缔造百年万达”的企业愿景，走过“科技促腾飞、品牌创优势、合作促发展”三部曲，现成为拥有总资产800多亿元、占地600多万平方米、员工1.3万名，形成以科技为先导、以石化为龙头、相关多元发展的专业化、信息化、现代化、国际化的企业集团。

公司拥有进口原油使用配额、原油非国营进口贸易配额、成品油批发经营资质、码头口岸开放、境外工程承包等资质，先后荣获全国五一劳动奖状、中国重合同守信用企业、国家标准化良好行为AAAA级企业等荣誉称号，是全省唯一一家母子公司双双通过AA+信用评级的民营企业，连续多年进入中国企业500强、中国制造业500强、中国大企业集团竞争力500强，并与中石化、中石油等世界500强企业开展合资合作，打造全国混合所有制经济的亮点。目前，集团拥有国家级企业技术中心、国家级博士后科研工作站和三个国家级实验室，十余个项目分别被列入国家星火计划、国家火炬计划和国家高技术产业化示范工程，十大系列产品在我国参与起草或主持制定工艺技术标准和检测标准，公司拥有省级以上各类名牌20多个，产品远销162个国家和地区。

近年来，中国万达集团按照“永远创业、永不守业，不做最大的企业、做最健康的企业”的发展理念，实施“实体+国际化、实体+贸易、实体+资本运营、实体+信息化+互联网”发展战略，先后在美国、印尼、新加坡、马来西亚等海外投资建厂，开展销地产和国际贸易。2016年1月，在上海成立万达金控集团；3月，在青岛成立万达国贸集团；6月，经过英国FCA批准，正式

万达大厦

与大连万达合作的万达赫府

500KV超高压电缆项目（其VCV立塔高158米）

精准扶贫贵州省黔西南州望谟县

结对帮扶东兴村100万元

中国万达2016黄河口国际马拉松赛

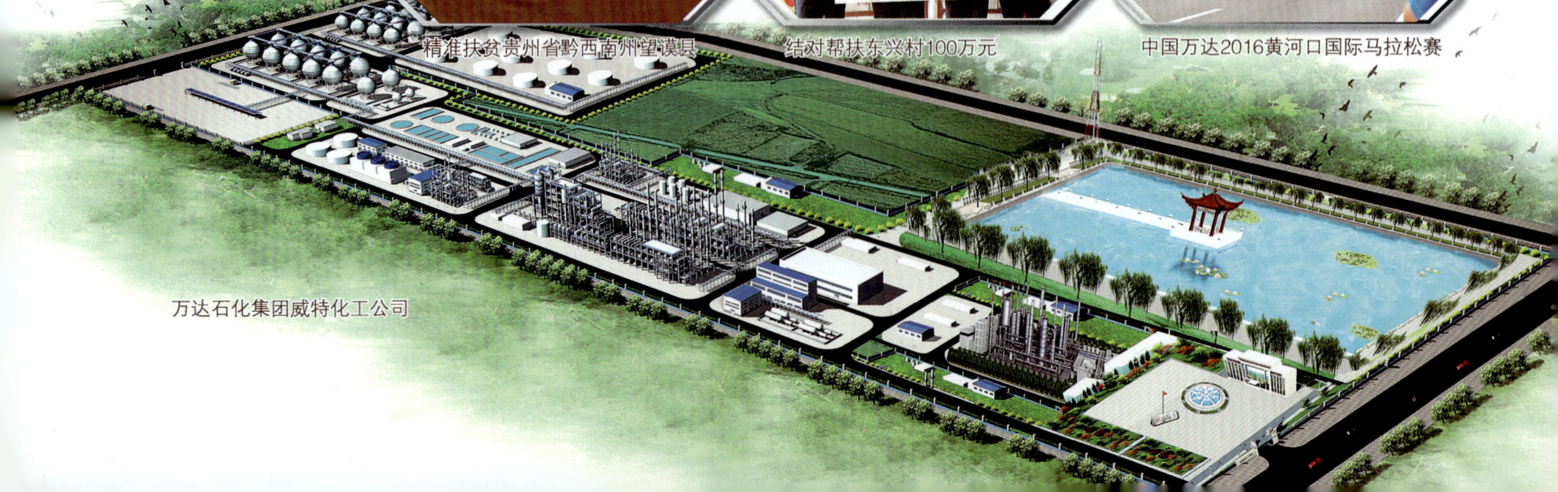
万达石化集团威特化工公司

宝港国际液化码头及配套填海库区

成为伦敦牛津集团控股股东。此外，公司下属天弘化学公司拥有 1200 万吨 / 年综合加工能力和全国民营炼厂最大的单套 500 万吨 / 年原油加工能力，万达宝通跻身世界轮胎 35 强，盛泰丰国际贸易公司成为黄岛区贸易企业第一名；搭建的有胶网“互联网 + 橡胶”、汇富网“供应链 + 金融”电商平台，为 2000 余家橡胶和外贸企业提供一站式服务，引领行业发展新趋势。

下一步，中国万达集团将紧紧围绕“抓龙头产业、创世界品牌、做仟亿强企、铸百年万达”这一总体发展思路，加快企业转型升级和跨越发展，早日跻身世界 500 强。

万达国贸集团

石化集团1200万吨天弘化学项目

万达金控集团

兴达新能源公司

万达橡胶循环经济示范园

万达石化集团 万达橡胶集团 万达化工集团 万达电缆集团 万达热电集团 万达建设集团 万达地产集团 万达金控集团 万达国贸集团

THC 天弘化学 宏旭化学 BGICT 宝通国际 科鲁尔化学 威特化工 BOTO 万达宝通轮胎 WANDA 万达橡胶 WINGOOD RUNKING

WELLRUN WINWAY ECED 易程德 estone 易仕通 YOTO 永通 WANDA CABLE 万达电缆 万达印尼珍宝电缆 万全 万全

兴达新能源 NICEST 耐斯特炭黑 Nicest Carbon Black 青岛盛泰丰国际贸易 HONTOP ENERGY 鸿泰能源 有胶网 yourubber.com 万达汇富供应链 万达金控 WANDA FINANCIAL HOLDINGS 祥达基金 XIANGDA FUNDS 祥达融资租赁 XIANGDA FINANCIAL LEASING

万达品牌

·东营市垦利区公安局·

2016年5月27日，省委常委、政法委书记张江汀到垦利调研政法综治工作

2016年3月20日，市委书记申长友到垦利调研指导严厉打击打孔盗油犯罪专项行动

2016年8月15日，区委书记韩利学调研指导公安工作

2016年5月5日，国务院考核组到垦利检查消防安全监管工作

2016年12月30日，区委书记刘斯杰调研指导政法信访工作

2016年6月29日，县长崔建华调研公共安全监管工作

垦利区公安局有在职人员276人，其中正式民警（行政编）226人，事业编31人，工勤人员19人，执法勤务机构11个，综合管理机构2个，直属机构2个，下设10个派出所和4个边防派出所。2016年，垦利区公安局以深入开展“两学一做”学习教育为主线，以实施公安“四项建设”活动为抓手，创新完善警务运行机制，不断提高公安工作水平，为维护社会治安大局稳定、保障和服务全区经济社会发展做出了积极贡献。2016年，区公安局被评为“全省打击防范打孔盗油违法犯罪活动成绩突出集体”“全市安全生产工作先进单位”。政工室被评为“全省公安机关素质强警东西合作工作先进集体”，永安派出所被评为“全省优秀公安基层单位”，禁毒大队被评为“全省公安机关网络扫毒专项行动成绩突出集体”，油区治安管理大队被评为“全省打击防范打孔盗油违法犯罪活动成绩突出集体”，法制大队、胜坨派出所被市公安局记集体三等功。全局共25个集体、46名同志受到上级表彰奖励。

推进受立案改革 案件集中统一受理

迅速破获“11·07”六六福金店被抢案件

交警治安警联合路检路查 严打涉油违法犯罪

全区公安机关购置无人机10台参与社会面巡控及重点目标排查工作

组织开展党员民警开展廉政教育

启用执法闭环系统　拒绝执法瑕疵

积极走访帮扶困难群众

强化场所监管保安全

圆满完成首届黄河口公路自行车赛安保工作

·东营市垦利区人民检察院·

2016年12月30日上午，垦利区委书记刘斯杰一行到区检察院调研指导工作

2016年7月13日上午，垦利县人大常委会第一副主任孙海君带领人大调研组对派驻检察室工作进行会前调研。院党组书记、检察长田开封陪同

垦利区人民检察院地处垦利区振兴路85号，主办公区占地40亩，现有内设机构11个，派出机构1个（派驻胜坨检察室），下设检察技术信息研究中心（事业）。现有各类编制69个，在岗62人，其中政法专项编制51个；事业编制14个；工勤编制4个（实有2人）；平均年龄43岁，具有研究生学历4人，本科49人，班子成员6人。

2016年，垦利区人民检察院在区委和市院的正确领导下，全面落实市院“一二三四五”的工作要求，全面履行法律监督职责，全面提升“三项建设”，各项检察工作取得新进展。2016年共有13个集体、31名个人受到上级表彰。荣获全省检察机关“无违法违纪、无责任事故”创建活动先进单位，在全市检察机关2016年度民意调查中，居全市满意度第一。

2016年6月20日上午，党组书记、检察长田开封一行到区检察院“第一书记”帮扶村调研

2016年12月1日下午，区检察院举办以“加强侦查监督、维护司法公正”为主题的“检察开放日”活动，包括人大代表、政协委员、人民监督员、特约检察员、社区居民、媒体记者等15名社会各界人士参加了本次活动

区预防职务犯罪警示教育基地投入使用

经国务院、省政府批准，垦利县撤县设区。垦利县人民检察院更名为东营市垦利区人民检察院。8月4日上午，全体干警举行升国旗暨检察官宣誓仪式

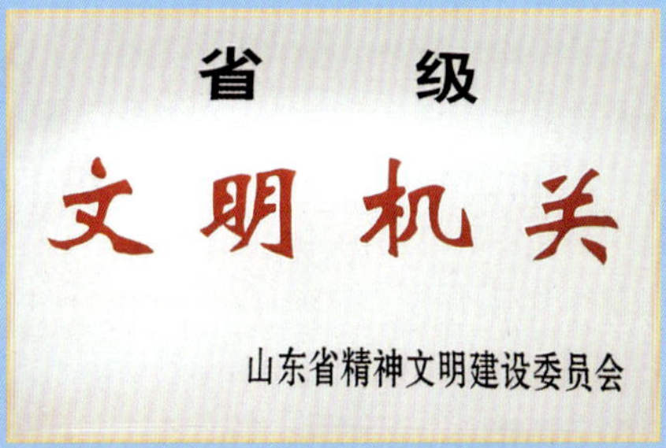

2016年4月29日，召开“两学一做”学习教育工作座谈会

2016年12月3日，开展国家宪法日集中宣传活动

2016年10月16日，召开全面推开司法责任制改革实施动员大会

·东营市垦利区人民法院·

2016年1月28日，院长焦伟走访新林村贫困户

2016年5月3日，民二庭庭长周卫亭、副庭长张秋燕救助贫困学生

2016年，在区委坚强领导和上级法院大力指导下，东营市垦利区人民法院认真学习贯彻落实党的十八大和十八届三中、四中、五中、六中全会及习近平总书记系列重要讲话精神，扎实履行宪法和法律赋予的职责，全面加强审判执行工作，努力推进司法责任制改革，各项工作均取得新的成效。

一、牢牢把握为大局服务的政治方向，认真履行司法职能。

2016年，共受理各类案件3130件，审执结3256件，标的9.6亿元。审结各类刑事案件173件，判处刑事罪犯237人。审结各类民商事案件2109件，解决争议标的6.16亿元。民商事案件审结率101.2%，调撤率48.03%。审结行政诉讼案件48件。执结案件900件，标的3.41亿元。

二、践行司法为民宗旨，不断提升司法公信力

一是完善服务平台，坚持司法为民。大力推进诉讼服务中心建设，积极探索诉讼辅导制度，在立案登记阶段设立诉讼辅导法官，方便群众诉讼。进一步加大简易程序适用力度，简易程序适用率达90%。充分发挥信息化建设在推进司法服务提质增效方面的作用，加快"智慧法院"建设，在全市法院系统率先获得信息安全第三级认证。

二是推进多元化纠纷解决机制建设，建设和谐垦利。与区综治办联合出台《进一步加强诉调对接工作实施意见》，加快推进诉调对接中心建设，在诉调对接中心和诉调工作站分别聘任一名专职人民调解员。2016年，共诉前委派调解案件156件，调解成功52件，对34件进行司法确认。

2016年4月，人大代表旁听案件

2016年9月27日，当事人王某将一面锦旗送到民三庭庭长宋成员、书记员王超手中，表达对法官依法裁判、公正司法的谢意

2016年2月，法警大队训练

2016年6月，六一献爱心

三是推进司法公开，打造阳光司法。出台《关于直播庭审活动的实施方案》，积极开展自主庭审直播，2016 年，在省法院直播平台直播案件 27 件，市法院直播案件 37 件，本院直播案件 29 件。认真推进裁判文书公开，上网裁判文书 2104 份。被省法院评为全省法院新媒体工作先进集体。

三、强化责任担当意识，大力加强队伍建设。

（一）加强能力素质建设。深入开展“两学一做”学习教育，通过院党组书记、党总支书记、党支部书记讲党课，集中学习，重温入党誓词等形式，促使干警进一步增强“四个意识”。邀请英模老党员做专题讲座，观看党史教育专题片，举办“庆祝建党 95 周年暨‘两学一做’学习教育”演讲比赛，组织优秀党员到西柏坡学习，重温党的历史，坚定理想信念。

（二）狠抓党风廉政建设。通过举办“廉洁司法大家谈”、观看廉政警示片、听廉政党课、发廉政短信等方式，提高干警廉洁意识。采用案件回访、司法作风明察暗访等方式，强化审判作风、工作作风的监督管理，规范法官言行。畅通廉政外部监督渠道，进行案件回访 312 次。区法院保持干警违法违纪零记录。

（三）推进司法责任制改革。组织完成首批法官遴选，27 名法官入额。稳步推进审判团队建设，整合审判资源，建立民事速裁团队、刑事速裁团队和执行团队。小额诉讼团队运行 1 年多，审结案件 126 件，取得初步成效。大力推行院庭长办案制度，院庭长 2016 年办案 2814 件。

2016年12月1日，垦利法院举行慈心一日捐活动，院长焦伟带头捐款

2016年1月2日，法院开放日进行普法宣传教育，群众旁听庭审

2016年11月23日，执行局干警集中执行拘留“老赖”

·东营市垦利区油区工作委员会·

2016年12月16日，区委常委、副区长王英明参观三合污水处理点

作为代表区政府协调油地关系、管理油区事务、指导油区工作、服务油田开发建设和地方经济发展的事业单位，区油工委紧紧围绕油地团结发展大局，以“搞好油地两个服务、促进双方共同发展”为总体目标，坚持油地“双向服务、双向奉献、相互支持、共同发展”的原则，充分发挥“协调、管理、指导、服务”的职能作用，扎扎实实开展工农共建，广泛深入进行油区综合治理，认认真真搞好油区管理，宽领域、多层次深化油地结合。“平安油区”“文明油区”“和谐油区”建设不断取得新成绩，油地关系更加融洽，油区治安秩序持续稳定，油地发展更加和谐，油地双方优势互补、相互支持，实现紧密团结和共同快速发展。各项工作得到省主管部门和胜利石油管理局的充分肯定，使垦利油区成为全省安全文明油区，先后获“山东省油气管道保护先进单位”“省级文明单位”等几十项荣誉称号。

2016年8月2日，油区工委领导深入帮扶村调研

2016年7月1日，主任夏之剑走访慰问困难群众

2016年9月8日，全市工农工作座谈会

2016年12月19日，油区工委管道监管股对采油厂进行冬季安全大检查

2016年9月23日，油工委“油地同心 和谐共赢”消夏晚会

·东营市垦利区国土资源局·

国家土地督察济南局局长张璞到永安镇6万亩土地综合整治项目的慧鲁社区调研

市人大第一副主任李金昆到局调研市人大代表联系点

2016年11月15日，区长崔建华调研智慧垦利建设

副区长王英明调研不动产登记大厅

垦利区国土资源局作为区政府重要职能部门，主要负责保护与合理利用全区土地、矿产等自然资源，规范国土资源管理秩序，优化国土资源配置，管理规范国土资源权属、地质环境保护及基础测绘工作，及时准确提供土地利用各种数据，依法征收资源收益等。全局现有工作人员129人，下设规划与耕地保护股等5个行政股室、土地储备中心等8个事业单位和6个镇（街道）国土资源所。

2016年，全区国土资源管理工作在区委、区政府以及市国土资源局的领导下，认真贯彻上级会议精神，紧紧围绕深化改革这一主题主线，以“两学一做”学习教育为动力，抢抓机遇，突出重点，锐意进取，攻坚克难，切实增强服务保障能力，各项工作有序推进，为全区经济社会发展提供了有力的资源支撑。

2016年11月11日，国家土地督察济南局开展土地督察外业核查工作

2016年4月27日，举行“两学一做”学习教育动员会

高标准基本农田建设及占补平衡项目验收

2016年3月29日，垦利县国土资源局组织局领导干部及股级以上党员干部到市廉政教育基地参观学习，接受廉政教育

垦利县国土资源局开展“庆六一关爱春蕾活动”，组织所帮扶村董集镇罗盖村的少年儿童到市科技馆参观学习

2015年12月28日，垦利区不动产登记中心作为全市首家正式揭牌

“6·25土地日”到双河大集宣传，人物左起：朱科峰、胥如喜、王明亮

“6·25全国土地日”专场文艺晚会

·中共垦利区委党校·

垦利区科级领导干部学习贯彻党的十八届五中全会精神轮训班开班，区委书记韩利学上党课

校领导班子到黄河口镇北宋圈村调研帮扶

2016年6月16日，党建示范点迎接全区部门单位参观

中共垦利区委党校为中共垦利区委下属副县级事业单位，加挂垦利区行政干部学校、垦利区社会科学院（正科级事业单位）两个牌子，是垦利区培训轮训党员领导干部的主阵地。内设办公室、教研处、教务培训处、信息中心、业教处、总务处六个处室。校区总占地 53 亩，建筑面积 12100 平方米，现有教学楼 1 座，办公楼 1 座，教职工 23 人。学校设有可容纳 300 多人的学术报告厅 1 处，3 个中型教室和 25 个标准教室，设图书室 1 处，教学基础设施齐全。

2016 年，区委党校在区委、区政府的正确领导下，在上级有关部门单位和领导的关心指导下，各项工作取得明显的成绩。全年共举办承办班次 15 次，培训学员 2000 余人次，外出宣讲 40 余场次，受训人员 4000 余人，圆满完成干训任务。高度重视科研立校，完成省、市、区级重点课题 5 个，完成各类论文 50 余篇。先后 30 余人次参加国家行政学院送教下基层、北京海淀区党校、省委党校等培训，教师素质明显提升。配套完成图书室建设，完成 OA 办公平台搭建、学术报告厅录播系统安装与调试、校园网站建设等，教学基础设施逐步完善。顺利通过市级文明单位复审，获得 2016 年度市级先进党校、2016 年度市级平安单位等荣誉称号，在代表区委承接“党委落实办党校管党校建党校主体责任考核”中获得全市第一序列第一名的好成绩。

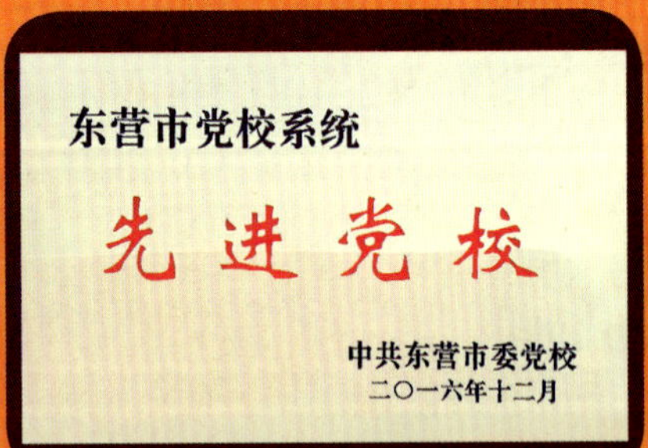

获得东营市党校系统2017年度先进党校荣誉称号

在职党员干部为帮扶村困难群众捐款

市委党校常务副校长陈安忠在垦利县科级领导干部学习贯彻党的十八届五中全会精神轮训班上上课

区委党校2016年秋季开学典礼

胜利油田胜采党校来校参观交流机关文化建设

七一期间机关党支部组织重温入党誓词活动

“重阳节”走访慰问离退休老同志

与帮扶村儿童一起过节日

走访慰问困难群众

·东营市现代渔业示范区·

2016年8月20日，东营·蓝色经济发展论坛暨人才引进洽谈会成功签约

大美港湾

东营市现代渔业示范区是为实施黄蓝两大国家战略，于2008年启动规划建设的全市三大农业主体产业区之一。示范区总规划面积约220平方公里，东起-2米水深线，西到东八路，南接东营区，北至咸水沟，实际管辖区域为东至防潮堤、北至小岛河。

自2008年开发建设以来，累计投资35.8亿元，建成“八横六纵”道路框架，开发海参养殖池塘6.4万亩，区域内海水养殖总面积达到20万亩，是全国集中连片面积最大、标准最高的海参养殖区，继辽东半岛、山东半岛之后全国又一重要海参养殖基地。2016年，实现海参产量3100吨，产值3.1亿元。先后荣获“全国农产品加工业示范基地”“山东半岛蓝色经济区海洋特色产业园”“省级现代渔业园区”等荣誉称号。

示范区建设的滨海蓝色小镇规划总面积10平方公里，已建成渔业研发中心和新汇、宜庄16万平方米低层住宅区，建成近千亩海水生态湖；温泉大酒店、红光小学等配套设施建成投用，滨海小镇建设初具规模。目前，成功入选全省首批特色小镇创建名单。

沧海盐田

滨海小镇

高温下的坚守

光之美

参产线

静怡港湾

醉美红海滩

风景这边独好

2016年中国·垦利赶海拾贝节

浪漫幸福

骑行美丽海岸

滨海小镇

·垦利经济开发区（兴隆街道）·

市委书记申长友到开发区（兴隆街道）调研

市委副书记、市长赵豪志到开发区（兴隆街道）调研企业发展

垦利经济开发区（兴隆街道）新一届领导班子任职宣布大会

垦利经济开发区始建于1992年，1995年被山东省政府批准设立为省级经济开发区，兴隆街道办事处于2009年8月被省政府正式批准成立。2010年初，开发区管委会与兴隆街道办事处实行联合办公，并于2011年开始实行“一个机构、两块牌子、一套班子”的“街区一体”管理模式。辖区面积87.6平方公里，共有人口5.5万人，下辖渔洼、东兴、大河等16个行政村，截至目前已完成8个村拆迁安置工作。

垦利经济开发区（兴隆街道）紧紧围绕垦利“宜居宜业新城区 美丽幸福新垦利”建设，进一步明确“打造区域经济核心区 当好跨越发展火车头”的总目标，按照“创新发展试验田，转型发展先行区，跨越发展火车头，科学发展排头兵”的定位，不断完善西部服务业聚集区、中部主体工业区、核心办公服务区、东南部休闲养生观光区等四大片区规划布局，积极探索“工业主导、特色产业集聚”的区域经济发展之路，目前，辖区内有各类企业（集团）270多家，其中规模以上工业企业40家，形成精细化工、生物医药、高端石油装备、汽车及配件制造、新能源新材料等五大主导产业，并于2012年和2013年，被山东省经信委先后认定为“山东省高端石油装备产业园”和“电力器材新型工业化产业示范基地”，在黄河三角洲高效生态经济区内23家省级经济开发区单独排名中，位列第6位；2014年被批准为“山东省循环化改造示范试点园区”；2015年，开发区综合经济指标在全省136家省级开发区中排名第28位。

2016年，垦利经济开发区（兴隆街道）地区生产总值25.2亿元，同比增长8%，规模以上工业企业实现总产值452.5亿元、销售收入436.6亿元，同比分别增长3.65%、1.91%，实现利税56.7亿元、利润49.9亿元。完成固定资产投资52.3亿元，地方公共财政一般预算收入2.42亿元，农村居民人均可支配收入达到15557元。

汽车及配件制造产业

高端石油装备产业

精细化工产业

生物医药产业

新能源新材料产业

中国汽车制动系统行业年会在开发区召开

安监中心开展安全生产检查

环保工作人员进行企业环保督察

开发区（兴隆街道）打造市级法治文化广场

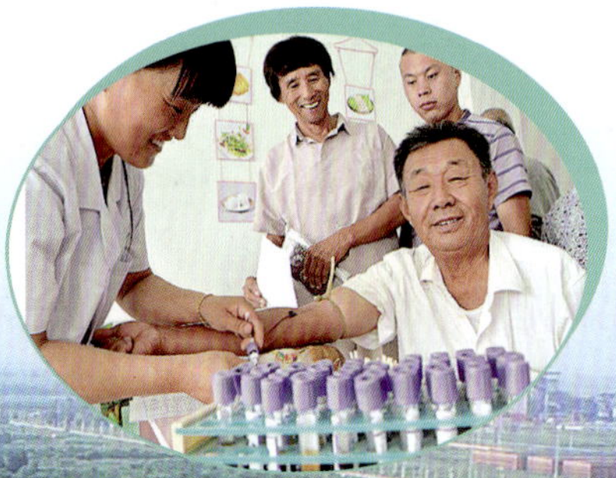

兴隆街道卫生院送上门体检

兴隆街道中心幼儿园举办课间活动

东营西郊现代服务区

东营西郊现代服务区包括郝家镇、董集镇两镇行政区域，核心区规划面积 22.5 平方公里，建成区面积 5.5 平方公里。目前落户企业 229 家（规模以上企业 88 家），涵盖汽车贸易、现代物流、信息科技、金融保险、地产开发、医疗服务、商贸服务、餐饮娱乐等 10 余个产业业态。先后被评定为“山东省重点服务业园区”、“省级先进服务业园区”、“省级重点推进的电子商务产业园区”以及“东营市重点服务业园区”、“市级服务业集聚区”和“市级创业示范园区”。

服务区灵活运用 BT、BOT、PPP 等模式，先后投资 5 亿多元，高标准规划建设了道路、绿化、亮化和污水处理厂及水、电、气、暖等基础设施，形成了“六横十纵”的道路框架。目前，服务区汽车 4S 店已发展到 37 家、汽车品牌 48 个，已成为全市功能最全、规模最大的汽车贸易园区，正在积极打造全国一流的汽车特色小镇。服务区内 6 家房产企业已开发房产项目 7 个，开发住宅 110 万平方米，5 大专业市场、17 家金融保险机构、20 余家仓储物流企业以及蓝海、鲁百、中心医院等生产性、生活性服务业资源在西郊服务区集聚合力。区政务中心西郊分中心建成投用，11 个部门 15 个窗口单位打造出“一站式”政务服务中心。西郊服务区以无忧生活圈、和谐兴业圈、便民利企政务圈为支撑的优质发展环境初步形成。

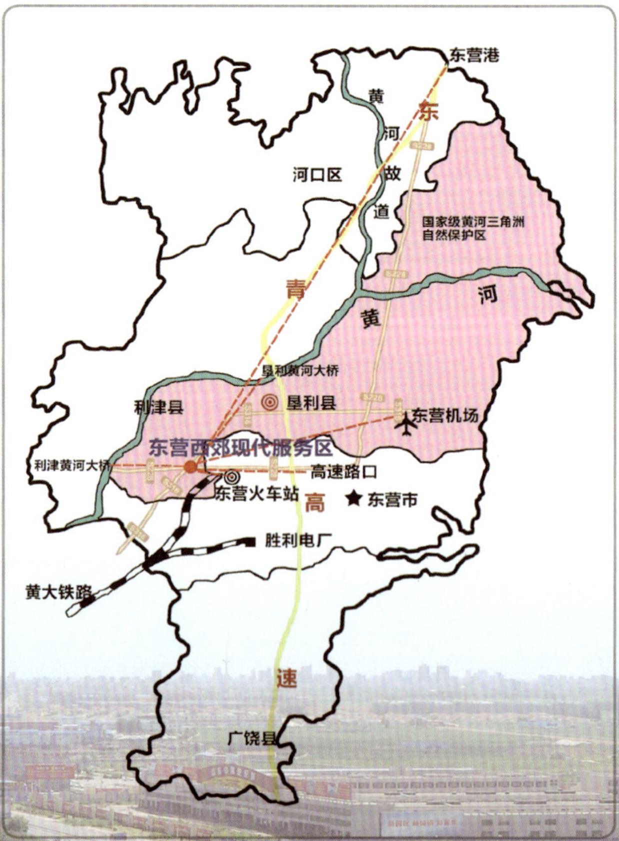

生态黄河口 · 活力新西郊
SHENGTAIHUANGHEKOU HUOLIXINXIJIAO

- 山东省重点服务业园区 / 山东省先进服务业园区
- 山东省首批重点推进的电子商务产业园区
- 东营市重点服务业园区 / 东营市服务业集聚区
- 东营市市级创业示范园区 / 东营市唯一汽贸产业集聚区
- 油田三产企业最佳投资地

创业 / 西郊

东营西郊电子商务创业园

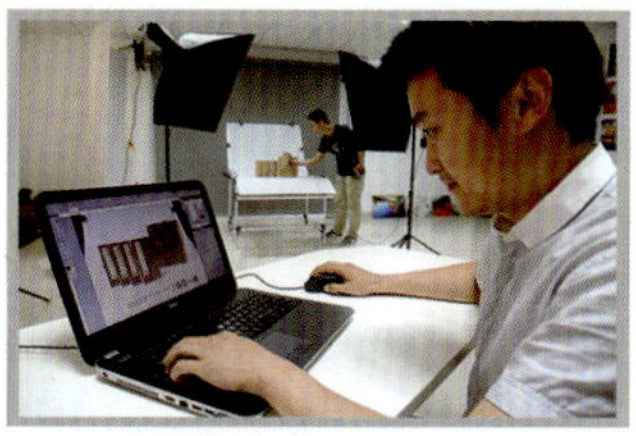

产品包装设计

同城配送车队

自动分拣系统

财富 / 西郊

中凯汽配城

汽车 4S 店

万坤五金建材家居广场

物流车队

生态 / 西郊

太阳能发电

葡萄采摘

城郊美景

蔬菜基地

宜居 / 西郊

小城镇建设规模初现

鲁百超市西郊店

蓝海禧华大饭店

胜利油田中心医院西郊分院

服务 / 西郊

西郊政务服务大厅

优良金融服务

有力综合执法

优质保险服务

·垦利黄河河务局·

垦利河务局党组副书记、副局长许考云接受媒体采访

垦利黄河河务局是黄河垦利段副县级水行政管理单位，隶属山东黄河河务局黄河河口管理局，下辖6个管理段、1个水利水电工程公司、1个社区卫生服务站，局机关内设办公室、防汛办公室、工程管理科、水政科、财务科、人事劳动教育科、党群科、工会、经济管理办公室、监察室、通讯站、水政监察大队和黄河派出所。主要担负着黄河垦利段水行政执法和169.66公里堤防、19座涵闸、10处险工、8处控导的修、防、管、灌、营的任务，为垦利区开发建设做出了巨大贡献。

2016年，垦利黄河河务局在黄河河口管理局和垦利区委、区政府的正确领导下，按照年初确定的工作思路和目标要求，科学务实，攻坚克难，圆满完成了年度工作任务。代表垦利区参加了山东省军分区防汛实战演练和东营市油地军黄河防汛联合演习，受到了各级领导的一致赞扬；开展了“乡村文明”、健康促进机关建设等5项群众性文明创建活动，保持了“省级文明单位称号”；路庄管理段职工食堂被省局工会授予“职工满意食堂”荣誉称号；全面启动七五普法规划，依托义和险工，完成了法制文化基地一期的建设工作，垦利黄河河务局水政科荣获“黄河水利委员会‘六五’普法先进集体”荣誉称号。

2016年12月2日，垦利区召开纪念人民治黄70年座谈会

2016年3月15日，垦利区组织召开黄河下游防洪工程移民迁占工作会议

2016年7月1日，垦利黄河河务局组织党员重温入党誓词

路庄管理段庭院荣获黄委示范工程

2016年9月，垦利黄河河务局开展纪念人民治黄70年系列活动

2016年8月，垦利黄河河务局选派优秀退伍军人为学生军训

2016年6月24日，黄河卫士志愿服务队开展党员服务日活动

2016年7月14日，垦利黄河河务局代表垦利区参加山东省军分区组织的防汛实战演习

2016年7月10至11日，垦利黄河河务局选派具有多年防汛抗洪实践经验的专家和业务骨干前往解放军某部，对其指战员进行防汛抗洪知识和抢险技术指导

2016年3月，垦利黄河河务局开展纪念三八妇女节系列活动

垦利黄河河务局结合“两学一做”学习教育活动推出每周互动一小时学习活动

2016年12月2日　垦利黄河河务局职工参加垦利区“宪法在我心中”演讲比赛

2016年3月21日，垦利黄河河务局举办第二十四届“世界水日”第二十九届“中国水周”主题宣传活动

2016年3月12日，垦利黄河河务局联合黄三角早报开展“绿色东营、守护母亲河”公益植树活动

凌汛期间，垦利黄河冰凌观测组查勘河势情况

·国网山东省电力公司东营市垦利区供电公司·

2016年5月5日，市委常委、宣传部长贾瑞霭一行到公司永安供电所调研指导工作

国网山东省电力公司东营市垦利区供电公司成立于1973年，属国有中二型企业，现有职工263人，担负着全县5个乡镇、2个街道办事处、胜利油田部分油区及东营永安机场等重点单位的供电任务。公司境内有220千伏变电站4座、110千伏变电站8座、35千伏变电站15座、输电线路352千米、配电线路1146千米，公变台区731个。

在建设"一强三优"现代公司进程中，公司始终坚持以科学发展观为指导，以一流建设为载体，加快电网发展，深化优质服务，推行精益管理，整合企业文化，提高队伍素质，各项工作不断迈上新台阶。

公司多年来始终坚持以人为本，建设和谐企业，精神文明建设硕果累累，连续31年保持"省级文明单位"称号，并先后荣获全国"五一"劳动奖状、全国模范职工之家、国家电网公司"一流县供电企业"、山东省"富民兴鲁"劳动奖状、山东省首届诚信示范企业、山东省厂务公开民主管理先进单位、山东省"安康杯"竞赛优胜单位、农网技术进步示范单位、山东电力集团公司"农电先进企业"、国网山东省电力公司先进单位等国家、省、市、县级荣誉称号百余项。

2016年完成售电量16.35亿千瓦时，同比增长5.76%；营业收入8.88亿元，上缴税金5287.28万元；综合线损率2.91%，同比降低1.04个百分点；综合线损率2.56%，城网用户供电可靠率99.9762%，农网用户供电可靠率99.932%，综合电压合格率99.7%。

2016年12月1日，国网公司2016年度五星级乡镇供电所现场复查考评组一行4人在组长薄博的带领下，对公司永安供电所检查考评

2016年2月4日，县委副书记盖举波、县人大常委会副主任张增新、副县长李增民等县领导来公司视察春节保供电工作，慰问春节期间坚守在岗位一线的供电员工

2016年3月23日，县委常委、副县长王英明带领县发改局、开发区、国土局、住建局负责人来公司调研电网建设工作，并召开2016年垦利电网市县对接调度会暨电力工作调研座谈会

2016年4月29日，公司召开干部任免宣布大会，宣布市公司党委关于公司领导班子调整的决定

2016年6月6日，国网东营供电公司与垦利县政府举行"十三五"电网发展对接会谈

为保证冬季居民用电安全可靠，开展地源热泵项目供暖专项隐患排查治理活动

秋季检修 确保电网安全运行

加强新架线路雨季巡视工作

董集供电所人员来到董兴花园小区对地源热泵项目进行上门服务

春节前夕，开展夜间巡视测温

实施带电作业，减少停电时间

输电班人员开展线路巡视

·东营市垦利区教育局·

2016 年 8 月 2 日，垦利撤县设区，垦利县教育局也同时更名为垦利区教育局。作为全区教育体育工作的区政府职能部门，担负全区教育和体育工作的发展规划和协调管理工作。内设办公室、基础教育股、职业教育与成人教育股、人事股、规划财务股、竞技体育训练股、群众体育办公室等 7 个行政股室和教育督导室、全民健身中心、招生办、教研室、教育信息中心、学生资助管理中心、体校、全民健身中心等 8 个事业股室，现有在职干部职工 61 人。

近年来，区委、区政府高度重视教育事业发展，坚持教育优先发展战略，坚持以办好人民满意的教育为宗旨，以促进全市教育均衡优质发展为目标，以方便孩子就近入学为出发点，立足于缩小城乡、校际之间的教育差距，持续加强规划、加大投入，全区教育硬件设施达到全市一流、全省先进水平，教育结构进一步优化，义务教育水平不断提高，城乡学校得到了均衡发展；普及了高中段教育，普职规模大体相当、协调发展，满足人民群众日益增长的教育需求；学前教育健康协调发展，成功创建成为国家义务教育发展基本均衡县（区）和国家级农村职业教育和成人教育示范区。目前，全区 22 所学校中，县职业中专成为国家级重点中等职业学校，3 所学校成为省级规范化学校，有 17 所学校被评为市级教育现代化学校；40 所幼儿园中，12 所为省级实验、示范幼儿园，27 所被评为市级教育现代化幼儿园。

2016年2月20日，省委常委、常务副省长孙伟在省有关部门负责同志和市县领导陪同下到县第一实验小学调研大班额项目建设

区职业中专师生观看文化长廊

2016年，垦利区共发放学生资助资金932.38万元，资助各级各类学生2.6万人次

学生在2016校园艺术节现场展示素质教育成果

垦利区教育篮球队参加全市教育系统第四届男子篮球比赛获冠军，连续四次蝉联冠军

2016年9月10日晚，由山东省教育厅主办，山东教育电视台和东营市垦利区教育局承办的“中国梦·校园情”2016年山东省中小学校园艺术节暨垦利区庆祝第32个教师节文艺汇演在美丽的丰民湖畔举行

2016年6月1日，垦利区第一实验小学举行“六一入队仪式”

·东营市垦利区国税局·

区委书记刘斯杰元旦期间慰问税干部职工

局长郭雪峰现场指导，夜以继日冲刺攻坚

垦利区国家税务局于 1994 年由原垦利县税务局分设成立，是垦利区主管国家税收工作的行政机构，下设 12 个内设科室、4 个管理分局、1 个稽查局，负责全区 10000 余户纳税人的税收征管工作。近年来，垦利区国税局求实奋进，积极作为，全力以赴组织税收收入，在提供财力支持、服务科学发展上做出了新的贡献，并先后荣获“全国税务系统文明单位”“全国三八红旗集体”“国家级巾帼文明岗”“省级文明单位”“全省国税系统先进集体”“全省十佳纳税人之家”等一系列荣誉称号。

坚守，领导疲惫的双眼

国地税、市场监管局“三家合一”进驻办税厅

7月1日重温入党宣誓仪式

开展“机关开放日”活动

协调银行、航信等服务单位进驻办税服务厅开展上门服务

耐心讲解 温馨服务

国地税征管基础数据资料共建共享顺利签约

·东营市地方税务局垦利分局·

国地税公安联动机制启动仪式在国税局一楼大厅进行，地税局党组书记、局长张明君主持

垦利地税局与国地税在国税局四楼会议室签定“国地携手，征纳共赢”协议仪式，进一步深化营改增后的国地税深度合作

东营市地方税务局垦利分局组建于1994年7月，现有在岗正式干部职工89人，劳务派遣人员49人。正式干部职工中，大专以上学历人数87人（其中研究生1人，本科62人），党员77人，平均年龄43.49岁。局机关内设8个职能科室、1个直属征收局、1个稽查局，下设6个中心税务所、1个事业单位（纳税服务中心），承担着全区1万余户企业和个体工商户的地方税收征管工作。

2016年，垦利分局在市局党组和区委、区政府的正确领导下，牢记为国聚财、为民收税的神圣使命，以依法治税为核心，以组织收入为中心，按照“强基、固本、促收、维稳”的总体思路，从“保安全、强基础、重探索、创品牌、优服务、扩影响”依次推进，努力克服“营改增”结构性减税、油价下跌、固定资产投资下行等不利因素，紧扣税收主业，持续改进、推进、前进，各项工作取得显著成效。全年共组织各项收入130657万元，公共预算收入116658万元，占全区地方财政收入的54.86%，按可比口径计算（扣除上年营改增基数），总收入同比增收29071万元，增长28.6%，公共预算收入同比增收22593万元，增长24%，为全区经济发展和社会稳定做出了应有的贡献。在顺利通过各级荣誉复审的基础上，荣获“全市地税系统优秀单位”荣誉称号，连续十二年保持全省文明单位，连续十三年保持全国青年文明号单位，区委、区政府领导10次做出肯定性批示，10余项财源建设经验被区委、区政府采纳，在招商引资考核中获所在序列第一名，在全区垂直管理单位考核中获得优异成绩。

垦利地税局组织人员到山东最早的农村党支部刘集支部旧址参观学习，对地税党员干部进行党性和廉洁勤政教育

垦利地税局在本局二楼大会议室举办“两学一做”学习教育演讲比赛，庆祝建党95周年，推动“两学一做”活动深入开展

东营市地税局垦利分局成功开出第一张“营改增”税票，垦利地税人脸上带着满意的微笑

垦利地税局与区物价管理办公室在地税局二楼会议室举行“涉税合作签字仪式”，拓展地税物价部门间的协作，进一步强化税收管理

垦利地税局积极组织开展“服务·共赢——税企高层对话”活动，进一步优化纳税服务，促进税收管理。图为局党组书记局长张明君到和利时公司进行调研座谈

齐鲁交通发展集团垦利会议

东营市地税局垦利分局组织开展干部春训系列培训（包括《准则》《条例》报告会、《公文写作知识培训》等，进一步提高队伍整体素质

垦利地税局在全系统大力组织开展“激情垦利，活力地税”品牌创建活动，进一步激发全体干部职工干事创业、勇争一流的热情

东营市地税局垦利分局加班加点，强化与国税局的工作融合对接，切实做好营改增工作，确保了新体制的运行。图为地税干部正在办理营改增相关业务

东营市地税局垦利分局关爱职工身体健康，积极参加“健康垦利”创建，经常组织开展各种健康向上的文体活动。图为举办的“关注职工健康，打造活力地税”健康讲座，邀请市健康学会主任委员王广银授课

·东营市垦利区烟草专卖局（营销部）·

垦利街道七村生态产品洽谈处、东营烟草生态帮扶成果展示厅

垦利区烟草专卖局（营销部）系央属国有企业，主要负责全区7个镇街的专卖管理、卷烟营销工作，下设综合办公室、营销科、专卖监督管理科、法制科、内管派驻组、财务科、稽查大队、城区客户服务站、董集客户服务站9个职能部门和东营泰山壹伍叁贰物联商贸有限公司垦利分公司。辖区有1175户零售户。2016年，被市烟草专卖局（公司）授予“先进工作单位”荣誉称号，被区委、区政府授予“2016年度全区经济社会发展杰出贡献企业”荣誉称号。

2016年在市局（公司）党委和区委、区政府的坚强领导下，区局（营销部）以党的十八大和十八届三中、四中、五中、六中全会精神为指导，以“两学一做”专题教育活动为动力，以“基层基础工作提升年”为抓手，紧紧围绕“稳定销量、调整结构、夯实基础、提升水平”的总体思路，在全局上下营造了“专销协同、共上水平”的整体氛围，保持了良好的发展态势。全年共销售卷烟10319箱；实现单箱值27595元；人均条数10.64条，实现利税7323万元。全年共查获涉烟违法案件87起，查获涉案卷烟124.42万支，同比增加51.33%，查获案值44.61万元，刑事拘留涉案人员9人。

市烟草专卖局（公司）领导到垦利调研走访零售户

中共垦利区烟草专卖局（营销部）支部委员会全体在职党员召开2016年民主生活会

省烟草局（公司）机关挂靠基层（营销部）

垦利区集中整治烟草市场联合执法座谈会

垦利区局（营销部）组织开展“守纪律、讲规矩、做表率”廉政党课

垦利区局（营销部）法律法规及真假烟鉴别培训

垦利街道七村生态产品洽谈处、东营烟草生态帮扶成果展示厅

壹伍叁贰垦利分公司“入海口”富硒大米

垦利区烟草专卖局开展“3·15”法律法规宣传活动

东营泰山1532垦利分公司2016年春节推介会

·东营市垦利区经济和信息化局·

市委书记、市人大常委会主任申长友调研垦利区工业企业

市委副书记、市长赵豪志调研垦利区工业企业

市委常委、副市长田青云调研垦利区工业企业

局党委书记，局长封官英到帮扶村走访慰问困难老人

垦利区经济和信息化局，正科级行政单位，主要承担工业行业管理、节能降耗综合管理、推进信息化和工业化融合等十六大方面六十多项重要职责。全局内设行政股室6个，下属事业单位4个，在职职工38人。另外，还承担着系统内13家困难破产企业、1828名下岗职工、684名育龄妇女、72名下岗党员的社会性事务管理工作。

近年来，在区委、区政府的坚强领导下，区经信局坚持“工业强区”战略不动摇，以增量促优化、以改造促高端、以创新增效益，全区工业经济发展呈现出运行平稳、结构优化、动力转换、质量提升的良好态势。2016年7月，垦利成功入闱工信部发布的“县域经济100强”，位列第56位；8月，再次入闱“全国工业百强县（市）”，位列全国第49位。2016年，全区规模以上工业企业181家，实现工业总产值2136.2亿元，是2011年的1.7倍。全区共实施工业项目65个，完成投资91.4亿元；其中传统产业改造提升项目47个，完成投资45.2亿元；战略性新兴产业项目18个，完成投资46.2亿元。2016年7月，全国首家智慧工业平台在垦利顺利上线，在130家工业企业内推广应用，并与好品山东、光采网等多家国内知名电子商务平台开展对接合作，“好品山东”“中国东营（垦利）石油化工产业集群”网络展馆成功上线运行。

成功举办山东省两化融合深度行垦利站活动

智慧工业服务平台建设与运营交接仪式

智慧工业服务平台上线启动仪式

智慧工业APP系统页面

智慧工业平台首页

成功举办全区经济系统干部职工综合素能提升培训班

2016年5月2日，区经信局与武汉大学联合举办“垦利县·武汉大学招商引资推介会

举办送政策惠企业宣讲会

“两学一做”学习教育专题研讨

·东营市垦利区人力资源和社会保障局·

2016年12月28日，区人力资源社会保障监察大队到胜通集团进行农民工工资支付专项检查

垦利大学生创业园被评为山东省大学生创业示范平台后，迎接市委书记申长友调研

2016 年，垦利区人力资源和社会保障局在区委、区政府的正确领导下，以“两学一做”学习教育为契机，积极打造“关爱人才服务民生”机关党建服务品牌，各项工作取得较好成绩。一是努力实现更高质量就业。打造创业孵化基地集群，垦利大学生创业园被认定为省级大学生创业示范平台，中关村黄河口创业孵化基地等 3 家创业示范园区（基地）被评为市级创业孵化基地和创业园区（平台）。组织开展垦利县首届创新创业大赛，创新创业氛围更加浓厚。搭建“互联网＋就业”、政校企合作平台，举办“优秀企业校园行”等活动，提供就业岗位 1000 多个，达成用工意向 700 多人。全区城镇新增就业 4333 人，城镇从业人员达 47719 人，城镇登记失业率控制在 2.3% 以内。二是统筹推进城乡社会保障体系建设。全年收缴各项社保基金 7.05 亿元，发放待遇 5.6 亿元。深入开展全民参保登记试点工作，实现对参保人群的动态管理。将城乡居民基础养老金标准由每人每月 160 元提高到 175 元，居民基本医疗保险政府补贴标准由 400 元提高到 430 元，垦利区城乡居民养老和医疗保险待遇、补贴标准均居全省最高水平。实现企业退休人员养老金“十二连增”，调资后垦利区企业退休人员人均月养老金达 2059.6 元。加快推进以病种分值结算为主的基本医疗保险付费方式改革，实现城镇职工医疗保险与城乡居民医疗保

2016年5月31日上午，中国 垦利首届创新创业大赛总决赛暨“青岛银行”杯“众创未来，圆梦垦利”双创大赛颁奖典礼在县广播电视台演播大厅举行

2016年5月27日，县事业单位公开招聘工作领导小组组织考务人员召开2016年事业单位公开招聘工作人员笔试考务会

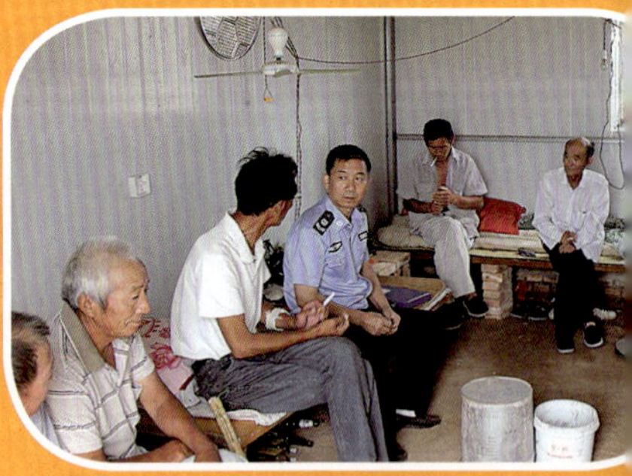

县人力资源社会保障监察大队为外来务工者讨薪

险按病种分值结算。三是全面加强人才队伍建设。扎实推进“百名硕博进垦利”计划，引进高层次人才23人。全区事业单位公开招聘及区直机关事业单位公开遴选工作均顺利完成，共聘用事业单位工作人员144名，公开遴选机关事业单位一般工作人员14人。加快高技能和专业技术人才队伍建设，东营市宏远纺织有限公司侯月云被评为第五届“山东省有突出贡献的技师”和2016年度“齐鲁首席技师”。四是构建和谐稳定劳动关系。受理劳动人事争议、劳动保障监察、工伤认定案件167件、32件和105件，按期结案率100%。严格落实劳动合同文本及劳动用工备案制度，全区累计办理用工开户企业585户，备案人员突破30000人次。五是不断加强自身建设。通过实施“激发活力树标杆”工程、开展“三亮三看三比”活动等，实现学习教育和业务工作两促进，迎接市委书记申长友等领导对“两学一做”学习教育及党建工作调研。健全“四联”机制，深入帮扶村、联系企业、镇街、老同志走访400余人次，制定帮扶措施6项，做好事实事11项，帮助企业协调银行贷款、资格证书认定等事项，为职工群众和用人单位解决实际问题。开展了党组成员带班巡查、治理庸懒散活动，严格落实“首限A11”等便民服务制度，进一步优化工作流程、精简办事手续、公开有关政策，方便群众办事。

垦利大学生创业园被评为省级大学生创业孵化平台

区人社局承担全区党建示范点观摩活动

国家妇女儿童两纲中期评估组到县人社局督导考察

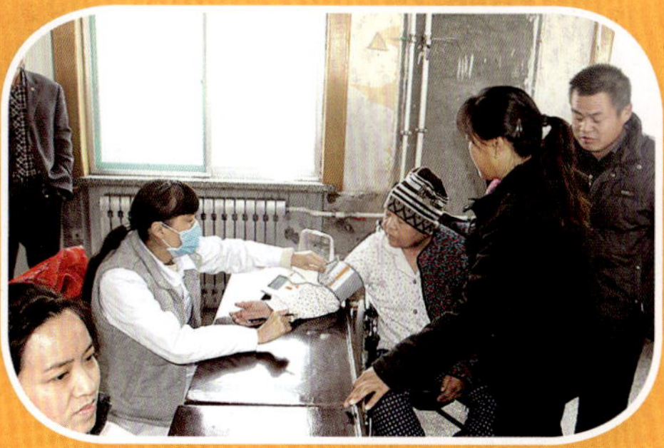
2016年10月27日，区人社局组织开展秋季医疗保险门诊慢性病现场鉴定工作

成功举办第二届技能竞赛

· 东营市垦利区兴隆生态林场 ·

东二路入口

小亭

兴隆生态林场是市委、市政府为改善全市生态环境、建设生态文明典范城市规划建设的全市十一处示范生态林场之一，距中心城1.5公里。东至东三路，西至华丰路，南至德州路，北至同兴路，规划面积10300亩。垦利区兴隆生态林场建设管理办公室负责兴隆生态林场建设和管理各项工作，为区政府直属副县级事业单位，内设综合科、规划建设科2个科室，编制8人，现有工作人员8人。林场自2011年底开工建设以来，完成投资1.5亿元，区域内基础设施基本配套，造林任务全部完成，生态林场初具规模。

兴隆生态林场及周边区域形成了两大特色生态资源：一是林地7000亩（公益林4000亩、果园1800亩、苗圃1200亩），二是生态湿地8000亩（湿地3500亩、莲藕2000亩、水面2500亩），这些生态资源与市金湖银河生态片区、园博园等融为一体，成为中心城北部最大的生态板块，区位优势十分明显、生态资源异常丰富。另外，区域内还有胜利油田东安镇（2500亩）、兴隆街道东兴村（450亩）等居民聚集区和盛元生态农业有限责任公司黄河口莲藕产业基地，初步实现生态效益和社会效益、经济效益的融合。

目前，兴隆生态林场内的生态公益林区、湿地景观区、珍果采摘区、莲藕产业园区、生态餐饮农家乐等多个项目已初见成效，林下经济示范区（金蝉养殖）、珍果采摘区观光廊道、森林露营地、民宿体验区等项目正在规划建设中。在此基础上，兴隆生态林场将以建设中心城后花园和城郊休憩带为总体定位，充分利用区位优势，将林场打造成园林化的乡村景观、生态化的郊野田园、规模化的乡村旅游综合体。

练就过硬本领
修剪
层林尽染
葡萄
山楂
鲜花夺目
东方时空
林场之美

·东营市现代畜牧业示范区·

东营市现代畜牧业示范区（以下简称畜牧区）是市委市政府为推进“黄蓝”国家战略实施，设立的市政府直属正县级单位，参照市属省级经济开发区界定职责，负责区域经济社会管理工作。

畜牧区北依黄河，东临渤海，毗连黄河口国家级自然保护区，环境生态优美。全区总人口3262人，土地总面积18.7万亩，全部为国有土地，土地集中连片，其中农用地11.36万亩、建设用地0.28万亩、未利用地7.06万亩，集海洋资源、黄河资源、土地资源、农垦资源于一体，适宜现代农业科技产业集成利用。

目前畜牧区水电路气等基础设施初步配套完善，落地了泰国正大集团现代农业科技生态园、黄河口大闸蟹产业示范园、一邦水稻高效产业园等项目，建设“渤海粮仓”科技示范工程，初步培育了水稻、生猪、黄河口大闸蟹主导产业。加强科研创新，深化科技合作，与中国科学院地理资源所进行战略合作，共建黄河三角洲研究中心，搭建了省农科院“博士科研工作站”、省科学院“中澳耐盐植物成果转化基地”、青岛农业大学“耐盐作物种质创新与利用工程技术研究中心”等公共服务平台，初步构建了技术创新体系和公共服务体系。正积极争创省级农高区，加快建设粮食绿色高产高效的创建区、现代农业发展的示范区、一二三产业融合发展的先行区、农业科技创新转化的样板区。

中国科学院院士秦大河来我区考察推进中科院黄河三角洲研究中心建设

区领导走访慰问道德文明家庭

黄河口大闸蟹喜获丰收

10万头种猪养殖（标准化养殖厂内景）

水稻良种繁育

渤海粮仓科技示范工程（小麦）

·东营市垦利区城市管理局·

区委书记刘斯杰、区长马保文调研重点工程

民丰湖

植物园景观

环卫机械作业

垦利区城市管理局是区政府的重要工作部门，肩负着全区市容环境卫生管理、市政设施建设维护、城市绿化管理、城市防汛、热力燃气管理等重要职责。

近年来，随着垦利区城市化进程不断加快，人民群众社会生活水平的不断提高，区城管局全体干部职工凝心聚力、苦干实干、大干快干，取得了骄人的成绩。2014 年，被县委、县政府表彰为“创建文明城市工作先进单位”“招商引资工作先进单位”“安全生产先进单位”；2015 年被县人大常委会表彰为“2014 年度代表建议办理工作先进单位”；2016 年，在创建省级文明县、国家园林县城、国家卫生县城复审和乡村文明建设暨城乡环卫一体化工作中，被区委、区政府表彰为先进单位。

2017 年，区城管局以创建国家生态园林城市和推行城市精细化管理为抓手，全面提升城市管理标准和水平，积极对接中心城、融入中心城，为建设宜居宜业新城区、美丽幸福新垦利作出更大贡献。

为民办实事工程—公共自行车项目

溢馨公园景观

·东营市垦利区安全生产监督管理局·

东营市垦利区安全生产监督管理局是区政府组成部门，成立于2001年7月，是综合监督管理全区安全生产工作的行政机关，内设办公室（挂政策法规股牌子）、综合监督管理股（挂行政审批办公室牌子）、职业安全健康监督管理股、危险化学品安全管理办公室4个行政股室，下属事业单位2个，分别是安全生产监察大队（副科级）、安全生产信息技术中心，现有干部职工38人。

2016年，在区委、区政府的正确领导下，区安监局带领全区安监系统干部职工坚持科学发展、安全发展的总要求，牢固树立“红线”意识，认真贯彻落实党的十八大以来的路线方针政策，以“大快严”集中行动为总抓手，在全区全面开展隐患排查治理、重点领域的安全生产专项整治和 “打非治违”，努力落实企业主体责任、部门监管责任和政府属地管理责任，推动安全文化建设，在安全生产相关制度的保障下，全区安全生产形势保持持续稳定，安全生产运行情况良好。2016年，先后被表彰为“全市安全生产基层基础工作先进单位”“安全生产月”活动优秀组织单位、区政府被表彰为全市“安全生产目标管理先进单位”。连续五年保持“区级文明单位”“区级‘平安单位’”称号。

企业安全检查

领导调研

安全生产宣传

母亲节感恩活动

垦利智慧安监平台

“安全生产月”专场文艺演出

安全在我心中演讲比赛

危险化学品事故应急救援演练现场

胜利富邦实业有限责任公司

Victory fubon industrial Co., LTD

公司园景

公司董事长　付振久

企业简介

Enterprise introduction

胜利油田富邦实业有限责任公司的前身，是胜利油田钻井五公司劳动服务公司。于2006年12月26日注册，2007年1月7日挂牌改制成立，是一个拥有员工700余人，集工业、商业、运输业、服务业、制造修理业、生产销售为一体的综合性公司。

公司主要从事钻井工程项目承包、钻井泥浆循环罐及相关配套设施的加工制造，铆焊件加工制作，钻井机械设备、工具、电器安装维修，野营房的设计，制造、维修，钻井液用助剂、工业气体的生产销售，工业气瓶检验，车辆运输，劳务输出和设备租赁等多种业务。特别是近几年来，公司生产的钻机辅助配件，由于质量好、安全可靠，符合HSE的要求，产品随着钻机走向沙特阿拉伯、科威特、伊拉克、阿塞拜疆等国外市场。自主研发的“钻井液随钻随治”处理装置取得国家实用新型专利（专利号：ZL201520288748.6），并在胜利油田、华北局、长庆油田等地区近30口井的随钻施工作业中，均取得了良好的处理效果。以钻井液环保处理装置生产、服务为龙头的相关产业已初具规模。

公司多年被授予省级“守合同重信用”企业和市级“消费者满意单位”；还先后荣获胜利石油管理局“劳动关系和谐企业”、山东省“职业卫生‘四个一’工程先进单位”等荣誉称号。2011年、2012年连续两年被评为垦利县“最具发展潜力工业企业”，2013年、2014年分别荣获垦利县经济社会发展年度“突出贡献企业”和全县经济社会发展“杰出贡献企业”，2014年、2015年连续荣获垦利县年度纳税企业“突出贡献奖”。

公司将紧紧围绕“拓展服务领域，打造精细产品，发挥品牌优势，创建知名公司”的愿景目标，在油田和地方政府的支持下，以胜利人的创业精神，全面推进精细管理，不断提升产品质量和服务质量，以质量求生存、以品牌创效益，积极融入“黄蓝”经济，为地方区域经济发展做出积极贡献。

公司部分资质和荣誉

钻井液助剂产品

公司电话：0546-8728024　网址：http://www.shenglifubang.net

以人为本 求质量

钻井工程施工
胜利富邦

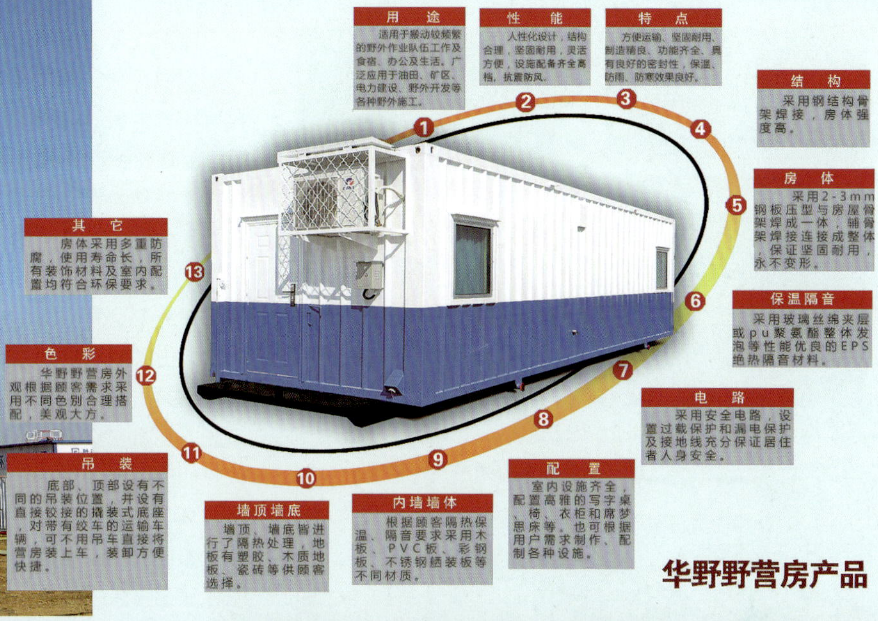
用途
适用于搬动较频繁的野外作业队伍工作及食宿、办公及生活。广泛应用于油田、矿区、电力建设、野外开发等各种野外施工。
性能
人性化设计，结构合理，坚固耐用，灵活方便，设施配备齐全高档，抗震防风。
特点
方便运输、坚固耐用、制造精良、功能齐全、具有良好的密封性，保温、防雨、防寒效果良好。
结构
采用钢结构骨架焊接，房体强度高。
房体
采用2-3mm钢板压型与房屋骨架焊成一体，辅骨架焊接连接成整体，保证坚固耐用，永不变形。
保温隔音
采用玻璃丝绵夹层或pu聚氨酯整体发泡等性能优良的EPS绝热隔音材料。
电路
采用安全电路，设置过载保护和漏电保护及接地线充分保证居住者人身安全。
配置
室内设施齐全，配置高雅的写字桌、椅、衣柜和席梦思床等。也可根据用户需求制作、配制各种设施。
内墙墙体
根据顾客隔热保温、隔音要求采用木板、PVC板、彩钢板、不锈钢舾装板等不同材质。
墙顶墙底
墙顶、墙底皆进行了隔热处理，地板有塑胶、木质地板、瓷砖等供顾客选择。
吊装
底部、顶部设有不同的吊装位置，并设有直接铰接的撬装式底座，对带有绞车的运输车辆，可不用吊车直接将营房装上车，装卸方便快捷。
色彩
华野野营房外观根据顾客需求采用不同色别合理搭配，美观大方。
其它
房体采用多重防腐，使用寿命长，所有装饰材料及室内配置均符合环保要求。
华野野营房产品

环保固控设备产品
胜利富邦钻井液环保处理装置

机电设备制造维修

·山东宏基建设集团·

董事长 杨同海

坚强有力的领导班子

山东宏基建设集团前身始建于1995年6月16日，经过十几年的发展历程，积累了丰富的施工和管理经验，现已成长为一家具有雄厚的经济实力、丰富的管理经验、强大技术力量，集建筑装饰、建材生产、建筑设计、市政工程、园林绿化、钢结构加工、红木家具研发制造和销售为一体的多产业企业集团。目前拥有在职员工239人，年生产能力3亿多元。

2012年3月30日创建山东宏基建设集团。下辖山东宏基建设集团有限公司、东营利龙建设有限公司、东营市恒信设计有限公司、山东古韵红木家俱有限公司四个子公司。

山东宏基建设集团有限公司成立于2004年，注册资金3118万元，拥有贰级资质。可承揽8万平方米且工程造价在800万元以下的园林绿化工程；可承揽园林绿化工程中的园林设施及设备安装项目；可承揽20万平方米以下的园林绿化养护管理公程；可从事园林绿化苗木、花卉、盆景、草坪的培育、生产和经营，园林绿化技术咨询和信息服务。

东营利龙建设有限公司创建于1995年6月16日，注册资金1007万元，拥有建筑装饰装修贰级资质，2003年增加钢结构工程叁级资质。可承担单位工程造价1200万元及以下建筑室内、室内装修装饰工程的施工；可承担网架工程的制作与安装。

东营市恒信设计有限公司创建于1996年10月10日，注册资金100万元，拥有建筑工程乙级设计资质、石油天然气专业乙级设计资质，可承担各类工业与民用建筑设计。

山东古韵红木家俱有限公司成立于2015年1月18日，注册资金3118万元，拥有1000平方米厂房和5000平方米的展厅。公司引进了国内先进的红木加工设备，配备专业的设计团队，公司自成立以来，秉承“货真价实，质量第一”的管理理念，精细选材、专用大料，以独具匠心的手法和百年传承的制作工艺研发制造明清式办公及家庭用各类家俱。

公司一贯以良好的信誉和周到的服务赢得社会广泛赞誉。山东宏基建设集团被评为AAA级信用企业，被评为2014年度山东省优秀市政工程施工企业。公司秉承承诺：把客户的满意、社会的满意作为企业不懈追求的目标，并视信誉为企业的生命，严格履约，为客户提供一流的服务，竭诚报答社会各界的厚爱与支持。

新办公大楼

红木加工车间

红木家具新产品

·大汶流管理站·

大汶流管理站领导班子合影

2016年11月4日，省委副书记、省长郭树清在黄河三角洲国家级自然保护区调研

大汶流管理站成立于 1992 年 12 月，是隶属山东黄河三角洲国家级自然保护区管理局的自收自支正科级事业单位，其前身是 1986 年建立的垦利县畜牧局大汶流草场管理站。现有干部职工 55 人，其中在职 46 人，退休 9 人。内设办公室、人事股、财务股、宣传股、安全股、资源股、旅游股、科研股、规划建设股 9 个职能股室，是以保护黄河口新生湿地和珍惜濒危鸟类为主体的湿地类型保护区。

2016 年，在自然保护区管理局和区委、区政府的正确领导下，以规范化管理提升年行动实施为载体，以创建国家 5A 级景区为目标，抓住工作重点，创新工作思路，强化措施落实，深入推进各项重点工作。全年实施东方白鹳栖息地明显改善，生物多样性保护成效显著。科研人员监测到东方白鹳繁殖幼鸟 161 只，连续 14 年在保护区安家落户，繁殖数量逐年增多。

黄河口生态旅游区游客服务中心

红地毯

管理站概览图

湿地风光

天然柳林

编 辑 说 明

一、《垦利年鉴》是垦利区人民政府主办，垦利区党史史志办公室承编的大型地方性综合年度资料性文献。旨在全面、准确、及时地记述垦利区自然、政治、经济、文化、社会诸方面的基本情况，反映垦利区在实施国家战略、加快“一城一带三区”建设过程中的新成就、新经验、新问题，是各级领导了解区情、科学决策，国内外各界人士认识垦利、研究垦利的权威性大型工具书。

二、《垦利年鉴》（2017），记述垦利区辖区内2016年各行各业的基本情况和主要工作，特殊情况适当上溯或下延。

三、本卷年鉴共设26个栏目：特载、大事记、垦利概况、黄河口、政党政务、政权政协、人民团体、军事、法治、对外开放、综合经济管理、农业、工业、石油、国内贸易、城建环保、交通邮政通信、财政税务、金融保险、教育科技卫生、文化艺术广播电视、社会生活、镇（街道）开发区、人物、附录、索引。主体内容一般分栏目、分目、条目3个层次。条目为年鉴内容的基本单位，其标题用黑体字并加“【 】”。

四、本年鉴为全面反映垦利区情况，不仅设计了彩色图片集，还增加了随文黑白插图，加大了年鉴的信息量。

五、本年鉴为了便于检索，卷首编制了详细的中、英文目录，卷中设标题书眉，卷末设按汉语拼音字母顺序排列的主题分析索引。

六、本年鉴有关全区国民经济和社会发展的主要数据均以垦利区统计局公布的数字为准，个别数据由于统计口径不同存在差异。

七、本年鉴稿件由各镇（街道）、办事处，区直各部门、单位和中央、省、市及胜利油田驻垦单位提供，并经各供稿单位审阅。区党史史志办公室总纂后，主要内容经区政府主管领导审定。为示负责，撰稿人署名于条目或分目之后。

八、本年鉴在组稿、撰稿、编纂过程中得到各级领导及各有关单位的大力支持，在此表示诚挚谢意！在编纂过程中虽多次审核校对，仍难免错讹和疏漏，恳请广大读者批评指正。

2017年12月

目　录

特　载

大　事　记

垦　利　概　况

黄 河 口

政 党 政 务

政权 政协

人民团体

军　事

法 治

对 外 开 放

综合经济管理

农　业

工　业

石　油

国内贸易

城建环保

交通 邮政 通信

财政 税务

金融保险

教育科技卫生

文化艺术　广播电视

社会生活

社区　镇（街道）　开发区

人　物

附　录

索　引

CONTENTS

Special Edition

Events

Profile of Kenli

The Mouth of the Yellow River

Political and Governmental Affairs

NPC and CPPCC of Kenli County

People' s Organization

Military Affairs

Rule of Law

Opening to the Outside World

Comprehensive Economic Management

Agriculture

Industry

Oil

Domestic Trade

Urban Construction and Environmental Protection

Transportation, Postal Service and Communications

Finance and Tax

Finance and Insurance

Education, Science, Technology and Health

Culture, Arts, Radio and Television

Social Life

Community, Town (Street Office) Development Zone

Figures

Appendix

Index

特　　载

韩利学在全县工业经济运行座谈会上的讲话

（2016年4月26日，根据会议记录整理）

一、准确把握发展趋势，找准产业转型升级的方向

当前，全球新一轮科技革命和产业变革风起云涌，我国经济发展也步入新常态，各种新产品、新技术、新模式、新业态不断涌现，无论是行业格局，还是商业模式、产品策略、渠道运营等，都发生了很大变化。在这种情况下，首先要做的就是把握趋势、找准方向。对企业而言，最重要的“势”是宏观经济的趋势和行业发展的趋势。顺应了趋势，企业可能会被市场巨大的内在力量推着向前走，达到事半功倍的效果。逆趋势而动，可能日子一时过得也不错，但迟早会栽跟头，甚至是大跟头。要成功就要今天做明天的事。因此，各企业要加大对宏观经济政策、行业发展趋势和市场行情变化的分析，深入研究产业、行业的发展方向，做到主动应变、超前预判，这样才能适应市场、把握市场。要重点把握好三个趋势：

一是高端化趋势。在国际竞争日趋激烈和经济下行压力持续加大的形势下，产业向中高端发展已是必然选择。现在，我们正在迎来第四次工业革命，这场革命的主要特征是各项技术的加速突破和深度融合，对产业发展提出了新的更高要求。国家和省、市大力推进供给侧结构性改革，就是要加快产业转型升级步伐，增加高端产品的有效供给，减少中低端产品的无效供给。要清醒地看到，每一个行业、每一种产品都有高端化的倾向，我们的产业、产品绝不能停留在现有的水平上，必须要向高端迈进。各企业都要认真研究产业、产品的发展趋势，明确产业、产品朝什么方向创新提高，既要瞄准生产体系的高端，发展高附加值、高技术含量的新兴产业，也要深刻把握产业链升级规律，通过优化产品结构、延伸产业链条，把产业和产品做到最高端，将传统产业、产品向价值链高端延伸。各镇街、有关单位要搞好政策引导，加大扶持力度。

二是智能化趋势。当前，我们已经进入“互联网+”时代，无论是工业生产还是日常生活，信息化、

数据化、智能化程度都越来越高。现在，我们几乎人手一部智能手机，能上网、能阅读、能定位，智能家居也开始进入市场，用手机就可以控制电视、空调等家用电器的开关，灯光、温度、湿度都可以智能感应、智能调整。海尔的沈阳互联工厂通过打造自动化、智能化的生产线，搭建信息化、数字化信息系统，率先建成了企业与用户需求数据无缝对接的智能化制造体系，在数据实时共享的基础上实现智能生产，每10秒钟就能下线一台冰箱。去年，中央提出了实施“中国制造2025”战略，主攻方向就是智能制造。各企业一定要有前瞻意识，把智能化作为两化深度融合的主攻方向，在研发设计、生产制造、经营管理、销售服务等关键环节加快探索实践，全面提升企业研发、生产、管理和服务的智能化水平，提高生产效率、降低生产成本，推动传统制造向现代智造转变。

三是绿色化趋势。绿色经济既是未来发展趋势，也是对发展方式、发展模式提出的更高要求。随着经济持续多年的高速发展，资源短缺、环境容量对经济社会发展的约束越来越明显，同时群众对环境的要求也越来越高，关注越来越多，无论在发展趋向还是发展要求上，依靠高污染、高消耗推动高增长的方式都已经一去不复返了。各企业要认真贯彻落实绿色发展理念，围绕破解资源短缺瓶颈、缓解环境容量约束等问题，推动产业向绿色化、高端化方向发展，彻底改变过去那种依靠高污染、高消耗推动高增长的传统发展模式。绿色发展还包括循环生产和安全生产，各企业必须牢固树立节能环保意识和安全生产意识，按照全市“三评级一评价”和《垦利县推进工业转型升级行动计划（2016—2020）》要求，大力发展循环经济，着力推进节能减排，不断完善各项安全环保措施，保证企业生产高效、生态环保、安全稳定。

二、加快技术创新步伐，向转型发展要出路要效益

当前，经济下行压力持续加大，市场出现了各种新情况、新变化，研究市场、适应市场，加快产业转型升级步伐势在必行。特别是对垦利来讲，石油化工、精细化工等传统产业占比较大，加快创新转型成为企业唯一的生存之道、发展之路。各企业必须抓住当前创新创业的机遇，从战略、技术、人才等方面发力，增强发展动力活力，加快转型升级步伐。

一要高度重视战略研究。战略是方向，是企业发展的总纲领、总谋划。市场经济是竞争经济，优胜劣汰，适者生存，企业兴衰成败的关键是市场。市场不是固定不变的，企业必须时刻注意市场的变化，及时调整自己的投资结构和产品结构，以适应变化了的市场需要，不能走一步看一步，摸着石头过河，必须要有一个比较超前的、考虑比较细致的、带有全局性的打算，研究制定企业在未来50年甚至100年的发展定位。战略首先要对企业自身有一个定位，在同行业处在什么位置，有什么特色和优势，行业是怎样的竞争态势，社会为企业提供了哪些条件，企业要想生存发展需要具备怎样的基本条件。其次是产业定位，是搞专业化还是多元化，什么是企业的核心产业、支柱产业和支持产业，是搞传统产业转型升级，还是进入高新技术产业。再次是市场定位，产品是参与国际竞争，还是国内竞争或者区域竞争，是采取扩张策略，还是采取稳定策略。对于这些问题，各企业一定要研究深、研究细，切实做到心中有数，为未来发展明确定位和方向。

二要高度重视技术研发。成功的企业有很多，能够长盛不衰的，能够应对各种风险的，无一例外，都是有着自己的核心竞争力。而这种核心竞争力体现到产业上，一定是技术。经济新常态下，很多企业一夜之间陷入困顿，大家同时又看到，很多企业逆势而上，他们的区别，很大程度上体现在技术实力和创新能力上的差异。华为集团去年实现销售收入3900亿元，仅用于研发的经费就超过500亿元，研发投入接近销售收入的13%，17万职工中有7.6万是研发人员。苹果手机一部卖到6000多元，并且产品更新换代特别快，苹果6手机还没用多久，苹果7马上就下线生产了，关键还是技术储备充足。小米雷军与格力董明珠的10亿元对赌，是科技创新研发能力和互联网营销模式的对赌。现在，小米也开始研发自己的核心技术，正在自主制造手机芯片，积极储备专利技术。实际上技术和营销是相辅相成的，光有技术没有营销，产品市场打不开，只有营销没有技术，最终会被市场淘

汰。商业模式的本质还是依赖技术，没有技术创新就没有生产力。我们的企业要学会算大账、算长远账，高度重视技术研发，既要搞好技术的引进，更要抓好技术的消化、吸收、再创新，积累更多的技术资源，努力做到人无我有、人有我优、人优我强，获得更好更快的发展。要进一步加大研发投入，充实科研力量，大力实施各类科技计划项目，形成“生产一代、储备一代、研发一代”的3级研发体系，不断提高自主创新能力，增强企业核心竞争力。

三要高度重视人才引进。对于今天的企业来说，人才决定着未来。技术研发非一日之功，引进高端人才是持续发展的必然、提升实力的捷径。胜通集团PET光学膜项目投入2000万元，高薪聘请了行业领先的技术研发团队，采用国际先进的生产工艺和技术系统，年产值可达20亿元；和辉公司和长江学者戴彩丽教授合作实施的油水井堵水调剖工艺研究项目，已在国内外多个油田推广。各企业要充分认识高端人才的带动作用，善于借助外脑、会用外脑，探索引进人才的方法和途径，用好县财政鼓励企业人才引进专项资金，探索在境外设立人才研发基地，以高端人才构筑发展优势，推动企业创新转型发展。要充分用好中关村黄河口创业学院、黄河口人才协会和黄河口高层次人才引进洽谈会等平台载体，积极搭建与高校、科研院所专家的沟通联系平台，引进一批产业急需的科技领军人才、高素质管理人才和高技能实用人才，为企业转型升级提供人才保障和智力支持。

三、增强开放发展意识，积极走出去提高开放水平

随着世界经济全球化和区域经济一体化进程的不断加快，经济合作融合程度不断提高，开放合作是发展的大趋势。我们现在坐在家里海淘，到超市买国外商品，生活中的这些变化都与开放密切相关。通过这次外出考察，大家也都切身感受到了我们的发展差距，有差距说明发展提升的空间还很大，要把发展空间、潜力挖掘出来，就必须切实增强开放意识。各镇街、各有关部门单位要把开放发展作为重要发展理念，积极走出去，既要走出去学习，学习先进地区的发展理念和工作模式，解放思想，增长见识，谋划推进好“十三五”时期发展，也要积极走出去招商，围绕发展定位、产业基础开展全产业链招商，着力引进一批高端优势项目。各企业也要积极“走出去”，加强与国内外大公司、大集团的合资合作，拓展发展空间，增强发展实力，有条件的企业要积极开展境外投资，主动参与全球经济分工合作，在走出去中不断发展壮大。必须明确，开放是双向的，既要把好的产品引进来，学习、消化，也要将我们的产品推出去，让其在更大市场上迎接竞争、接受考验，推动企业更好更快发展。

四、加快项目建设步伐，增强经济发展活力和动力

项目是经济工作的第一抓手，项目建设事关经济转型成效，事关社会发展全局。只有做大做强项目，才能固本培源、壮大经济总量。要依托存量抓现有项目，坚定信心，强化措施，加快推进，下大力气解决在手续办理、资金投入等方面存在的困难和障碍，力促已确定的项目尽快开工建设，已开工的项目尽快投产达效，确保经济平稳健康运行。要突出增量抓新项目，站在黄河三角洲中心城市的高度，全方位提升抓项目的境界，高起点谋划、高标准定位、高层次推进，着力培育和引进一批投资规模大、科技含量高、对财政贡献大的项目，靠大项目引领大发展。要突出转调抓好项目，围绕产业转型升级和经济发展方式转变，策划推出一批高附加值的高端项目，重点围绕企业长远发展培育科技项目，围绕改善生态环境建设生态项目，围绕提高民生福祉发展民生项目，靠好项目提质增效。企业作为项目建设的主体，必须增强危机意识，坚定发展信心，在推进好现有项目的基础上，结合外出考察学习选项目找项目干项目，尽快梳理出下半年和明年的项目单子，靠大项目好项目加快转型升级步伐。在推进项目建设上，全县各级各部门都具有不可推卸的责任，必须切实增强服务意识，从大局着眼，从实处做起，全方位为企业提供优质高效服务，不断降低企业生产经营成本，帮企业顺利渡过难关、迅速发展壮大。

政府工作报告

——在垦利区第十四届人民代表大会第一次会议上

代理区长 马保文

（2017年2月7日）

一、十三届政府主要工作回顾

区十三届政府任期以来，在区委的正确领导下，在区人大和区政协的监督支持下，区政府紧紧依靠全区人民，围绕建设“黄蓝经济示范区、和美幸福新垦利”的总目标，加快推进“一城一带三区”建设，全力做好稳增长、调结构、促改革、惠民生各项工作，较好地完成了区十三届人大一次会议确定的各项任务目标。2016年全区实现地区生产总值410.9亿元，一般公共预算收入21.3亿元，完成固定资产投资297.4亿元，分别是2011年的1.6倍、1.8倍和1.4倍，城镇居民、农村居民人均可支配收入分别达到38341元、15605元。先后被表彰为全国科技进步先进县、全国平安建设先进县、国家卫生县城、国家园林县城、省级文明县、全省“六五”普法先进县、文化强省建设先进县，位列全国县域经济100强第56位。2016年8月完成了撤县设区，跨入了新的发展阶段，站在了新的历史起点。

五年来，我们千方百计夯基础、上水平，“一城一带三区”载体功能明显增强。立足区位优势，突出产业特色，着力建设新城市、发展大产业、打造大园区，全区功能布局更加合理，发展空间日趋优化。现代化黄河口生态新城与中心城融合发展。西四路、东三路等竣工通车，连接中心城的道路达到9条，实现了与中心城的全面对接。主动承接油田三产和中心城产业转移项目41个，胜利佳苑、锦霞新城等4个油田职工住宅小区交付使用，为全面融入中心城奠定了基础。沿黄生态产业带规模扩张。突出高效生态农业、生态旅游两大重点，推动农业和旅游业融合发展。新建东营西郊现代农业示范区、黄河口现代农业示范园等农业园区42处，天宁寺、黄河口文化园、黄河华滩、西宋桃园等景区景点串点成线，沿黄百里风景长廊初具规模。东部海洋产业区稳步提升。海参、黄河口大闸蟹养殖面积分别达到18万亩、40万亩；黄河口大闸蟹被评为“中国十大名蟹”，并荣获中国农产品地理标志认证。加快推进滨海蓝镇建设，大力发展海洋特色产业，创建为全省海洋生态文明示范区，入选全省首批黄蓝“两区”海洋特色产业园。中部新型工业区全面升级。以经济开发区、胜坨精细化工园为主体，着力优化产业结构，提升产业层次，开发区综合经济指标位列全省省级经济开发区30强，成为山东省高端石油装备产业园和山东省循环化改造示范试点园区；胜坨精细化工园产值过千亿，被评为中国生态发展示范园区。西郊现代服务区强势崛起。按照面向中心城、服务中心城的定位，修订完善发展规划，强力推进基础设施建设，园区承载力明显增强；突出汽车贸易、专业市场、仓储物流、电子商务等产业，实施了总投资192亿元的112个重点项目，汽车4S店发展到37家、48个品牌，年销售额超过42亿元，被评为山东省重点服务业园区。

五年来，我们坚定不移转方式、调结构，产业层次显著提升。重点推进产业结构调整与内部结构优化，三次产业比例由2011年的6.2：64.5：29.3调整为

4.9∶57∶38.1。现代农业快速发展。认真落实各项强农惠农政策，区财政投向“三农”的资金达到25.9亿元。围绕水产养殖、特色种植等优势产业，积极培育大闸蟹、大米、莲藕等黄河口农产品品牌，“三品一标”农产品达到129个，连续举办了六届黄河三角洲国际生态农业博览会。积极引导土地适度规模经营，累计流转土地21万亩，规模以上农业龙头企业达到70家，农民专业合作社361家，家庭农场283家，标准化畜牧养殖小区345个。先后投入5.6亿元实施农田水利设施项目142个，农业生产条件明显改善，被评为全国小型农田水利建设重点县。工业经济快速增长。坚持“工业强区”战略不动摇，加快工业经济创新转型，实施了总投资386亿元的96个传统产业改造升级项目和总投资293亿元的45个战略性新兴产业项目，工业总量不断壮大，质量效益显著提升，精细化工、石油装备两个产业集群被评为省级产业集群。深化产学研结合，建成企业院士工作站2家，工程技术研究中心等创新载体平台15家，省级以上名牌23个，高新技术产业产值占规模以上工业总产值的比重达到41%。2016年全区规模以上工业企业达到181家，实现工业总产值2136.2亿元，是2011年的1.7倍，在全国工业百强县的位次上升至第49位。现代服务业快速膨胀。国家AAAA级旅游景区达到2处、AAA级景区3处，桃花节、葡萄节、赶海拾贝节等节庆活动愈加成熟，被评为山东省乡村旅游示范县。金融服务业集聚发展，各类金融机构发展到45家，比2011年增加19家；2016年，各项存、贷款余额分别达到364亿元和400亿元，比2011年增加186亿元、210亿元。现代物流业快速壮大，成为全省最大的油品运输区。电子商务快速成长，农村电子商务服务站点达到269个。2016年全区实现服务业增加值156.4亿元，是2011年的2.1倍。

五年来，我们集中精力拓功能、提品位，城乡面貌日新月异。坚持以城带乡、城乡互动，新型城镇化步伐不断加快。城市建设快速推进。累计投资232亿元实施了103项城建重点工程，城市功能更加完善。全民健身中心、一中体育馆建成投用；民丰湖、植物园对外开放；改造升级道路397条，全区公路通车里程达到2270公里；建成启用公交汽车总站，开通公交线路10条，新建城市公共自行车站点10个，市民出行更加便捷；建成住宅小区30个，新增住宅面积345万平方米；12个城中村、6个棚户区完成改造，2871户群众喜迁新居；对城区46个老旧小区实施了改造，新建改建城市社区工作站和社区居委会13处，既有居住建筑节能改造在全省率先完成。小城镇规模迅速扩大。累计投资379亿元实施小城镇建设项目185个，强力推进镇驻地改造提升，全区城镇化率达到56.9%，镇区载体功能明显增强。胜坨镇入选全国综合实力千强镇，郝家镇、董集镇实现了城镇化与服务业融合发展，黄河口镇被评为省级宜居小镇。新农村建设成果丰硕。深入推进乡村文明行动和美丽乡村建设，农村面貌焕然一新。累计投资50亿元建成新型农村社区9个，43个村庄3.6万人实现集中居住；建设农村社区服务中心29处，实现了社区服务全覆盖；投资2.2亿元完成了183个村庄的五化改造，实施了村级公路网化示范县工程和农村公路生命安全防护工程，所有村庄纳入了城乡环卫一体化管理。生态环境大幅改善。扎实开展水气污染整治和节能减排工作，完成了36家城区工业企业搬迁，关停土小企业165家，投资25亿元实施污染治理工程126项，重点河流水质、区域环境质量持续改善。扎实推进化工产业“三评级一评价”工作，首批111家化工企业全部完成评级评价。深入实施生态林场建设和“三年增绿”计划，累计投资11亿元，新增造林7万亩，全区林木覆盖率达到25%，6个镇街被评为国家级生态乡镇。

五年来，我们凝心聚力抓改革、促开放，发展活力充分释放。深化行政审批制度改革，率先实行了工程项目行政审批改革，容缺受理、并联审批、一口收费等制度全面推开。不断深化商事制度改革，全面实行“五证合一、一照一码”登记制度。稳步实施财税改革，“营改增”圆满完成，建立了全口径预算编制和预决算公开体系，纳入全省现代预算管理制度改革试点县。扎实推进投融资体制改革，政府融资平台规范运行，石大胜华在A股首发上市。稳步实施企业改革，完成了18家国有集体企业改制。积极开展土地管理改革，扎实推进未利用地开发管理改革试点，新增城镇建设用地指标2.6万亩。深入实施农村综合改革，全面完成农村土地承包经营权确权登记颁证，建成了区镇两级农村产权交易市场。扎实推进政府机构改革，开展了综合行政执法改革试点，完成了党政机关公务用车制度改革。实施"百名硕博进垦利""百名创新创业人才引进计划"等重点人才工程，引进国家"千人计划"、省"泰山学者"等高层次人才17名。大力开展招商引资，引进签约项目374个，到位外来固定资产投资160亿元；加快对外开放步伐，累计实现进出口总值36.6亿美元，利用外资突破1.2亿美元，成为全省精细化工外贸转型示范基地。

五年来，我们全心全意强保障、惠民生，群众生活持续改善。坚持每年实施一批惠民利民的好事实事，五年区财政民生支出达到105亿元，占财政总支出的82.8%，群众幸福指数大幅提升，位列全国县域居民发展指数第52位。就业再就业工作成效明显。鼓励大众创业、万众创新，城镇新增就业1.6万人次，转移农村劳动力3.4万人次，城镇登记失业率控制在3%以内。发放创业担保贷款4亿元，大学生创业园被认定为省级大学生创业示范平台。教育事业全面发展。五年全区教育累计投入30亿元，新建改建中小学23处、幼儿园38处，教育硬件设施达到全市一流、全省先进，创建为全国义务教育发展基本均衡县。医疗卫生条件明显改善。在全市率先实施药品零差率销售和"先看病、后付费"诊疗服务模式。区医院外科病房楼、影像楼建成投用，新建城市社区卫生服务站7处，维修改造一体化农村卫生室80处，城乡基本公共卫生服务实现全覆盖，被确定为全国健康促进试点区。社会保障能力显著增强。实施"全民参保登记计划"，新农合和城镇居民医疗保险实现整合，城乡低保、五保供养等保障标准全省领先。综合社会福利中心、残疾人康复中心建成投用，建设城市老年人日间照料中心6处、农村幸福院34处。大力实施保障性安居工程，建设各类保障性住房8574套。扎实推进精准扶贫，8个省定贫困村、265户贫困户全部脱贫摘帽。文体事业繁荣发展。大力推进文化惠民工程，群众文化中心全面对外开放，综合文化站、农村综合文化服务中心等镇、村文化设施实现全覆盖；"舞动垦利·唱响和美"群众文化"六进"活动覆盖城乡，"村村唱戏村村舞"活动荣获全国"群星奖"，创建为全省首批公共文化服务体系示范区。成功举办了两届全民运动会，承办了20多项市级以上体育赛事，体育公共服务水平明显提升。社会治理扎实有效。大力推进"平安垦利"建设，城乡视频动态监控系统实现全覆盖；持之以恒抓好安全生产，全面推行网格化实名制管理，深化安全生产隐患大排查快整治严执法等行动，有效遏制了较大以上安全事故发生。认真落实领导干部公开接访制度，全力抓好社会矛盾纠纷排查调处，社会大局和谐稳定。"智慧垦利"全面启动，数据中心、云平台等14个项目上线运行。"信用垦利"扎实推进，被批复为山东省社会信用体系建设试点示范城市。顺利完成了第三次经济普查。计划生育、双拥共建、国防动员、人民防空、优抚安置、民族宗教、打击走私、妇女儿童、广播电视、气象、档案、史志等工作都取得了新成绩。

五年来，我们持之以恒转作风、提效能，自身建设全面加强。深入开展党的群众路线教育实践活动、"三严三实"专题教育和"两学一做"学习教育，严格落实中央八项规定，干部作风和能力显著提升。扎实开展"百名干部联百企"和"千名干部走百村联万户"活动，服务效能大幅提升。认真落实民主集中制，凡重大事项、重大决策，都提交会议研究，确保决策科学，经得起历史和实践的检验。自觉接受人大法律监督、政协民主监督，累计办理人大代表建议302件、政协委员提案468件，办结率100%，满意率98%。发挥书记区长公开电话、网上民声等平台作用，畅通社情民意反映渠道。严格落实党风廉政建设责任制，加大行政监察和审计监督力度，严肃查处违纪违法案件，反腐倡廉工作明显加强，树立了政府良好形象。

各位代表，五年的成绩振奋人心，我们先后跨入了全国经济综合实力百强、全国工业百强和全国幸福指数百强行列。这些成绩的取得，凝聚着历届班子的辛勤汗水，得益于区委的正确领导和区人大、政协及社会各界的鼎力支持，是全区广大干部群众团结一心、锐意进取，艰苦奋斗、顽强拼搏的结果。在此，我代表区人民政府，向各位人大代表和政协委员，向奋斗在各行各业的广大干部群众，向关心支持垦利发展的各界人士，表示衷心的感谢，并致以崇高的敬意！

各位代表，五年的开拓奋进和辉煌成就，奠定了科学转型发展的坚实基础。回顾五年来的工作，我们深刻体会到：办好垦利的事情，推进垦利的发展，必须增强坚持党的领导、依靠党的领导的核心意识。在思想上、政治上、行动上自觉与党中央保持高度一致，全面贯彻区委的部署要求，汇聚团结干事的正能量，激发推动发展的凝聚力和战斗力，是事业成功的保障。必须强化驰而不息、久久为功的战略定力。立足当前，着眼未来，咬定目标，铆足干劲，以止于至善的追求，一心一意谋发展、凝神聚力促赶超，干一件、成一件，是事业成功的基础。必须锻造勇于担当、善于攻坚的工作作风。以项目为抓手，全力促协调、破难题、强保障，直面矛盾，勇往直前，敢于担当，善于担当，务求各项工作落到实处，是事业成功的关键。必须秉持以人为本、执政为民的百姓情怀。行程万里、不忘初心，聚焦人民群众关注的热点问题，干实事、做好事、惠民生，是事业成功的根本。

同时，我们也清醒地认识到，全区经济社会发展还存在一些困难和问题，主要是：产业结构性矛盾突出，传统产业占比较大，转型升级任务艰巨；受经济下行影响，部分企业经营困难、效益下滑，稳增长、保运行的任务重；农业产业化水平低，群众持续增收渠道较窄；财政增收压力大，收支矛盾相对突出；生态建设任务艰巨，水气污染治理和节能减排的压力较大；民生的改善和群众的期待还有一定差距；个别干部勇于担当、干事创业的激情不足，政府自身建设有待进一步加强，等等。对此，我们将高度重视，采取有力措施，认真加以解决。

二、十四届政府的奋斗目标和工作重点

今后五年，是垦利率先全面建成小康社会的决胜时期，也是一个立足新起点、承担新使命、谋划新发展、创出新业绩的重要历史阶段。这一时期，立足撤县设区新起点，垦利已成为东营市“一个主中心”的重要组成部分，我们既面临接受中心城辐射、承接中心城乃至环渤海经济圈产业转移的发展机遇，也承担着在美丽幸福新东营建设中加速崛起的历史重任，必须以全新的定位审视垦利，以全新的境界谋划发展，以全新的视野描绘蓝图，以全新的作风干事创业。这一时期，顺应经济发展新常态，区域发展速度变化、结构优化、动力转化的趋势愈加凸显，对于我们加快转型升级，既有倒逼压力，也是重大机遇，必须切实转变经济发展方式，调整优化经济结构，提升发展层次和质量效益，在新常态下实现新作为。这一时期，面对人民群众新期待，群众既有对新一届政府新政绩新作为的期待，也有对更加富裕美好新生活的期待，同时也有万众一心、干事创业、思富求变的热情和干劲，必须以群众期待为担当、为动力，依靠民力，汇集民智，合心合力开创垦利发展新篇章。新的形势任务赋予了我们新的责任，提出了新的更高要求。全区上下都要科学把握宏观形势和垦利发展的阶段性特征，紧紧抓住发展机遇，充分发挥自身优势，保持发展定力，既立足现实抓好当前事，又着眼未来谋划长远计，不断研究新思路、推出新举措、探索新机制，把垦利发展推向更高层次、更高水平。

区一次党代会描绘了今后五年垦利发展的宏伟蓝图，根据党代会的战略部署，政府工作总的指导思想：**高举中国特色社会主义伟大旗帜，全面贯彻党的十八大和十八届三中、四中、五中、六中全会精神，深入学习贯彻习近平总书记系列重要讲话精神，积极落实“五位一体”总体布局和“四个全面”战略布局，认真贯彻“创新、协调、绿色、开放、共享”五大发展理念，抢抓撤县设区机遇，扎实推进供给侧结构性改革，加快产业转型升级，推进城乡协调发展，全力保障改善民生，率先全面建成小康社会，加快建设宜居宜业新城区、美丽幸福新垦利。**

总体把握上，将紧紧围绕“一个总体目标”，努力实现“五个显著提升”，重点推进四个方面工作。

“一个总体目标”，就是建设宜居宜业新城区、美丽幸福新垦利，通过今后五年的努力，把垦利打造成产业发达、经济繁荣的“实力新区”，蓝天碧水、宜居宜业的“生态之城”，社会和谐、生活美好的“幸福家园”。

“五个显著提升”：

一是区域经济运行质量效益显著提升。贯彻落实新发展理念，适应把握经济发展新常态，更加注重提高发展质量和效益，加快产业转型升级，推动产业向高端高质发展。全区生产总值年均增长7.5%左右，2021年达到612亿元；一般公共预算收入年均增长

6.5%，2021年达到29.2亿元；固定资产投资年均增长10%以上，2021年突破600亿元。

二是创新创业活力显著提升。把创新作为发展的动力源泉，坚持用发展的眼光、创新的思维、改革的办法解决发展中的困难和问题，不断创新理念、创新思路、创新机制，充分调动干部群众干事创业、加快发展的积极性，让发展的动力竞相迸发，让创新的活力充分涌流，形成大众创业、万众创新的浓厚氛围。

三是宜居宜业环境显著提升。坚持生态优先原则，统筹发展城乡生态产业，一体构建城乡生态体系，同步优化城乡生态环境，用生态优势彰显宜居宜业水平，吸引人流、物流、信息流汇聚垦利，打造适宜居住、适宜创业的区域品牌。

四是各项事业发展水平显著提升。坚持创先争优工作导向，各方面工作都瞄准全市领先、全省乃至全国一流找标杆、定目标、谋跨越，做到可比性工作争先进，不可比性工作创一流，推动垦利各项事业、各方面工作出亮点、创典型，带动全区经济社会发展整体上水平。

五是人民群众获得感幸福感显著提升。把促进群众收入增加、为人民群众谋福祉作为最大的工作追求，持续加大民生投入，围绕群众关心关注的问题，实施一批为民办实事工程，全面落实各项惠民利民政策，提高全区干部职工待遇和城乡居民养老、医疗、生活救助等补贴标准，确保达到全市最高水平，推动民生工作进入全国领先行列。到2021年，城乡居民人均可支配收入达到4万元，年均增长7.5%。

四个方面的工作：

（一）以转型升级为主线，构建区域发展新格局。坚持以提升经济发展质量和效益为中心，加快产业结构调整，着力构建以新型工业、高效生态农业、现代服务业为主的产业体系。一是积极推进新型工业化。设立工业发展专项基金，深入推进工业强区战略，编制工业转型升级发展规划，推动全区工业集群化、高新化、品牌化。集群化，围绕产业链上项目、促转型、提质量，引导项目入园进区、集中布局，培育壮大精细化工、汽车配件、橡胶轮胎等优势产业。到2021年，建成千亿产业集群1个、百亿产业集群5个。实施大企业培育升级工程，重点支持符合产业政策、管理科学规范、行业优势明显的工业企业，以大企业带动大产业。到2021年，全区工业总产值突破2600亿元，产值过百亿元企业达到7家以上。高新化，围绕高端装备制造、新材料、新能源、生物医药等产业，引导企业加强自主研发和产学研结合，重点推进与国内知名科研院所合作，建立创新平台，加快科技成果转化应用，集中实施一批高端优质产业项目。五年内，实施高新技术产业项目30个，高新技术产业产值占规模以上工业总产值的比重达到45%。品牌化，深入实施品牌战略，重点在装备制造、原材料加工和消费品生产等行业，加快技术升级，培育形成一批科技含量高、拥有核心技术和自主知识产权的知名品牌。五年内，争创国家级名牌产品2个、省级名牌产品10个，驰名商标达到20件。二是加快发展现代农业。设立农业发展专项基金，围绕优势特色种植、标准化养殖和绿色有机，创新农业发展模式，提升农业发展层次。抓示范、建基地。发展壮大龙头企业，加快推进适度规模经营，鼓励农业经营主体联合发展，促进农业生产经营专业化、规模化，提升优势产业发展水平。到2021年，新增高标准农业示范园区10家，规模以上农业龙头企业达到100家，市级以上示范合作社和市级示范性家庭农场分别新增20家、30家。抓质量、创品牌。按照优质、高效、生态、安全的要求，推行农业标准化生产，提升农产品品质和附加值，定位高端精致农业，打造绿色生态有机品牌，建设京津地区农产品供应基地和出口产品基地。顺应“互联网+农业”趋势，大力发展智慧农业，健全农产品质量安全追溯体系，推动农业向智能化信息化发展。加大品牌营销力度，提升黄河口农产品的知名度和市场竞争力。到2021年，新增无公害农产品产地认定面积5万亩、“三品一标”农产品40个以上，名优农产品品牌达到50个以上。抓联动、促融合。积极培育农村经济新业态，发展休闲农业、观光农业、科技农业，引导农业“接二连三”，推进一二三产融合发展。拓展农业旅游观光、生态休闲、科技示范等功能，重点推进水稻、莲藕、大闸蟹、海参等多个万亩特色产业示范区，促进农业生产与生态休闲旅游深度融合，让农业景观化、景观生态化，全力打造中国独具特色的现代农业景观区。三是推动服务业跨越发

展。设立服务业发展专项基金，突出发展优势产业，全力促进服务业发展提速、总量做大、水平提升。到2021年，服务业增加值占地区生产总值的比重达到42%以上。突出发展生态旅游业，坚持高起点、高标准、高水平，以我区独具的现代农业景观、民俗文化、黄河文化、特色景区为基础，聘请知名机构就全域旅游进行顶层设计和高端规划，配套完善旅游要素，争创国家级全域旅游示范区，打造黄河三角洲休闲旅游首选目的地。重点推进万亩红海滩风景区、万亩盐田景观区、万亩荷塘休闲区、万亩稻田画观赏区和万亩海参、万亩大闸蟹文化体验区，建设既是特色种养植、精品展示的示范基地，又是游览观光、摄影体验的景观公园，打造黄河口特色摄影之城。以特色小镇、美丽乡村为载体，深挖旅游资源，做好重点村落和乡村旅游精品线路的提升，加快推进黄河南展区民俗文化旅游项目建设。繁荣发展商贸物流业，充分发挥物流产业基础优势，加快物流资源整合，构建规范、高效、安全的物流体系。突出城区，大力发展城市经济，配套完善商业服务设施，规划建设特色商业区块，打造城市核心生活圈；突出东营西郊现代服务区，按照园区建设景区化、项目建设景观化的思路，大力发展新兴服务业，完善提升生活性服务业，争创全省现代服务业集聚示范区。加快发展金融业。积极引进各类银行、证券、保险等金融机构，到2021年，金融服务机构发展到50家。同时，加大电子商务、健康养老、总部经济、航空服务等新兴业态引进力度，培育新的经济增长点。

（二）以统筹城乡发展为方向，开创区域协调发展新局面。以人的城镇化为核心，统筹推进规划建设和管理服务，努力形成优势互补、融合互动的城乡建设新局面。一是加快城区功能完善。对接东营市中心城区总体规划，调整城区总体规划，修编各镇街控制性详细规划。推进广兴路西延、西外环等道路建设，完善“十二纵六横”“一环一沿”道路框架体系。配套建设民丰湖景区儿童游乐园和商业服务设施，布局各类商业综合体等城市功能设施，实现与中心城功能互补。加大城中村、老旧小区搬迁改造力度，积极推进人口市民化，鼓励农村居民进城购房，主动承接中心城产业、人口转移，增强城市发展活力。充分结合垦利实际，创新城市管理理念，健全城市精细化管理长效机制，实施雨污分流改造等工程，打造精品城市和宜居城市。二是加快特色小镇培育创建。结合各镇街特色产业资源，坚持产业、文化、旅游“三位一体”和生产、生活、生态融合发展的定位，编制特色小镇发展规划，完善扶持政策，培育一批特色小镇。胜坨镇加快提升总体设计规划，深入挖掘石油文化、遗址文化、民俗文化、佛教文化等资源，立足现有的产业基础和资源优势，定位发展方向，提升产业层次，打造经济繁荣、环境秀美、舒适宜居的特色小镇，重振胜坨发展优势，昂起镇域经济发展龙头。现代渔业示范区抓住列为全省首批特色小镇建设的机遇，加快滨海旅游景观和湿地、温泉等资源开发利用，推动海洋产业项目和休闲旅游度假项目集聚，着力打造“最美海岸线”、滨海休闲旅游度假区，争创省级农业高新技术产业开发区。三是加快美丽乡村建设。结合美丽乡村行动，对所有符合规划的农村基础设施、公共服务配套等硬件建设列支专项资金进行集中投入，进一步健全城乡环卫一体化长效管护机制，大力推进“五化”改造提升工程，做美村庄环境，五年内，全区所有农村全部达到美丽乡村标准，让鸟儿回来，让传统回来，让年轻人回来。以“一村一品、一村一特、一村一业”为目标，论证筛选能够稳定增收的产业进行重点扶持引导，壮大集体经济，实现村集体收益逐年上升、农民稳定增收致富、年轻人踊跃返乡创业。四是加快生态环境改善。牢固树立绿色发展、循环发展、低碳发展理念，实行最严格的环境保护制度，严守环境质量底线、生态保护红线、资源消耗上限。全面抓好城乡生态环境保护，强化水、土壤、大气污染综合防治，加大环境违法行为处罚力度，建立突发环境事件预防和预警体系，有效防范和遏制环境污染事件发生。狠抓节能减排，加快淘汰落后产能，建立绿色低碳发展产业体系。大力发展循环经济，扶持重点园区、企业循环化改造，建设循环经济示范园区。实施生态保护和修复工程，加大绿化提升和植树造林力度，全面构建绿色生态体系，到2021年，全区林木覆盖率达到28%。

（三）以改革创新为动力，培育经济增长新动能。始终把改革创新作为全区经济发展的强大引擎，着力破除制约发展的体制机制障碍，充分激发经济社会发展的动力活力。一是全面深化改革。加快转变政府职能，深入推进简政放权，加快行政体制改革和行政审批制度改革，提高机关效能和服务水平。深化财政体制改革，调整理顺财力与事权相匹配的区镇财政体制。稳步推进国有集体企业改革，加快规模企业规范化公司制改制。制定鼓励农民进城购房实施办法，有效化解房地产库存。深化户籍制度改革，推进农业转移人口市民化。推进结构性减税降费，减轻企业负担。推行“互联网+政府采购”新模式，扩大政府购买服务范围。稳妥实施农村集体产权制度改革，释放农村发展活力。二是实施创新驱动战略。完善创新要素，设立创投基金，分行业、分领域建立科技创新平台，支持企业创新发展；实施精准服务企业工程，引导骨干企业加大研发投入，突破掌握一批关键核心技术；鼓励企业加强产学研合作，加快推进技术创新、管理创新、商业模式创新，增强企业核心竞争力；引进和培养科技创新创业领军人才、团队，建立重点产业高层次人才智库。三是开展全民创业行动。落实创业扶持政策，加强创业培训辅导，优化创业环境，支持有创业意愿和创业能力的劳动者创业。鼓励发展众创、众包、众扶、众筹“四众”平台，发挥中关村创业学院、大学生创业园等载体作用，积极营造大众创业的浓厚氛围。

（四）以群众幸福为追求，推动民生工作新发展。始终围绕民心民愿，把更多资金、政策和公共服务持续向民生倾斜，注重对特殊困难群体的精准帮扶，不断提升普惠性民生发展水平，让人民群众共享改革发展成果。坚持教育优先发展，实施“基础教育提升三年行动计划”，连续5年列支专项资金，引进和打造一支师德高尚、业务精湛的高水平师资队伍，大力提升垦利教育软实力。实施积极的就业政策，加强就业培训，做好就业服务，突出抓好高校毕业生、农民工和特殊群体就业，城镇登记失业率控制在3%以内。实施全民参保计划，继续加大对弱势群体的帮扶力度，提高城乡居民养老保险、医疗保险、低保、五保供养、老年人生活救助金等各项补助标准，完善重大疾病救助、福利慈善救助体系，推进保障性安居工程建设，推动城乡困难群众生活一体化保障。实施“健康垦利三年行动计划”，推进城乡医联体建设，完善区镇村三级公共卫生服务体系，鼓励发展民办医疗机构，推动城乡医疗卫生一体化服务，创建成为全国健康促进区。健全完善公共文化设施网络，全面建成覆盖城乡的现代公共文化服务体系。广泛开展全民健身活动，加快体育产业发展。加强“七五”普法工作，深化平安垦利建设，完善社会治安防控体系；加强和改进信访工作，健全矛盾纠纷多元化解机制；全面落实安全生产责任，提高保障公共安全和处置突发事件的能力，维护社会和谐稳定。

三、2017年工作安排

2017年是新一届政府任期第一年，是实施“十三五”规划的重要一年。我们将适应把握经济发展新常态，坚持“稳中求进”的工作总基调，全面做好稳增长、促改革、调结构、惠民生各项工作，推动全区经济社会持续健康发展。主要预期目标是：地区生产总值增长7%左右；一般公共预算收入增长6%；固定资产投资增长10.5%；城镇居民人均可支配收入增长7.5%，农村居民人均可支配收入增长8.5%；完成单位生产总值能耗降低和主要污染物减排年度任务。

重点抓好六个方面工作：

（一）着力推进项目投资拉动，保持经济平稳增长。坚定不移抓项目带投入，以大投入带动大发展。一是加快推进项目建设。重点实施好总投资288亿元的5万吨/年锂离子电池正极材料、700万立方米/年采输卤及地热能综合利用等110个重点项目，健全完善项目推进机制，对重点项目分类进行手续联审联批，实现手续集中办理、问题集中解决，确保项目早开工、早投产、早达效。二是突出抓好招商引资。抓住国家“一带一路”和京津冀协同发展战略实施的机遇，重点围绕战略性新兴产业、油田改制企业和特色小镇建设，大力开展企业招商、产业招商和园区招商，引进一批符合产业规划、科技含量高、带动力强的大项目、好项目。鼓励企业与世界500强和行业领军企业进行合资合作，借势借力加快发展。重点推进牧原集团100万头生猪养殖、中关村黄河口科技园等项目落地，力争全年到位外来固定资产投资42亿元。三是强化发展要素保障。积极争取上级各类专项资金和政策性贷款，保障政府投资项目资金需求；全面推进银税互动“信用换贷款”，加大金融机构引进力度，力争年内2家金融机构入驻。引导企业拓宽直接融资渠道，重点推进旺豪化工在港交所上市和通用航空、坤宝化工、九章膜等企业在新三板挂牌；大力推动PPP项目实施，积极引导社会资本在公共服务领域加大投资。扎实推进各级土地整理项目，继续做好高标准基本农田建设和未利用地开发，争创国家级国土资源节约集约模范区。积极推进高端智库建设，设立智库专户管理基金，选聘一批“两院院士”、国内知名高级专家和一线实践人才等组建“垦利智库”，为政府、企业和社会机构发展提供人才和智力保障。

（二）着力推进产业结构调整，构建现代产业体系。全力加快转方式调结构步伐，推动产业向高端高质发展。一是推动现代农业高效发展。以“高效、优质、绿色”为主线，大力发展绿色有机休闲农业。编制现代农业景观区发展规划。围绕“精品农业、绿色田园”发展目标，将现代农业园区建设、产业改造提升及休闲观光农业发展有机结合，编制水稻、莲藕、海参、大闸蟹等特色示范区规划，加快推进现代农业景观区建设。注重农业品牌培育。用好黄河口品牌，提升农产品质量，支持开展“三品一标”认证，年内新认证无公害农产品10个以上，新注册农产品商标3个以上。办好第七届黄河三角洲国际生态农业博览会，进一步提高黄河口农产品知名度。提升农业规模效益。积极发展多种形式适度规模经营，实施好莲藕高效生态种植基地、渤海粮仓等项目建设，年内新增市级农业龙头企业4家、示范性家庭农场5家以上，规范提升农民专业合作社4家以上。创新农业发展模式。大力推广智慧农业生产模式，积极推进互联网+现代农业，加快农产品电子商务平台建设，完善农产品营销网络，年内农村电子商务服务站点达到300个。发挥现有科研基地和研发平台作用，抓好农业科技人才队伍建设，不断强化科技对农业的支撑。同时，实施好总投资2.5亿元的14项农田水利设施建设工程，改善提升农业生产条件。二是推动新型工业提质增效。深入开展工业转型升级攻坚年行动，着力实施“五大工程”，推动工业向高端高效迈进。传统产业改造提升工程。以石油化工、机械制造等产业改造升级为重点，突出抓好160万吨/年馏分油加氢精制技术改造、40万吨/年碳四深加工等17个传统产业改造升级项目，提升传统产业发展质量和效益。新兴产业培育壮大工程。以新能源、新材料、新信息技术等产业为重点，强化政策扶持，重点实施好专用汽车配套、5000吨/年六氟磷酸锂等项目，新上一批高端高质高效项目，尽快形成新的支柱产业。年内高新技术产业产值占规模以上工业总产值的比重达到42%。化工产业转型升级工程。扎实开展化工产业“四评级一评价”，重点支持垦利石化、石大胜华等市重点扶持企业做大做强，积极引导化工企业兼并重组、转型上新，推动企业升级发展。企业家队伍培养工程。继续实施“双百企业家”“企业家素质提升”等培育工程，加强企业家培训，着力提高企业家综合能力。关心企业家成长，加大对优秀企业家的选拔表彰力度，增强企业家在垦利发展的自豪感和归属感。企业梯队建设工程。膨胀壮大骨干企业，培育提升中小微企业，努力形成大企业顶天立地、中小微企业铺天盖地的发展格局。力争到年底，产值过50亿元的企业达到8家，过100亿元的6家，实现规模以上工业总产值2250亿元。三是推动服务业做大做强。全力促进服务业结构优化、占比提升，确保服务业增加值占GDP的比重达到39%。加快实施全域旅游战略。编制全域旅游发展规划，加快景区景点建设，重点推进滨海红毯湿地、水语小镇等重点项目。完善提升兴隆生态林场近郊休闲游配套设施，加快建设森林露营地等项目，争创AAA级旅游景区。注重典型培养，创建一批精品乡村旅游点，年内新增美丽乡村61个。推动桃花节、赶海拾贝节、葡萄节等节庆活动提档升级，筹划黄河口特色摄影节，不断提升垦利旅游品牌形象。建设现代服务业聚集区。加快推进西郊现代服务区总投资60亿元的21个重点项目，实施好市政基础设施和卫生体育设施等配套工程，加快推进汽车产业城、华信二手车市场等项目建设，掀起新一轮发展高潮。大力发展现代物流业。实施好金钊源仓储物流中心、万辰轮胎仓储物流园等10个重点项目，加快物流信息平台建设，全面提升物流业整体实力。突破服务业新兴业态。大力发展电子商务、总部经济、服务外包等服务新业态，探索发展家政服务、健康养老等服务新模式，培育新的服务业增长点。

（三）着力推进城乡统筹，建设宜居宜业家园。有序推进基础设施和公共服务互联互通，促进新型城镇化健康发展。一是加快城市建设。坚持高起点规划、高标准建设、高水平管理，实施好明珠广场、档案馆等74项城建重点工程。稳妥推进棚户区、城中村搬迁改造，实施老旧住宅小区改造提升，出台农村居民进城购房补贴办法，采取有效措施促进房地产去库存。建设广兴路东延、西外环等道路工程，实施庐山路、东二路等绿化工程，编制城市绿地系统规划，合理布局各类城市绿地，着力建设功能设施完善、生态环境优美的宜居宜业新城区。二是完善城镇功能。统筹生产生活布局规划，提升城镇建设管理水平。胜坨镇实施好西五路北延等道路工程，加快推进南部新区基础设施配套，拉开城镇建设新格局。永安镇加快镇南片区建设，实施好蟹园、荷园、槐园等十一个主题公园，打造城乡居民休闲目的地。董集镇、郝家镇依托西郊现代服务区，承接产业转移，加快对接融合，推动区镇协同发展。黄河口镇借助资源优势，大力发展休闲观光农业等生态产业，提升镇区承载力。垦利街道抓住撤县设区机遇，加快推进城中村改造，提高社区管理服务水平，更好地服务城区发展。兴隆街道完善商业、生活等城市功能设施，不断增强吸引力。三是加强城乡管理。加快智慧垦利建设，开发智慧垦利手机APP，实现公共场所无线wifi全覆盖，年内公务车辆管理、消防安全服务等平台上线运行。实施好4处农村社区续建工程，加快胜利社区二期、胜坨镇尚庄、孙家安置区等项目建设。进一步理顺社区管理体制，整合优化社区管理资源，抓好物业管理提档升级，提高城乡环卫一体化管理水平。扎实开展拆违治乱集中行动，对已形成的违法建筑进行分类处置，力争10月底前全部完成。大力实施燃气“村村通”工程，年内为130个村庄、17041户居民接通天然气。深化城乡环境综合整治，实施生活污水处理和“五化”提升工程，改造农村旱厕12439户，不断改善农村群众居住环境。

（四）着力推进生态建设，持续改善环境质量。牢固树立绿色发展理念，坚持治理和保护两手抓，全力打造绿色生态垦利。一是更强举措推进污染治理。坚持严管重罚、铁腕整治，扎实开展水、气、土污染整治专项行动，实施好总投资12.8亿元的73项污染治理工程，加快实施溢洪河、永丰河综合整治，全面落实“河长制”管理；推进开发区、胜坨镇污水处理厂建设，强化道路、施工场地等扬尘污染治理，切实提升环境质量。二是严格标准推进节能减排。强化重点用能企业监管，加大节能环保技术、产品、装备的研发、生产和应用力度，建设全省节能环保产业示范区；大力发展循环经济，培育循环经济示范园区1个、示范单位4家；加大减排工作力度，实施好万达热电、惠能热电、石大胜华等燃煤机组超低排放改造，稳步推进煤炭清洁高效利用和散煤清洁化治理工作，确保完成年度节能减排任务。三是加大力度推进生态绿化。以“三年增绿”工程为抓手，大力实施环城防护林、路域绿化、水系绿化、沿黄生态工程建设，年内完成造林5.2万亩，全区林木覆盖率达到25.8%。以争创国家生态园林城市和联合国人居奖为载体，加快同兴路、东三路绿化和城市林荫路建设，打造城在林中、路在绿中、人在园中的生态城市景观。

（五）着力推进改革创新，增强经济发展活力。坚持更大力度深化改革，更强举措推进创新，更宽视野扩大开放，进一步增强经济发展新动能。一是推进重点领域改革。加快政府职能转变，深化行政管理体制改革，稳妥推进事业单位分类改革，提高机关效能和服务水平。加快推进商事制度改革，实行“六证合一”，推行网上登记，营造更加宽松便捷的准入环境。继续加快财税体制改革，推进现代预算管理制度改革试点，建立常态化预算公开机制，细化预决算编制内容；落实国地税征管体制改革事项，着力打造现代税收征管体系。深化投融资体制改革，形成多元化投融资体系；深化农业农村改革，进一步完善农村产权交易平台，积极探索农村土地所有权、承包权、经营权“三权分置”有效实现形式。稳步推进公立医院、教育领域等各项改革。二是增强科技创新能力。用足用好3000万元科技专项经费，支持技术攻关、产品开发、成果转化、平台建设、科研院所引进等各类科技创新活动。大力培育高新技术企业、创新型企业和科技型中小企业，年内新增高新技术企业2家以上。落实各级扶持政策，引导企业加大研发投入，支持骨干企业与科研机构、高校院所联建研发中心，年内新建企业技术中心、企业重点实验室等科技创新平台5个以上。三是大力发展外经外贸。支持企业开拓国际市场，扩大出口规模。创新利用外资方式，努力突破境外融资，提高利用外资成效。力争全年利用外资达到2300万美元。

（六）着力推进民生事业，提高人民幸福指数。坚定不移保障和改善民生，集中力量抓好总投资23.7亿元的11件46项为民办实事工程，让发展成果惠及更多群众。一是完善保障体系。全力做好就业再就业工作，积极推行“互联网＋公共服务”，年内城镇新增就业2000人次，转移农村劳动力5000人次，城镇登记失业率控制在3%以内。加快保障性住房建设，推进好公租房配租，实施农村危房改造141户。提高城乡低保、农村五保供养、城乡居民社会保险等补贴标准，实现机关事业单位工资标准、福利待遇及事业单位职称工资与中心城区接轨，利用残疾人康复中心对残疾人和精神病患者逐步实现集中收治，大力发展护理型养老机构和综合日间照料中心，不断提升群众获得感和幸福感。抓好精准扶贫后续工作，巩固脱贫成效，持续加大困难群众保障力度。二是繁荣社会事业。加快教育现代化建设，年内新建、扩建幼儿园9处，改造提升5处，全区社区以上幼儿园全部达到省幼儿园基本办园条件；加快推进解决中小学大班额工程和职业中专规范化示范校建设；扎实开展“师德师风建设年”活动，设立师资培训专项资金，提高教育教学水平，惠及垦利学生。推进好区妇幼计生服务中心、社区儿童预防接种中心等项目建设，逐步对全区65岁以上老年人、城乡适龄妇女、机关事业单位职工实行更高标准的免费查体，完善医疗救助体系，确保完成全国健康促进区创建任务。加快推进国家公共文化服务体系示范区建设，实施好尼山书院国学教育基地、工人文化宫等项目，继续开展“舞动垦利·唱响和美”群众文化“六进”暨“村村唱戏村村舞”活动，丰富群众文化生活。三是创新社会治理。牢固树立底线思维意识，毫不放松抓好安全生产，持续加大安全投入，全面落实“网格化”监管，提升人防物防技防水平，利用无人机进行空中巡查，实现安全生产重点区域巡查全天候、全覆盖；强力推进打非治违，扎实做好隐患排查整治，坚决遏制较大以上事故发生。加强社会治安综合治理，全面开展基层基础建设三年攻坚战，深入实施“打霸治痞”“三年禁毒人民战争”等专项行动，深化五星级平安村居创建，提升“天网”工程标准，维护良好的社会治安环境。创新信访工作机制，更好地解决群众合理诉求。加强食品安全管理，切实保障群众“舌尖上的安全”，创建省级食品安全先进区。加快社会信用体系建设，争创山东省社会信用体系建设试点示范城市。认真开展第三次农业普查，扎实做好国防教育、人民防空、双拥共建、民兵预备役等工作。关心支持工会、残疾人和老龄事业发展，积极推进计划生育、民族宗教、防震减灾、广播电视、体育、气象、档案、史志等工作。

四、加强政府自身建设

各位代表，垦利发展已站在新的起点上，新形势、新任务对政府工作提出了新的更高要求，我们将以改革创新的精神，勤勉敬业，善做善成，不负人民重托，赢得群众信任。

一要明责担责尽责。强化责任意识，担好深化改革之责，履好推动发展之责，负好服务民众之责。强化法治意识，注重运用法治思维谋划工作，完善公众参与、专家论证和政府决策相结合的行政决策机制，自觉接受人大法律监督和政协民主监督，认真办理代表、委员的建议和提案，广泛听取社会各界意见建议，发挥书记区长公开电话、网上民声、行风热线等平台作用，广泛集中民意、汇集民智。强化担当意识，在困难和问题面前不绕弯、不回避、不退缩，敢于动真碰硬，勇于担当负责，该放手时决不事无巨细，需上阵时定将亲力亲为。强化实干意识，发扬钉钉子精神，持续用力、久久为功，撸起袖子加油干，不达目的不罢休，把全部心思都用在抓发展、惠民生上，多谋打基础、利长远的实举，多办顺民心、合民意的实事。

二要提气提神提能。提振士气、鼓足干劲，始终保持昂扬向上的朝气、拼搏进取的锐气、干事创业的豪气，各项工作都紧起来、严起来、快起来、规范起来，形成人心思进、人心思干的浓厚氛围。振奋精神、凝神聚力，始终保持争先创优、决战决胜的姿态，立足全市找位次，瞄准全省找标杆，放眼全国找先进，心往一处想，劲往一处使，努力争创一流、勇当排头。提升能力、增长才干，始终保持与时俱进、勤学善思、开拓创新的风貌，不断提升驾驭市场经济能力、依法行政能力和统筹协调能力。

三要清风清境清政。驰而不息改进作风，大兴清简务实之风，大力压减会议活动，能不开的不开，能少开的少开，能合并召开的合并召开，给基层和部门腾出更多时间抓落实。坚持以群众满意、社会认可为目标，深入开展“大走访、大调研、大督查、大落实”活动，深入基层摸实情、听实话，查找工作不足，完善工作思路，营造干事创业的浓厚氛围。完善政务网、掌上垦利等新闻发布平台，建立重要信息及热点问题定期发布机制。转变政府职能，提升行政效能，该管的管到位、该放的放彻底，不越位、不缺位、不错位、做到位，营造务实高效的政务环境。

四要治庸治懒治腐。坚持从严治政，加大纠风治乱力度，坚决治理庸官懒政和腐败行为。重拳问效治庸，强化效能评价，严格绩效考核，突出解决干部能力弱、效率低、不谋事、不作为等平庸问题；严厉问责治懒，强化责任追究，坚决杜绝遇事推诿、遇难绕道，不求有功、但求无过等懒政惰政现象；高压问廉治腐，坚持把纪律挺在前面，严守《中国共产党廉洁自律准则》《中国共产党纪律处分条例》，落实主体责任，履行“一岗双责”，以零容忍的态度坚决查处各类违规违纪行为，对腐败分子依法严惩，绝不姑息。

各位代表，新的目标承载新的梦想，新的征程充满新的希望。让我们在区委的坚强领导下，以求真务实的作风干工作，以勇于担当的精神抓落实，提振精气神，汇聚正能量，为率先全面建成小康社会，加快建设宜居宜业新城区、美丽幸福新垦利而不懈奋斗！

垦利区人民代表大会常务委员会工作报告

——在垦利区第十四届人民代表大会第一次会议上

孙海君

（2017年2月9日）

过去五年工作的回顾

过去的五年，是我区经济社会发展取得重大进展的五年，也是垦利人大工作取得显著成绩的五年。五年来，在区委的正确领导下，区十三届人大常委会紧紧围绕全区工作大局，依法履行职责，扎实开展工作，圆满完成了本届常委会的各项目标任务，为加快建设黄蓝经济示范区、和美幸福新垦利做出了应有的贡献。

一、坚持以党的领导为统揽，确保人大工作正确方向

坚持党的领导是做好人大工作的根本保证。五年来，常委会始终将党的领导贯穿于人大工作的各方面、全过程，准确站位，积极作为，保障和促进了区委重大决策部署的有效实施。

（一）严守党的政治规矩更加坚定自觉。深入开展党的群众路线教育、“三严三实”专题教育、“两学一做”学习教育等活动，严格落实中央八项规定精神，政治上、思想上、行动上与以习近平同志为核心的党中央保持高度一致。自觉维护区委的领导核心地位，召开的重要会议、组织的重要活动、作出的重要决定，都事先征得区委同意，切实做到把人大工作置于党的领导之下。积极融入发展大局，对区委中心工作及时跟进、主动对接，科学确定人大工作重点和监督审议议题，始终与区委同心合力。坚持把纪律和规矩挺在前面，以对党和人民的事业高度负责的精神，扎扎实实做好换届选举各项工作，努力营造风清气正的良好政治生态。根据区委统一部署，常委会领导班子成员在棚户区改造、化工企业搬迁、省级文明城市和国家园林县城创建、招商引资等重点工作中担当重任，在参与中支持，在支持中监督，形成了在区委领导下齐心协力、共谋发展的良好局面。本届任期中，区委非常重视并加强对人大工作的领导，每年至少听取一次人大工作专项汇报，先后两次出台关于加强人大工作的实施意见，经常研究解决影响人大工作的实际问题，保证了人大工作有效开展。

（二）讨论决定重大事项更加务实有效。研究制定了讨论决定重大事项规定，对须报请人大常委会讨论决定的重大事项，从内容、范围、程序上进行了界定和明确，解决了在一些重点工作上的监督缺位问题。五年来，常委会依法审慎作出决议决定48项，努力使区委的重要战略决策、重大工作部署，通过法定程序变为全区人民为之奋斗的共同意志。“十三五”规划编制事关全局和长远，常委会对此高度重视，围绕规划编制的主要目标、产业布局、发展重点等方面，提出了系统的审议意见，为人代会审议批准奠定了基础。认真行使财政决算和预算调整的审查批准权，每年初听取审议上年度财政预算执行和审计工作情况的报告，并作出批准财政决算的决定；结合当年预算完成情况，及时审查批准了政府2012年、2015年、2016年财政预算调整方案。密切关注新一轮城市总体规划修编工作，在认真征求各方面意见的基础上，依法批准了《垦利县县城总体规划（2011—2020）》，并对政府报备的县城西南部片区控制性详细规划进行了备案审查。支持配合政府建立新型融资平台，批准设立了城镇化建设基金，表决通过了将西郊现代服务区市政道路配套工程、卫生体育设施及配套工程两个PPP项目政府付费和胜坨镇胜利新型农村社区建设项目（二期）政府购买服务资金列入区级财政预算的报告，解决了政府投资项目建设资金不足的问题，保障了全区公共基础设施项目的顺利实施。2016年，常委会分别就“七五”普法、依法治区规划、垦利撤县设区等重要事项作出决议决定，推动了相关工作顺利落实。

（三）行使人事任免职权更加规范到位。坚持党管干部与人大依法任免相统一的原则，认真执行常委会人事任免办法，切实把好任职提请、供职表态、投票表决等各个关口，确保党组织推荐的人选依法成为国家政权机关工作人员。加强对法检“两院”拟任法律职务人员的任前考察，组织考察组深入所在单位进行民主测评、谈话了解，主任会议专题听取考察情况汇报，集体研究后再提请人大常委会审议。2014年实行了任前法律知识考试制度，2016年落实了宪法宣誓制度，激励和教育被任命人员坚定法治信仰，树立宪法至上的观念。本届以来，共受理主任会议和“一府两院”提请的任、免、辞工作人员314人次，为加强地方国家政权建设提供了重要组织保障。注重对干部的任后监督，把评议部门工作作为推动被任命人员认真履职的一项重要举措，届内先后对公安局、经信局、财政局等25个部门单位开展了工作评议，切实做到了监督人与监督事的有机结合。

二、坚持以推动发展为主题，不断增强监督工作实效

人大监督是法律所赋、职责所在、人民所盼。五年来，常委会认真贯彻监督法，依法开展监督工作，共听取和审议“一府两院”专项工作报告89项，组织开展视察和执法检查12次、专题调查31次、专题询问2次，监督工作的针对性和实效性有了新的提高。

（一）加强对经济工作的监督，力促区域经济健康发展。始终把服务经济发展作为第一要务。围绕保障经济工作平稳运行，每年年中听取审议国民经济和社会发展计划执行情况的报告，督促政府及有关部门认真实施计划，确保人代会确定的年度发展目标顺利完成；对全区金融工作和现代渔业示范区、西郊现代服务区建设开展了专题调查，强调要着力优化金融环境，切实加大产业园区支持力度；每年年底组织市、区两级人大代表集中视察重点工程、重点项目，对全区政府投资项目进行了专题调查，支持政府努力保持有效投资逐年增长态势，增强经济发展后劲。围绕促进财政工作提质增效，每年听取和审议上半年财政预算执行情况的报告，要求政府优化财政收支结构，落实各项法定支出的增长要求，推进财政工作有效运转；2016年首次对政府负债情况进行了监督，利用两个月的时间对区镇两级政府债务规模进行了全面摸底排查，依法规定了政府债务限额，督促政府建立偿债准备金制度，保证政府债务规模合理、风险可控；探索实行了审计整改情况向常委会报告制度，支持审计部门积极开展跟踪审计和绩效审计，针对发现的问题，责令有关部门认真整改，保障财政资金的规范高效使用。围绕加快发展方式转调步伐，听取审议了科学技术进步法、科学技术普及法贯彻实施情况的报告，对中小企业促进法贯彻实施情况开展了专题调查，指出要深入实施创新驱动发展战略，加大对中小企业特别是科技型创新企业的扶持力度；先后对旅游项目建设、旅游产业发展情况进行专题调查，强调要把旅游业作为加快服务业发展的关键环节，打造知名旅游目的地；2016年，对全区招商引资工作开展专题调查，建议要重点引进战略性新兴产业项目，以大项目好项目推动产业结构优化升级。围绕破解农业发展制约瓶颈，听取审议了水法、农民专业合作社法、基本农田保护条例等贯彻实施情况的报告，对水利基础设施建设与维护、畜牧产业发展、农业机械化建设进行了专题调查，提出要牢牢把握农业基础地位，大力完善农业水利设施，积极推进农业机械化和农业产业化，扶持发展农民合作社、家庭农场等新型经营主体，促进传统农业向现代农业转型。

（二）加强对民生工作的监督，力促社会事业全面进步。始终把推动民生改善作为首要责任。着眼于完善公共服务体系，听取审议了教育法、教师法贯彻实施情况及公立医院改革、公共文化服务体系建设、妇幼保健服务工作情况的报告，对农村医疗卫生机构建设、教师队伍建设情况开展了专题调查，多措并举加大监督力度，群众普遍关心关注的幼儿入托难、中小学大班额、偏远学校教师流失、农村卫生室药品种类配备不全、群众文化娱乐设施滞后等问题正在逐步得到解决，教育、卫生、文化三大领域公共服务水平明显提升。着眼于完善社会保障体系，听取审议了老年人保障法、残疾人权益保障法贯彻实施情况的报告，对民政工作、城市“三无”人员供养、妇女儿童“十二五”规划落实情况进行了专题调查，对未成年人保护法贯彻实施情况开展了执法检查，努力推动解决弱势群体最关心最直接最现实的问题，让改革发展成果更多更公平惠及全体人民。2016年，对全区城乡社会保障体系建设工作开展了专题询问，围绕社保基金运营管理、农村安居房维修、公租房动态管理、综合福利中心作用发挥等20个问题，进行现场询问并跟踪督办，推动了我区社会保障工作整体水平的提升。着眼于完善公共安全体系，听取审议了安全生产法、农产品质量安全法贯彻实施及“十企联防”群防警务工作情况的报告，对道路交通安全法贯彻实施情况进行了专题调查，对全区食品安全工作开展了执法检查，分别提出了落实安全生产“网格化”监管责任、推广企业联防联治模式、强化危化品运输车辆管理、完善食品安全追溯查询平台等建议，推动政府全面提升安全管理能力。常委会还审时度势，及时将社会反映强烈的青少年吸毒和空气污染问题纳入监督议题，组织开展了执法检查，为遏制社会吸毒现象、消除城区空气异味发挥了积极作用。

（三）加强对法治工作的监督，力促依法治区深入推进。始终把推进法治建设作为不懈追求。立足于促进严格执法，先后对渔业法、价格法、统计法、药品管理法、城市居民委员会组织法、道路交通安全法等41部法律法规贯彻实施情况进行了审议、调查或执法检查。对于在监督检查中发现的8个居委会组成人员达不到法律规定的最低人数、城区道路交通安全设施建设维护权属未按相关法律法规落实等问题，紧紧抓住不放，督促认真整改，保障了法律法规在本行政区域的正确实施。立足于促进公正司法，有重点地对法院行政审判、执行工作、司法公正、刑事审判、便民诉讼服务，检察院民行检察、反贪污贿赂、刑事检察、案件集中管理、派驻监察室等工作进行了审议监督，围绕破解执行难题、打造便民司法、深化检务改革、预防职务犯罪等方面提出了明确审议意见，努力让人民群众以看得见、摸得着的方式感受到公平正义。实行了公检法司重大事项报告制度，定期组织旁听法院庭审，实现了对法检“两院”工作的经常性监督。立足于促进全民守法，坚持将法治教育与法治实践相结合，调研前学法、调研中普法、调研后用法，努力把促进法律法规实施落实到常委会每一次监督活动中；对“六五”普法及依法治区规划落实情况进行了专题调查，要求政府丰富普法内容，提高普法质量，使法治观念进一步深入人心；以国家宪法日为契机，组织开展了常委会领导电视讲话、法律知识竞赛、“宪法在我心中”演讲比赛、送法进校园进集市等一系列活动，增强了全社会崇尚宪法、厉行法治的主动性。

在履行监督职能的过程中，常委会始终抓住增强实效这个关键，不断改进和完善监督方式方法，本届人大常委会的监督工作呈现五个特点：一是更加注重刚性监督。启动了规范性文件备案审查工作，对区政府及其部门报送的35件规范性文件进行了备案审查，针对《垦利县城区供热管理办法（试行）》部分条款与有关法律法规不符的问题，依法要求政府进行修改并重新发布。选取城市规划、建设和管理工作开展了首次专题询问，人大代表当面发问，应询部门现场作答，丰富了监督方式，加快了问题解决，人大监督更有“辣味”。二是更加注重持续监督。聚焦建筑市场领域综合整治问题，连续两年开展专题调查，着力推动政府解决强揽工程、强装强卸、阻挠施工、收取“保护费”等突出问题，维护建筑市场领域良好秩序。三是更加注重问效监督。借鉴外地先进经验，对“一府两院”办理常委会审议意见情况进行满意度测评，以票决的形式衡量办理成效，确保监督成果落到实处。四是更加注重深度监督。为做好规范性文件备案审查和预算审查工作，聘请专业人员组成了人大法律咨询团和预算审查专家委员会，人大监督更专业、更深入、更科学。五是更加注重社会监督。邀请公民旁听常委会会议，开展部门评议、专题询问等工作都事先公示，广泛征求社会各界和被服务对象的意见，增加了人大监督工作的透明度和社会参与度。同时，把做好人大信访工作作为加强监督的重要途径，共受理群众来信来访101件322人次，均及时转办督办，促进了社会和谐稳定。

三、坚持以完善机制为重点，充分发挥代表主体作用

代表工作是人大工作的基础。五年来，常委会紧紧依靠代表开展工作，尊重代表主体地位，支持代表依法履职，进一步加强和改进了代表工作。

（一）强化措施，提升服务保障水平。坚持常委会组成人员联系代表制度，采取走访、慰问、座谈等形式，加强与代表的经常性联系，及时了解并协调解决代表在具体工作和履行职务中遇到的困难和问题。定期向代表通报常委会和“一府两院”工作情况，积极给代表订阅人大刊物、寄送学习材料，为代表知情知政创造条件。突出抓好代表素质提升，换届伊始对全体代表进行了任职培训，通过专家授课、学习交流、以会代训等方式对代表实行经常性培训，先后3次组织120余人次到全国人大培训中心开展高层次培训。加强代表小组建设，将全区人大代表科学划分成26个代表小组，配齐配强代表小组长，加大软硬件设施投入，各代表小组活动阵地均建成为高标准的“代表之家”。

（二）精心组织，丰富代表履职活动。届初精心谋划开展“率先发展五年行”活动，作为本届代表工作的主线，保持了代表活动的连续性。每年集中利用一个月的时间，开展常委会组成人员联系代表、代表联系选民的“双联月”活动，常委会各副主任分别带队到各代表团驻地召开座谈会，面对面征求代表意见，经主任会议归纳整理累计形成112条，通过转交“一府两院”研究办理，取得了实实在在的成果。如，小岛河等水利设施改造顺利完成，万光花园区域排水设施重新规划建设，老旧住宅小区普遍改造提升，城区新建和维修公厕12处，等等。连续三年开展了“履职践诺，建功立业”活动，引导代表向选民庄严承诺、全力践诺，在扶贫帮困、产业带动、化解矛盾等方面充分发挥了示范带头作用，彰显了人大代表的风采。不断扩大代表对常委会工作的有序参与，在组织调研、视察等活动时，注重吸纳代表参加，激发了代表履职热情。深入开展代表向选民述职活动，以代表小组为单位，每年安排部分代表向所在选区选民报告执行代表职务的情况，接受选民的监督，增强了代表意识。

（三）强化督办，增强建议办理实效。以实现代表满意为目标，推动代表建议办理工作从答复型向落实型转变，从“文来文往”向“人来人往”转变，五年来共收到代表提出的建议、批评和意见302件，面复率100%，解决率91.7%，满意率98.7%。年中、年末两次听取区政府关于代表建议办理情况的汇报，并对承办单位建议办理情况开展满意度测评。邀请代表参与建议办理，加强沟通理解，提高建议办理工作的透明度。认真做好重点建议的筛选工作，确定重点代表建议50件，由常委会领导领衔督办，推动了一些重要问题的解决。如，取缔城郊蒸洗罐市场、扶持电子商务发展、加强农村监控体系建设、完善西郊现代服务区供暖供热规划等建议办理效果明显，受到了代表和群众的一致好评。对当年未解决建议实行挂账督办，如关于“原西四路后苟段排水不畅问题”的建议，常委会多次安排现场调研，督促加快落实，最终使建议反映的问题得到了较好解决。

（四）夯实基础，激发基层人大活力。实施了镇街人大工作考核细则，对镇街人大工作定期调度、年底考评，增强了基层人大工作的主动性和责任感。制定了镇级人代会实施细则和镇街人大工作规则，规范了镇级人代会的召开，明确了镇街人大工作程序。注重加强对镇街人大的联系指导，实行了常委会领导分工联系镇街人大制度，坚持每年召开两次基层人大工作会议，推动了镇街人大工作全面发展。

四、坚持以提高效能为目标，切实加强人大自身建设

加强自身建设是做好人大工作的重要保障。五年来，常委会主动适应新形势新任务的要求，注重加强常委会和机关建设，不断提高履职能力和工作水平。

（一）制度建设扎实推进。坚持把制度建设作为基础性工作常抓不懈，从构筑程序规范、运转高效、充满活力的运行机制入手，在认真总结实践经验的基础上，先后制定和修订了常委会议事规则、常委会组成人员守则、询问和质询、执法检查、全口径预决算审查监督等18个方面的规章制度。本届以来，常委会各项工作做到了有章可循、有规可依，形成了一整套体现地方国家权力机关特点、涵盖常委会运行各个方面的制度体系，人大工作的制度化、规范化、科学化水平进一步提升。

（二）作风建设持续深化。坚持民主集中制原则，充分发扬民主，集体行使职权，会议决定问题，依法按程序办事。加强调查研究，注重调研先行，凡常委会听取审议的工作议题，都由常委会领导带队到有关单位进行会前调研，力求审议时问题找得准、建议有分量。严肃会议纪律，实行常委会会议请销假和会后填写审议意见卡制度，会议作风更加务实。密切联系群众，认真做好分工负责的联系企业、农村帮扶、走访困难群众等工作，努力为群众办好事、解难事。

（三）组织建设全面优化。深入贯彻上级关于加强人大工作和建设的意见精神，设立了内务司法、财政经济、教科文卫、城建环保、农业农村五个专门委员会和预算工作委员会，规范了各内设机构，明确了工作职责，在全市率先健全完善了人大及其常委会组织机构和人员配备。规范镇街人大机构、人员设置，各镇街人大主席、主任全部实现专职配备，增设了专职副职，设立人大办公室并配备1～2名专职工作人员，镇街人大建设实现了新突破。

（四）机关建设不断加强。深化“五型”文明机关建设，加强干部队伍管理，严格落实岗位目标责任制，将机关全部工作纳入量化考核，做到了用制度管人、管事，展现了人大机关积极进取、奋发有为的精神面貌，2014年成功创建为“省级文明单位”。全方位、深层次、多角度做好人大宣传工作，认真办好《垦利人大工作》和人大网站，不断加大宣传工作力度，共在市级以上媒体发表稿件2600余篇，其中头版头条94篇，对外宣传了垦利，推介了人大工作，连年被评为全省人大宣传工作先进单位，宣传工作成为我区人大工作中的突出亮点。高度重视招商引资工作，连续五年位列全区招商引资工作前茅。始终把老干部工作摆上重要议事日程，对老干部政治上尊重、思想上关心、生活上照顾，带着深厚的情感和责任心为老干部搞好服务，在机关上下营造了尊老敬老的良好氛围。注重扩大对外交流，每年都有针对性地安排各委室外出考察学习，认真借鉴外地人大先进经验和成功做法，增强了我区人大工作活力。机关党建、档案管理、下派帮扶等工作扎实深入，保持了良好发展势头。

五年来的实践，使我们对做好人大工作有了更加深切的体会：一是人大工作只有坚持党的领导，努力在区委总揽全局、协调各方的领导格局中发挥职能作用，才能沿着正确的政治方向不断前进；二是人大工作只有真诚倾听百姓呼声、真实反映人民意愿、真情关心群众疾苦，努力把人民群众的根本利益实现好、维护好、发展好，才能得到广大人民群众的信赖和拥护；三是人大工作只有与全区中心工作保持协调一致，正确处理与“一府两院”的关系，寓支持于监督之中，才能使依法监督更加富有实效；四是人大工作只有始终坚持与时俱进，以创新的思维推进各项工作，不断探索新的工作方式方法，才能保持旺盛的生机与活力。

各位代表，本届常委会所取得的成绩，归功于区委的坚强领导和全区人民的高度信任，是全体人大代表和常委会组成人员辛勤工作的结果，是区人民政府、人民法院、人民检察院协同配合的结果，也是各镇街人大和社会各界大力支持的结果。在此，我谨代表区十三届人大常委会，向大家表示崇高的敬意和衷心的感谢！

在总结工作的同时，我们也清醒地认识到，同党的要求、人民群众的期待相比，常委会的工作还存在着差距和不足，主要表现在：监督工作的实效还有较大的提升空间；常委会会议的质量和效率还有待提高；在发挥代表作用、加强自身建设方面还存在不少薄弱环节。这些都需要在今后的工作中认真研究，切实加以解决。

今后工作的主要任务

各位代表，当前我区正处在创新转型、加快发展的关键时期，新一届人大常委会要坚持以区委中心工作为方向，以人民群众利益为核心，以民主法治建设为重点，以提升履职能力为目标，全面履行宪法和法律赋予的各项职责，努力开创全区人大工作新局面。

一、坚持服务大局，正确有效行使人大职权。切实增强做好新时期人大工作的使命感和责任感，紧贴区委决策部署依法履职。认真行使重大事项决定权，对事关经济社会发展的重大事项和人民群众普遍关心的重要事务，适时作出决议决定，并加强跟踪监督，确保决议决定得到贯彻落实。依法做好人事任免工作，健全完善干部任免工作机制，更加注重任后监督，增强被任命干部的公仆意识和廉洁勤政意识。

二、加大监督力度，促进经济社会全面发展。围绕推动创新、协调、绿色、开放、共享发展，进一步提升人大监督水平。加强对国民经济和社会发展计划实施的监督，支持政府破解发展难题，提高经济增长质量和效益。加强对财政预决算的审查和监督，强化对审计查出问题整改落实情况的监督，促进政府建立健全公共财政体系。有计划地听取审议“一府两院”的专项工作报告，组织开展好视察、调查和执法检查活动。加强对法律法规实施的监督，更加注重发挥法治在社会管理中的重要作用，维护宪法法律的尊严与权威。继续开展专题询问、部门评议等工作，推动解决民生热点问题，促进政府部门不断改进工作。积极探索监督事项跟踪督办和办理问效机制，确保监督事项推进有力、落地有声。

三、改进代表工作，保障代表充分履行职责。坚持和完善常委会组成人员联系代表制度，继续组织开展好“双联月”活动，把密切同代表和群众的联系作为一项全局性、长期性的工作，切实抓实抓好。完善“代表之家”建设，为代表履职创造便利条件。制定出台区人大代表履职管理办法，积极探索代表履职服务评价平台建设。完善代表建议办理机制，努力增强建议办理实效。建立培训常态机制，加强对新代表的履职培训，不断提升代表的素质和能力。积极谋划开展代表主题年系列活动，支持代表闭会期间依法履职。

四、加强自身建设，努力提高依法履职效果。加强常委会组成人员管理，注重理论学习，重视调查研究，提升科学决策能力。加强专门委员会和工作委员会建设，积极探索有效方式，充分发挥其职能作用。加强机关建设，提高干部队伍的整体素质和工作能力。加强宣传工作，完善人大信息网络平台建设，打造人大宣传工作新亮点。加强联系指导，推动镇街人大建设再上新水平。

各位代表！区十三届人大常委会已圆满完成了历史使命，新一届人大常委会即将依法选举产生。责任与担当考验着我们，事业与使命激励着我们，让我们在中共垦利区委的坚强领导下，凝心聚力，振奋精神，砥砺奋进，努力工作，充分发挥地方国家权力机关的职能作用，为推动我区率先全面建成小康社会，加快建设美丽幸福新垦利而努力奋斗！

在区政协九届一次会议闭幕大会上的讲话

张葆春

（2017年2月8日）

政协第九届东营市垦利区委员会第一次会议，在中共垦利区委的坚强领导下，经过全体委员和同志们的共同努力，圆满完成各项议程，今天就要闭幕了。

这次会议是在全区上下全面贯彻党的十八大和十八届三中、四中、五中、六中全会精神，深入学习贯彻习近平总书记系列重要讲话精神和区第一次党代会精神，全力实施“十三五”规划，加快率先全面建成小康社会的关键时期召开的。会议审议通过了区政协常委会工作报告、提案工作报告和大会决议，协商讨论了“一府两院”报告。会议期间，各位委员以饱满的政治热情、良好的履职意识、强烈的责任担当，认真建言献策，积极参政议政，提出了很多有价值、有见地的意见和建议，充分体现了热爱垦利、心系群众的真挚情怀，展示了和衷共济、求真务实的良好作风。会议开得清新简朴、隆重热烈、富有成效，是一次继往开来、集思广益、凝聚力量、共谋发展的大会。

区委、区政府对这次会议高度重视。区委书记刘斯杰、代区长马宝文等领导亲临大会，听取工作报告，参加分组讨论，与委员们面对面座谈交流，共商垦利科学发展大计，充分体现了对政协工作的高度重视，体现了开明务实、虚怀纳谏的民主精神。刚才，区委书记刘斯杰同志代表区委发表了重要讲话，对区政协过去五年的工作给予了充分肯定，对做好今后的政协工作提出了新的更高的要求，对新一届政协委员寄予了殷切的希望。刘书记的讲话高度概括了新时期做好政协工作的系列要求，紧密结合了新形势新任务，立意深远，内涵丰富，为我们更好地做好政协工作指明了方向。希望全区各级政协组织和广大政协委员，认真贯彻落实这次大会精神，特别是刘书记的讲话精神，在中共垦利区委的坚强领导下，围绕区委的决策部署，适应新形势，把握新要求，认真履行政治协商、民主监督、参政议政职能，在率先全面建成小康社会的征程中，争取更大作为，发挥更大作用。

由于工作变动和年龄原因，侯传伦、宋建明同志不再担任区政协副主席职务，还有部分同志不再担任区政协常委、委员职务。他们任职期间，立足岗位，尽职尽责，为我区的经济社会发展和政协事业进步，倾注了大量心血，做出了积极贡献。在此，让我们以热烈的掌声，向他们表示崇高敬意和衷心感谢！

这次大会在充分酝酿、认真协商的基础上，选举产生了新一届区政协领导班子和常委会，并选举我继续担任区政协主席，这是组织的期望和重托，是全体委员的信赖和支持，在此，我代表新当选的全体常委会组成人员，对大家表示衷心的感谢！我们深感使命光荣、责任重大。在今后的工作中一定不忘初心，不辱使命，把组织的重托转化为履职的动力，把委员的信赖转化为干事的激情，谦虚谨慎、勤勉敬业，勇于担当、真抓实干，在新的起点上不断开创政协工作的新局面。

一、切实增强政治意识，始终坚持党的领导和正确政治方向

坚持党的领导，是人民政协事业沿着正确方向发展的根本保证。广大政协委员和政协工作者要坚持以

习近平总书记系列重要讲话为统领，把治国理政的新理念、新思想、新战略和对人民政协的新要求贯彻落实到政协工作中，牢固树立政治意识、大局意识、核心意识、看齐意识，坚定理想信念，增强党性修养，保持政治定力，在思想上、政治上、行动上始终同以习近平同志为核心的党中央保持高度一致。坚决执行区委决策，坚决维护区委权威，做到思想同心、目标同向、行动同步、工作同频，努力使区委的主张和重大决策部署成为社会各界的思想共识与自觉行动。当前，广大政协委员要把学习贯彻落实好十八届六中全会和区第一次党代会精神作为重要政治任务，把思想和行动统一到六中全会精神上来，把智慧和力量凝聚到区党代会确定的各项目标任务上来，切实把六中全会和区党代会精神转化为我们行动的先导、谋划工作的思路、推动工作的动力和服务经济社会发展的能力。

二、切实增强大局意识，为全面建成小康社会做出新贡献

始终坚持遵循政协章程及习近平总书记对人民政协职能定位的重要阐述，自觉将政协定位于“献策机构”、“聚力机关”和“协商平台”，积极拓宽协商民主渠道，主动搭建参政议政平台，以改革思维、创新理念、务实举措大力推进履职能力建设，说政协话、办政协事、做政协人，充分发挥政协协调关系、汇聚力量、建言献策和服务大局的作用。刚刚闭幕的区第一次党代会，确定了全区今后五年发展的指导思想、奋斗目标和重点任务。全区各级政协组织和广大政协委员要紧紧围绕区党代会确定的战略部署，自觉把政协工作放在全区发展大局中去谋划，坚持发展第一要务不动摇，深入贯彻创新、协调、绿色、开放、共享发展理念，紧扣建设实力新区、活力新区、生态新区、美丽新区、幸福新区，聚焦经济转型、科技创新、大众创业、城乡发展、民生改善，深入开展协商议政，创新实施民主监督，努力建睿智之言、献务实之策，立科学之论、谋长远之计。

三、切实增强群众意识，着力促进群众共享改革发展成果

牢固树立“人民政协为人民”理念，践行党的宗旨，走好群众路线，坚持履职为民，坚持问政于民、问需于民、问计于民，真正做到为民着想、为民谋利，切实为群众办实事、解难题，促进广大人民群众共享改革发展成果。把关注民生、保障民生、改善民生作为履职重点，围绕群众医疗、就业、教育、住房、出行、食品安全、社会保障等民生领域热点问题咨政建言，使政协工作更加贴近基层实际、更加符合社会需求、更加体现群众意愿。坚持深入群众，当好密切联系群众的桥梁纽带，做好上情下达、下情上传和释疑解惑、疏导沟通、化解矛盾、理顺情绪的工作，努力把党政决策部署转化为各界人士的普遍共识和自觉行动，为全区改革发展增添正能量。紧密结合“两学一做”学习教育，通过乡村文明建设、扶贫助困、捐资助学等多种形式，广泛开展送医药送文化下基层、法律援助、结对帮扶、爱心捐款等公益活动,积极为基层和群众做好事、办实事、解难事，加快群众增收步伐，促进社会和谐稳定。

四、切实增强责任意识，不断提升政协队伍依章履职能力

加强自身建设，是人民政协事业发展的活力之源。政协委员要严格遵守政协章程，必须深刻认识到委员身份是荣誉，更是责任，要认真履行委员职责，积极参加政协组织的各种会议、业务培训、专题调研、专项视察和民主监督等活动，把参加政协活动作为自己神圣的职责和使命，切实增强委员意识，严肃认真对待，尽心尽责履职。一要继续强化学习。在座的各位委员，无论老委员，还是新委员，都面临着加强学习、更新知识、开阔视野的问题，尤其是新当选的委员，要尽快学习和掌握履行职能所必需的知识。要把学习理论、总结经验、研究工作紧密结合起来，用学习来促进工作，用实践来检验学习，努力培育学习型委员。政协机关要多层次、有针对性地进行委员培训，不断提高政治把握能力、调查研究能力、联系群众能力、合作共事能力，努力打造学习型机关。二要继续强化服务。全体委员和政协工作者要紧紧围绕改革发展稳定大局，紧扣区委、区政府中心工作，重视群众关注的民生问题，精准调研，深度议政，积极撰写提案和社情民意信息，主动在服务中心大局中找准定位，扮好角色，切实增强做好政协工作的责任感和使命感。三要继续强化创新。要适应新形势、新任务的要求，善于用新思想谋划新举措，用新方法解决新问题，不断拓展政治协商新领域、创新民主监督新形式、开辟参政议政新途径，努力畅通反映社情民意的渠道，深化专题调研的内容，把区政协各项工作开展的生动活泼、富有成效。四要继续强化纪律。积极履行《党章》赋予的权利和义务，认真贯彻落实《准则》《条例》和中央“八项规定”精神，巩固群众路线教育实践活动成果，积极践行“三严三实”要求，深入开展“两学一做”学习教育，着力加强机关作风建设，努力把区政协机关建设成为讲政治、讲担当、讲大局、讲规矩的高素质服务机关。

各位委员、同志们，蓝图已经绘就，使命催人奋进。让我们紧密团结在以习近平同志为核心的党中央周围，在中共垦利区委的坚强领导下，振奋精神，同心同德，凝心聚力，开拓创新，推动政协事业开创新局面，为率先全面建成小康社会，加快建设宜居宜业新城区、美丽幸福新垦利而努力奋斗！

大 事 记

1 月

1日 垦利县对城乡居民基本医疗保险普通门诊政策进行调整，实行个人账户和统筹基金报销相结合的管理制度，提高最高支付限额，调整报销比例。个人账户加统筹基金年最高支付限额由150元调整为200元，其中，个人账户金50元，可按60%比例报销，个人账户资金使用完毕后，可再按30%的比例由统筹基金报销至200元。当年度个人账户资金结余的可结转下年度继续报销使用，个人账户资金结转下年度使用时，累计报销资金不受当年度最高支付限额的限制。

是日 垦利县开展医疗保险付费方式改革，城镇职工基本医疗保险住院费用按病种分值结算办法正式施行，完善基本医疗保险支付制度，提高了基本医疗保险基金使用效率。

是日 垦利县再次提高城乡低保、农村五保标准，农村低保由每人每年3760元提高到4120元，城市低保由每人每月520元提高到550元，农村五保由每人每年6800元提高到7300元。

是日 印发《关于进一步规范居民医疗保险普通门诊费用管的通知》，规定一般诊疗费按诊疗过程收取，一个疗程原则上不少于3天（含一个疗程）。实行诊疗费总额控制政策。根据前三年诊疗费用收取情况，全年一般诊疗费收取原则上不得超过总费用的17%，超出部分将视基金结余情况部分或全部不予支付。

7日 全市县区（开发区）科学发展现场观摩团到垦利县观摩。县领导韩利学、崔建华、盖举波、张葆春、孙海君、卢春玲陪同。

8日 2016年科普大篷车进校园活动启动仪式在垦利实验三小举行，展出40余件展件并赠送图书。

是日 垦利县成立全市首家医患纠纷人民调解委员会，并聘请两名专职调解员进行纠纷调解。

9日 由县委宣传部承办的全市文艺会演垦利专场在东城黄河剧院落幕，垦利县广播电视台对晚会进行全程录制，并在县电视台播出。

10日 由中国银行垦利支行赞助、垦利县广播电视台主办的2016全县少儿春节联欢晚会在垦利电视台演播大厅录制完成。

12日 全省房地产行业综合执法检查组刘涛一行到县住房和城乡规划建设局督导检查。县领导荀宏水陪同。

是日 省打击侵权假冒绩效考核组王洪平一行5人，到垦利县就2015年度打击侵犯知识产权和制售假冒伪劣商品工作进行现场检查。

是日 县政协八届二十六次主席会议举行。县政协主席张葆春主持，会议审议《关于设立政协委员联络工作委员会的决定》。县政协副主席侯传伦、黄虎、刘金忠、宋建明、冯建国，秘书长、办公室主任李加亮参会。

12～14日 中国人民政治协商会议第八届垦利县委员会第五次会议召开。大会审议通过县政协第八届垦利县委员会2016年协商工作计划、县政协提案委员会关于八届五次会议提案审查情况的报告、政协第八届垦利县委员会第五次会议决议。县委书记、县人大常委会主任韩利学，县政协主席张葆春分别讲话。13日，县政协八届五次会议界别委员代表座谈会召开。13日，县政协提案审查委员会召开。

13日 全县烟花爆竹安全监管联席会议暨烟花爆竹今冬明春安全监管工作会议召开。县公安局、县公安交管大队、县交通运输局、县安监局、县市场监管局、县质监局、县城管执法局等部门，各镇街安监站（安监中心）站长及各烟花爆竹批发企业、常年零售店主要负责人参加会议。

是日 县政协八届二十次常委会议召开。会议听取各组讨论情况的汇报，审议通过《关于设立委员联络工作委员会的决定（草案）》；审议《县政协八届五次会议决议（草案）》。县政协主席张葆春主持会议，县政协副主席侯传伦、黄虎、刘金忠、徐冬梅、宋建明、冯建国，秘书长、办公室主任李加亮，各位常委、各界别第一召集人出席会议。

14日 垦利经济开发区高端石油装备园区通过省经信委复核，全省共12个园区。

是日 市委副书记、市长赵豪志就东二路拓宽工程到垦利县调研。市委常委、副市长张润国，县领导崔建华、荀宏水陪同。

15日 全县提升安全环保水平促进化工产业转型升级暨安全生产隐患“大快严”集中行动调度会议召开。

16日 首届中国创新创业产教研战略联盟高峰论坛暨中关村黄河口创业学院首期学员招募仪式在黄河口经贸文化交流中心举行。

18日 国家三类城市语言文字评估工作组到县广播电视台验收指导语言文字工作情况。

是日 全县金融工作座谈会召开。县领导韩利学、崔建华、李增明出席会议。

是日 县市场监督管理局制定《垦利县成品油市场非法经营专项整治行动实施方案》；1月26日至27日组织县经信局等5部门在全县进行加油站联合检查，共计检查加油站20家。

是日 中关村黄河口创业学院首批学员招募仪式暨中国创新创业产教研战略联盟高峰论坛成功举办，标志着中关村黄河口创业学院和孵化器正式投入运行。

18～20日 垦利县农村（社区）党组织书记培训班召开，共3期，参训321人。

18～19日 中央统战部光彩事业指导中心副主任牛建国、中央统战部光彩事业指导中心宣传部部长焦会民、中央统战部光彩事业指导中心宣传部干部钱静，人民政协报、全国工商时报、人民网等新闻媒体记者到垦利县调研光彩事业开展情况。省委统战部四处副处长徐晓虹、市委统战部常务副部长栾庆恩、市委统战部副部长、市工商联党组书记徐荣华、市委统战部副部长陈宏伟、市工商联党组成员、市委统战部经济科科长姜海等陪同调研。

19日 全县城市规划建设管理暨拆违治乱打霸治痞专项行动工作会议召开。县领导韩利学、崔建华、盖举波、张葆春、孙海君、付兆钦、陈志、卢春玲、张学锋、荀宏水出席。

是日 全县精神文明建设暨“三城联创”工作表彰大会召开。

20日 省交通运输厅苗青一行6人到垦利县检查督导安全生产工作。县领导荀宏水陪同。

20～28日 全县科级领导干部学习贯彻中共十八届五中全会精神轮训班开班，参训学员845人。

21日 全县2015年度部门决算暨国有资产统计工作会议召开。会议总结上年度部门决算工作，布置2015年部门决算工作和全县行政事业单位2015年度国有资产统计年报和产权登记相关工作。各镇、街道财政所和各县级预算单位100余人参加会议。

是日 全县安全生产工作会

议召开。县领导崔建华、付兆钦、张学锋、荀宏水、孙学诗、李红燕出席。

是日 全县创建全国健康促进县动员会议召开。县委副书记、县长崔建华出席会议并讲话，中国公民健康素养促进行动办公室主任、中国健康教育中心、国家卫计委新闻宣传中心政策研究室主任胡俊峰进行了业务培训。山东省卫计委宣传处副处长朱红讯、东营市卫计委副主任司传珍、创建工作领导小组办公室成员、各镇街分管负责人，各创建工作相关成员单位分管负责人共计420余人参加。

是日 省红十字会党组书记、常务副会长李全太就博爱家园项目建设情况到垦利县调研。县领导崔建华、李增明陪同。

是日 县委常委、政法委书记陈志就东营西郊现代服务区建筑领域治安情况进行调研。

22日 垦利红十字会2015年“博爱在齐鲁、温暖送万家”活动启动。

是日 垦利县在商务大厦207会议室设立中央视频会议分会场。

23日 “海北遗址发现十周年暨中国早期海上丝绸之路起源学术研讨会”在垦利县召开。

25日 县委副书记盖举波到县卫生和计划生育局参加“三严三实”民主生活会。

25日～2月1日 县政协副主席侯传伦、黄虎、刘金忠、徐冬梅、宋建明、冯建国按照《2016年度县级领导走访救助农村困难群众安排》分别进行走访。

26日 垦利县山东金钊源网络科技有限公司、东营市卖货郎信息技术有限公司、东营市云集创业园运营管理有限公司、中国邮政集团公司山东省垦利县分公司4家企业被评为“东营市电子商务优秀示范企业”。

是日 副县级以上领导干部、县纪委班子成员、县属国有企业中层以上管理人员集中观看《党员干部要自觉守纪律》动漫宣传教育片和《国企党员干部违纪违法案件警示录》。

27日 县委常委、政法委书记陈志走访慰问县人武部、县武警中队、县消防大队和县军休所。

28日 垦利县首届“创文明，迎新春”楹联书法展在老年大学拉开序幕。

是日 县委书记、县人大常委会主任韩利学到东营军分区、黄河三角洲综合训练基地走访。县领导盖举波、张葆春、孙海君、付兆钦、袁明道、刘卫星陪同。

29日 垦利县渤海粮仓土地开发项目通过市级验收。

是日 县委副书记、县长崔建华走访一线职工。

是日 县委副书记盖举波带队走访城区困难居民、县综合福利中心、新中国成立前老党员、生活困难党员和困难群众，县政协副主席黄虎参与。

是日 在垦利县大学生创业园举办“垦利县2016年‘就业援助月’启动仪式暨专场招聘会”。

30日 垦利县首届“黄河口道德模范”座谈会在蓝海汇洲会议中心召开。

是日 全县离退休干部暨各界人士迎新春座谈会在蓝海汇洲会议中心蓝海厅举行。

31日 “卖货郎”电子商务体验店在郝家镇开业。

是月 2016年度老年人生活救助金发放工作全面启动。全县应发生活救助金老年人数为15333人，市、县财政支付资金1086万元。

是月 对垦利县2015年度各单位非税收入预算完成情况进行考核。

是月 垦利县卫生和计划生育局转发《山东省医师多点执业实施办法（试行）》，自2月1日起，垦利县全面放开医师多点执业。

是月～3月 垦利县开展成品油市场专项整治行动。

2月

1日 十二届县委第125次常委会议召开。

是日 县五大班子领导走访慰问25名县级实职离退休干部。

2日 市委书记、市人大常委会主任申长友到垦利县走访慰问困难职工、生活困难党员和烈士家属。市委常委、秘书长李金昆，县领导韩利学、崔建华、卢春玲陪同。

3日 副市长王吉能到垦利县调研节日期间安全生产工作。县领导李红燕陪同。

是日 市法院院长廖伟忠、市旅游局党组书记、局长杜延明一行到垦利县调研。县领导王英明陪同。

是日 县委副书记、县长崔建华就安全生产工作到新发药业有限公司、蓝天供热公司等企业调研。县领导苟宏水、刘金忠陪同。

4日 县委副书记、县长崔建华到垦利街道胜兴路烟花爆竹零售点督导安全生产工作。

是日 县委副书记、县长崔建华到县广播电视台走访慰问春节期间在岗值班人员。

是日 县委书记、县人大常委会主任韩利学到县公安局看望慰问公安民警。县领导付兆钦、陆长河、侯传伦陪同。

是日 县委副书记盖举波、县人大常委会副主任张增新、副县长李增民等县领导到国网东营市垦利县供电公司视察春节保供电工作。

5日 垦利县被正式命名为“首批2016～2020年度全国科普示范县”

13日 智慧校园上线运行，对校车和校园安全等进行全方位的管理。

14日 “垦利黄河滩区小麦”和“垦利大米”成功注册地理标志证明商标，实现垦利县地理标志商标零的突破。

16日 红光渔民协会在红光渔港举办第七届祭海节。

17日 垦利县2016年春节元宵节期间社会文艺团体广场展演在黄河广场、市民活动中心同时启动。

是日 垦利县卫生和计划生育局、县商务局、县疾控中心联合银座商城共同开展“比比食品盐含量”减盐宣传活动。

是日 在黄河广场举办以“搭建供需平台 促进转移就业”为主题的2016年“春风行动”启动仪式暨春季用工洽谈会。

18日 垦利县2015年社会保险基金决算编制工作全面完成，并通过省人社厅、财政厅的联合会审。

19日 2016年全县交通运输系统工作会议召开。

20日 省委常委、常务副省长孙伟，就教育、住建和重点项目建设情况到垦利县调研。市领导申长友、赵豪志，县领导韩利学、崔建华、付兆钦、王英明、苟宏水陪同。

21日 垦利县第十二届文明乡村与文明社区元宵节秧歌大赛在县实验中学举行。县领导韩利学、崔建华、盖举波、张葆春、孙海君、高加夫、韩其国、袁明道到场观看。

22日 全县经济工作会议召开。县委书记、县人大常委会主任韩利学出席会议并作重要讲话，县委副书记、县长崔建华主持会议并对今年经济工作作具体部署，县委副书记盖举波宣读《关于2015年度全县综合纳税过五百万元企业情况和招商引资任务完成情况的通报》。各镇街党政领导班子成员、全体机关干部，村（居）党支部书记、村（居）委会主任；县直各部门、单位全体机关干部职工在分会场参会。

23日 中共垦利县纪委十二届七次全体会议召开。县委书记、县人大常委会主任韩利学出席会议并讲话。县委副书记、县长崔建华,县委副书记盖举波，县政协主席张葆春,县人大常委会第一副主任孙海君，县委常委，县人大常委会、县政府、县政协领导同志出席会议。县委常委、县纪委书记韩其国主持会议。

24日 省人社厅党组副书记、副厅长夏鲁青率省就业创业工作调研组就就业创业工作到垦利县调研。县领导崔建华、付兆钦陪同。

是日 县委书记、县人大常委会主任韩利学就三年增绿工作到德州路绿化、沿海防护林等工程现场调研。县领导盖举波、孙学诗陪同。

25日 全县31家加油站负责人参加的全县流通领域成品油市场监管工作会议召开。

是日 县委副书记盖举波召开县信访工作联席会议，对排查的全国“两会”重点案件集中调度，对做好全国“两会”期间的信访工作安排部署。

26日 省政府研究室开放与农村处处长侯树钦一行到垦利县考察现代渔业示范区光伏项目。

副县长孙学诗陪同。

是日 县委副书记、县长崔建华调研城建交通类工程项目到垦利街道经纬商贸城工程。

是日 省、市维稳工作视频会召开，对当前维稳安保工作进行安排部署。县委政法委在县公安局三楼视频会议室设分会场组织收听收看。

27日 全县宣传统战政法信访工作会议召开。县委书记、县人大常委会主任韩利学出席会议并讲话，县委副书记盖举波等出席会议。

29日 垦利县人民政府办公室印发《垦利县人民政府办公室关于推进就业优先战略的实施意见》。

是日 十二届县委第127次常委会议召开。

是日 县政府常务会议召开。

是月 民政局联合县人力资源和社会保障局、县财政局出台《关于免除居民基本殡葬项目服务费用的通知》，自2016年1月1日起，对于具有垦利县户籍死亡后在殡仪馆火化的城乡居民（不含行政、企事业单位享受丧葬费补贴人员）、未登记户口的社会福利机构抚养的儿童(非法收养的除外)、无法查明身份并在社会救助管理机构死亡的被救助人员、驻垦利部队的现役军人、公安部门经办处理的未知名尸体实行基本殡葬项目服务免费，每人补贴1000元。

是月～7月 县直机关工委对全县县直机关单位党员进行组织关系集中排查。

3月

1日 全县领导干部会议召开。

是日 县委副书记、县长崔建华就农业类重点项目建设工作到黄河淤背绿化工程、红旗滩小农水重点县项目等项目建设现场调研。县领导孙学诗陪同。

是日 县委副书记、县长崔建华就重点工程项目建设工作到东营西郊现代服务区调研。县领导苟宏水陪同。

2日 全国“两会”期间省维护稳定督导组到垦利县督导稳定工作。县领导韩利学等陪同。

是日 全省乡村文明行动调研组到胜坨镇皇殿村、姜家村、东王村、史王村、戈武村进行实地调研。县领导韩利学、高加夫陪同。

是日 县委副书记、县长崔建华到郝家镇调研项目建设工作。

3日 2016年度垦利县基层计生工作人员业务培训班正式开班。县卫生和计划生育局和县妇幼计生服务中心5名业务骨干组成的“讲师团”，巡回各镇、街道开展业务培训。

是日 市委副书记、政法委书记郑建军就黄河南展区改造建设工作到垦利县调研。市领导张润国、杨同柱，县领导韩利学、盖举波、苟宏水陪同。

是日 2016年垦利县“电子商务提升年”活动启动仪式，在东营西郊现代服务区金钊源仓储物流园拉开帷幕。

4日 垦利县青年志愿者协会第二次代表大会召开。审议通过《志愿勇担当 服务乐奉献引领青春力量奉献文明垦利建设》的工作报告、《垦利县青年志愿者协会章程（修订稿）》，选举产生垦利县青年志愿者协会第二届理事会、理事。大会结束后，垦利县青年志愿者协会二届理事会召开二届一次会议，选举产生第二届理事会常务理事、理事长、副理事长、秘书长。

是日 市委副书记、市长赵豪志就经济社会发展情况到垦利县调研。县领导韩利学、崔建华、盖举波、付兆钦、王英明、苟宏水、孙学诗、冯建国陪同。

是日 垦利县举行垦利“青年志愿汇”智慧公益平台启动仪式。

是日 县政协八届二十七次主席会议召开，会议审议县政协2016年工作要点（草案）、《关于调整充实委员学习活动组的通知（草案）》《县政协2016年度委员学习活动安排意见（草案）》、审议通过《县政协八届二十一次常委会议安排方案（草案）》。县政协主席张葆春，副主席侯传伦、黄虎、刘金忠、徐冬梅、宋建明、冯建国，秘书长、办公室主任李加亮，机关科级以上干部参加。

5日 垦利县2016年重点项目春季集中开工仪式举行。市委常委、副市长田青云，县领导韩利学、崔建华、盖举波、张葆春、孙海君、付兆钦出席。

是日 全县城市生态环境建设年暨水气污染整治专项行动动员会议召开。县领导韩利学、崔建华、盖举波、张葆春、孙海君、付兆钦、高加夫、韩其国、王英明、袁明道、李金锋、张增新、苟宏水、李增明、孙学诗、李红燕、黄虎出席。

是日 省旅游局验收组一行到垦利县对2015年完成旅游厕所建设的地点进行实地验收。2015年底，完成厕所建设11处，其中AAA级3个，AA级2个，A级6个。

6日 山东省“关爱老人，让爱送你回家”公益黄手环发放启动仪式在垦利县黄河广场举行。

是日 省国资委督查组对垦利县开展全国“两会”期间的安全生产工作进行督导。

7～25日 对城区下岗、无业已婚育龄妇女进行健康查体，在计划生育常规查体项目的基础上，增加“乳腺癌”免费筛查项目，检查1639人，查出各类疾病137例，其中可疑乳腺癌7例，确诊乳腺癌1例。

8日 设立县委非公有制经济组织和社会组织党工委办公室和政府债务管理股等机构。

是日 市政协副主席陈泽浦一行到垦利县调研经济社会发展情况和乡镇政协委员联络室工作情况。

是日 印发《关于调整垦利县县级行政许可事项目录有关事宜的通知》（垦利县人民政府令第81号）。

8～31日 县人力资源和社会保障局联合县市场监督管理局开展“垦利县清理整顿人力资源市场秩序专项行动”。

9日 全县农村、扶贫开发、乡村文明建设行动工作会议召开。

10日 省金融办主任李永健一行到垦利县调研金融支持实体经济发展情况。副市长李俊峰，县领导韩利学陪同。

是日 省侨办主任刘方会就侨务工作到垦利县调研。县领导韩利学、李红燕陪同。

是日 十二届县委第130次常委会议召开。

是日 全县司法行政工作会议召开。

11日 垦利县召开全县卫生事业“十三五”规划调研座谈会。县领导崔建华、付兆钦参加。

是日 市委常委、秘书长，市人大常委会党组副书记、副主任李金昆，市人大常委会秘书长魏光青，市人大常委会人事代表工作委员会主任董希涧，市人大常委会办公室副主任马爱国等就人大工作开展情况到垦利县调研。县领导韩利学、崔建华、孙海君、李金锋等陪同。

是日 县总工会九届二次全委（扩大）会议召开。

12日 垦利县开展全民义务植树活动。县领导韩利学、盖举波等与全县各界干部群众共1200多人到垦利天宁寺生态林场植树。

是日 县商务局组织开展“诚信兴商 满意消费”3·12商务宣传日活动。

14日 县委副书记、县长崔建华到兴隆林场考察盛元莲藕生态项目。

是日 垦利县社会保险管理服务中心核发全市首例工伤保险待遇《垦利县先行支付追偿通知书》，并通过《东营日报》公告送达。

是日 老年乡村医生生活补助发放和养老保险补缴暨基层医疗机构实施医疗责任保险工作会议召开。

是日 县委副书记、县长崔建华就全县“三年增绿”工作先后到城北防护林工程、黄河淤背绿化工程等项目建设现场调研。县领导孙学诗陪同。

15日 黄河下游防洪工程移民迁占工作会议召开。

是日 全县农村基层党风廉政建设试点工作推进会议召开。

是日 市档案局局长成希琴就档案馆建设情况到垦利县调研。县领导崔建华、付兆钦陪同。

是日 由垦利县民政局主办、垦利县幸福佳社会工作服务中心承办的第十个国际社工日主题宣传活动在垦利街道和平工作站举行。

16日 垦利县农村电商“千人培训计划”启动仪式暨首期培训班在胜坨镇举行，各村村干部、产业发展代表及创业青年代表等共计150余人参加。

是日 市委常委、宣传部部长贾瑞霭到垦利县调研。县领导韩利学、高加夫陪同。

是日 县委副书记、县长崔建华就教育类重点项目建设工作到财富新城幼儿园、实验三小等项目建设现场调研。县领导付兆钦陪同。

17日 山东省食品药品监督管理局党组副书记、副局长桂敦山到垦利县就食品药品“智慧监管”工作进行调研。县领导韩利学、李增明陪同。

18日 聊城市副市长郭建民带领党政考察团就经济社会发展情况到垦利县进行考察。副市长杨同柱，县领导崔建华陪同。

是日 市林业局局长李道明就“三年增绿”工作推进情况到垦利县调研。县领导崔建华、孙学诗陪同。

是日 《垦利县养老服务设施布局规划》研讨会召开。

19日 县委书记、县人大常委会主任韩利学就城建类重点工程项目建设工作到胜兴商务广场市政配套工程、永丰河综合治理工程等项目建设现场调研。县领导苟宏水陪同。

19～30日 济南市公安机关破获一起非法经营疫苗类案件，大量未经冷藏的疫苗类产品流入各地，为保证垦利县辖区内疫苗经营使用安全，开展问题疫苗整治、查处。

20日 市委书记申长友在市委秘书长、市人大常委会副主任李金昆，市政府党组成员、市公安局局长朱晨曦，市公安局党委副书记、政委赵峰等陪同下，到垦利县调研指导严厉打击打孔盗油犯罪专项行动。县领导韩利学、陈志陪同。

21日 县农业局组织全县340名农产品质量安全村级监管员开展为期8天的集中培训。

是日 中国战略与管理研究会高级顾问（将军）段昭显、中国战略与管理研究会副会长梁维娜等一行10余人调研东营市现代渔业示范区海参养殖基地滩涂利用情况及海参养殖情况，县领导付兆钦陪同。

22日 全县“打击打孔盗油违法犯罪、净化油区治安环境专项行动”动员会议召开。县领导盖举波、付兆钦、陈志参加。

是日 县委书记、县人大常委会主任韩利学就经济社会发展情况到永安镇调研。县领导苟宏水陪同。

23日 县委副书记、县长崔建华就杨庙社区建设工作和“三年增绿”工作到董集镇调研。

24日 垦利县组织召开垦利县政银企座谈会。市金融办主任张宝华，市人行行长霍成义，市银监分局党委副书记王百春，县委书记、县人大常委会主任韩利学，县委副书记、县长崔建华，副县长李增明，市23家银行机构负责人以及县直有关部门、镇街，县银行机构、部分企业主要负责人参加。

是日 太平财险垦利支公司开业。

是日 县妇联联合县司法局举办“垦利县‘反家庭暴力法’宣讲活动启动仪式暨首场专家讲座”。

25日 共青团垦利县十四届二次全委（扩大）会议召开。县委副书记盖举波出席。

是日 命名第五批农村科普示范基地。包括：垦利镇红旗滩优质小麦良种繁育科普示范基地、东营市万隆优质水稻栽培科普示范基地、垦利县瑞翔家禽养殖科普示范基地、垦利县永安盐碱地改良科普示范基地、垦利县润博生态种植科普示范基地、东营恒达农业科普示范基地、垦利县东丰青储饲料种植科普示范基地、垦利县茂昇水产养殖科普示范基地（红光）和垦利县鼎盛小麦良种繁育科普示范基地。

是日 市委书记、市人大常委会主任申长友就经济运行和基层党建工作到垦利县调研。市委常委、秘书长张庆华，县领导韩利学、崔建华、盖举波、张葆春、孙海君、付兆钦、高加夫、王英明、苟宏水、李增明、李红燕陪同。

是日 垦利县第二部吕剧电影《考丈人》首映式举行。

是日 县委书记、县人大常委会主任韩利学就经济社会发展情况到兴隆街道调研。县领导付兆钦陪同。

28日 县人力资源和社会保障局制定垦利县社会保险稽核计划，印发《关于开展2016年度垦利县社会保险稽核工作的通知》，对稽核对象、稽核内容、稽核方式做出明确规定，2016年审计稽核工作展开。

29日 县委副书记、县长崔建华就河流污染治理工作到王营村污水处理工程、溢洪河湿地建设工程等项目建设现场进行调研。县领导苟宏水陪同。

30日 山东省国土资源厅不动产统一登记工作调研组到垦利县国土资源局调研。

是日 县人力资源和社会保障局组织开展"'走进社保卡'——全省12333统一咨询宣传日"活动。

是日 全县名录库年报会议召开。

31日 省妇女儿童发展"十二五"规划终期监测评估组就省妇女儿童发展"十二五"规划目标落实情况到垦利县调研。副市长刘美华，县领导韩利学、李增明陪同。

是月 东营西郊现代服务区市政道路配套工程PPP项目第一批融资贷款32080万元到位。

是月 县民政局联合县财政局出台《垦利县民政局、垦利县财政局关于政府购买居家养老服务工作的实施意见》，自2016年1月1日起，对于垦利县60周岁以上、生活不能自理的城乡失能老年人等实行生活照料、康复护理、精神慰藉、紧急救援等养老服务，服务标准为每月200元。

是月 县人力资源和社会保障局起草制定《垦利县关于进一步做好农民工工资支付工作的实施办法》。

4月

1日 全县招商引资调度暨"百日会战"动员会议召开。县领导韩利学、崔建华参加。

是日 全县党政机关干部、基层安监工作人员安全生产培训班举办。县领导王英明出席。

是日 县档案局与县职业中专联合举办档案管理知识专题培训。

是日 油田和地方各界群众、机关干部职工、青少年学生在黄河口烈士陵园举行清明节祭扫烈士墓活动。

5日 垦利县提高一至四级残疾军人护理费标准：因战、因公一、二级残疾军人护理费为22545元/人/年，因战、因公三、四级残疾军人护理费为18036元/人/年，因病一至四级残疾军人护理费应为13527元/人/年。

是日 县广播电视台开设《纪念代表法颁布实施24周年—人大代表风采》栏目。4月5日至22日期间对垦利县2015年的16名县人大代表进行集中宣传。

6日 全县规模企业规范化公司制改制调度会召开。县直相关部门、各镇街参加会议。

是日 全县禁毒工作调度会召开。县领导王英明出席。

是日 县委书记、县人大常委会主任韩利学就"三年增绿"工作开展情况到沿黄淤备地绿化工程、五七片经济林基地等项目建设现场调研。副县长孙学诗陪同。

7日 第十三期黄河口论坛在黄河口经贸文化交流中心举办。论坛主题为"全员参与的精益安全落实体系实践与探索——以中集集团'独孤九剑'式安全管理模式为例"。

是日 县安监局与县委组织部联合举办第十三期黄河口论坛开讲。组织部部长卢春玲主持论坛，共600余名党政领导干部和企业安全管理人员参加。论坛邀请中国国际海运集装箱（集团）股份有限公司集团总部HSE运营部经理李杰，作题为"全员参与的精益安全落地体系实践与探索——以中集集团'独孤九剑'式安全管理模式为例"的讲座。

是日 县地税局开通微信公众号，打造微信服务平台。

8日 全市宗教活动场所财务监管工作现场会在垦利县举行。县领导卢春玲参加。

是日 市委副书记、市长赵豪志在县委副书记、县长崔建华，副县长苟宏水等相关领导的陪同下，就水气污染整治工作到六干排进行现场查看

是日 全县信访干部培训班召开。各镇（街道）信访负责人、业务人员，县经济和信息化局、县教育局等20个县直部门分管领导、业务人员参加培训。

9日 县助推少数民族经济发展专项资金理事会成立大会召开。选举产生理事1名、副理事长2名、理事4名。

9～10日 县人力资源和社会

保障局赴聊城大学和山东财经大学开展“2016年垦利县优秀企业校园行”专场招聘活动。万达集团、信誉楼、胜通集团、东辰集团、万得福集团、新发药业等16家企业，携带82个工种530多个就业岗位参加。近1200名高校毕业生咨询应聘，参会企业现场达成就业意向340多人。

12日 省民委副主任左亭、民族二处处长罗军一行就助推民族经济发展工作到垦利县调研。县领导卢春玲、李增明陪同。

是日 县海洋与渔业局组织召开基层渔技推广体系改革与建设项目工作会议。

13日 东营市首个卖货郎村镇级电子商务体验店在郝家镇集贸市场正式开业。

是日 青年企业家商会、党支部、石油化工交易中心揭牌仪式举行。县领导卢春玲参加。

是日 省人大常委会委员骆宝臻、省科技厅副厅长于书良一行就科技工作开展情况到垦利县调研。调研组到万得福实业公司大豆分离蛋白工艺流程和大豆精深加工实验室进行了参观。市人大常委会副主任温晓杰、市科技局局长李寿凯，县委常委、副县长付兆钦等陪同。

是日 县粮食局制定《垦利县主食产业化发展和粮食应急体系项目建设专项资金管理暂行办法》。

14日 县委副书记、县长崔建华就市属重点城建项目建设进展情况到德州路建设项目、东二路绿化提升工程等项目建设现场调研。县领导苟宏水陪同。

15日 省供电公司星级供电所考评小组对永安供电所创建四星级供电所工作进行现场考评。4月28日，国网山东省电力公司鲁电营销〔2016〕282号文公布2016年全省四星级供电所名单，永安供电所以全省第一的成绩获评四星级供电所。

16日 中国黄河口（垦利街道办事处）第十四届桃花文化旅游节在黄河入海口生态农业观光园（西宋万亩桃园）开幕。

18日 东营第二家一汽大众4S店（东营合众一汽大众4S店）正式落户西郊现代服务区。

是日 东营市副市长杨同柱调研海盈水产公司SPF南美白对虾育苗中心及工厂化养殖基地项目、海跃水产公司海参育苗场及标准化海参养殖区。县领导韩利学陪同。

19日 国家统计局东营调查队党组成员、副队长赵晓民到垦利县调研小麦苗情。

是日 市委常委、市纪委书记岳德川到垦利县调研落实党风廉政建设“两个责任”情况。县领导韩利学、韩其国陪同。

是日 县地税局分别对截至2015年年底和2016年一季度的正常户纳税人欠税进行公告，对走逃、失踪的纳税人欠税报至省局进行公告，督促欠税企业及时清缴欠税。

20日 县招商局组织举办第十四次黄河口论坛招商专题培训。

是日 垦编字〔2016〕8号文件，决定将种鸡示范场、畜产品加工实验站的事业单位类别调整为公益三类，其他不变。

21日 省政协副主席郭爱玲带领调研组到永安镇考察渤海垦区革命纪念馆。

是日 市委书记申长友在市委副书记、政法委书记郑建军，市委常委、秘书长张庆华，市政府党组成员、市公安局局长朱晨曦，市公安局党委副书记、政委赵峰，市公安局党委委员、副局长燕纪光等陪同下，就严厉打击打孔盗油违法犯罪专项行动到垦利进行调研指导。县领导韩利学、陈志陪同。

22日 东营市首届读书节暨垦利县第三届“黄河口书香节”开幕式在县黄河口经贸文化交流中心B馆举行。市委常委、宣传部部长贾瑞霞出席并讲话，县委书记、县人大常委会主任韩利学致辞，市直有关部门单位、各县区委宣传部负责人出席。

是日 全县“两学一做”学习教育工作座谈会召开。

是日 省经信委消费试点县验收在垦利县举行，省、市领导参观“智慧垦利”建设情况。

是日 县非法集资风险排查调度会议召开。

是日 县直机关工委组织举办2016年入党积极分子培训班，对县直机关21名入党积极分子进行培训。

24日 县委书记、县人大常委会主任韩利学就基层党建工作到郝家镇进行调研。

25日 发布《2016年度垦利县事业单位公开招聘工作人员简章》。

是日 县地税局成功测试开出第一张增值税发票。

是日 新华社《山东参考》14期刊发内参稿件《春风化雨 让高尚情操浸润每一个垦利人——垦利县创新强化新时期意识形态建设调查》。

是日 智慧环保平台上线，通过对环境地理信息和环保企业基础数据实时采集，构建环保"一张图"，将移动执法、在线监控、环境监管整合为一体。

26日 全县打击打孔盗油违法犯罪净化油区治安环境专项行动集中宣传活动启动仪式举行。县领导盖举波、陈志参加。

是日 山东省农业厅土肥站安排的大田土壤盐渍化调查工作全部完成，这项工作共采取垦利县大田农化样150个，测定盐分、养分、中微量元素共17项。

是日 省交通运输厅巡视员高洪涛到垦利县调研多式联运工作。县领导崔建华、荀宏水陪同。

是日 县委书记、县人大常委会主任韩利学就工业经济运行情况到垦利石化公司、石大胜华公司等地调研。县领导王英明陪同。

27日 省公安厅有组织犯罪侦查总队政委徐磊带领督导组到县公安局督导打霸治痞、打击农村黑恶势力专项行动。

是日 省新闻出版广电局科技处孙西振副处长、郑辉副科长到垦利县广播电视台督导地面数字电视工程建设工作。

是日 市委副书记、市长赵豪志带领全市水气污染整治专项行动现场推进会议与会人员到垦利县县观摩。市委常委、副市长张润国，县领导韩利学、崔建华、荀宏水陪同。

是日 县安监局组织召开职业病危害防治评估工作培训会议。

是日 县妇联举办"垦利县女性素质提升工程'舞前半小时'志愿者讲师培训班"，各镇街妇联主席、各镇街志愿者讲师代表参加培训。

是日 全县工业、能源统计工作培训会议召开。邀请市统计局能源科科长刘春玲及徐能华、赵丽杰做专题辅导报告，各镇（街道）统计站站长及部分企业代表参加会议。

28日 《垦利报》创刊两周年座谈会召开。县领导高加夫参加；举办《垦利报》创刊两周年摄影展；出版《垦利报》创刊两周年特刊。

是日 省农发行党委书记、行长赵富洲一行视察东营市现代渔业示范区。

是日 县委副书记、县长崔建华就六万亩土地综合整治项目进展情况到永安镇调研。县领导付兆钦、陆长河陪同。

是日 中国红十字会总会副巡视员李庆华带领中国红十字会总会评估组到垦利县就红十字"博爱家园"项目进行终期评估。

是日 2016年度巡察工作动员会议召开，对2016年巡察工作进行动员部署。

29日 市委副书记、市长赵豪志就北二路、德州路规划建设进展情况到垦利县调研。市委常委、副市长张润国，县领导崔建华、荀宏水陪同。

是日 全县庆祝"五一"国际劳动节大会召开。县领导韩利学、崔建华等参加。

是月 启动2016年春季中小学教辅材料出版发行专项检查活动和知识产权宣传周版权宣传活动。

是月 省旅游局发文公布2016年度乡村旅游发展专项资金奖励名单，垦利县胜坨镇东王村列入省传统古村镇，永安镇西三村列入省旅游精准扶贫村。垦利县争取乡村旅游发展专项资金40万元。

是月 省政府下发文件鲁政办发〔2016〕17号，确定垦利县为县级现代预算管理制度改革试点县。

月初～5月底 开展2016年春季中小学教辅材料出版发行专项检查活动，打击非法出版盗版教辅材料行为，检查出版物发行单位30余家次。

是月～9月 开展医疗器械专项整治2016行动。

是月～9月 垦利县开展成品油生产经营企业综合整治行动。

5月

1日 垦利县全面实施“营改增”试点。

是日 县地税局开出第一张二手房交易增值税发票，标志着地税代征二手房交易增值税和代开增值税发票工作正式启动。

1～31日 县打非办联合多部门集中组织开展防范非法集资宣传月活动。

4日 “智慧垦利”数据管理平台2.0版本上线运行，解决之前数据管理平台中存在的bug，并加入新的功能特性。

是日 县领导韩利学、卢春玲到垦利街道宋坨村、左一村、万光社区居委会调研基层党建工作情况。

4日～11月2日 2016年度“两癌”免费检查工作开展。累计完成宫颈癌检查14661人，查出HPV阳性患者1268人，TCT检查细胞学改变进一步检查者335人，随访病理最终确诊宫颈癌前病变229人，确诊宫颈癌患者8人；完成乳腺癌检查15900人，建议钼靶检查者110人，手术确诊乳腺癌患者13人。

5日 东营市委常委、宣传部长贾瑞霭一行到国网东营市垦利县供电公司永安供电所调研指导工作。

是日 国家卫生计生委办公厅副主任金中杰带领国务院考核工作组到垦利检查消防安全监管工作。市领导杨梦斌、朱晨曦，县领导崔建华、王英明等陪同。

是日 县委书记、县人大常委会主任韩利学就招商引资工作开展情况到东营夏和工贸有限公司中高档家具销售项目、山东宝德汽车服务有限公司商务大厦项目等地调研。县领导王英明陪同。

是日 中国光彩会副会长、山东省工商联副主席、万达集团董事局主席尚吉永到省级贫困村垦利街道东兴村进行对接。这次对接活动标志着垦利县民营企业精准扶贫行动拉开帷幕，将有8家工商联副主席企业加入。县领导高加夫参加。

6日 垦利县人民政府与中国建设银行东营分行战略合作协议签约仪式在垦利县举行。

是日 在山东天信光伏发电项目现场，举办2016年垦利县东部光伏发电项目集中开工仪式。

是日 中国科学院生态研究中心考察团就采油污水人工湿地生态处理及资源化利用项目到垦东考察。县领导韩利学、苟宏水等陪同。

6～8日 2016年度山东省县市报工作会议召开，《垦利报》获2015年度山东省优秀县市报；垦利报社在2015年度山东省县市报优秀新闻作品评选中，获一等奖1名，二等奖2名，三等奖2名。

7日 县委理论学习中心组“两学一做”专题辅导报告会举行，邀请中央党校教授、博士生导师张希贤作专题辅导报告。

9日 山东省加强就业培训提高就业与创业能力五年规划（2014～2018）绩效考评小组来垦利县进行绩效考评。

9～14日 《天南地北垦利人》栏目开机拍摄，县广播电视台派记者到北京采访垦利籍或在垦利工作过的人物7人。

10日 国网东营市垦利县供电公司“子改分”工作全面完成。

是日 在第三实验小学举办全县2016年防灾减灾宣传周启动仪式暨地震应急疏散演练活动，红十字会等31个县减灾委成员单位、实验三小师生700余人参加。

是日 垦利县总工会和县卫生和计划生育局联合举办2016年度全县卫生计生系统护理技能大赛，8支队伍，24名护理人员参加。

是日 县委书记、县人大常委会主任韩利学就全县水气污染治理工作进展情况到西六路水系建设工程、西郊服务区湿地建设工程等项目建设现场调研。县领导苟宏水陪同。

11日 开展2016年春季门诊慢性病申报及鉴定工作，共计946人参加，通过736人，其中居民558人，职工178人。

是日 垦利县社会科学界联合会第一次代表大会召开。

是日 省关工委常务副主任、原省委常委、原省军区政委张秉德一行就0－3岁婴幼儿（准）家长培训工作到书香社区家长学校、红光小学“小渔之家”青少年服务中心调研。县领导韩利学、卢春玲陪同。

11～13日 国家教育行政学院在垦利县召开全国家长学校建设工作经验交流会，向全国13个省市、30余个地区的210余名代表介绍垦利县家长学校的办学经验。

12日 教育部、国家教育行政学院领导，全国各地教育系统管理人员、教师，部分地区教育分管领导就0－3岁婴幼儿（准）家长培训工作到书香社区家长学校进行观摩。

是日 省海洋与渔业厅厅长王守信就海洋牧场建设情况到垦利调研。市领导张庆华、贾瑞霭，县领导韩利学、孙学诗陪同。

是日 省气象局副局长李春虎到东营黄河三角洲人影示范基地工地检查指导施工建设情况。

是日 县安监局组织开展企业安全生产主体责任暨11个规范性文件宣贯培训班，企业分管负责人约300余人参加培训。

12～19日 垦利县卫生监督执法局联合县人民医院开展《职业病防治法》宣传周活动。

13日 东营市“百企帮百村”精准扶贫行动启动仪式在垦利县举行。省工商联党组成员、副主席赵延彤，市委副书记、政法委书记郑建军，市委常委、统战部部长聂建军，市政协副主席、市工商联主席生钦勇，县委书记、县人大常委会主任韩利学，省工商联办公室副主任刘永亮，市委、市工商联、市扶贫办领导、各县区委副书记、工商联主席、扶贫办主任、参与帮扶的民营企业家和县有关部门负责人160余人参加。

是日 国家土地督察济南局局长张璞到永安镇惠鲁社区调研土地综合整治和社区建设工作。县领导崔建华、苟宏水等陪同。

14日 黄河口镇第七届万尔果蔬采摘节开幕。

是日 垦利县基督教第三次代表大会召开。

是日 十二届县委第134次常委会议暨县委全面深化改革领导小组第十次会议召开。

16日 华润新能源垦利垦东600MW风光互补项目签约仪式举行。县委副书记、县长崔建华出席仪式并致辞，县委常委、副县长王英明主持仪式，副县长孙学诗代表县政府与华润集团华润电力新能源华东分公司总经理张秋生在战略合作协议上签字。

17日 东营军分区司令员姜延秀、东营军分区副司令员尤涛、东营军分区参谋长焉壮志等巡查组成员到胜坨镇检查民兵整组工作和基层武装部建设工作。县领导韩利学、刘卫星陪同。

是日 副市长杨同柱到垦利县调研荣乌高速绿化工程进展情况。县领导韩利学等陪同。

是日 在东营区举行的山东省海峡两岸交流示范点称号授牌会上，胜坨镇天宁寺旅游区获首批山东省海峡两岸交流示范点称号。

18日 市委书记、市人大常委会主任申长友就“两学一做”学习教育和经济运行情况到垦利县调研。市领导张庆华、朱开国，县委常委、县政协主席、县人大常委会第一副主任、副县长参会。

19日 垦利县民兵军事大比武在东营军分区训练保障基地举行。

是日 全县党委（党组）意识形态工作责任制座谈会召开。县领导盖举波、高加夫参会。

是日 市人大常委会副主任李永元带队就食品安全监管工作开展情况到垦利县调研。县领导韩利学、孙海君、刘燕、孙学诗陪同。

是日 县委副书记、县长崔建华、县委常委、副县长王英明到县安监局调研。

是日 县旅游局在垦利银座购物广场等地组织开展“5·19中国旅游日”主题宣传活动。

20日 县经信局与武汉大学联合组织“垦利县·武汉大学招商引资推介会”。县经信局、金融办、招商局等部门，制造业、化工业等领域的22家企业与武汉大学化学分子学院3名教授，武汉天际航科技、北斗国科（武汉）科技有限公司等企业进行研发成果和项目沟通对接。

是日 县人力资源和社会保障局在胜利明珠集团拉菲公馆施工现场开展“建筑业工伤保险集中宣传日”活动。

是日 县十三届人大常委会第36次会议召开。

23日 县委副书记盖举波带领专项工作督导组，实地督导校园安保工作。

24日 省委统战工作领导小组成员、省国资委党委副书记、纪委书记、监察专员时民率调研检查组到垦利县就贯彻落实中央、省委关于统一战线一系列重大决策部署情况进行调研。市领导聂建军，县领导韩利学、卢春玲陪同。

25日 山东省第六届全民健身运动会太极拳比赛暨2016年山东省太极拳锦标赛开幕式在垦利县举行。县领导韩利学、高加夫、李红燕出席开幕式。

是日 县委书记、县人大常委会主任韩利学就营改增工作开展情况到县国税局调研。县委常委、副县长付兆钦陪同。

是日 2016年度第一次公共租赁住房配租大会召开。

26日 省军区参谋长周月星带队就黄河防汛工作准备情况到垦利县调研。市领导聂建军、姜延秀、何学民，县领导韩利学、孙学诗、刘卫星陪同。

27日 “小渔之家”青少年综合服务中心启动仪式在东营市现代渔业示范区红光小学举行，团市委书记张成仙，县领导卢春玲出席。

是日 垦利县政府借助“三证合一”“营改增”的有利时机，搭建政务中心分厅，县国税、地税、工商三部门一起开展“三家联合一站式”便民服务。登记办证、纳税申报、发票管理、业务咨询、政务公开等事项全部集中在政务中心分厅受理。

是日 省工商局党组书记、局长杨宜新一行到垦利县调研。副市长刘美华，县领导盖举波、孙学诗陪同。

是日 省委常委、政法委书记张江汀就政法综治工作到垦利县调研。省委政法委副书记、综治办主任张志华，市领导郑建军，县领导韩利学、付兆钦、陈志陪同。

是日 全县0～3岁婴幼儿（准）家长培训工作观摩交流会议召开。

27～29日 垦利县企业创新转型对接会暨创业与投资高峰论坛在垦利县举行。县领导韩利学、张葆春、付兆钦、王英明、卢春玲、陆长河、冯建国出席。

28日 省住房和城乡建设厅厅长王玉志就农村无害化旱厕改造工作开展情况到垦利县调研。市委常委、副市长张润国，县领导韩利学、付兆钦陪同。

30日 县人力资源和社会保障局全面完成2015年社会保险基金决算编制工作，并通过省财政厅、人力资源社会保障厅的联合会审。

31日 副市长刘美华就医改工作开展情况到垦利县调研。县领导崔建华、李增明陪同。

是日 垦利县红十字会开展全县造血干细胞血样集中采集活动。

是日 省人大常委会专题调研组就水法实施情况到垦利县调研。市人大常委会副主任张传胜，县领导韩利学、孙海君、张增新、孙学诗陪同。

是日 十二届县委第135次常委会议举行。

是日 县委副书记、县长崔建华就部分重点项目建设情况到植物园续建工程、胜利路水系绿化工程等项目建设现场调研。县委常委、副县长付兆钦陪同。

是日 县信访局召开新闻发布会，通报垦利县网上信访受理平台开通的有关情况。

是日 中国·垦利首届创新创业大赛总决赛暨“青岛银行”杯“众创未来，圆梦垦利”双创大赛颁奖典礼在县广播电视台演播大厅举行。县领导卢春玲、孙学诗出席。

是日 2016年全县学校食堂食品安全专题培训会议召开。

是月 垦利县被确定为山东省“助力地方创新驱动发展工程”示范区，为全省第二批28个示范区之一，为东营市获批的首个县。

是月 县人力资源和社会保障局联合县总工会、东营市黄河口职业技术培训学校、万达控股集团有限公司、东营市宏远纺织有限公司举办“垦利县第二届技能竞赛”，有12支代表队243名职工参加车工、维修电工、橡胶成型工、络纱工等12个职业（工种）的比赛，竞赛产生一等奖16名、二等奖15名、三等奖22名。

是月 在全县范围内针对歌舞娱乐场所、互联网经营场所、印刷企业等文化经营单位开展消防安全大检查行动，检查各类文化经营单位50余家次。

是月～7月 市场监督管理局药品股组织开展药品经营企业GSP认证飞行检查。

是月～8月 对县直机关党费进行统一核查并进行补缴。

6月

1日 垦利县2016年度全县卫生计生暨爱国卫生工作会议召开。县领导李增明出席。

是日 垦利县召开规划委员会2016年第一次会议。会议审议并原则通过东南片区湿地公园项目规划设计方案、黄河路（永兴路—同兴路）绿化工程规划设计方案、东营西郊现代服务区南区、北区控制性详细规划、垦利县北郊服务区总体规划（暂定名）。

是日 省法院审判委员会专职委员尚洪立、办公室副主任于军波到垦利法院就加强审判执行工作进行督导调研。县领导盖举波、陈志陪同。

是日 垦利县月最低工资标准由上年的1600元上调为1710元，非全日制用工小时最低工资标准由上年的16元上调至17.1元。根据《关于公布全省最低工资标准的通知》（鲁政字〔2016〕117号）要求，全省月最低工资标准分为1710元、1550元和1390元3档，适用于非全日制用工的小时最低工资标准分别为17.1元、15.5元、13.9元，垦利县执行全省最高档次。

2日 职业病危害风险分级管控体系建设培训会议召开。聘请东营胜安职业安全检测评价技术有限公司苏宽进行授课，各镇街安监办工作人员和50余家用人单位参加培训会议。

是日 县城乡规划委员会第一次会议召开。

2～3日 举办全县村级纪检委员履职能力提升培训班，全县村级纪检委员200多人参加培训。

2～7日 县人力资源和社会保障局组织中国万达集团、山东胜通集团、山东万德福集团、新发药业、宏运职业介绍公司5家企业，赴甘肃省天水市参加在甘肃林业职业技术学院举办的“甘肃林院2016年校地合作洽谈暨毕业生校园招聘会”。

3日 县卫生和计划生育局举办全县计划生育基层基础工作业务知识培训班。各镇（街道）、办事处的计生办主任、微机员、统计员参加。

是日 全县统计工作暨第三次农业普查工作会议召开。各镇、街道办事处统计工作和农业工作分管领导、统计站站长；县第三次农业普查领导小组成员及业务人员；县直各部门单位统计工作分管领导；县统计局全体人员参加会议，县委常委、副县长王英明，县第三次农业普查领导小组组长、副县长孙学诗出席。

4日 全国政协常委、副秘书长，民革中央副主席何丕洁到东营现代渔业示范区考察新能源和现代农业发展情况。省政协副主席、民革省委主委、省社会主义学院院长、省监察厅巡视员孙继业、市委常委、统战部部长聂建军、市政协副主席、民革市委主委张作龙、市委统战部副部长陈宏伟，县委常委、组织部部长、统战部部长卢春玲陪同。

是日 全县2016年重点项目推进调度会议召开。

是日 印发《垦利县人民政府关于调整垦利县县级行政权力清单有关事项的通知》（垦政字〔2016〕47号），对垦利县县级行政权力清单有关事项进行调整；印发《垦利县人民政府关于修订垦利县县直部门单位行政审批中介服务收费项目清单的通知》（垦政字〔2016〕46号），对垦利县行政审批中介服务收费项目进行梳理。

5日 中科院科技促进发展局副局长赵千钧、山东省科技厅副厅长郭九成到垦利县“渤海粮仓”科技示范工程水稻核心区进行观摩。副市长杨同柱，县领导崔建华、孙学诗陪同。

6日 副市长王吉能就高考准备工作到垦利县调研。县领导崔建华、高加夫陪同。

是日 国网东营供电公司与垦利县政府举行“十三五”电网发展对接会谈。东营市供电公司总经理李福来，党委书记宋继中，副总经理陈维军，县委副书记、县长崔建华，县委常委、常务副县长付兆钦出席。

是日 市场监督管理局组织开展为期6个月的餐饮服务环节

严厉打击非法添加罂粟壳等非食用物质专项行动。

7日 县人大常委会第一副主任孙海君、人大常委会副主任陆长河带领检查组一行8人，就《禁毒法》贯彻实施情况进行专项执法检查。

8日 国函〔2016〕105号文件批复山东省同意对东营市部分行政区划进行调整，即同意垦利县撤县设区。7月15日，省政府以鲁政字〔2016〕156号文件下发通知落实国务院批复，撤销垦利县，设立东营市垦利区。县民政局做好撤县设区相关筹备工作。

10日 智慧开发区项目平台正式投入使用,使用VR政务大厅，实现政务信息高度整合、工作任务高效协同，搭建起政府与企业沟通的桥梁。

12日 十二届县委第136次常委会议举行。

是日 县委常委、宣传部部长、县乡村文明建设专项行动领导小组常务副组长高加夫组织召开城乡环卫一体化和移风易俗工作专题调度会议。

13日 《垦利县县级现代预算管理制度改革试点方案》印发实施。

是日 国家统计局东营调查队副队长赵晓民到垦利县调研指导小麦实割实测工作。

14日 全县纪检监察党风政风监督暨信访举报工作会议召开。

是日 全县水气污染整治工作推进调度会议召开。县委副书记、县长崔建华，县委常委、副县长王英明出席。

是日 团县委联合市消防志愿者协会开展“垦利县青少年消防安全教育活动”。各镇街团（工）委书记，县直各部门单位团组织负责人及部分学生500余人参加。

15日 省妇联副主席魏艳菊到县人力资源和社会保障局评估督导妇女儿童发展两个纲要规划实施情况。县领导盖举波、李增明陪同。

是日 十二届县委第137次常委会议举行。

15～16日 县直机关工委组织81个县直单位的党组织书记、专职副书记分四批到县检察院观摩党建示范点创建工作。

16日 垦利县正式建立垦利县社会信用体系建设联席会议制度，统筹协调各项重点任务的组织实施。

是日 县民政局、县妇联、县人武部开展“十佳好军嫂”评选工作。

17日 省法院党组成员、纪检组长时耀华，纪检副组长、监察室主任秦宏，监察室综合组组长李自长到胜坨法庭调研指导工作。县委副书记盖举波，县委常委、纪委书记韩其国，县法院党组书记、院长焦伟陪同。

是日 市人大常委会副主任李永元带领市人大常委会立法调研组就《城镇容貌和环境卫生管理条例》立法工作到垦利县调研。县领导崔建华、孙海君、杨广岭、孙学诗陪同。

是日 全县老干部工作座谈会议召开。

18日 垦利县召开党外知识分子联谊会成立暨第一届第一次会员代表大会。市委统战部副部长陈宏伟和县委常委、组织部部长、统战部部长卢春玲出席并为联谊会揭牌。

是日 县委副书记、县长崔建华就黄河引水和防汛工作相关情况到十八户干渠引水现场、十八户防汛工程等地调研。县领导孙学诗陪同。

20日 副市长王吉能就安全生产工作到垦利县督导。县领导崔建华陪同。

21日 全市基层商会建设现场经验交流会在垦利县举行。省工商联党组成员、副主席赵延彤；市委常委、统战部部长聂建军；市政府副市长刘美华；市政协副主席、市工商联主席生钦勇；县委书记、县人大常委会主任韩利学；市工商联、市民政局主要领导；东营经济技术开发区、东营港经济开发区、东营农业高新技术产业示范区分管负责同志；市工商联机关全体工作人员；各县区委常委、统战部长；各县区工商联主席、党组书记；市和各县区基层商会代表；全市各镇（街道）党（工）委统战委员；垦利县直属商会会长和商会会员企业代表204人参加会议。

是日 省信访局副厅级信访督查专员刘东范为垦利县委理论学习中心组就“如何做好新形势下群众信访工作”作专题辅导。

市信访局领导、县委常委，县人大常委会副主任，副县长，县政协主席、副主席，及各镇、街道书记、镇长（主任），县直各部门、单位主要领导，县信访局全体干部职工近300余人参加学习。

是日 县广播电视台990垦利都市生活广播微信公众平台正式上线。

是日 印发《垦利县人民政府办公室关于建立健全随机抽查工作机制规范事中事后监管的通知》（垦政办发〔2016〕6号），确立“双随机”抽查机制。

22日 发布《2016年垦利县公开招聘合同制教师简章》，计划招聘中小学及幼儿园合同制教师50人。

是日 国家“两纲”中期评估督导组就妇女儿童发展纲要实施情况到垦利县督导检查。市领导申长友、郑建军、刘美华，县领导韩利学、李增明陪同。

是日 垦利县机构编制委员会印发《关于县社区管委会更名及其他有关事项的通知》，将县社区管委会更名为县社区建设管理办公室，原县社区管委会编制收回。

是日 全县消防工作会议召开。县领导王英明出席。

是日 由市人大教科文卫委、市政府法制办、市档案局组成的检查组，在市人大教科文卫委副主任张利华、市档案局局长成希琴的带领下，到垦利县进行档案行政执法检查。县领导盖举波陪同。

23日 东营市司法局党组书记、局长郑少峰到垦利县就基层司法行政工作进行调研。县委常委、政法委书记陈志陪同。

是日 垦利县召开党政机关公务用车制度改革动员会议，全县党政机关公务用车制度改革正式拉开序幕。

是日 由县总工会和县卫生和计划生育局联合举办的2016年度全县卫生计生系统医师技能大赛在县人民医院举行。

24日 全县纪检监察干部培训班开班，为期1天。

26日～7月2日 县直机关工委组织举办“庆七一”红色电影展播活动。利用市民活动中心和黄河广场播放《英雄儿女》《洪湖赤卫队》《百团大战》《青春之歌》《红色娘子军》《建党伟业》《沂蒙山六姐妹》7部红色影片。

27日 垦利县党政正职述廉述责民主测评会议召开。

28日 东营西郊现代服务区市政道路配套工程PPP项目被纳入全省第二批政府和社会资本合作示范项目。

是日 垦利县庆祝中国共产党成立95周年座谈会和全县“两学一做”学习教育工作会议举行。

29日 全县纪检监察干部监督工作会议召开。

是日 市纪委组织部部长车清国、副科级纪律检查员商洁到垦利县专题调研干部工作。县领导韩利学、韩其国、卢春玲陪同。

是日 县委副书记、县长崔建华并就公共安全监管工作进行现场督导检查。县领导王英明陪同。

30日 垦利县老年大学第七届学员毕业典礼举行；举办老年大学庆祝建党95周年暨红军长征胜利80周年书画摄影展。

是日 县委书记、县人大常委会主任韩利学到垦利经济开发区调研企业运行情况。

是月 垦利县夏季征兵报名工作全面启动。

是月 社区建设管理办公室成立，全面负责全区城乡社区建设管理工作。9月9～13日，县民政局与社区建设管理办公室办理工作交接，按照职责分工，县民政局不再承担城乡社区建设相关工作。

是月 县财政局制定并印发实施《垦利县县级党政机关执法执勤用车制度改革办法》《垦利县党政机关执法执勤用车使用管理办法》。

是月 县政府批准成立垦利街道康居社区居民委员会、垦利街道书香社区居民委员会和兴隆街道和兴社区居民委员会。康居社区居民委员会将康居小区、育才小区、明珠花园、明珠拉菲公馆、明珠广场、育才华都、信合家园7个住宅小区纳入管理范围，书香社区居民委员会将书香门第、黄河人家、海赢一品3个住宅小区纳入管理范围，和兴社区居民委员会将万福佳苑、状元府邸、帝纱富仕诚、明珠庄园、石大御景5个住宅小区纳入管理范围。

7月

1日 “永远跟党走”垦利县庆祝建党95周年文艺晚会在市民活动中心举行。县领导韩利学等出席。

是日 全县易制毒化学品专项整治调度会议召开。

是日 县委书记、县人大常委会主任韩利学就防汛排涝情况到董集镇、胜坨镇调研。副县长孙学诗陪同。

是日 垦利县破产企业下岗失业复退军人生活补助标准提高：对越参战人员每人每月1400元，志愿兵、残疾军人每人每月1300元。

2日 市委书记、市人大常委会主任申长友就房台村雨季安全和黄河防汛情况到垦利县调研。县领导韩利学、孙学诗陪同。

4日 县委书记、县人大常委会主任韩利学就全县水气污染治理工作开展情况到永丰河综合治理工程、植物园续建工程

5日 全县严厉打击打孔盗油违法犯罪专项行动新闻发布会暨再调度会议召开。县领导陈志参加。

是日 省住房和城乡规划建设厅检查组边永生一行在市住房和城乡规划建设局领导陪同下到垦利县就房地产管理综合执法工作进行检查。县领导王英明陪同。

是日 市委副书记、市长赵豪志带领全市城市生态环境建设年和水气污染整治专项行动现场调度会议与会人员到垦利县观摩。县领导韩利学、付兆钦陪同。

是日 县委常委、宣传部部长高加夫到东营日报社考察学习媒体融合发展工作。

6日 县政协主席、党组书记张葆春，县政府副县长孙学诗，县政协副主席、县总工会主席刘金忠到垦利县大学生创业园二期调研指导工作。

是日 全县政法系统“全员练兵、全面规范、全力创先”活动动员会议召开。县委常委、政法委书记陈志出席，县法院、县检察院、县公安局、县司法局、县信访局主要领导及分管领导参加会议。

是日 县政务服务中心管理办公室组织召开县直部门单位行政许可事项梳理工作培训会议。

7日 全县上半年意识形态工作情况交流会召开。

8日 县人大组织召开代表建议办理情况调查座谈会。县人大常委会第一副主任孙海君出席，县委常委、常务副县长付兆钦参加。

9日 垦利县卫生体育设施及配套工程PPP项目合同签订。

11日 县委书记、县人大常委会主任韩利学就城建交通类项目建设进展情况到物资区块幼儿园建设项目、城区儿童预防接种中心项目两项目建设现场调研。县委常委、副县长付兆钦陪同。

是日 《关于印发垦利县政府投资项目审计办法（试行）的通知》出台。

12日 县政协第22次常委会议召开。县政协常委会组成人员、副县长李增明、县扶贫办、林业局负责人参加，各镇街联络室负责人、机关各委室主任、副主任列席。

是日 县政协第28次主席会议召开。县政协主席张葆春、侯传伦、黄虎、刘金忠、徐冬梅、宋建明，秘书长李加亮参加。

是日 镇街、县直部门党政正职向县纪委全委会述廉述责会议召开。9名县直部门党政正职依次向县纪委全委会述廉述责，并接受县纪委委员的质询和评议。

13日 垦利县举行2016年度义务兵优待金发放仪式，为全县279户义务兵家庭发放优待金525万元。

14日 全县被征地农民养老保险会议召开。会议通过《垦利县人民政府办公室关于进一步做好被征地农民养老保险工作的通知》。

15日 城区阶梯水价改革听证会召开。

16日 全县“智慧工业”服务平台上线启动暨平台合作协议签订仪式举行。县领导韩利学、王英明出席。

18日 垦利县组织收看全省计划生育工作电视会议。县委副书记、县长崔建华出席会议。县

委副书记盖举波、县人大常委会副主任张增新、副县长李增明、县政协副主席徐冬梅等参加。

19日 防范打击非法集资暨恶意逃废银行债务工作会议召开。副县长李增明，各镇街、县直有关部门单位及各银行机构参加。

是日 全市科学发展现场观摩团到垦利县观摩。县领导韩利学、崔建华、盖举波、张葆春、孙海君陪同。

20日 垦利县组织收看全省乡村文明行动移风易俗工作电视电话会。县委副书记盖举波，县委常委、宣传部部长高加夫，副县长孙学诗参加收看。

21日 团市委书记张成仙、副书记王燕、副书记陈银鹏及团市委各部室负责人、各县区团委书记，就区域化团建、青年创业及青年志愿服务工作等情况在垦利县进行调研观摩。县委副书记盖举波陪同。

是日 县委副书记、县长崔建华就防汛工作开展情况到胜坨镇宁家村、宁海控导等地调研。县委常委、副县长付兆钦，副县长孙学诗陪同。

是日 中共垦利县委员会印发《关于成立县社区建设管理办公室党组的通知》（垦委〔2016〕22号），设立县社区建设管理办公室党组，履行县社区建设管理办公室党的领导职责，原中共垦利县委社区工作委员会自行撤销。

22日 恒丰银行东营垦利支行开业暨政银战略合作签约仪式举行。至7月末，全县银行机构达16家。

是日 垦利县物流商会全国危险品“大数据”分析处理中心项目启动仪式在互联网+物流产业发展服务基地举行。市委统战部副部长、市工商联党组书记、常务副主席徐荣华出席启动仪式并致辞，县直有关部门领导、商会嘉宾客户、商会会员代表100余人参加。

是日 全县乡村文明移风易俗现场观摩会召开。观摩学习淄博市临淄区及广饶县乡村文明行动和移风易俗现场。县领导孙学诗带队观摩。

是日 县委书记、县人大常委会主任韩利学就“两学一做”学习教育开展情况到县住房和城乡规划建设局、县城市管理和行政执法局调研。县委常委、副县长付兆钦陪同。

24日 市委书记申长友到垦利大学生创业园调研党建和双创工作。

26日 东营市红十字会《关于实施“博爱家园”项目的通知》确定振兴社区为2016年度东营市红十字会博爱家园项目点之一，计划投资4万元，利用4个月时间在社区开展博爱家园项目建设，改造振兴社区博爱家园服务中心，开展应急救护、健康普及、志愿服务等活动。

是日 垦利县召开迎接2015年度国家基本公共卫生服务项目考核工作会议。县领导付兆钦出席。

是日 全县2016年度医院感染技能大赛在垦利县人民医院举办。全县9个医疗机构18名选手参赛。

是日 市委副书记、政法委书记郑建军到垦利县走访慰问优抚对象。县领导韩利学、陈志陪同。

是日 市信访局组织全市县区信访局半年观摩团到垦利县观摩重点信访工作开展情况。县领导盖举波、陈志陪同。

27日 省海洋与渔业厅厅长王守信就渔业工作开展情况到垦利县调研。县领导崔建华、孙学诗陪同。

是日 在“八一”建军节来临之际，县领导先后到县人武部、县军休所、消防大队和武警中队走访慰问。

是日 全县领导干部警示教育大会召开。

是日 全县招商引资半年调度会议召开。

28日 国家统计局东营调查队副队长赵晓民一行3人到董集镇赵马村、七里井村现场督导第三次农业普查农作物遥感测量调查夏播调查工作。

是日 全县新媒体宣传工作座谈会召开。县委常委、宣传部部长高加夫出席。

是日 垦利县老干部情况通报会召开。

是日 十二届县委第143次常委会议召开。

29日 省政协副主席翟鲁宁

带领调研组在市政协主席陈泽浦等陪同下，到永安镇和万德福实地调研工会组织建设、发挥作用等情况。县领导盖举波、张葆春陪同。

是日 县人大常委会批准设立青银基金。垦利县与青岛银行初步达成首批5亿元的东营青银发展基金额度，9月，青银基金到位资金2.22亿元。

30日 “京东·黄河口馆”启动仪式暨第十六期黄河口论坛举行。副市长杨同柱，县领导崔建华、卢春玲、李增明参加。

是日 县政协召开八届二十三次常委会议。张葆春主席主持会议并讲话。县政协副主席侯传伦、黄虎、刘金忠、徐冬梅、宋建明，秘书长李加亮出席会议，县政协常委参加会议。会议审议通过《关于中国人民政治协商会议山东省垦利县委员会所属机构名称和干部职务名称变更的决定》。

是月 完成垦利县党政群机关单位社会信用代码赋码工作。

是月 县财政拨付“一事一议”第一批奖补资金263万元至各镇街。

是月 垦利县建立全县成品油经营单位档案。

是月 垦利县实行会计集中核算单位的会计资料由单位自行保管的办法，会计集中核算股将2013～2015年的所有会计档案全部移交到单位。

是月 垦利县下达2016年农业支持保护补贴的耕地地力保护补贴部分，补贴小麦种植面积18.75万亩，补贴资金2343万元，受益农户14051户。

是月 县审计局开发固定资产投资审计管理系统，对政府投资项目进行管理。

是月 智慧审计平台投入使用，实现“国家审计机关牵头组织审计项目+外聘中介机构协助实施审计项目+平台监控”的审计运行新模式。

8月

1日 县地税局永安办税服务厅开出资源税改革后的第一张完税凭证。

是日 县委书记、县人大常委会主任韩利学到市军分区、济军基地走访慰问。县领导盖举波、张葆春、孙海君、袁明道，县人武部部长刘卫星陪同。

2日 东营市垦利区成立大会召开。市委书记、市人大常委会主任申长友出席会议并讲话，市委副书记、市长赵豪志主持会议；市委副书记、政法委书记郑建军，市政协主席陈泽浦等市各大班子领导，省民政厅副厅长冯建国和有关处室负责人；区委书记、区人大常委会主任韩利学，区委副书记、区长崔建华，区委副书记盖举波，区政协主席张葆春、区人大常委会第一副主任孙海君等各大班子领导出席会议。

是日 省民政厅副厅长冯建国就城市社区建设情况到垦利区调研。副市长杨梦斌，区领导韩利学、孙学诗陪同。

3日 全区农村基层党风廉政建设工作现场会在郝家镇召开。

是日 全市科技扶贫工作推进暨成果发布会在垦利区全民健身中心召开。市农业局、市林业局、市畜牧局、市海洋局等成员单位相关人员，专家指导团、各县区科技局相关人员、60个省定贫困村代表等120余人参加。市科技局局长李寿凯，区委常委、宣传部部长高加夫出席会议。

4日 区委副书记、区长崔建华就经济社会发展情况到郝家镇调研。区领导付兆钦陪同。

是日 省总工会副主席魏丽就区总工会上半年重点工作开展情况到垦利督导。市政协副主席王少飞，区领导韩利学、盖举波、刘金忠陪同。

是日 市委常委、宣传部部长贾瑞霭带领全市宣传文化创新年活动现场推进会与会人员到垦利区观摩。区领导韩利学、高加夫陪同。

5日 垦利区信用联席办公会召开会议。部署垦利区企业和农户信用信息采集工作。

是日 垦利区永安商会大厦众筹启动暨商会“百企帮百村”精准扶贫捐赠仪式举行。区领导卢春玲参加。

是日 区安监局邀请中国化学品安全协会专家对18家重点危化品企业安全诊断检查进行反馈讲评。区领导王英明参加。

是日 印发《关于启用印章及有关事宜的通知》，启用各镇

（街道），区直各部门、单位内设机构印章、所属事业单位印章及业务专用章等。

是日 十二届区委第144次常委会议召开。

6日 “2016年首届东营万坤美食节”在郝家镇万坤国际建材城开幕。

8日 区委书记、区人大常委会主任韩利学就雨后农业生产和防汛工作到黄河口镇、垦利街道调研。

是日 中共垦利区委十二届十一次全体会议召开。

9日 东营市垦利区广场舞联谊会成立大会举行。

是日 全区迎接2015年度省级文明县（区）复审工作会议召开。区领导盖举波、付兆钦、高加夫参加会议。

是日 市委常委、副市长田青云就工业经济运行及2017年工业重点项目筹备情况到垦利区调研。区领导韩利学、崔建华、王英明陪同。

是日 第十届中国垦利郝家葡萄文化旅游节之“相约郝家·共享葡萄美景”活动举办。

是日 助推民族经济发展暨宗教界慈善救助资金发放仪式召开。

10日 2016年度垦利区第一批封闭式创业培训班在东营市职业学院开班。兴隆街道、永安镇、郝家镇98名有创业意愿的城乡劳动力参加。

是日 区委副书记、区长崔建华就安全生产工作和体育事业发展情况到石大胜华5000吨/年六氟磷酸锂项目、永安商会大厦项目等项目建设现场调研。区领导高加夫陪同。

是日 区委理论学习中心组专题辅导报告会召开。区委常委，区人大常委会副主任，副区长，区政协主席、副主席参加。

是日 山东省粮食局调控处副处长亓文霞等到垦利区调研夏粮收购情况。区领导李红燕陪同。

10～11日 区安监局组织举办村居（社区）安全协管员培训班。辖区内村居（社区）安全协管员350余人参加培训。

11日 垦利党外知识分子联谊会“同心扶贫”工程启动暨“同心助学”资金发放仪式举行。区领导卢春玲出席。

是日 垦利区粮食局经党组研究通过《垦利区储备粮动用应急预案》《垦利区粮食安全防汛应急预案》《垦利区粮食安全事故处理应急预案》《垦利区粮食熏蒸赌气泄漏应急预案》《垦利区粮食消防安全应急预案》。

是日 垦利区卫生和计划生育局召开全区医疗机构中药饮片管理专项检查工作会议。

是日 盐渍土改良知名专家、中科院南京土壤研究所杨劲松研究员到垦利区考察盐碱地改良及相关产业发展情况。

12日 市委常委、副市长田青云到开发区调研工业经济运行和重点项目建设。

是日 省国土资源厅厅长李琥就永安镇六万亩土地综合整治项目建设情况到垦利区调研。副市长李俊峰，区领导韩利学、付兆钦陪同。

是日 省军区考察组就企业武装部建设工作到垦利区考察复核。区领导韩利学、区人武部部长刘卫星陪同。

12～18日 举办统战系统素质提升班。组织党外干部、党外知识分子联谊会会员、非公有制经济代表人士50余人赴鲁东大学学习培训。

13日 全区安全生产和环境保护工作会议召开。区领导韩利学、崔建华、付兆钦、高加夫、陈志、王英明、卢春玲出席。

15日 区人力资源和社会保障局完成垦利区医保2016年第一批，17家协议管理医药机构签约工作。

是日 区委书记、区人大常委会主任韩利学到区公安局专题调研，指导工作。区领导陈志、王英明陪同。

16日 全区金融工作座谈会召开。区领导韩利学、崔建华、王英明、李增明参加。

是日 垦利区完成2015年度省级文明县（区）补测实地测评工作。

17日 区编办印发《关于调整区公共资源交易中心管理办公室编制及内设机构的通知》，核增事业编制3人，核增后编制总额8人。

是日 区委书记、区人大常委会主任韩利学就安全生产工作开展情况到永安镇及广兴集团、石大工贸公司等企业调研。副区长李增明陪同。

18日 宁夏回族自治区组织部副部长、老干部局局长王铎带队就基层党建信息化平台工作开展情况到垦利区考察。区领导韩利学、卢春玲陪同。

19日 2016年垦利区事业单位公开招聘工作人员拟聘用人员（第一批）选岗确岗工作完成。新聘综合类及其他类岗位工作人员9人，中小学教师类岗位工作人员44人，卫生类岗位工作人员23人（区人民医院人员控制总量内新聘16人）。

是日 全区2016年度病残儿医学鉴定工作展开。

是日 渔业示范区举办东营·蓝色经济发展学术圆桌会议。中国科学院海洋研究所、青岛农业大学、中国海洋大学等高等院校、科研院所的16位专家学者应邀参加会议。副区长孙学诗出席。

20日 东营蓝色经济发展论坛暨人才引进洽谈会在垦利举行。区领导高加夫、孙学诗出席，各县（区）海洋与渔业局主要领导，垦利区海洋渔业局、科技局、农业局等区直相关部门主要负责人参加会议。会上成功签约3项，并达成多项合作意向。

22日 市委书记、市人大常委会主任申长友就城乡基础建设、水气污染治理、安全生产等工作开展情况到垦利区调研。市委常委、秘书长张庆华，区领导韩利学、付兆钦、高加夫、王英明陪同。

23日 区粮食储备库开展粮食熏蒸杀虫实战演练。

是日 区委副书记、区长崔建华就基础设施建设和安全生产工作到开发区调研。区委常委、副区长王英明陪同。

是日 镇（街道）党（工）委书记离任审计进点会议召开。区领导付兆钦参会。

24日 垦利区医保第二季度外伤审核工作完成。

是日 区委书记、区人大常委会主任韩利学就经济社会发展情况到垦利街道调研。区领导付兆钦、李金锋陪同。

是日 市司法局调研员马占峰、省司法厅新闻科科长李文涛、市司法局基层科科长王玉燕带领“记者走基层，齐鲁采风行”活动记者到垦利区采风。

25日 “山东省两化综合深度行——垦利站”活动中，省市领导、区经信局、区重点企业代表参观“智慧垦利”建设情况。

26日 2016年垦利区事业单位公开招聘工作人员拟聘用人员（第二批）及合同制教师选岗确岗工作完成。新聘中小学教师类岗位工作人员4人；新聘中小学及幼儿园合同制教师49人。

是日 区委常委会议听取全区意识形态工作情况汇报，学习传达全市宣传文化工作创新年活动现场推进会议精神，研究讨论《中共垦利区委关于繁荣发展社会主义文艺的实施意见》《垦利区深化文化体制改革2016年实施方案》。

是日 市委政法委常务副书记耿丽霞，市委政法委副书记尚茂忠带领调研组到区公安局就“全员练兵、全面规范、全力创新”活动推进情况进行调研指导。区领导陈志陪同。

27日 东营·国家科技领军人才石油化工产业对接洽谈会在垦利区召开。副市长王吉能，区领导韩利学、崔建华、卢春玲参加。

29日 东营市第三次农业普查综合试点培训会议在垦利区召开。

是日 垦利区数字信息管理服务中心正式挂牌。

30日 区委副书记、区长崔建华就农水会战项目进展情况到永安镇大闸蟹养殖基地、牧原公司100万头/年生猪养殖基地等项目建设现场调研。副区长孙学诗陪同。

是日 全区宣传文化工作现场推进会召开。

是日 山东邮政农特产品进城暨黄河口大闸蟹线上销售启动仪式在垦利区举行。区领导崔建华、李增明出席。

是日 十二届区委第149次常委会议召开。

31日 区委副书记、区长崔建华就城区道路建设情况到宁德路拓宽改造工程、广兴路西延工程等地调研。区委常委、副区长付兆钦陪同。

是日 市政协副主席温龙

亭就贯彻落实省委、市委政协工作会议精神情况到垦利区督查。区领导韩利学、张葆春、宋建明陪同。

是日 “东营市垦利区第二次全国地名补查征集资料暨加强地名文化保护清理整治不规范地名工作会议”及“东营市垦利区第二次全国地名补查征集资料集中培训”召开。全区及驻垦单位共157个单位、400余人参加会议和集中培训。

是月 将历年归集的被征地农民养老保险落实至个人账户。至12月，落实资金213517902.3元。

是月 东营市黄河口烈士陵园申报“山东省国防教育基地”。

是月 垦利区启动“爱心献功臣”救助项目，为现役军人曲同元协调救助金2万元。

是月 区人力资源和社会保障局对参保单位进行社会保险稽核。共稽核单位96家，全部完成稽核单位有91家（书面稽核65家、实地稽核26家），共涉及参保职工14366人。

是月～11月 区海洋与渔业局组织开展渔港认定工作。小岛河渔港、红光渔港的《渔业港口技术评定书》由中诚国际海洋工程勘察设计有限公司于11月编制完成，防潮闸和垦北两处渔船停泊点经由垦利区人民政府《关于将防潮闸渔船停泊点和垦北渔船停泊点确立为自然港湾的批复》（垦政字〔2016〕104号）确立为自然港湾，均于12月份通过省海洋与渔业厅认定。

9月

1日 区委副书记、区长崔建华就经济社会发展情况到垦东办事处调研。副区长孙学诗陪同。

是日 召开垦利区规划委员会2016年第二次会议。会议审议并原则通过永丰河综合治理二期工程（永丰河湿地工程）设计方案、西六路水系提升工程设计方案、溢洪河拦河闸改造工程设计方案、东营市垦利区养老服务设施布局规划设计方案。

是日 区委书记、区人大常委会主任韩利学就经济社会发展情况到郝家镇调研。区委常委、副区长付兆钦陪同。

是日 山东省社会信用体系建设联席会议办公室下发《关于公布山东省创建社会信用体系建设试点示范城市（单位）（第二批）名单的通知》，垦利区被列为全省12个综合性试点示范城市之一。

是日 省公安厅交管局党委副书记、高速交警总队总队长田玉国带领检查组，到垦利检查指导危化品运输企业安全管理工作。区领导盖举波、陈志、王蛟陪同。

是日 省总工会、省人社厅、省住建厅、省安监局等四部门组成督导组，在省总工会副主席赵立群带领下就建筑业参加工伤保险工作到垦利区督导。区领导崔建华、孙学诗陪同。

是日 华润垦利荣盛风电项目即华润新能源垦利一期49.8兆瓦风电项目110千伏输变电工程在山东省东营市垦利区人民政府垦东办事处华润风电场升压站举行剪彩仪式。区领导崔建华出席。

2日 老年大学第八届学员开学典礼举行。

3日 全区镇（街道）党（工）委基层党建工作半年述职评议会议召开。区领导韩利学、崔建华、盖举波、付兆钦、韩其国、陈志、卢春玲、袁明道、李金锋参加。

5日 省总工会、省人社厅、省住建厅、省安监局四部门组成督导组到垦利区督导建筑业参加工伤保险工作。区领导崔建华、孙学诗陪同。

6日 区委书记、区人大常委会主任韩利学就精准扶贫工作开展情况到永安镇西三村、黄河口镇于林村等地调研。区领导李金锋、孙学诗陪同。

7日 省工商联党组副书记、副主席孙占甲一行到垦利区督查调研“千企帮千村”脱贫攻坚行动和“五好”县级工商联建设工作。

9日 第三届中国（东营）艺术品博览会在黄河口经贸文化交流中心举行。

是日 在黄河口文化经贸中心举行“魅力黄河口 第三届中国（东营）艺术品博览会”开幕式。

是日 市被征地农民督导组到垦利区督导被征地农民养老保

障资金落实情况。垦利区落实被征地农民养老保障资金1.03亿元，完成总资金的44%。

10日 “中国黄河口（垦利街道）第十三届蜜桃·冬枣采摘节”开幕式举行。

是日 垦利区庆祝第三十三个教师节大会召开。

中旬 完成垦利区党政群机关单位社会信用代码证书登记事项变更工作。

12日 副市长王吉能就安全生产工作开展情况到垦利区调研。区领导崔建华、高加夫陪同。

是日 区委副书记、区长崔建华就拆违治乱工作开展情况到东八路调研。区委常委、副区长付兆钦陪同。

是日 中核新能投资有限公司考察团到垦利区参观考察。市委常委、市纪委书记岳德川，区领导崔建华、孙学诗陪同。

13日 区综合行政执法局成立。

是日 印发《垦利区人民政府关于2016年第二批取消和调整区级行政权力事项等问题的通知》对垦利区区级行政权力清单有关事项进行调整。

是日 十二届区委第150次常委会议召开。

17日 2016年东营市垦利区“全国科普日”主场活动在区科技馆启动，开展“关注微信送门票”“学科学知识、抢科普礼包”“创新达人”微科普有奖竞答、“安全科普知识”主题展览以及“计时方式的历史沿革”大型科普展览参观五项活动。

18日 国家支撑计划“盐碱地水稻高产高效配套技术究”项目暨黄河三角洲地区水稻产业观摩交流会在垦利区全民健身中心召开。

是日 区科协、区农业局会同省农科院花生研究所，在黄河口镇青坨村召开全区花生高产新技术、新品种示范展示现场观摩培训会议。

是日 省委信访督导组到垦利区督导重点信访工作和信访基层基础建设情况，省委督导组由省信访局副局长张宝清带队，市委副书记、政法委书记郑建军，区领导韩利学、盖举波、陈志陪同。

19日 区委副书记、区长崔建华就全区教育工作开展情况到胜坨镇调研。区委常委、宣传部部长高加夫陪同。

是日 十二届区委第151次常委会议召开。

20日 区委、区政府印发《东营市垦利区区管企业负责人薪酬制度改革实施方案》。

是日 区委副书记、区长崔建华就城区城建类项目改建情况到永兴小区危楼、黄河广场改造项目等现场实地查看调研。

是日 区委副书记、区长崔建华就计生卫生工作开展情况到区医院综合楼建设项目、影像楼搬迁项目等地调研。副区长李增明陪同。

是日 中国梦·田园情—黄河颂山东农民书画展开幕式在垦利区举行。市领导贾瑞霞、杨同柱，区领导韩利学、崔建华、高加夫出席。

是日 开展第七届“中国统计开放日”活动。

20～22日 区档案局开展2016年第一期档案行政执法检查工作，对12个单位进行档案执法检查。

22日 全区政府工作政府部门“三定”规定修订工作会议召开。区政府组成部门分管领导及工作人员参加。

23日 垦利区城市社区区域化党建“微行动”计划“做志愿表率·为党旗增辉”活动启动仪式，在垦利街道胜兴社区举行，区委、区人大、区政府、区政协有关领导出席。

是日 垦利区社保中心完成全区企业退休人员调资工作。这是垦利区连续第12年提高企业退休人员基本养老金标准。本次调整范围为垦利区2015年12月31日前已按规定办理退休、退职手续的企业退休、退职人员。为全区2966名符合条件的企业退休、退职人员调整养老金，人均月增资176.6元，月增加调资金额52.3万元，2016年1月～9月份的调资差额471.3万元，将于9月底前发放到位。调资后，垦利区企业退休人员人均月养老金为2059.6元。

24日 在东营市现代渔业示范区举行第八届中国垦利赶海拾贝节开幕，接待游客3000人次。

26日 第二十届山东美术新人新作展开幕式在垦利区举行。

区领导崔建华、张增新、徐冬梅出席。

是日 东营市援疆指挥部考察团到垦利区参观考察。区领导韩利学、崔建华、盖举波、卢春玲陪同。

是日 区委副书记、区长崔建华就全区环保工作开展情况到东辰石化公司、第三实验小学北侧溢洪河排污口等地调研。区领导王英明、冯建国陪同。

是日 区委书记、区人大常委会主任韩利学就安全生产和水汽污染治理工作开展情况到东辰石化公司、新发药业公司老厂等企业调研。区委常委、副区长王英明陪同。

是日 省纪委、省委组织部换届风气巡回督查三组就换届风气情况到垦利区督查。区领导韩利学、崔建华、盖举波、韩其国、卢春玲陪同。

26～28日 区经信局局长封官英带队组织三合等企业"创新发展"赴上海开展专题招商活动，与上海市菏泽商会会长孔凡省对接。

27日 东营西郊现代服务区加快发展骨干企业家座谈会召开。区领导崔建华、付兆钦出席。

是日 省河务局相关工作人员就黄河下游近期洪工程（山东垦利段）占地处理及移民安置项目到胜坨镇调研。副区长孙学诗陪同。

27～28日 黄河下游近期防洪工程（山东段）占地处理及移民安置专项验收工作会议在垦利区举行。

27～28日 全市2016年度1%人口抽样调查试点暨培训工作会议在垦利区召开。区领导王英明了出席，市1%人口抽样办公室及各县区1%人口抽样相关业务人员180余人参加。

28日 区政协副主席刘金忠就8件重点提案进行督办协商，各承办单位就承办的重点提案办理情况进行汇报。

是日 省公司验收小组一行3人对国网东营市垦利区供电公司岗位绩效工资制度实施情况进行评价验收，国网东营市垦利区供电公司是全市唯一一个获评优秀的单位。

是日 省政协民族和宗教委员会主任孙传宏带领民族宗教界部分委员、特聘专家到垦利区视察，先后到万达集团、天宁寺和自然保护区视察。市政协副主席王景春，区政协主席张葆春、副主席黄虎陪同视察。

29日 "2016年东营市公安机关武装越野比赛"在垦利区民丰湖公园鸣枪开跑。区领导陈志参加。

是日 举办全区政法系统"两学一做"暨"三全"活动先进事迹报告会。

是日 区建设与城市管理安全生产委员会召开建设与城市管理安全生产委员会成员谈心对话会议。区领导付兆钦参加。

是日 区委书记、区人大常委会主任韩利学就加强换届风气监督严肃换届纪律专题谈心谈话。

是日 区委书记、区人大常委会主任韩利学调研安全生产和水汽污染治理工作。副区长王英明陪同。

是日 全区宣传文化工作现场推进会议召开。

是日 省政协副主席陈光带领经济委部分委员到垦利区调研。市政协主席陈泽浦、副主席温龙亭，区领导韩利学、张葆春陪同。

是日 市委副书记、市长赵豪志到垦利区走访慰问老年人。

30日 区委书记韩利学带队进行老年节走访。

是日 区委常委、政法委书记陈志主持召开信访稳定调度会议。

是日 区委副书记、区长崔建华就安全生产和水气污染治理工作开展情况到汇东新能源公司、胜通钢帘线一期等地调研。

是日 全区中央环保督政和国务院安全生产巡查工作会议召开。

是日 在东营市黄河口烈士陵园五星广场举行东营市垦利区公祭烈士活动。

是月 垦利区事业单位法人名录库和执法检查名录库建立。

是月 完成垦利区在职人员警察（241名）自2015年1月1日起调整人民警察警衔津贴标准，并将警衔津贴纳入计算住房补贴基数；完成垦利区离退休人民警察（64名）自2015年1月1日起将原警衔津贴标准按退休比例核算后纳入计算住房补贴基数。

是月 区政府批准成立郝家镇书苑、惠园、安园社区居民委员会及垦利街道书香社区居民委员会、兴隆街道和兴社区居民委员会。康居社区居民委员会将康居小区、育才小区、明珠花园、明珠拉菲公馆、明珠广场、育才华都、信合家园7个住宅小区纳入管理范围，书香社区居民委员会将书香门第、黄河人家、海赢一品3个住宅小区纳入管理范围，和兴社区居民委员会将万福佳苑、状元府邸、帝纱富仕诚、明珠庄园、石大御景5个住宅小区纳入管理范围。

10月

1日 垦利区提高优抚对象抚恤补助标准，全区残疾军人（含伤残人民警察、伤残国家机关工作人员、伤残民兵民工）的残疾抚恤金、烈属（含因公牺牲军人遗属、病故军人遗属）的定期抚恤金、在乡退伍红军老战士（含红军失散人员）生活补助标准，在现行基础上提高10%，农村“三属”定期抚恤金与城镇“三属”实行统一标准；在乡老复员军人生活补助标准在现行基础上每人每年提高1200元；带病回乡退伍军人的生活补助，由每人每月410元提高到450元；农村和城镇无工作单位的“两参”人员的生活补助，由每人每月460元提高到500元；对年满60周岁的烈士子女的生活补助，在现行补助标准的基础上，每人每年提高480元；对60周岁农村籍老年退役士兵，由现行每人每月20元提高至25元。

是日 在全区范围内实行“五证合一、一照一码”登记制度改革。

5日 开展居民医疗保险秋季门诊慢性病鉴定工作，参加慢性病鉴定的参保居民1031人，鉴定确认慢性病944人。

是日 《垦利区人民政府办公室关于进一步做好农民工工资支付工作的意见》印发。

8日 区档案局联合区编办印发《关于撤县设区旧印章进馆通知》。

是日 区农普办举办“第三次农业普查知识竞赛”，郝家镇代表队获一等奖，永安镇、黄河口镇代表队获二等奖，胜坨镇、董集镇、垦利街道、兴隆街道代表队获三等奖。

是日 区委副书记、区长崔建华就全区农业暨“三秋”农业生产工作开展情况到沿黄淤背生态绿化工程、西宋桃园等地调研。副区长孙学诗陪同。

是日 在老年大学报告厅举办庆重阳暨纪念红军长征胜利80周年文艺会演。

是日 政务服务中心市场监管局窗口核发首张“五证合一”营业执照。

是日 “智慧垦利”云计算平台2.0版本上线运行。

9日 东营市致诚招标代理服务有限公司成立。

是日 十二届区委第152次常委会议召开。

是日 市审计局召开垦利区解决城镇中小学大班额问题情况专项审计调查进点会。

10日 国网东营市垦利区供电公司实现对黄河农场电力设施的整体接管，标志着在黄河入海口同时存在两个地方用电管理单位成为历史。

是日 区委副书记、区长崔建华就经济社会发展情况到董集镇调研，区委常委、常务副区长付兆钦陪同。

是日 全区严重精神障碍患者管理工作会议在垦利区卫生和计划生育局召开。

是日 省旅游发展委副主任张鲲一行就旅游工作到胜坨镇天宁寺文化旅游区进行调研指导。市委常委、秘书长张庆华，副市长王吉能，区委副书记、区长崔建华陪同。

10～12日 举办2016年纪检监察干部业务知识培训班，全区106名纪检监察干部参加培训。

10～12日 在东营黄河教育集团培训中心进行建筑职业技能岗位培训（第一批）。

11～14日 区政协举办“媒体记者看垦利”政协集中采访活动。邀请东营日报社（东营网）、东营广播电视台、大众日报社东营分社（大众网东营记者站）、联合日报社（联合日报手机报）等媒体进行采访。

12日 东营市燃气调研组到垦利区对燃气村村通、户户通情况进行调研。

是日 副市长杨同柱就黄河口大闸蟹养殖产业发展情况到垦利区调研。区领导韩利学、孙学诗陪同。

是日 市政府副市长李俊峰到胜利机场调研机场跑道延长项目建设情况。

13～15日 2016年山东省产学研展洽会暨首届山东工业设计周活动日在潍坊举办。垦利区经信局组织东辰集团、万达集团、胜通集团、新发药业等8家企业参展，7家企业的产品参加“省长杯”工业设计大赛。

13日 国家科技支撑项目“盐碱土壤改良与中低产田地力提升技术研究”和“环渤海山东增粮技术集成与示范”课题执行实施年度检查。区长崔建华、副区长孙学诗陪同。

是日 区委常委、常务副区长付兆钦到垦利街道小区调研城市社区基础设施改善专题座谈会。

14日 全市迎接全国文明城市复测专题会议召开。区委书记韩利学，区委常委、宣传部部长高加夫参加。

是日 市安委会第三专项巡查组巡查垦利区安全生产工作动员会议召开。区委副书记、区长崔建华参加。

15日 垦利区少儿春晚海选大赛（预赛）在垦利电视台演播大厅举行并录制完成。

16日 区检察院召开全面推开司法责任制改革实施动员大会，启动司法责任制改革工作。

17日 国家统计局东营调查队党组成员、纪检组长李成军一行到垦利区督导住户调查电子记账工作。

是日 区地税局组织辖区纳税人代表通过视频形式参加的全市“金税三期个人所得税扣缴系统”培训班。

是日 在区开发区胜通钢帘线三厂厂区项目现场，举办垦利区“扶贫日”系列活动暨光伏扶贫项目启动仪式。区政协副主席侯传伦参加。

18日 垦利区2016年农村公路安全生命防护工程全部竣工。

是日 区农普办召开全区第三次农业普查调度会议。各镇(街道)、现代畜牧业示范区、现代渔业示范区、垦东办事处农普办主任、副主任等参加会议。

是日 区委书记、区人大常委会主任韩利学调研安全环保工作。

19日 省旅发委副主任张明池带领督导组一行5人就交通安全隐患排查治理等工作开展情况到垦利区督导。副市长杨梦斌，区领导韩利学、王英明陪同。

20日 东营市供电公司2016年班组对标指标提升专项座谈会在国网东营市垦利区供电公司召开。

是日 垦利区迎接全省美丽乡村建设考核专题调度会议召开。区领导盖举波、高加夫出席。

是日 区农普办组织辖区各镇（街道）第三次农业普查办公室主任、副主任等14人赴莱芜市莱城区学习考察。

是日 区委书记、区人大常委会主任韩利学就城建类项目建设情况到广兴路绿化工程、东二路绿化提升工程等项目施工现场调研。区领导付兆钦陪同。

是日 全区社会应急服务联动工作调度会暨打击治理电信网络新型违法犯罪联席会议召开。区委常委、副区长王英明出席。

是日 山东省艺术学院副院长、编制规划组组长高迎刚一行到胜坨镇对“十三五”文化产业发展规划编制工作开展情况进行专题调研。

是日 省工商局商标处调研员孙玉芹、省品牌办副处长王志刚带领“商标国际注册与创建自主品牌”采访团到垦利区开展集中宣传采访活动。副区长李增明陪同。

是日 信息化与现代农业联合会议暨黄河口现代农业发展论坛在垦利区召开。区领导韩利学、孙学诗参加。

20日～11月20日 垦利区开展安全用药月宣传活动。

21日 区人力资源和社会保障局完成垦利区综合行政执法体制改革涉及人员移交工作，共划转移交42人。

22日 第六届黄河三角洲（中国·垦利）国际生态农业博览会开幕。国家贸促会副会长、商会副会长卢鹏起，省贸促会副会长林源，省农业厅副巡视员姜卫良，中国科学院烟台海岸带研究所副所长秦松，市领导郑建军、张传胜、杨同柱、王景春，区领导韩利学、崔建华、盖举波、张葆春、孙海君、李增明、孙学诗参加。

是日 省人大常委会委员、城环委主任委员杨焕彩就土壤防治情况到垦利区调研。市人大常委会副主任李永元，区领导韩利学、王英明、杨广岭陪同。

22～23日 由垦利区广播电视台组织举办的沿黄百县（市、区、旗）电视联盟“相约农博会等你在黄河口”大型系列采风活动举行。

24日 区政协第29次主席会议召开。政协主席张葆春、副主席侯传伦、黄虎、刘金忠、宋建明、冯建国参加会议，讨论九届一次会议筹备分工方案。

是日 上海招商团到垦利区进行考察，区委常委、副区长王英明会见招商团代表软银中国资本经理陈琪航、永久集团董事沈俞、技术总监俞继亮。

是日 省药管站王安省副站长一行5人，对垦利区创建省级药具管理示范站工作进行检查验收。

25日 区委书记、区人大常委会主任韩利学就经济社会发展情况到现代渔业示范区调研。副区长孙学诗陪同。

是日 省食药局副局长、省食安办副主任王建政就食品安全先进区创建工作到垦利区调研。副市长刘美华，区领导崔建华、李增明陪同。

是日 市卫计委副主任高清法带领市计划生育工作综合督导组就计划生育工作开展情况到垦利区督导。区领导韩利学、盖举波、李增明陪同。

26日 省委农村工作领导小组副组长王军民一行到永安镇视察汇丰农场。

27日 省公安厅交管局政委刘福宏带领督导组到垦利督导乡镇道路交通安全管理工作。区领导王英明陪同。

是日 省卫计委党组成员、省计生协常务副会长杨心胜，省计生协办公室主任吕慎亮，省计生协群工部部长薛江东一行3人到垦利区调研计生协会工作。副市长刘美华陪同。

是日 区招商局组织开展中关村自主品牌创新发展协会到垦利区进行企业需求调研和项目对接工作。

28日 东营市遗体器官捐献纪念碑启用仪式及全市捐献者追思活动在垦利区永安陵园举行。仪式由东营市红十字会党组书记、常务副会长李英慧主持，山东省红十字会党组书记、常务副会长李全太，东营市政府副市长刘美华，垦利区政府副区长李增明参加。纪念碑共镌刻12位遗体、角膜捐献者的信息。

是日 国务院安委会第一巡查组围绕交通安全这一主题，全面了解东营市交通安全生产状况。巡查组召开专题汇报会，听取区交通运输局、区安监局等部门的情况汇报，查阅有关资料，询问了相关情况，并到山东金浩物流有限公司进行实地巡查指导。区领导付兆钦陪同。

是日 垦利区公安局派驻国家税务局、地方税务局联络机制办公室正式揭牌成立。

是日 区粮食局组织专业人员对2016年度主食产业化建设项目进行验收。

是日 市国土资源局党组成员、市测绘地理信息局局长郝宝国一行3人对垦利区地热勘查开采情况进行督导检查。

是日 在垦利区幸福家园一楼会议室组织召开2016年度第二次公共租赁住房配租大会。

是日 召开中共垦利区委十二届十二次全体（扩大）会议。

31日 全区“打非治违安全生产调度会”召开。

31日～11月2日 区市场监督管理局联合区民政局、区文明办就全区内从事殡葬市场开展专项整治活动。

是月 调整垦利区乡镇工作人员乡镇工作补贴标准。调整机关事业单位工作人员乡镇工作补贴标准。一般乡镇每增加一年乡镇工作年限，每人每月增加10元，艰苦偏远乡镇每增加一年乡镇工作年限，每人每月增加15元。

是月 东营市垦利区市场监管局企业注册局西郊分中心成立，主要服务郝家镇、董集镇两个偏远乡镇的企业和个体工商户办理业务。

是月 垦利区2470名机关事

业单位退休人员调整养老金标准，人均增资242元，补发养老金658万元。

是月 垦利区开展优抚对象数据核查工作。

是月 区人力资源和社会保障局做好2016年福利费收缴和困难职工救助工作。2016年救助困难职工286人，其中一类特困职工9人，救助标准为每人3000元，安排慰问金27000元；二类特困职工175人，救助标准为每人1000～2000元，安排慰问金199000元；三类特困职工102人，救助标准为每人600元，安排慰问金61200元。共计资金287200元。

是月 万达控股集团“大型民营企业完善母子公司管理体制的有益探索”获山东省首届“省长杯”工业设计大赛铜奖。

是月 印发实行《东营市垦利区区直机关差旅费管理办法》，对公务交通补贴保障外区域的公务出行视为公务出差，相关交通费用按差旅费办法报销。

11月

1日 根据《关于进一步加强中小学教师队伍建设有关问题的意见》（鲁政办字〔2016〕56号）和市局主管部门的指导意见，区人力资源和社会保障局指导教育部门按照提高中高级比例后的标准对中小学进行岗位设置工作，并及时上报至市事业单位管理科进行审批。

是日 开展全区电影和印刷企业安全生产大检查活动。

是日 垦利区恒润财富中心项目获2016年全国“AAA级安全文明标准化工地”。

是日 区博物馆对垦利区第三批市级文物保护单位候选单位进行保护范围和建设控制地带划定。

是日 区广播电视台将广播中心直播间模拟调音台升级成数字调音台，并且调试其他配套设备实现数字化发射播出。

是日 区人力资源和社会保障局与东营市技师学院的联合举办“2016届高校毕业生创业培训班”培训学员197人。

是日 东营市地税局垦利分局与物价管理办公室举行签约仪式，地税部门对税收管理过程中涉及的动产、不动产、无形资产和有偿服务等涉税事项委托物价管理办公室进行计税价格认定。

是日 十二届区委第155次常委会议召开。

2日 垦利法院获公安部门颁发认证的“信息系统安全等级保护”三级备案证明，成为东营市法院系统首家获第三级认证的国家信息安全单位。

是日 垦利区非公有制经济代表人士综合评价工作会议召开。区领导卢春玲出席。

是日 全市“奉献社会 关心关爱 促进民族团结进步”主题宣讲活动在垦利区广播电视台演播大厅举办。区领导卢春玲、李增明出席。

3日 东营市供电公司党委书记宋继中到国网东营市垦利区供电公司胜坨供电所调研，并视察35kV坨庄站秋检现场，该现场获评东营市供电公司“秋检最佳现场”。

是日 省供电公司副总经理刘继东一行到永安供电所督导调研。

是日 省食药局副局长、省食安办副主任王建政到垦利区就食品安全先进区创建工作开展专题调研。副市长刘美华，区领导崔建华、李增明陪同。

4日 区政府召开垦利区工业盐市场整顿工作会议，成立以区委常委、分管副区长任组长，经信局、盐务局主要领导为副组长，公安局、国税局、地税局、财政局、市场监管局和各镇街分管领导为成员的领导小组，以区政府办公室名义下发《垦利区工业盐市场整顿专项行动工作方案》，对全区工业盐市场进行为期三个月的集中整顿。

是日 全区品牌建设暨加强企业家队伍建设工作会议召开。区领导韩利学、崔建华、孙海君、高加夫、王英明、李增明、侯传伦参加。

是日 省委副书记、省长郭树清就乡村旅游和农村改厕等工作开展情况到垦利区调研。市领导申长友、赵豪志、张庆华，区领导韩利学、崔建华、付兆钦陪同。

是日 市交通运输局、市公安局交警支队、市公路局、市交通运输监察支队组成联合督导组，对垦利区公路治超工作进行督导检查。

是日 垦利区2016年度青年文明号授牌暨青年文明号集体助力精准扶贫活动启动仪式举行。区领导盖举波等参会。

5日 《行走的东营·亮点在基层》采访团到郝家镇实地采访，先后到郝家镇郝孟园、宫家社区团，围绕文化惠民等方面工作进行宣传报道。

是日 区广播电视台2017年少儿春晚海选大赛决赛在综艺大演播厅录制完成。

6日 山东卫视《齐鲁先锋》栏目播出垦利街道大三合村领路人、党支部书记刘春华的故事：《刘春华：抱团发展趟出致富路》。

7日 "初心润息壤"——垦利区首届好记者讲好故事故事会在区广播电视台演播大厅举行。

是日 《人民日报》发布第十二届中国中小城市科学发展指数研究成果暨"2016全国综合实力百强县市""2016全国综合实力百强区""2016综合实力千强镇"等榜单。胜坨镇入选"2016综合实力千强镇"，位列第217位。

是日 区商务局推荐东营西郊电子商务创业园参加第二批山东省电子商务示范基地评审；山东金钊源网络科技有限公司参加第二批山东省电子商务示范企业评审。

是日 全区城市违法建设治理行动现场会暨土地例行督察问题整改调度会议召开。区领导韩利学、崔建华、付兆钦、杨广岭、侯传伦参加。

是日 山东省机构编制委员会办公室同意县地税局更名为东营市地税局垦利分局，由东营市地税局直属机构调整为派出机构，内设机构、直属机构、所属中心税务所及事业单位相应更名，其他机构编制事项不变

是日 13届区政府第54次常务会议召开。

是日 2017年全区居民保险征缴大会召开。至12月25号，全区居民医疗保险结束，参保人数174818人，比上年增加2650人。

是日 市公安局党委副书记、政委赵峰到垦利现场调度重点案件专案侦办工作。

8日 市政府党组成员、市公安局局长朱晨曦到区公安局调度专案侦办工作。市公安局调研员商巍，区政府党组成员、区公安局党委书记、局长王蛟参加。

是日 城投公司购买的拓普康天狼星航测无人机完成首次试飞。

是日 2016年垦利区农机技术推广体系改革与项目建设培训班举办。各镇街农机管理人员和部分农机合作社社员80多人参加培训。

是日 区科协批复垦利区胜坨镇王营村种植养殖技术协会成立。

是日 召开垦利区公务员平时考核试点工作调度会议，7个试点单位交流本单位公务员平时考核工作开展情况。

9日 垦利区黄河口民俗调查工作正式启动。

是日 区委副书记、区长崔建华到开发区调研项目运行情况。

是日 省政府外贸稳增长促发展督查组到垦利区万达宝通实地考察。

是日 第十五次全区普法依法治理工作会议召开。

10日 发布垦利区2016年度事业单位岗位聘用通知，并于11月21日至12月2日对垦利区125个事业单位开展岗位聘用工作。

是日 垦利区文学艺术界联合会第二次代表大会召开。区领导韩利学、盖举波、高加夫、韩其国、卢春玲、李红燕出席开幕式。

是日 省质监局巡视员谷源强带领省政府督导组就品牌建设工作开展情况到垦利区督导。副市长刘美华，区领导崔建华、李增明陪同。

10～21日 开展首集市场物资交流会民间演出市场专项管理活动。

11日 副省长王随莲就所联系非公有制企业万达集团运行情况到垦利区调研。市领导申长友、张庆华、刘美华，区领导韩利学、王英明陪同。

是日 国家土地督察济南局副巡视员、副专员王春秋到垦利区开展土地督察外业核查工作。区领导崔建华、付兆钦等陪同调研。

是日 全市机构编制工作调研座谈会在垦利区召开。

是日 省欺诈冒领居民养老保险金专项督查组到垦利区督查。

11～15日 在东营黄河教育集团培训中心进行建筑职业技能岗位培训（第二批）。

12日 新疆维吾尔自治区木垒哈萨克自治县县委常委、宣传部部长陈龙到区数字信息管理服务中心参观考察。

是日 印发《垦利区建设项目区域化评估评审工作实施方案》。

14日 全区重点党报党刊征订暨报刊征订秩序专项整治会议召开。

是日 召开十二届区委第156次常委会议。

14～15日 举办区直2016年度行政事业单位会计人员继续教育培训，全区继续教育培训人数386人。

15日 东营市地税局垦利分局联合国税局、东营市和利时燃气有限公司举办“服务·共赢”税企高层对话座谈会议。

是日 国家统计局东营调查队副队长景虹一行4人到垦利区就水泥行业去产能及企业生产经营情况进行调研。

是日 区委副书记、区长崔建华就“智慧垦利”建设工作进行调研。区领导付兆钦、王英明陪同。

是日 省老龄办副主任于振业一行就老龄工作开展情况到垦利区调研。副区长李增明陪同。

16日 区人大常委会副主任张增新一行到区科技局对《科学技术普及法》贯彻落实情况调研。现场考察山东景明海洋科技有限公司实施的STS项目、黄河口原生态水稻种植协会。

是日 区委副书记、区长崔建华到东营现代渔业示范区调研，副区长孙学诗陪同。

是日 市委统战部常务副部长杨志高带领全市党外挂职干部到垦利区党外代表人士实践锻炼基地考察观摩。区领导卢春玲参加。

是日 国网东营市垦利区供电公司胜坨供电所《0.4千伏线路泄漏电流监测装置》创新成果在省公司“全员创新，全面创效”为主题的创新成果转化推广发布会上展示，是全省唯一一家县区公司代表。

17日 东营市各县区民政局分管领导与工作人员到垦利区参加第二次地名补查现场观摩和进行经验交流。

是日 全区信用建设工作会议召开。区领导崔建华、高加夫、王英明、陆长河、李增明、黄虎参加。

18日 区委书记、区人大常委会主任韩利学到开发区督导人大换届选举工作。

是日 全区油区“强防范、遏反弹、保常态”集中治理工作部署会议召开。区领导陈志出席。

是日 山东电网首条110千伏OPPC光缆在国网东营市垦利区供电公司应用。

是日 市人大常委会副主任李金昆到垦利街道调研。

是日 区政协八届二十四次常委会议召开。

是日 智慧供水平台前置机在“智慧垦利”云平台部署完毕，实现供水安全，提高资产运维管理效率。

19日 由垦利区实施的《白榆良种繁育推广及示范基地建设项目》通过市级验收。该项目是市政府确定的2016年度农业重点项目之一，由东营市弘力祥安园艺有限公司负责承建，建设白榆良种高标准示范林400亩，“白洼1号”“白洼2号”白榆良种育苗基地200亩，建设工程化育苗车间8400平方米，遮阳生产棚9200平方米，项目总投资1059万元。

21日 2016年全省1%人口抽样调查主要阶段工作完成。

是日 区人大常委会第一副主任孙海君，在区换届选工作督导组的陪同下到郝家镇对选民张榜公示情况进行督导检查。

22日 市农发行党委书记、行长陈鲁宁，市农发行党委委员、副行长王学良，市农发行组织部副部长房蔚到垦利区走访调研。区领导韩利学、崔建华、李增明陪同。

23日 科技部副部长郭向远就农业科技工作开展情况到垦利区调研。市委书记、市人大常委会主任申长友，区领导韩利学、孙学诗陪同。

是日 垦利区教育大班额项目政府购买服务协议签订。

是日 省委农工办副主任王宪一行到垦利区实地督导检查省级生态文明乡村示范县创建工作开展情况。

是日 市农业局公布市级示范家庭农场名单，垦利区胜坨镇振鲁家庭农场、垦利区董集镇蝶文化家庭农场等7家家庭农场位列榜单。

是日 市政府副秘书长王学春、市林业局局长李道明到垦利区调研三年增绿工作。

24日 区领导韩利学、崔建华一行参观考察垦利博物馆。

是日 全区推进“小金库”专项治理工作会议举行。

是日 市老年大学校长锡洪波对垦利区创建市级老年大学（学校）示范校进行验收。

25日 东营市地税局垦利分局联合市纳税人学校邀请石油大学经济管理学院教师付代红教授对辖区内113户小微企业及高新技术企业进行授课。

是日 垦利区赴青州荣军医院疗养的优抚对象完成为期一个月的疗养。

是日 区人大常委会第一副主任孙海君带领调研组针对人大代表提出的道路交通管理工作建议，就重点路口交通信号灯安装配置等情况开展专项调查。

是日 全区哲学社会科学工作座谈会召开。区领导韩利学、高加夫出席。

是日 在区人力资源和社会保障局举行“垦利区高校毕业生创业扶持基金发放仪式”，为8个创业扶持项目，发放创业扶持基金40万元。

28日 执行《关于2016年调整一级至四级工伤职工伤残津贴、生活护理费和工亡职工供养亲属抚恤金标准的通知》（东人社字〔2016〕150号），自2016年1月1日起，对用人单位一级至四级工伤职工伤残津贴、生活护理费和工亡抚恤金标准进行调整。

是日 执行《关于生育保险待遇发放有关问题的通知》，自2016年1月1日起生育的，正常产的生育津贴按98天发放，停发晚育津贴，已经发放的生育保险待遇多退少补。

是日 垦利区第三届“乡村之星”评审会议召开，10名农村人才获“乡村之星”称号。

是日 组织召开退役士兵安置派遣会议。2016年垦利区符合政府安排工作条件的退役士兵共有11人，有3人安置到事业单位，2人安置到油田单位，1人安置到区供电公司,5人安置到垦利石化集团有限公司，并发放待安置期间最低生活保障金3.74万元，自谋职业金18万元。

是日 区长办公会会议通过《关于提高垦利区居民基本养老保险基础养老金标准的汇报》，垦利区居民基本养老保险基础养老金标准由每人每月160元提高到每人每月175元，从2016年7月1日起执行。

是日 区委书记韩利学主持召开十二届区委第159次常委会议。会议在第一项议程中，听取并同意区委党校关于全市党校工作会议精神及区贯彻落实意见的汇报，研究并原则同意《关于加强和改进新形势下党校工作的实施意见（讨论稿）》，确定按程序审定印发。

是日 区文化市场网络技术监管平台二期工程完成建设并投入使用。

29日 区委副书记、区长崔建华就安全生产工作开展情况到东营市英杰物流有限公司、山东兴达新能源有限公司等地调研。区委常委、副区长王英明陪同。

是日 区委书记、区人大常委会主任韩利学就安全生产工作开展情况到东营万源物流有限公司、东营坤宝化工有限责任公司等地调研。

是日 胜坨镇小巴家村村民苟增玉上榜2016年山东善行义举四德榜“孝德”榜。

是日 由东营市国土资源局副局长刘国庆为组长的验收组到垦利区国土资源管理局开展农村宅基地使用权、集体建设用地使用权确权登记发证成果市级验收工作。

30日 “科普大篷车”开进胜坨镇胜利小学。

是日 垦利区农村土地经营权流转签约仪式暨农村产权交易市场启动仪式举行。

是日 区委书记、区人大常委会主任韩利学就农水会战进展情况到荣乌高速绿化工程、溢洪河生态湿地工程等项目现场调研。副区长孙学诗陪同。

是日 组织区直机关党建示范点观摩交流，对区国土局、区国税局、区地税局、区民丰湖管理办、区法院5个党建示范点进行观摩。区领导盖举波、卢春玲参加。

是日 省公安厅治安总队副总队长武镇带领检查组到垦利检查易制爆企业和寄递物流行业。

是日 新增山东万得福实业集团有限公司王海涛首席技师工作站；万达控股集团有限公司张英江首席技师工作站、山东垦利石化集团有限公司首席技师工作站分别获“特殊贡献奖”“优秀贡献奖”。

是月 公开招标2017～2018年度党政机关会议定点场所政府采购，并于2016年12月通过协同办公网将全市最终定点饭店文件发送至全区行政事业单位。

是月 垦利区2016年中小学生健康查体工作完成。历时一个月，全区完成30133名中小学生的查体和数据采集工作。

是月 区民政局为414户城市低保、180户城区困难群众、27户破产困难企业的涉军人员申请取暖补助，每户800元，发放取暖救助金49.68万元。

是月 区人力资源和社会保障局集中办理连续工龄认定工作。通过172人，其中机关事业单位140人，企业32人。

是月 市场监督管理局配合省局完成食安山东审核工作，全区共14家流通示范单位进行申报，其中12家通过，2家未通过审核。

是月 印发《垦利区事业单位法人公示信息双随机抽查工作实施方案》。

是月 下达2016年农业支持保护补贴的种粮大户和种粮家庭农场补贴部分，补贴面积25.6342万亩，补贴资金1078.152万元，补贴资金惠及农户1222户。

12月

1日 2016年冬季退役士兵报到工作开始。区民政局提前做好《退役士兵落户介绍信》《退役士兵信息职业教育和技能培训申请表》《自主就业退役士兵一次性经济补助金发放审批表》、退役士兵报道流程等准备工作，做好接收登记，根据退役士兵提供的资料，为其开具落户介绍信。

是日 2016年度全区基层理论宣讲骨干培训班在区委党校举办。

是日 调整全区城市供水价格，实施居民生活用水阶梯价格制度。

是日 国网公司2016年度五星级乡镇供电所现场复查考评组对永安供电所进行检查考评。

是日 省交通运输厅安全生产检查组到垦利区督导交通运输系统安全生产工作。

是日 防范和处置非法集资专题调度会召开。

2日 召开纪念人民治黄70年座谈会。副区长孙学诗参加。

是日 区委、区政府联合印发《中共垦利区委、垦利区人民政府关于加强和改进新形势下党校工作的实施意见》。

是日 全区易制毒化学品大排查大整治工作调度会议召开。区领导盖举波、王英明、陈志参加。

3日 区广播电视台综艺频道《法治微剧场》栏目联合区人大、区司法局，利用双河大集走进百姓身边，开展普法有奖知识问答活动，拉开垦利区“12·4宪法日”宣传活动的序幕。

4日 “智慧垦利”地下管网平台试上线运行，构建地下管线全面管理的综合信息平台系统。

5日 东营市公共资源交易中心垦利分中心系统测试完成。

是日 全市安全生产工作现场调度会议在垦利区召开。市领导申长友、田青云、张庆华、贾瑞霞、李俊峰，区领导韩利学、崔建华、付兆钦、高加夫、王英明参加。

是日 2016年农业机械购置补贴审核工作全部完成，共发放农技购置补贴资金1107.4615万元，签订补贴协议499份，补贴农业机532台套，受益农户362户。

6日 垦利区首届残疾人电子商务培训班举办。为期10天，有35名残疾人学员参加培训。

是日 垦利区政协编辑的《垦利乡村概览》由中国文史出版社出版发行。

是日 全区安全生产工作会议召开。区领导韩利学、崔建华、付兆钦、高加夫、王英明参加。

是日 中安协班组委秘书长、《班组天地》杂志总编夏晓凌，省供电公司副总经理、工会主席杜军，及班组委首席专家康健洲、《工人日报》山东记者站站长孙覆海等班组建设专家一行到国网东营市垦利区供电公司永安供电所调研。

6～7日 区档案局开展2016年第二期档案行政执法检查工作，对21个单位进行档案执法检查。

7日 区信访局组织召开全区重点信访工作及听证工作调度会议。

是日 全市"法律六进"示范点和法治文化阵地观摩活动在胜坨镇举行。区领导王英明陪同。

是日 山东省海洋生物研究院院长、研究员，山东省贝类产业创新团队首席专家郭文，山东省海洋生物研究院副书记、研究员，山东省虾蟹类产业创新团队首席专家刘洪军等一行7人到东营市现代渔业示范区调研。

8日 垦利区开展"冬季安全生产大检查"工作，于12月5～8日聘请2名专家对区境内胜利采油厂、东辛采油厂、油气集输总厂等8家油气管道企业进行"诊断式"执法检查。排查安全隐患34项。下达《责令改正（停止违法行为）通知书》14份。

是日 垦利区卫生和计划生育局协调市120急救指挥中心、区工会对全区3家急救站点进行院前急救拉练考核。

是日 区数字信息管理服务中心开展网络安全检查活动。

是日 全区干部调整会议召开。

是日 省军区政委尚振贵就人武部"两学一做"学习教育和重点工作开展情况到垦利区调研。市军分区领导姜延秀、何学民，区领导韩利学、崔建华陪同。

是日 垦利区省统贷棚户区改造项目——胜坨镇胜利新型农村社区政府购买服务项目获人大常委会批准通过，邮政储蓄银行2.9亿元贷款落地。

9日 新汇东海岸温泉旅游度假区被评为AAA级景区。

10日 全区领导干部会议召开。

11日 区委书记刘斯杰，区委副书记马保文调研全区安全生产和环境保护工作。区领导盖举波、付兆钦、王英明陪同。

12日 华高莱斯国际地产顾问有限公司执行董事、总经理李忠一行到东营市现代渔业示范区考察调研。区领导刘斯杰、马保文、陈步先陪同。

是日 市人大副主任李金昆到民丰村调研换届选举工作。

是日 市审计局在垦利区召开垦利区2016年保障安居工程及精准扶贫审计进点会，区领导付兆钦参加。

是日 在2016年山东省优秀测绘地理信息工程评选中，城投公司实施的德州路道路测量项目（西四路—东八路垦利段）工程获三等奖。

是日 十二届区委第163次常委会议召开。

13日 垦利区与东营区环保分局对垦利区与东营区边界区域开展环保联合执法检查专项行动。

是日 区委书记刘斯杰到武警支队野营拉练基地进行走访慰问。区领导盖举波、陈志、王英明陪同。

14日 垦利区博物馆入选第九批"山东省社会科学普及教育基地"名录。

是日 胜坨镇东王村被评为山东省开心农场。

是日 国网东营市垦利区供电公司永安供电所"动力火车"QC小组《研制低压用户故障远程监测装置》以全省县区公司第一名的成绩获山东省电力公司优秀QC成果一等奖，被评为"国网山东省电力公司2016年度优秀质量管理小组"。

15日 省公安厅副厅长王金城带领调研组就农村道路交通安全管理员工作到垦利进行督导调研。区领导刘斯杰、盖举波陪同。

是日 省商务厅对外贸易处调研员韩丽丽、省农业厅对外合作处副处长胡志华一行，到垦利区考核验收省出口农产品质量安全示范区创建工作。

16日 区广播电视台完成频率的调整工作，由FM99.0都市生活广播调整为FM94.0,呼号为垦利人民广播电台快乐出行广播。

是日 区数字信息管理服务中心邀请山东卓智软件有限公司工程师，对数据管理平台的使用和存在的问题进行充分交流。

是日 全区迎接2016年度省级文明县（区）测评工作会议、全区2016年第九次乡村文明建设专项行动调度会议召开。区领导盖举波、高加夫出席。

18日 “到人民中去——任勤尹、任勤林美术作品展”开幕式在垦利区举行。省人大常委、原东营市委书记张秋波，山东省委第七巡视组原组长、市文联名誉主席马登雨，市委常委、宣传部部长贾瑞霭，副市长王吉能，区领导刘斯杰、马保文、高加夫、杨广岭、刘金忠出席。

19日 胜坨镇小巴家村荀增玉、于吉文家庭入选第一届省级文明家庭候选家庭。

是日 省供销社副主任张传会就供销社综合改革工作进展情况到垦利区调研。区领导马保文、燕雪英陪同。

是日 市建设与城市管理领域督导组到垦利区对建设与城市管理领域安全生产专项整治情况进行督导检查。

是日 万达集团银企对接会在万达大厦9楼会议室召开。市委常委、副市长田青云，市人大副主任李金昆，区领导刘斯杰、杨月明参加。

是日 全区土地督察问题整改专项行动调度会议召开。

中旬 开展冬季学校食堂食品安全监督检查。

中旬 开展区级监督抽检35批次，1批次不合格。

20日 垦利区综合行政执法局、公安局公开招聘政府购买服务岗位工作正式开始，招聘劳务派遣工作人员40名。

是日 区人力资源和社会保障局下发《关于垦利区开展农民工工资支付情况专项检查的通知》。

是日 垦利区金钊源网络科技有限公司入选第二批山东省电子商务示范企业。

21日 “食品安全智慧监管工程”完成软件设计和招标采购。

是日 副市长王吉能就安全生产工作开展情况到垦利区督导。区领导马保文、杨月明陪同。

是日 华高莱斯国际地产顾问有限公司执行董事、总经理李忠带队就经济社会发展情况到垦利区考察。区领导刘斯杰、马保文、陈步先陪同。

22日 全区建设领域2016年年报和2017年订报培训会议举办。

是日 省人力资源社会保障厅副厅长周春艳带领省政府消防工作考核组就消防工作开展情况到垦利区督导考核。区领导刘斯杰、逯乐进陪同。

23日 《垦利报》阅报栏在新东方小区（东方社区）投放使用。

是日 区委书记刘斯杰，区委副书记、代区长马保文就经济社会发展情况到郝家镇、董集镇调研。

24日 区文化馆举行公共文化服务免费培训项目学员结业典礼。

是日 十二届区委第166次常委会议召开。

26日 农业部、国家发展和改革委员会等9各部门联合公布2016年国家农民合作社示范社名单，垦利区众兴小麦种植专业合作社位列榜单。

是日 区数字信息管理服务中心获山东省信息化与工业化融合促进中心颁发的“山东省两化融合优秀单位”。

是日 全区重点领域打非治违集中行动动员会议召开，对此项工作进行动员部署。区领导刘斯杰、马保文、盖举波、张葆春、孙海君、杨月明、燕雪英、逯乐进出席。

是日 市委常委、副市长张润国到基层联系点黄河口镇检查安全生产工作。区委副书记盖举波、副区长李红燕陪同。

27日 区政务服务中心管理办公室移动办公OA系统开启试运行。

是日 全区政法系统严厉打击涉油违法犯罪工作座谈会召开。区委常委、政法委书记高加夫主持。

是日 省统计局社科处副处长焦建顺,市统计局党组成员、副局孙峰一行5人到垦利区就科技创新和文化产业统计工作进行督导调研。

28日 区委书记刘斯杰就“打非治违”集中行动开展专项调研。区领导盖举波、高加夫、杨月明、陈步先、逯乐进陪同。

是日 市政府党组成员韩利学就今冬明春三年增绿和农水会战开展情况到垦利区调研。区领导刘斯杰、盖举波、陈步先陪同。

是日 召开全区政协换届工作会议，安排部署区政协换届相关工作。区委常委、统战部部长刘军，区政协副主席侯传伦出席。

29日 省公安厅警务督察总队调研员马洪尚、交警总队副总队长李明带领督查组到垦利督导检查道路交通事故预防工作。

是日 2017年农水会战项目统计专题会议召开。区领导王英明等参加。

是日 十二届区委第167次常委会议召开。

30日 区委书记刘斯杰，区委副书记、代区长马保文到财税金融部门走访。区领导杨月明、燕雪英陪同。

是日 区委书记刘斯杰到政法信访部门调研。区领导盖举波、高加夫、逯乐进陪同。

是日 山东瑞奇新能源科技股份有限公司在齐鲁股权交易中心挂牌，成为垦利区第5家在场外市场挂牌的企业。

是日 市农业局公布第三批东营市市级现代农业园区名单，垦利工厂化育繁一体农业园区、黄河三角洲耐盐碱林木良种示范园等9家园区位榜单。

是日 垦利区2016年度物业管理安全生产工作会议召开。全区35家物业服务企业和18家房地产开发企业主要负责任及安全生产负责人参加。

是日 山东垦利米荷湾省级湿地公园通过专家评审，垦利区境内共有一处国家级湿地公园，二处省级湿地公园，总面积4.14万亩。

31日 区社保中心针对2015年之前签订服务协议的医疗机构进行年度考核，考核合格的续签基本医疗保险医药机构服务协议，共签订零售药店47家、医疗机构157家。

下旬 垦利区完成市级餐饮聚集区监督抽检32批次，1批次不合格。

是月 调整垦利区机关事业单位工作人员基本工资标准和离休人员离休费。垦利区机关事业单位在职人员共有7515人，机关人员人均月增额500元，事业人员人均月增额541元；对垦利区88名离休人员进行了调资，调资补发2016年7月至2016年12月共计310716元，人均月增资588.48元/月。

是月 集中开展文化市场安全生产大检查行动，共出动检查车辆10次，人员50余人，检查公共文化场馆、网吧、娱乐场所、印刷企业等文化经营单位100多家次，排查隐患10处。

是月 开展黄河口烈士陵园网站建设工作。

是月 山东东昊石油化工有限公司、东营市汇东物流有限公司、山东金浩物流有限责任公司被评为山东省第五批四星级物流企业。

是月 新增市级创业示范平台3家：中关村黄河口创业孵化基地被评为市级创业孵化示范基地；山东金钊源物流创业园、东营诚成互联网+物流产业园被评为市级创业示范园区。

是月 一事一议项目完成审计、考核验收，拨付一事一议第二批奖补资金482万元至各镇街，涉及村庄93个，惠及群众60903人。

是月 印发《2016年度事业单位绩效考核工作实施方案》。

是月 中下旬，区市场监督管理局完成食安山东餐饮示范创建单位的申报并迎接市级初审；组织开展食安山东餐饮单位示范创建满意度调查，发放调查问卷100份，收回上报100份。

是月 黄河口镇“乡村连片治理”试点项目全部完工，并通过市级验收，项目涉及小高村、辛庄场等8个村，项目总投资1032.44万元，各级奖补资金1000万元，惠及群众5000余人。

是年 城乡居民医疗保险财政补贴标准由每人每年400元提高到430元。

是年 根据东民〔2016〕61号文件规定，调整全市城镇退役士兵自谋职业一次性经济补助标准。

是年 根据人力资源社会保

障部、财政部《关于调整人民警察警衔津贴标准的通知》（人社部发〔2016〕11号）文件规定，从2015年1月1日起适当调整人民警察警衔津贴标准。

是年 区财政共计补助资金3500万元，用于机关养老保险原统筹期间个人缴费部分退费补贴。

是年 社保基金收入8.0087亿元，支出5.7769亿元（预计数，非决算数）。

垦利概况

建置区划

【位置面积】 垦利区位于山东省东北部黄河三角洲地区的黄河最下游入海口处。其位置为北纬37° 24′ ～38° 10′，东经118° 15′ ～119° 19′。县域呈西南、东北走向，南北纵距55.5公里，东西横距96.2公里。东濒渤海，西北与利津县隔黄河相望，南接东营市东营区，东北部与东营市河口区毗邻。陆地面积2331平方公里，海域面积1200平方公里。

【建置】 垦利域地，由西汉（公元前206～公元25年）以后黄河淤积退海而成。县域西半部，元末明初已有居户，大部分村落建于明、清两代。县域东半部，20世纪初始有人烟，大部分村落形成于30年代，有的村庄则在40年代解放后形成。

1941年9月，垦区抗日民主政权建立，为建置之始。1943年，垦区正式称垦利县，因县域曾被称作垦区和利津洼而得此名。之后，行政区划变动频繁。

2016年8月2日，垦利县更名为东营市垦利区，以原垦利县的行政区域为垦利区的行政区域。

【区划】 2016年，垦利区辖胜坨、郝家、永安、黄河口、董集5个镇和垦利、兴隆2个街道办事处，垦东、红光2个办事处，1个省级经济开发区。有333个村民委员会，10个社区居委会。

人口民族

【人口】 2016年年底，全区常住人口25.34万人。全年出生人口4683人，出生率为20.3‰；死亡人口1397人，死亡率为6.1‰；人口自然增长率为14.2‰。

【民族】 2016年，垦利区常住少数民族人口319人，涉及21个少数民族成分。分别是满族86人，回族52人，壮族42人，蒙古族35人，彝族30人，布依族9人，侗族9人，苗族9人，朝鲜族9人，黎族11人，土家族5人，佤族6人，达斡尔族3人，瑶族2人，俄罗斯族2人，白族2人，仫佬族2人，藏族2人，仡佬族1人，水族1人，傈僳族1人。少数民族流动人口较少，据统计约47人左右，主要为回族、满族、蒙古族。

自然环境

【地质】 垦利区位于济阳坳陷东部，自北向南，纵跨孤岛凸起、沾化凹陷，陈家庄凸起和东营凹陷各次级构造之东部或北部。境内广为第四系积散堆积物覆盖，无基岩出露。区域内可划分为3个部分，中间为凸起，南北两侧为凹陷。境内断裂构造十分发育，表现为断裂多、活动强度大。

【地貌】 垦利域内，由于历史上黄河尾闾段常常左右摆动，多次溃决、漫溢、泛滥等冲积、淤垫，造成了典型的三角洲地貌。地势自西南至东北呈扇形微倾斜。防潮坝以里海拔（黄海高程）最高点（原胜利乡一带）为11.61米，最低点为2米以下，整个地貌比降为1/8000，东北部为1/10000～1/12000。

【气候】 垦利区地处温带季风气候区，虽濒临渤海，但大陆性季风影响明显，冬季干冷，夏季湿热，四季分明。2016年，平均气温14.5℃，较常年偏高1.3℃，极端最高气温37.8℃，出现在7月30日，较历年极端最高偏低2.7℃；极端最低气温-8.1℃，出现在1月24日，较历年极端最低偏低1.5℃。年降水量为658.6毫米，较常年偏多123.7毫米，较历年降水最多年份偏少381.1毫米，较历年降水最少年份偏多308.9毫米。年总日照时数为2351.5小时，较常年偏少349.2小时。本年出现1次暴雨天气过程。

【河流】 黄河为境内唯一的自然河流，上起董集罗家，流经垦利区110公里注入大海。全区有骨干排水河道10条，分别是六干排、溢洪河、永丰河、张镇河、小岛河、五六干合排、广蒲沟、广利河、请户沟、三排沟，总长288.6公里，境内230.92公里，呈东西方向均匀分布。

【海域】 垦利区地处黄河入海处的三角洲地带，海岸线北起孤东海堤东北与东营市河口区交汇处，南至青坨海堡东南与东营市东营区交汇处，全长142.78公里，属泥沙质平原海岸类型。浅海海域（海岸线以外至水深10米范围内）面积约为14.16万公顷。滩涂面积35715.13公顷，底质为黄河入海淤积物，海底平坦，坡降小，前缘有明显的台阶式坡折。由于黄河及其他陆源河流、沟汊常年注入大量淡水的影响，水质肥沃，浅海营养盐丰富，盐度季节性变化大，海水透明度小。沿岸既有淡水交汇，又有宽阔平坦的陆架海底，黄河口附近海域是浮游生物的高值区之一，也是多种鱼虾产卵、索饵、洄游及生长的场所，成为海洋捕捞与养殖的主要区域。

自然资源

【土地资源】 垦利区土地资源丰富，开发潜力巨大。2016年年底辖区总面积为233099.18公顷。其中，农用地年末面积为115627.91公顷（其中：耕地46238.64公顷、园地535.74公顷、林地14520.73公顷、牧草地5520.61公顷、其他农用地48812.19公顷），年内增加3363.02公顷，年内减少1176.48公顷，年内合计净增2186.54公顷。年末建设用地面积为25340.29公顷，年内增加76.25公顷，年内减少29.83公顷，年内合计净增46.42公顷。未利用地年末面积92130.98公顷，年内减少2232.96公顷，经过开发变更为耕地1632.11公顷，变更为其他农用地573.82公顷，建设占用27.03公顷。

【矿产资源】 垦利区矿产资源丰富，矿产种类较多，至2016年年底发现各类矿产8种，其中主要有石油、天然气、卤水、地热、盐膏、贝壳等。特别是油气资源丰富，是胜利油田的主战场和中心地带。

【水资源】 垦利区境内可利用地表水资源有两部分：自然降水（自产径流）、客水水源（入境黄河水）。地下水由于矿化度较高，尚不可利用。2016年，全年降水658.6毫米，汛期495.8毫米，大部分流入渤海。黄河水是境内的唯一客水来源，全县工农业和生活用水全部来自黄河水，2016年共引黄河水2.5亿立方米，全年供应工业及居民生活用水9340万立方米，供应生态用水4030万立方米。

【生物资源】 境内有各种植物393种。其中，人工种植树种主要有旱柳、白蜡、刺槐、国槐、速生杨、苦楝、冬枣、蜜桃等；野生植物主要有芦苇、柽柳、旱柳、杞柳、马绊草、黄须菜、蒿类、野大豆、益母草、罗布麻、茵陈等。境内有野生动物1542种。其中，鸟类283种，属国家1级保护动物9种，属国家2级保护动物33种；兽类动物20种，主要有草兔、狗獾、赤狐、艾鼬、黄鼬等；陆生性水生动物223种（其中淡水鱼类108种）海洋性动物418种。

垦利区国民经济和社会发展

2016年，在区委、区政府正确领导下，全区紧紧围绕建设宜居宜业新城区，美丽幸福新垦利的总体目标，以撤县设区为契机，坚持稳中求进工作总基调，以推进供给侧结构性改革为主线，主动融入中心城，加快产业转型，保障改善民生，经济社会实现了平稳健康发展。

【综合】 经济运行总体平稳。初步核算，实现全区生产总值410.9亿元，按可比价格计算，比上年增长7.3%。其中，第一产业增加值20.2亿元，增长3.9%；第二产业增加值 234.3亿元，增长5.7%；第三产业增加值 156.4亿元，增长10.4%。产业结构继续优化，三次产业结构由上年的4.9∶60.0∶35.1调整为4.9∶57.0∶38.1，第三产业增加值比重提高3个百分点。

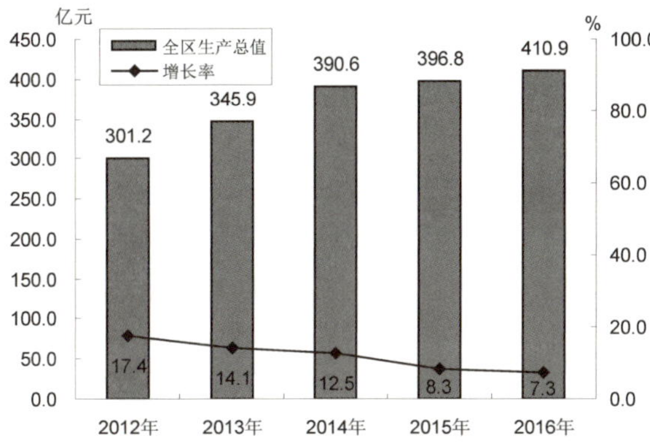

2012-2016年全区生产总值及增长率

【农林牧渔业】 农业平稳发展。农林牧渔业总产值41.9亿元，比上年增长4.0%。其中，农业产值12.6亿元，增长6.1%；林业产值0.5亿元，下降17.8%；畜牧业产值9.1亿元，增长2.9%；渔业产值18.9亿元，增长5.9%；农林牧渔服务业产值0.9亿元，增长7.6%。

主要农作物产量上升。粮食种植面积31.9万亩，比上年增长11.5%；粮食总产量11.5万吨，增长6.7%。其中，夏粮5.6万吨，增长25.4%；秋粮5.9万吨，下降6.5%。棉花种植面积19.8万亩，下降35.4%；棉花（皮棉）产量1.8万吨，下降18.2%。蔬菜种植面积2.9万亩，增长50.7%；蔬菜产量5.8万吨，增长37.1%。油料种植面积0.5万亩，增长17.5%；油料产量0.1万吨，增长17.7%。瓜类种植面积1.5万亩，增长150.0%；瓜类产量1.8万吨，增长50.0%。其他农作物种植面积0.1万亩，下降91.2%。

林业造林面积下降。造林面积1.7万亩，比上年下降0.5%。其中，用材林0.3万亩，下降40.0%；经济林0.03万亩，下降25.0%；防护林1.3万亩，增长8.3%。

畜牧业产量下降。肉蛋奶总产量4.1 万吨，比上年下降25.4%。其中，猪肉1.2万吨，下降17.9%；牛羊肉0.2万吨，下降40.0%；禽肉0.5万吨，增长66.6%；禽蛋1.2万吨，下降0. 3%；奶类1.0万吨，下降55.0%。年末生猪存栏13.8万头，下降4.6%；大牲畜存栏1.3万头，下降29.8%；羊存栏5.9万只，下降9.3%；家禽存养量223.3万只，增长26.7%。生猪出栏20.5万头，下降4.3%；牛出栏1.1万头，下降38.6%；羊出栏7.8万只，下降12.2%；家禽出栏422.5万只，增长31.7%。

高效生态渔业稳步增长。水产品总产量16.6万吨，比上年增长3.8%。其中，淡水产品3.2万吨，与上年持平；海水产品13.4万吨，增长4.8%。水产养殖面积74.0万亩，其中，淡水养殖面积12.0万亩，海水养殖面积62.0万亩。海参养殖面积12.0万亩，产量0.8万吨，增长2.6%。

农村生产生活条件持续改善。年末，农用机械总动力47.3万千瓦，比上年下降6.7%。机耕、机播和机收作业面积分别达到89.9万亩、84.5万亩、66.3万亩，分别增长23.6%、9.0%、45.7%。农村用电量4590.5万千瓦时，增长19.0%，化肥施用量（折纯）2.0万吨，下降7.9%。年末，通公共汽车村333个，通电话村333个，通有线电视村333个，通自来水村333个。

设施农业下降明显。设施农业个数911个，比上年减少269个，下降22.8%；设施农业面积1941.7亩，减少257.9亩，下降11.7%。其中，蔬菜类设施634个，减少152个，下降19.3%；瓜果类131个，减少15个，下降10.3%。

【工业和建筑业】 工业生产低速增长。规模以上工业企业181家，比年初增加2家，实现工业总产值2136.2亿元，比上年增长4.3%，工业增加值增长4.9%。

工业经济效益下滑。规模以上工业主营业务收入2111.5亿元，比上年下降6.5%；利润209.6亿元，下降14.2%；利税267.5亿元，下降13.3%。产销衔接良好，产销率99.5%。

工业结构逐步优化。化学原料及化学制品制造业总产值700.2亿元，比上年下降5.3%；石油加工、炼焦及核燃料加工业总产值341.1亿元，增长4.0%；电气机械和器材制造业总产值248.3亿元，增长10.5%。高新技术产业总产值970.9亿元，占规模以上工业总产值的45.5%，比上年提高9.4个百分点。

建筑业平稳发展。资质以上建筑企业建筑业总产值34.0亿元，比上年增长8.6%；竣工产值31.4亿元，增长10.4%。房屋施工面积152.6万平方米，下降1.3%；房屋竣工面积115.0万平方米，增长10.3%。

垦利区2016年规模以上工业主要产品产量

产品名称	计量单位	产 量
原盐	吨	519056
纱	吨	33643
原油加工量	吨	3572572
汽油	吨	1174415
燃料油	吨	575723
合成纤维聚合物	吨	175462
化学试剂	吨	1072994
化学药品原药	吨	89056
橡胶轮胎外胎	条	17443015
预应力混凝土桩	米	5582095
日用玻璃制品	吨	303678
钢丝绳	吨	420455
石油钻井设备	台（套）	1282
变压器	千伏安	13140388
电力电缆	千米	1210079
发电量	万千瓦小时	66101
自来水生产量	万立方米	3038

【固定资产投资】 **固定资产投资降幅大。**固定资产投资297.4亿元，比上年下降31.9%。分产业看，第一产业投资13.6亿元，下降26.0%；第二产业投资145.7亿元，下降42.3%；第三产业投资138.1亿元，下降16.5%。投资结构优化，三次产业投资结构由上年的4.2：57.9：37.9优化为4.6：49.0：46.4，第三产业投资比重提高8.5个百分点。全年新开工项目446个，新增固定资产218.9亿元。

房地产市场平稳发展。房地产开发投资18.8亿元，增长2.4%。从房屋建设用途看，住宅投资15.5亿元，下降0.9%；办公楼投资1.5亿元，增长250.2%；商业营业用房投资1.7亿元，下降5.9%；其他投资0.01亿元，下降97.4%。房屋施工面积131.9万平方米，增长7.3%；房屋销售面积26.9万平方米，增长40.1%。房屋销售额11.4亿元，增长42.1%。

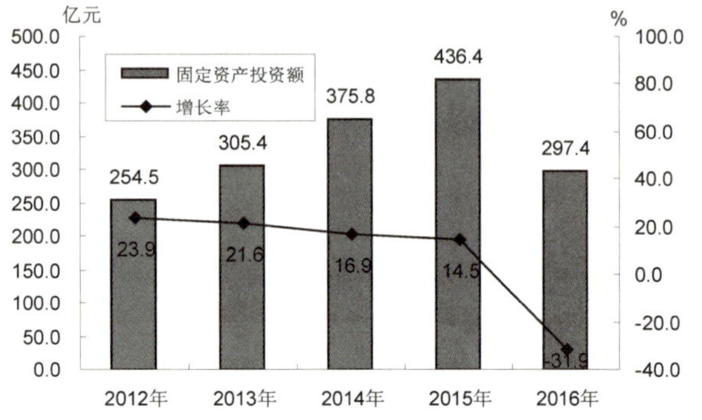

2012–2016年固定资产投资及增长率

【贸易、外经】 **市场主体发展良好。**年末实有各类市场主体17876户，注册资本（金）322.0亿元。其中，实有各类企业4000户，注册资本（金）292.8亿元；个体工商户13361户，资金数额15.2亿元；农民专业合作社515户，出资总额14.1亿元。全区实有注册商标1017件，其中国家驰名商标5件（其中司法认定1件）、省著名商标18件；国际注册商标（也称马德里注册商标）34件。

消费品市场日趋繁荣。社会消费品零售总额67.7亿元，比上年增长11.2%。按经营地分，城镇消费品零售额65.0亿元，增长9.9%；乡村消费品零售额2.7亿元，增长52.5%。按行业分，批发和零售业零售额64.8亿元，增长10.3%；住宿和餐饮业零售额2.9亿元，增长36.3%。

对外贸易高速增长。进出口总额88.2亿元，比上年增长69.6%。其中，出口33.9亿元，增长17.3%；进口54.2亿元，增长135.0%。实际使用外资金额0.3 亿美元，增长22.0%。

【交通、邮电和旅游】 **交通运输业发展良好。**年末，全区公路通车里程达到2256.1公里。运输车辆5206台，其中，危险品运输车辆4317台，普通货车889台。

邮政通信业务量增长。邮政业务量2187.0万元，比上年增长22.6%；电信业务总量4.7亿元，增长10.8%。年末固定电话户数2.0万户，移动电话用户23.6万户。

旅游业快速发展。全年共接待海内外游客267.5万人次，比上年增长13.4%；旅游总收入15.0亿元，增长24.3%。其中，国内游客265.2万人次，增长13.4%；旅游收入14.5亿元，增长24.2%；国外游客2.3万人次，增长15.1%；旅游外汇收入701万美元，增长27.9%。

【财政和金融】 财政收支稳步提高。全年完成境内财政总收入27.5亿元，比上年下降20.6%。公共财政预算收入21.3亿元，增长3.4%；公共财政预算支出27.8亿元，增长8.4%。其中，一般公共服务支出2.8亿元，增长7.9%；公共安全支出1.3亿元，增长15.7%；教育支出5.8亿元，下降4.0%；科学技术支出0.1亿元，下降25.0%；社会保障和就业支出3.5亿元，增长17.6%；医疗卫生支出2.8亿元，增长5.6%；农林水事务支出4.9亿元，下降0.3%。

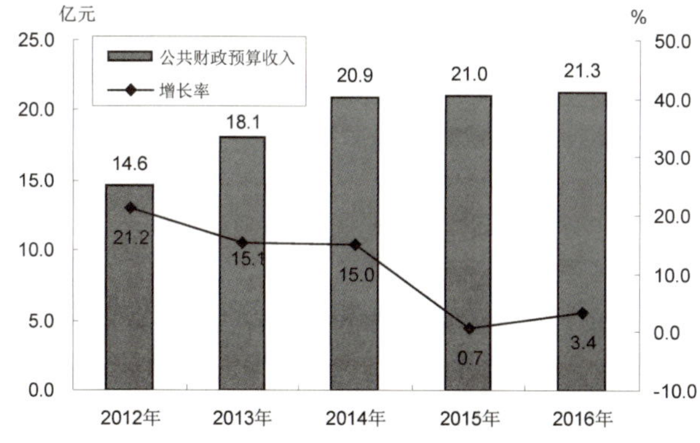

2012-2016年公共财政预算收入及增长率

金融市场稳健运行。年末，全区金融机构人民币存款余额364.2亿元，比年初增加31.0亿元，其中，城乡居民储蓄存款余额153.4亿元，增加10.0亿元；企业存款171.3亿元，增加19.7亿元。金融机构人民币贷款余额399.9亿元，增加2.3亿元。其中，短期贷款271.5亿元，减少11.9亿元；中长期贷款117.1亿元，增加4.2亿元。

保险业平稳发展。全年实现保费收入6.4亿元，比上年增长19.0%，其中财产险保费收入3.4亿元，增长22.5%；人寿险保费收入3.0亿元，增长15.3%。

【科技、教育、卫生、文化和体育】 科技创新积极推进。年末，各类专业技术人员13260人，其中高级840人、中级3610人。新增高新技术企业3家，总数达到10家。全年专利申请受理量273件，其中发明专利54件，实用新型202件，外观设计17件。发明专利授权45件。有效发明专利129件。

教育事业健康发展。年末，职业中学1所，招生1212人，在校生3587人，毕（结）业生1209人，教职工223人，专任教师193人；普通高中1 所，招生1184人，在校生3714人，毕业生1515人，教职工371人，专任教师336人；普通中学7所，招生2885人，在校生10852人，毕业生2326人，教职工1015人，专任教师879人；小学14所，招生2330人，在校生11753人，毕业生2806人，教职工1031人，专任教师990人，小学学龄儿童入学率达到100%；幼儿园40所，在园幼儿7091人，教职工745人，专任教师623人。

卫生事业进一步改善。全区卫生事业机构282所，其中，医院4所，卫生院5所，社区卫生服务中心1处，疾病预防控制中心1处，卫生监督执法局1所，计划生育妇幼保健综合服务站1所，一体化村卫生室83所，个体村卫生室146所，个体诊所43所。各类卫生机构拥有床位数904张，其中，医院680张。卫生技术人员1069人，其中，执业医师及执业助理医师718 人。

文化、体育事业蓬勃发展。年末，广播电视人口覆盖率达到100%，有线电视入户率64.3%，有线电视用户4.5万户，数字电视高清用户3.9万户。文艺演出团体31个，组织各类文艺演出3000余场。图书馆1个，藏书26.9万余册。博物馆1个。科技馆1个。体育设施进一步完善。体育馆23座，田径场18个，篮球场267个，羽毛球场72片，网球场25片，活动室419个，健身路径器材3127件。

【人口、人民生活和社会保障】 据1%人口抽样调查，年末常住人口25.34万人。根据卫生计生部门统计，全年出生人口4683人，出生率为20.3‰；死亡人口1397人，死亡率为6.1‰；人口自然增长率为

14.2‰。

居民生活水平稳步提升。居民人均可支配收入28703元，比上年增长8.1%。其中，城镇居民人均可支配收入38341元，增长7.8%；农村居民人均可支配收入15605元，增长8.1%。居民人均生活消费支出18556元，增长8.1%。其中，城镇居民人均生活消费支出23409元，增长7.8%；农村居民人均生活消费支出11962元，增长8.3%。居民人均住房建筑面积52.0平方米，增长2.4%。其中，城镇居民人均住房建筑面积57.8平方米，增长3.2%；农村居民人均住房建筑面积44.1平方米，增长0.5%。

社会保障体系进一步完善。年末，全区机关事业单位基本养老保险，企业职工基本养老保险，个体工商户、自由职业者参加基本养老保险，城乡居民社会养老保险，城镇职工基本医疗保险，工伤保险，城镇职工失业保险，生育保险参保人员分别达到8851人、32550人、16862人、125375人、47343人、49436人、31169人、36879人。支付各项社保基金5.9亿元，各项保险费发放及时率和准确率100%。城镇新增就业人数3911人，其中，困难群体再就业214人；城镇登记失业率控制在3%以下。城镇居民低保标准由每人每月520元提高到550元，农村居民低保标准由每人每年3760元提高到4120元。农村低保户4416户，7516人，发放低保保障资金2516.2万元；城镇低保户495户，868人，发放低保保障资金478.9万元。社会福利事业健康发展。全区共有敬老院5 所，拥有床位571张，收养人员386人。

注：1. 本公报中部分数据为初步统计数。

2. 本公报所列生产总值、各产业增加值绝对数按现价计算，增长速度按不变价格计算。

3. 规模以上工业指年主营业务收入2000 万元及以上的工业法人企业。

4. 各类市场主体包括在市场监管部门登记注册的国有集体性质企业、外商投资企业、私营企业、个体工商户和农民专业合作社；各类企业包括在市场监管部门登记注册的国有集体性质企业、外商投资企业和私营企业。

机构与领导人
（截至2016年12月底）

区级领导班子

中共垦利区委员会

书　记：刘斯杰

副书记：马保文　盖举波　张　锋（援疆）

常　委：付兆钦　高加夫　王英明　鲍建强　刘　军　卢春玲（女）　韩吉光　李金锋（挂职）

委　员：于泮义　刘爱民　孙永清　孙海君　李希泉　张葆春　陈其卫　周玉林　郭登勇

候补委员：吕景亮　李春河　封官英（女）　郝秀芹（女）

中共垦利区纪律检查委员会

书　记：鲍建强

副书记：孟凡智

常　委：崔云峰　张立成　张建成

委　员：于龙飞　王国元　王新军　任　勇　许孝玉（女）　孙学田　李家聚　宋华锋　宋金生　张　涛　张金城　周新海　赵　明　胡卫东　钟振华　姜玉良　袁　波　崔登新　盛　焱（女）　董　强　谢红秀（女）　苏余海

垦利区人民代表大会常务委员会

党组书记：孙海君

党组副书记：付兆钦

党组成员：刘　燕　张增新　杨广岭　周　杰

主　任：韩利学

副主任：孙海君　陆长河　刘　燕　张增新　杨广岭

常　委：周　杰　杜永海　刘拥军　黄立军　李旭山　丁　青（女）　李朝晖（女）　邓　鹏　郭雪峰　尚玉亮　滕滨强　王秀生　刘季善　杨向明　王贞华

盖晓楠　梁海玉　崔志平

垦利区人民政府

党组书记：马保文

党组副书记：王英明

党组成员：杨月明　燕雪英　陈步先　逯乐进　王　蛟　陈其卫　刘爱民　李希泉　于龙飞

区　长：马保文（代区长）

副区长：王英明　杨月明　燕雪英　陈步先　逯乐进　李红燕（挂职）

政协垦利区委员会

党组书记：张葆春

党组副书记：侯传伦

党组成员：刘金忠　宋建明　李加亮

主　席：张葆春

副主席：侯传伦　黄　虎　刘金忠　徐冬梅（女）　宋建明　冯建国

秘书长：李加亮

常　委：丁艳美（女）　王　敏　王永刚　巴爱民　刘大方　刘树民　孙海燕（女）　李维玲（女）　李朝晖（女）　杨祥业　何跃文　宋维波　张和民　陈学君（女）　尚吉永　周旭东　单宝峰　赵建明　钟振华　梁东光

垦利区人民法院、人民检察院

垦利区人民法院

党组书记：焦　伟

党组副书记：袁　波

党组成员：王群利　商　勇　杜海军

院　长：焦　伟

副院长：袁　波　赵建明

垦利区人民检察院

党组书记：田开封

党组副书记：周新海

党组成员：薛乃忠　许孝娥（女）　李长峪　张玉山

检察长：田开封

副检察长：周新海　薛乃忠　李长峪

区委工作部门及部门管理机构

中共垦利区纪律检查委员会（监察局）机关

书　记：鲍建强

副书记：孟凡智

监察局副局长：刘树民　李隆新

区廉政舆情信息中心（区政府纠正部门行业不正之风办公室）

主　任：赵秋红（女）

副主任：宁青青（女）　巴志伟

区纪委（监察局）派驻第一纪检组（监察室）

书记、主任：李家聚

副书记、副主任：许义强　成益娟（女）

区纪委（监察局）派驻第二纪检组（监察室）

书记、主任：许孝玉（女）

副书记、副主任：董志刚　耿宝忠

正科级纪律检查员：张振海

区纪委（监察局）派驻第三纪检组（监察室）

书记、主任：王茂全

副书记、副主任：刘长征

区纪委（监察局）派驻第四纪检组（监察室）

书记、主任：生锋海

副书记、副主任：赵洪光　于　伟

区纪委（监察局）派驻第五纪检组（监察室）

书记、主任：盖九春

副书记、副主任：王培勇　李秀春（女）

区纪委（监察局）派驻第六纪检组（监察室）

书记、主任：李维玲（女）

正科级纪律检查员：袁昌斌

副书记、副主任：刘士海　郭德强

中共垦利区委办公室（政研室）

主　任：郭登勇

副主任：黄立军（兼）　韩宏伟　杜现贵（援疆）　孙　昊

区委政研室主任：隋延辉

区委保密局专职副局长：盖志远

区委督查局局长：于　宁

区委全面深化改革领导小组办公室副主任：李　军　李鹏飞

区委政研室副主任：周　杰

中共垦利区委台湾工作办公室、垦利区人民政府台湾事务办公室

主　任：徐春友

副主任：王宝华

区扶贫开发领导小组办公室

主　任：韩宏伟（兼）

副主任：种小杰　王忠朋

中共垦利区委、区政府信访局

局　长：黄立军

副局长：尚建厂　王　辉　祝玉贤

垦利区档案局（馆）

局长（馆长）：周建华

副局长（副馆长）：王桂珍（女）　郝向彬

垦利区党史史志办公室

主任：种玉洪

副主任：陈学慧　宋慧峰

中共垦利区委组织部

部长：卢春玲（女）

副部长：王永刚　李云青　曹景华　戴景鹏　许建华　张　鹏

常务副部长：李旭山

区委党员教育中心（新农校校务委员会办公室）

区委党员教育中心主任：张　鹏

中共垦利区委老干部局

局　长：李云青

副局长：苟振晓（女）　王清林

中共垦利区委宣传部

部　长：高加夫

常务副部长：郭立泉

副部长：董振宇　马　艳（女）　盖红旗

垦利区文学艺术界联合会（区社会科学界联合会）

党组书记：董振宇

党组成员：孙　婧（女）

主　席：董振宇

副主席：孙　婧（女）

垦利报社

党组书记：王　川（女）

党组成员：韩忠强　宋昭华（女）

社长（总编）：王　川（女）

副社长：韩忠强

副总编：宋昭华（女）

中共垦利区委统战部

部　长：刘　军

常务副部长：梁东光

副部长：翟向军　徐清源

中共垦利区委政法委（社会治安综合治理委员会办公室）

常务副书记：杨保才

副书记、综治办主任：董新军

副书记、国安办主任：王成福

副书记：李宏存

综治办副主任：程智远

国安办副主任：燕鹏程

中共垦利区委区直机关党工委

书　记：王贞华

副书记：董少君

副书记、纪工委书记：杨国华（女）

垦利区机构编制委员会办公室

主　任：曹景华

副主任：张金城　褚冠霞（女）

垦利区事业单位监督管理局

局　长：张振源

副局长：周明明

中共垦利区委党校（行政学校、社会科学研究院、区社会主义学校）

常务副校长：周玉林

副校长：董合书　孙应臣

副校长、副院长：苟坤秀（女）

群团组织

垦利区总工会

党组书记：岳永平

党组成员：宋吉明　耿丽娟（女）　宋新立
　　　　　李安彬
主　席：刘金忠
常务副主席：岳永平
副主席：耿丽娟（女）　宋新立

共青团垦利区委

党组成员：苟　晓（女）　陈文波
副书记：苟　晓（女）　陈文波

垦利区妇女联合会

党组书记：丁　青（女）
党组成员：周　蕾（女）　宋雯雯（女）
　　　　　张建玲（女）
主　席：丁　青（女）
副主席：周　蕾（女）　宋雯雯（女）

垦利区工商业联合会

党组书记、非公企业党工委书记：翟向军
党组成员：许学勤 陈立华（女）
主　席：翟向军
副主席、经济科工委副主任（兼）：劳海卫
副主席：陈立华（女）

垦利区残疾人联合会

党组书记：宫玉平
党组成员：苏鲁惠　张克军
理事长：宫玉平
副理事长：苏鲁惠　张克军

垦利区科学技术协会

党组书记：马京亮
党组成员：张玉红（女）　张世忠　李希东
　　　　　张鹏涛
主　席：李朝晖（女）
副主席：张世忠　李希东　张鹏涛

区人大、区政协机关

垦利区人大机关

办公室主任：周　杰
办公室副主任：刘　军（女）　刘登涛
人事代表工作委员会主任：杨向明
预算工作委员会主任：宁振民
预算工作委员会副主任：崔淑华（女）
内务司法委员会主任委员：刘拥军
内务司法委员会办公室主任：周卫存
财政经济委员会主任委员：杜永海
财政经济委员会办公室主任：陈　洁（女）
教科文卫委员会主任委员：梁海玉
教科文卫委员会办公室主任：武秀芝（女）
城建环保委员会主任科员：刘王民　单宝峰
城建环保委员会办公室主任：肖志浩
常委会信访办主任：耿　强
农业农村委员会办公室主任：王　婧（女）
常委会机关服务中心主任：徐玲玲（女）

垦利区政协机关

办公室主任：李加亮
政协联络室主任：李德法
办公室副主任：吴学峰　顾业川
学习提案工委主任：孙海燕（女）
经济科技工委主任：张英伟
经济科技工委副主任：张吉存
经济科工委副主任（兼）：劳海卫
经济科技工委主任科员：巴树声
社会事业与民主法制工委主任：丁世华
文史资料与宣传工委主任：刘宪亮
文史资料与宣传工委副主任：刘增波
机关服务中心主任：安雯雯（女）

区政府序列部门、单位

垦利区人民政府办公室（研究室、法制办、民族宗教事务局、外事侨务办、数字中心、信用中心）

党组成员：王敬现　来延鹏　刘　斌　许建国
　　　　　李　强　罗建华
信用办主任：王敬现
法制办主任：来延鹏
研究室主任：刘　斌
电子政务中心主任：许建国
区数字信息管理服务中心主任：李　强
副主任：罗建华
法制办副主任：尚玉国

督查局局长：王华彬

应急管理办公室主任：赵　鹏

外侨办主任：缪晓辉

研究室副主任：李　林　张新永　盖文源

人民防空办

主　任：宋维波

电子政务中心

主　任：许建国

副主任：张文忠　李　晶

垦利区发展和改革局

党组书记：郭树礼

党组成员：张爱峰　王师军　刘立君　石　伟

局　长：郭树礼

副局长：王师军　刘立君

垦利区物价管理办公室

党组书记：郭新吉

党组成员：程雪峰　李茂旺　高玉杰

主　任：郭新吉

副主任：程雪峰　张建光

垦利区经济和信息化局

党委书记：封官英（女）

党委委员：刘冠华　石岐山　刘云强
郭春玲（女）　刘　虹（女）

局　长：封官英（女）

副局长：石岐山　郭春玲（女）

经协总公司

总经理：李保华

垦利区商务局

党组书记：李会强

党组成员：丁旭东　李洪江　耿兆阳
王京娟（女）

局　长：李会强

副局长：李洪江　耿兆阳

垦利区商会（贸促会）

党组书记：石卫红

党组成员：潘晓花（女）　唐爱国

会　长：石卫红

副会长：潘晓花（女）　唐爱国

垦利区安全生产监督管理局

党组书记：陈振国

党组成员：李新泉　庞瑞香　冯政钧　胡志勇
崔永民　巴　芳（女）

局　长：陈振国

副局长：冯政钧

垦利区教育局

党委书记、一中党总支书记：于泮义

党委副书记：张兴国

党委委员：燕道生　薛　杰　张　静（女）
王　涛　袁森才　郭冬香（女）
刘海玲（女）

局　长：于泮义

副局长：张　静（女）　周旭东

垦利区文化广电新闻出版局

党组书记：李　青（女）

党组副书记：王玉梅（女）

党组成员：赵清华　杨文亮　胥宝民　吴志民
谢美荣（女）　郑金平

局　长：李　青（女）

文化活动中心主任：王玉梅（女）

副局长：杨文亮　胥宝民

垦利区科学技术局

党组书记：田永和

党组成员：温洪东　魏玖瑜　马　伟　董伟敏（女）
黄帮献　张军政

局　长：胡金涛

副局长：张　芳（女）　马　伟

垦利区公安局

党委书记：王　蛟

党委副书记：李青东　朱成学

党委委员：陈建国　谢培雨　任　勇　施晓庆（女）
徐成立　崔建新　仝灯旺　王　伟
赵　波　陈　磊

局　长：王　蛟

政治委员：李青东

副局长：陈建国　谢培雨　任　勇

垦利区交通管理大队

大队长：王平原

教导员：孙长勇
副大队长：张利德　侯国营
副教导员：盖晓辉（女）

垦利区民政局

党组书记：王秀林
党组成员：赵秋生　杨金锋　苟广林　许　芳（女）
高爱辉　刘建勇　项树云
局　长：王秀林
副局长：许　芳（女）　高爱辉　薛建国

东营市殡仪馆

党支部书记、馆长：赵秋生
副馆长：盖新建　王作勇

垦利区司法局（社区矫正管理局）

党组书记：袁义武
党组副书记：董建泽　张月强　孙　磊（女）
张献军　劳淑萍（女）
局　长：袁义武
副局长：张月强　孙　磊（女）　张献军

垦利区财政局

党组书记：郝秀芹（女）
党组副书记：韩文第
党组成员：袁　林　李明泉　张继海　罗宗利
郭晓敏（女）
局　长：郝秀芹（女）
副局长：李明泉 张继海

垦利区农业综合开发办公室

主　任：袁 林
副主任：李月军 宋 强

垦利区非税收入征收管理局

局　长：韩文第
副局长：王全涛 薛 菲（女）

垦利区人力资源和社会保障局

党组书记：王永刚
党组成员：李道义　姜振永　王雨石（女）
高先河　崔秀珍（女）　李伟青（女）
郭兆杰（女）　高明军
局　长：王永刚
副局长：高先河　崔秀珍（女）　李伟青（女）

垦利区公共就业和人才服务中心

主　任：姜振永
副主任：郭兆杰（女）　马万红（女）　杨海生

垦利区社会保险管理服务中心

主　任：王雨石（女）
副主任：高明军　李振柱　耿宝柱　郑美玉（女）

垦利区国土资源局（测绘局）

党组书记：朱科峰
党组成员：胥如喜　王金亭　王德忠　王　军
王明亮　陈金国
局　长：朱科峰
副局长：王　军　王明亮
测绘局局长：赵洪峰

垦利区住房和城乡规划建设局

党委书记：吴乐春
党委委员：陈德亮　唐爱民　吕林涛　于红玲（女）
李子军　张汉友　黄宪红（女）
李　涛　李　芳（女）　邵光玲
局　长：吴乐春
副局长：陈德亮　李子军

垦利区交通运输局

党委书记：孙学田
党委委员：杨　英（女）　任　强　国金华
胡明泉　王　斌
局　长：孙学田
副局长：国金华　胡明泉

垦利区水利局

党组书记：孙伯彦
党组副书记：盖博农
党组成员：张明军　孙新华　段延军　牛勇民
康新民　吕华锋　张松海
局　长：孙伯彦
副局长：段延军　吕华锋

垦利区灌溉管理处

主　任：康新民
副主任：宋玮冰　张建功　孟　雯（女）

垦利区农业局

党组书记：宋峰福

党组成员：牟作鹏　田育军　边永平　刘　珍（女）
　　刘玉明

局　长：宋峰福

副局长：刘东光　边永平　刘玉明

垦利区林业局

党组副书记：王振起

党组成员：刘光明　王玉柱　王成华　李卫华（女）
　　胥志刚

副局长：刘光明　王玉柱

垦利区卫生和计生局

党组书记：谢红秀（女）

党组副书记：王少华

党组成员：张庆亮　张文学　孙清水　赵怀启
　　张安国　杨学军　马欣起　王春花（女）
　　董希滨　郑美玉（女）

局　长：谢红秀（女）

副局长：张安国　张学红（女）　马欣起

垦利区计划生育协会

常务副会长：张文学

副会长：杨淑花（女）　屈传亮

秘书长：张海芹（女）

垦利区审计局

党组书记：王国元

党组成员：孙玉田　尹刚成　高明山　岳冠林
　　张茂昌　李正华（女）

局　长：王国元

副局长：高明山　张中专（女）

垦利区环境保护局

党组书记：陈蓬建

党组成员：孙晓萍（女）　李宗民　王中青
　　赵　明　耿志彬　路国庆　马振强
　　朱　芳（女）　刘　梅（女）

局　长：陈蓬建

副局长：赵　明　耿志彬　路国庆

垦利区统计局

党组书记：苏余海

党组成员：蒋泽云　韩天泉　罗　梅（女）
　　宋卫国　卞秀芝（女）　崔景娥（女）

局　长：冯建国

副局长：宋卫国　卞秀芝（女）

垦利区城市管理局

党组书记：孙继国

党组成员：刘　敏（女）　刘清林　顾　勇
　　孙孝红（女）

局　长：孙继国

副局长：刘清林　顾　勇

垦利区综合行政执法局（综合行政执法大队）

党组书记：马志彬

党组成员：任　勇　张永照（女）　冯树建
　　张振阳　董永民　张爱武

局长、综合行政执法大队长：马志彬

副局长：任　勇　张永照（女）

垦利区市场监督管理局（食品药品监督管理局）

党组书记：赵志峰

党组副书记：赵昌玲（女）

党组成员：王明启　杜辛店　郎丰全　王东明
　　赵　辉　刘丽云（女）　黄　梅（女）
　　周勇军　刘　军　李翔宇

局　长：赵志峰

专职副局长：王明启

副局长：郎丰全　王东明　赵　辉　武克忠
　　刘丽云（女）　黄　梅（女）
　　周勇军

垦利区质量技术监督局

党组书记：张　涛

党组成员：袁　媛（女）　高荷青　吉　伟
　　高　波

局　长：张　涛

副局长：高荷青　吉　伟

垦利区招商局

党组书记、局长：李元胜

党组成员、副局长：何振强

党组成员、副局长：卜静静（女）

垦利区金融工作办公室（地方金融监管局）

党组书记：臧成杰

党组成员：宁　涛　生秀艳（女）　齐春玲

主任（局长）：臧成杰

副主任（副局长）：宁　涛　生秀艳（女）

垦利区政务服务中心管理办公室

党组书记、主任：孙永清

党组成员、副主任：方海勇　宋　芹（女）

垦利区民生热线综合服务中心（区长公开电话办公室）

党组书记、主任：胡卫东

党组成员、副主任：张　玲（女）　宋月梅（女）

垦利区推进黄河三角洲高效生态经济区建设委员会办公室

党组书记：钟振华

党组成员：高玉鑫　陈新明　张乐庆

主　任：钟振华

副主任：高玉鑫　陈新明

垦利区民丰湖开发建设管理办公室

副主任：王立国

垦利蓝湖度假区开发建设管理办公室（水稻示范农场）

党组书记、主任：刘玉德

党组成员、副主任：牛余青　张和奎

垦利区广播电视台

党组书记：王春青

党组成员：王学义　牛振民　王梓海　田兰民

台　长：王春青

总编辑：王学义

副总编辑：牛振民

副台长：王梓海

副总编辑：田兰民　宋　军

垦利区检验检测中心

党组书记：宋家好

党组成员：许　杰（女）　齐雪峰

主　任：宋家好

副主任：许　杰（女）　齐雪峰

垦利区粮食局

党组书记：尚玉亮

党组成员：董月文　赵清慧（女）　王立国
孙玉珍（女）

局　长：尚玉亮

副局长：王立国　孙玉珍（女）

垦利区畜牧局

党组书记：崔登新

党组成员：路后起　王景福　李希芳　刘　斌

局　长：崔登新

副局长：李希芳　刘　斌

垦利区海洋与渔业局

党组书记：冯伟杰

党组成员：杨其亮　郑　华（女）　王荣幸
杜玉梅（女）　李正柱

局　长：冯伟杰

副局长：郑　华（女）　王荣幸　李正柱

垦利区兴隆生态林场管理办公室

党组书记：陈其卫

党组成员：宋立安　李新海　缪德玲（女）
刘月芬（女）

主　任：陈其卫

副主任：宋立安

西郊现代服务区管委会

党组书记：刘爱民

党组成员：黄文卿　董　强　李万胜　丁国琦

主　任：刘爱民

副主任：黄文卿　董　强　李万胜

垦利区老龄工作委员会办公室

党组书记：姜玉良

党组成员：于　海　张学娥（女）　韩继辉
李东海　陈光凤（女）　周晓燕（女）

主　任：姜玉良

副主任：韩继辉　李东海

垦利区红十字会

常务副会长：张文莲（女）

副会长：张红梅（女）

垦利区旅游局

党组书记：朱伟松

党组成员：张德峰　刘春华　韩　波　杨　华（女）
韩华庆

局　长：朱伟松

副局长：张德峰　刘春华

黄河人家度假区建设管理办公室

主　任：韩　波

副主任：韩华庆　耿宁涛

垦利区区级机关事务管理局

党组书记、局长：袁树村

党组成员、副局长：孙　勇　王　成

垦利区油区工作委员会（油地结合办公室）

党组书记：夏之剑

党组副书记：劳建伟

党组成员：张　瑛（女）　李景国　巴奉林
李建军　张俊东　王笃军

主　任：夏之剑

副主任：张　瑛（女）　李景国　巴奉林

油地结合办副主任：李建军　张俊东

工会主席：王笃军

数字信息管理服务中心

主　任：李　强

副主任：周　建　张　勇　岳　斌

社区建设管理办公室

党组副书记、副主任：张瑞瑞

党组成员、副主任：李来贞　张凡秀（女）

社会信用管理中心

主　任：王敬现

副主任：盖晓磊

垦利第一中学

党总支书记：于泮义

党总支副书记、副校长：高树林

党总支副书记：赵振民

副校长：陈志增　黄体鹏　耿宝民

工会副主席：巴树国

垦利区职业中等专业学校

主任（校长）：邓　鹏

党总支书记：管学彦

副主任（副校长）：黄　虎　夏召方　宁学军

工会主席：程卫国

垦利区实验中学

实验中学校长：许建林

党支部书记：张传国

副校长：冯新生　张向民　郑秀梅（女）

工会主席：周春亮

垦利区实验二中

校　长：曹光峰

党支部书记：许维良

副校长：翟　强　孙孝东　胡金光

工会主席：逯同秀（女）

垦利区胜坨中学

校　长：李维收

垦利区黄河口中学

校　长：张胜福

垦利区第一实验小学

校　长：孙宝华

垦利区第二实验小学

校　长：胥学智

党支部书记：薄其忠

垦利区第三实验小学

校　长：闫文亮

党支部书记：崔　燕（女）

垦利区人民医院

院长、党总支书记：崔志平

副院长：郝传海　代立新　蒋振中

工会主席：陈红梅（女）

党总支副书记：张宗义

垦利区第二人民医院

院　长：董建兵

党支部书记：刘颖民

垦利区妇幼保健计划生育服务中心

党支部书记、主任：王少华

党支部副书记：鞠益庆

副主任：耿润梅（女）　张红梅（女）

垦利区卫生疾病预防控制中心（区卫生监测检验所、区健康教育所）

主任、党支部书记：张庆亮

党支部副书记：卞学民

副主任：张焕发　韩玉杰（女）

垦利区供销合作社联合社

党组书记：王海强

党组成员：宋江美（女）　胡宝光　王宝泉
张海东　丁常义

理事会主任：王海强

监事会主任：宋江美（女）
理事会副主任：胡宝光
监事会副主任：王宝泉
理事会副主任：张海东
工会主席：丁常义

民兵训练基地、民兵装备仓库

民兵训练基地主任：李传波
装备仓库副主任：张广亮

山东黄河口水务发展有限公司

董事长、总经理：陈广利
副经理：王建功

垦利区城市建设开发投资有限公司

董事长、总经理：王　林
副经理：巴恩芹（女）　刘立霞（女）
监事会监事：高新林

油气技术开发公司

董事长、总经理：古金星

垦利区中信融资担保有限公司

董事长、总经理：张仕合
副经理：袁建成　吴凯军
监事会主席：孙合祯

垦利区城市资产运营有限公司

董事长、总经理：田兰生
副经理：王　伟　路　军

镇、街道、开发区

垦利街道党工委

党工委书记：吕景亮
副书记：张守华
　　李伟青（挂职、下派工作二队队长，女）
　　王　昕
　　徐成立（挂职、垦利街道派出所所长）
　　段　涛（挂职）
党工委委员：魏克绪　宫树桥
党工委委员、纪工委书记：张延荣（女）
宣传委员：杨立海
组织统战委员：赵宏波
党工委委员、人武部长：朱建双

垦利街道办事处

主　任：张守华
副主任：魏克绪　陈雪奎　陈金霞（女）　常　营

垦利街道其他科级干部

人大工委主任：隋　海
人大工委副主任：吴文华

山东省垦利经济开发区（兴隆街道）党工委

兴隆街道党工委书记：于龙飞
党工委副书记：周洪亮　盖晓楠
党工委委员、纪工委书记：任兰田
党工委委员：张俊峰
党工委委员、人武部部长：靳丙秋
党工委统战委员：张　波
党工委组织委员：范克海
党工委宣传委员：王　磊
党工委委员、派出所所长：王国强

垦利经济开发区管理委员会

管委会副主任：张俊峰　刘学霞（女）
　　李学慧（女，挂职）

兴隆街道办事处

办事处主任：周洪亮
办事处副主任：盖本清　周晓林

垦利经济开发区（兴隆街道）其他科级干部

兴隆街道人大工作委员会主任：李永智
兴隆街道人大工作委员会副主任：孙　强

胜坨镇党委

党委书记：黄　振
副书记：宋金生
　　张月强（挂职、下派工作一队队长）
　　宫振卫　袁　勇（挂职）
统战委员：陈海玲（女）
党委委员、纪委书记：耿锦锋
党委委员：张瑞辉
组织委员：常　海
宣传委员：袁　涛
党委委员、人武部长：李玉林

胜坨镇政府

镇　长：宋金生
副镇长：张瑞辉　滕　腾　董　峰　王　健

胜坨镇其他科级干部

人大主席：王春光

人大副主席：胡华兴　付兴国

郝家镇党委

书　记：黄文卿

副书记：宋连军

马欣起（挂职、下派工作三队队长）

任方旭

党委委员、人武部长：张殿防

党委委员：周坤明

宣传委员：李　敏（女）

组织统战委员：王春光

纪委书记：许家明

党委委员：王宗敏

郝家镇政府

镇　长：宋连军

副镇长：周坤明　张华收　盖向阳　周光明

郝家镇其他科级干部

人大主席：杨国强

人大副主席：张光亮

永安镇党委

党委书记：胥全永

副书记：周立城

林来水（挂职、下派工作四队队长）

韩　鑫（女）

党委委员、纪委书记：王光海

党委委员、人武部长：许开华

党委委员、副镇长：张　强

组织统战委员：王德虎

宣传委员：单提强

党委委员：刘士青（挂职）

永安镇政府

镇　长：周立城

副镇长：张　强　侯丽虹（女）　张学明

李长柱　胡　琳（挂职，女）

永安镇其他科级干部

人大主席：薛安源

人大副主席：张建民

黄河口镇党委

书　记：董怀进

副书记：盛　焱（女）　朱政林（挂职）　许志刚

党委委员、人武部长：梁兆玉

党委委员：崔吉成

宣传委员：杨武汉

组织统战委员：李晓强

党委委员、纪委书记：王文涛

党委委员：庞志浩

党委委员：韩宏图（挂职）

黄河口镇政府

镇　长：盛　焱（女）

副镇长：崔吉成　孙兴涛　陈　艳（女）　周晓龙

黄河口镇其他科级干部

人大主席：李新成

人大副主席：杜海峰

董集镇党委

书　记：董　强

副书记：王安峰　王　东

党委委员：邹兴勇

党委委员、纪委书记：樊卫卫

组织委员：陈岩磊

党委委员、人武部长：张　滨

宣传委员：张　坤（女）

党委委员：盖欣东（挂职）

董集镇政府

镇　长：王安峰

副镇长：邹兴勇　郑文海　董蕾蕾（女）　张纪杰

邓文凯（挂职）

董集镇其他科级干部

人大主席：单汉春

人大副主席：周象春

垦东办事处

党工委书记：马勇军

党工委副书记：肖合民　王利渤（纪工委书记）

党工委委员：程焕新　李　芳（女）

朱　芳（女）　李国洋

主　任：马勇军

副主任：程焕新　宋清澜

东营市现代渔业示范区管委会（红光渔业办事处）

党工委书记：李希泉
党工委副书记：杨学彬
党工委委员：宁兆远　刘　刚
李小凤（组织委员，女）
闫汉廷（宣传委员）
李　宁（人武部长）
王安书（挂职）
主　任：李希泉
红光办事处主任：杨学彬
管委会副主任：宁兆远　刘　刚　陈龙才

区属企业

山东垦利石化集团有限公司

党委书记：滕滨强
党委副书记：王化秋
党委委员：刘大方　王全平　孙树林　庄红梅（女）
于新江
纪委书记：王化秋
董事长：滕滨强
副董事长、总经理：王化秋
副总经理：刘大方（兼宏远公司总经理）
王全平　孙树林（兼酒厂厂长）
庄红梅（女，工会主席）　于新江
王立安　潘俊君　王建军　王学东

中央、省、市驻垦单位

垦利区国税局

党组书记：郭雪峰
党组成员：赵振利　刘　明　牛海英（女）
局　长：郭雪峰
副局长：赵振利　刘　明
纪检组长：牛海英（女）

东营市地税局垦利分局

党组书记：张明君
党组成员：王立泉　苏志光　宁振奎
王　奇（纪检组长）
局　长：张明君
副局长：王立泉　苏志光　宁振奎

中国联合网络通信有限公司垦利区分公司

总经理：赵延峰（女）
副总经理：李利军　宋峰波　周　政
黄冬梅（女）

山东移动通信集团山东有限公司垦利分公司

经　理：张春宝
副经理：杨立超　李梅梅（女）

中国电信股份有限公司垦利分公司

总经理：杨鹏宇
副总经理：张增祥　耿海涛

中国邮政集团公司东营市垦利区分公司

局　长：郭同增
局长助理：薛建华　王清波

国网山东垦利区供电公司

党委书记：王晓晶
总经理：张荣华
副总经理：刘新卫　王　兵　董文利　张连城

垦利区气象局

局　长：李玉平
副局长：刘　岩　刘冬冬

垦利区公路局

局　长：王洪顺
副局长：吕松涛　杨克勤　赵惠成

垦利区河务局

党组副书记：许考云
副局长：许考云　李胜业
总工程师：闫宝柱
纪检组长：张　滨

垦利区盐务局（盐业公司）

党支部书记：代永彬
局长、经理：代永彬
副局长、副经理：张云霞（女）

中国人民银行垦利区支行

党组书记：李建华
党组成员：王志明　盖艳辉（女）
王绍国（纪检组长）
行　长：李建华

副行长：王志明　盖艳辉（女）

东营银监分局垦利办事处

主　任：任金涛

中国工商银行股份有限公司垦利支行

行　长：宋金玲（女）

副行长：王文国　胡玲华（女）　王爱民

中国银行股份有限公司垦利区支行

行　长：张汉升

副行长：张广森　刘　冰

中国建设银行股份有限公司垦利支行

行　长：毕玉军

副行长：张卫华　李先龙

中国农业发展银行垦利区支行

行　长：杜　勇

副行长：窦景宏　张　鹏

山东垦利农村商业银行股份有限公司

董事长：徐树彬

行　长：单爱凤（女）

监事长：张传孝

副行长：王玉兴　李　莉（女）

中国农业银行股份有限公司垦利区支行

行　长：许文波

副行长：张林同　周思军　晚　勇

中国邮政储蓄银行股份有限公司垦利区支行

行　长：石小琴（女）

副行长：盖明明

东营银行垦利支行

行　长：牟光辉

副行长：乔　静（女）　韩念升

垦利乐安村镇银行股份有限公司

董事长、行长：吴海滨

副行长：孙怀华　李跟锋

上海浦东发展银行东营垦利支行

行　长：李广兴

副行长：张　楠　刘文杰

中国民生银行东营垦利支行

行　长：张　芳（女）

行长助理：刘　鹏　宋晓龙

中信银行东营垦利支行

行　长：徐　刚

行长助理：石　琳　林丽珍（女）

齐商银行股份有限公司东营垦利支行

行　长：韩新海

副行长：高　辉

青岛银行垦利支行

行　长：张希国

副行长：刘海峰　吕爱彦（女）　赵庆军

中国人民财产股份保险公司垦利支公司

经　理：袁玉成

副经理：毕玉军　孙红萍（女）　赵海平　王建东

中国人寿保险股份有限责任公司垦利支公司

经　理：陈勇军

副经理：王高峰　赵玉臣　房德伦

东营市医药公司垦利分公司

经　理：岳建明

副书记：宋志勇　赵春亮

东营市住房公积金中心垦利区管理部

主　任：宋锋华

副主任：王　磊

垦利区烟草专卖局（营销部）

党支部书记：卜令健

局长、经理：卜令健

副局长：王允刚

副经理：盖新生

垦利区新华书店

经　理：张大利

副经理：董希华

山东黄河三角洲国家级自然保护区大汶流管理站

站　长：许家磊

副站长：付建国　崔玉亮　周英锋　王安东

山东黄河三角洲国家级自然保护区黄河口管理站

站　长：路　峰

副站长：岳修鹏　张树岩　郝迎东　丁广民

黄 河 口

黄河河务

【概况】 垦利黄河河务局是黄河水利委员会山东黄河河务局在垦利区的派出机构，负责垦利区境内黄河的治理与开发。前身为1946年1月成立的垦利治黄办事处，1991年更名为垦利县黄河河务局并升格为副县级单位，2004年11月变更为垦利黄河河务局。垦利黄河河务局下设二级机构17个，分别为办公室、水政水资源科、工程管理科、防汛办公室（滞洪管理科）、人事劳动教育科、财务科、党群工作科、经济工作办公室、信息管理站、胜利管理段、路庄管理段、王营管理段、义和管理段、十八户管理段、护林管理段、综合执法专职水政监察大队。下辖6个管理段、1个水利水电工程公司、1个社区卫生服务站，局机关内设办公室、防汛办公室、工程管理科、水政科、财务科、人事劳动教育科、党群科、工会、经济管理办公室、监察室、通讯站、水政监察大队和黄河派出所。主要担负着黄河垦利段水行政执法，169.66公里堤防建设，20座涵闸管理，10处险工防护和8处控导的修、防、管、灌、营任务。

2016年，垦利黄河河务局代表垦利区参加山东省军分区防汛实战演练和东营市油地军黄河防汛联合演习；保持“省级文明单位称号”；路庄管理段职工食堂被省局工会授予“职工满意食堂”称号；依托义和险工，完成法制文化基地一期建设工作；水政科获“黄河水利委员会‘六五’普法先进集体”称号。

【防凌防汛】 2015年至2016年度凌汛期，垦利区河道出现4次淌凌，封河历时31天，封冻长度最长达61.17公里，为近年来比较严重的凌情。垦利黄河河务局对冰凌爆破队伍进行集中培训和模拟演练，提高队伍的实战能力。立足防汛抗洪实战要求，做好各项防汛准备工作，落实以行政首长责任制为核心的各项防汛责任制。开展工程普查、河势查勘、群防队伍组建、物资核查维修等防汛基础工作。实施完成苇改闸控导应急修复工程。修订完善防洪预案、防洪工程抢险方案、防洪专项预案，形成了涵盖面广、多层次、具有较强可操作性的防洪预案体系。汛期全局启动防洪运行机制，对防汛值班、防洪调度、查险抢险等各项工作作出全面部署；一线职工驻守坝头，24小时查险巡险，成功抢护苇改闸16～17号坝险情，累计用石2754立方米，抛铅丝笼684.2立方米，确保安全度汛。开展防汛技术培训，参加山东省军分区防汛实战演练和东营市油地军黄河防汛联合演习。严格执行水量调度指令和用水计划管理，争取各涵闸饮水量，全年累计引水4.27亿立方米，保障全区人民生产、生活用水需求，促进了全区国民经济建设和社会发展。

【工程建设与管理】 按照工程

3月15日，黄河下游防洪工程移民迁占工作会议召开

管理标准化、精细化、规范化要求，不断提升工程管理水平。开展工程管理难点专项整治工作，完成路庄淤背区和义和险工新9号坝专项治理工作，累计拆除房屋及附属物1935.6平方米。完成4处“工程巡查远程监控视频系统”监控点的建设工作，完善工程监管设施，提高工作效能。加强植树绿化工作，全年累计完成植树6.68万株。加强示范工程建设，路庄管理段庭院获黄河水利委员会“示范工程”称号。注重科技治河，提高治黄科技水平，获黄委“三新”及推广应用成果认定1项，山东河务局科技火花奖二等奖1项以及科技进步二等奖1项。推进移民迁占工作，夯实工程建设基础，全年累计完成工程永久征地勘测定界138.46亩，拆除房屋2531.47平方米，树株清理25285株，草坪清理9050平方米，完成资金支付996.28万元，走在山东全河前列。

3月21日，第二十四届“世界水日”第二十九届“中国水周”主题宣传活动

【依法治河管河】 坚持依法行政，提高管理水平，对在建和已建项目加大监管力度，审查转报4处河道内建设项目，对21个建设管理单位的43个非防洪工程建设项目年审。加强执法队伍管理，规范水政执法行为，对监管执法等5类22项规章制度修订完善；举办水政执法业务培训班；完善水行政执法工作的联合机制，全年累计开展河道巡查345次，立案查处1起，制止违法行为54起；拆除违章房屋1511.56平方米；清除违章树株1610株20亩；清除违章农作物20亩。强化法制思维，提升法制意识，开展演讲比赛、母亲河我来等多项普法教育活动；启动七五普法规划，依托义和险工，完成法制文化基地一期的建设工作。水政科获“黄委‘六五’普法先进集体”。

（刘亮亮）

山东黄河三角洲国家级自然保护区大汶流管理站

【国家AAAAA级景区创建】 组织区内企业召开创建国家AAAAA级景区座谈会，参加智慧景区设计、景区管理与运营等创建国家AAAAA级景区有关会议。实施旅游南线管理站至远望楼供水工程，各景点使用上清洁自来水。完成柳林木栈道至转盘4千米道路罩面施工。完成旅游南线20千米路面划交通标示线。拆除办公楼、警务室、东会议室及联通信号塔，垃圾全部外运，基础路面进行整平。完成管理站周边、收费站至公司驻地架空线路下地工作，水泥线杆全部清理。完成东八路东侧虾池部分区域环境整治工作。对区内451区域办公楼外立面统一喷刷真石漆。拆除区内大型广告牌8块。对广场原有排队购票围栏进行拆除。清理售票处北边两个集装箱、南边两个临时厕所。

【资源管理】 按照《山东黄河三角洲国家级自然保护区非旅游人员及车辆入区管理暂行办法》的通知精神，自2016年1月18日起，区内油田单位等非旅游人员出入正式启用入区通行证，全年办理临时进区通行证1至7天3200余张，7天以上30天内1500张。按照《关于进一步加强自然保护区问题的函》精神要求，对环保部通报问题逐一进行调查核实，拍摄照片，针对存在问题完成整改，撰写整改报告并上报。对东八路以东种藕农户进行生态环境整治，完成种地户的摸底情况调查，拆除乱搭乱建板房10余间。发放保护区土地用途管制通知60余份，严禁种植棉花等经济作物。对区内种地户发放防止因违规使用农药和其他化学用品给鸟类和水生生物造成伤害的通知60余份。完成驻区单位及商户的基本情况摸底调查工作，填写《驻区企业及商户一览表》并上报。完成大汶流柳树、柽柳省级林木种质资源库的申报工作。做好柳树和柽柳介绍资料申请表格填写、照片采集、面积准确测量、绘制位置图等工作。

【安全生产】 防火工作。组织召开2016年度春季安全生产工作会议，安排部署春季安全生产工作任务，并分别与区内相关单位签订安全防火责任状11份。加强值班值守工作，坚持24小时值班制度。对消防车及灭火机具进行检修保养，备齐备全各项防火物资，编制完成《火灾处置应急预案》，做好安全管理应急处置准备工作。推进干枯芦苇和杂草清割工作，累计清理芦苇杂草面积1万余亩。开展安全生产宣传教育。顺河路沿线两侧设置防火警示11处，悬挂横幅标语12块，印发自然保护区相关法规材料1600余份、解答问题咨询150余人次，发放防火明白纸2万余份，印发各类防火通知110余份。严查各项安全工作的日常运行和应急管理。开展“拉网式”排查3次、联合检查6次，下发各类隐患整改通知书30余份。重点加强流动摊贩日常清理和景区安全管理工作，累计驱离门景区周边商贩40余家次。开展执法检查工作。日常加强执法检查密度，加大执法查处力度，坚持不间断巡逻特别是夜间巡查，重点加强湿地恢复区、农业生产区域及垦东32区块、垦东451区块的管控力度，查处野外用火和各类破坏自然资源及自然环境的违法行为。累计开展巡逻检查300天，消除火灾隐患5处，制止封育沟以西实验区烧荒3起、游客吸烟240余人次，暂扣烟火60余包，查扣渔猎工具11件，移交治安办非法渔猎案件1起，清理实验区黄河边非法捕鱼船只9艘。组织行政执法人员培训工作。组织有关人员完成行政执法资格培训及考试工作，考试通过率为100%。

【重点工程】 （一）配合做好黄河三角洲湿地关键物种栖息地

黄河口生态旅游区游客服务中心

营造、优化工程黑嘴鸥繁殖地保护项目。主要建设恢复潮沟5.5千米、建设繁殖岛10个、围坝加固4.48千米、生境改造60公顷、水位调节连通闸一座，全部工程合计动用土方22万立方米。（二）配合做好黄河三角洲地质环境治理项目。主要建设破浪岛9座（动用土方26.4万立方米）、新建隔坝两条合计3998米（动用土方7.27万立方米）、格宾石笼护坡9556立方米、抛石护坡20011立方米、堤坝整修动用土方12.4万立方米、连通闸7座、封育沟扩建清淤27.7万立方米、围栏重建9220米、站前桥涵拓宽、东方白鹳栖息地南侧修筑隔坝动用土方7.5万立方米。

【生态补水和防汛工作】 清淤沟渠9千米，动用土方10万余立方米。（一）湿地恢复区补水800万立方米，月湖补水60万立方米。（二）黑嘴鸥繁殖期间，为改善水质，缓解黑嘴鸥幼鸟生存困境，从五万亩水源给黑嘴鸥栖息岛里面的环湖补水3000立方米，提高了黑嘴鸥幼鸟的成活率。（三）顺河路两侧补水6000千立方米，满足芦荻生长需要。

【巡护监测】 完善巡护监测方案，保持巡护监测的常态化。统计区内东方白鹳繁殖巢52巢，繁殖幼鸟161只（与2015年同期相比，繁殖幼鸟增加17.52%），并配合国家鸟类环志中心等联合开展东方白鹳环志和佩戴微型追踪器工作，共环志幼鸟14只。统计黑嘴鸥繁殖巢782巢，卵2393枚；并对黑嘴鸥成鸟29只、幼鸟46只进行环志。在10万亩黑嘴鸥栖息岛上，安装温湿度自动记录仪3台，远红外自拍相机5台，对黑嘴鸥的整个繁殖过程进行实时监测；期间对巢址、窝卵进行4次影像、数据的收集。完成由湿地国际——中国办事处统一部署的黄渤海水鸟同步调查。记录到67种水鸟，总数139078只。超过1%国际数量标准的水鸟17种，单次调查监测到最多数量的鸟群50000多只。为自然保护区及其周边水鸟保护工作的开展提供了数据支撑，为实施新一轮濒危野生动物的抢救性保护工程提供了科学依据。对大汶流管理站区域内的麦地、稻田地、机耕地和正大稻田地进行小杓鹬的摸查调查，发现该区域内小杓鹬的数量在13000只以上，比往年略有增长，调查显示黄河三角洲是小杓鹬的重要栖息地。开展以鹤类为主的秋季迁徙水鸟调查。在96河道具有代表性植物处，设置芦苇、荻草、柽柳、罗布麻和翅碱蓬5个样方，进行观测研究。

【科学研究】 联合中科院完成水资源监测工作。大汶流监测样点28个，主要监测水量、水温、电导率、pH、DO等指标。联合青岛农业大学在湿地恢复区内土壤样方的研究，获恢复区土壤的可靠信息，为黄河三角洲地区进一步实施生态修复和决策提供数据支撑。联合中科院进行植被调查工作。联合底栖生物的调查研究工作。开展大型底栖动物、浮游动植物、鱼类、无脊椎动物野外调查活动，弄清自然保护区的水生生物资源本底。联合互花米草防治试验研究工作，进行5次实验，效果良好。联合青岛农业大学开展昆虫调查研究工作。在白蜡林、柳林和柽柳林内进行采集标本，按不同树种分别采集昆虫标本2000余份。对木栈道自然柳林进行专项调查，发现树木死亡的原因，主要遭受到天牛的严重危害，制定治理方案。联合山东理工大学开展两栖动物的监测工作。监测到山东黄河三角洲的两栖动物5种，隶属1目4科5属。

【环境综合治理】 451区域环境治理。为创建国家AAAAA级景区，实施451区域环境治理，对建筑物外立面进行重新喷漆、道路整修、两侧绿化等治理工作。架空线路拆除治理。顺河路远望楼路段，小木屋周边实施新滩油田黄河北35千伏电源线路配套工程，线路由地上改为地下电缆铺设，全长4.5千米，正在施工中。计量站治理。对所属孤东采油管理五区的垦东4#、垦东18-2#计量站及地上建筑物外墙喷涂生态原木色，保持站点设施与自然生态的和谐一致。KD29X4井场的治理。井场设施、废弃配件和周边生活垃圾及时清理外运。KD29区块抽油机的治理。对KD29-1、KD29-2、KD29-8、KD29-9C、KD29-12、KD18-5C等6口井的抽油机全部喷涂绿色，保持与周边生态环境相协调。道路环境治理。对转盘五岔路口至垦东70井沿路两侧环境综合治理，清除白色垃圾及建筑垃圾；对进岛路两侧及岛周围环境综合治理，清除白色垃圾、建筑垃圾、生活垃圾。垦东70井接转战治理。垦东70接转战燃油炉污染大，更换为燃气炉。执行垃圾外运制度。驻地生活、建筑垃圾由责任单位一律外运处理，落地原油及时清理回收，地表保持生态原貌。永久封堵废弃井3口。

（王安东）

山东黄河三角洲国家级自然保护区黄河口管理站

【“AAAAA”创建】 把AAAAA创建作为全站工作的重中之重，推进创建工作。根据年初创建任务黄河口管理站承担21项，其中主办14项，配合7项。（一）工程类创建任务主动作为。参与门景区改造提升、瞭望塔修缮、智慧景区、标示导向系统等的现场勘察和规划设计，提出多项合理化建议。协调油田投资300多万元，完成浮桥整体复新、浮桥两端石头护坡衬砌，重修浮桥以西漫水路725米、翻修顺河路10公里、施划景区道路交通标线31公里；实施顺河路电力线路下埋工程，完成变压器基础建设及瞭望塔以东11公里线路下埋，为线杆拆除打下基础。（二）生态环境综合整治。拆除、迁出房屋及板房18间、迁出瞭望台小商铺3家，动员迁出常住人员15人；喷漆复新92-1等计量站3处、安装井口盔甲8处，完成红柳集输站生态美化处理；拆除大型宣传牌9处。（三）管理服务类创建任务监管。加强对城乡环卫一体化的运营监管，设立集中投放点32处，投放垃圾箱91个，实现垃圾集中及时清运；管理车辆带泥上路及沿途洒落，环境卫生状况明显改善。（四）档案资料类创建任务按时完成。整理完善近3年防火、禽流感防控、美国白蛾防治、巡护监测等方面档案资料按时上报。

【安全生产】 （一）加强森林防火安全。年初在全区率先召开安全生产暨防火工作会议，与区内单位签订2015～2016年度防火责任状83份，安全度过防火期，市森林防火指挥部授予“2015～2016防火年度森林防火工作先进单位”、市消防安全生产委员会授予“2015年度全市消防志愿服务先进单位”称号。2016年秋冬动用大型机械180多个台班，清理防火隔离带300多公里、杂草1.2万亩、贯通防护通道110公里，存量防火线全部完成，为历年来清理最快、效果最好的一年；开展隐患排查治理，下发安全生产、隐患整改通知书210份，收缴烟火1537次、制止违规烧荒8起、送离流浪人员12次；开展防火宣传进单位、进农户“双进”活动，发放、张贴185号市长令、防火明白纸等4200多份，辖区人员防火意识明显提升；组织开展两期防火演练及计划性烧除活动，应急处置能力明显提升。探索推进智能防火预警监控和应急指挥系统方案。（二）加强疫源疫病和有害生物防控。坚持巡护监测和疫情报告制度，加大鸟类迁徙期巡护力度；开展美国白蛾防治，出动机械设备65台次、劳力100余人次，进行3次集中药物防治和物理清理，人工处理网幕380多个，无疫源疫病及林木病虫害发生。（三）加强道路交通安全管理。在区内路口安装警示标志9处，减速带6处。协调垦东派出

2016年第二次防火演习

所在保护区进行道路安全执法，对无牌无证和交通违法行为依法管理，减少道路交通隐患。（四）加强机关安全管理。开展3次机关安全隐患排查治理，消除用电用气、防火防盗等隐患80多处（次），加强车辆管理，安装车辆GPS定位，与驾驶员签订安全责任书，加强安全警示教育，确保机关管理安全稳定。

【保护管理】（一）开展环保督政和国土违法整改工作。环保督政核查油田设施782处、养殖场地41处，发放各类整改通知17份，拆除违章建筑物6处、42间，建立整改档案21份；核查国家土地督察济南局下发图斑5处，下达整改通知5份，拆除违建生产设施1处、钢架构大棚1处。（二）开展保护鸟类专项行动。加强辖区日常执法，打击违法行为。主导并发起由垦利森林公安等参加的“打击违法猎捕鸟类专项行动”，走访驻区单位、农户43家，发放保护野生动物明白纸1200余份，提高群众爱鸟护鸟意识；与治安办等联合检查，对区内拉网排查，清理各类网具52块，暂扣网具20块，制止违法行为5起，形成合力，严厉打击和遏制违法行为。（三）加强土地海域管理。加强生态保护，回收到期土地恢复生态2000多亩，探索推行鸟类补食区建设，免收水稻188亩，央视给予采访报道；规范到期土地对外承包，公开对外招标土地3宗、3750亩；对12起违规施工进行停工执法，加大打击违法侵占、破坏土地现象；下达土地用途、农药管制通知75份，有效控制违规种植和用药污染环境等现象；处理土地纠纷，引导相关方通过法律诉讼等途径化解矛盾，无土地纠纷信访事件发生，保持区域稳定。（四）实施生态保护重点工程。关键物种栖息地优化提升工程的沟渠、建筑物等配套设施全部竣工，电器设备、打水船等安装到位，并经上级验收；实施生态补水工程，修复围坝10.8公里、疏通引水渠5公里，蓄水800万立方米，湿地生态功能得到巩固；推进“三年增绿”工程，动用土方7万余立方米，完善配套水利、道路等设施，补植树木1.3万余棵，通过招标委托实施抚育管理，完成“三年增绿”年度任务。

【科研监测】（一）开展巡护监测。全年巡护里程10余万公里，监测鸟类173种、数量近百万只。监测到黑嘴鸥繁殖巢240巢，系黄河口管理站历史上首次发现黑嘴鸥繁殖地；第一时间监测到越冬白鹤31只，证实白鹤历史上首次在黄河三角洲越冬；监测到环志丹顶鹤、东方白鹳等珍稀环志鸟类4次，并详细

水鸟同步调查

记录时间、地点、编号、生境等信息及时上报到全国鸟类环志中心。（二）开展项目合作。与国家海洋一所联合进行植物踏查和光谱采集，与国家海洋环境监测中心确定无人机业务化监测，首次取得分辨率优于20厘米的无人机航拍图像；参与水生生物本底调查、“黄渤海水鸟同步调查”、互花米草控制采样研究等，为资源管理工作奠定基础。（三）推动科研活动与成果运用。参加国家海洋局海洋一所在内蒙古举办的“湿地保护与高分遥感学术研讨会”并提出业务需求，得到与会专家的回应，在黄河三角洲湿地生态价值评估、防灾减灾组网监测、无人机业务化监测等方面，得到明确支持，并推动部分项目进入实施。

（李新彬）

政党政务

中国共产党垦利区委员会

【全委会提要】 8月8日，中共东营市垦利区委员会第十二届委员会第十一次会议在蓝海汇洲会议中心召开。区委委员、候补委员出席；不是区委委员、候补委员的区人大常委会党员副主任，副区长，区政协党员副主席，区法院院长、检察院检察长，区纪委常委、各派驻纪检组书记，各镇、街道党（工）委书记、镇长（主任）、分管科技工作的领导，区直各部门、单位党组（党委、总支、支部）书记，部分基层代表，全区20家科技创新型企业主要负责人列席。会议审议通过《关于深化科技体制改革加快创新发展的实施意见（草案）》；审议通过《中共垦利区委工作规则（草案）》；审议通过《中共垦利区委十二届十一次全体会议公报（草案）》。

12月19日，中共东营市垦利区委员会第十二届委员会第十四次会议在蓝海汇洲会议中心召开。区委委员、候补委员出席；不是区委委员、候补委员的区人大常委会党员副主任，副区长，区政府党组成员，区政协党员副主席，区法院院长、检察院检察长，区纪委委员、各派驻纪检组书记，各镇、街道党（工）委书记、镇长（主任）、纪（工）委书记，区直各部门、单位党组（党委、总支、支部）书记，部分基层党代表列席。会议传达学习市委五届十次全体会议精神；区委书记刘斯杰代表区委常委会向全委会作工作报告并讲话。审议通过《中共东营市垦利区委关于学习贯彻党的十八届六中全会精神深入推进全面从严治党的意见（草案）》；审议通过《中共东营市垦利区委十二届十四次全体会议公报（草案）》。

（李鹏飞）

【县（区）委重要工作会议提要】 1月19日，全县精神文明建设暨“三城联创”工作表彰大会在蓝海汇洲会议中心召开。县委副书记、县长崔建华主持；全体与会人员观看垦利县“三城联创”工作专题片；县委副书记盖举波宣读《中共垦利县委 垦利县人民政府关于表彰创建省级文明县、国家园林县城、国家卫生县城复审和乡村文明建设暨城乡环卫一体化工作先进单位先进个人的决定》；为受表彰的各先进单位及个人代表颁奖；县委书记、县人大常委会主任韩利学讲话。

1月19日，全县城市规划建设管理暨拆违治乱打霸治痞专项行动工作会议在蓝海汇洲会议中心召开。县委书记、县人大常委会主任韩利学主持；县委副书记盖举波做《垦利县拆违治乱专项行动实施方案》《垦利县建筑市场打霸治痞专项行动实施方案》的说明；县公安局、县城市管理局、垦利街道作表态发言；县委副书记、县长崔建华讲话。

2月22日，全县经济工作会议在蓝海汇洲会议中心召开。县委副书记、县长崔建华主持；县委副书记盖举波宣读《关于2015年度全县综合纳税过五百万元企业情况和招商引资任务完成情况的通报》；开发区、董集镇、经信局、万达集团作表态发言；县委书记、县人大常委会主任韩利学讲话；县委副书记、县长崔建华讲话。

2月23日，中共垦利县纪委十二届七次全体会议在蓝海汇洲会议中心召开。县委常委、县纪委书记韩其国主持；会议传达学习十八届中央纪委六次全会、省纪委十届七次全会和市纪委五届七次全会精神；县委书记、县人大常委会主任韩利学作讲话；县委常委、县纪委书记韩其国代表县纪委常委会作工作报告；审议通过《工作报告》和《全会公报（草案）》。

2月27日，全县宣传统战政法信访工作会议在蓝海汇洲会议中心召开。县委副书记盖举波主持；县委常委、宣传部部长高加夫总结部署宣传思想工作；县委常委、政法委书记陈志总结部署政法信访工作；县委常委、组织部部长、统战部部长卢春玲总结部署统战工作；县委书记、县人大常委会主任韩利学讲话。

3月5日，全县城市生态环境建设年暨水气污染整治专项行动动员会议在蓝海汇洲锦绣厅召开。县委副书记、县长崔建华主持；副县长苟宏水讲话；副县长苟宏水与各镇镇长、街道办事处主任签订责任状；县环保局、县城管局、胜坨镇作表态发言；县委书记、县人大常委会主任韩利学讲话。

3月9日，全县农村、扶贫开发、乡村文明建设行动工作会议蓝海汇洲会议中心召开。县委副书记、县长崔建华主持；副县长孙学诗传达全市农村、扶贫开发、乡村文明建设行动工作会议精神；县委副书记盖举波讲话；县委书记、县人大常委会主任韩利学讲话。

3月11日，全县组织工作暨及基层党建工作会议在蓝海汇洲会议中心召开。县委副书记盖举波主持；县委副书记盖举波宣读《关于第三批农村基层党组织第一书记帮扶工作开展情况的通报》；董集镇党委、胜坨镇党委、郝家镇党委、永安商会党支部、黄河口镇护林村党支部、垦利街道和平社区党总支、山东胜利明珠集团有限公司党支部作典型发言；县委常委、组织部部长、统战部部长卢春玲讲话；县委书记、县人大常委会主任韩利学讲话。

4月1日，全县招商引资调度暨“百日会战”动员会议在蓝海汇洲会议中心召开。县委副书记、县长崔建华主持；县委常委、副县长王英明通报一季度全县招商引资进展情况，宣读《垦利县招商引资“百日会战”实施方案》；县开发区、西郊现代服务区、永安镇、垦利街道、县经信局作表态发言；县委书记、县人大常委会主任韩利学讲话。

4月29日，全县庆祝“五一”国际劳动节大会在蓝海汇洲会议中心召开。县委副书记、县长崔建华主持；县委副书记盖举波宣读《垦利县人民政府关于公布第九届垦利县劳动模范和先进工作者名单的通知》；为劳动模范和先进工作者颁奖；劳模代表宣读《致全县广大劳动者的倡议书》；县委书记、县人大常委会主任韩利学讲话。

6月28日，全县庆祝中国共产党成立95周年座谈会在蓝海汇洲会议中心召开。县委副书记、县长崔建华主持；部分基层一线党员、党务工作者、基层党组织代表发言；县委书记、县人大常委会主任韩利学讲话。

7月27日，全县领导干部警示教育大会在蓝海汇洲会议中心召开。县委书记、县人大常委会主任韩利学主持；县委常委、县级委书记韩其国通报有关典型案例；县委书记、县人大常委会主任韩利学讲话。

7月27日，全县招商引资半年调度会议在蓝海汇洲会议中心召开。县委副书记、县长崔建华主持；县委常委、副县长王英明通报全县上半年招商引资情况和全县“百日会战”活动完成情况；县开发区管委会、西郊现代服务区管委会、郝家镇、黄河口镇、国际商会（贸促会）、质监局发言；县委书记、县人大常委会主任韩利学讲话。

8月2日，东营市垦利区成立大会在蓝海汇洲会议中心召开。市委副书记、市长赵豪志主持；省民政厅党组成员、副厅长冯建国宣读省政府《关于调整东营市部分行政区划的通知》；市委副书记、政法委书记郑建军宣读《中共东营市委、东营市人民政府关于撤销垦利县设立东营市垦利区的实施意见》；市委常委、组织部部长朱开国宣读任免决定；市、区领导为垦利区五大班子揭牌；垦利区委书记韩利学作表态发言；市委书记、市人大常委会主任申长友讲话。

11月10日，全区城市违法建设治理行动现场会暨土地例行督察问题整改调度会议在蓝海汇洲会议中心召开。区委副书记、区长崔建华主持；区公安局、区综合执法局、胜坨镇、垦利街道作表态发言；区委常委、常务副区长付兆钦安排部署工作任务；区委书记、区人大常委会主任韩利学讲话。

12月26日，全区重点领域打非治违集中行动动员会议在蓝海汇洲会议中心召开。区委副书记、代理区长马保文主持；副区长杨月明宣读《全区重点领域打非治违集中行动实施方案》；区公安局、胜坨镇、董集镇、垦利街道、区交运局、区安监局作表态发言；区委书记刘斯杰讲话。

（李鹏飞）

【县（区）委重要决策和部署】

中共垦利县委、垦利县人民政府关于印发《2016年全县安全生产工作实施意见》的通知（2016年5月4日） 2016年全县安全生产工作总体思路是：认真贯彻党的十八届五中全会精神和全县经济工作会议精神，以深入开展“安全生产主体责任落实年”活动为主线，夯实安全生产基层基础工作，切实落实企业主体责任和政府部门监管责任，加大安全生产隐患排查治理和重点行业领域专项整治力度，坚持以保障人民群众生命财产安全为根本出发点，以遏制较大事故为重点，以减少人员伤亡为目标，实现全县安全生产形势持续稳定好转。

中共垦利县委、垦利县人民政府关于撤县设区工作的实施意见（2016年8月2日） 根据《国务院关于同意山东省调整东营市部分行政区划的批复》（国函〔2016〕105号，以下简称《批复》）和《山东省人民政府关于调整东营市部分行政区划的通知》（鲁政字〔2016〕156号，）精神，为平稳顺利实施垦利县行政区划调整工作，提出该实施意见。主要内容：撤销垦利县，设立东营市垦利区，以原垦利县的行政区域为垦利区的行政区域，垦利区人民政府驻垦利街道胜兴路16号。

中共垦利区委、垦利区人民政府关于印发《加快融入京津冀协同发展战略工作方案》的通知（2016年8月13日） 以建设黄蓝经济示范区、和美幸福新垦利为总目标，抢抓融入京津冀协同发展战略机遇，强力推进“一城一带三区”建设。实施推进京津冀协同发展战略，以承接非首都功能疏解和产业转移为重点，以资源环境承载能力为基础，以创新体制机制为动力，全力推进与京津冀区域基础设施互联互通、产业发展对接协作、生态环境共建共享、资源要素双向流动。到2020年，在与京津冀区域协同推进交通一体化、科技教育合作、生态环境保护、产业升级转移等重点领域上取得显著成效。

中共垦利区委、垦利区人民政府印发《关于深化供销合作社综合改革实施意见》的通知（2016年9月5日） 深入贯彻落实党的十八大和十八届三中、四中、五中全会精神，紧紧围绕全区“三农”工作大局，以提升为农服务能力为根本，推进体制改革和机制创新，健全各级供销合作社组织，构建完善的经营服务体系，拓宽服务领域，不断增强自身运营能力和发展水平。到2020年，区级物流配送中心、供销合作社城乡服务网点服务能力大幅提升，农产品流通网络更加完善，使供销合作社系统与农民联结更加紧密，为农服务功能更加完备，市场化运行更加高效。

中共垦利区委关于繁荣发展社会主义文艺的实施意见（2016年9月10日） 全面推进各个文艺门类繁荣发展，突出重点门类，逐步推出一批思想精深、艺术精湛、制作精良的优秀作品。健全完善文艺精品生产的体制机制，文艺创作活力进一步提升。人才队伍建设逐步形成老中青人才梯队配置有序、拔尖人才脱颖而出的良性格局。完善基层文化设施、丰富文化产品供给、提升文化服务水平，建设现代公共文化服务体系。发挥地域文化资源优势，加强对优秀传统文化的挖掘和阐发，传承发展中华优秀传统文化。

中共垦利区委、垦利区人民政府关于加强和改进新形势下党校工作的实施意见（2016年12月2日） “十三五”时期是全面建成小康社会的决胜阶段，是全面适应和引领发展新常态的转型期、攻坚期和重要的战略机遇期，也是垦利区确定的率先全面建成小康社会的关键阶段。实现既定目标，关键在于培养造就一支具有铁一般信仰、铁一般信念、铁一般纪律、铁一般担当的干部队伍。党校作为教育培训党员干部的主渠道、主阵地，肩负着为党员领导干部补钙壮骨、立根固本的重要任务。新形势下，党校工作只能加强不能削弱。要充分发挥党校的教育培训作用，培训教育党员领导干部强化战略思维、历史思维、辩证思维、系统思维、底线思维，全面提升能力素质，为全面建设黄蓝经济示范区、和美幸福新垦利提供可靠的智力支撑。

中共垦利区委、垦利区人民政府关于实施全面两孩政策改革完善计划生育服务管理的意见（2016年12月2日） 为全面贯彻落实党的十八大和十八届三中、四中、五中全会精神，落实《中共中央、国务院关于实施全面两孩政策改革完善计划生育服务管理的决定》（以下简称《决定》）、《中共山东省委、山东省人民政府关于实施全面两孩政策改革完善计划生育服务管理的意见》（以下简称《意见》）、《中共东营市委、东营市人民政府关于实施全面两孩政策改革完善计划生育服务管理的意见》，全面实施一对夫妇可生育两个孩子政策（以下简称全面两孩政策），改革完善计划生育服务管理，促进人口长期均衡发展，现结合垦利实际，提出意见。

中共垦利区委、垦利区人民政府关于2017年度农水会战实施意见（2016年12月29日） 认真落实各级关于加强农业基础建设的各项决策和部署，紧紧围绕“稳粮增收、提质增效、创新驱动”的工作主线，加大政府投入力度，整合涉农项目资金，统一规划实施，分级落实推进，精心实施一批农业基础设施骨干工程和现代农业示范工程，全面提升水利工程引蓄水能力、河道防洪除涝能力和农业综合生产能力，改善农业生态环境，推进现代农业发展，为农业增效、农民增收打下坚实基础。实施农业综合开发、水利、林业、畜牧、水产、现代农业示范园区会战，预算总投资22.35亿元，其中，中央资金3934万元，省级资金2762万元，市级资金1489万元，区财政资金3.16亿元，镇（街道）自筹资金1.71亿元，企业自筹资金16.67亿元。

【区委办公室工作】 **综合调研** 把文稿服务作为决策参谋的重要抓手，立足全区发展大局，紧贴区委中心工作，以起草高质量领导讲话、汇报材料等为载体，主动为区委战略决策和工作部署服务。完成经济工作会议，区委全会等文稿起草工作，完成区委主要领导讲话汇报材料共计110余篇。起草理论署名文章，《践行“四讲四有”争做新时期的好干部》在《中国县域经济报》发表，《忠诚担当履职尽责切实把全面从严治党抓紧抓牢》等3篇文章被《东营通讯》采用。以破解经济社会发展重点难题为着力点，在全区开展“转型之路”调研年活动，确定重点调研课题29个，形成《关于新常态下深入实施创新驱动发展战略的调研报告》等18篇调研报告，为区委科学决策提供发力点。跟随区委主要领导赴深圳、东莞、广州、福州考察学习并形成调研报告，为加快全区经济社会发展提供参考。牵头组织赴陵城、沾化、文登等地考察撤县设区工作，根据考察情况就撤县设区工作提出意见建议。注重发挥政研优势，撰写的《黄蓝经济示范区和美幸福新垦利》专版在《中国县域经济报》发表，努力为垦利发展营造气场。

文秘工作 严格文件制发管理程序，坚持文件收发“四〇”工作标准，文件规范化水平和运转效率不断提高。累计起草、审核、制发区委及区委办公室文件216件1.2万余份。全年整理编发区委常委会议纪要42期，专题会议纪要6期，《垦办通报》7期，《垦办发电》32期。收发上级文件及内部刊物866件6400余份，传阅文件1379件1.1万余人次，收发机要信件195份，交换站交换各类文件8万余份。清退中央、省、市文件65份，密级文件687份，清退率100%。组织筹备区委常委会议41次，完成全区经济工作会议、重点项目开工仪式等大型会议活动的签到和材料分发任务。打印装订各类材料32万余份，整理各类归档文件和大型会议材料1200余件，为迎接省委巡视组及各类考核工作，提供利用档案、文件370余件。在收发、查阅各类文件都比上年增加的情况下，没有发生任何失泄密事故。履行规范性文件备案职责，按照应备尽备的原则，共向市委办公室备案规范性文件8件。进一步完善文件登记传阅系统功能，自动化办公水平不断提高。

值班办会 强化值班事项办理责任制，落实24小时值班制度，按照程序及时、规范、准确地做好上传下达工作。全年办理《来电记录》《值班要情》1200余份，编发《区委领导今日活动》近300期、《今日工作动态》14期，收集整理《垦利大事记》资料12期，下达各类会议通知200余次。落实精简会议活动要求，健全完善重要会议审批制度，科学安排领导活动，进一步精简合并会议，提高会议活动实效。参与安排区领导走访、调研、督导等各类活动80余次，组织筹备全区重大会议活动40余次，迎接上级检查调研30余次，各类考察来访40余次，发挥了协调组织作用。

信息工作 按照“提升信息质量，服务领导决策”的工作目标，注重分析研判，发挥参谋助手作用，信息工作的针对性、时效性和适用性进一步增强。全年编发《垦利信息》280期，报省、市信息380余篇，其中《垦利县四种模式加快发展外向型经济》《基层反映增加农民财产性收入仍存在三方面障碍亟待破除》等10余篇信息被省委办公厅采用，《垦利县构建“三区一带”现代农业发展格局》《基层反映大学生校园网贷存在三方面问题亟待规范》等50余篇信息被市委办公室采用，《关于做好政策对接加强“三争”工作的建议》等5篇信息被市、县领导批示。落实《关于进一步做好突发紧急情况信息报告工作的通知》要求，编发《紧急信息处理工作必备》手册，妥善处理紧急信息13条，理顺全区突发紧急信息报告工作。

行政接待 坚持“细致、节俭、热情、周到”标准，完成第六届黄河三角洲（中国·垦利）国际生态农业博览会、外地党政考察团到垦利区考察等会议活动接待工作，接待工作更加规范。把握高效、务实、节约的原则，为区领导赴外地考察、区内调研活动做好事务服务工作。做好办公室内部后勤服务工作。完成公务用车改革，合理调度安排车辆，加强驾驶员队伍管理，保障办公室工作开展。办理各项财务收支、公积金、职工工资套改等事项，全年财务工作运转稳妥有序。健全完善各项制度，妥善做好综治、老干部等工作。

全面深化改革 紧扣“稳增长、调结构、防风险、惠民生”的改革实效要求，牵头起草《区委全面深化改革领导小组2016年工作要点》，对工作要点8个领域190项改革任务实行项目化管理，建立总台账，督导各专项小组建立分台帐，改革工作牵头单位建立明细账，实行改革进展报账制。针对改革重点工作列出督察清单，下发改革事项督察单27件，定期调度汇总工作进展；沟通联络市委党的建设制度改革督察组和纪律检查体制改革督察组对垦利区的改革督察，并取得优异成绩。总结垦利区推进现代预算管理制度改革工作典型案例，代表东营市在全省改革交流研讨会上作典型发言，并获省委改革办领导高度评价。对垦利区全面深化改革推进落实机制进行制度性总结，制定协调联络等5个工作制度，为推进各项改革工作提供科学规范高效制度保障。筹备区委全面深化改革领导小组会议5次，对于重大改革方案按程序提请区委常委会研究，全年研究出台改革方案25项。做到年初有部署、节点有督察、年中有考核，协调调度督导职能得到充分发挥，推动了上级各项重点改革任务在垦利的实施。

（胥　斌）

【组织工作】 **“两学一做”学习教育** 把开展学习教育作为重大政治任务组织推进，取得重要实践成果和制度成果。坚持真学深学，建立经常性学习研讨、

中国科学院院士佟振合交流发言

集中活动日等制度，开展微党课、知识竞赛等活动，增强学习效果。坚持真做实做，开展“负面清单大讨论”，分领域为党员干部定标杆、立规范，开展社区“双报到”、党员户挂牌、“亮身份做好事比贡献当先锋”等，推广党员干部“负面言行清单”“十要十不要”等制度，引导党员干部立足岗位发挥先锋作用。坚持即知即改，区委常委班子带头，各部门梳理确定整改事项3200余项。中组部、省委组织部调研视察对垦利区工作给予肯定。

干部工作 集中精力抓换届工作，实现“四个好”目标，顺利迎接省委巡回督导组换届风气督导。加强干部理论教育、能力培训、实践锻炼，提高干部理论素养和学以致用水平。探索开展近距离考察工作，建立部门单位定向联系机制，搭建专题调研、跟踪重点工作、分层次征求意见等载体。健全选拔任用规程、全程纪实等规定细则，依规依据推进干部调整。加强干部日常监督管理，严格执行组织工作重要事项报告制度，健全干部监督联席会议制度，及时掌握和纠正苗头性问题。加强对干部思想疏导和激励关爱，及时在关键节点跟上谈心谈话653人次。

党建工作 以“基层基础提升年”为统领，分领域实施五大工程，基层党建工作标准化、规范化水平全面提高。推行村级权力清单制度，开展全市村级审计督查试点工作，村级工作运行更加规范。全面实行标准化建设百分制考核，从严抓好村干部坐班、组织生活、村务公开等基础工作。聚焦精准扶贫做好“第一书记”工作，累计投入帮扶资金2370万元，实施帮扶项目178个。抓好新型农民培训，举办高层次培训班271期，培训产业带头人7500余人次，发放贴息贷款4727万元。理顺城市社区体制机制，推动职能和人员力量下沉，开展“微行动”计划，构建区域化党建格局。部署开展“两新”组织党建工作“集中推进月”行动，选派党建指导员，集中组织出资人、党组织书记开展专题培训。探索推行党组织分类定级、党员积分量化管理，完成754个党支部分类定级，19个软弱涣散党组织年内整顿完成。制定落实抓党建责任、任务、问题清单，健全责任落实体系。先后组织3次镇街季度观摩、10次暗访抽查、5批机关划片交流和1次“两新”专题观摩，持续传导压力。

人才工作 制定全区人才需求目录，编制“十三五”人才发展规划，研究制定推进人才发展体制机制改革的意见。实施重点人才工程，2人入选省泰山产业领军人才，3人入选市黄河三角洲学者。年内建成3个省级科研平台，对25个奖励补贴、创业补贴项目进行评审。策划东营·国家科技领军人才石油化工对接洽谈会等4期人才项目对接洽谈活动，达成人才引进、项目合作意向90余项。高标准打造中关村黄河口创业学院，引进创业项目61个、创业人才（团队）40余个，在全市创业园区评审中，以第一名成绩入选市级创业孵化示范基地。举办8期黄河口论坛、首届创新创业大赛、企业创新转型对接会暨创业与投资高峰论坛、企业家高级研修班等，营造浓厚的人才工作氛围。全市人才工作考核位居第一。

（张青山）

【宣传工作】 **理论武装** 印发《区委理论学习中心组2016年理论学习安排意见》，确定7个方面的学习专题。制定区委理论学习中心组“两学一做”专题学习研讨方案，围绕党章、信访条例、“两学一做”专题教育、学习习近平总书记“七一”重要讲话精神、中共十八届六中全会精神等专题，邀请中央党校张希贤教授、省信访局刘东范、中央党校侯少文教授等作专题辅导报告会5场。召开全区党委中心组学习经验交流座谈会，加强对各级党委（党组）中心组理论学习的指导和督促检查，促进理论学习的规范化、制度化。印发《2016年全区干部理论学习安排意见》，安排“星期六学校”“星期六电视讲堂”学习内容12期，发放理论学习书籍5000余册，开展理论学习活动。成立“两学一做”宣讲团、十八届六中全会精神宣讲团，组织开展“两学一做”学习教育、十八届六中全会精神理论宣讲和“中国梦·小康情”百姓宣讲活动，全年安排宣讲130场次，做到理论宣讲全覆盖、常态化，实现了及时用理论最新成果武装干部群众头脑的目标。在全省率先举办“2015—2016年度区委理论学习中心组学习成果展”，展示近两年时间全区理论武装工作取得的成绩，意识形态工作和理论武装成为全市宣传思想工作的一大亮点。区委中心组被授予“2015—2016年度全省先进县级党委中心组”称号。

舆论引导 一是多管齐下凝聚宣传合力。修订完善新闻宣传考核办法，建立《垦利报》、区广播电视台用稿定期通报制度，加强《垦利报》、区广播电视台的宣传工作，宣传垦利区贯彻落实“四个全面”战略布局、“五大发展理念”的实践和稳增长调结构、促改革扩开放、抓生态惠民生的新举措新进展新成效。探索建立重大主题全媒体报道机制，组织召开全区首次新媒体宣传工作座谈会，建立“黄河口全媒体服务中心”，对区内新媒体平台进行梳理建档，纳入统一管理，整合报纸、广播、电视、网站、微博、微信等资源，构建起全媒体立体宣传网络，与东营新媒体联盟建立战略合作，推动传统媒体与新兴媒体有机融合，共同发力。加强新闻战线“走转改”，组织开展“走在春天里”记者走基层、“初心润息壤——好记者讲好故事”等活动，激发全区新闻工作者的精神风貌。二是突出重点策划宣传主题。统筹内宣与外宣，坚持突出重点，定期策划开展专题宣传，实现了内宣鼓士气、外宣树形象。全年《垦利报》出版发行105期，被评为山东省优秀县市报，垦利广播、电视新闻播发稿件5000余条，在市级以上重点主流媒体刊播稿件3000余篇（条），策划《东营日报》专版、系列报道、头版头条40个，《胜利日报》专版24个。在新华社内参《山东要情动态》策划刊发深度调查报道，推出意识形态工作、公共文化服务、精神文明建设、精准扶贫等工作的“垦利经验”。市委常委、宣传部部长贾瑞霭对内参稿件《让高尚情操浸润每个垦利人——垦利区创新强化新时期意识形态建设调查》作出批示。在《大众日报》头版刊发的稿件《垦利区贫困户脱贫有了私人定制》、在《东营日报》策划刊发的“走乡村·看变化”乡村文明行动系列报道、在《黄三角早

11月15日，市委宣讲团党的十八届六中全会精神报告会

4月22日，东营市首届读书节暨垦利区第三届“黄河口书香节”开幕式

报》策划刊发的“走垦利·看发展”庆国庆集中宣传等报道，做到宣传策划“时效”与“实效”的结合，形成重稿引领、贯穿全年的宣传声势。三是加强舆情管理。完善舆情风险防范化解机制，借助先进科技手段，关注热点问题舆情动向，加强舆情分析研判，准确反映舆情动态，及时发布权威信息，确保重要时期、敏感节点舆论态势平稳有序。加强网络评论员队伍建设，组织开展业务培训，提升“网军”专业化水平。与大众网开展网络舆情合作，实现24小时网上舆情监测。联合公安、文化等部门对全区自媒体平台进行调查备案，加强对新媒体的监督管理，保障舆论阵地安全。

文化建设 以保障人民群众基本文化权益为出发点，开展文化惠民活动，加大文艺精品创作力度，推进文化体制改革，文化事业、文化产业得到繁荣与发展。一是文化惠民活动。举办2016年少儿春晚、2016年戏曲晚会、2016年春节联欢晚会、“黄河口之春”垦利专场演出、庄户剧团及社会文艺团体会演、“舞动垦利·唱响和美”群众广场文艺会演、第三届民丰湖中秋诗会等舞台演出。组织山东省第二十届新人新作书画展、山东省农民书画展、“到人民中去——崔振杰师生书法作品展”等展览展示。开展“书画进社区 春联赶大集”、第三届“黄河口书香节”“辉煌十二五 喜看新成就”楹联征集、“进校园、进社区”文艺志愿服务、送戏下乡、送电影下乡等系列文化活动。二是文艺精品创作。印发《垦利文艺奖评选办法》，启动首届垦利文艺奖评奖，推选出长篇小说《儿子的海》、散文集《远去的村庄》、诗集《回望家园》、散文《黄河岸边的茵陈》等作品。重点扶持创作的长篇小说《跟着黄河走》由山东人民出版社出版，该书长95万字，以垦利移民文化为创作背景，成为宣传推介垦利的又一部文艺精品。实施“吕韵悠扬·德润垦利”吕剧电影创作工程，创作吕剧电影《幸福公寓的笑声》《考丈人》等作品。其中，东营市首部吕剧电影《幸福公寓的笑声》，获第九届泰山文艺奖电影类三等奖，吕剧电影《考丈人》获第六届黄河口文艺奖电影作品奖。吕剧《hold住 齁不住》获山东省“第二届

1月12日，“辉煌十二五·喜看新成就”——全县“十二五”经济社会发展成果展开展

基层院团优秀剧目展演”优秀剧目奖、第六届黄河口文艺奖二等奖，小品《实话实说》获第三届山东省小品新作大赛三等奖，中国画《盛夏光年》获第九届泰山文艺奖美术类三等奖；《桃花源》《天鹅之舞》《回家过年首件大事》《黄河岸边上的老技艺》《打夯》《谈吕剧语言的规范》等作品均获第六届黄河口文艺奖。三是文化体制改革。按照全市全面深化文化体制改革有关文件精神和区委常委会要求，制定全区深化文化体制改革要点，并对改革要点进一步细化，印发《垦利区深化文化体制改革2016年实施方案》，确定重点改革事项12项，通过建立月督导调度制度，加强对重点改革事项的统筹调度，12项重点改革事项按期全部完成。

（樊京龙　李　辉　商珊珊　张晓明）

【统战工作】 区委按照《中国共产党统一战线工作条例（试行）》关于“各地区各部门各单位党委（党组）主要负责人为统一战线工作第一责任人”等有关要求，对垦利区委统一战线工作领导小组进行调整充实，组长由区委副书记调整为区委书记，工作职能也作出进一步明确。以换届为契机，将统战部部长由常委兼任调整为常委专职担任，统一战线的地位得到体现。

党外代表人士队伍建设 一是做好党外干部的培养使用。加强党外干部的实践锻炼，依托市党外代表人士实践锻炼基地，安排挂职党外干部的具体工作，做到人尽其才、才尽其用。加大党外干部的使用力度，2个镇街领导班子中配备党外干部，24个政府部门中有10个部门配备党外领导干部、2个部门配备党外正职，党外干部培养使用走在全市前列。二是做好党外知识分子的团结引领。引导成立全市第一家知联会——垦利区党外知识分子联谊会，与周村区知联会缔结为友好联谊会，实施“同心扶贫”工程、“我为幸福垦利建设献一策”等活动，凝聚起全区广大党外知识分子的合力。三是做好政协委员的推荐提名。规范开展区非公有制经济代表人士综合评价工作，作为非公有制经济代表人士推荐使用或评选表彰的重要参考依据。按照酝酿准备、制定方案、推荐考察、民主协商等程序，把政治素质高、业务能力强、有影响力的党外代表人士推荐到政协队伍中。四是做好无党派人士的政治协商。制定完善《中共垦利区委2016年度同无党派人士政治协商计划》《关于无党派人士学习考察调研活动方案》，实现政治协商工作有章可循。组织开展撤县设区、政协委员初步人选等3次专题协商，参加视察、调研、座谈会等协商活动4次，促进了无党派人士参政议政、建言献策。

“经济统战”工作 一是基层商会建设。先后成立青年企业家商会和装饰建材商会，全区基层商会组织发展到16家，覆盖到7个镇街、9个领域。永安商会、物流商会被评为省级“五好”商会，《念唱“立、兴、活、强”四字经，打造商会发展升级版》获全省统战工作实践创新成果。6月，全市基层商会建设现场经验交流会议在垦利召开。二是民企助村帮扶。推进“百企帮百村”精准扶贫行动，先后发动全区51家民营企业与49个村结成帮扶对子，初步审定的帮扶项目投

2月27日，全县宣传统战政法信访工作会议召开

入资金达2000多万元，实现全区贫困村、贫困户的全面覆盖。5月，全市“百企帮百村”精准扶贫行动启动仪式在垦利举行。三是非公人士素质提升。组织35家石化企业会员，举办工商联大讲堂“化工企业转型升级”专题讲座。先后组织500余人次参加市、区组织的各类培训学习，促进民营企业家明确新常态下经济形势、发展思路和发展方向。四是非公党建。实施“党旗飘扬促发展”工程，指导17家党支部完成换届，并将17名非公组织负责人推选到书记岗位。督促各支部落实党建办公室、活动室，配备办公桌椅、电教设备等硬件设施，完善三会一课、发展党员等党建制度，建立配套齐全、功能完善的活动阵地。五是招商引资。先后组织开展市内招商活动6次，对接企业12家，组织会员企业到内蒙古、吉林开展招商活动，与11家企业和4家工商联建立友好交流关系。2016年完成招商引资3500万元。

民族宗教事务管理 一是开展民族团结进步创建活动。9月开展全区民族团结进步宣传月活动，11月承办全市“奉献社会 关心关爱 促进民族团结进步”主题宣讲活动。二是实施助推民族经济发展工程。创新实施“民品政策+民品企业+少数民族合作社+少数民族户”的少数民族致富“四轮驱动”模式，引导成立4家少数民族合作社，提供帮扶资金67万元，并先后为少数民族困难户、种养户发放各类帮扶资金28万元，帮助少数民族脱贫致富。三是依法加强宗教管理。开展宗教界“双三好”创建活动，评选出三好宗教活动场所6处、三好宗教人士22人。完成基督教三自爱国运动委员会和佛教协会换届工作，选举产生新的领导班子。加强宗教活动场所财务监管，实施的财务代理制度在全市推广。4月，全市宗教活动场所财务监管工作现场会在垦利举行。

知联会建设 垦利党外知识分子联谊会成立于2016年6月，是全市第一家也是唯一一家党外知识分子联谊组织。一是有人员、有经费。开展党外知识分子调查摸底，对3000余名党外知识分子建档备案，推选8名热心人士负责知联会事务。多方筹措活动经费，发动会员捐赠会费3万元，先后争取财政资金6.5万元，为知联会提供资金保障。二是有场所、有制度。协调海洋与渔业局1间66平方米的办公室作为知联会办公室，配备办公桌椅、电脑、电话、档案橱等必要的办公设备，建立起功能完备的活动阵地。建立健全会议制度、分组管理制度、财务管理制度等6项制度。三是有活动、有作用。8月组织12名会员到鲁东大学进行为期7天的培训，12月举办党的十八届六中全会精神专题报告会。组织开展“我为幸福垦利建设献一策”活动，发动会员围绕当前重点难点问题，立足职责向党委政府建言献策，形成献策成果22篇。组织开展“同心助学”活动，为15名贫困学生发放资金3万元，并在宇佳、山东等会长企业安排多名贫困大学生就业。

同心扶贫攻坚行动 区委统战部调动统一战线的诸多优势和资源，参与精准扶贫，组织统战成员集中开展系列“同心·捐赠扶贫”活动。一是商会组织献爱心。基层商会组织参与到“同心·捐赠扶贫”中，装饰建材商会首届家博会上捐助助学资金3000元，永安商会大厦众筹启

6月18日，垦利县党外知识分子联谊会成立暨第一届第一次会员代表大会

动暨商会“百企帮百村”精准扶贫启动仪式上，向困难家庭捐助11000元，物流商会开展高考贫困学生奖励和金秋助学活动，捐助助学金20000元，其他6家商会组织开展扶贫、助学捐款捐物50000元。二是宗教团体发善心。宗教慈善周期间，各宗教团体发扬“慈悲济世、乐善好施、爱国爱教、服务社会”的优良传统，开展走访慰问困难家庭和孤寡老人活动，走访困难家庭22户，发放油、米、面等生活慰问品合计金额5000余元。为10位特别困难群众及学生发放救助金20000元。三是党外人士结同心。发动党外知识分子实施“同心扶贫”工程，开展捐资助学、济困救危等活动，向贫困学生捐助3万元，并组织党外专家为贫困学生开展心理、学习辅导，组织开展优秀大学生社会实践活动等。

基层商会建设 一是扩大商会覆盖。把加快商会建设步伐、扩大商会覆盖范围摆上议事日程，引导会员组建商会组织，做到成熟一个成立一个，成立一个成功一个。2016年，引导成立青年企业家商会、装饰建材商会等5家商会，全区基层商会组织发展到19家，覆盖7个镇街，12个行业区域。二是搭建工作平台。搭建商会交流培训平台，组织商会会员到浙江、江苏等考察学习，开展工商联大讲堂、黄河口论坛等一系列教育培训活动。永安商会搭建众筹合作平台，共建职工住宅小区，共建商会大厦，共同开发现代农业；青年商会注册成立黄河口石油化工交易中心，为入驻企业提供油品现货贸易、交易事务代理等一体化服务；物流商会物流“大数据”分析处理中心日均发送行业动态、业务对接等信息9300余条。三是促进经济社会发展。引导商会参与到黄蓝经济示范区建设中，会员企业累计安排就业岗位5000余人，对全区GDP的贡献率超过70%，成为推动地方经济发展的重要力量。结合“百企帮百村”精准扶贫行动，引导商会开展扶贫济困、民企帮村、民企助学活动，累计投入资金1200余万元，带动结对村集体经济纯收入年均增加2万元，走出一条“村企合作，互惠双赢”的新农村建设和扶贫开发新路子。

（吴建光）

【对台工作】 **对台交流** 邀请和吸引台商、台胞到垦利旅游、观光、考察，全年接待台商、台胞4批70人次。开展“2016两岸青少年情牵黄河口交流活动”，邀请台湾黎明技术学院与东营职业学院在校青年学生到黄河入海口、天宁寺等两岸交流示范点参观考察，利用“黄河入海口”的品牌效应，提升垦利在台湾青少年中的知名度。开展两岸社区交流，邀请高雄市左营区祥和里长刘德文等10余名里长到垦利参观交流，组织部分镇街社区负责人到台湾台北市部分社区参观学习。

对台招商 以与垦利企业有贸易往来的台资企业为重点，在合作交流中形成对台招商的强大拉力，加强与万得福集团、新发药业有合作关系的台湾企业招商工作，在逐步扩大贸易额的基础上，力促合作项目落户垦利。以落户的台湾福华房地产公司为依托，通过为企业提供周到细致服务，增强台资企业投资信心，总投资1亿元的四季官邸房地产项目完成销售目标，总投资1.5亿元的四季温泉项目完成投资6000万元，进展顺利，形成了良好的示范作用。5月，由区台办主任带队，到即墨市、岚山区、兰陵县、枣庄市拜访台资企业，进行招商引资工作，加强与台商的沟通联系，增强台商对垦利的感情认同。

对台经贸 按照中央“向南移向下沉”的对台方针，邀请台商到垦利参加农博会，做好台湾馆布展工作，有57家台湾企业参展，展出产品包括休闲食品、茶叶、保健品、高粱酒、民窑工艺品等近50个品种。展会期间双方发生交易额150万元。以农博会为突破口，加大宣传推介力度，使双方在生态旅游业、现代农业、食品加工业等方面的合作交流更加密切，扩大双方的贸易交流。台湾馆连续六届成农博会的精品亮点。

对台服务 坚持定期走访台资企业，主动为台胞、台属、台商提供贴心服务，对台商提出的土地迁占、土地流转、手续办理等问题，区台办进行汇总整理，发扬“马上就办”的工作作风，协调相关部门予以解决办理，切实为台商解决实际困难。关心关注台属企业的发展，指导帮助台属缪怀敏父子发展生态养猪、养鸡、海参养殖等生态农业，扩大企业规模，在全市形成良好带动作用。

交流平台建设 不断探寻垦台双方在文化领域合作交流的机会，以天宁寺佛教文化为切入点，结合东营地区的台商信奉佛教或从事佛教用品生意的人数较多的实际，将天宁寺作为接待台商的重要场所，向台商和到访台胞推介，天宁寺成为台商台胞到访垦利的必选景点。5月，天宁寺被挂牌为山东省海峡两岸交流示范点。

（徐春友）

【区直机关党建工作】 2016年，县直机关工委被授予县级文明单位、全县创建“省级文明县、国家级园林城市、国家卫生县城复审”工作先进单位、“书香机关”称号。

机关党建常规工作 1月初，参加全区镇（街道）党（工委）书记抓基层党建工作述职评议会议。科学谋划党建工作。3月31日，召开区直机关党的工作会议；做好组织关系接转。按照程序和标准进行审核把关，保证组织关系流转顺畅，全年办理组织关系接转309人次；开展党组织关系集中排查工作。开展党员组织关系集中排查，对区直机关所属155个党组织的党员关系进行一次集中梳理排查，对2008年后的党员组织关系转接情况进行排查落实，加强党员组织关系的管理；做好党费核查工作。规范党费收缴，调整党费收缴基数，提升党费收缴管理工作水平，在区直机关党员中开展党费收缴专项检查工作，对2008年4月后的党费缴纳情况进行集中核查，以集中核查为契机对区直机关党组织党费收缴进行规范，并向各所属基层党组织发放由组织部统一印发的中国共产党党员交纳党费收据；抓好党员后备队伍建设，提高入党积极分子队伍的素质，4月22日，组织举办2016年入党积极分子培训班，分批对2016年党员发展对象进行集中培训，并进行统一测试。11月18日，组织新发展的34名党员在黄河口烈士陵园进行集体宣誓，将黄河口烈士陵园设为区直机关党性教育基地并进行挂牌，对渤海垦区革命纪念馆进行重新挂牌；规范机关党建工作及组织生活。分期分批列席所辖基层党组织的“三会一课”，查阅“三会一课”记录，对所属基层党组织“三会一课”制度落实情况进行一次“拉网式”督导。做好党内统计工作。按照区委组织部统一部署，安排专人完成党内统计工作，至2016年底区直机关有党员3589名。

县直机关党的工作会议

机关党建工作 （一）举办系列活动庆祝建党95周年。组织开展“乐安银行杯·我的入党故事”征文活动，收到征文近300篇，评选出优秀征文44篇，并向上级媒体部门进行推荐。举办“庆七一”红色电影展播周活动，6月26日至7月2日，利用市民活动中心和黄河广场大屏幕陆续播放《英雄儿女》《洪湖赤卫队》《百团大战》《青春之歌》《红色娘子军》《建党伟业》《沂蒙六姐妹》七部红色影片；健全党内激励帮扶机制，“七一”及春节期间，机关工委根据区委统一安排对2名新中国成立前无固定收入老党员、63名困难党员和4户困难群众进行走访并送去慰问金及慰问品。（二）党务干部培训。5月28日至6月3日，组织79名机关党务干部，针对机关党务干部业务能力提升、解读党章党规、创新思维与领导力、国际国内宏观政治经济形势分析、机关团队建设与管理、传承中华优秀传统文化与做合格党员等方面，赴山东大学（威海分校）进行集中培训。（三）开展国学知识讲座。4月27日，联合区尼山书院举办区直机关国学知识讲座，邀请垦利一中语文高级教师荀守庆讲授《论语》知识，区直机关70余名国学爱好者参加；联合区市场监管局举办国学精粹进机关活动，开展第二届“市场监管杯”国学现场知识竞赛和首届10分钟国学故事会活动。竞赛有18支队伍参加，6支代表队获奖。在竞赛中穿插进行“10分钟国学故事会”展演。（四）增强党员廉政意识。对3名违反党纪的机关党员进行处理，与1名机关党员进行诫勉谈话。5月13日，组织25名机关党员到东营市廉政教育中心进行党风廉政教育，观看反腐典型案例。11月22日，组织工委全体党员干部收看《永远在路上》，对党员干部进行警示教育。（五）组织党建示范点创建工作观摩交流活动。分组观摩区人社局、区财政局等9个基层党组织的党建示范点创建工作。（六）组织开展“机关开放日”活动。区农业局和区国税局分别组织开展“机关开放日”活动，让服务对象、“两代表一委员”走进机关，了解其职能及工作程序，让机关单位与服务对象零距离接触，逐

党建示范点观摩

步改善机关工作作风，提高工作效率。（七）开展“我是共产党员”活动。以党员“四重温”“党员亮身份”等一系列活动为载体，让每一名党员干部时刻牢记党员身份，时刻以一名党员标准要求自己。（八）加强自身建设。高度重视机关规范化建设，组织部分单位党务干部赴泰安、枣庄等机关党建先进地区，就机关党建载体创新、党建示范点创建、党建信息宣传、网上党支部建设等工作进行参观考察、学习借鉴。（九）组织开展岗位练兵比武活动。5月10日，举行卫计系统岗位练兵比武护理技能大赛，卫计系统选24名选手参加，区直机关21名专职副书记进行现场观摩。10月28日，区统计局组织全局20余名干部职工开展计算机操作岗位技能比赛，引导干部职工树立“立足岗位练技能、勇于创新当骨干”的工作理念。10月8日至30日，组织开展全区岗位练兵比武预赛，11月8日，在岗位练兵比武预赛的基础上，区直机关63名党员干部参加决赛。7月至11月，区国税局“岗位大练兵，业务大比武”活动，通过全员岗位竞赛，在全区国税干部职工中选拔一批税收工作“业务能手”。11月21日，区农业局组织60余名农机手开展岗位练兵比武，通过计算机操作、笔试答题和机械操作，增强了农机手的理论水平和实际操作能力。（十）举办第二届“健康垦利杯”民间传统游戏比赛，通过比赛追忆童年、增进友谊、锻炼身体。

机关党建工作亮点　（一）依托“我的入党故事”征文活动，组织征文300篇，其中多篇入党故事在东营日报刊出，部分入党故事得到省委宣传部的表扬。（二）参加全市县区机关工委书记座谈会。（三）与垦利报社联合探索举办“书记话党建”活动，收到稿件150余篇，其中部分稿件在垦利报刊出。（四）

加强区直机关党建网站的打造，鼓励和引导各基层党组织投稿，不断增强区直机关党建工作影响力。区直机关工委被中共山东省委省直机关工委授予“2016年度机关党建宣传报道工作先进单位”称号。

（董少君）

【保密工作】 保密宣传教育 向全区各部门单位保密分管领导和保密干部发放印有保密工作“八要八不得”保密知识的鼠标垫，时时提醒保密干部提高保密意识。组织全区涉密网络系统管理员、安全保密管理员、安全审计员赴中国海洋大学国家保密学院参加山东省涉密网络安全保密管理人员培训班学习，为迎接涉密网络测评工作打下基础。针对全区机关单位保密工作存在的问题，开展调查研究，撰写《新形势下做好基层保密工作的思考》调研文章，为做好党政机关保密管理提出建议和对策。

网络空间保密管理 2月，总结个别单位互联网门户网站泄密教训，开展网络空间保密管理工作，从源头防范互联网门户网站失泄密隐患。开展网络空间信息清理活动，清除互联网门户网站登载的不明来源信息150余条；清除机关单位开通的微博、即时通信工具、电子邮箱等网络空间内的涉密及敏感信息500余条；清除以机关工作人员个人名义开通的博客、微博、即时通信工具、电子邮箱、文库、云存储等网络空间内的工作信息2000余条。强化网络信息管理制度化建设，严格网站信息发布审查制度，发挥网站管理员、信息审查员职能，做到“一事一审”；明确禁止机关工作人员以个人名义在网络空间发布与工作相关的信息。

保密管理和检查 2月至4月，开展一次拉网式保密检查，对容易发生失泄密的互联网电脑和纸质涉密文件管理环节重点检查，发现互联网电脑存储涉密文件现象20起，涉密文件管理不规范单位25个，现场整改6个，下发整改通知书15份。在春节、五一、端午节等法定假日放假之前要求各部门、各单位开展一次保密安全自查，假期期间，区保密局有针对性地进行抽查，对发现的问题进行纠正，消除各种泄密隐患，确保节假日期间保密工作安全。参与中高考各个环节的安全保密管理和检查工作，落实保密责任制，加强考试期间的督导检查，杜绝中高考试题泄密事件发生。

（周　凯）

【督查工作】 坚持突出重点，围绕中心工作和领导关注、群众关心的热点难点问题进行立项督查，采取集中汇报、实地督查和随机抽查相结合等方式，提高督查工作实效，推动党委决策部署落到实处。全年下发《垦督字》15期、《督查通知》93期、《垦利督查》17期，上报《督查专报》43期，督查事项900余项，开展实地督查20余次，形成报告和通报66期。以区委领导批示交办事项为重点，做好专项督办工作，对领导批办事项跟踪督查，定期调度，确保做到件件有回音，2016年办理领导批示交办事项270余件，专项督办事项78余项，办结率90%以上。督促落实上级督办事项，完成省八项规定督查组实地督查、省委巡视组巡视东营“回头看”问题整改等有关工作，全年上报落实情况报告12期。对涉及党委部门的7件政协委员提案，全部办理答复完毕，满意和基本满意率100%。坚持督查与调研相结合，重点围绕领导关注、群众关心的热点难点问题开展督查调研，《关于春节前农民工工资支付工作督查情况的报告》《关于建立现场抽样督查机制的思考与建议》等6篇报告被区委主要领导批示。参与办公室各项工作，协助筹备经济工作会、市、区现场观摩等重大会议、活动，完成各项任务。

（周卫防）

【信访工作】 2016年，垦利区连续第四届被省委、省政府表彰为“全省信访工作先进单位”，被省信访局确定为“无进京非访县（区）”，推荐为全国“三无”县（区）。2月，县信访局四德建设榜被县精神文明委员会表彰为“优秀善行义举”榜。10月，全省部分市（区）进京走访调度会上，垦利区作为唯一一个县区作经验介绍。

打造“阳光信访” 一是以“便利信访”为目标，突出区群众工作中心龙头作用。在群众工作中心开展功能扩充、文化营造、服务提升等系列工程。整合驻厅窗口资源，驻厅人员由区委组织部、区人社局选调，由区信访局管理考核，动态调整。增设律师服务、司法援助、志愿者服务等功能区，申请群众工作中心公交站点建设，信访挂职干部全部参与接访实践。二是打造“阳光信访直通车”品牌，拓宽群众信访渠道。在群众服务大厅设立《信访服务指南》《信访条例》《山东省信访条例》等展板和信访法治宣传专栏，引导群众依法逐级反映诉求。区、镇（街道）接待场所增设网上信访指导区，配置网上信访自助终端，引导群众通过网络反映诉求、查询办理进度、进行满意度评价，信访工作更加依法、公开、透明。三是实现网上信访“一平台多入口”，让群众有“网”就能“访”。5月31日，召开网上信访受理平台开通新闻发布会，集中20余家新闻媒体对垦利区网上信访建设进行宣传。群众用电脑或手机通过门户网站、扫描二维码、微信公众账号和微网站等多种渠道，就能进行网上信访。

强化“责任信访” 一是完善通报考核机制。对信访情况形成日汇总、周研判、季报告制度，分析掌握信访动态，发挥参谋助手作用。通过“智慧信访”平台对信息预警、接访处访等情况进行科学考核。对重点案件办理情况一事一报，重大敏感时期每天形成《信访专报》，夯实“一岗双责”和“首办责任制”，对责任落实不到位、接访不及时、造成越级上访的严肃通报、严格考核。二是突出抓好信访基层基础。以“五星级”平安村居、“三无”乡镇、“无非访区镇”创建活动为载体，推动基层基础建设，推进村级信访信息员与网格员等“多员合一”，探索建立信访代办员队伍，指导开展信访代理工作，把工作触角向基层延伸，重心向村居（社区）倾斜，及时就地解决问题。三是深化督查督办机制。建立点面结合、层次分明的督导督查体系。成立网络信息中心（案管中心），负责信访事项的登记、受理、交办，对责任部门办理程序和答复意见进行审查，确保信访事项及时受理、按期办理、依法依规处理。对重点事项由信访局班子成员分工联系镇街、区直部门实地督查，信访积案难案由信访联席会议高位督导督办。2016年，中央巡视组、省委巡视组交办信访事项，全部按期办结。省市交办信访积案20件，全部化解。

建设“法治信访” 一是开展“双教育”“双规范”活动。以《山东省信访条例》颁布实施为契机，面向机关单位、专兼职信访干部、村居、企业等组织以及广大群众开展信访法治宣传活动，增强各级各部门依法按程序做好信访工作的责任感，提高群众依法依规信访的认知度。印制《网上信访工作流程》《信访业务流程及文书汇编》，在全区信访系统开展“全员练兵、全面规范、全力创先”活动，主动与省、市信访局联系，安排业务人员到省、市信访局上挂锻炼，抽调镇街、区直部门业务人员分批到区群众工作中心学习实践，并进行“岗位大练兵大比武”测试，为各级各部门依法做好信访工作打下基础。二是实行“信访+N”新模式。总结“信访+调解”经验做法，实现访调无缝对

5月31日，召开垦利区网上信访平台开通新闻发布会

接，发挥调解合力。在区、镇群众工作中心设立人民调解委员会，结合区直部门专业调解委员会和村居小白鸽和事佬队伍，对群众提出的信访事项，及时对接、联动处理，确保群众合理合法诉求得到解决。发挥律师作用，参与访前咨询服务、访后分析研判、访调对接、涉法涉诉信访问题化解、调解协议司法确认等工作，矛盾纠纷现场化解率比上年提高45%，特别是在农民工工资、房地产等领域，律师的参与提高了信访问题解决质量。三是强化信访事项依法终结力度。探索实行“复查+调解”“听证+会商”新模式，建立由人大代表、政协委员、法律人士、行业专家、群众代表等206人组成的信访听证专家库，利用听证、会审、调解等多元措施，让信访人听到多方的声音，让信访问题晒在公众面前，提高信访工作的公信力和问题解决的质量。引导责任部门开展简易听证，在永安镇组织简易听证现场观摩会，对群众不满意的信访问题由责任单位以简易听证方式告知处理结果，争取群众理解。四是抓重要节点信访稳定工作。健全完善驻京常年值班机制，配齐配强值班力量，发挥最后一道防线作用，进京信访得到及时处置。

5月27日，省委常委、政法委书记张江汀到垦利调研政法信访工作时到区群众工作中心视察

探索“智慧信访” 一是开发建设“智慧信访”平台系统。信访事项办理实现“四可”和“三个全覆盖”，即办理过程和结果“可查询、可跟踪、可督办、可评价”；“信、访、网、电”等不同信访形式的全覆盖，信访事项的受理、交办、答复等程序的全覆盖，纵向贯通省、市、区、镇，横向联通区直各部门单位的全覆盖；运用颜色警示区分案件办理情况，采取短信及时催办等方式，对快到期案件进行第一时间催办、督办，实现信访事项跟踪办理、规范化痕迹管理和科学化考评一体化，办理效率和质量进一步提高。二是建立信访信息预警系统。通过手机客户端、电脑平台实现各级信访信息预警无缝对接，村级信访信息员、镇（街道）、区直部门第一时间将矛盾纠纷预警逐级上报，由网络信息中心集中汇总研判，分类建立台账，对苗头性问题早

6月21日，省信访局副厅级信访督查专员刘东范为垦利县委理论学习中心组就“如何做好新形势下群众信访工作”作专题辅导

介入、早化解。三是开展“数据信访”建设。对信访问题进行分级分类管理，运用“大数据”系统存储各类信息，客观分析各类信访矛盾纠纷信息来源、分布区域、涉及内容、产生原因等数据，找出热点难点，注重研究发现普遍性、倾向性问题，为党委、政府决策提供参考。

（王健伟）

【档案工作】 2016年，区档案馆继续保持市级文明单位、省特级档案馆、国家二级综合档案馆称号。

档案馆工作 一是档案资源建设。撤县设区后，区档案局与区编办联合印发旧印章进馆的通知。全年接收进馆旧印章107枚；开展2001～2010年档案进馆工作，有30个单位完成进馆工作，接收档案20000件，进馆档案全部进行数字化加工；整理接收东营市公路重点工程建设指挥部文书档案80件，文化旅游档案225件，创城档案583件，城建总指挥部、会计档案286册。二是档案利用。利用馆藏档案资料，为领导决策、经济建设、精神文明建设和人民群众服务。全年接待查档者1838人次，提供档案6116卷、3388件次，提供利用复印材料11000多页。三是档案统计。完成72个全宗单位的2015年度全国档案统计年报工作，民生档案建设情况调查和山东省档案保护技术现状调研工作；完善档案位置索引及档案数量统计工作；完成70个基层档案室基本情况的汇总统计工作；做好党内废止文件统计、核对、汇总工作。四是档案安全。构筑人防、物防、技防相结合的“三位一体”综合防范体系，做好库房温湿度控制、消防安全管理和档案进出登记、定期检查。对馆藏档案进行光盘和移动硬盘双套异质备份，并将其中一套备份档案移交山东省电子文件（档案）容灾备份中心保存。

档案业务 一是举办全区档案业务知识培训班。为推动全区档案工作的开展，掌握最新的档案整理知识，区档案局业务人员讲解归档文件整理规则、会计档案管理办法、家庭档案整理办法及照片档案整理规范等知识内容。全区机关、企事业单位100余人参加。二是开展全区文件材料归档范围和保管期限表的修订工作。为依法加强档案资源建设，确保档案材料“应收尽收”，在全区各立档单位开展文件材料归档范围和保管期限表的修订工作，要求各单位根据国家档案局8号、9号令，做好修订工作。全区主要全宗单位全部完成，为下一步档案的收集工作奠定基础。三是档案业务指导。开展档案宣传进企业、进校园活动。业务人员到市场监管局等10余家机关单位、万达集团等6家企业及职业中专等学校开展活动，并举办业务知识讲座。四是业务指导及档案整理一站式服务。为规范档案整理工作，为基层档案员提供便捷的服务，投资6万元，购置电脑10台，扫描仪4台，无偿供进行档案整理的档案员使用。档案员在档案整理完成后，直接进行扫描，即可登录区档案局分配的账户，录入档案在线管理系统，方便查阅和使用。

档案执法及宣传 一是档案执法检查。为增强档案法制建设，对全区33个立档单位进行档案执法检查，对存在的问题当场指出，并责令限期整改。经过汇总后将档案执法反馈单反馈到主

3月15日，市档案局局长成希琴（右二）到垦利县调研档案工作（张召伟）

4月28日，垦利县档案局举办2016年度档案业务知识培训班（张召伟）

要领导和分管领导手中，确保执法检查落到实处。二是加强宣传工作。在国家、省、市、区报纸杂志及档案网站发布信息30余篇；在全市档案论文评选中，有5人获奖，区档案局获优秀组织奖；举办电影海报展、档案进社区等系列活动。三是档案编研工作。在撤县设区之际，利用馆藏档案资料，对垦利县历届政府工作报告进行整理编辑，编辑《垦利县历届政府工作报告汇编》；完成《山东省档案精品集－东营卷》垦利精品档案资料编辑，进一步挖掘档案资料，计划出版《垦利区档案馆精品档案》。

档案信息化建设　一是加强档案信息网站和内网的维护和管理工作。及时更新网站内容，发布档案工作动态，并确保内外档案新闻网站的及时关联。二是指导整理56个单位的归档文件数字化加工工作，录入机读目录近30000余条，并对内网数据库更新和挂接，加快档案数字化进程。三是做好档案在线归档系统的维护工作，为立档单位开通账户，为各单位档案员解决在线归档过程中遇到的问题。

（张召伟）

【政策研究】　以破解经济社会发展重点难题为着力点，在全区部署开展“转型之路”专题调研年活动，收集常委调研课题10个，确定涉及产业、企业、创新、环境4个方面的重点调研课题29个，按照研讨动员、集中调研、报告汇总、成果转化四个阶段有序推进，形成《关于新常态下深入实施创新驱动发展战略的调研报告》《关于推进我区农业转型升级的调研报告》《关于垦利工业“二次创业”的调研报告》《东营西郊现代服务区的崛起之路》等18篇调研报告，汇编学习交流材料1册，为科学决策提供参考。关于撤县设区工作的意见建议为垦利撤县设区的推进提供遵循，关于打造黄河口全媒体中心的意见建议成为全区宣传工作的亮点，《黄蓝经济示范区和美幸福新垦利》专版在《中国县域经济报》第46期发表。

（周　杰）

【老干部工作】　老干部“两项制度建设”　以学习中办发3号和鲁办发37号文件精神为主线，发挥老干部独特政治优势。老干局先后3次采取专题辅导、集中座

电影海报展

谈等形式，组织离退休干部代表学习领会文件精神，会同老年大学每季度组织1次老干部和老干部工作人员集中学习辅导研讨，采取知识竞赛、征文等形式强化学习效果，确保入脑入心。借助全市组织的“离退休干部组织建设年”活动，联合组织部对全区离退休干部党支部建设现状进行专题调研，启动争创离退休干部“示范党支部”活动。结合“两学一做”学习教育，采取《准则》《条例》专题辅导宣讲、接力手抄《党章》以及集体诵读入党誓词等形式，引导广大老干部强化政治纪律和政治规矩，通过抓活动，准确把握老干部思想动态。

老干部发挥作用 以“展示阳光心态、体验美好生活、畅谈发展变化”为主题，搭建参观视察、建言献策、著书立说、综治平安等老干部发挥作用平台，联合组织部、垦利报社开展“我眼中的垦利，讲自己的故事”主题征文活动，组织引导老干部积极发挥余热、贡献力量。组织老党员讲自己的入党故事，向市局、黄河口先锋微信公众平台投稿14篇。培育和支持老年社团发展，区老年体协以开展老年文体健身活动为抓手，丰富广大老年人的精神文化生活，推动全区老年体育事业发展；区书法学会、楹联协会、旗袍协会等社团也在各自领域发挥作用。探索搭建红色垦区论坛、老干部网宣平台、老干部支部讲堂三大平台，建立骨干宣讲团和网络文明传播志愿者队伍，2016年利用老年大学培训网络宣传员40名，建立老干部网宣队伍。

老干部待遇 结合“两学一做”学习教育，邀请老干部代表为全区离退休干部作专题辅导讲座；局班子成员分别带队为行动不便的老干部送学上门，宣传习总书记重要讲话等精神；开通老年大学QQ群、微信群公众号宣传“两学一做”学习教育，引领老干部利用互联网平台开展自学。围绕纪念建党95周年、红军长征胜利80周年主题，组织老干部开展文艺会演、书画摄影、征文征稿和体育健身等形式多样的纪念活动。完善离休干部就医“绿色通道”，举办区直老干部健康知识大讲堂活动。完善节日走访、生病住院看望、去世告别抚恤等制度，老干局系统全年走访慰问老干部200余人次，看望住院老干部28人次。各部门、社区在日常服务管理中，更加注重人性化、精细化、专业化，为离退休干部办实事、做好事。

老干部文化养老 发挥老年大学、老干部活动中心阵地优势，巩固老干部文体活动和老年大学教育教学成果，老年大学完成秋季招生712人，开设17个专业，22个教学班，成立校园社团6个，学校吸引力、影响力得到提升。2016年，为老年大学配备齐全各种设施，并结合老年大学校训、校风做整体设计，老年大学从校徽到走廊及教室的布置全部统一风格，整体提升了老年大学形象。结合全市“四级办学网络”建设及市级示范校的创建，各镇街、社区加大老干部活动阵地投入，在2015年建成两所“市级老年大学先进示范校”的基础上，2016年再加大投入创三所“市级老年大学示范校”。先后举办老年大学京剧专场、吕剧专场，庆七一、庆元旦等专场文艺联欢会；举办老年大学庆七一暨纪念长征胜利80周年书画摄影展，“庆重阳暨庆祝中国工农红

老干部工作座谈会

老干部观看县城迁建50年图片展

军长征胜利八十周年”文艺演出；成立老年大学民乐队，为声乐班、京剧班等200多名学员提供一个业余时间学艺交流、展示艺术才华的舞台。2016年，选送一个节目参加全市第三届老干部及老年风采电视大赛；在全市老年文化大赛中，老年大学生编排的两个节目分获歌舞类作品一等奖和二等奖；在全省纪念长征胜利80周年诗歌朗诵大赛中，选送的节目获三等奖。

关心下一代工作 一是开展培育和践行社会主义核心价值观活动，青少年思想引领取得新成效。区关工委指导各级关工委组织广泛开展“老少共筑中国梦”“爱学习、爱劳动、爱祖国”、党史国史教育三项活动；“关爱明天，普法先行”青少年普法教育等主题教育实践活动。二是家长学校规范化建设工作有序推进，家庭教育工作步入科学、常态运行轨道。在教育系统家长学校规范运行的基础上，在各镇街打造8个0～3岁家庭教育培训示范点，初步形成0～3岁家长培训网格化。2016年5月，国家教育行政学院在垦利县召开全国家长学校建设工作经验交流会，向来自全国13个省、市，30余个地区的210余名代表，介绍垦利县家长学校的办学情况。

（刘庆庆　石　蕊）

全国家长学校建设实验基地经验交流会

【机构编制】 区编办被省编办评为2016年度《机构与行政》宣传工作先进单位，被省档案局评为2015年度全省档案工作科学化管理先进单位。

简政放权 制定出台《关于调整垦利县县级行政许可事项目录有关事宜的通知》（垦利县人民政府令第81号），对区级行政许可事项目录进行调整。对保留的行政审批事项编制服务指南，在区电视台、垦利报社等新闻媒体和区政府、区编办网站公开。迎接山东大学的第三方评估，对省审计厅审计事项进行整改落实。开展区域化评估评审工作，将规划环境影响评价报告、地质灾害危险性评估报告等7项评价纳入区域化评估评审清单，提高行政审批效率，减轻企业负担。制定《关于加强行政审批事中事后监管的实施意见》和《关于建立健全随机抽查工作机制规范事中事后监管的通知》，明确事中事后的监管主体、监管内容、监管方式，建立“随机抽取检查对象、随机选派执法检查人员”的“双随机”抽查机制，将事中事后监管举措落实到具体责任单位，确保各项监管措施落到实处。

机构编制管理改革 为做好精准扶贫、精准脱贫工作，整合区级扶贫、脱贫工作职责，重新组建区扶贫开发领导小组办公室，明确职责和人员编制情况；为加强社区管理服务工作，健全完善社区服务体系，对社区管理委员会机构编制事项进行调整，调整城市社区管理机构等。为切实解决“大班额”问题，实行“小班化”教学，对全区中小学教师队伍建设情况开展专题调研，按照师生比、班师比相结合的方式，重新核定中小学教职工编制。对区医院实行人员控制总量备案制度，根据区医院业务水平、类型特点、床位数等，核定人员控制总量。

重点领域体制改革 在安全生产领域，加强基层安全监管机构设置。按照“属地监管与分级监管相结合、以属地监管为主”原则，对镇（街道）乡村安全生产、建设工程质量安全、环境保护、道路交通安全监管机构进行调整，统一设立乡村规划建设监督管理办公室，为所在镇（街道）党政工作机构，并明确人员编制、领导职数和主要职责；将安全生产监督管理站加挂环境保护服务中心牌子，调整为安全生产监督管理站加挂环境保护办公室牌子，并对主要职责进行调整；综合执法办公室不再加挂村镇服务中心牌子，对综合执法办公室职责进行明确，承担辖区内道路交通安全监管工作。在纪检监察领域，推进纪检监察体制改革。根据《东营市县级纪委机关内设机构调整实施方案》精神，对区纪委机关、监察局编制及内设机构进行调整，充实纪检工作力量。

政府购买服务改革 联合区财政局、区人社局研究出台《政府购买服务范围审核办法（试行）》，将适宜采取市场化方式提供、承接主体能够承担的公共服务和政府履职所需服务事项，纳入政府购买服务范围，履行政府购买服务范围审核职责，严把政府购买服务入口关，确保主体资格、岗位种类和购买数量合理合规。

事业单位改革 制定印发《关于规范和创新事业单位机构编制管理的意见》等7个配套文件，为深化事业单位改革、推动社会事业发展提供制度保障和政策依据。按照省、市编办通知要求，对全区事业单位经费来源进行规范调整，为事业单位分类与财政预算和财政管理的衔接奠定基础。配合财政局，按照事企分开原则，开展从事生产经营活动事业单位转企改制工作，配合教育局开展中小学校长职级制和去行政化工作，拟定《中小学校长职级制改革实施方案（初稿）》。制定《事业单位法人公示信息双随机抽查工作实施方案》，建立随机抽查事项清单、事业单位法人名录库、执法检查人员名录库，实行事业单位公示信息双随机抽查机制，采取书面审查、实地核查、网络监测等方式进行抽查。

综合行政执法体制改革 成立区综合行政执法局，将分散在各部门的城市管理、住房城乡规划建设、环境保护、市场监管、公安、交通运输、水利、国土资源、文化、人防等10个领域的全部或部分行政执法权纳入综合行政执法范围，交由综合行政执

全市机构编制工作调研座谈会在垦利区召开

综合行政执法体制改革工作调度会议召开

法局集中行使。2016年，机构整合、职责调整、班子配备、人员划转等工作全部完成。

机构编制监督检查 政府部门机构编制评估。选择区发改局、区经信局、区商务局、区人社局和区农业局5个部门，围绕职责履行、依法行政、部门协调配合机制、编制使用效益等开展专项评估，促进了政府部门依法全面履行职责。加强实名制管理，控制财政供养人员规模。开展领导干部机构编制管理执行情况审计工作。规范印章管理工作。落实《关于规范机关事业单位及临时机构印章管理的通知》要求，严把机关事业单位及临时机构印章的刻制关、收缴关及销毁关，细化刻制公章流程。加强事业单位日常监管。按照省、市统一要求，刻制党政群机关统一社会信用代码赋码专用章，为全区58个党政群机关发放统一式样的《统一社会信用代码证书》。根据撤县设区文件要求，完成58个党政群机关单位社会信用代码证书登记事项变更工作。

（董文升）

【党史工作】 （一）《历史印记——垦利县的223个第一》于5月出版，涉及垦利县经济、政治、文化、军事、生活等社会各个领域，包含组织、事件、人物等十六个方面，力求以一种新的角度，用具体事例来展示垦利人敢为人先、甘于奉献的精神风貌和高贵品质，成为进一步宣传垦利县历史的新媒介。（二）《辉煌十二五》于2017年1月出版发行。设计垦利印象、大事纪要、发展综述、产业发展、镇街经济等十余个板块，全面展示垦利区“十二五”期间发展的成就、主要工作、措施和典型经验，突出垦利区近五年发展变化的亮点和成绩。（三）落实上级业务主管部门部署的供稿工作。一是做好《东营市改革开放实录》征稿工作。确定由区委办、农业局、黄蓝办、组织部、住建局分别起草《垦利县改革开放的探索、发展与成就综述》《垦利县农村农业经济发展的历程、成就与经验》《垦利县实施黄蓝国家战略、建设生态经济示范区的基本历程、成就及经验》《垦利县实施人才战略的基本历程、成就与经验》《垦利县新型城镇化发展历程、成就与经验》五篇文章。二是完成《中共山东年鉴》《中共东营市委纪事》垦利部分供稿工作。（四）做好《垦利县家风家训读本》（暂定名）样稿编写工作。在整理前期资料的基础上，对稿

垦利区政府部门“三定”规定修订工作会议召开

件的严谨性、真实性、趣味性进行琢磨，对本地家风家训文章进行修改完善。（五）完成市党史研究室组织的第二期《红色讲坛》的录制工作；配合区机关工委，建立党史知识题库和地方党史题库。

（刘艳芳）

【党校工作】 2016年，通过市级文明单位复审，获2016年度市级先进党校、2016年度市级平安单位等称号，在代表区委承接“党委落实办党校管党校建党校主体责任考核”中获全市第一序列第一名，创建成为全区党建工作示范点。“两学一做”学习教育代表全区迎接省市巡视组的督导检查。完成全年干训任务，举办承办班次15次，培训学员2000余人次，外出宣讲40余场次，受训人员4000余人。先后30余人次参加国家行政学院送教下基层、北京海淀区党校、省委党校等培训。配套完成图书室，新建绿化面积800平方米，植苗木25000余株。完成OA办公平台搭建、学术报告厅录播系统安装与调试、校园网站建设等。

上级安排部署的重点工作 代表区委完成迎接市委对全区“党委落实办党校管党校建党校主体责任考核”的准备工作。累计协调帮扶资金36余万元，支持帮扶村建设。完成信用垦利建设各项工作。做好招商、党风廉政建设、计划生育、保密等工作。

信息化建设 2016年，投资30余万元进行信息化建设，利用信息技术把党校教育科研、基础设施、教学资源、行政办公等进行数字化、网络化、信息化。投资25.5万元建设高标调配机房1处；高清录播系统1套；投资3万余元自主开发OA办公系统和区委党校网站，注册公众微信号。为党校教学资源采集、党校对外信息交流宣传、教学会议管理、学员管理、教师学员交流学习搭建起基础平台，实现教学、科研、学习和行政管理的信息化，办公远程无纸化，资源开放便捷共享的目标。

5月6日，邀请上级党校教师业务培训（王富欣）

全区党建示范点创建 2016年4月，在区直机关工委发起“激发活力树标杆”基层党建品牌创建活动的带动下，区委党校决定创建“教学相长、学学相长”的党建品牌，投资近20万元，打造文化长廊、提升党员活动室和道德讲堂，为学员开辟阅览室和学习角，通过抓学习提升教员和学员的理论素质和政治素质、抓作风提升教职员工的职业

6月16日，党建示范点迎接全区部门单位参观（张秀美）

4月29日，赴济宁政德教育基地参观学习（邓峰）

道德和职业风范、抓服务为全区经济社会发展建功立业。发挥出党校作为党员干部教育培训的主阵地、主渠道和主力军作用，思想库和求真熔炉的功能突出。按照“四讲四有”党员要求，提出“忠于党、知规矩、上好课、葆本色”的垦利党校党员标准，强化党员干部的身份意识，树立“党校人”良好形象。2016年，区委党校被区直机关党工委评为党建示范点。

学科体系建设 完善出台《中共垦利县委党校学科体系建设实施意见》，形成专兼职结合的教研队伍，制定2016年学科体系建设重点工作安排。按照1人以专业，1人3专题的要求，在各学科带头人的带领下，开展教研活动。各学科教研室累计开展教研交流、集体备课会等活动10余次。2016年，承担省级重点科研课题1个，市级重点课题和青年课题共计2个，社科联委托课题1个，区级重点课题1个，调研报告1个。参加全省社会治理创新研讨会，2名教师论文获二等奖；参加市社科联第25次优秀成果评选，参选课题5项。

《中共垦利区委、垦利区人民政府关于加强和改进新形势下党校工作的实施意见》出台 2016年11月28日下午，十二届区委第159次常委会议召开，听取并同意区委党校关于全市党校工作会议精神及区贯彻落实意见的汇报，研究并原则同意《关于加强和改进新形势下党校工作的实施意见（讨论稿）》，确定按程序审定印发。12月2日，区委、区政府以垦发〔2016〕22号文件联合印发。

（吕忠敏）

中共垦利区纪律检查委员会

【纪检监察体制改革】 坚持转职能转方式转作风，贯彻落实中央纪委、省纪委关于深化纪律检查体制改革的总体部署，根据《东营市县级纪委机关内设机构调整实施方案》要求，研究制定《中共垦利县纪委机关内设机构调整方案》。6月23日经县编办批准，核增行政编制17人，核增后行政编制总额33人。内设机构进行调整后设办公室、组织部、案件监督管理室、党风政风监督室、信访室（县行政监察举报中心）、第一纪检监察室、第二纪检监察室、第三纪检监察室、案件审理室9个职能部室，内设机构科级领导职数9名，常委编制计入内设机构。将垦利县廉政舆情监察中心（挂县人民政府纠正部门行业不正之风办公室牌子）更名为垦利县廉政舆情信息中心（挂县人民政府纠正部门行业不正之风办公室牌子）。调整后的机构设置和工作力量向办案、监督部门倾斜，使区纪委直接参与纪律审查人员达到总数的70%，执纪力量更加充实与集中，机构设置和直接从事执纪审查业务人员比例均达到上级纪委要求，为推进全区党风廉政建设和反腐败斗争提供了组织保证和力量保障。加强对派驻纪检组的统筹协调，对派驻机构监督检查部门单位进行调整，印发《关于派驻机构例行监督工作暂行办法》，下发《关于加强派驻纪检组（监察室）例行监督工作的通知》，进一步明确职能、厘清责任，增强派驻监督实效。

【党风廉政建设】 落实《关于落实党风廉政建设党委主体责任

和纪委监督责任的意见》《垦利县党风廉政建设责任制责任追究暂行办法》，加强组织协调、工作调度和责任追究，通过约谈单位负责人、廉政谈话、加强考核等措施，倒逼主体责任落实。建立“两个责任”分解落实机制，坚持把党风廉政建设职责通过“签字背书”逐一分解到各部门、各单位、各岗位，把年度党风廉政建设和反腐败工作任务细化分解到区级领导、牵头部门和协办单位，形成领导班子直至普通党员的责任延伸传导链条，实现上下联动，推动“两个责任”层层落实。坚持以党风廉政建设责任制考核为“指挥棒”，出台《2016年党风廉政建设考核实施细则》，细化“任务清单”，量化党风廉政建设考核工作，结合各单位的性质及工作内容，有重点、有区分的考核各镇（街道）、区直各部门单位党政领导班子及领导班子成员，确保考核督促抓到位、严起来，压实各级党组织主要负责人“第一责任人”的责任和班子其他成员“一岗双责”的责任，对落实“两个责任”不力的领导干部进行责任追究，以严肃问责倒逼责任落实。结合区委《关于落实省委巡视组巡视东营“回头看”反馈意见整改任务工作方案》，以区委、区政府的名义印发《关于在全区开展落实全面从严治党自查自纠工作的通知》，在全区范围内组织开展落实党要管党、从严治党情况自查自纠工作，认真督促整改。开展农村基层党风廉政建设工作，坚持标本兼治、注重预防，以郝家镇为加强农村基层党风廉政建设试点镇，以试点为带动在全区推广“1+5+X”（即一个责任体系、五大工作机制和创新性推动工作）的工作模式。抓好村级纪检委员履职能力提升，组织全区村级纪检委员培训1200余人次。加大督查力度，认真开展“两直两查”督导检查3次，发现村务公开不及时不具体不规范、村级决策不民主等问题6个，约谈责任人3人。

【**党员干部监督**】 开展述廉述责工作。印发《关于开展县级党政班子成员向同级纪委全委会述廉述责工作的实施方案》，对述廉述责工作进行安排部署，从履行主体责任情况、领导干部廉洁自律规定执行情况、作风建设情况、对本级管理监督情况等事项对述廉述责报告作出要求，7月8日，9名县级党政班子成员向县纪委全委会述廉述责；印发《关于开展镇（街道）、部门单位党政正职向纪委全委会述廉述责工作的通知》，7月12日，组织9名区直部门单位党政正职向县纪委全委会述廉述责，增强了自觉履行党风廉政建设责任制和廉洁自律的意识；将述廉述责延伸到镇街村居党组织，村居党支部书记向村全体党员和村民代表进行述廉述责，基层站所负责人向镇（街道）纪（工）委述廉述责，进一步健全党内监督的体制机制，规范党员领导干部的权力运行。深化廉政巡察，印发《2016年度巡察工作实施方案》，坚持问题导向，健全完善廉政巡察办法和措施，将各级党组织和党员干部严守政治纪律和政治规矩情况作为巡察的重要内容，2016年成立6个巡察组，组织对36个区直部门单位的专项巡察，严肃查处顶风而上、违反政治纪律行为，督促党员干部向党中央看齐。

【**查处不正之风和腐败问题**】 严

2月23日，县纪委十二届七次全体会议

肃查处群众身边的不正之风。制定专项行动实施方案，剑指群众身边的不正之风和腐败问题，组织开展整治和查处侵害群众利益的不正之风和腐败问题集中行动。坚持严肃查处发生在群众身边的不正之风和腐败问题常态化，持续加压，做到力度不减、尺度不松、标准不降。紧盯人财物管理权相对集中的基层站所和村“两委”成员，对不收敛、不知止的，发现一起就查处一起，发现多少就查处多少，增强群众对惩治腐败的信心。实行区纪委班子成员包镇街制度，盯上靠上，层层压实责任。2016年，全区查处发生在群众身边的不正之风和腐败问题60起。

【落实中央八项规定精神】 贯彻落实中央八项规定精神，驰而不息纠正“四风”。在全区开展“小金库”问题专项整治“回头看”，巩固活动成果。针对“四风”问题新动向、新表现，加强分析研判，改进监督方式，突出重要时间节点，狠抓明察暗访。坚持对执纪审查、专项巡察中发现的“四风”问题线索深挖细查、绝不放过；改进通报曝光方式，坚持定期曝光、集中曝光、专题曝光相结合，保持震慑，形成常态。2016年，明察暗访累计出动人员201人次，检查机关、学校、企业等单位315处，酒店、农家乐、私人会所、旅游景点等场所231处，查处违反中央八项规定精神问题8起，问责11人，全区通报曝光3起5人，持续形成震慑。

【纪律审查】 把运用“四种形态”作为推进全面从严治党的重要抓手，在实践中加强探索，监督执纪从理念到方法、从思路到措施、从效果到机制取得明显进步，“惩前毖后、治病救人”的成效初步显现。用好第一种形态，加强谈话函询，及时咬耳扯袖、红脸出汗，开展谈话函询57人次，让有反映且存在问题的干部讲清问题、认识错误、及时纠正，对反映失实的问题予以澄清了结。用好第二种形态，给予党纪轻处分的占处分人数的73.2%。加大纪律审查力度。围绕减少存量、遏制增量的目标，转变执纪审查理念，把违反纪律问题作为审查重点，把“四种形态”贯穿全过程，坚持用纪律的尺子来衡量和梳理问题线索，根据问题性质和违纪程度实行分类处置，持续保持惩治腐败高压态势。全区各级纪检监察组织受理信访举报203件（次），与上年基本持平；立查案件106件，比上年上升89.3%；党纪政纪处分108人，比上年上升89.5%，其中涉及科级干部19人。加强对反腐败工作的组织协调。坚持纪法分开，公理公检法移送问题线索25件，给予党政纪处分25人。对涉嫌违法党员移送司法机关前未作出纪律处分，以及被判刑党员未受到党纪处分的，进行全面清理，党纪处分8人。严明换届纪律。坚持把好选人用人政治关、廉洁关，抓住产生各级党代表和“两委”人员这个重点，对政治上有问题、搞团团伙伙的一票否决。排查梳理问题线索，严格审查、及时更新，把好党风廉政意见回复关，区纪委回复党风廉政意见1069人次。防止和纠正选人用人的不正之风，会同组织部门成立5个换届风气巡回督导组，督促检查换届纪律情况，确保换届期间风清气正。

11月24日，全区推进“小金库”专项治理工作会议

【党风廉政教育】 2016年，组织全区90多个部门单位3000余名党员干部先后到市廉政教育中心接受教育；组织全区科级以上党员领导干部、纪检监察干部1015人参加德廉和党风党纪知识测试；组织副区级以上领导干部、区纪委班子成员、区属国有企业中层以上管理人员收看《党员干部要自觉守纪律》教育片和《国企党员干部违纪违法案件警示录》；组织开展为期2个月的党规党纪学习教育，使全体党员干部职工熟悉掌握党规党纪，增强廉洁自律意识，党风政风进一步好转。制定《关于开展分类廉政教育的实施方案》，针对不同类型、不同层次的社会群体区分教育侧重点，采取不同方式方法，有针对性地开展廉政教育，增强廉政教育实效；加强对违规违纪党员的教育管理，制定《关于对违规违纪党员教育管理的暂行办法》，严格教育管理措施，落实对违规违纪党员的教管责任，形成教育管理常态，实现惩后救人目标。强化廉政宣传工作，全年全区各部门单位投稿500余篇，在市级以上报刊、网站发表稿件208篇。

【廉政舆情监察】 拓宽廉政舆情监督渠道。健全廉政舆情监测工作机制，建立舆情监测AB角值守、跟踪台账制度，运用投诉举报电话、电子邮箱、网站搜索等多种渠道全天候、全方位主动开展廉政舆情监测。完善信息共享机制，加强与新闻宣传、民生热线、信访部门的联系沟通，定期收集各部门单位收集的廉政舆情信息，及时作出分析研判。在全区重点项目、重点企业设立廉政舆情监测点64家，聘请廉政舆情监督员64个。加大廉政舆情处置力度。完善受理处置机制，实行廉政舆情信息直查快办制度，制定《廉政舆情受理工作规程》，明确岗位工作职责和权限，及时受理、核查群众廉政舆情投诉。2016年，受理办结上级转办投诉件4件，办结群众投诉19件次，及时纠正和解决一些群众关心关注的问题。加大监督检查力度，落实“企业宁静日”制度，加强对部门单位行政执法行为的监督检查，严肃查处吃拿卡要、欺压群众等违纪行为。对全区12个廉政舆情监测点企业、12个在建或手续在办企业、11个新上招商引资企业进行走访调研，发放监督卡300余份、调查问卷600余份，发现和纠正部门单位存在的问题12个。加强廉政舆情问责追究。

4月28日，2016年度巡察工作动员会议召开

执行《垦利区机关作风和效能问责暂行办法》《关于整治懒政怠政行为的暂行规定》，查处各种扰乱经济发展环境和作风不实、效能不高等侵害企业和群众利益的行为。2016年，对在走访企业中发现问题的7个单位的相关领导进行约谈，向履行职责不到位的2个单位下发《监察建议书》，督促整改到位。

（李聪明）

区纪委（区监察局）派驻第一纪检组（监察室）

【概况】 2010年2月设立，有行政编制3人，在职干部4人。主要负责区人力资源和社会保障局、区住房和城乡规划建设局、区城市管理局、区文化广电新闻局、区广播电视台、区旅游局、垦东办事处、区党史史志办、区档案局等9个部门的党风廉政建设和反腐败工作的监督检查工作。

【廉政教育】 督导驻在部门开展读书思廉、典型倡廉、警示促廉等党风廉政教育活动，组织收看《两项法规》《永远在路上》等专题教育视频，学习习近平总书记系列重要讲话和十八届中纪委全会精神，在节假日等重要时间节点通过召开会议、下发通知、短信提醒等形式进行提醒告诫。2016年组织各驻在部门开展各类廉政教育活动11场次，向科级干部发送廉政短信260余条。

【执纪监督】 一是做好述责述廉工作。开展驻在部门领导班子成员向全体党员述责述廉和中层干部向班子成员述责述廉活动，督促部门做好重点领域、关键环节、重要岗位的廉政风险防控工作。9个驻在部门68名班子成员、146名中层干部分别进行述责述廉，派驻第一纪检组派员进行现场督导。二是深化廉政谈话工作。对各部门251名中层以上干部及重点岗位人员开展廉政谈话，多方式帮助党员干部查找遵守政治纪律、执行中央八项规定精神、纠正“四风”等方面存在的不足，发现倾向性、苗头性问题，督促及早整改。三是加大明察暗访力度。采取日常巡察、重点抽查、明察暗访相结合的方式，抓住重大节假日等问题易发多发的重要时间节点，对驻在部门机关纪律作风建设情况进行督促检查。发现问题，及时督促整改，提高日常监督检查工作的针对性和实效性，促进监督的常态化。全年开展明察暗访4次，对发现的问题进行督导整改。

【“三重一大”事项监督】 落实“三重一大”事项报备制度，管住关键人关键事。督导各驻在部门严格执行民主集中制，凡属“三重一大”事项必须坚持集体研究、事前申报。2016年，受理各驻在部门报备“三重一大”事项282项，对各部门报备情况通报2次。

【巡察工作】 召开县一中、县医院、县疾病预防控制中心巡察反馈意见会，并对巡察整改方案进行审核把关，对整改情况进行督导检查，确保整改到位。做好2016年巡察工作，完成对实验中学、职业中专、实验一小、实验二小、妇幼保健计生服务中心、红十字会等6个部门的集中巡察。

【制度建设】 制订《2016年度派驻第一纪检组例行监督事项清单》，细化监督责任分工。重新修订“三重一大”事项报备办法，并指导各驻在部门制定《“三重一大”实施细则》等相关制度，推动驻在部门主体责任落实的常态化工作机制。制定印发《关于实行跟单监督规范权力运行的实施方案》，通过监督事项“列单”、公开权力“晒单”、重点环节“跟单”、工作成果“评单”等措施，确保党风廉政建设主体责任落到实处。落实工作例会制度，先后召开党风廉政建设工作调度会议3次，传达上级指示精神，学习交流工作经验，梳理重点工作任务，安排部署好阶段性工作，推进驻在部门的廉政建设和作风建设。落实主体责任履行情况月报告制度，要求各驻在部门按时上报本部门履行主体责任情况，对各部门的好经验好做法以通报形式及时进行交流，供各部门相互借鉴。

【队伍建设】 一是配齐配强驻在部门纪检力量。强化各驻在部门主要领导党风廉政建设第一责任人意识，确定一名分管领导为具体负责人，配备一名纪检联络员，负责日常性纪检工作。各驻在部门制订领导班子、主要领导、班子成员和中层干部党风廉政建设责任清单，全员签订廉洁自律承诺书，层层落实党风廉政建设责任。二是加强自身队伍建设。修订完善《派驻第一纪检组领导班子分工联系驻在部门管理办法》，先后到各驻在部门开展集中督导、调研等活动10余次。健全完善集体决策制度，坚持重大事项集体研究决定，提高决策科学性，增强班子的凝聚力、执行力和公信力。

（成益娟）

区纪委（区监察局）派驻第二纪检组（监察室）

【概况】 主要负责区经信局、科技局、审计局、统计局、商务局、科协、妇联、团委、总工会、招商局、油区办11个部门的党风廉政建设和反腐败工作的日常监督检查及区纪委统一安排部署的巡察等工作。

【日常廉政监督管理】（一）以落实两个责任为重点，从“三重一大”事项的监管入手，强化对驻在单位监督执纪问责。2016年，整理各驻在单位上报“三重一大”事项601项，并组织人员对“三重一大”事项进行事前、事中、事后重点监督抽查，及时关注和掌握各派驻单位的工作动态，做好督促指导各派驻单位规范完善党风廉政建设等各项制度。（二）抓《准则》《条例》的学习贯彻，强化纪律意识和规矩意识，组织驻在单位统一观看廉政教育电教片，组织副科级以上干部观看“两项法规”专题辅导。以实践监督执纪“四种形态”为抓手，指导监督各派驻单位完善廉政风险防控机制、“三重一大”等制度，督导各驻在单位结合工作任务、业务职责、权力事项、机构设置等实际情况，通过自查方式，对本单位存在的廉政建设风险点进行一次系统性梳理，针对各风险点制定出防范措施。共梳理驻在单位上报的党风廉政建设风险点87项。注重运用监督与突击检查相结合、重点问题跟踪检查和重点工作全程督导相配合的方法，实现派驻纪检组监督执纪问责工作常态化。（三）定期组织召开党风廉政建设座谈会，及时掌握各派驻部门单位落实党风廉政建设主体责任。（四）加强“节假日”和特殊时期对各驻在单位的监督管理。

3月18日，垦利县纪委派驻第二纪检组召开驻在单位分管领导党风廉政建设工作会

【巡察工作】（一）严督实改，对科技局、经信局和审计局进行巡察情况反馈。按照区纪委巡察工作领导小组的部署要求，对科技局、经信局和审计局巡察情况进行反馈，督导3个单位形成整改方案，并适时开展回访检查，督促被巡察单位抓好整改落实。（二）巡察工作。按照2016年度巡察工作实施方案，组织全体人员学习巡视工作条例和其他地市的经验做法，就如何开展好巡察工作探讨。从信访局、审计局、编办等多个渠道了解被巡察单位的工作职能和工作情况，有针对性地制定谈话提纲。通过召开动员大会、谈话、有针对性地二次谈话、现场核实、查阅账目及有关资料等方式，梳理上报问题26个，形成并及时上报巡察报告和反馈意见，完成粮食局、机关事务局、供销社、党史史志办、蓝湖办、海洋渔业局的巡察工作。

【述廉述责】 督导各驻在单位上报述廉述责工作实施方案，并

5月16日，县纪委第二巡察组到机关事业局召开巡察工作动员会议

按照实施方案督导各驻在单位由班子成员向全体职工、中层干部向领导班子开展述廉述责工作。在督导中坚持严格要求，不走过场，会前提要求、会中对述廉对象发言点评，有问题一针见血指出，并进行现场评议。

【廉政警示教育】 注重“事前预警”，以全党“两学一做”主题教育为契机，督促指导各派驻单位抓好党章、党内法规的学习，通过组织观看警示教育片、上廉政党课、联系反面典型开展专题研讨、廉政警言和到东营市廉政教育中心接受廉政教育等活动，教育引导广大党员干部明法纪、知敬畏、守底线。

（盖飞飞）

区纪委（区监察局）派驻第三纪检组（监察室）

【概况】 主要负责区工商联、区残联、区老龄办、区交通运输局、区司法局、区民政局、区安监局、区环保局、市殡仪馆9个部门单位的党风廉政建设和反腐败工作的监督检查工作。

【廉政教育】 2016年，指导驻在部门单位组织党员干部重点学习十八届六中全会精神、《中国共产党党内监督条例》《关于新形势下党内政治生活的若干准则》《义乌市重大事项痕迹化管理》等党风廉政建设内容。组织各部门单位科级以上领导干部集中观看“两部法规”等专题辅导片。督促驻在部门单位开展党纪党规知识考试，检验学习效果。组织党员干部参观警示教育基地，强化警示教育。结合述责述廉和自查自纠活动，提高领导干部的廉洁自律意识。

【重要事项监督】 针对驻在部门单位重大问题决策、重要干部任免、重要项目安排、大额资金使用以及干部个人廉政事宜等重要事项进行监督。并以制度形式固定下来，即以事前监督为主，由各驻在部门单位每月7日前报当月事项。2016年，收到预报重要事项1004项，其中事前453项，事中106项，事后445项，实现了监督前置，有的放矢。

【实地督查】 按照落实主体责任要求，每月到驻在部门单位进行实地督查一次，每次确定一至两个重点问题，采取听取汇报、查看会议记录（纪要）、个别谈话等方式进行实地督查。对发现的问题，及时发出书面通报，并跟踪整改落实情况。全年发现各类问题69个，将实地督查结果作半年、年终考核的主要依据。

【巡察工作】 2016年，在区纪委监察局的统一安排下，采取召开动员大会、民主评议、明察暗访、谈话了解、走访外调、列席办公会议、查阅资料等方式，对区政府办公室、共青团垦利区委、区政务服务中心管理办公室、区金融办、区民丰湖管理办公室和区黄河三角洲建设办公室6个单位进行巡察。其间谈话94人，查阅党建和党风廉政建设档案资料500余份，查阅账目250余册，梳理问题30多个。

【“双廉”工作】 2016年，针对驻在部门单位党员干部工作、生活、作风方面的苗头性、倾向性问题，开展廉政谈话125人，通过述责述廉和廉政谈话工作的开展，让驻在部门单位党员干部受警醒、明底线、知敬畏，主动在思想上划出红线、在行为上明确界限，自觉把政治纪律作为行为规范和从政准则，强化了党员干部廉洁意识。

【函询提醒】 实现函来函往常态化，对在实地督查、重要事项监督中发现的问题和苗头，要求相关单位及时整改，并跟进督查整改进展情况。全年下发整改函5件、建议函8件、说明函11件，口头提出建议意见63次。

（李　洁）

区纪委（区监察局）派驻第四纪检组（监察室）

【概况】 主要负责区发改局、区民丰湖管理办公室、区政府办公室、区民生热线、区政务中心、区黄蓝办、区金融办、区物价局、区财政局、区机关事务局10个部门单位的党风廉政建设和反腐败工作的监督检查工作，配合区纪委做好纪律审查工作和区纪委交办的其他工作。

【廉政教育】（一）加强教育，发挥好警示教育监督的作用。督促所联系部门单位开展廉政文化进机关活动，开展多种形式的警示教育，组织所联系单位干部职工学习《清风镜鉴》典型案例，特别是发生在身边的典型案件和案例，使各部门单位从反面教材中汲取教训，增强自身免疫力，改进干部作风。（二）开展述责述廉工作。按照《关于加强派驻纪检组（监察室）例行监督工作的通知》要求，督促指导所监督检查部门单位开展班子成员向全体党员述责述廉和中层干部向班子成员述责述廉活动。及时发现苗头性倾向性问题，促进问题的整改。10个联系部门单位全部完成述责述廉工作。强化党员干部廉政责任意识，让党员干部受警醒、明底线、知敬畏，主动在思想上划出红线、在行为上明确界限，自觉把政治纪律作为行为规范和从政准则。（三）强化“三重一大”事项监督。督导各被监督检查部门单位严格执行民主集中制，对“三重一大”事项严格执行报备制度，实行“一事一记”，形成专门的监督纪实档案，实现全过程监督。全年报备“三重一大”事项61件，职工子女结婚事项报告3件。

【落实“两个责任”】（一）搞好对接，了解所联系单位基本情况。根据中共垦利区纪委、垦利区监察局关于调整派驻机构监督检查单位的通知要求，与调整后的联系单位进行对接，了解各单位基本情况，包括主要职责、机构设置、人员编制、班子成员分工情况，填报中层以上干部基本情况统计表，明确分管领导、联络员，加强双方的沟通交流，强化派驻监督工作的协调配合。（二）突出抓好主体责任的落实。3月底，组织10个联系单位召开党风廉政建设责任制工作会议，研究部署2016年度各单位党风廉政建设工作，就抓好关爱教育、抓好例行监督、抓好主体责任落实、抓好政治纪律和作风建设方面提出要求，要求各部门单位把党风廉政建设摆在突出位置，履行好“一岗双责”责任，将党风廉政建设“主体责任”落到实处。（三）坚持工作例会制度。每季度召开一次工作例会，听取各部门单位党风廉政建设工作情况汇报，共同研究分析工作中存在的问题，及时传达上级纪委和区纪委有关工作精神，部署调度党风廉政建设各项工作。

【纠治“四风”】（一）落实中央八项规定和省市有关规定精神，坚持抓早抓小，紧盯重要时间节点，突出重点领域、关键岗位，开展明察暗访、专项督查和集中检查。全年针对重要节假日、工作纪律执行情况、“三公”经费开支等开展明察暗访3次，（二）完善廉政档案。按照一人一档的要求，督促所联系部门单位，建立中层以上党员干部廉政档案，为有效监督提供保障。（三）开展廉政谈话。对被监督检查单位中层以上干部和重点岗位人员，开展廉政谈话活动，围绕部门单位党风廉政建设工作情况交换意见，开展廉政风险提醒。

【巡察工作】 自2016年4月至7月，对市现代渔业示范区（红光办事处）、县司法局、县环保局、市殡仪馆、县老龄办、县民生热线6个单位开展巡察工作。采取召开动员会，个别座谈、查阅档案资料等方式，共个别座谈134人，查阅财务会议记录等档案材料500余卷。发现存在问题31个并督促整改。

（于 伟）

区纪委（区监察局）派驻第五纪检组（监察室）

【概况】 主要负责区海洋与渔业局、区畜牧局、区农业局、区林业局、区粮食局、区市场监管局、区水利局、区供销社、蓝湖办、现代渔业示范区（红光办事处）等10个单位的党风廉政建设和反腐败工作的监督检查工作，配合区纪委做好违反党纪政纪案件调查工作。

【廉政教育】 （一）发挥模范带头作用。参加各类培训、考察和调研活动，除参加统一组织的学习和“星期六学校”外，自行组织全体人员集中学习相关的法律法规文件；在廉政方面发挥模范带头作用，自觉维护纪检监察机关的整体形象。凡要求各驻在部门干部职工做到的，自己带头执行；凡禁止国家工作人员做的，自己带头遵守。虚心接受各驻在部门干部职工的监督，及时查找工作上、作风上存在的差距和不足，改进工作，树立纪检监察干部的形象。（二）督促各单位开展廉政教育活动，如上廉政党课、观看相关电影教育片、参观廉政教育基地等。

【日常监督管理】（一）明确责任主体，落实“一岗双责”。强化各驻在部门主要领导党风廉政建设第一责任人意识，要求各驻在部门制订领导班子、班子成员责任清单，层层落实党风廉政建设责任，把党风廉政建设与业务工作同部署、同落实、同检查、同考核；及时与各驻在部门主要领导和分管领导沟通谈话，强化党风廉政建设主体责任意识，使各驻在部门领导将廉政建设装在脑子里、落实在行动上。（二）全方位收集、查阅各驻在部门相关资料，对各驻在部门食堂设立情况、科级干部调整及中层正职干部职务变动情况、“三重一大”事项报备情况等及时统计汇总，确保监督时效性。（三）完善“三重一大”事项报告制度，细化报告事项，健全事前报告、事中监督、事后备案的工作机制。全年收到各驻在部门“三重一大”报告事项80余项，对部分重大事项进行跟进监督。（四）每季度开展不少于3次的明察暗访，对各驻在部门的工作作风、工作纪律等情况进行督促检查，促进各驻在部门加强作风建设。（五）对各驻在部门2015年后的84项涉农资金项目进行统计汇总，并对各项惠农政策及资金落实情况进行跟踪监督，确保资金使用公开、公平、公正。（六）督导各驻在部门组织开展科级干部及中层干部述责述廉工作，10个驻在部门共107名科级干部、155名中层干部进行述责述廉。（七）对各驻在部门中层以上领导干部及重点岗位人员进行廉政谈话260余人次。（八）印制《纪检监察法规文件汇编》300本，为各驻在部门中层以上领导干部免费发放。

【执纪监督日】年初印发《关于开展“执纪督导日”活动的实施方案》，根据文件要求，先后3次采取明察暗访、查阅资料、重点谈话等方式对各驻在部门主体责任及“一岗双责”履行情况、年度述职述廉工作开展情况、“三重一大”事项报告和落实情况、备案事项执行情况、纪检监察专项工作落实情况、重点科室执行廉政风险防控情况、重要节点前后各项纪律执行情况等问题进行督导检查。累计召开座谈会12次，个别谈话50余人，查阅资料300余卷，发现问题10余条，并印发专项检查通报，及时反馈到各驻在部门，责令限期整改。

【巡察工作】按照《2016年度巡察工作实施方案》于2016年5月5日至8月12日，对垦东办事处、统计局、油区工作委员会、总工会、妇联、科协开展巡察工作。巡察期间组织召开动员会6次，个别谈话90余人次，发放调查问卷和民主测评表260余份，查阅档案300余卷。对2015年被巡察单位（区交通运输局、区残联、区安监局）开展回访，实地调查2015年巡查反馈意见的整改落实情况，确保整改落到实处。

（宁青青）

区纪委（区监察局）派驻第六纪检组（监察室）

【概况】主要负责区教育局、区卫计局、区红十字会、垦利一中、区职业中专、区实验中学、区实验一小、区实验二小、区人民医院、区疾控中心、区妇幼计生服务中心11个单位党风廉政建设情况的日常监督检查工作，做好区纪委交办的其他工作。

【落实“主体责任”】按照“落实党风廉政建设责任制，党委负主体责任，纪委负监督责任”要求，积极探索，强化监督。召开党风廉政建设工作会议，和11个驻在单位主要负责人签订《党风廉政建设承诺书》，并要求各派驻单位层层签订，督导各驻在单位制定党风廉政建设实施方案并落实，推进主体责任落实。积极对接，掌握各驻在单位权力运行情况和廉政风险点，根据工作需要，不定期开展例行监督，采取相关措施，督促驻在部门单位党组织落实党风廉政建设主体责任，严格履行班子成员“一岗双责”，强化全面从严治党主体责任意识。督导各驻在单位开展述责述廉工作，做好重点领域、关键环节、重要岗位的廉政风险防控工作，及时纠正存在的苗头性倾向性问题。

【“三重一大”事项监督】 （一）重新修订完善印发《垦利县纪委派驻第六纪检组“三重一大”事项监督工作实施办法》，并要求各驻在单位制定完善本单位“三重一大”事项管理制度，加强对事前、事中和事后的监督，明确监督重点和监督程序，强化了对驻在单位“三重一大”实施过程的有效监督。（二）实行“三重一大”事项月报备通报制度，对收到的“三重一大”事项报备情况进行分析，制定相应的监督方案，对重要事项进行跟踪监督，抓早抓小，推动驻在单位主体责任落实常态化。3月，共报送重要事项371项，发出通报10次。（三）把各驻在单位“三重一大”事项决策报备制度执行情况作为履行党组织主体责任和党风廉政建设责任制检查考核的重要内容，强化责任追究，确保“三重一大”事项监督工作的实施。

【巡察工作】 5月6日至7月31日，对市场监督管理局、档案局、招商局、旅游局、商务局、工商联6个单位开展巡察工作。根据被巡察单位的业务工作和责任目标，明确和把握巡察的重点内容，通过进行民主测评、开展个别谈话、受理群众来信来访、查阅有关资料账册等方式，按照巡察办法规定的程序开展工作，发现问题，形成震慑。巡察结束后及时汇总、梳理、分析，并形成巡察报告和反馈意见。巡察共完成谈话130余人次，调阅材料600余份，发放民主测评表211份，走访服务对象62人，发现问题33个。

3月18日，召开统管派驻部门单位党风廉政建设工作会议

【创新工作】 制定印发《关于在统管派驻单位实行“查防结合，推动主体责任落实”实施方案》。在党风廉政建设工作会议上进行重点部署，监督驻在单位强化主体责任，立足解决问题，建章立制。紧扣时间节点，细化工作任务，针对重要会议的贯彻落实、“三重一大”事项实施、廉政风险防控、党风廉政建设责任状签订、党务政务公开、办公用房使用、述责述廉工作开展等

11月25日，开展“党规党纪”学习教育知识竞赛

情况开展监督检查。根据监督检查情况进行汇总分析，发现问题并形成检查通报，要求各驻在单位限期整改，确保监督实效。2016年共发布通报2次，发现问题28项。

【廉政教育】 督导各驻在单位区分廉政教育对象、内容、方式，有针对性开展分类廉政教育，切实增强党员干部廉洁从政意识和拒腐防变能力，营造崇尚廉洁的社会氛围。组织各驻在单位集中观看“两部党内法规”专题辅导视频片，督导各驻在单位集中开展党规党纪学习教育，不断增强党员干部纪律规矩意识，始终保持清正廉洁的政治本色。

（侯永信）

垦利区人民政府

【县（区）政府常务会议】 1月4日，十三届县政府第42次常务会议召开。会议通报《2015年领导干部经济责任审计情况报告》；研究《垦利县成品油市场专项整治行动实施方案》；听取县政府办公室关于2016年为民办实事工程汇总情况的汇报，县卫生计生局关于解决老年乡村医生生活补助有关问题的汇报，县财政局关于2015年财政收支预计完成情况和2016年财政预算草编情况的汇报，县政府领导成员近期工作安排意见；研究部署当前政府重点工作。

2月23日，十三届县政府第43次常务会议召开。会议听取县编办关于全市政府职能转变工作调度会议精神及全县贯彻落实意见的汇报，县发展改革局关于2016年县重点项目手续办理情况和关于垦利县承担的2016年市重点建设项目实施计划的汇报，县政府办公室关于2016年为民办实事工程实施方案汇总情况的汇报，县监察局关于给予有关人员处分的汇报；研究《关于规范引导农村土地经营权有序流转加快发展农业适度规模经营的实施意见》；听取县政府领导成员近期工作安排意见，研究当前政府重点工作。

3月14日，十三届县政府第44次常务会议召开。会议听取县安委会办公室关于全县安全生产工作情况的汇报，研究《关于2016年全县安全生产工作的实施意见》；听取县招商局关于全县招商引资工作情况的汇报，研究《2016年全县招商引资工作方案》；听取县商务局关于全县外经贸工作有关情况的汇报，县政务服务中心管理办公室关于整合建立统一公共资源交易平台有关情况的汇报，县政府领导成员近期工作安排意见，研究当前政府重点工作。

5月3日，十三届县政府第45次常务会议召开。会议研究《垦利县安全生产约谈制度》《垦利县安全生产举报管理办法》《垦利县安全生产重大事故隐患挂牌督办办法》《垦利县生产经营单位安全生产不良记录“黑名单”管理暂行办法》《垦利县安全生产“一票否决”办法》《垦利县生产经营单位安全生产主体责任实施细则》；听取县环保局关于全市河流污染治理专题会议和水汽污染整治专项行动现场推进会议精神及垦利县贯彻落实意见的汇报，研究《垦利县水气环境质量考核责任追究办法》《垦利县河流水质考核办法（试行）》《垦利县环境空气质量考核办法（试行）》；听取县经济和信息化局关于全县工业经济运行情况的汇报；传达全市化工产业转型升级调度会议和《东营市人民政府关于调整化工产业布局的意见》精神，听取县经济和信息化局关于“三评级一评价”结果有关情况的汇报；听取县政务服务中心管理办公室关于建立市场监管、国税、地税联合服务场所有关情况的汇报；研究《垦利县胜坨镇胜利新型农村社区山东海利丰地源热泵有限责任公司地热供暖机房“1·7”一般爆炸事故调查报告》；研究当前政府重点工作。

5月30日，十三届县政府第46次常务会议召开。会议研究《2016年垦利县消防工作重点任务》；听取县民政局关于全县城市社区居民委员会建设有关情况的汇报；听取县监察局关于给予有关人员处分的汇报；听取县政府领导成员近期工作安排意见，研究当前政府重点工作。

6月6日，十三届县政府第47次常务会议召开。会议研究《垦利县生产经营单位落实安全生产主体责任量化考核管理办法（试行）》《关于实行镇（街道）安全生产量化管理的意见》《垦利县安全生产工作联动机制规定》《垦利县安全生产监督检查计划管理办法》《垦利县安全生产监督检查工作规程（试行）》《关于建立健全生产安全事故应急处置联动机制的意见》；研究《关于进一步加强国土资源管理的意见》；听取县公安局关于全市禁毒工作紧急调度会议精神及垦利县贯彻落实意见的汇报；听取县妇联关于对青垦路加油站和原第三幼儿园进行处理的汇报；听取县财政局关于兴达新能源有限公司垫付公共配套工程款情况的汇报；听取县政府领导成员近期工作安排意见，研究当前政府重点工作。

6月27日，十三届县政府第48次常务会议召开。会议研究《垦利县政府投资项目审计办法（试行）》；研究《垦利县农村干部任中经济责任审计工作方案》；听取县财政局关于成立东营青银发展基金（有限合伙）有关问题的汇报；听取永安镇政府关于永安镇四合村和六十户村搬迁改造有关情况的汇报；通报2016年1～5月全县水气环境质量情况，学习有关环保政策法规；听取县政府领导成员近期工作安排意见，研究当前政府重点工作。

7月11日，十三届县政府第49次常务会议召开。会议听取县黄河三角洲建设办公室关于加快推进融入京津冀协同发展战略工作有关情况的汇报，研究《加快融入京津冀协同发展战略工作方案》。研究《垦利县网格化环境监管运行管理制度（试行）》。听取县金融办关于全市规模企业规范化公司制改制工作会议精神及垦利县贯彻落实意见的汇报。研究《关于深化供销合作社综合改革的实施意见》。听取县城投公司关于成立县政府投资项目招标代理机构的汇报。研究《关于规范县级行政事业单位国有不动产出租出借工作的通知》。研究各镇政府、街道办事处当前重点工作。

7月11日，十三届县政府第50次常务会议召开。会议传达《山东省人民政府关于调整东营市部分行政区划的通知》（鲁政字〔2016〕156号）。听取县民政局关于撤县设区工作有关情况的汇报。研究《关于撤县设区工作的实施意见》。研究县政府向县人大《关于垦利县撤县设区情况的报告》。

8月15日，十三届区政府第51次常务会议召开。会议听取区政府办公室关于2016年市、区重点项目和为民办实事工程进展情况的汇报。研究《关于完善矛盾纠纷多元化解机制构建大调解体系的实施意见》《垦利区群体性上访事件处置工作方案》《关于进一步做好农民工工资支付工作的意见》《东营市垦利区政府重大行政决策合法性审查办法》。听取区人力资源社会保障局关于调整人民警察警衔津贴标准的汇报。传达《省委办公厅省政府办公厅关于印发〈山东省各级党委、政府及有关部门环境保护工作职责（试行）〉的通知》（鲁厅字〔2016〕25号）精神，会议要求，各级各部门、单位要借鉴上级先进经验，认真梳理研究各项重点工作，细化分解任务，层层落实责任，形成推进工作的合力。听取区监察局关于按期解除有关人员行政处分的汇报。听取区政府领导成员近期工作安排意见，研究当前政府重点工作。

9月18日，十三届区政府第52次常务会议召开。会议研究《东营市垦利区2016－2020年依法治区规划》《关于在全区公民中开展法治宣传教育的第七个五年规划（2016－2020年）》《2016年政务公开重点工作及责任分工》《关于贯彻落实粮食安全责任制的实施意见》。听取区卫生计生局关于全国卫生与健康大会精神及垦利区贯彻落实意见的汇报，研究《关于进一步加强新时期爱国卫生工作的实施意见》。听取区物价管理办公室关于城区水价调整方案有关情况的汇报。听取区民政局关于设立书苑、惠园和安园社区居民委员会有关情况的汇报。听取区政府领导成员近期工作安排意见，研究当前政府重点工作。

10月18日，十三届区政府第53次常务会议。会议研究《关于2017年度农水会战实施意见》；听取区政府办公室关于拟列入2017年基本建设和政府采购类项目有关情况的汇报；研究《垦利区人民政府重大行政决策听取人大代表意见制度》和《垦利区人民政府加强与区人大代表联系制度》。

11月7日，十三届区政府第54次常务会议召开。会议传达市安委会办公室关于广饶县“11.4”较大道路交通事故情况的通报，研究《全区安全生产隐患大排查大整治活动实施方案》和《2016年度安全生产考核实施细则》；研究《东营市垦利区社会信用体系建设规划（2016—2020年）》《东营市垦利区创建山东省社会信用体系建设试点示范城市实施方案》《东营市垦利区社会信用体系建设工作任务分工》；研究《东营市垦利区法治政府建设实施方案（2016—2020年）》；听取区发展改革局关于前三季度全区经济运行情况的汇报和区财政局关于全区财政运行情况的汇报；研究《垦利区加强旅游市场综合监管工作方案》；研究《垦利区建设项目区域化评估评审工作实施方案》；听取区人力资源社会保障局关于机关事业单位工作人员发放精神文明奖有关情况的汇报。

12月26日，十三届区政府第55次常务会议召开。会议听取区发展改革局、区住房城乡规划建设局、区财政局、区政府办公室关于2017年度重点项目、政府投资项目和为民办实事工程汇总情况的汇报；听取区国土资源局关于2016年国家土地督察济南局例行督察发现问题整改专项行动进展情况的汇报；听取区政府领导成员近期工作安排意见，研究当前政府重点工作。

【县（区）长办公会议】 1月11日，十三届县政府第110次县长办公会议召开。会议研究《关于提升现代化黄河口生态新城规划建设管理水平的意见》《关于2016年春节前走访救助困难群众活动的安排意见》；听取县教育局关于增加校车运营考核奖励资金与乘坐险保费的汇报。

1月18日，十三届县政府第111次县长办公会议召开。会议听取县发展改革局关于全县政府投资项目招标代理机构有关情况的汇报、县监察局关于给予有关人员处分的汇报、县政府领导成员近期工作安排意见，研究当前政府重点工作。

2月3日，十三届县政府第112次县长办公会议召开。会议研究确定《县政府领导同志工作分工方案》；研究部署当前政府重点工作。

2月23日，十三届县政府第113次县长办公会议召开。会议就抓好企业复工、认真分解落实任务、抓好新建项目开工、抓好安全生产工作、抓好环境保护工作、抓好社会稳定工作、做好政府工作会议筹备工作、抓好招商引资工作、梳理好2016年重点工作、处理好热点难点问题十个方面的工作进行研究安排并提出具体要求。

3月7日，十三届县政府第114次县长办公会议召开。会议就做好社会稳定工作、抓好安全生产工作、做好化工行业“三评级一评价”工作、配合好上级各类督导检查、抓好项目开工、做好各类审计配合和整改工作六个方面的工作进行研究部署。

4月5日，十三届县政府第117次县长办公会议召开。会议听取县财政局关于以政府与社会资本合作模式（PPP）实施垦利县卫生体育设施及配套工程的汇报；研究《关于合理确定并严格规范县属企业负责人履职待遇、业务支出的意见》；听取县政务服务中心管理办公室关于全县公共资源交易中心建设有关情况的汇报；研究《垦利县三年增绿补助政策》；听取县民政局关于提高全县一至四级残疾军人护理费的汇报；听取县政府领导成员近期工作安排意见，研究当前政府重点工作。

4月11日，十三届县政府第118次县长办公会议召开。会议研究《2016年垦利县事业单位公开招聘工作人员实施方案》；听取县教育局关于全县中小学招聘合同制教师有关情况的汇报；听取县卫生计生局关于全县二类疫苗管理有关情况的汇报；听取县政府领导成员近期工作安排意见，研究当前政府重点工作。

4月18日，十三届县政府第119次县长办公会议召开。会议就高度重视社会稳定、依法维护社会秩序，抓好营改增前期工作，做好审计和土地督察相关工作，强力推进项目建设等工作进行研究、作出部署安排。

4月25日，十三届县政府第120次县长办公会议召开。会议听取县国土资源局关于国家土地督察济南局例行督察有关情况的汇报；听取县政府领导成员近期工作安排意见，研究当前政府重点工作。

5月9日，十三届县政府第121次县长办公会议召开。会议听取县编办关于全市机构编制工作暨综合行政执法体制改革会议精神及垦利县贯彻落实意见的汇报，研究《垦利县综合行政执法体制改革试点方案》；听取县拆违治乱专项行动领导小组办公室关于全市拆违治乱工作调度会议精神及垦利县贯彻落实意见的汇报；研究《关于进一步规范上报事项工作规程的通知》；传达2015年度全市综合考核结果；研究当前政府重点工作。

5月23日，十三届县政府第122次县长办公会议召开。会议听取县公安局关于全省禁毒工作电视电话会议精神及垦利县贯彻落实意见的汇报；听取县物价管理办公室关于对山东天龙环保科技公司垦利分公司垃圾处理费监审有关情况的汇报；听取县安监局关于明确非法储存、销售成品油行为监管问题及关于界定永安镇盛元拓展训练基地项目行业监管单位的汇报；听取县发展改革局关于2016年第二批重点项目和政府投资项目汇总情况的汇报；听取县统计局关于全市统计工作会议和第三次农业普查领导小组全体（扩大）会议精神及垦利县贯彻落实意见的汇报；研究《关于优化拆违治乱工作环境的通知》；听取县财政局关于垦利县被列入现代预算制度改革试点范围有关情况的汇报，研究《垦利县县级现代预算制度改革试点方案》；研究当前政府重点工作。

6月12日，十三届县政府第123次县长办公会议召开。会议就要坚定不移地抓好成品油市场专项整治，抓好拆违治乱和户外广告牌专项整治，抓好水气污染治理和国务院环保督政迎检工作，做好政府融资和财政收支工作，加快推进道路建设工程，抓好禁毒工作，抓好抗旱防汛工作，做好全市城市生态环境建设年现场观摩准备工作，做好未批先建项目手续补办工作，抓好黄河口现代农业示范区管理工作，抓好教育工作，抓好卫生体育设施及配套工程PPP项目建设，抓好全国健康促进县创建工作十三项工作提出要求。

6月20日，十三届县政府第124次县长办公会议召开。会议听取县车改办、机关事务管理局、财政局、人力资源社会保障局关于全县党政机关公务用车制度改革有关情况的汇报；研究《关于集中开展打击恶意逃废金融机构债务和非法追债行为专项行动的实施方案》和《关于集中开展打击恶意逃废金融机构债务和非法追债行为专项行动的通告》；研究《2016年度黄蓝经济区区域发展战略推进目标任务责任分工》；听取县监察局关于按期解除有关人员行政处分的汇报；听取县政府领导成员近期工作安排意见，研究当前政府重点工作。

7月11日，十三届县政府第125次县长办公会议召开。会议就开展半年工作“回头看”，做好学校暑期相关工作，巩固好成品油市场专项整治成果，善始善终地完成建购职工住房审计整改，安排好公务用车制度改革后续工作，加快重点项目和重点工作推进速度六项工作提出要求。

8月1日，十三届县政府第126次县长办公会议召开。会议研究通过《关于加强城乡社区协商的实施意见》《垦利县扶贫小额信贷工作暂行办法》《关于推进分级诊疗制度建设的实施意见》《垦利县地方史志事业发展规划纲要（2016－2020年）》。会议听取县政府领导成员近期工作安排意见，研究当前政府重点工作。

8月29日，十三届区政府第127次区长办公会议召开。会议听取区畜牧局关于牧原公司100万头/年生猪养殖项目的汇报。研究《2016年垦利区农机购置补贴工作实施方案补充细则》《支持规模企业规范化公司制改制和企业上市挂牌若干政策措施》。听取区公安局关于全区“平安行·你我他”行动进展情况的汇报。听取区财政局关于对东营市垦利区污水处理项目推行PPP模式的汇报和区市场监管局关于市食品安全委员会全体会议暨全市食品药品安全工作会议精神及垦利区贯彻落实意见的汇报。听取区人力资源社会保障局关于调整公益性岗位工作人员工资有关情况的汇报。研究《垦利县农业生产资料公司改革方案》并原则同意该《方案》。听取区政府领导成员近期工作安排意见，研究当前政府重点工作。

9月5日，十三届区政府第128次区长办公会议召开。会议研究《东营市垦利区党政机关国内公务接待实施细则》。听取区政府领导成员近期工作安排意见，研究当前政府重点工作。

10月8日，十三届区政府第130次区长办公会议召开。会议研究《关于鼓励科技创新的实施办法》；研究《东营市垦利区区直机关差旅费管理办法》；听取区政府领导成员近期工作安排意见，研究当前政府重点工作。

10月21日，十三届区政府第131次区长办公会议召开。会议研究《东营市垦利区实施三年增绿计划建设绿色生态垦利2017年实施方案》；研究《东营市垦利区加快推进煤炭清洁高效利用工作方案》和《东营市垦利区散煤清洁化治理实施方案》；研究《2016年上半年全区安全生产工作存在问题整改意见》；听取区国土资源局关于以政府购买服务方式实施土地整治项目的汇报；听取区政府领导成员近期工作安排意见，研究当前政府重点工作。

11月14日，十三届区政府第132次区长办公会议召开。会议研究《东营市垦利区全民科学素质行动计划纲要实施方案（2016－2020年）》；研究《垦利区推进新型城镇化近期工作重点》；研究《关于扶贫资金投资商业资产实现稳定收益的实施意见》；研究《东营市垦利区公路铁路沿线环境综合治理工作方案》；研究《垦利区统筹贷款管理办法（试行）》；听取区综合执法局关于区综合执法局工作开展情况的汇报；听取区政府领导成员近期工作安排意见，研究当前政府重点工作。

11月21日，十三届区政府第133次区长办公会议召开。会议听取区编办、区财政局、区人力资源社会保障局关于分类推进事业单位改革有关情况的汇报；研究《关于贯彻落实国办发〔2016〕13号及鲁政办发〔2016〕47号文件促进二手车便利交易的实施意见》；听取区档案局关于区综合档案馆建设工作有关情况的汇报；听取区物价管理办公室关于居民小区高层二次供水管理费用问题的汇报；听取区政府领导成员近期工作安排意见，研究当前政府重点工作。

11月28日，十三届区政府第134次区长办公会议召开。会议听取区安监局关于全国全省全市安全生产电视电话会议精神及垦利区贯彻落实意见的汇报；研究《关于转发<东营市人民政府关于印发东营市医疗救助办法的通知>的通知》；听取区人力资源社会保障局关于提高全区居民基本养老保险基础养老金标准的汇报；听取区政府领导成员近期工作安排意见，研究当前政府重点工作。

12月5日，十三届区政府第135次区长办公会议召开。会议通报垦利区“12·3”火灾事故情况，传达全市“12·3”火灾事故处置现场调度会议精神；听取区政府领导成员近期工作安排意见，研究当前政府重点工作。

【区政府办公室工作】 2016年，区政府值班室和秘书股获2016年度青年文明号称号，区政府办公室被评为“省级文明单位”。

文秘工作 （一）提升综合文字水平。完成政府工作报告、经济工作会议讲话等各类讲话、汇报260余篇。（二）坚持超前服务，提升调查研究水平。围绕领导关心、群众关注的热点难点问题，到镇街、部门开展调查研究，查找问题，分析原因，提出有针对性的意见和建议，为领导决策提供参考。全年撰写调研报告30篇，印发《内部情况交流》20期；在全市“新常态下的行政体制改革和机构编制管理工作”主题征文活动中，获二等奖1篇，三等奖7篇；《关于垦利区行政审批工作开展情况的调研报告》等7篇调研报告在《黄河三角洲研究》上发表。（三）坚持优质高效，提升政务信息水平。围绕上级出台的政策、领导关注的热点、外地的先进经验等，创新信息采编形式，编印信息，共编发各类信息刊物230期，为领导掌握情况、指导工作、科学决策提供参考。

综合协调 （一）协调领导活动。在协调领导调研活动时，统筹做好通知、路线、会务、视察点等方面的协调安排，做到活动前早计划、早安排、早筹备，活动中多协调、多沟通、勤服务，活动后勤督促、常检查、抓落实，全年协调安排区政府领导调研90余次。（二）办文办会。严格公文运转程序，完善发文审批制度，规范部门提报流程，全年制发各类文件200余份，文件发行更加规范；细化各类会议筹备流程，会前把关会议材料，会后及时撰写会议纪要，确保会议成效。（三）后勤服务。严格遵守各项规章制度，做好公务接待工作，完成各项接待任务。在第六届黄河三角洲国际生态农业博览会中发挥牵头协调作用，确保活动有序进行。完成公务用车改革，在规定时间内全部完成住房审计整改房款收缴任务。（四）政务督查。以《政府工作报告》和全区重点项目、为民办实事工程为抓手，真督实查，狠抓落实，办理各类政务督查事项3200余项，现场督促检查50余次，办理市、区人大代表建议和政协委员提案、社情民意239件，确保了领导决策落到实处、群众诉求得到解决。

政府运转 （一）做好电子政务工作。推进全区政务公开，通过区政府门户网站累计发布各类信息8000余条，增强了政府工作透明度和公信力。加强政府网站、协同办公和办公室内部OA系统的日常管理，通过协同办公系统发文5 万余件，内部OA处理公文4000余件，全区政务网络稳定高速运转。（二）做好法制工作。做好规范性文件、涉法文件、合同的审查工作，全年审查各类涉法文件、合同500余件；开展行政复议，受理行政复议案件29件，全部审结；做好行政应诉工作，参与行政应诉案件12件，审结4件，全部胜诉。（三）做好应急值守工作。加强值班调度，不断完善值班程序，做到联系及时、指挥畅通、协调有力，妥善处置“6·15胜坨镇丰收路天然气管道泄漏”等突发事件。

（区政府办公室）

【**2016年为民办实事工程**】 2016年，县委、县政府确定实施10件19项为民办实事工程项目，计划总投资226758万元，年度投资112178万元。（一）教育惠民工程。计划总投资2875万元，年度投资2075万元。共2个项目。①县实验三小配套建设。②锦霞新城幼儿园建设。（二）县医院提升改造。计划总投资3600万元，年度投资1900万元。共2个项目。①县医院综合楼建设。②县医院信息化建设。（三）无线数字电视全覆盖。计划总投资317万元，年度投资317万元。（四）公共安全建设。计划总投资1559万元，年度投资1559万元。共4个项目。①消防安全提升工程。②交通安全基础设施建设。③视频监控更新维护暨补点建设。④食品安全智慧监管工程。（五）创业促就业工程。计划总投资1361万元，年度投资1361万元。共2个项目。①落实创业带动就业补贴，实施小额担保贷款贴息。②实施创业培训。（六）新型农村社区建设。计划总投资207600万元，年度投资102482万元。共3个项目。①胜利新型农村社区续建项目。②杨庙新型农村社区续建项目。③胜坨镇尚庄、孙家村“增减挂”安置区建设项目。（七）城市老旧小区改造。计划总投资4500万元，年度投资600万元。（八）农村公路安全生命防护工程。计划总投资1200万元，年度投资1200万元。（九）公共自行车服务试点工程。计划总投资120万元，年度投资120万元。（十）城区公厕和农村旱厕改造提升。计划总投资3626万元，年度投资564万元。共2个项目。①城区公厕新建及改造。②农村旱厕改造。

【**行政审批**】 垦利区政务服务中心管理办公室主要负责组织协调、监督管理政府部门进驻行政许可和公共服务事项，指导监督部门单独设立的办事大厅，对全区公共资源交易活动实施日常组织和管理，承担省市区三级政务服务平台的互联互通，完善网络公共服务体系建设。区政务服务中心大厅位于垦利区商务大厦附楼一楼，总面积约2000平方米，共进驻12个行政审批部门，设有47个审批服务窗口，另外在区人力资源和社会保障局、农业局等单位设有10个分大厅（含西郊分大厅）。区公共资源交易中心位于原住建局办公楼，内部设置相对独立的综合服务区、开标区、

7月1日，庆祝建党95周年宣誓活动（高涵）

评标区三大功能区域，从功能布局到设备先进程度及涉密性要求，均处于全市一流水平。2月29日，县政务服务中心管理办公室被市残联表彰为2015年度全市无障碍环境建设工作先进单位。

政务服务环境 率先在全市完成全省政务服务平台省、市、区三级互联互通，将涉及36个部门的266项行政许可事项纳入网上政务服务平台。科学编制四类104项为企业项目量身打造的服务指南，使企业办事有据可依。推进联审联批，变串联审批为并联审批。精简优化服务流程，率先在全市推行“五证合一”，协调垦利街道派出所户籍室、区公安局户政中队、区房产交易中心、区广电网络进驻政务服务中心办公，方便了城区群众办理相关业务。创新重点工程项目服务模式，带领有关部门窗口人员到开发区、西郊服务区、董集镇和郝家镇等基层一线，现场为金钊源仓储物流中心、宝德汽车服务、百通工贸、奥迪4S店等10个项目开展主动上门服务21次，现场解答企业手续办理中存在的问题，集中办理手续90个。

公共资源交易中心平台 在多次赴先进地区考察学习的基础上，克服时间紧、任务重、压力大等困难，完成交易中心平台改造工程。高起点谋划研究，制定交易平台管理运行体制机制、内部管理制度和运行模式，打造“阳光交易、廉洁平台”文化服务品牌。建设公共资源电子交易系统，实现交易各环节的网络化、程序化、电子化封闭运行，并全程电子监控，有效提高公共资源交易的规范性、高效性和公平公正。

区镇村三级政务服务体系建设 印发《关于加强全区便民服务体系建设的通知》，对基层便民中心硬件建设标准、规章制度、入驻事项、办理流程等重新进行规范。开展ISO 9001质量管理体系认证和“五个一”规范化、标准化创建，年内完成永安镇惠丰社区便民服务中心和14个村级便民服务站示范点的创建，争取上级无偿补助资金28万元。

（马　腾）

【调查研究】 **起草各类文字材料** 一是注重积累。平时加强对中央、省、市政策文件和各级领导讲话的学习，主动研究学习外地PPP模式、招商引资等方面

8月4日，到西郊服务区送服务（杜静）

先进做法，及时整理总结区政府领导的讲话。二是争取主动。对经济工作会议、廉政工作会议等常规性大型会议，根据会议时间安排，提前组织材料起草，做到行动早、秩序好、质量高。三是精益求精。对每一份文稿都坚持精益求精、认真负责，严把政策法规、语言文字等各个关口，力争内容翔实，说法准确，符合领导思路，有较强的操作性和指导性。2016年，起草政府工作报告、经济工作会议等各类讲话、汇报260余篇。

开展调查研究 围绕经济转型、项目建设等重点工作，到镇街、部门调研，分析问题，提出有针对性的意见和建议，为领导决策提供参考。2016年，印发《内部情况交流》20期，撰写调研报告30篇；《关于垦利区行政审批工作开展情况的调研报告》等7篇调研报告在《黄河三角洲研究》上发表；在全市“新常态下的行政体制改革和机构编制管理工作”主题征文活动中，获二等奖1篇，三等奖7篇。

协调服务 在协调领导调研活动时，统筹做好通知、路线、会务、视察点等方面的协调安排，做到活动前早计划、早安排、早筹备，活动中多协调、多沟通、勤服务，活动后勤督促、常检查、抓落实。

（丁宏刚）

【油区工作】 垦利区油区工作委员会为区直属事业单位，负责做好油区工作，促进全区经济发展；负责维护、治理、辖区内的油区秩序，协调处理工农关系；负责辖区内原油的协调、运输和管理；负责油区巡逻、稽查和整顿工作。在岗在编人员37人。机关设置办公室、财务股、能源管理办公室、工农股、油地结合股、管道监管股、边缘井管理股7个职能股室。下设油田物资稽查大队1个直属副科级事业单位。

能源生产管理 面对油田生产“下行压力”，坚定协调油田推动地方发展定力，带领大家战“寒冬”、创效益，实现能源生产顺利交接、规范经营。按照省长批示精神，“协议油”生产顺利交接油气公司经营，运行几个月时间，能源、捞油、押运、化验、监控、销售各环节全部并轨，公司经营行为逐步规范，实现安全环保有效监管、照章依法纳税、公开竞拍原油、严格依法经营的良好局面，经济效益稳步提升。一线人员坚守岗位，确保单井正常运转。升级维护井场设施、严管运输车辆、健全规章制度、狠抓薄弱环节，安全生产工作扎实稳定，管理漏洞有效堵塞。应对协调油田难度加大的严峻形势，各片分管领导及工作人员顶住压力，广求援、狠协调，竭力争取油田对垦利区发展的支持和帮助。

工农协调 完善“超前、跟踪、善后、规范”服务模式，确保油田施工及地方重点工程实施。2016年，累计清理违碍树木1000余棵，确保油田生产安全。对涉及垦利区的油田单位施工作业全面登记、备案，严格规范办理油田施工作业核准证42份，保障油田物探施工。协调油田配合，搞好设施迁占，确保孤永东改线等地方重点工程的实施完成，为垦利发展提供保障。妥善处理矛盾纠纷120余起，高效兑付青赔款，切实维护群众的正当利益，争取油田、地方、群众都满意。

9月8日，工农工作现场调研

9月23日，油工委“油地同心 和谐共赢”消夏晚会

油气管道监管整治 为确保203处整治任务的完成，按照轻重缓急，制定整改方案，按时间节点严格推进，对完成任务挂账销号。2016年累计完成安全隐患整治239处，制止违章占压23处，超额完成任务指标。对老旧管道、穿越管道改建工程，特别是孤罗东、孤永东输油管线，与油田企业加强协调对接，推动工程进度。至年前，孤永东输油管线完成施工并投产使用，孤罗东输油管线也在按部就班、加快改建。在新管线投入使用前，为确保老管线安全运行，切实履行油气管道保护监管职责，协调管道企业加强巡护检查，落实防范措施，确保绝对安全，遏制事故发生。

油区稽查 结合2016年全市组织开展的“大排查快整治严执法”行动，配合区公安局，联合油田护卫队，充实配强稽查力量，在辖管范围内重点区域设置必巡点、守望点，加强重点单井巡护，强化涉油区域警灯威慑，打击非法原油收购点、“三小一点”、私拉乱接油田水电气、打孔盗油等不法涉油行为。同时结合当前油区治安形势，充分利用技术监控手段，对油区治安防范辖区做到无缝隙覆盖，确保发现问题能够迅速处理。

其他工作 办公室、财务股、能源管理办公室、工农股、边缘井管理站、管道监督管理股、油地结合股等各股室严格按照工作要求，发挥工作职能，完成各项任务。作为区油区工委直属事业单位，区油田物资稽查大队严格履行职责任务，发挥在维护油区治安方面的作用，日常加强军事化管理，定期开展应急管理演练；定期开展整治行动，取缔非法“三小一点”，查处无证私自回收落地原油的不法行为；加强油区内部监督和保卫工作，防止油田设施、物资、器材被盗及外流，防止哄抢油田物资现象的发生；协助油田有关部门加强对水、电、气使用的管理、监督和检查工作，查处私拉乱接油田水、电、气行为；加强油区治安法规宣传，营造维护油区治安强大声势和共促油区和谐浓厚氛围。

（司艳霞　王　红）

【民族宗教】 **民族团结进步宣传教育和创建活动** （一）加强正面舆论引导，强化民族团结进步宣传教育。创新活动形式，在广场、机关、学校等公共场所，通过图片展示、发放宣传材料、LED显示屏、悬挂标语横幅等形式，开展2016年民族团结进步宣传月活动，强化党的民族政策宣传教育。组织推选少数民族模范典型人物，宣传民族团结进步模范事迹。11月，承办全市“奉献社会 关心关爱 促进民族团结进步”主题宣讲活动。（二）开展民族团结进步创建活动。坚持重在平时、重在基层，把握问题导向，把创建活动与解决少数民族群众最关心、最直接、最现实的利益问题紧密结合起来，以促进民族团结、改善民生、提高服务水平为目标，创新工作方法，完善服务机制，提高创建活动实效。建立健全网格管理体系。通过完善数据库、成立少数民族志愿服务队、经常性开展文体活动等形式，丰富民族团结进步创建活动的内容，涌现出和平社区、书香社区、胜兴社区等典型。（三）加强组织领导，健全规章制度，提高处理民族事务的能力。2016年，制订《关于加强和改进新形势下民族工作的实施意见》，修订《垦利区民族宗教方面群体性事件应急预案》，完善民族宗教工作领导小组成员名单，提高了处理民族事务的综合能力。坚持涉及民族宗教因素的矛盾纠纷属地定期排查制度和民族宗教关系研判分析制度，把矛盾纠纷解决在基层、解决在萌芽状态。加强清真食品的监管，定期联合有关部门开展清真食品安全执法检查，确保清真市场的规范有序。

4月8日，全市宗教活动场所财务监管工作现场会在垦利县举行

少数民族经济社会事业发展 （一）落实民品优惠政策，促进民品工作规范化、制度化。2016年度，帮助民品企业争取国家财政贴息资金5102万元。区民宗局加强对民品优惠政策的监督检查，督促民品企业落实民品工作“五项制度”，扶持发展少数民族经济社会事业，发挥民品企业在推动少数民族经济社会发展中的示范带动作用，促进了民品工作制度化、规范化。（二）实施助推民族经济发展工程，促进少数民族群众致富。在全区实施“民品企业+合作社+少数民族户”三位一体的助推模式，引导民品企业通过产业链、资金链和信息链带动农村少数民族脱贫致富，成立3家少数民族种养殖合作社，为少数民族致富提供更宽广的渠道。区财政拨款10万元，3家民品企业联合成立助推少数民族经济发展专项资金理事会，出资450万元，专门为少数民族扶贫提供资金支持。2016年，为少数民族合作社及少数民族种养殖示范户发放各类扶持资金累计26.1万元，为10名少数民族贫困群众发放救助资金3万元，为尚慧农作物种植合作社基础设施项目提供帮扶资金45万元，少数民族农户人均增收2.5万元左右，涌现出6户少数民族示范带头户。

宗教事务管理 （一）开展“规范年”和谐宗教活动场所创建活动。一是指导宗教团体、宗教活动场所和宗教教职人员开展问题查摆，制定问题清单，进行梳理分类，分析问题产生的原因，有针对性地制定整改措施，建立整改台账；二是组织宗教界开展“双三好”创建活动，引导各宗教活动场所和宗教界人士树立争先创优意识，规范宗教管理。2016年年底，组织开展全区宗教活动场所互观互检互学活动，20多名宗教团体、宗教场所负责人参加。通过民主测评、现场查看等方式评选出“三好”宗教活动场所6处，“三好”宗教

垦利县基督教第三次代表大会

11月2日，全市“奉献社会 关心关爱 促进民族团结进步”主题宣讲活动在垦利区广播电视台演播大厅举办

人士22人；三是排查宗教活动场所安全隐患。联合消防大队在宗教场所开展宗教场所安全隐患大排查，对发现的问题要求落实责任、限时整改，不断增强宗教场所的安全防范意识。5月，举办宗教活动场所消防安全培训暨消防应急演练活动。（二）创新管理方式，促进财务管理规范化。抓住宗教活动场所财务监督管理这一核心，加强宗教活动场所各项制度规范化建设，改进和完善代理方式，实施的宗教活动场所财务监督管理“1234”工作法受到省、市宗教部门的肯定。4月，承办全市宗教活动场所财务监管工作现场会。（三）依法加强宗教事务管理，营造宗教领域风清气正氛围。加强宗教法规政策宣传教育。组织开展“宗教政策法规学习月”活动，宣传宗教政策法规，使宗教干部、宗教教职人员和信教群众领会和把握宗教政策法规的基本要求，提高了宗教依法管理水平；开展宗教领域非法出版物和有害网络信息专项治理行动，集中清理非法宗教图书80余册，清理非法宗教音像制品100余份。（四）引导宗教公益慈善事业健康发展。鼓励和支持宗教界投身公益慈善事业，开展养老、扶贫、助学等公益慈善活动。“宗教慈善周”和传统节日期间，组织宗教团体开展走访慰问和扶贫助困活动，走访慰问困难家庭和孤寡老人40余户，发放帮扶资金和米、面、油等生活用品合计5万余元。（五）加强宗教团体自身建设，提高宗教自我管理水平。调整充实宗教团体领导班子，完成基督教“三自”爱国运动委员会换届选举工作。连续6年开展宗教团体领导班子及成员的述职测评工作。指导宗教界抓好思想建设、组织建设、制度建设，规范教务管理，提升宗教团体自我管理、服务信教群众和协助政府工作的能力。

基督教财务代理制度 在全区基督教活动场所实施财务代理制度，实现财务的规范化管理，筑牢场所内部团结稳定的基础。一是完善代理体系。在区基督教“三自”爱国会成立财务代理中心，设总会计1名，对全区16处基督教活动场所的财务进行集中代理、严格审核。各场所财务实行独立核算，各设出纳（报账员）1名，每月或每季度的1号定期到代理中心报账。成立基督教财务代理监督小组，负责对各场所的财务收支每季度进行一次监督审查。二是坚持规范运作。建立完善《垦利区基督教财务代理制度》《垦利区基督教现金保管制度》《垦利区基督教财务档案管理制度》，并在各活动场所制作上墙。严格财务审批权限，确定基层活动场所的现金支出额度，超过额度需报财务代理中心审批。对各活动场所的奉献箱施行三把锁管理，钥匙分别由负责人、出纳和财务监督员三人分开保管，开箱时需要三人同时到场，开箱后当场清点现金，填写公示单张榜公布。三是强化保障措施。实行账目审计，财务代理中心按照财务代理制度制作收支报表，定期在各活动场所公示，定期报送区民宗局，接受监管审计。定期组织培训，提高基督教财务代理人员的工作能力，推进财务代理制度的有效实施。4月，承办全市宗教活动场所财务监管工作现场会。

（吴建光）

【史志工作】（一）编辑出版《垦利年鉴》（2016）。2016年2月23日，垦利县人民政府办公室下发关于开展《垦利年鉴》（2016）编纂工作的通知，由垦利县党史史志办公室承编。2016年9月出版发行。2016年12月，获全省优秀年鉴县级综合年鉴一等奖。（二）完成《山东年鉴》《东营年鉴》《山东史志年鉴》垦利部分供稿工作。（三）县情网站建设。一是更新新闻版块、成果展示区、通知公告等版块的内容更新工作。二是完成《垦利年鉴（2009～2014）》《垦利县志（1941～1985）》《垦利县志（1986～2002）》数据库的内容上传工作。及时更新内容资料，做好网站宣传、建设工作。（四）基层修志指导工作。一是《胜坨镇志》《垦利县经济和信息化志（1986～2014）》出版。二是审阅《人大志》《老干部局志》《黄河口镇志》《垦利县供销合作志》，为出版打好基础；对《垦利县人力资源和社会保障志》《海北村志》《孤岛林场志》编修工作进行指导。三是指导胜坨镇全国名镇志丛书编写工作，完成初稿。（五）黄河口民俗调查工作。2016年11月9日，由中共东营市垦利区委宣传部、东营市垦利区党史史志办公室、东营市垦利区档案局联合印发《黄河口民俗调查工作方案》，并着手进行调查。（六）垦利区人民政府办公室于2016年11月13日，下发《垦利区人民政府办公室转发区党史史志办公室关于做好镇（街道）村志及区直部门行业志编修工作的意见的通知》。（七）2016年8月10日，垦利区人民政府办公室印发《垦利区人民政府办公室关于印发东营市垦利区地方史志事业发展规划纲要（2016-2020年）的通知》。（八）开展《垦利大事专报》编辑工作。于2015年第4季度启动此工作，每季度编发一期，已编发4期。（九）做好方志馆（党史馆）工作。完善方志（党史）馆管理制度、阅览制度，藏书量6500余册，其中党史类1700余册，史志类4300余册，年鉴类400余册，2016年新购入120余册。

（刘艳芳）

【机关事务】 2016年9月，区机关事务管理局被山东省机关事务管理局表彰为“山东省‘十二五’公共机构节约能源资源工作先进集体”。

行政办公大楼管理工作（一）强化安保措施。严格来人来访登记、电话联系被访人制度，对消防室、监控室等重点部位，坚持24小时专人值班，采取技防与人防相结合的原则，加强对保卫目标的监控和巡逻，抽调保安人员维护大楼周边交通秩序，及时制止车辆乱停乱放。（二）加强物业公司的监督管理。依据行政办公大楼管理规定和考核细则的要求，对行政办公大楼卫生保洁、安全保卫、设施设备维护、会务服务等方面进一步要求物业公司细化措施、量化标准、规范服务操作流程，完善内部巡查督导机制，定时对大楼重点部位进行巡查，对大楼设施设备定期进行检查维护，共保障区级领导各类会议107场次。（三）做好大楼设施设备维护管理工作。督促物业公司对大楼所有消防设施和用电情况进行全面检查，共排查出违规使用大功率电暖气、在设备间存放易燃物品等安全隐患30多处，投资65万余元对消防监控，应急电源，监

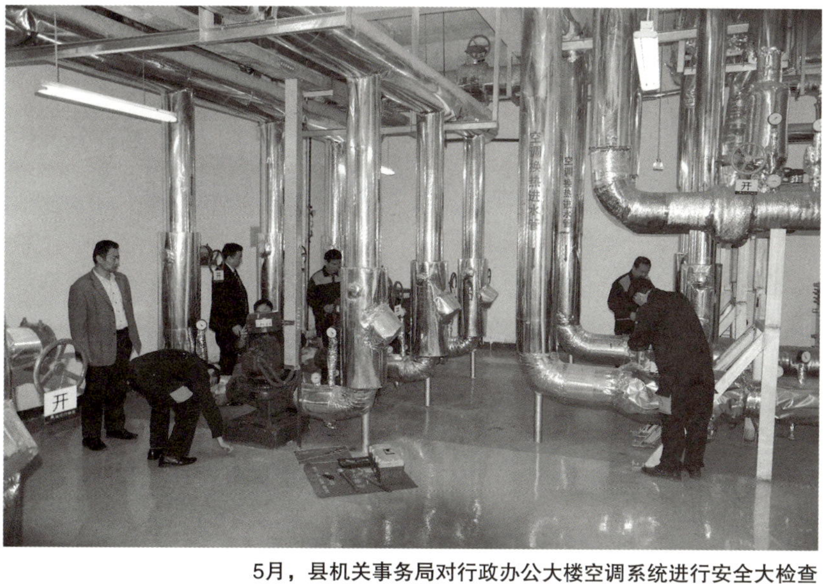

5月，县机关事务局对行政办公大楼空调系统进行安全大检查

控摄像头、电梯电源等设备进行更换维修，全年对办公大楼公共区域及办公室内零星维修1300余次。

公共机构节能工作 （一）做好能耗数据统计工作。按照全区公共机构名录库对能耗管理系统更新维护，每季度督促全区各单位及时上报能源资源消耗数据，2016年较上年人均综合能耗下降2.08%，单位建筑能耗下降2.21%，人均水耗下降2.36%，较好地完成年度节能目标。（二）开展公共机构节能宣传培训。组织召开全区公共机构节能知识暨能耗统计系统培训会议，对公共机构能源资源消耗统计系统进一步做讲解，更好地促进各单位节能工作的开展，组织报名参加第四期全国公共机构节能管理远程培训。在中国水周期间联合区水利局、河务局在黄河口文化园举行垦利区第二十四届“世界水日”，第二十九届“中国水周”宣传活动启动仪式，较好地发挥公共机构节能的示范带动作用。（三）狠抓重点领域节能。联合区商务局、区经济和信息化局下发《关于进一步加强公共机构和公共建筑节约用电工作的通知》《关于对全区部分公共机构和公共建筑节电情况进行专项监察的通知》，选取10家公共机构和公共建筑节电情况进行专项监察。印发2016年度节约型机关建设工作考核办法，对全区公共机构进行节能考核。在公共建筑领域，推进太阳能光热系统与建筑一体化工程，推广地源热泵技术，在既有办公建筑改造过程中，采用节能环保材料、设备和产品，全区完成节能改造面积达5.45万平方米。

机关房产管理 （一）做好办公用房清理和管理工作。加强日常监管，确保办公用房清理的成效。配合两办督查局对区直各部门单位的办公用房使用情况进行两次全面检查，对发现的问题进行清理纠正，完善各项办公用房基础资料，形成较为翔实的办公用房数据库。做好迎接上级检查工作，对照机关办公用房新的使用标准，严格督促落实，确保符合规定要求，先后迎接省巡视组、市专项督导组对垦利区办公用房使用情况两次全面检查。（二）加强腾退办公用房的使用管理。针对办公用房清理腾退后部分场所闲置问题，对全区党政机关事业单位的办公用房使用情况和腾退情况进行调研，要求各部门单位对腾空的办公用房上交钥匙，对插花式腾退办公用房等问题进行纠正。2016年，全区党政机关、事业单位（不含教育、卫生等部门所属事业单位）共有84家，工作人员4637名（含在区编办备案临时用工人员），在使用的办公楼共41栋，办公用房总建筑面积258423平方米，人均办公室使用面积8.71平方米，全区工作人员办公室无超标使用情况。（三）做好办公用房调整整合工作。对区经济和信息化局、区综合行政执法局、区教育局、公共资源交易中心、扶贫办等单位办公用房进行整合调整，整合利用办公楼面积8755平方米，对社区建设管理办公室、创建健康促进县（区）办公室进行临时安置。

公务用车制度改革工作 （一）严格公务用车配备使用管理。加强督导检查，巩固清理成果，坚决杜绝违规、超标准配备公务用车，除根据工作需要办理特种专业用车购置审批手续外，叫停所有一般公务用车购置审批。（二）做好党政机关公务用车制度改革车辆调查摸底工作。协同发展和改革局、财政局对全区公务用车有关信息进行进一步

6月23日，垦利县党政机关公务用车制度改革动员会议召开

摸底核实，全面掌握垦利区公务用车、执法执勤用车和专业技术用车的数量和车辆信息。（三）完成党政机关公务用车制度改革任务。协同区发展和改革局、区财政局、区人力资源和社会保障局、区编办等单位出台《垦利区党政机关公务用车制度改革实施方案》。出台《垦利区党政机关公务用车制度改革涉及车辆处置办法》《垦利区党政机关公务出行社会化保障办法》《垦利区党政机关公务用车集中管理平台建设使用与管理方法》《垦利区党政机关机要通信和应急用车使用范围（暂行）》，对各参改单位上报的机要通信用车保留方案、取消车辆、事业单位混编过户车辆等信息进行严格审核，对处置车辆进行及时封存。这次车改全区共上报各种车辆477辆，最终确定保留实物保障用车16辆，机要通信和应急用车76辆，一般特种专业用车10辆，所属事业单位混编过户车辆41辆，封存处置132辆。（四）做好车改后续工作。委托胜利油田同舟招标代理有限公司通过公开招投标方式确定3家小型客车租赁服务公司和2家大中型客车租赁服务公司，并下发关于明确区直参改部门（单位）汽车租赁服务有关事项的通知（垦事管发〔2016〕30号），保障党政机关车改后的公务出行需要。

做好直管公房和机关干部周转房管理工作 （一）做好离退休老干部及原区委老院物业服务工作。投资38万余元对原区委老院污水管道和公共厕所化粪池进行维修改造，重新铺设自来水管线，并将供水移交自来水公司管理，安排专人负责保洁和卫生清理，老院管理得到进一步改善。（二）做好机关干部周转用房管理。为机关干部周转用房办理资产购置手续，办理不动产权登记证，拟定《机关干部周转用房管理办法》，对省巡视组反馈的问题进行整改。对调出垦利的4名领导干部周转用房随时办理腾退手续，对9名调入垦利的领导干部办理领导干部周转房入住手续，并完善室内配套设施，确保入住需要。（三）完成区政府交办的其他工作。对区人大常委会会议室修缮改造工程、表决器材、办公家具采购按程序进行统一招标，完成修缮改造工程，办公家具采购到位，电器设备及表决系统经多方考察采用单一来源方式进行定向采购，保证了区人大常委会议室按期交付使用。

机关食堂稳健运行 （一）规范机关食堂管理。对食堂工作人员委托深圳诚信行物业公司进行管理，加强监督检查，对排烟系统进行改造维修，更新更换一批餐饮设施和易耗用品。（二）改进机关食堂管理办法，制定完善机关食堂就餐管理规定，落实“八项规定”要求，对机关干部职工就餐进行严格规范。（三）强化食品安全管理，严格执行行业卫生标准，对存在的食品卫生安全问题进行整改，保证了餐厅的食品安全。

机关自身建设 （一）做好“两学一做”学习教育。通过采取党组书记和班子成员分别上党课、党员微型党课、集体学习、研讨交流等方式，把学党章党规与学系列讲话统一起来，把个人自学与集中学习结合起来，党组班子成员和党支部成员率先垂范，全年共开展上党课14次，集中学习21次，研讨交流6次。（二）加强干部职工的学习培训。制定党员干部培训工作计划和干部培训考核工作制度，坚持集中培训和帮学、自学等方式相结合，组织全体干部职工赴山东大学威海校区参加为期一周的领导能力提升培训，进一步增强干部职工的综合素质和业务能力。（三）加强机关党风廉政和作风建设。全面落实党风廉政建设主体责任，进一步加大党务、政务、财务公开力度，强化责任机制、制约机制建设，配合做好巡察工作，不断加强干部作风、岗位廉政教育、廉政文化建设，狠抓工作纪律，严格日常管理，干部职工队伍精神面貌和服务意识得到了明显改进。

（周延辉）

【电子政务】 **电子政务网络管理维护** 每周定期检查中心机房安全隐患，更换UPS电源控制主板，维修中央空调控制主板，消除断电和高温隐患。每周定期对政务外网数据中心、政务专网数据中心和云桌面数据中心进行数据备份，每月进行安全分析。每季度定期对政务外网和政务专网进行网络巡检维护，及时解决网络问题，全年路由数据调整60余次，解决一般网络故障70余次，骨干线路抢修5次。随时办理网络管理事项，专网接入15件，外网接入8件，公网映射4件，提供业务咨询100余次，确保“智慧垦利”、行政审批、协同办公、网站集群、网站托管、虚拟桌面6个业务平台的安全运行。对新建的8个部门网站在中心机房完成托管服务。协助配合县政务中心管理办公室完成网上公共资源交易平台建设。与机关事务局共同完成附楼207会议室、区委常委会议室、区政府常务会议室与全市网络视频会议系统的整合接入工作。

协同办公系统的管理维护 全年协同办公系统处理发文50000余件，内部OA处理公文4000余件。解决部门协同办公系统故障100余件，提供业务咨询300余次，办理单位账号申请5件，个人账号调整60件。对办公室内部OA使用情况进行统计分析，全年累计处理文件2000余件，各股室中心网上处理业务量日益增多。

政府网站更新维护 通过区政府门户网站，审核编辑发布信息8000余条。其中，政务要闻、部门动态、镇街传真等动态信息5000余条，两学一做、招商引资、安全生产、禁毒治毒等专题信息800余条，县委文件45件，县政府文件77件，通知公告47件，便民提示66件，人大建议120条，政协提案185条，信息公开年度报告42份，其他信息2000余条。向市政府门户网站投稿1000余条，采用400余条。解决部门网站故障20余件，办理单位建设管理子站有关事项9件，网站集群子站总数64个，提供业务咨询100余次。加大对各镇街道和区政府部门单位政务公开工作的督导力度，部门单位网站建设质量、管理水平以及重点领域信息公开情况都比往年有较大提高。

工作机制完善创新 起草《关于加快全县电子政务集约化发展实施意见》《垦利区2016年政务公开重点工作和责任分工》，参与《关于加推进全区互联网+政务服务的实施意见》《关于加快推进“智慧垦利”建设的实施意见》《垦利区信息化项目管理办法》《垦利区政务信息数据共享管理办法》的起草，制定《区直部门网站托管操作规程》，建立全区政府网站群第三方在线实时监测服务机制、区政府门户网站信息稿件实名发布机制。

（李家伟）

【民生热线】 2013年12月19日挂牌成立后，区民生热线综合服务中心共办理民生热线群众诉求58882件，其中书记区长公开电话群众来电44579件，网上民声群众留言14097件，省、市、区长信箱来信206件，办结率为100%，群众满意率为97.63%。办理群众诉求中，咨询类25144件、求助类24244件、投诉举报类6761件、建议类2314件、感谢类419件。

2016年，办理民生热线群众诉求16296件，其中区长公开电话群众来电12378件，网上民声群众留言3835件，省、市、区长信箱来信83件，办结率为100%，群众满意率为98.33%。受理群众诉求中，咨询类6731件、求助类6577件、投诉举报类2222件、建议类688件、感谢类78件。

宣传带动与品牌创建 （一）强化宣传，提高群众知晓率。在区电视台、网站、报刊搞好宣传，并利用手机短信及时发布区民生热线相关信息，提高民生热线的群众知晓率。（二）创建机关服务品牌。制定机关服务品牌实施方案，打造“阳光垦利·和谐热线”服务品牌。制定印发《2016年民生热线工作要点》，并抓好各项工作任务的落实，不断提高群众对民生热线的满意率。

制度建设与机制完善 （一）强化限时办结制度。落实首接负责制，对接听、登记、转办、回复等环节强化督导，确保群众诉求事项限时办结，并实行急事急办、特事特办。（二）办理质量。对转办的群众诉求事项，各网络成员单位如果存在应付、答非所问、办理质量不高等问题，责其重新办理答复。（三）建立“未发预案”制度。针对7～9月份孩子报名入学问题、冬季取暖问题，提前与相关部门沟通交流，及时了解相关政策规定，最大限度减少问题重复发生。（四）建立周快报、月通报、季统计分析机制。对群众诉求办理情况，每周编发一期《民声快报》，分别呈送区委、区政府有关领导阅批，会同区委督查局、区政府督查局抓好落实。自成立后，共编发《民声快报》154期，《民声快报（专刊）》29期；对不适合公开的网上民声留言摘编给部门、单位，共编发《网上民声摘编》862期。2016年编发《民声快报》45期，《民声快报（专刊）》8期；编发《网上民声摘编》127期。针对民生热线办理情况，每月编发一期通报，对群众诉求办理质量效率不高的单位进行通报批评并责令限期整改。每季度编发一期季度统计分析，对群众反映的热点、难点问题进行汇总统计，为区委、区政府领导决策提供依据。

畅通渠道与服务平台建设 为畅通群众诉求渠道，降低热线占线率，根据市委办、市政府办《关于加强市民生热线工作的通知》及智慧垦利实施方案具体要求，对垦利区民生热线服务平台进行升级扩容，服务座席由5部增加到10部，方便群众反映诉求。

（朱海洋）

【数字信息管理服务】 数字信息管理服务中心成立于2014年11月，为区政府直属事业单位，机构规格正科级，归口区政府办公室管理；核定编制7人，其中管理人员3人，专业技术人员4人，配备主任1名、副主任2名，经费实行财政拨款。主要负责编制智慧城市和信息化建设方案并组织实施；协调推进信息共享及重要通信基础设施建设；统筹全区人口、城管、交通、综治、地理信息等各类数据资源，建立健全全区数字化综合管理服务平台，并做好平台运行、信息咨询、技术服务和信息安全管理等工作；负责整合视频监控等相关资源，推进城市管理网络化、社区服务信息化、应急指挥一体化、交通管理智能化建设，提升社会管理信息化水平；为应急突发事件提供信息数据支撑，协助区政府处置突发公共事件；承办区委、区政府交办的其他事项。

12月26日，区数管中心获山东省信息化与工业化融合促进中心颁发的“山东省两化融合优秀单位”称号

“智慧垦利”建设 2016年，“智慧垦利”建设工作围绕“宜居宜业新城区，美丽幸福新垦利”的发展愿景和建设黄河三角洲中心城市的目标，以创新发展模式、促进城市升级为主线，以智能支撑平台建设、信息资源开发利用、“互联网+”应用发展为着力点，取得阶段性成果。以云计算平台为核心，初步实现集约化建设。一是云计算管理平台的建成，为“智慧垦利”建设提供基础性保障。各单位新建信息化系统，都可直接部署到“智慧垦利”云计算平台上，不仅节省前期基础设施的投入，还可得到高端的硬件支持和专业运维服务。二是多个专业平台上线，基础建设不断取得突破。2016年，先后有16个业务平台正式上线运营，包括智慧安监、政务OA、垦利统计、垦利审计、智慧校园、垦利街道、信用垦利、智慧环保、胜坨精细化工、智慧工业、智慧供水、地下管网、智慧开发区等，为垦利区节省财政投入资金约1200余万元。以数据管理平台为基础，提高信息系统的并联水平。传统信息化系统建设过程中，相关单位各自为政，经常有大量的数据录入、校正工

11月15日，区委副书记、区长崔建华就智慧垦利建设情况到区数管中心调研（李岩）

区数管中心演示智慧垦利建设成果

作，建设周期长、数据准确度差。“智慧垦利”建设的数据中心，打破了部门间存在的信息壁垒，实现了数据资源的共享共用，不仅减少了在数据采集和录入等方面的重复投入，还提高了数据的准确性和一致性。实现专业维护与统一服务，解决人才瓶颈的难题。过去由于各部门、单位信息化人才匮乏，在软件维护、信息安全等方面存在很多问题，往往形成信息化系统建成几年后就难以持续运行的局面。“智慧垦利”云平台建成后，各单位布设在“智慧垦利”云平台上的信息化系统由区数字信息管理服务中心通过购买服务的方式，相关企业在政府的管理下，统一提供软件维护和信息安全服务。通过多方合作，有利于降低行政成本、转变政府职能、提升服务质量，有效解决各部门、单位自身专业人员和技术能力不足的问题。

内部建设 一是科学规范工作流程，量化业务标准，形成《管理制度汇编》，包括工作、会议、廉政建设、财务管理、文件保密、公文收发、平台建设等方面，建立起职责明确、程序严谨、落实有力的工作机制，实现了以制度规范行为，以制度管人管事。二是建设学习型机关，学习其他地区在“智慧城市”建设过程中的先进经验，加强干部职工的政治、业务学习，夯实理论基础，注重融会贯通与实务运用。2016年，数管中心开展青年职工“一人一课”交流分享活动20余次，提高了职工的业务能力、促进了单位人员的沟通交流。

安全保障 数字信息管理服务中心联合维保公司利用“天清网络防火墙”“天清入侵防御NIPS”“天清Web应用安全网关WAF”等专业系统工具，做好网络安全基础保障工作，规范网络信息传播秩序，并对机房环境、服务器硬件、网络交换机等进行周期性检查，查找安全问题和隐患，做到不走过场、不漏环节、不留死角，并出具检测报告，对发现的问题及时进行整改，促进“智慧垦利”建设工作健康发展。

信息化服务 一是“智慧垦利”指挥中心配备DLP拼接大屏、可伸缩式座椅、环绕音响等完善的硬件设施，为“智慧垦利”各项建设工作提供硬件基础保障。二是通过DLP拼接大屏可同时查看多个业务平台运行情况，及时了解各业务平台安全性和稳定性，做好平台运维工作。三是建立专业的演示汇报流程，准备汇报幻灯片、视频、折页等宣传材料，并在日常的工作中反复排练。2016年，数管中心共接待新疆、贵州等全国各地的单位观摩学习90余批，1000余人次。

（张宁波）

政权 政协

人大

【概况】 2016年，垦利区第十三届人民代表大会有代表158名，区十三届人大常委会有主任1人，副主任5人，委员18人。常设工作机构有办公室、人事代表工作委员会、预算工作委员会，有干部职工41人。垦利区人大常委会全年召开常委会会议8次，听取审议“一府两院”工作报告21项，开展视察、调查和执法检查17项，提出审议意见116条，依法任免县人大常委会及“一府两院”工作人员48人次，受理群众来信来访2件5人次。

1月15日，县十三届人民代表大会第五次会议选举产生5个专门委员会，分别是内务司法委员会、财政经济委员会、教科文卫委员会、城建环保委员会、农业农村委员会。根据垦人发〔2016〕3号《关于调整垦利县人民代表大会及其常务委员会办事机构和工作机构的决定》及县编制委员会垦编发〔2016〕2号文件的批复，县人大常委会工作机构和办事机构进行调整：撤销县人大常委会法制工作委员会、财政经济工作委员会、教科文卫工作委员会等3个工作机构，其原有职能由县人大常委会有关委室和各专门委员会承担。县人大常委会人事代表工作室更名为县人大常委会人事代表工作委员会。县人大常委会的办事机构和工作机构设置为3个，分别是办公室、人事代表工作委员会、预算工作委员会。其中，办公室内设信访室，负责接待、受理和处理有关人大信访工作，原与法制工作委员会合署的县人大常委会信访室相应撤销。设立县人民代表大会内务司法委员会办公室、财政经济委员会办公室、教科文卫委员会办公室、城建环保委员会办公室、农业农村委员会办公室，分别作为各专门委员会的办事机构。

【县十三届人大五次会议】 1月13日至15日，垦利县第十三届人民代表大会第五次会议在蓝海汇洲大酒店召开，正式会期三天。大会听取和审议垦利县人民代表大会常务委员会、垦利县人民政府、垦利县人民法院和垦利县人民检察院工作报告，审议垦利县人民政府关于垦利县2015年国民经济和社会发展计划执行情况与2016年国民经济和社会发展计划（草案）的报告、垦利县人民政府关于垦利县2015年财政预算执行情况和2016年财政预算（草案）的报告，审查、批准垦利县2015年国民经济和社会发展计划执行情况的报告与2016年国民经济和社会发展计划、垦利县2015年财政预算执行情况的报告和2016年财政预算；表决通过垦利县第十三届人民代表大会关于设立专门委员会的决定；表决通过部分选举事项；表彰2015年度优秀县人大代表建议和代表建议办理工作先进单位。

【常委会会议】 2016年，区

（县）十三届人大常委会共召开8次会议。

第三十四次会议 2月2日，县十三届人大常委会第34次会议在县人大常委会会议室召开，会期半天。县委书记、县人大常委会主任韩利学，县人大常委会第一副主任孙海君，副主任陆长河、刘燕、张增新、杨广岭及组成人员共22人出席。会议由孙海君主持。会议研究确定县人大常委会2016年工作要点，通过关于调整垦利县人民代表大会及其常务委员会办事机构和工作机构的决定，听取审议县政府关于专题询问工作落实情况的报告，书面审议"一府两院"有关被任命人员的述职报告，表决通过县人大常委会、县政府部分人员的任免职事项。举行宪法宣誓仪式，常委会表决通过的新任命人员，面向国徽进行宪法宣誓。县政府副县长荀宏水，县检察院检察长田开封，县政协副主席黄虎，县法院有关负责人，垦利街道、兴隆街道人大工委负责人，县人大机关副科级以上干部，被任命人员列席会议。

第三十五次会议 3月29日，县十三届人大常委会第35次会议在县人大常委会会议室召开，会期半天。县委书记、县人大常委会主任韩利学，县人大常委会第一副主任孙海君，副主任陆长河、刘燕、张增新、杨广岭及组成人员共22人出席。会议由陆长河主持。会议听取审议县政府关于《中华人民共和国行政监察法》《中华人民共和国农产品质量法》贯彻实施情况的报告；审议并票决通过县文广新局、县民政局、县人社局、县水利局、县海洋与渔业局关于2015年被评议部门评议反馈意见整改落实情况的报告；研究通过《垦利县人民代表大会常务委员会关于加强预算决算审查监督的决定（草案）》；表决通过县人大和县政府的有关人事任免事项；被任命人员进行宪法宣誓。

第三十六次会议 5月20日，县十三届人大常委会第36次会议在县人大常委会会议室召开，会期半天。县人大常委会第一副主任孙海君，副主任陆长河、刘燕、张增新及组成人员共17人出席。会议由刘燕主持。会议听取审议并票决通过县政府关于县十三届人大常委会第35次会议审议意见办理情况的汇报；听取审议县政府关于2015年县级财政决算情况的报告，审查2015年县级财政决算；听取审议县政府关于2015年县级财政预算执行和其他财政收支情况的审计工作报告；听取审议县政府关于《中华人民共和国道路交通安全法》贯彻实施情况的报告；听取审议县政府关于垦利县卫生体育设施及配套工程PPP项目政府付费列入财政预算的报告；审议通过关于调整县十三届人大常委会代表资格审查委员会的决定；表决通过有关人事任免事项，并组织被任命人员面进行宪法宣誓。

第三十七次会议 6月24日，县十三届人大常委会第37次会议在蓝海汇洲大酒店蓝海厅召开，会期半天。县人大常委会第一副主任孙海君，副主任陆长河、刘燕、张增新、杨广岭及组成人员共22人出席。会议由张增新主持。会议对全县城乡社会保障体系建设工作开展专题询问。会议听取县政府关于全县城乡社会保障体系建设工作情况的报告；县人大常委会组成人员和人大代表围绕全县城乡社会保障体系建设工作有关问题进行询问，县政府及有关部门负责人现场进行答复；县委常委、常务副县长付兆钦作表态发言；县人大常委会第一副主任孙海君作讲话。

第三十八次会议 7月30日，县十三届人大常委会第38次会议在县人大常委会会议室召开，会期半天。县委书记、县人大常委会主任韩利学，县人大常委会第一副主任孙海君，副主任陆长河、刘燕、张增新、杨广岭及组成人员共21人出席。会议由孙海君主持。会议听取审议县政府关于县十三届人大常委会第36次会议审议意见办理情况的汇报；县法院关于便民诉讼服务工作开展情况的报告；县检察院关于派驻检察室工作开展情况的报告；县政府关于2016年上半年国民经济和社会发展计划执行情况的报告；县政府关于2016年上半年财政预算执行情况的报告；县政府关于设立城镇化建设基金有关情况的报告，并作出决定；县政府关于垦利县2016年地方政府债务限额和新增债券调整情况的报告，并作出决定；县人大常委会执法检查组关于《中华人民共和国禁毒法》贯彻实施情况的执法检查报告；审议通过《垦利县人大常委会执法检查工作暂行办法》；听取审议县政府关于垦利县撤县设区情况的报告，并作出决定。会议还表决通过有关人事任免事项，并组织被任命人员进行宪法宣誓。

第三十九次会议 9月29日，区十三届人大常委会第39次会议召开。区人大常委会第一副主任孙海君，副主任陆长河、刘燕、张增新、杨广岭及组成人员共22人出席会议。会议由区人大常委会副主任杨广岭主持。副区长李增明、区法院院长焦伟、区检察院检察长田开封、区政协副主席刘金忠列席会议。会议评议区林业局、统计局、市场监督管理局、卫生和计划生育局、供销社5个部门工作；听取审议区政府、区法院、区检察院关于区十三届人大常委会第38次会议审议意见办理情况的汇报；听取审议区政府《关于在全区公民中开展法制宣传教育的第七个五年规划（2016—2020年）（草案）》和《东营市垦利区2016—2020年依法治区规划的汇报（草案）》的汇报并作出决议；审议通过区人大常委会关于区镇人民代表大会换届选举的决定（草案）、区人大常委会关于2016年区镇人大换届选举工作安排意见（草案）及区人大常委会关于区、镇选举委员会组成人员名单（草案）。会议还表决通过有关人事任免事项。

第四十次会议 12月8日，区十三届人大常委会第40次会议召开。区委书记、区人大常委会主任韩利学出席并作讲话，区人大常委会第一副主任孙海君，副主任陆长河、刘燕、张增新、杨广岭及组成人员共22人出席。会议由陆长河主持。区委常委、副区长付兆钦，区法院院长焦伟，区检察院检察长田开封，区政协副主席刘金忠列席。会议听取审议区政府关于区十三届人大五次会议以来代表建议及“双联月”答复意见办理情况；听取审议区政府关于《中华人民共和国科学技术普及法》贯彻实施情况的报告；听取审议区政府关于东营市2016年棚户区改造项目—垦利县胜坨镇胜利新型社区建设项目（二期）政府购买服务资金列入区级财政预算的汇报；会议还表决通过关于区、镇选举委员会有关组成人员的辞职请求。

第四十一次会议 12月21日，区十三届人大常委会第41次会议召开。区人大常委会第一副主任孙海君，副主任陆长河、刘燕、张增新、杨广岭及组成人员共19人出席。会议由张增新主持。会议表决通过有关人事任免事项；听取换届选举工作有关事宜；听取区选举委员会关于区级人大换届选举工作情况的汇报；审议通过代表资格审查委员会关于代表资格审查情况的报告；会议还听取审议区政府关于2016年全区财政预算调整方案的报告。

【评议部门工作】 8月中旬至12月底，区人大常委会组织部分区人大代表，对区林业局、区统计局、区市场监督管理局、区卫生和计划生育局、区供销社5个部门工作进行评议。通过召开座谈会、发放调查问卷、实地察看等方式，对被评议部门工作进行了解。常委会第39次会议对五个部门工作进行集中评议，区人大常委会、参评人大代表和被服务对象对五个被评议部门的工作均给予较高评价，表示满意，结合工作实际，提出改进工作的意见建议19条，并将主任会议研究通过的《关于评议部分部门工作的反馈意见》印发给相关责任部门、单位，督促其整改落实。

【代表建议办理】 县十三届人大五次会议以来，区（县）人大代表履行代表职责，围绕“黄蓝经济示范区、和美幸福新垦利”建设目标，以及人民群众关心的热点难点问题，建言献策，提出代表建议61件，加上2015年跟踪督办的5件，共计66件。其中，涉及“三农”方面9件，城乡建设方面14件，公路交通方面20件，科教文卫体方面8件，社会保障方面6件，环保等其他方面9件。8月区人大常委会组成人员集中走访联系代表、代表集中联系群众“双联月”活动期间，征求到代表意见建议18条，经汇总整理，转交区政府及有关部门办理。至2016年底，66件代表建议全部按程序办理完毕并答复代表，代表对建议办理工作表示满意，“双联月”活动反馈意见也得到落实。

【人事任免】 2016年，区人大常委会坚持党管干部和人大依法任免干部的有机统一，依据德才兼备的原则不断规范人事任免程序，把好任前了解、任中供职、任后述职三道关口，执行《任命人员任前法律知识考试暂行办法》，根据区委推荐、主任会议和“一府两院”领导人提请，依法任免国家机关工作人员48人次，保证党委人事安排意图的实现。2016年底，常委会任命的部分“一府两院”工作人员进行书面述职，被任命人员的法制意识和依法履职的责任感进一步增强。

【信息宣传】 2016年，全区人大系统在地市级以上报纸杂志和各级人大门户网站上发表各类理论探讨、经验交流、通讯报道等各类稿件400余篇，全年编印《垦利人大工作》六期。30多篇稿件在《人民权利报》《东营日报》显要位置发表，其中《垦利：让监督工作更给力》《枝叶总关情 问职显担当》《巧借外力强监督 步履铿锵促蝶变》等十余篇稿件在《人民权利报》头版刊发，较往年有大幅增长。区人大机关连续十三年被评为省市人大宣传工作先进单位，多名工作人员受到省市人大表彰。

【专题调研】 4月20日，县人大常委会副主任刘燕带领调查组，对2016年县政府投资项目建设及资金管理使用情况进行专题调查。

4月26日，县人大常委会副主任张增新带领调查组，对全县旅游产业发展情况进行专题调查。

7月8日，县人大常委会第一副主任孙海君、副主任杨广岭带领调查组对县十三届人大五次会议以来代表建议办理情况进行专题调查。

8月16日，区人大常委会副主任刘燕带领调查组，对全区招商引资工作情况进行专题调查。

9月27日，区人大常委会副主任张增新带领区科教文卫专门委员会全体成员，对全区群众文化工作开展情况进行专题调查。

9月28日，区人大常委会副主任张增新带领调查组，对全区畜牧业生产情况进行专题调查。

10月20日，区人大常委会副主任张增新带领调查组，对《中华人民共和国气象法》贯彻实施情况进行专题调查。

10月27日，区人大常委会第一副主任孙海君、副主任陆长河带领调查组，对《中华人民共和国信访条例》贯彻落实情况进行专题调查。

【国家及省人大常委会领导视察和调研】 4月13日，省人大常委会委员、教科文卫委员会主任委员骆宝臻，省人大教科文卫委员会副主任委员兰忠良，省人大常委会委员、教科文卫委员会委员于联华，省科技厅副厅长于书良，省人大教科文卫委员会办公室主任王少鸣，省科技厅高新处调研员张茂森到垦利县调研科技工作。

5月31日，省人大常委会委员、农委主任委员战树毅，省人大常委会委员、农委副主任委员侯英民，省人大农委办公室副主任郝永娟，省水利厅副厅长曹金萍，省水利厅总规划师杜贞栋，省水利厅农村水利处调研员宋志强，省水利厅水政法规处副处长邓春华，在市人大常委会副主任张传胜、市人大农业与农村委副主任委员雒安国、市人大常委会副秘书长马俊陪同下，到垦利县开展《中华人民共和国水法》贯彻实施情况执法检查。

6月6日，省人大机关老干部考察团就城市建设规划情况到垦利县考察。

【市人大调研】 3月11日，市委常委、市委秘书长，市人大常委会党组副书记、副主任李金昆，市人大常委会秘书长魏光青，市人大常委会人事代表工作委员会主任董希润到垦利调研人大工作开展情况。

4月15日，市人大常委会副主任温晓杰，市人大常委会副秘书长王跃彬，市人大常委会教科文卫委员会副主任委员王相举、张利华，市卫计委主任宋国忠、副主任成军华，到垦利调研农村医疗服务体系建设工作。

5月10日，原市人大常委会第一副主任姜振邦陪同《大众日报》《周视天下》有关领导及编辑到垦利视察调研。

5月19日，市人大常委会副主任李永元，市人大常委会委员、城环委副主任委员郑云国，民侨外委副主任委员李桂华，人事代表工作委员会主任董希润，研究室主任谢永峰，到垦利调研食品安全监管工作。

6月17日，市人大常委会副主任李永元带领调研组，就《东营市城镇容貌和环境卫生管理条例（草案）》到垦利进行立法调研。

7月27日，市人大常委会副主任张传胜在市人大常委会党组成员、财经委副主任委员孙三民，市人大常委会委员、农业与农村委副主任委员雒安国陪同下，到垦利调研现代渔业示范区建设及发展情况。

10月17日，市人大常委会副主任李金昆在市人大常委会副秘书长、办公室主任王跃彬，市经信委主任郭顺，市物价局局长宋守强的陪同下，到万达集团调研。

11月24日，市人大法制委副主任委员、常委会法工委主任扈新安，市人大常委会法工委副主任宋小朋，黄河三角洲自然保护区管理局工会主席吕卷章带领立法调研组到垦利就《山东黄河三角洲国家级自然保护区条例（草案征求意见稿）》召开座谈会。

11月25日，市人大常委会委员、内司委副主任委员冯立军，市人大内司委副调研员李仁峰，市民政局副调研员魏建国到垦利对敬老院建设及管理工作情况进行调研。

【机关自身建设】 2016年，区人大机关以抓规范建设为主线，突出效能提升，强化和谐机关建设，强化干部队伍管理，强化工作制度完善，发挥参谋服务、综合协调、行政管理等职能作用，推动机关各项工作规范有序运行，为人大及其常委会依法行使职权提供优质服务和高效保障。文稿审核把关方面，全年起草文字材料300余份，发挥“以文辅政”的重要作用。服务能力提升方面，2016年，筹备和组织人民代表大会会议1次、常委会会议8次、主任会议34次，组织和承办其他各类会议26次，组织和参与各类视察调研20余次，确保各类重要会议、重大活动的开展。调查研究方面，按照常委会年度工作要点安排，形成调查报告20余篇，围绕全年审议事项提出审议意见49条，为人大常委会会议审议专项工作报告提供参考依据。根据市委、区委的安排部署，完成区镇人大代表换届选举工作，落实组织意图。用4个多月的时间，完成《垦利县人大志》编纂工作。开展“两学一做”学习教育活动，组织机关全体党员干部按照“四讲四做”要求查找自身存在的主要问题，制定问题清单，建立整改台账限期整改。以“两学一做”学习教育开展为契机，对机关党支部“三会一课”活动开展进行规范。巩固省级文明单位创建成果，以“五型”文明机关建设为载体，策划机关文化长廊，坚持定期更新宣传展板内容，丰富道德讲堂建设，营造和谐机关文化氛围。组织开展“书香机关·悦读四月”读书月活动、“迎五一”文体比赛和“书香机关·魅力人大”演讲比赛，开展纪念国家宪法日系列宣传教育活动，组织开展“宪法在我心中”演讲比赛，营造团结协作的工作氛围。机关党建、招商引资、政工人事、行政接待、财务管理、老干部服务、驻村帮扶、保密档案、值班安保、车辆管理等各项工作都做到规范有序。

（吴　婧　任敬虎　王　莹　鞠　蕾　丁建波）

政　协

【八届区政协概况】 2016年，中国人民政治协商会议第八届垦利区委员会由中共界、经济界、工商联界、农业界、教育界、科技界、文体界、医药卫生界、工会界、共青团界、妇联界、社会福利和社会保障界、民族宗教和台属侨眷界、特邀界14个界别组成，设学习提案工作委员会、经济科技工作委员会、社会事业与民主法制工作委员会、文史资料与宣传工作委员会、委员联络工作委员会5个专门委员会，有主席1名、副主席6名、秘书长1名、常务委员20名。至年底，八届区政协委员有169名，常委会组成人员28名，主席会议组成人员8名。区政协机关设办公室、学习提案工作委员会、经济科技工作委员会、社会事业与民主法制工作委员会、文史资料与宣传工作委员会、政协委员联络工作委员会6个科级行政机构。9月14日，垦利区政协被东营市精神文明建设委员会授予“文明单位”称号。

【区政协八届五次会议】 1月12日至14日，政协第八届东营市垦利区委员会第五次会议在城区召开，全区14个界别的161名委员参加会议。会议听取并审议张葆春主席代表八届区政协常委会所作的工作报告和刘金忠副主席代表八届区政协常委会所作的提案工作报告；审议通过区政协八届五次会议决议。与会委员列席区十三届人大五次会议有关全体会议，听取并讨论崔建华区长所作的政府工作报告，听取并讨论区人民法院工作报告、区人民检察院工作报告及其他报告。区委书记韩利学、区政协主席张葆春分别讲话。

【区政协常委会议】 八届二十次常委会议 1月13日，县政协八届二十次常委会议召开。县政协主席张葆春主持，政协常委会议组成人员出席，政协各界别召集人列席。会议审议通过关于设立委员联络工作委员会的决定、听取各界别召集人对本界别讨论情况的汇报，审议政协八届五次会议决议。

八届二十一次常委会议 3月13日，县政协八届二十二次常委会议召开。县政协主席张葆春主持，县政协副主席侯传伦、黄虎、刘金忠、徐冬梅、宋建明、冯建国出席，常委会其他组成人员参加。县委统筹办、县农业局（扶贫办）、县财政局、县人社局、县民政局、县残联负责人出席并通报有关情况，县政协机关各委室主任、各镇街政协联络室负责人、各学习活动组组长、各界别第一召集人列席。会议听取全县扶贫工作情况通报、南展区房台村改造情况通报，并协商讨论；传达市政协七届五次会议精神；审议通过县政协2016年工作要点及委员学习活动安排意见。

区政协八届五次会议界别委员代表座谈会（张诚）

八届二十二次常委会议 7月12日，县政协召开八届二十二次常委会议。县政协主席张葆春，副主席侯传伦、黄虎、刘金忠、徐冬梅、宋建明、冯建国，秘书长李加亮出席，常委会其他组成人员参加，副县长李增明出席，县扶贫办、县林业局的负责人出席并通报有关工作情况，政协机关各委室主任、副主任、各镇街政协联络室主任列席。会议听取县政府上半年全县经济社会发展情况通报、县扶贫办全区扶贫开发攻坚工作情况的通报和县林业局全区“三年增绿”工作情况的通报，并协商讨论；审议通过有关人事事项；审议通过县政协常委会组成人员集中走访联系委员活动安排方案。

八届二十三次常委会议 7月30日，县政协八届二十三次常委会议召开。县政协主席张葆春主持，县政协副主席侯传伦、黄虎、刘金忠、徐冬梅、宋建明、冯建国，秘书长李加亮，常委会其他组成人员参加。会议审议通过县政协所属机构名称和干部职务名称变更的决定，根据市委、市政府有关实施意见，垦利县政协正式更名为东营市垦利区政协。

八届二十四次常委会议 11月18日，区政协八届二十四次常委会议召开。区政协主席张葆春主持，区政协副主席侯传伦、黄虎、刘金忠、徐冬梅、宋建明、冯建国，秘书长李加亮，常委会其他组成人员参加，政协机关各委室主任、各镇街政协联络室主任列席。副区长王英明、第三方评估专家和部分委员代表出席，区委办公室、区政府办公室、区安监局、区环保局有关负责人出席并通报有关情况，政协各委室主任、各镇街政协联络室主要负责人列席。会议听取区委、区政府关于2016年度区政协履职成果转化落实情况的通报，区安监局关于全区安全生产工作开展情况的通报，区环保局关于全区环境保护工作开展情况的通报，并协商讨论；审议通过区政协委员履职工作规则；书面学习中国共产党十八届六中全会精神。

【各专门委员会工作】 **学习与提案工作委员会** 区政协八届五次会议以来，收到提案112件，全部予以立案。其中，经济建设方面20件、政治建设方面2件、社会建设方面70件、文化建设方面10件、生态文明建设方面4件。至2016年底全部答复完毕，已经解决的85件，占75.89%；正在落实的16件，占14.29%；列入计划的8件，占7.14%；留作参考的3件，占2.68%。提案面复率100%，提案者满意率100%。（一）强化引导，提高提案撰写质量。加强委员培训，先后组织委员赴浙江大学、武汉大学等高等院校进行专题学习。通过组织委员参加视察调研、走访座谈、提案督办等方式，为委员搭建知情平台。开展提案预征工作，将时效性较强的意见建议在区“两会”召开前报送党委政府，为党政充分汇集民意、进行科学决策提供重要参考。（二）完善机制，提高提案办理质量。建立提案办理督导落实机制，与区委办、区政府办紧密协作，每年定期对有关区直部门和镇街落实情况进行督导；梳理提案办理内部运行机制，提高提案办理效率；完善考核评价机制，承办单位评议结果纳入区委、区政府综合考核体系。（三）加强协调，开展提案办理协商。对年初遴选出的11件重点提案，各领衔督办的主席、副主席和专委会全程跟进，督促办理落实。实行难点提案专项协商、同类提案并案协商、委员反馈不满意提案再次协商等不同方式，采取召开提案办理协商会、专题调研、实地视察等形式，促进提案办理落实。

经济科技工作委员会 （一）认真履职，深入调研，为促进社会经济发展建言立论。组织部分委员、业内专家和有关人员开展调研活动，就农家乐休闲旅游发展情况调研，所提建议得到区委、区政府主要领导批示。就推进“渤海粮仓健康发展”开展专题协商，所提建议由区政府主要领导批示后交相关部门落实。与区工商联联合举办促进化工企业转型升级座谈会，企业委员与经济、金融、银行、执法等部门负责人围绕企业转型升级进行探讨，达到拓展发展思路、促进健康运营的目的。（二）多措并举，助推联谊，为企业发展牵线搭桥。以政协促进企业发展联谊会为载体，竭诚服务联谊会员，维护会员合法权益，督促企业合法经营，强化安全环保意识，助力企业转型升级。（三）务实创新，拓宽渠道，有效履行民主监督职能。通过反映社情民意、撰写提案等形式，围绕全区经济发展、“三农”工作、城建交通、资源环境、科技等方面提交提案15件，反映社情民意信息50余条。（四）关注民生福祉，促建和谐社会。采取通报情况、现场视察、协商议政、建言献策等形式，集中走访委员学习活动组，了解委员生活学习工作情况，汇总整理委员意见建议22条。与垦利街道大三合村19户群众结成帮扶对子，先后2次进村入户，收集社情民意、了解群众需求。

社会事业与民主法制工作委员会 （一）认真履职，建言献策。通过参加政协会议，参与专项视察，在维护社会稳定、建立完善社会保障、促进文化教育事业发展等方面提出意见建议13条。围绕推进养老服务产业发展开展专题协商，就完善政策引导、构建协同机制、提高服务质量等方面建言。全委撰写提案13件，参与评议活动22人次，报送社情民意18条，形成《关于全区居民医疗保险基金管理使用情况的调研报告》。（二）不断拓宽领域，推进民主监督。多方面反映社会各界、特别是困难群体的愿望和诉求，撰写提报社情民意信息20余条。组织委员到法院、检察院、公安局、安监局、经信局、水利局、林业局等部门开展民主监督员委派监督，鼓励委员坦诚建言，据实提出改进意见，促进工作开展。参加事业编人员招聘笔试面试、企业技能竞赛、信访听证等现场监督。参加区关工委组织开展的法制进校园、进社区现场督导，努力为青少年健康成长营造良好环境。（三）联谊交流，延伸履职链条。会同政协常委会组成人员，开展集中走访联系委员活动，走访联系4个学习活动组、52名委员，汇总整理委员意见建议12条。参加“三进三促”活动，两名工作人员与垦利街道大三合村18户群众结成帮扶对子，先后2次到村入户联系对接，为群众解难事、做好事、办实事。重视信息宣传，年内在《联合日报》《春秋》等省级以上新闻媒体刊发稿件36篇，其中委员事迹用稿3篇。

文史资料与宣传工作委员会 （一）广征博采，精选精编。《垦利乡村概览》是东营市首部县区乡村史料文集，全书分5册，形成文字160余万字，配有航拍村庄图片300余幅，全面客观真实地展现全区333个行政村的发展变迁历程，为留住乡愁、保护乡村记忆做出贡献。（二）政协宣传工作。健全完善激励机制，修订有关考核办法，召开信息宣传工作会议。组织开展“媒体记者看垦利”政协采访活动，邀请新华社山东分社、联合日报社、齐鲁晚报社、鲁中晨报社、大众日报东营分社及大众网、东营网、东营日报、东营电视台等10余家市级以上新闻媒体走进垦利。与区广播电视台联合开展“五湖四海垦利人”集中采访活动，对9名在北京工作的成功人士进行采访。在市级以上新闻媒体发表宣传稿件170余篇，其中，委员风采22篇。（三）找准载体，用好平台。以政协书画之友社为依托，组织委员和社员开展“文化进社区、进园区、进乡村”活动，为广大社员切磋技艺、活跃创作、扩大交流、增进团结提供载体和平台。（四）围绕中心，议政建言。开展膨胀壮大物流产业调研，对发现的问题及时提出合理化建议，以社情民意信息的形式快速呈报区委、区政府，建议引起区委、区政府领导高度重视，部分建议得到落实，相关问题得以解决。

“媒体记者看垦利”集中采访活动（张诚）

【学习培训】 把学习宣传党的十八大和十八届三中、四中、五中、六中全会精神，习近平总书记系列重要讲话精神作为首要政治任务。组织引导全体委员、政协工作者和各界人士，不断加深对中国特色社会主义理论体系的认识，加深对“四个全面”重大战略部署的理解。带领广大委员学习中央和省委、市委、区委重要会议精神，不断增强委员的政治意识、责任意识和主体意识，切实把思想和行动统一到党委的重大决策部署上来，始终同区委在思想上同心、目标上同向、行动上同步。多次组织委员赴浙江大学、武汉大学等高等院校，就国际形势、行业发展等进行专题学习。主动“请进来”，发挥“政协讲堂”平台作用，邀请知名专家为界别委员培训十八届六中全会精神、政协基础理论知识等。以垦利撤县设区为契机，举办摄影书画展、履职成果展等活动。

【调研视察】 按照“精心选题、深入调研、科学分析、合理建议”的要求，发挥优势，突出特色，为全区经济社会发展建言立论、出谋划策。组织界别委员和业内专家，围绕社会、经济、文化、医疗等党政关注、群众关心的问题开展7次专题调研视察。其中，在全区非公有制经济组织党建工作上，提出理顺工作体制、严格党员标准、完善制度规则等建议；在加快金融创新助推经济发展上，提出提高融资能力、完善金融体系、利用资本市场等建议；在乡村旅游发展上，提出发挥规划主导作用、推进基础设施建设、挖掘地方文化资源、实现信息共享等建议；在膨胀壮大物流产业上，提出高起点编制规划、整合市场资源、发挥区位优势等建议。调研报告转送区委、区政府后，引起主要领导的关注，批示相关部门研究采纳落实。

东营市垦利区信用建设专项视察座谈会（张诚）

【政治协商】 规范政治协商的内容、形式、程序，把“懂政协、会协商、善议政”作为持续提高政协协商质量水平的基本遵循。全年安排12项重点协商活动，其中，专题协商2项、对口协商3项、界别协商6项、提案办理协商1项。根据区政协常委会安排，开展常委会专题议政性协商2项。关于提升社区服务管理水平、强化医疗队伍建设、加强“渤海粮仓”建设等5项协商议题，分别形成专题协商报告报送区委、区政府，党政领导批示相关部门研究落实。关于非公有制经济组织党建工作、辖区内企业互惠对接等8项协商议题，在充分协商的基础上，通过协商纪要、调研视察报告、社情民意信息等形式报送党政领导或转送有关部门，为党政决策提供重要参考。针对《扶持大闸蟹生态育苗，促进产业健康发展的建议》等8件重点提案的办理情况，开展提案办理协商，召开专题协商座谈会，组织提案人、第三方评估专家和提案承办单位负责人开展协商议政。

【民主监督】 建立各专委会联系民主监督小组机制，各民主监督小组主动开展常态化民主监督，面向22个受派部门，组织开展监督活动40余次，通过民主评议、行风测评等形式，就加强党风廉政建设、简化行政审批流程等提出意见建议近百条，对改进执法部门和政府窗口单位工作作风、提高办事效率起到了推动作用。通过听取区法院工作情况通报、旁听案件庭审等形式，对区法院审判、执行和干部作风建设情况进行专项监督，力推“法治垦利”建设向深层次发展。围绕城市公共安全、水气污染整治、乡村文明建设开展专项监督视察，并以提案、社情民意信息等形式将问题及对策建议及时报送区委、区政府，推动“三大专项行动”的实施。开展受邀监督，组织委员130余人次，就道路交通整治、人事招考招聘、公租房审批等群众关注的热点问题进行专项监督。

【参政议政】 围绕全区经济社会发展的重大问题，着眼群众普遍关注的热点难点，发挥提案主渠道作用，加大了问题的反映力度。重视多渠道、广角度反映社情民意，突出反映民声，完善信息工作机制，主动倾听百姓诉求，促进了部分热点难点问题的有效解决。全年收到社情民意信息512件，其中以专刊形式转报区委、区政府21件；上报市政协220件，市政协采用或转报省政协104篇，省政协采用7篇，转报全国政协9篇，在东营市县区反映社情民意信息工作中考评中名列前茅。

【联谊交流】 开展集中走访联系委员活动。常委会组成人员两次集中走访联系委员，及时向他们通报区情政情，听取委员的意见建议。组织“政协书画之友社”社员开展“文化进社区、进企业、进机关、进农村”活动，为社员扩大交流提供平台。组织促进企业发展联谊会会员就经济发展新常态下如何趋利避害，商讨对策建议，为企业提振信心加油鼓劲。加强与上级政协、兄弟县区政协的联系交流。配合省市政协开展提案工作、《工会法》实施情况等调研视察；与兄弟县区及外省市政协组织，就委派民主监督、精准扶贫开发等内容交流工作经验，为科学履职提供借鉴。

【参与中心】 参与全区工业、农业、招商引资、“三城联创”、综治维稳等工作，到部门、镇街和农村社区帮助协调处理困难问题、理顺工作思路；组织50余人次到石大胜华、胜凯石化等13家联系企业，解决困扰企业发展的问题10余个，为企业发展提供良好的外部环境。政协机关加强联户帮扶工作，到联系村听取反映群众意见建议，力所能及帮助解决困难；投资62万余元，解决宋家村土地节水灌溉、进村路口重建、村内地沟铺设盖板三项民生工程，引导群众加快土地流转，发展特色农业，拓宽了增收渠道。广泛征集项目线索，开展招商引资，为东营佐宁生物科技公司等外来投资企业搞好协调服务，连续五年超额完成招商任务。

【自身建设】 注重发挥委员主体作用，落实委员述职制度，登记通报履职情况。完善提案、社情民意信息工作的激励机制，选评优秀提案、优秀社情民意信息，并对表现突出的先进单位、先进个人予以表彰。加强政协委员联络机构建设，区编委批准成立政协委员联络工作委员会，镇街政协办公室统一更名为镇街政协联络室。结合“两学一做”学习教育的开展，进一步改进机关作风，规范工作程序。加强党务工作，严格党内政治生活，落实目标责任。

（张　诚）

人民团体

垦利区总工会

【基层组织建设】 （一）加强基层工会组织建设。加大“党工共建”工作力度，推进“基层工会建设落实年”活动，最大限度地把广大职工包括农民工组织到工会中。全年新建企业工会组织44家，新发展职工会员8073人。全区共有基层工会组织665个，涵盖基层法人单位882家，有会员97689人。（二）把“农民工入会集中行动”作为工会组织建设的重中之重，以开发区（工业园区）、建筑业、物流（快递）业、家庭服务业、农业专业合作组织、餐饮业等农民工数量多、比重大的领域作为重点，以劳务公司作为组织农民工入会新的重要突破口，依托全区基层工会组织普查数据和建会数据库，突破难点，填补空白、消除“死角”，全区新增农民工会员4616人，一般会员转为农民工数18277人。

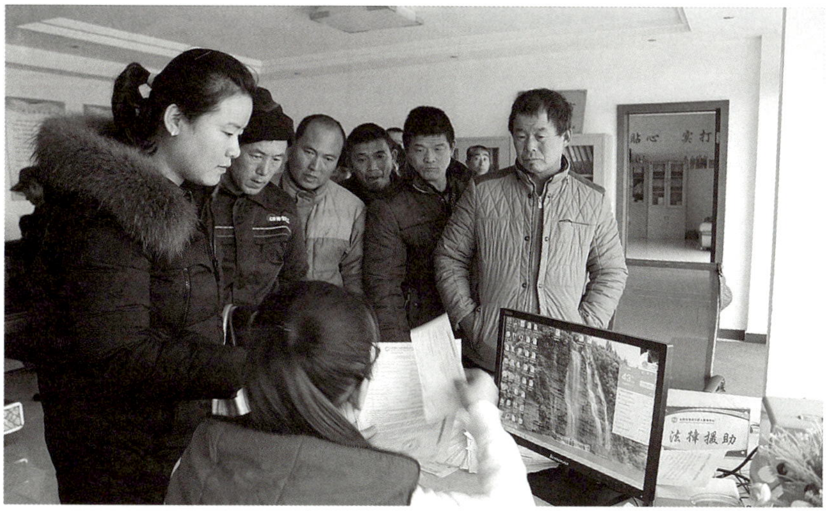

12月28日，为困难职工送温暖（车纯敏）

【救助帮扶】 （一）组织开展“春风行动”。组织开展2016年“春风行动”启动仪式暨春季用工洽谈会，搭建供需平台。（二）开展夏送清凉活动，筹资十余万元为环卫工人和重点工程、重点项目工地一线职工送去防暑降温物资。（三）开展“金秋助学”活动，为36名困难职工子女发放救助金10.2万元。（四）做好“冬送温暖”。筹措帮扶资金45.5万元，为269名困难职工发放救助金，并出资5万元为251名困难职工购买人身意外伤害保险。

【生产保护】 （一）抓好先模管理与服务。宣传先模精神，注重发挥先模的引领作用，为职工树立楷模榜样。在蓝海汇洲会议中心蓝海厅召开全县庆祝“五一”国际劳动节大会。（二）开展好“查保促”活动，制定专门方案，召开2016年“查保促”集中行动动员大会，企业进行督导检查，并对部分职工进行奖励，为企业安全生产提供基础支撑。省、市领导先后到垦利县就“查保促”活动进行专项督导。（三）做好职工创新工作，争取市级劳动模范创新室1个。

【职工权益】 健全职工维权服务网络，建立区镇级两级法律维权体制，实行专项律师定期接访，解决职工维权无门、维权无方的问题。12月7日，省总工会到垦利区专题调研职工法律维权工作。

（宋　凯）

共青团垦利区委员会

【概况】 2016年，共青团垦利区委员会先后获省级文明单位、市级文明单位、山东省五四红旗团委、全市团的宣传信息工作先进集体、东营市金融下乡双培工程工作先进集体、东营市红旗团委、创建文明城市工作先进单位等称号。

【自身建设】 共青团垦利县十四届二次全委（扩大）会议2016年3月25日召开，县委副书记盖举波出席并讲话，各镇、街道分管领导、团（工）委书记；县直各部门单位、学校和有关企业团组织负责人参加。

基层团组织建设 加强对团干部的教育管理，建立符合共青团组织特点的干部选拔、使用和管理机制。推进实施中职中学“强基固本工程”，提升基层服务型团组织建设，推动镇村两级团组织规范化运行。开展“两学一做”学习教育，把党员集中培训学习作为重点来抓，实施党员关爱青少年彩虹工程，以“千名干部走百村联万户”“百名干部联百企”和党员到社区报到等活动为载体，教育引导党员干部自觉深入企业、社区，为群众办实事解难题，拉近党群关系。加强少先队辅导员队伍建设力度，将少先队辅导员培训常态化、规范化、资格化，组织全区23名少先队辅导员在省团校举办少先队辅导员专题培训班。严格少先队与共青团衔接阶段的青少年意识教育，开展“2015—2016学年少先队员离队暨中学生集中入团仪式”，组织651名七年级学生集中举行离队仪式，并为90名中学生举行入团仪式。

团干部联系青年工作 推进“团干部联系青年1+100”工作，组织机关、各镇（街道）和区直有关单位团组织负责人30余人开展“走近青年身边，找准青年聚点”专题调研活动，共联系对接青年3400余人，针对性开展各类线上、线下活动4902次，形成团干部常态化联系青年的动态管理机制。

青少年服务平台建设 推动覆盖740名35岁以下青年的幸福家园公租房社区“青春活力公社”建设筹备工作，完成相关室内规划的设计工作；在书香社区以政府购买服务的形式，引进东营慧众专业社工组织入驻青少年综合服务中心，先后开展各类志愿服务活动20余次，服务社区青少年300余人次。在红光小学建设针对渔民留守子女提供综合素质培养的“小渔之家”项目，引入的志愿服务组织为在校学生提供学业援助、亲情陪伴、权益维护等关爱服务200余人次，时长1500余小时。成立“开发区经济园区青年工作共建委员会”，围绕企业青年成长成才、婚恋交友、权益维护等现实需求开展安全生产培训、青年联谊会、趣味

3月18日，共青团垦利县十四届二次全委（扩大）会议（胡续展）

运动会等活动7次，覆盖青年500余人。

【青年服务】 **青春共筑城市公共安全行动** 贯彻落实上级安全生产工作部署，开展“青年职工安全生产慎微意识教育”系列工作。组建“安全知识宣讲团”，依托“学习雷锋日”“安全生产月”等时间节点，开展“安全知识大讲堂”进企业、进社区、进学校等活动10余次，覆盖青少年1500余人次。开展青少年应急避险系列活动，联合东营市消防志愿者协会、红十字会等单位，在各级中小学校广泛火灾逃生、地震避险、溺水急救等培训，提升青少年应对突发灾害能力。

青春扶贫行动 联合东营市橄榄树公益事业发展中心通过爱心募捐、志愿服务等形式，筹集物资约合9万余元，实施张海军山羊养殖、刘学昌畜禽养殖、周聪聪辅导班等一批“小而精”的精准化扶贫项目，实现收益4.2万余元。开展青年文明号“联百名少年，助精准扶贫”活动，发动全区100家青年文明号集体，实施以爱心帮扶、教育帮扶、生产帮扶为主要内容的精准扶贫活动，年度捐赠物资约合5万余元。探索实施鲁兴绿色精准扶贫项目，以20万元省级青少年绿化基地扶持资金作为胜坨镇24户54名贫困群众股金入股合作社，24户贫困群众当年实现分红70500元。发挥好金融挂职干部作用，领办500万元额度“东青基准贷”项目，筛选申报青年创业贷款项目6个并全部完成放款。打造扶贫助困产业孵化基地，联合润松农业开发有限责任公司组织垦利街道西宋片区部分农村贫困青年，发展特色林下中草药种植，打造大三合片区彩叶树种和林下经济生产基地，带动农村青年脱贫致富。

11月4日，青年文明号授牌暨青年文明号主力精准扶贫启动仪式

青春绿色行动助力“三年增绿”工作计划 以“青春绿色行动”为牵引，开展“小手拉大手，共筑美丽新东营”绿色环保活动，动员全区200余名小学生携手家长参与其中，以趣味游戏、作品展示、植绿护绿等方式撬动全社会参与植绿护绿的“蝴蝶效应”。征集“小手拉大手·共筑碧水蓝天”环保作品，有300余名中小学生上报创意作品374个。深化“万人徒步母亲河”“青少年绿色夏令营”品牌活动，传播绿色理念，培育绿色队伍，建设绿色工程。

【青春志愿服务】 **志愿服务项目化** 联合开展“微公益·新平台·正能量”优秀青年志愿服务项目推介活动，以公开签约的形式助推青年志愿服务项目，团区委推报的“小渔之家”青少年综合服务中心在山东省第二届青年志愿服务项目大赛上获铜奖。对接“智慧垦利”“信用垦利”建设，将志愿者管理体系的设计与运行融入两项工作顶层设计方案中，推动全区志愿服务的信息化发展。

青年志愿服务平台建设 用好“垦利青年志愿汇”智慧公益平台，建设“和平工作站青年志愿者联动服务中心”，围绕“阳光助残行动”“小手拉大手，共筑碧水蓝天”“志愿进企业·安全记心中”“文化进基层·志愿伴我行”志愿服务主题，开展“爱心斑马线”“爱心导诊服务”“亲情守望关爱空巢老人”“保护母亲河”系列环保活动等“精准化”志愿服务活动，实现区域内困有所帮，志愿服务“供需平衡”，探索形成“线上互联、线下互动”的O2O志愿模式。在开展好常规性大型赛会志愿服务、社区扶老济困、希望工程等品牌活动的基础上，团区委还把志愿服务力量瞄准需要帮扶的“特殊群体”，将更多精力集中于渔民子女、服刑在教人员子女、偏远农村青少年等志愿服务盲区，实现青年志愿服务工作的全覆盖。

【青少年素质培养】 **青少年理论导航** 把握教育时机，抓住中国共产党成立95周年、长征胜利80周年、五四青年节和清明、国家公祭日等重要时间节点，持续开展“薪火代代传”“红领巾相约中国梦”传统优势项目，举办青少年“重温党史国史·共叙英雄故事”主题情景剧比赛、“书香五月·悦读青春”青年读书节等活动。依托网络新媒体开展“青年有话对党说”网络寄语活动。在全区城乡进行普法展演，组织青少年模拟法庭队伍开展进学校、进社区等活动，其中区职业中专代表队获东营市“青春与法同行”青少年模拟法庭大赛团体三等奖。联合区禁毒委开展“远离毒品·珍爱生命”青少年禁毒宣传系列活动，依托青少年法制教育基地禁毒宣传长廊、禁毒宣传室，定期组织青少年到禁毒基地进行参观、学习，引导干部职工及青少年学生提高识毒、拒毒、防毒能力。

青少年思想文化引领产品 着眼共青团特色文化产品的开发和传播，制作“青春扬帆黄河口”垦利共青团专属LOGO、“黄河口新生地”垦利青年志愿者标志和系列文化产品，拍摄《重逢》《垦利青年志愿者风采》等系列共青团宣传短片。联合东营市橄榄树公益事业发展中心拍摄《我的父亲母亲，让爱回家——“黄手环”关爱行动》系列微电影，力主在全社会营造浓厚的尊老向善风尚。

典型带头示范 组织开展“奋斗的青春最美丽”青年典型分享活动，用榜样的力量引导激励青年成长成才。在2015—2016年度“全省农村青年致富带头人”评选中，推报的盖红瑞参与评选。推荐商洪伟、杨颖飞2名电商创业青年参与山东省农村青年电商带头人评选。开展青年突击队、青年文明号、青年安全示范岗等青字号品牌创建活动，在第六届黄河三角洲（中国·垦利）国际生态农业博览会、国家卫生城市复审等各项工作中都有青年人参加。

青少年实践渠道 加强校外青少年活动阵地建设力度，推进已创建教育基地提升、潜在教育基地挖掘、各类教育基地进园三大教育基地提升工程。先后完成溢馨公园、双桥公园等5处建成青少年科普教育基地的内容更新、设施修缮等提升工作。为更好的服务城市、农村社区内青少年，团区委牵头在全区提升打造一批如“郝孟园——黄河口孟子文化园”“盖希云青少年爱国教育基地”等青少年活动阵地，增强团组织服务阵地对青年的吸引力和凝聚力。万得福现代农业科普教育基地被评为“全国青少年农业科普示范基地”。天宁寺生态林场青少年绿化基地被认定为“山东省第十一批省级青少年绿化基地”。

【助力青少年健康成长】 **希望工程** 打造“KEN爱·微公益”“KEN爱·共筑大学梦”“牵手关爱行动”“微爱·微公益”等品牌志愿扶贫活动，围绕农民工子女和留守儿童切身需求，帮助各类困难少年儿童实现微心愿100余个，精准帮扶大学新生25名，筹集善款、物

10月17日，“KEN爱·微心愿”走进胜坨镇实验小学

资约合10余万元。暑假期间在城市、农村社区共设立暑期“萤火虫学堂”6处，组织30余名高校大学生志愿者，服务留守、贫困儿童300余人次，志愿服务时长4800小时，切实解决青少年群体暑期“看护难”问题。

青少年维权 深化“共青团与人大代表、政协委员面对面”活动。开展“青少年普法教育校园行”活动，将法制教育课堂融入教学之中。发挥“12355青少年服务台”作用，在中高期间举办“阳光助考行动”。

（刘 斌 董安安）

垦利区妇女联合会

【巾帼扶贫】 按照市妇联任务安排，结合本区实际，制定《关于开展“精准扶贫 巾帼先行”专项行动的实施方案》，开展扶贫工作。为8个省定贫困村的71名建档立卡贫困妇女建立帮扶档案。开展创业观摩培训33场，参与妇女近200人次，帮扶新上创业项目16处，帮助20名妇女实现短中期就业。为黄河口镇新营村、永安镇西三村、垦利街道东兴村购买价值3000余元的音响设备，组建广场舞队伍，提前实现省定贫困村“舞前半小时培训全覆盖”“八大课题培训全覆盖”“标准化广场舞队伍建设全覆盖”三大任务目标，累计开展各类培训36场次，培训891人次。区妇联在全区扶贫工作中展现独特优势，扶贫工作被纳入全区扶贫工作统一调度，

3月15日，召开县妇联精准扶贫巾帼先行动员会

树起“精准扶贫 巾帼先行”的旗帜。（一）宣传动员。全区精准扶贫工作会议召开后，区妇联组织召开由区妇联全体人员、省定贫困村所属镇街妇联主席、妇代会主任参加的“‘精准扶贫 巾帼先行’专项行动动员会”，明确将精准扶贫工作作为2016年重点工作列入年度考核，对主要扶贫目标任务实行周通报制度。借助官方微信在全区的影响力，对全国各级、各地妇联在精准扶贫工作方面的好经验、好做法进行宣传，印发宣传服务手册500余份。（二）调查摸底。3月，区妇联全体工作人员分为4个小组，到8个省定贫困村入户走访，通过组织填写调查问卷、召开座谈会等形式，对贫困村基本情况、妇女创业需求、培训需求、贫困儿童及“两癌”患病妇女情况等方面调查摸底，初步建立起“一人一档”的帮扶档案。7月，区妇联采取逐户、逐人的方式，再次对71名建档立卡的贫困妇女走访。全区8个省定贫困村有建档立卡贫困妇女71人，贫困儿童2人（另有7人在低保家庭），无留守儿童、无“两癌”患病妇女；建档立卡贫困妇女有资金、技术、项目、就业、保障政策托底需求的分别为2、1、1、14、53人。除省定贫困村外，全区另有建档立卡贫困妇女422人，主要分布在董集镇、胜坨镇，因病因残致贫约占92%，因自身动力发展不足、缺技术等原因致贫的约占8%。（三）分类扶持。一是借助职能部门力量。全区扶贫工作铺开后，区妇联多次与区扶贫办、区人社局等涉及精准扶贫工作的主要职能部门负责人进行沟通对接，了解相关部门优惠政策，编印《“精准扶贫 巾帼先行”服务手册》，在全区进行宣传发放。二是借助电商运营平台。与“卖货郎”商城进行对接，确立优先在符合条件的省定贫困村开办“卖货郎服务站”、贫困妇女加盟服务站可享受费用减免（1000元，加盟只需要1000元的保证金，无其他附

加费用）、贫困妇女站点优先推广等优惠政策。联合新农校举办针对贫困村妇代会主任、有意愿的贫困妇女的电商培训6场次。三是借助联盟组织力量。开展结对帮扶活动，6名联盟成员与21名建档立卡贫困妇女结成对子，提供就业岗位、种养殖技术指导等帮扶。鼓励引导“妇字号”龙头企业主动投身到巾帼扶贫行动中，“景明水产”拿出百万余元为荆岭村、合兴村等6个村的100余户贫困户免费提供1000余万尾水产苗种、20000余斤优质稻种、饲料、有机肥料；“飞翔农业”以低于市场价3元的价格向贫困妇女供应菌包，带动妇女发展蘑菇种植，为永安镇西三村的15名贫困妇女提供蘑菇采摘、包装的就业岗位；“一邦水稻”为永安镇二十师村的贫困妇女提供育秧、水稻管护等就业岗位。（四）关爱救助。一是完成省定贫困村“两癌”查体任务。通过与区妇幼保健院对接，将原定“先西部后东部”的查体计划进行调整，优先确保省定贫困村完成查体任务，确诊疑似“宫颈癌”妇女1人。二是开展省定贫困村“两癌”防治知识培训工作。依托市妇联专项救助金，实现年内省定贫困村“两癌防治知识培训”全覆盖、“两癌”患病贫困妇女全救助的任务目标，累计开展培训26期。三是做好“代理妈妈”结对救助活动。19名代理妈妈开展捐资助学、走访探望、书信交流等活动，累计捐助助学金11400元。

【巾帼创业工程】 推进创业项目观摩和实用技能培训活动，组织开展创业项目观摩152场次，参与观摩人数1364人次，帮助妇女解决实际创业难题73个，带动妇女新上创业项目102处，新增女性领办家庭农场8家（总数103家），新增女性注册合作社7家（总数39家）。开办各类实用技能培训班267期，培训妇女11350人次，1309名妇女取得职业技能鉴定考试，116名妇女走上家政服务就业岗位；推进“信贷助推巾帼创业”工作，23名创业妇女申请大额低息贷款2588万元，360名创业妇女申请小额担保贷款3563万元（含续贷），帮助3个创业项目申请省级贴息8.81万元，帮助20个创业项目成功申请市级贴息23.6946万元，景明水产被评为“东营市巾帼创业创新基地”，吕宝花被评为“中国杰出创业女性”。在永安镇成立全区首个镇街级联盟组织“永安巾帼创业联盟俱乐部”。（一）召开“2016年农村巾帼创业联盟年会”。本届年会召集农村巾帼创业联盟成员、新上种子项目代表等60人。区妇联宣传《凝聚巾帼力量 助力精准扶贫》倡议书，对创业联盟工作和区妇联创业工程成果作总结，部分参会人员进行交流发言，并举办“个人理财”和“迪奥个人形象提升”培训。年会召开深化了“农村巾帼创业工程”的影响力，倡导了巾帼创业创新精神，对“老一代”巾帼创业先锋表彰弘扬，为“新一辈”巾帼创业标兵加油鼓劲。（二）“互联网+她经济”计划加速推进。一是“创e妇联”云商城业务实现专业外包。按照外包服务协议，自2016年1月起，每月都举办针对不同产品、创业项目的促销、宣传活动。其中，1月首期活动持续5天，销售精明、飞翔产品186单。“垦利妇女资讯”新增关注人数234人，商城新增入驻商户3家。3月主推“三马渔家”当季海产品，“三马”每周订单量超过80单，周销售额约2000元。二是开展电商实用技能培训。克服电商培训师资紧缺、培训内容侧重理论等弊端，依托新农校12名专业电商培训讲师和优秀巾帼电商创业典型，开展“农村电商创业及淘宝店铺运营”“微商实战技巧与案例”等实用技能培训，各镇街开展培训36期，参训人员900余人次。三是创业项目实现电商纵深发展。三马渔家、黄河口水产等“妇字号”企业的电商项目登上《经济半小时》《乡村季风》等省台知名栏目，电商销量额骤增，景明水产建设京东线下体验馆，并在双十一推出众筹、秒杀活动。四是挖掘推广优质电商项目。依托“精准扶贫 巾帼先行”行动，考察全国电商品牌“卖货郎”，与东营地区主要负责人进行洽谈，详细了解其加盟、投资、风险及收益情况，将其作为“5万元以下巾帼创业项目”进行重点推广。（三）“妇字号”家政服务公司崭露头角。全区有两家“妇字号”家政服务公司初具规模，一家是董集镇

"金叶劳务服务有限公司"，负责人郭金叶；一家是兴隆街道"喜当丁"物业服务有限公司，负责人苟增艳。两家公司吸纳百余名妇女就业，成为妇女创新创业典范。（四）"一镇一品"产业辐射带动优势更加明显。全区"一镇一品"优势产业发展更为成熟。"一镇一品"是垦利区巾帼示范产业发展的特点，但也存在着资源分割、品牌知名度不高、产业竞争力低等弱点。2016年，区妇联改变这种"单打独斗"模式，发挥专业镇优势产业的辐射带动效应，通过建立跨区域产业协作基地，创出一条"一镇多品""多镇一品"的产业带发展模式，如飞翔农业的食用菌从黄河口镇延伸到永安镇，弘力祥安的苗木种植从胜坨镇延伸到垦利街道，郝家镇的葡萄种植延伸到董集镇，各优势产业发挥辐射作用，带动更多妇女实现自主创业和就近就业。

【素质提升工程】 开展女性素质提升专题培训活动，在开展高端市级培训的同时，贴近基层开展"舞前半小时"本土培训，探索创新开展"0～3岁婴幼儿（准）家长"特色培训，实现素质提升工程的全面开花。全年举办市级培训243期，区级培训950期，培训35625人次，分别于1月、4月、5月、6月开展家政服务、粉蓝丝带、亲子教育、"两癌"防治专题集中培训。举办广场舞培训709场次，培训31374人次，《别样玫瑰——等你在黄河口》舞蹈获"省四德广场舞大赛"三等奖，成立"垦利区广场舞联谊会"。举办"舞前半小时培训"788场次，培训13722人次，《巾帼"草根讲师"活跃在广场》被《东营日报》头条报道。举办"天使在成长——0～3岁婴幼儿（准）家长"专题培训39期，培训家长1142人次、幼儿95人次，培训示范点增至8处，书香社区示范点先后迎接省级以上大型调研、观摩六次，"0～3岁婴幼儿（准）家长课堂"工作经验被《祝你幸福》杂志专版刊发。拍摄一部以"两大工程"为主题的微电影《绽放之路》。（一）"舞前半小时"培训。一是制定培训实施方案。区妇联制定《"舞前半小时"培训实施方案》，明确培训目标、培训流程、讲师报酬、考核方式等，设置反家暴、致富经验等十余项固定培训课题及旱厕改造、乡村文明等多个围绕全区中心工作的课题。按照每月一个主题和镇街实际情况进行培训任务分工。二是招募首期志愿"草根"讲师。在全区好媳妇好婆婆、优秀村妇代会主任（女性村"两委"成员）、种养产业大户等各方面巾帼优秀典型中进行讲师招募，各"草根讲师"可根据自己的身份和特长，选取一个或多个宣讲课题。全区首批选拔"草根讲师"65名，通过到河口区妇联取经、集中辅导等方式进行讲师培训，并为她们颁发聘书、身份识别卡等。三是开展"舞前半小时"督导工作。为避免培训流于形式，及时总结问题和经验，5月，区妇联全体班子成员和工作人员进行分组分工，按照各镇街月初提报的培训计划，采取实地查看和电话抽查的方式进行督导。区妇联结合"两学一做"学习教育活动，先行试点开展"舞前微党课"实践活动，由区妇联工作人员担任讲师，在原课题基础上增加党建知识，搭建起"两学一做"教育活动的

4月27日，开展"舞前半小时"草根讲师培训观摩会

新平台。（二）“0～3岁婴幼儿（准）家长”培训“树标杆”。一是“0～3岁婴幼儿（准）家长”培训示范点初步实现城乡全覆盖。区妇联争取区关工委40万元经费支持，在书香社区示范点的基础上，分别在7个镇街各打造1处培训示范点。书香社区示范点功能更为完善，集办公、培训、文娱、亲子活动、心理咨询（维权）为一体，功能由“示范点”逐步扩展为“教学点”，帮助7处新增示范点得到规范和提升。各示范点已投入培训工作，特别是兴隆街道示范点与“同乐”培训机构进行联合，并开展“儿童故事治疗”等新颖课题培训。二是健全长效化组织机制。5月，区妇联联合区关工委举办“0～3岁婴幼儿（准）家长”培训示范点观摩交流会。11月，以政府购买服务的方式，聘请第三方服务机构—黄河口职业培训学校对7处示范点进行实地评审，区妇联计划举办评审说明会并兑现奖励。三是完善日常化培训形式和载体。新设计制作“天使在成长手提袋”（内含口袋书、妇联宣传册、儿童指导手册等）1000份，分别在民政局婚姻登记处、妇幼保健院、各家长学校进行摆放，免费向有需要的人群赠送，推广“0～3岁婴幼儿（准）家长”培训课程；发放“垦利妇女资讯”扫码桌牌和海报，要求村内有条件的农村妇女关注妇联微信和“最家长”栏目，通过手机客户端时时参与交流；联合区医院孕妇学校和区第二人民医院开展图书赠阅活动，凡从这两家出生的新生儿家长即可免费获赠《0～3岁婴幼儿早期教育家长指导手册（鲍亚范主编）》图书，实现家教培训“0”起点；在区关工委及各家长学校中开展《祝你幸福》杂志征订活动，征订杂志220套。四是强化师资力量和课题研发。通过接收家长意见反馈，结合最新教育形式，扩充师资和课题。区妇联与阳光国际右脑机构首期培训有34名家长及幼儿参加。组织参加在上海举办的“故事治疗师培训”，联合关工委、教育局举办首批、150余位“CETTIC中国高级家庭教育指导师”培训。（三）系列文明创建活动“铸品牌”。开展“文明家庭”创建活动。联合区委宣传部、文明办制定《垦利区文明家庭创建工作实施意见》，9月底前在全区范围内评选出50户区级文明家庭，选出20个家庭授予“垦利区文明家庭示范户”称号。开展“平安家庭”创建活动。联合区综治办、安监办开展“安全进家”活动，印制发放主题宣传画2000余册。举办“说平安话幸福微故事”征文活动。开展“寻找社区妇女儿童‘最喜爱的家园服务项目’活动”。在5处妇女儿童家园所在社区建立活动宣传栏，组织开展“和谐邻里”“水果拼盘”“亲子互动活动”“0～3岁婴幼儿（准）家长培训”等活动。（四）开展寓教于乐活动。三八节期间，以“多彩三八节　悦在黄河口”为主题，举办插花培训、茶道培训、免费图书赠阅、免费观影、巾帼创业项目观摩、趣味拓展运动会、第四届三八健步行等活动，制作专题活动展板，在《垦利报》《胜利日报》进行专题报道。六一期间，举办“建幸福东营 做美德少年”少儿演讲暨第六届故事大王比赛、“开心六一 快乐游学”、“读经典·树家风”亲子家庭教育讲座、贫困儿童救助等活动，陪同区“四大班子”领导六一走访。建军节期间，联合区人武部、民政局开展“十佳好军嫂”评选活动，为10位军嫂授予荣誉称号。

【妇儿维权】（一）迎接全省“两个规划”终期监测评估和全国“两纲”中期监测评估，展现妇女儿童服务、教育、健康、文化等各方面取得的成就。垦利区妇女儿童十三五规划基本编制完成，在征求各部门意见建议。（二）妇女维权“法治化”建设。以“反家庭暴力法”出台为契机，联合司法局举办“垦利《反家庭暴力法》宣讲活动启动仪式暨首场专家讲座”，区直各单位、社区、各镇街道、司法局的133名工作人员参加培训。以政府购买服务的方式，专门选聘1名法律顾问，为妇女群众提供更专业便捷的维权服务。区妇联共接待群众来电来访16起，未发生一起矛盾激化和越级信访事件。（三）妇女儿童救助“社会化”格局。以“精准扶贫 巾帼先行”活动为契机，区妇联对贫困儿童、贫困母亲、“两癌”贫困母亲进行调查摸底，审核、统计贫困儿童475名，贫困母亲447名（其中，“两癌”贫困母亲32名）。区妇联为2名“两癌”贫困母亲发放国家专项救助金2万元，为10名“贫困母亲”发放救助金2万元，为80名贫困儿童发放救助金4万元，19名来自社会各界的“代理妈妈”开展结对帮扶活动。启动“女性安康工程”，招募服务专员8名，为“两癌”患病妇女提供社会保险保障。

【基层妇建】 区妇联于4月召开“扩大基层妇女组织工作”专题调度会，镇（街道）妇联兼职选聘副主席11人，新增执委20人，共有执委54人；社区妇联兼职副主席13人，新增执委10人，共有执委10人；行政村新增妇代会成员378人，共有妇代会成员717人。推进“村妇代会改建妇联”工作，全区完成36个试点村改建工作。（二）基层妇联组织专项经费得到保障。2016年区妇联经费预算80万元，全部用于“两大工程”支出。各镇街专项经费预算30.5万元，实际支出超过35万元。（三）新媒体平台建设工作实现突破。区妇联强化互联网思维，集中力量推进新媒体建设。微信公众号运营两年多时间，坚持“每日一条、制作精良、图文并茂”的发布标准，累计阅读量4万，被区委宣传部评为全区最具活力政府公众号之一。开通“天使在成长”“巾帼电商”“广场舞联谊会”“草根讲师”等微信交流群7个。

（高冰清）

垦利区工商业联合会

【概况】 2016年，区工商联在全市综合考核中位列第一名，被评为全国“五好”工商联。

【民营企业家素质提升工程】 一是开展理想信念教育，提升思想政治水平。以“民营企业家与中国梦”为主题，在民营企业家中开展“信念、信任、信心、信誉”四信教育，引导非公有制经济人士坚定对中国特色社会主义的信念、对党和政府的信任、对企业发展的信心、对社会的信誉。二是组织培训学习，增强业务能力。依托工商联大讲堂，举办“化工企业转型升级”专题讲座，35家石化企业会员参加；先后组织200多人次参加市工商联促进民企健康发展大讲堂；组织300多人次参加区内的各项培训学习活动；组织企业家到杭州、苏州实地考察学习。提高企业家管理创新及转型升级的思维路径，助推企业成长。

【非公有制经济党组织】 一是成立党委并撤并支部。成立区工商联非公组织党委，加强直属党支部管理。梳理各直属党支部党员数、场所建设等基本情况，对作用发挥不大，甚至不起作用的党支部合并，由非公党委集中管理。二是调整充实党建指导员。发放《党建指导员工作明白纸》，对党建指导员定职责、下任务、加压力，要求每周至少要与支部书记、党务工作者联系1次，每月至少实地指导2次，并建立工作日志，详细做好记录，发挥党建指导员在非公党建工作中的作用。三是实施“党旗飘扬促发展”工程。年初制定《“党旗飘扬促发展”工程实施方案》，为开展非公党建工作提供指导。通过派驻机关干部的方式，在21家党支部配齐党建指导员，实现全覆盖。对表现突出的党支部拨付3万元的党建奖励经费，新发展党员7名。指导泰和物流等17家党支部完成换届，并将信誉楼总经理刘建等14名企业负责人推选到书记岗位。强化阵地建设，督促党支部落实党建办公室等硬件设施，完善三会一课等党建制度，建立起配套齐全、功能完善的活动阵地。注重学习教育，组织开展手抄党章一百天、七一书记讲党课等活动，推动“两学一做”各项任务落实到位。引导各支部开展党企联席议发展、“一个党员一面旗”等一系列活动，提升党支部的影响力，促进企业的健康发展。

【基层商会】 一是健全组织网络，扩大商会覆盖。全区共有基层商会组织16家，按行政区域划分，在7个镇街全部建立商会组织；根据行业发展要求，先后成立家电商会、餐饮商会、物流商会、汽车商会、建筑商会、装饰建材商会等6个行业商会；按照地域发展需求，成立2个园区商会；为拓宽青年一代企业家沟通交流、创业发展渠道，成立青年企业家商会。入会企业会员1668家，占全区非公有制企业的98.7%；个人会员5533人，占全区个体工商户的96%。二是围绕中心大局，汇聚发展合力。把“推动经济发展”作为商会建设的重要任务，注重发挥商会集体优势，不断拓展业务、强化交流，努力把商会建设成为促进经济社会发展的新引擎。依托永安商会，与北京丰华地产公司进行协商，促进永安镇尚慧商城、商会大厦两个项目谈成落地；家电商会建立东营首家卖货郎电商服务平台——卖货郎东营运营中心，推动电商下乡和农产品上线，打通电子商务进农村的“最后一公里”；青年企业家商会建立黄河口石油化工交易中心，为入驻企业打造国内一流、集现货交易、信息服务、融资服务为一体的石油化工综合交易平台。2016年，全市基层商会建设现场经验交流会议在垦利召开，永安商会、物流商会被评为省级“五好”商会，《念唱“立、兴、活、强”四字经，打造商会发展升级版》获全省统战工作实践创新成果。

【“百企帮百村”精准扶贫行动】发挥民营企业在精准扶贫中的优势和作用，探索出开发式、产业式、租赁式、股份式、资助式5种帮村模式，引导企业在帮扶农村的同时促进自身发展，实现优势互补，合作双赢。把民企帮村情况作为培养选拔非公有制经济代表人士进行政治安排和表彰的重要依据，形成考评激励机制。2016年，垦利石化与新发药业在黄河口镇西隋村开展分布式光伏发电，投资90万元；信誉楼有限公司援建垦利街道荆岭村文化大院，帮扶资金20万元；万达集团建设垦利街道东兴村老年关照中心，援助帮扶资金100万元。2016年5月，全市“百企帮百村”精准扶贫行动启动仪式在垦利举行，全区51家民营企业与49个村结成帮扶对子，实现贫困村、贫困户的全面覆盖。

【非公有制经济代表人士综合评价】一是完善工作体系，确保有序开展。研究制定《垦利区非公有制经济代表人士综合评价工作实施方案》，成立工作小组，要求各评价部门要严格评价标准，做到客观真实，杜绝评价工作不力，弄虚作假等行为。明确责任主体，坚持责任追究，有效保护评价对象信息。二是策划组织，分批次推进。完成第七届工商联执委、第八届工商联拟任执委中非公有制经济代表人士综合评价工作113人，做到信息采集无疏漏、无错误、全覆盖，综合评价客观、真实、有效。三是借助综合评价，为换届选举提供依据。按照凡进必评、真评实用的原则，非公有制经济代表人士综合评价结果汇总后，及时反馈给相关部门，提高非公有制经济代表人士在选拔、培养和政治安排上的有效性和准确性，为垦利区人大、政协、工商联换届提供客观依据。

（吴建光）

9月7日，省工商联党组副书记、副主席孙占甲到垦利区督查调研“千企帮千村”脱贫攻坚行动和“五好”县级工商联建设工作

东营市垦利区科学技术协会

【概况】 东营市垦利区科学技术协会为党委领导的人民团体，正科级建制，经费实行财政拨款。内设办公室（组宣部）、科普部（学会部），下设直属社会公益事业单位：东营市垦利区科学技术馆（挂东营市垦利区科普服务中心牌子）。编制总额9名，领导职数3名。区科协为参照国家公务员管理单位，实有人员12人，其中主席1人、党组书记1人、副主席3人，主任科员1名，工作人员4人，临时工作人员2名。2016年，全县5个镇、2个街道，红光办事处建立科协

机构；333个行政村、13家规模以上企业建立科协组织；4个县直单位成立专业学会；有科普基地23个，农村专业技术协会15个，会员1600余人。2016年，区科协被山东省科协列入“全国科普工作先进单位”推荐名单；2月，垦利县被中科协命名为“首批全国科普示范县（2016—2020）”；6月，东营市垦利县入围山东省“助力地方创新驱动发展工程”示范区。12月，垦利区科技馆被山东省科技场馆协会表彰为“2016年度科技场馆工作先进单位”。

【**全国科普示范区创建**】 通过抓软件、硬件、示范体系三项建设，完善科普网络、科普宣传、科普投入三项机制，把创建工作与“科普惠农、素质提升”工作有机结合，使创建工作步入正常化、制度化的轨道。2月，中国科学技术协会下发文件（科协发普字〔2016〕8号），垦利县被正式命名为“首批2016—2020年度全国科普示范县”，提升了垦利在全国的知名度。先后在东营报、垦利报进行专栏刊发，县电视台进行专题报道。

【**全民科学素质建设**】 ***《科学素质纲要》出台*** 为推进全民科学素质工作，区科协拟定《东营市垦利区全民科学素质行动计划纲要实施方案（2016—2020年）》。由垦利区人民政府办公室下发《关于印发东营市垦利区全民科学素质计划纲要实施方案（2016—2020）的通知》。

青少年创新大赛 启动“首届垦利区青少年创新大赛”活动，组织参加第31届全国青少年科技创新大赛暨东营市第9届教师科技创新大赛活动。经过各学校初评，择优上报，征集科幻画500幅，教师科技论文40篇，学生科学创意15个，学生创新成果3项，获省级奖6项，市级奖60项。垦利区第二实验小学、垦利区董集实验学校获优秀组织奖。

科普百校行 10月14日，由省科协、省财政厅、省教育厅和团省委主办的“2016年山东省青少年科普报告百校行”活动走进垦利区，分别在区第三实验小学、董集镇小学、永安镇中学、胜坨镇中学、郝家镇中学举行，科普报告团专家向同学们做《猫与鼠的智斗——科技为公安工作插上翅膀》《长颈鹿语言进校园》《声音的奥秘》等主题科普报告，为培养学生们“爱科学、学科学、用科学”的良好习惯，激发学生对科普知识的关注和兴趣，营造校园科普氛围起到推动作用。全区1500余名师生及家长代表听取专家们的报告。

大型主题科普 9月17日，2016年东营市垦利区“全国科普日”主场活动在区科技馆举行，集中活动时间为9月17日至23日。区科协协同有关部门开展“科普日开放行动”“互联网在线活动”“社区科普益民行动”“农村科普惠农行动”“校园科普行动”5大科普活动专题，宣传“创新、协调、绿色、开放、共享”的发展理念，动员全社会共同参与创新创造创业，形成大众创业、万众创新的生动局面，促进全民科学素质的跨越提升，在全区形成“创新放飞梦想，科技引领未来，共建和美幸福新垦利”的氛围。

农村科普 深化“科普快餐”惠民工程，开展新型农民培训工作。在2016年全国科技周期间，区科协结合“两学一做”学

2016年度“防灾减灾日”主题科普活动

习教育和新型农民培训工作安排，分批次组织党员科普志愿者和专家组成党员服务队，分别到胜坨镇、董集镇林果种植基地开展苹果矮砧密植集约栽培技术和葡萄花期管理技术培训班。通过举办“农时技校”“田间课堂”等形式，开展现场指导、集中培训和信息咨询，将“科普快餐”送到田间地头和农户家里，为实现“科普零距离”目标和实施“党建带科建”工程奠定基础。组织开展专家精准扶贫活动，区科协会同扶贫专家就全区省级贫困村产业发展情况进行调研，确定具体帮扶方案，对黄河口镇于林村、新营村及永安镇的西三村3个贫困村进行水稻、莲藕高产栽培技术的帮扶指导，指导面积2380亩。累计开展技术指导、培训10批次，发放“水稻育秧、插秧及田间管理技术”“莲藕栽植及田间管理技术”1000余份，解决水稻、莲藕生产中病虫害防治与栽培中的相关技术性问题近10项。通过专家的技术指导，不仅使盐碱地得到综合利用，而且提高了种植业经济效益，促进了贫困户的增收。

社区科普　区科协在与共驻共建单位举办的庆“中秋节”第三届邻里百家宴联欢活动中，开展“减少灾害风险·建设安全城市”地震、消防、卫生等系列安全知识科普主题展，向广大市民宣传灾害防范知识，增强科学防灾减灾意识，提高预防自救技能。

【创新驱动发展工程】　推进助力创新驱动工程实施，争取垦利区被命名为“山东省助力地方创新驱动发展工程示范区”。“助力地方创新驱动发展工程”是省科协落实国家创新驱动发展战略、服务地方经济社会发展的重要平台，为汇集高层科技人才智力资源，助力地方经济发展提供良好契机。年初，区科协联合有关部门开展创新驱动需求调查，先后到区经济开发区、黄河口生态科技城进行调研，递交“关于承接省科协‘助力地方创新驱动发展工程’项目的申请”。5月，省科协下发通知，确定垦利区为山东省“助力地方创新驱动发展工程”示范区，为全省第二批28个示范区之一。省农技协组织专家先后三次到垦利就经济林、果业、蔬菜等产业发展情况进行调研和实地考察，并进行精准对接，区育苗协会与省农科所、青岛农业大学等建立长期合作关系，推动了垦利现代农业的发展。

【科普惠农项目】　争创全国科普惠农兴村先进单位1处。2016年，垦利区三源林下食用菌种植协会被中国科协、财政部表彰为“全国科普惠农兴村”先进单位，获奖补资金20万元。

【科普设施建设】　**科技馆**　发挥科技馆科普平台作用，把科技馆作为一个弘扬科学精神、普及科学知识、传播科学思想和科学方法的主要科技场所，推动未成年人健康成长，培养青少年爱科学、学科学、用科学的意识。2016年区科技馆接待社会团体10个，参观人员10000余人，被山东省科技场馆协会表彰为“2016年度科技场馆工作先进集体”。

科普大篷车　利用车载科普展品、设备和科普展板，开展“科普大篷车”进校园、进农村、进社区“三进”巡回展演活动。2016年，在全县7个镇（街道）内开展科普进社区活动12次，进学校10所，参与学生和群众4000多人次，发放科普宣传物品2000多件。科普光碟等科普资料200份，展出科普挂图200多幅、科普展品180多个。

科普信息化　搭建“互联网+科普”工作平台，科普信息化建设取得实效。响应中科协关于科普信息化建设的号召，遵循“创新、协调、绿色、开放、共享”发展理念，发挥科协组织桥梁纽带作用，围绕群众最关心的科学需求，整合微信微博、移动终端、科普网站、专家服务团、素质办成员单位、科普志愿者、科普联络员、学会协会等科普资源，构建起“一个窗口、两个平台、三个终端、N项服务”的科普信息化服务模式，搭建起科普信息化综合服务平台框架，为实现科普服务的数字化、高效化、实用化奠定基础。利用“垦利微科普”“科普快餐”微信平台，组织开展“创新达人”现场微信科普知识竞答、“2106年度全区全民科学素质微信知识竞赛”等活动，参与公众6000余人，及时推送科普知识200余条。

（武在磊）

军 事

垦利区人民武装部

【概况】 2016年12月，人武部被省军区表彰为“军事训练先进单位”和“兴武建功先进单位”。

【政治工作】 把“思想建党、政治建军”要求放在首位，借力开展“两学一做”专题教育活动，借助党委中心组学习这个载体，采取“七学”的形式，抓好习主席系列重要讲话精神、十八届六中全会精神的学习贯彻落实，组织全体党员抄写党章，撰写读书笔记，开展党员履诺践诺活动，确保党的创新理论入心入脑、落地扎根。开展“坚决服从改革大局、忠实履行职能使命”主题教育活动和“守党规、严纲纪、正品行”“在党言党、爱党信党”、“新体制、新职能、新使命”大讨论等专题教育活动。组织开展向身边典型学习活动，副部长王东峰作为典型代表作事迹报告。开展文体活动，参加军分区组织的篮球、乒乓球赛，分别获篮球全区第一名、乒乓球总分第一名与个人第二名。

【军事训练和战备工作】 围绕践行“五部”职能使命要求，始终把战斗力这个唯一的根本的标准作为检验军事训练成效的唯一尺度。在全市率先组织基层民兵教练员集训，创新性地组织垦利县首届民兵军事训练大比武活动。民兵大比武活动中，先后10余次组织修改比武考评细则，多次讨论研究比武课目设置，在训练实践中探索路子，在严和实中确保活动成效，提高民兵整体素质，黄河口镇武装部、兴隆街道武装部分别获总分第一、第二名，营造了驻地群众崇军尚武的浓厚社会氛围，受到军队和地方政府领导的肯定。开展国防动员潜力调查工作，摸清全区国防动员潜力底数。保障省军区首长黄河防汛勘察任务，以参加省军区

5月20日，垦利县民兵大比武开幕式

组织的黄河防汛分队比武为契机，协调区河务局，克服困难，迎难而上，科学组训，固强补弱，民兵防汛分队专业素质明显提升，在比武考核中成绩优良，获省军区首长肯定。在抓民兵训练的同时，注重成果转化，建立每逢春节、国庆拉动民兵应急分队制度，国庆节战备拉动，军分区副司令员苏同和副区长孙学诗现场检查指导。开展民兵应急分队处突维稳演练，年初军分区开训动员课目演示任务，设置擒敌拳、棍术、应急救援、医疗救护4个科目，展示民兵训练成果。2016年12月，副部长王东峰被省军区表彰为“征兵工作先进个人”“军事训练先进个人”。

【**征兵工作**】 落实“一季征兵、四季准备”要求，开展征兵宣传，累计印制发放征兵宣传图册3万余份，悬挂横幅标语200余份，组织征兵宣传车走村落进万家活动，行迹遍布全县5镇2街333个行政村；贯彻依法依纪廉洁征兵，从严把牢体检、政治考核和定兵三关，坚持“五公开、五公布”；组织义务兵优抚金发放仪式，宣传造势；走访慰问立功受奖军人家庭，营造“一人当兵、全家光荣”的社会氛围；开展预定新兵役前教育训练，协调驻地单位，发挥民兵教练员作用，落实封闭训练，按照训练经费标准执行，加强训练力度，突出军魂教育、党史军史教育和吃苦耐劳教育，为他们尽快适应部队生活打下坚实基础，将拒服兵役纳入诚信垦利系统，利用垦利报、垦利电视台等媒体对逃避服兵役相关政策法规及案例进行宣传讲解，起到了导向和震慑作用，确保征收兵员任务完成。

【**作风建设**】 结合“两学一做”专题教育活动的开展，倡导“快、实、干”工作作风，以“忧起来”“紧起来”“急起来”的精神，推动各项工作落实。在军分区组织民兵整组暨基层规范化建设巡回观摩评比中，坚持高标准定位，高起点筹划，严要求落实，迎检的胜坨镇、郝家镇武装部建设受到联合检查组的肯定，获总分第一名，其中胜坨镇获乡镇武装部总评第一。开展“四统两室”检查，规范办公秩序。10月，迎接省军区对万达、胜通两个企业武装部的检查验收，对企业武装部进行规范化建设，提高武装部整体建设水平。通过主动承担各类“急难险重”任务，摔打部队、历练骨干，以“压担子、思对策、找方法、寻路子、求突破”的方式，有效提升了全部人员及基层武装部专务干部综合业务能力素质，推动了全县武装工作的开展。

预定新兵役前训练

【**后勤工作**】 落实党委理财、议财、管财制度，执行上级有关标准要求，规范财务管理秩序，加强综合保障能力建设。推进“阳光理财”、公务卡结算支付、物资统购等制度。坚持大项经费集体研究，每月开支都实施联审会签。完成财务工作大清查、资产清查工作，配合军分区迎接军委财务审计工作。

【**拥政爱民**】 组织干部职工参加创建全国文明卫生县城活动，每月最后一周周五下午组织干部职工开展“清洁环境，美化家园”义务服务活动，多次在全区检查评比中名列前茅，树立军事机关形象；走访慰问到垦利区驻训的陆航团、电子对抗团等部队，协调区委、区政府和相关部门为驻训部队解决场地、交通、水电等方面问题。开展扶贫帮困工作，从全区8个省级贫困村挑选一个基础最薄弱的东兴村（垦利街道）确定为帮扶对象，多方协调资金，与其他帮扶单位形成合力，确保该村脱贫。开展“一帮一”活动，从全区确定2名贫困学生与部领导结成帮扶对子。利用春节、扶贫日等时机，走访慰问困难群众10余户，“八一”期间邀请县、镇（街道）党政领导、有关部门和部分企事业单位，组织军事日活动，提高了国防意识，增进了军地友谊。开展党管武装工作好书记、关心国防建设双“十佳”评选活动，垦利街道党工委书记吕景亮、兴隆街道党工委书记胥光远被东营市委、军分区党委表彰为“党管武装好书记”；民政局、万达集团被东营市国动委表彰为“关心国防建设十佳单位”；农行行长许文波、油区办主任夏之剑被东营市国动委表彰为“关心国防建设十佳个人”。

（李传波）

武警垦利区中队

【概况】 2016年，武警垦利区中队被总队评为“基层建设先进中队”。

【政治工作】 开展“两学一做”主题教育实践活动。活动前，中队采取座谈、谈心、问卷调查和听取思想骨干汇报等方法，搞好思想调查。活动中，搞好备课、授课，采取干部上大课、骨干上小课，重点问题干部讲、一般问题大家谈的方式，增强学习效果。活动后，组织讨论、笔记展评和心得体会交流，深化主题教育效果。针对当前兵员成分复杂化和官兵价值取向多元化的实际，开展理想信念、历史使命、战斗精神、社会主义荣辱观和法纪、心理、保密等各项教育，运用谈心、“三互”、“双四一”和格言征集、新闻点评、士兵继续教育等载体，做好经常性思想工作，确保官兵思想稳定。坚持预防为主，做好预选落榜考生、家庭涉法人员的思想稳定工作，搞好法律与心理知识普及，增强官兵的法纪和防范意识。开展棋类、球类和歌咏比赛活动。

参观见学

【执勤工作】 把执勤工作列入重要议事日程、摆上中心位置，做到无论形势怎样变化，抓执勤工作的决心不动摇；无论人员在位多少，抓执勤工作的标准不降低；无论工作多么繁忙，抓执勤工作的精力不分散。运用“三共”“三个一遍”等载体，定期分析执勤形势，重点查找隐患、抓好整治，确保执勤安全。严格《正规化执勤等级评定标准》，抓勤务教育、执勤三项纪律、“三班四哨”和值班“四全”落实，提高官兵防范意识，堵塞潜在的隐患和漏洞。在2016年“5·16”协助公安部门抓捕杀人犯罪嫌疑人、“7·23”协助抓捕监管羁押对象住院脱逃事件中，中队特战官兵配合公安机关协同抓捕，受到驻地政府领导和人民群众的认可。

【军事训练】 坚持把抓好军事训练作为促作风过硬、保任务完成的基本手段。贯彻落实支队年度开训动员会议要求，严格训练制度和规定，做到按纲施训、科学组训、严训实练。结合勤训轮

严格训练

换，抓好专勤专训和“三员一兵一组”协同动作训练，开展“五小练兵”活动，依托兵棋作业，反复训练和推演，贴近实战定期进行方案演练，强化官兵敌情和战术意识，提高部队执勤和处突能力。

【安全管理】 自觉把安全工作贯穿各项工作始终。解决“五个重点问题”，开展条令和安全常识学习，制作安全工作专栏，组织安全隐患治理和“三自”“三小”及“四无”倒计时活动。搞好隐蔽斗争和“四反”教育，落实防范网络泄密“十条禁令”，确保保密信息安全。开展争创和谐警营、密切内部关系大讨论等活动；定期召开官兵恳谈会，征求对中队建设的意见和建议；开展知兵、爱兵和“为兵排忧解难送温暖”活动；元旦、春节期间，中队以支部的名义，给每个战士家长寄一封慰问信、一张贺卡、打一个慰问电话，营造良好氛围。国庆期间部队战备时间长、要求严，官兵思想和心理容易产生波动，中队加强形势任务、心理、法纪专题教育，使大家自觉增强忧患意识、职责意识，确保部队安全稳定。

【后勤保障】 落实基层“四类经费”管理规定，做好合理计划、透明开支，搞好经费管理。坚持靠作为赢得地位，争取地方党委政府支持。落实枪弹管理制度，定期进行检查、擦拭和保养，确保枪弹安全和性能良好。把搞好伙食调剂作为提高后勤保障水平的突破口，落实伙食管理制度和后勤保障社会化要求，杜绝跑冒滴漏现象。抓营产营具管理和维护，开展“自己动手、建设家园”活动。抓后勤队伍建设，定期组织司务长、给养员、卫生员进行业务培训，不断提高后勤队伍的素质能力。

【班子建设】 坚持把加强“班子自身建设”放在首位，抓好创新理论、《纲要》、三级党委扩大会议精神学习贯彻。全体支委、特别是正副书记始终以互谅互让为处事准则，换位思考，互相配合不推诿，班子的向心力增强。坚持公开透明地处理经费开支和战士入党、考学、探亲休假等敏感问题，按照先由支部集体研究，后请示支队审批的程序进

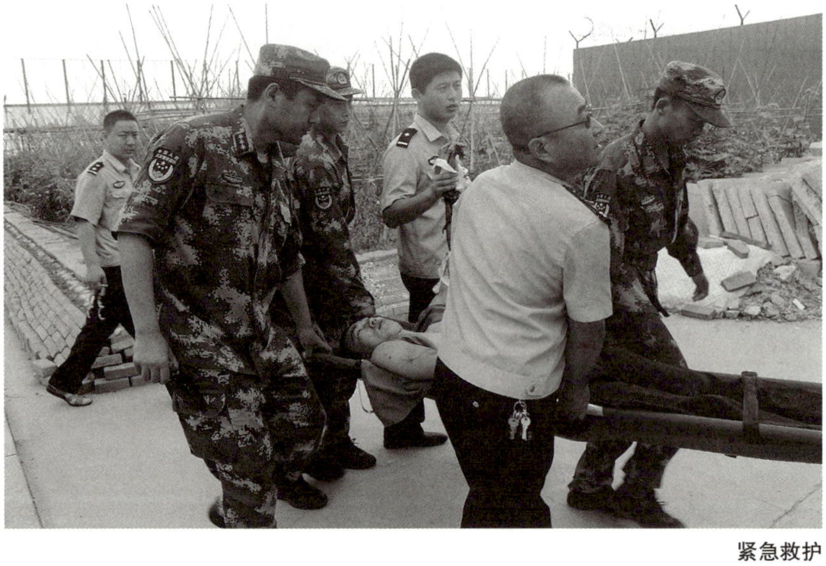

紧急救护

行办理，确保决策合理、官兵满意。注重抓好“两个群众组织”建设，及时调整人员，搞好帮带，在事关战士切身利益和课余活动安排等问题上，坚持由武警委员会、团支部提出建议，确保“两个群众组织”活动经常、作用明显。

（王 帅）

人民防空

【工程建设】（一）人防工程建设。计划投资9803万元建设的区人防基本指挥所工程，完成前期手续，与城投公司签订代建协议，投资2200万元完成桩基工程施工；明珠广场地下人防工程是垦利区首个民营企业投资地下空间开发利用工程，企业作为建设主体，通过招拍挂方式取得地下空间使用权，实现责权利相统一，工程总建筑面积12000平方米，计划投资3500万元，工程项目建议书、可行性研究报告和初步设计经市办批复，在办理施工图设计审批；西苑丽景·和园、香林美地、胜北花苑等结建人防工程，总建筑面积3.12万平方米，完成前期手续，计划2017年开工建设。（二）人防工程维护管理。建立健全人防工程岗位负责、定期检查和维修保养等制度，推进维护管理工作制度化、规范化。与工程使用单位签订《人防工程使用合同》《责任书》，本着“谁使用，谁负责”的原则，明确使用单位主体责任。结合安全生产隐患大排查快整治严执法集中行动等各项安全生产专项活动，加大检查力度，定期组织人防工程安全专项检查，形成检查记录，做到发现隐患立即整改，整改后及时复查，确保检查结果落到实处。（三）工程建设环境营造。落实《山东省人防工程质量监督管理办法》，承接市人防办下放的人防工程质量监督职责。加强对人防工程建设、勘察、设计、监理、施工、防护防化设备生产企业等单位质量行为的监督，严格执行外省进鲁设计资质备案制度，无资质的单位一律不予准入，有效规范市场秩序和企业从业行为。

【行政执法】（一）依法规范审批行为。严格执行权力清单、责任清单，建立完善“两随机一抽查”事中事后监管制度和行政许可、行政处罚“双公示”制度，细化审批流程，严把易地建设审批环节，实行联席会议审批制度，形成会议纪要，所有项目上会讨论，集体审批，从严把关。与财政局联合印发《新建民用建筑防空地下室易地建设费减免实施细则（试行）》，明确人防费减免范围，规范审批行为。（二）落实行政审批承诺践诺制度。法定时限20个工作日的项目审批，承诺在3个工作日内完成，未出现逾期情况，提高了审批服务效率。（三）强化人防执法监察。加大执法力度，严格执法行为，组织现场核实项目情况61次，确保防空地下室应建尽建，易地建设费应缴尽缴。

【指挥通信】（一）加强人防机动指挥通信系统的维护和演练，确保设备处于良好的应急应战状态。参加市办组织的“淄东联防-2016”跨区联合演练，演练“快速集结和跨区域机动”“机动指挥所开设”“特定战术背景下人防指挥机动通信系统参与对空观察、伪装防护、通信抢险抢修”“野外露营”等课目，提高垦利人防组织指挥能力和信息保障人员的业务水平，检验了人防专业训练成果，提高了机动指挥通信保障能力和应急支援能力。（二）投资35万元在全市率先完成防空警报控制系统和终端设备的改频升级。在城区、开发区增装10台防空警报器，实现防空警报智能检测和控制自动化，警报音响覆盖率100%。通过智能检测系统，定时对警报网络进行检测，及时排除各类故障，完成9·18防空警报试鸣任务。

【宣传教育】（一）制定《宣传教育工作方案》，统筹谋划人防宣传教育工作，将人防宣传教育纳入国防教育体系，向中学生赠送人防知识手册2000余册。（二）在9月12日至17日集中开展防空警报试鸣宣传周活动，通过电视、报刊、网络、手机短信等平台，向市民宣传人民防空知识。人防宣传车队到城区各社区、学校、企业播放防空警报知识，张贴防空警报试鸣公告，并在信誉楼、银座等人员聚集区发放宣传单3000余份。（三）加强网站建设，及时公布人防新法规、新政策，新动向，发挥网站信息公开、宣传人防、服务人防的作用。

（徐青迪）

法　　治

综　述

【概况】 垦利区委政法委设置机构有政法委、综治办、国安办，设编制23人，其中行政编制8人，行政工勤2人，事业编制13人。在2016年东营市公安机关群众安全感满意度电话访问调查中，垦利区群众安全感93.02%、满意度88.19%，均位居全市第二；交通安全状况安全感91.01%，居全市第一。

【多元化大调解体系】 从畅通渠道、整合资源、完善机制入手，探索创新包括“小白鸽”和事佬调解队伍在内的“454”多元化大调解体系，为保持全区大局稳定发挥了重要作用。调动基层调解组织积极性，配强村、社区、镇街、区四级调解力量，建立上下信息互通、资源共享联动机制，形成调解力量的全覆盖、无缝隙。构建诉调、警调、访调、政调、检调等有机衔接、相互协调的五调对接机制，加强重点领域专业性、行业性调解组织建设，提升专业调解水平。针对当前司法公信建设、司法队伍建设中存在的问题，围绕信访公开、风险评估、干部责任、经费保障4个方面建章立制，建立群众诉求表达机制、维稳风险评估机制、责任追究机制、经费保障机制，夯实调解基层基础。2016年，68%的上访事项被化解在镇（街）及社区（村居），28%的上访事项被化解在区级。

【“五星级”平安村居创建】 为优化基层综治组织建设，解决机构设置、职能定位、人员配备、业务培训、经费保障等问题，垦利区率先在全市开展以治安星、无访星、反邪星、安全星、和谐星为内容的“五星级”平安村居创建工作，印发《关于深化“五星级”平安村居创建工作的意见》。区委、区政府将其纳

5月27日，省委常委、政法委书记张江汀到垦利调研政法综治工作（王江华）

7月6日，垦利县政法系统“全员练兵、全面规范、全力创先”活动动员会议召开（孙兰锋）

入为民办实事工程，五星平安村居奖励5000元，四星平安村居奖励3000元。区综治委加强督导调度，经过全区各级各有关部门共同努力，全区评定五星级平安村居208个，四星级平安村居80个，五星平安村居创建率为60.64%，四星以上平安村居创建率为83.97%。

【司法体制改革和涉法涉诉信访】 启动全区司法责任制改革，法官、检察官入额考试、考察等工作完成。政法委每月10日组织“五长”联合接访，集中受理涉法涉诉信访问题，探索实施诉访分离机制，引导群众运用法律手段解决诉求。在区群众工作中心大厅，每天安排1名律师值班，律师值班按照每人每天200元标准发放补助费用；建立奖励机制，对律师参与处理信访事项给予补助，奖励数额根据案件处理的难易程度，一般案件每件奖励300元，复杂案件奖励600元，疑难案件奖励1500元。2016年，律师主导接待来访群众29起116人次，参与案件会审18次，特别是农民工工资、房地产等领域，律师的参与有效提高了信访问题解决的质量。实施涉法涉诉救助资金制度，救助困难刑事被害人和涉法涉诉信访案件14起，发放司法救助金13.5万元。

9月29日，全区政法系统“两学一做”暨“三全”活动报告会召开（孙兰锋）

【治安防控体系建设】 连续多年将社会治安监控系统建设列入为民办实事工程，累计投资9000余万元，形成“9网4线14横11纵”的总体布局。在园区，推行“十企联防”机制，在开发区等三个经济园区建立10个企业联防区域，辐射600余家企业，经济园区可防性案件比上年下降13.2%。在农村，推进“平安守望”工程，全区建立“平安守望”小组56个、成员280名，协助民警调处各类矛盾纠纷900起，协助抓获各类违法犯罪嫌疑人200余名。在城区实施“网格化”巡防工程，形成物业保安+网格员+社区民警+技防监控“四位一体”的巡逻防范格局，去除治安死角和巡防空隙，提升防范效果，小区可防性案件比上年下降7%。

【校园安保】 加强学校与外部的物理隔离，落实人防、物防、技防手段，防止陌生人进入校园，筑牢校园“外围防护圈”。督导各镇街投资100余万元，对镇街34所学校、幼儿园，加固加高院墙15724米，安装带刺铁丝网、刀片网14274米。在全区各学校幼儿园安装视频监控探头总数2856个，其中高清视频监控探头2081个。全区各学校幼儿园安装74套“一键式”报警装置并与公安联网，逐步建立校园安全网上巡查系统，提升监督检查效能和应急反应能力。完善校园高峰勤务和“护学岗”机制，实行治安警、交警联动执勤、错时弹性布警工作机制，确保重点地段、重点时段校园治安状况始终处于在控状态。

【寄递物流环节整改】 全区有快递企业7家，从业人员120余人，年收发快件件数150万件。树立“寄递管理、安全第一”理念，落实属地责任、主体责任、监管责任“三个责任”，推行开箱验视、实名登记、过机安检“三个100%”制度。全区寄递企业的实名登记及开箱验视情况良好，X光机配备7台，实现X光机“全覆盖”。安装高清视频监控12部，视频监控全部与公安专网联网，寄递企业收件登记APP全部安装完成，手机安装30余部，每天录入信息数150余条。成立寄递物流安全服务中心，为寄递安全提供信息和技术支持。

【政法系统“三全”活动】 全员练兵强素质。区委政法委组织130余名政法干警到烟台大学进行专题培训，提高政法干警理论素养；开展“走基层一日体验”活动，政法委机关及各部门班子成员征求意见建议80余条；政法系统党员领导干部讲党课20次，开展专题研讨13次，组织专题演讲3次，观看各类专题视频22课时，提升了政法干警政治素养和业务能力。全面规范提效能。政法委印制《机关规范化管理资料汇编》，针对机关工作人员日常行为、政法综治业务工作流程、重要信息报告、涉法涉诉案件处置、综治一票否决等工作进行规范；政法各部门也分别制定规范性文件，促进执法规范化建设。全力创先争一流。发挥模范榜样的标杆作用，组织举办政法信访系统践行“三全”活动先进事迹报告会，让一线干警讲体会、讲收获、讲感言，掀起了学习先进的热潮。公安民警赵志强的先进事迹，被山东卫视《齐鲁先锋》栏目采编播发。区国安办被省国安办授予“山东省基层国安先进集体”。

（孙兰锋）

法制政府

【重大决策法定程序】 （一）行政决策科学化民主化程序法定化。为提高政府工作的科学化、民主化、规范化程度，出台《垦利县人民政府工作规则》《垦利县重大决策社会稳定风险评估工作实施细则（试行）》《东营市垦利区政府重大行政决策合法性审查办法》等文件，明确重大事项范围、责任主体、参加成员和程序、时限和风险评估流程等。建立专家库，成立国土资源管理委员会、财政资金审批领导小组、城乡规划委员会等，对重大决策事项实行社会稳定风险评估，建立健全公众参与、专家论证、风险评估、合法性审查和政府集体决策相结合的行政决策机制和法定决策程序。在政府门户网站对全区重大行政决策事项进行公布，接受群众监督。（二）合法性审查“过滤器”和“防火墙”作用发挥。《垦利县人民政府工作规则》和《东营市垦利区政府重大行政决策合法性审查办法》明确规定，对拟在区政府常务会议、区长办公会议和涉法专题会议上的议题实行会前审查制度，由法制办在会前进行合法性审查，有意见的提出合法性审查意见进行修改，修改后仍不能达到要求的，不得上会。法制办主任全程列席区政府常务会议、区长办公会议和涉法专题会议，对有关议题提出法律意见，不经法制办审查确认，任何涉法文件不得公布，决策不得施行。区政府合同协议、部门重要合同协议、涉法问题均先经法制办审查把关，未经法制办审查把关不得签订或实施。2016年，法制办参加各类会议150余次，审核各类文件、合同500余件。（三）政府法律顾问参谋助手作用。2014年，垦利县与市政府同步在全县范围内普遍建立政府法律顾问制度，成立由分管县长任主任的垦利县人民政府法律顾问委员会，委员会下设法律顾问委员会办公室，负责政府法律顾问的日常工作，编制《垦利县政府法律顾问工作规则》，明确政府法律顾问的选聘范围、方式、职责、义务及服务方式。县镇两级政府、街道办事处和主要执法部门全部聘请法律顾问。2016年，印发《垦利区人民政府办公室关于进一步做好第二届政府法律顾问聘任工作的通知》，明确要求各部门、单位在每年的1月31日前将本年度的政府法律顾问费用结算完毕，被聘任的政府法律顾问可以将法律顾问费用票据于每年1月10日前交区政府法制办，由法制办统一交各部门、单位结算，确保政府法律顾问换届工作的完成。2016年，政府法律顾问参与立法研究11次，重大行政决策34次，纠纷化解73次，办理行政诉讼案件18件，审查合同、接受法律咨询1000余次，开展法律法规培训70余次。

【规范性文件管理】（一）规范文件制定程序。出台《垦利县规范性文件制定程序规定》，从制度上规范区镇两级政府、区政府各部门单位规范性文件的制定，从细从实对起草、审查和清理等进行规范，从论证、起草、社会稳定风险评估、征求意见、审议、公布、执行、备案审查和实施情况评估等每个环节做出规定，确保各个环节合法、规范、有序。通过借助网络、媒体向社会征求意见，召开由专家顾问、有关部门、群众、人大代表、政协委员等组成的论证会、座谈会、听证会等征求意见，并在政府网站公示公开征求社会公众意见。将法制办审查作为区政府文件运转流程必要环节，未经法制办合法性审查，或审查未通过的，不得提交会议审议，确保规范性文件出台合法合理。（二）落实规范性文件“三统一”及备案审查制度。执行《垦利县人民政府办公室关于规范性文件统一登记统一编制登记号统一公布制度的通知》《垦利县规范性文件制定程序规定》，要求区政府出台的所有文件均由法制办审查把关，未经法制办审查签字不得印发。为确保规范性文件“三统一”及备案审查制度落实到位，在2012年对2012年以前规范性文件进行清理规范的基础上，于2016年1月以区政府办公室名义向镇政府、街道办事处、区政府各部门单位下发《关于报送2015年度文件目录的通知》，要求各镇政府、街道办事处、区政府各部门、单位提报本单位2015年度文件目录，由法制办对2015年度文件进行筛查，对疑似规范性文件的，再要求报送正式文本进行审查，经过筛查审查，2016年3月起草《垦利县人民政府关于废止部分规范性文件的通知》，提请区政府常务会议审议后印发，公布依法废止的2013、2014、2015年度规范性文件目录，依法废止未经“三统一”的37件部门规范性文件。2016年，区政府及区政府办公室共印发规范性文件3件，均进行“三统一”并报同级人大及市政府备案，完成镇政府、区政府各部门单位规范性文件“三统一”及审查备案10件。在政府门户网站设立规范性文件专栏，对垦利区规范性文件进行统一公布，要求各部门在规范性文件印发后及时在本单位网站发布，确保公布及时。

【行政执法规范】（一）依审核公布行政执法主体。为保证行政执法主体及时更新、执法行为有效，区法制办多次对执法主体进行梳理，并以政府令公布。9月，垦利区启动新一轮执法主体梳理工作，依法审核公布行政执法主体，印发《关于公布垦利区行政执法主体的公告》，公布93个行政执法主体，明确规定未经公布的单位行政执法无效。（二）规范部门执法行为。根据2016年4月19日市政府下发的《东营市人民政府行政执法监督意见书》，结合2015年12月开展的全区行政执法案卷评查工作中发现的问题，下发《关于2015年行政执法案卷评查情况的通报》，对执法部门存在的3个方面7个问题进行通报，并责令各单位进行自查整改，各单位于5月底完成整改。2016年11月，开展2016年度执法案卷评查工作，对2015年11月1日至2016年10月31日期间的执法案卷进行集中评查。（三）行政执法资格申领审验。做好行政执法听证主持人证、行政执法证申领审验工作。2016年，全区申领行政执法听证主持人证52人，考试通过46人，参加行政执法证申领审验考试430人次。结合行政执法证件的申领审验，开展对从事行政执法工作的劳动合同制人员，劳务派遣人员，临时借调人员，工勤编制人员，未通过执法证件年度审验和因离职、退休、工作调动、岗位调整或者其他原因不在行政执法岗位人员的专项清理工作，推进行政执法人员专项清理。全区清理执法人员52人，清理省执法证件46件，国家部委证件9件。（四）行政处罚自由裁量基准制度。2015年，对2012年出台的《垦利县县级行政处罚自由裁量基准》进行重新审核梳理，36个部门、单位均以规范性文件形式公布实施本单位《行政处罚自由裁量基准》，明确法定依据，细化处罚标准，并向社会进行公示，建立明确处罚权限、分离处罚程序、细化裁量标准和强化执法监控为主要内容的行政处罚自由裁量权控制体系。要求执法人员在行政执法中应严格适用《基准》，准确把握尺度，并注意防止和克服执法过程中处罚畸轻畸重、滥用行政处罚自由裁量权的问题。对于违法行为事实、性质、情节及社会危害程度基本相当的同类案件实施行政处罚时，适用的处罚种类和幅度应基本相当。在行政处罚决定书中载明处罚依据的事实理由、法律依据以及权利告知等内容，增强说理性。完善回避、公开、告知、陈述申辩、复核、听证、期限、说明理由、重大复杂案件集体讨论等程序制度，将违法裁量和滥用裁量权的行为作为责任追究和执法考评的重要内容，确保在行政执法过程中行政处罚裁量基准能够得到有效遵循。（五）执法人员培训。组织参加行政执法培训工作，6月，开展为期2天的执法证件申领人员培训班，共280余人参加培训，12月10～11日，举办为期两天的行政处罚行政强制实务操作与案例分析难点解析培训班，聘请最高人民法院行政审判庭审判长王晓滨和国家行政学院教授喻红现场授课，各镇人民政府、街道办事处及区直各执法部门单位分管领导和执法业务骨干300余人参加。（六）综合行政执法。为加强城市管理，提高城市管理水平，维护城乡管理秩序，2015年下半年开始，垦利区推进跨部门、跨领域综合行政执法，将城市管理、住房城乡规划建设管理、环境保护管理、市场监督管理、交通运输管理、国土资源管理、水利管理、文化市场管理、人防管理9个领域的行政执法权纳入综合行政执法范围，由综合行政执法局依法行使相关法律、法规、规章规定的行政处罚权和相应的行政强制措施权以及监督检查权。东营市垦利区综合行政执法局成立，开展相对集中行政处罚权的请示报市政府审核，待同意后上报省政府审批。（七）行政复议、应诉。一是健全复议制度。2016年11月，对原有的15项制度进行修订，出台《垦利区人民政府法制办公室关于印发〈东营市垦利区行政复议联络员制度〉等20项工作制度的通知》，坚持实行行政复议权利义务告知书、送达地址确认书、复议材料收取清单、廉政监督卡、风险提示书等，强化行政复议工作规范化建设。二是完善审理程序。为做好行政复议受理审理工作，在区群众工作中心设立行政复议受理点、行政复议审理听证室和调解室，配备全程同步录像录音设备，并参照市复议审理室进行重新装修，用于公开审理听证和调解工作。2016年，受理行政复议案件29件，审结26件，21件进行听证审理，占审结案件总数的84%，撤销原行政行为的3件，占10%，申请人自愿撤回复议申请的2件，占6.9%，3件正在审理过程中。三是做好行政应诉工作。出台《垦利县人民政府关于转发〈山东省人民政府办公厅关于行政机关负责人出庭应诉工作的意见〉的通知》，落实行政机关负责人出庭应诉法定职责，并实行行政诉讼备案制度，要求镇政府、街道办事处、区政府各部门单位的行政诉讼案件起诉状和行政判决书或裁定书要报区政府法制办备案。2016年全区行政应诉案件18件，其中一审案件17件，二审案件1件。一审案件中，经复议后起诉的12件，占比70.59%，审结4件，无败诉。四是严格行政复议、应诉情况报告。行政复议案件、行政诉讼案件按规定及时同步录入山东省行政复议行政应诉管理平台，自觉接受上级机关监督。

（尚玉国）

法　院

【履行司法职能】 履行审判职能，坚守公正司法底线。2016年，受理各类案件3130件，审执结3256件，标的9.6亿元。审结各类刑事案件173件，判处刑事罪犯237人。审结各类民商事案件2109件，解决争议标的6.16亿元。民商事案件审结率101.2%，调撤率48.03%。坚持依法保护行政相对人合法权益与监督行政机关依法行政并重，妥善化解行政争议，审结行政诉讼案件48件。执结案件900件，标的3.41亿元。与区诚信办建立信息互通机制，及时报送“老赖”名单，对“老赖”的融资、投资、经营、置产以及出境等活动依法予以限制，提高失信代价。建立失信被执行人台账，定期公布，全年发布1499人次，其中自然人1241人次，法人和其他组织258人次。全年因被纳入失信被执行人名单而使得被执行人主动履行义务的案件82件。开展“三清理、两整顿、一打击”专项执行、夏季专项执行工作、涉民生专项执行、执行会战等集中执行活动，制作法制宣传专题片2期，对失信被执行人予以曝光，利用舆论促使被执行人履行义务。

【提升司法公信力】 （一）完善服务平台，坚持司法为民。推进诉讼服务中心建设，探索诉讼辅导制度，在立案登记阶段设立诉讼辅导法官，方便群众诉讼。加强诉前调解分流，2016年，通过诉前调解分流案件148件。探索实行庭审前调解过滤，在送达阶段就促成案件调撤32件。加大简易程序适用力度，简易程序适用率90%。对适用简易程序、小额速裁程序的案件，推广使用固定庭审模板和文书模板，尽可能地一次开庭、一次审结、当庭送达。发挥信息化建设在推进司法服务提质增效方面的作用，加快“智慧法院”建设，在全市法院系统率先获信息安全第三级认证。（二）推进多元化纠纷解决机制建设，建设和谐垦利。在道路交通、劳动争议、消费者权益保护等纠纷多发领域，与司法局、公安局、工商局、妇联及人民调解组织、行业调解组织等建立沟通互联工作制度，进行资源整合，建立“一站式”纠纷解决服务平台，将司法调解与行政调解、人民调解等进行衔接，形成多元化的矛盾解决机制，实现一审民商事案件分流20%的目标。加强立案前委派调解工作，通过诉讼辅导、法院专职调解等化解纠纷，与区综治办联合出台《进一步加强诉调对接工作实施意见》，加快推进诉调对接中心建设，在诉调对接中心和诉调工作站分别聘任一名专职人民调解员。2016年，诉前委派调解案件156件，调解成功52件，对34件进行司法确认。（三）推进司法公开，打造阳光司法。推进审判流程公开，通过手机短信平台等现代信息技术平台，向当事人公开审判流程节点信息782条，12368 诉讼服务热线接受咨询233人次。出台《关于直播庭审活动的实施方案》，开展自主庭审直播，2016年，在省法院直播平台直播案件27件，市法院直播案件37件，本院直播案件29件。推进裁判文书公开，上网裁判文书2104份。通过官方微博、微信及时发布法院工作动态，初步实现“网站+微博+微信”三位一体全覆盖，提高法院工作透明度。被

1月2日，法院法庭旁听庭审（王玉洁）

省法院评为全省法院新媒体工作先进集体。

【司法责任制改革】 组织完成首批法官遴选，27名法官入额。探索组建适用于合议庭、独任制的不同模式的审判团队，落实主审法官、合议庭办案责任制，提高审判质效。推进审判团队建设，整合审判资源，建立民事速裁团队、刑事速裁团队和执行团队。小额诉讼团队运行一年多，审结案件126件。突出审判中心地位，坚持审判资源配置向一线倾斜。推行院庭长办案制度，院庭长2016年办案2814件。

【未成年犯社区矫正】 2015年后，共向社区矫正组织移送未成年犯罪矫正对象9人，无一人脱离监管或重新犯罪。（一）实施社会调查制度。对所有涉嫌犯罪的未成年被告人，依法委托司法行政机关开展社会调查，全面了解其成长经历、家庭背景、平时表现、社会交往等因素，重点掌握其心理特点、性格倾向等情况，客观分析判断被告人的人身危险性，为是否适用非监禁刑提供参考，从而确保矫正措施的正确、合理运用。（二）借助社会力量，形成帮教工作合力。加强与司法行政机关、社区矫正组织、学校、家长的沟通协作，及时将法律文书、社会调查报告等送达上述机构，保证未成年罪犯顺利接受矫正；联合矫正组织、学校、家长等加强帮教力度，促使相关部门切实承担起对未成年人教育和保护的职责。（三）依法实行犯罪记录封存制度。有条件地免除未成年罪犯的犯罪记录报告义务，消除犯罪前科对未成年人就业、复学的负面影响，为未成年罪犯创造宽松的矫正环境，避免其产生抵触情绪，安心接受社区矫正。

【商事审判】 （一）抓执法办案。加强审判流程管理，定期通报案件收结数量及质效指标，强化均衡结案意识，一改过去“前松后紧、年底突击”结案导致审判质效不高的局面，案件结收比超过100%。（二）延伸服务职能。应对宏观经济形势发展变化对商事审判工作提出的新要求，慎重处理影响社会稳定的敏感、突发案件，依法及时采取财产保全措施；服务和保障辖区经济发展大局，进一步细化服务措施，努力帮助县域内企业预防化解法律风险，为辖区经济发展提供良好的法制环境。（三）强化矛盾化解。强化诉讼调解工作，2016年商事案件调撤率61.79%；回应当事人的司法诉求；研究裁判文书的既判力对商事交易行为产生的导向效应，服务经济发展。

【构建诚实守信金融市场秩序】 垦利法院坚持把维护全区金融资产安全作为重点工作推进，通过依法裁判案件，加大执行力度，坚决打击和制裁逃废银行债务行为，助力优化全区金融生态和融资环境。2016年，受理涉金融案件205件，结案200件，标的为3.04亿元，结案率为97.56%。组织开展为期一个月的“涉金融案件专项执行活动”，依法打击不守信用的企业及个人，集中执行活动期间，组织凌晨集中行动6次，动用警力144人次，出动警车36台次，拘传22人，拘留9人。编发集中执行工作简报六期，并及时向市中院和本院领导进行通报。2016年7月1日，召开集中执行活动案款过付大会，对活动开展近两周时间的执行到位案款进行发放，发放案款28笔，发放金额104.83万元。至2016年底，共计发放执行金额1326.72万元。（一）立案庭设立专门的立案窗口，对涉金融案件进行快立、快审、快执，对涉金融案件诉讼保全的案件，开通绿色通道，在法律规定的时间内，以最快的速度进入保全程序。（二）在执行局设立专门的财产查控小组，对涉金融案件进行集中查询，发现财产及时采取保全措施。（三）定期开展涉金融案件集中执行活动，对拒不履行生效裁判的被执行人，依法采取强制措施，始终保持高压打击态势。（四）及时将失信被执行人纳入失信被执行人名单库，对被执行人乘坐飞机、高铁、高消费、出入境、招投标等四十八项内容进行限制。（五）依法加大拒执罪打击力度，与公安配合，及时将执行过程中涉嫌拒执的被执行人，依法移送公安机关处理。

（魏 慧）

检　察

【概况】 2016年，区（县）人民检察院在编人员62人，其中政法专项编50人，事业编10人，工勤人员2人，平均年龄44岁。本科以上学历54人（含研究生5人），男干警44人，女干警18人。

【队伍建设】 开展“两学一做”学习教育，区检察院被确定为全区四个党建示范点创建单位之一，81个县直单位到区检察院观摩。建立部门工作清单和个人基本工作清单，细化工作任务，明确各部门、各岗位的工作要求。2016年11月完成首批员额检察官遴选工作，经省法官检察官遴选委员会遴选产生首批17名员额检察官。2016年，有13个集体、31名个人受到上级表彰。区检察院获全省检察机关“无违法违纪、无责任事故”创建活动先进单位。在全市检察机关2016年度民意调查中，居全市满意度第一。

【查办和预防职务犯罪】 立查贪污贿赂案件9件10人，立查渎职侵权案件4件4人，判决12件20人（含积存），均为有罪判决。查办系列国有企业人员挪用公款窝串案，涉案金额3000万元。开展侵害民生民利和发生在群众身边的职务犯罪专项活动。建立涉农预防志愿者工作站，聘请下派帮扶工作队10名“第一书记”为精准扶贫领域职务犯罪专项预防志愿者。有涉及惠农专项资金案件4件10人作出判决。在查办案件的同时开展预防，组织警示教育活动31次，受教育人数1600人。为单位和个人提供行贿犯罪档案查询2190（件）次，撰写检察建议和犯罪分析6件，为垦利区纪检监察干部培训班授课，新警示教育基地建设完成。

【刑事检察】 2016年，受理各类审查逮捕案件76件97人，经审查，批准（决定）逮捕60件71人，不批准逮捕15件24人，准予撤回案件1件2人。受理审查起诉案件161件199人，审查起诉152件192人，判决142件183人。“11·7”黄金抢劫案发后，启动重大案件提前介入程序，引导公安机关侦查取证，确保案件侦破。

【民事行政检察】 办理民事行政检察监督案件27件。提请市院抗诉2件，法院改判1件。向法院提出再审检察建议1件，法院裁定再审2件（结转往年1件），向法院提出其他检察建议4份，向行政机关提出检察建议13份，作出不支持监督决定4件。由区检察院提请抗诉的李某某与王某某、魏某某案外人执行异议案，再审改判，李某某被查封近12年的房屋得以解封。

【控告申诉检察】 2016年受理群众来信来访139件163人，接受热线咨询531人次。所有案件全部在规定期限内办理完毕，无越级访、涉检访和矛盾激化案件发生。检察长接访48次，下访巡访24次。办理刑事被害人救助案件11件，发放救助金额6.8万元。落实律师参与化解和代理涉法涉诉信访案件工作制度，全年律师值班188天，参与接访8件20人，区检察院与值班律师合力帮助“失独”老人申诉获取赔偿一案，入选全省信访案件工作实例参考。

12月30日，垦利区委书记刘斯杰一行到检察院调研指导工作

【刑事执行监督】 强化刑罚执

行和监管活动监督，设立与社区矫正部门联合办公新场所，将23人纳入特殊人群重点监管。依法办理羁押必要性审查案件9件9人。督促公安机关将就医期间脱逃的犯罪嫌疑人赫某某及时抓获归案。

【刑事诉讼监督】 监督侦查机关撤案5件7人，监督立案2件3人，刑事抗诉2件，书面纠正侦查机关违法22（件）次，追诉漏犯26人。

【派驻胜坨检察室】 完善和规范派驻检察室的职能。“信息超市”录入常态化，服务基层法治建设功能日臻完善。2016年接待群众来信来访33件46人，受理职务犯罪线索5件5人并协助初查2件2人。办理轻微刑事案件68件68人。通过省院“一级规范化检察室”和“区级青年文明号”复核验收。

【执法规范化建设】 推进“大案管”工作格局，强化案件监督和服务功能，推进规范执法和检务公开。2016年建立问题台账。落实保障律师执业权利的有关规定，在全市首先推出为律师递交材料出具回执制度，全年为律师提供收文回执24份，并尝试书面答复律师意见。全面落实电子卷宗，制作电子卷宗167件336卷，为律师提供电子卷宗光盘12件（次）。

【信息化建设】 截止2016年12月，建成远程提讯、远程接访、双频网呈会商等辅助办案系统22个，自主研发系统7个。设计研发安防监控集中管理平台，对原有监控系统进行升级改造，实现安防设施的远程掌上监控。

【检务保障】 技术部门受理各类技术案件73件（次），其中技术性证据审查44件，同步录音录像14件230次，技术协助15件。落实看审分离制度，警务部门出警493人次，确保办案安全。加强检委会自身规范化建设，全年召开检委会9次，审议案件（议题）13件。

【服务经济社会发展】 开展打击打孔盗油违法犯罪、净化油区治安环境和拆违治乱、打霸治痞等专项活动。公安部督办并由区检察院提起公诉的“7·09”打孔盗油案，法院以盗窃罪分别判

11月4日，召开司法责任制改革检察官遴选入额考核动员及业绩测评民主推荐会

12月1日，举办以“加强侦查监督、维护司法公正”为主题的“检察开放日”活动

处王某某、张某等10人13年至3年不等的有期徒刑。开展破坏环境资源犯罪、危害食品药品安全犯罪两个专项立案监督活动，发现胜坨镇某村恶意倾倒危险废物线索后，督促环保、公安等部门展开调查，批捕、起诉李某某等9人，有效遏制环污案件多发势头。指导盐务部门办理全区首起销售不符合安全标准食品案。

【参与社会综合治理】 做好普法工作，组织干警到企业、集市等地开展各类法制宣传活动12次，在全区“六五”普法工作总结会上作典型发言。推进刑事和解，办理的吕某某故意伤害一案，系亲姐弟因家庭矛盾引发，检察环节积极促成姐弟和解，以不起诉方式结案，取得良好法律效果与社会效果。积极开展以案释法活动，加大法制教育力度。开展法制教育进校园活动4次，联合区第二实验中学开展“法在我身边”法律演讲比赛，安排两名干警担任法制副校长，在区第二实验中学建成青少年“普法学堂”，成为全区青少年普法观摩点。未检部门制作的课件入选全省未检工作“精品课件库”。

【人大监督】 7月13日，区人大常委会对区检察院派驻检察室工作进行调研，7月30日，区十三届人大常委会第38次会议听取区检察院关于派驻检察室工作的报告，9月29日，区十三届人大常委会第39次会议听取区检察院关于派驻检察室工作审议结果的办理情况。

【社会监督和检务公开】 在人民检察院案件信息公开网公开法律文书125份，公开案件程序性信息896条。12月1日举办以“加强侦查监督、维护司法公正”为主题的“检察开放日”活动，人大代表、政协委员、人民监督员、特约检察员、社区居民、媒体记者等15名社会各界人士近距离走进检察工作。2016年，邀请人民监督员、特约检察员参与检察宣告、旁听庭审等活动24次。两起拟不起诉案件由人民监督员进行监督。出台《关于职务犯罪预防工作接受人民监督员监督的规定》。

（宋江胥）

公　安

【概况】 利区公安局有在职人员276人，其中正式民警（行政编）226人，事业编31人，工勤人员19人，执法勤务机构11个，综合管理机构2个，直属机构2个，下设10个派出所和4个边防派出所。2016年，垦利区公安局被省公安厅评为“全省打击防范打孔盗油违法犯罪活动成绩突出集体”，被市安全生产委员会评为“全市安全生产工作先进单位”。政工室被省公安厅评为“全省公安机关素质强警东西合作工作先进集体”，永安派出所被评为“全省优秀公安基层单位”，禁毒大队被评为“全省公安机关网络扫毒专项行动成绩突出集体”，油区治安管理大队被评为“全省打击防范打孔盗油违法犯罪活动成绩突出集体”，法制大队、胜坨派出所被市公安局记集体三等功。全局有25个集体、46名干部职工受到上级表彰奖励。

【治安行政管理】 全年受理治安案件1217起，查处545起，其中调解341起，行政拘留271人，

装甲防暴车服役，开展执勤巡逻（亓延平）

罚款39人，警告3人。坚持多警联动、协同作战，开展全方位的社会面巡逻防控，共组织一、二级巡防12次，出动警力2000余人次，车辆1100余台次，共计检查各类车辆2400余辆，检查人员700余人。强化危爆、枪支弹药、剧毒危化品管理，全面开展大排查、大整治，完成中石化物探公司在垦利区境内实施石油勘探作业的审批任务，期间审批使用、运输硝铵炸药65.2吨、雷管1.5万枚；查处1起不按规定道路运输民用爆炸物品案件；查处收缴非法烟花爆竹500余箱。组织开展重点领域“打非治违”专项行动，与各有关部门、镇街密切配合，对“四闲院落”等重点区域场所开展踏查摸排、清理整治。联合教育、安监、工商、文化等部门，对全区64所中小学校、幼儿园开展实地督导检查，发现各类安全隐患109处，下发隐患整改通知书37份。圆满完成G20峰会、党的十八届六中全会等重要安保任务40余次，调用警力5000余人次。

【严打整治】 推进“打霸治痞”暨中心城建筑市场专项整治行动、打击打孔盗油违法犯罪专项行动、打击“盗抢骗”犯罪专项行动、冬季破案百日会战。打掉恶势力犯罪团伙6个，成员37人；抓获各类网上逃犯46人，其中外省2人，该省外市14人；推进缉毒破案会战，破获涉毒刑事案件37起，抓获犯罪嫌疑人41人；破获涉油刑事案件5起、抓获犯罪嫌疑人7人，查办涉油治安案件7起、治安处罚16人，取缔非法收油点26处；抓获侵财犯罪嫌疑人43人，破获各类侵财类案件299起，打掉侵财犯罪团伙2个，抓获成员7人；严打食品药品及环境领域违法犯罪，办理行政案件8起、行政拘留9人，破获刑事案件5起、移送起诉嫌疑人12名，破获全市首起生产、销售不符合安全标准的食品案件；开展“扫黄铲赌”净风行动，成立打击整治专业队，强化重点部位、易藏污纳垢场所治安清查整治，查处涉黄涉赌案件27起，抓获涉案人员55人。

设立受立案监督管理中心（亓延平）

【刑侦工作】 全年立各类刑事案件586起，破获各类刑事案件456起（含隐积案），抓获犯罪嫌疑人240名，其中刑拘117名，逮捕68名，移送起诉113名，打掉犯罪团伙11个，成员56名；年内1起现行命案告破，实现连续12年命案必破目标；技术室勘查各类现场690余起，现场勘查率100%，痕迹物证提取率100%，为侦查工作提供破案认定线索130余条，利用技术手段直接破案30余起；法医伤情鉴定210余人，尸体检验90余具，出具各类鉴定书及报告170余份。全区无刑事案件村居257个，占村居总数的77.18%。

【经济犯罪】 深化“打假护农”机制，联合区农业局成立“打假护农”联合执法办公室，加强对辖区农资市场的监管力度；强化警企联络室职能，依托警企联络室、预防经济犯罪警示教育基地，推行“3+X”驻企服务模式，提高企业职工的安全防范意识和能力；深化警银协作，与区信用社建立合作机制，提高银行放贷、办卡风险意识，逐渐完善银行卡风险防控和资源共享体系，合力打击涉银行卡违法犯罪活动；与有关职能部门协作配合，提高打击涉税、涉假违法犯罪能力；保持对新型及常发型案件的打处力度，密切关注跨区域、职业化、网络化经济犯罪以及新型领域经济犯罪的发展苗头，坚持露头就打，实现打早打小。全年立案13起，抓获犯罪嫌疑人14名，其中刑拘7人，取保7人，逮捕2人，涉案金额5400余万元，避免和挽回经济损失1000余万元。

【治安防控体系建设】 整合防控资源、改革勤务机制，推进立体化动态防控体系建设。投资120万元对原有视频监控系统进行更新维护和升级改造，组织各派出所、交管大队通过招聘专职技术人员、政府购买服务的方式，全部组建成立专职视频管理维护力量；在城区及城乡接合部区域，统一抽调各警种单位警力，划分巡逻小组，适时启动一、二级巡防机制，重点加强各重要路段、重点单位、居民小区的巡逻；在农村，结合镇街驻地及辖区农村治安实际，分别部署1～2个巡逻处警组，实行动态接处警和巡逻防控工作；争取党委政府支持，新购置配备装甲防暴车1台、防暴运兵车3台，区局及部分派出所专门购置配备警用无人机，通过视频监控、警用无人机应用与全警大巡防机制有机衔接、密切配合，初步构建起“空中有天眼、地面有监控、路面有巡逻”的立体化动态巡防模式，全区刑事、治安警情持续下降。

【道路交通管理】 以“平安行·你我他”行动、“大快严”集中行动、“酒驾、毒驾”集中整治行动、大货车交通违法集中整治行动及“大巡逻、大整治、大宣传、大劝导”活动为工作重心，开展交通违法行为整治、交通安全宣传教育、道路安全隐患排查等工作。组织开展交通违法集中整治行动85次，查处违法行为10.5万起，其中超速6693起，醉酒驾驶62起，酒后驾驶108起，涉牌涉证175起，闯红灯2670起，闯禁行1218起，超载111起，逆向行驶6156起，黑校车2起，毒驾6起，危险品万元罚单215起，在辖区形成严管重罚的氛围；受理新车注册登记9549辆，机动车转移登记7851辆，机动车抵押登记2767辆，车辆年审40696辆，驾驶人审验4167人，满分学习805人，补换证12136本。加强道路交通安全设施建设，新建电子警察6处、红绿灯8处、黄闪灯3处，改造电子警察5处，安装道路中间隔离设施3.95公里，施划道路标线6万平方米。开展道路交通安全宣传活动177场次，发放宣传资料5万余份，摆放展板180余幅，电视、广播、报刊、网站等媒体播放刊登稿件1200余篇，微信平台发送各类信息260条。

全省二级民警训练基地揭牌启用（亓延平）

【消防管理】 实施城区特勤消防站二期续建工程，采购干粉泡沫联用消防车1辆，建设消防水鹤1处，推动胜坨镇、开发区两个镇级消防站建设到位。先后开展冬春火灾防控、消防安全生产隐患“大快严”集中行动、夏季消防检查等10余类专项检查，持续加强重点领域排查整治，共排查人员密集场所517个、劳动密集型企业32个、化工场所322个；联合民政、商务、经信、安监等部门开展联合检查28次，联合取缔非法加油站点34处；指导80余家人员密集场所开展了电气防火检测，指导辖区40家重点单位及16个社区（小区）建立“微型消防站”，在银座周边商业圈建立区域联防组织。年内检查单位1202家，下发《责令限期改正通知书》491份，督促整改隐患819处，查封4家，处罚46家，拆除彩钢板建筑7466平方米。开展各类培训 65次，印发各类宣传资料万余份。开展高层建筑和城市综合体调查熟悉与灭火救援能力建设专项行动，对辖区127栋高层建筑进行逐一摸底排查，开展灭火救援演练165家次。

【边防保卫】 加强对渔船民基础信息的摸排，做到“船船有记录、船民有登记”，坚决查处“三无”船舶，年内办理边防行政案件73起，处罚船舶73艘，处罚渔民72人，罚款5.9万元。认真开展沿海港口、码头、停泊点视频监控建设实地调研，论证视频监控建设的科学性及必要性，加快建设进度，扫清监控盲点，为更好地维护沿海地区稳定打下坚实基础。

【户籍管理】 2016年全区常住人口总数8.3万户，户籍人口23万人，其中男性人数11.4万人，女性人数11.6万人，年内出生4400余人，死亡1400余人；迁入1600余人，迁出1500余人。列管重点人口460余人，采集流动人口信息3800余条，办理居住证3600余个，刻制公章3600余枚，办理临时身份证2800余个。推行便民利民新举措，开展异地居民身份证受理工作；集中开展解决无户口人员落户工作，对无出生医学证明、非法抱养、省外流入及其他无户口人员进行分类统计并分期分批解决落户，开展户口清理整顿，及时纠正“错、重、假”信息。

【监所安全管理】 推进“五化建设”，建立在押人员食品留样制度，购置轮椅、担架、氧气瓶等医疗设备，加强监所医疗安全。针对监所管理、值班模式、责任分工、劳动生产等进行明确，推进勤务模式改革，建立专职管教制度、明确责任分工，梳理监所存在的问题，排查隐患14处。规范谈话教育，做好处置突发事件预案的制定和演练，严密安全防范措施，密切掌握狱情动态，确保监所安全。年内，开展安全大检查24次，开展预案演练3次，对在押人员集体教育11次，个别教育1100余人次。开展教育感化深挖犯罪工作，深挖出犯罪线索1条，及时转递办案单位。加大对外开放工作力度，年内有20个油地单位800余人到看守所警示教育基地开展警示教育活动。

【110报警服务】 建立健全“指挥长”制度，完善重大紧急警情先期指挥调度流程，健全完善扁平化指挥处置体系，提高动态化、信息化条件下应急处突和整体作战能力，组织开展全区“封城控边”实战演练和磨合拉动，应急处突和联动处置能力全面增强。年内，110报警服务台话务呼入总量26862起，其中有效警20007起。发布警情分析49（期）次、预警通报32期。搜集上报各类情报信息1571条，通过重点人员预警直接抓获红色指令在逃人员11人，四色预警指令研判抓获违法犯罪嫌疑人86名、监控预警抓获37人。通过扁平化指挥快速处置各类突发事件67起。

【典型侦破案例】 “2016·11·07”**特大抢劫金店案** 2016年11月7日18时许，垦利区兴隆路“六六福金店”发生入室抢劫案，3名蒙面犯罪嫌疑人持刀将店主控制后，抢走黄金饰品一大宗，价值30余万元。案发后，副省长、省公安厅厅长孙立成对案件侦破作出批示，市公安局、区党委政府领导多次现场调度案件侦破工作，省、市级公安机关业务部门组织专家现场指导，区公安局成立“11·07”专案组，全力上马攻坚。专案民警依托遍布城区的视频监控系统，成功刻画出犯罪嫌疑人的体貌特征和案发当晚的活动轨迹，通过多种技术手段配合，确定嫌疑车辆号牌，并锁定包括该车辆所有人张某成在内的三名重大嫌疑人。专案民警立即远赴天津，于11月10日19时许，在天津市河东区某小区内，将三名黑龙江籍犯罪嫌疑人张某成、张某君、张某全部抓捕归案。经审讯，三人对犯罪事实供认不讳，涉案赃物全部缴获，案件成功告破。该案成功破获，及时消除了社会影响，省公安厅专门发来贺电予以通报表扬。

“2016·02·19”**故意杀人案** 2016年2月19日晚，垦利区黄河口镇宋沙村发生一起故意杀人案，受害人贠某珍被杀死在自家的羊圈里。接到报案后，区公安局立即启动命案侦破机制，调集精干力量成立专案组，连夜进行现场勘查，提取相关物证，开展调查走访，并围绕死者家庭及关系人展开全方位的调查摸排，最终以一个可疑电话为突破口，抓获犯罪嫌疑人孙某振。在强大的讯问攻势下，孙某振如实供述了其犯罪事实。经查，2016年春节前，孙某振与贠某珍在买卖羊时发生纠纷，孙某振怀恨在心，伺机报复。2月19日晚，孙某振通过电话将贠某珍的男友刘某骗走后，到贠某珍的租住处将其杀死。本案从接到报案到抓获犯罪嫌疑人用时不到6个小时，案件成功告破，实现连续12年命案必破目标。

（胡志强）

司法行政

【概况】 东营市垦利区司法局主要负责社区矫正、安置帮教、人民调解、法制宣传、依法治理、法律援助、公证服务、管理指导基层司法所建设及法律服务行业。根据其职能的划分，区司法局内设机构有：社区矫正工作管理办公室、办公室、法制宣传教育股（挂垦利区全民普法依法治理工作领导小组办公室牌子）、基层工作股（挂安置帮教办公室牌子）、法律服务管理股；下设区法律援助中心（挂区矛盾纠纷调处中心的牌子）、区公证处两个副科级事业单位；下设垦利司法所、兴隆司法所、胜坨司法所、黄河口司法所、永安司法所、郝家司法所、董集司法所及红光司法所，为股级行政单位。有编制54人，其中行政编制38人，行政工勤2人，事业编制14人。有编在岗人员50人，其中行政编制34人，行政工勤2人，事业编制14人。3月7日，垦利县机构编制委员会下发《垦利县机构编制委员会关于县社区矫正工作机构调整的通知》，县司法局加挂社区矫正管理局牌子，原内设机构县社区矫正管理局更名为社区矫正工作管理办公室。

2016年，垦利区被表彰为全省“六五”普法先进县（区）。区法律援助中心被表彰为第五届全国法律援助工作先进集体。区公共法律服务中心被省司法厅命名为首批“山东省公共法律服务示范中心”。区司法局被省档案局表彰为“山东省档案工作科学化管理示范单位”。区司法局在全市“七五”普法法律知识竞赛中获二等奖。1月，县司法局被省司法厅表彰为重点工作完成先进集体。7月，垦利县被表彰为2011—2015全省普法依法治理工作先进县（区）。9月，区法律援助中心被司法部表彰为第五届全国法律援助先进集体。12月，区司法局被省档案局表彰为山东省档案工作科学化管理先进单位。

【普法依法治理】 （一）启动“七五”普法。出台《关于在全区公民中开展法治宣传教育的第七个五年规划的通知》和《东营市垦利区2016—2020年依法治区规划》，组织召开全区“七五”普法启动会议，启动“七五”普法工作。同时制定出台谁执法谁普法、公益媒体普法、以案释法工作的实施意见。（二）协作普法，开展法治宣传教育活动。举办“3·15”法治宣传教育进社区、《反家庭暴力法》法治宣传教育讲座、禁毒日、12·4宪法日等各类法治宣传教育活动90余场次。突出重点人群的法治教

11月10日，第十五次全区普法依法治理工作召开

育工作，在各镇（街道）开展农民法治培训班，提高农民法律意识；举办青少年普法巡展、预防青少年犯罪巡回法治培训等活动；组织全区公职人员4500余人开展普法考试，提升公职人员法律素质。（三）突出重点，加强法治文化建设。建设胜坨实验小学校园法治文化示范基地、区禁毒教育展厅、黄河口法德讲堂、兴隆法治文化广场等法治宣传教育基地。策划组织开展“法润黄河口”“七五”普法启动法治文艺专场演出。制作法治微电影一部。在区电视台开设法治微剧场栏目。丰富法治文化宣传载体，利用《垦利报》、垦利电视台、QQ、今日头条、一点资讯等媒体开展法治宣传活动。

区司法局郝家司法所开展妇女维权普法知识讲座

【法律服务】（一）加强政府法律顾问工作。组织律师、法律服务工作者为党委、政府重大决策、依法行政提供法律服务，全区律师、法律服务工作者为党委、政府提供法律意见建议850余条，代写法律文书530余份，代理案件16件。（二）完善法律服务保障机制。开展“村（居）法律顾问全覆盖工程”，完善工作机制，结合下派帮扶工作，开展“法律帮扶”活动，组织律师在帮扶村开展法律服务活动，开展法律讲座70余场次，办理法律援助案件40余起，调处矛盾纠纷90余起。出台《律师参与涉法涉诉信访补贴办法》，组织律师参与公共法律服务中心日常值班、“五长”联合接访及涉法涉诉信访案件的处理。（三）完善法律服务管理体制。推进法律服务行业规范化管理，指导和监督法律服务所、律师事务所、司法鉴定所加强内部管理，提高法律服务水平。协调召开律师工作座谈会，梳理律师代表提出的意见建议，研究制定解决措施，为律师执业创造良好的环境。

【公共法律服务体系建设】（一）推进公共法律服务体系建设。出台《垦利县公共法律服务平台建设实施方案》和《关于加快推进公共法律服务体系建设的意见》。建立区级公共法律服务中心，各镇（街道）挂牌成立公共法律服务工作站，全区建成16个司法行政工作室。建立12348热线平台和司法行政网络平台，配备触摸查询机，为群众提供服务。（二）提升法律援助工作水平。深化“风雨人生路，法援伴你行”品牌创建活动，抓好法律援助专业化队伍建设，对群众开展有针对性地法律援助。提升法律援助办案质量，落实好法律援助办案补贴。区法律援助中心共受理法律援助案件313件。（三）提高公证工作服务水平。区公证处不断提升服务理念，服务征地拆迁、土地流转等全区重点项目，开展上门公证服务40余次。不断优化服务方式，开展预约容缺、上门服务、延时服务等特色服务，提升便民服务实效。加强公证宣传工作，努力拓展公证新业务，拓展中药师承合同公证和进城农民工购房三方协议公证两项新业务。受理公证事项620件。

【大调解体系建设】（一）推进“大调解”体系建设。由区领导带队，组织公检法司信部门领导赴先进地区学习大调解体系建设的经验，出台《关于完善矛盾纠纷多元化解机制构建大调解体系的实施意见》和《经费保障办法》，为推进区、镇（街道）、

8月19日，区司法局联合区委宣传部举办"七五"普法启动文艺演出

村（居）三级调解平台建设奠定基础。（二）推进行业性、专业性调委会建设。建立医患纠纷人民调解委员会、交通事故纠纷人民调解委员会、诉前调解人民调解委员会、访调对接人民调解委员会等行业性、专业性调解委员会，健全各项制度，调委会各项工作健康、规范、有序开展。2016年调解医患纠纷11件，协议金额193余万元。（三）开展矛盾纠纷排查调处工作。坚持月排查和特殊敏感期的日汇报、周排查制度，定期、不定期开展矛盾纠纷排查调处活动。2016年排查调处矛盾纠纷3000余件。

【社区矫正及安置帮教】（一）规范社区矫正工作。加强社区矫正工作队伍建设，通过政府购买方式招录4名社区矫正工作者。落实社区矫正工作制度，组织开展社区服刑人员集中教育96场次，受教育4000余人次。加强重点时期社区服刑人员监管力度，集中开展走访活动，实行人员动态"零报告"制度，实现重大节点社区服刑人员无重新犯罪、无进京上访、无重大事件。提升社区矫正管理教育中心建设，推进区社区矫正管理教育中心、司法所社区矫正宣告室规范化运行，运用网络版人脸识别系统、手机定位、电子手表等技术手段，对社区服刑人员进行实时监管。通过入矫教育考试、统一服刑人员学习笔记等形式，加强对社区服刑人员的管理。抓好社区服刑人员档案标准化建设，按照省司法厅和省档案局出台的《山东省社区服刑人员档案管理办法》的要求，提升社区服刑人员档案质量，一次性达到档案馆人档标准。配合检察院做好黄河驿站建设工作。（二）规范安置帮教工作。完善刑满释放人员分类帮教管理、排查摸底、信息通报、分析研判、跟踪回访等制度。落实重点帮教对象必接必送制度。动员社会力量，参与帮教工作。在重要敏感时段，组织开展排查管控专项活动。2016年，开展社会调查53人次，在册管理社区服刑人员301人，刑满释放人员290人。

【基层基础工作】（一）推进明星司法所创建。为规范司法所运作，加强司法所服务能力建设，提高整体工作水平，切实发挥司法所在维护基层社会稳定中的职能作用，从改善设施装备条件、夯实基层工作、提升业务素质入手，在全区组织开展争创"明星司法所"活动。全区7个镇（街道）司法所全部达到省级规范化司法所标准。（二）加强信息宣传工作。印发《信息宣传考核办法》，建立信息联络员、新闻线索月报等制度，编印司法行政工作简报10期，在各类媒体发表稿件500余篇。（三）加强信息化建设。抓好新门户网站建设工作，运行好微博微信等平台，抓好视频调解平台的管理运行，切实发挥信息化建设的支撑作用。

（胡鹏飞）

对外开放

招商引资

【概况】 2016年，全区引进外来新建项目54个，续建项目40个，计划投资总额127亿元，其中，工业项目29个，农业加工项目15个，现代物流、服务业项目41个，新能源项目7个，外来投资公共基础设施项目2个；计划投资亿元以下项目56个，1亿元到5亿元项目34个，5亿元以上项目4个。到位外来固定资产投资39亿元（含引进资金）；区内投资者新上项目22个，计划投资总额40.7亿元，到位固定资产按比例抵顶任务数8.45亿元；金融部门贷款余额按比例抵顶任务数1.1亿元；共计48.55亿元，完成全区下达招商引资任务41.8亿元的116%。连续三年在全市两县三区和两个市属开发区的招商引资专项考核中排名第一名。

【招商活动】（一）组织召开全区招商引资“百日会战”活动。4月至7月，利用100天的时间组织开展系列专题招行活动，集全区之力加快项目洽谈和推进速度。举办各类招商活动80多场，对接洽谈项目181个，签订合同和协议项目18个，63个招商在建项目推进加快，基本达到预期成效。（二）探索开辟市场化招商新模式。5月，与上海东方龙商务咨询有限公司签订招商服务协议。垦利向东方龙公司提供服务年费50万元，东方龙公司每年向垦利推荐不少于15个符合产业发展需求的项目对接，并协助垦利在江浙沪等地开展专题招商活动。共对接加拿大高新农业综合体、低碳产业园、第四方物流、农用无人机、防爆轮胎5个项目，实现垦利市场化招商的破题。（三）走出去考察项目、参展参会。4月11日至16日，垦利党政考察团赴深圳、东莞、广州、福州等地进行考察学习，参观考察当地电子商务、智能应

1月26日，2016年全县外来投资企业家迎新春座谈会（李福波）

7月31日，垦利县企业创新转型对接恳谈会召开（李福波）

用、汽车制造、生物科技等项目。4月19日至24日，垦利招商考察团赴重庆、四川、宁夏等地就特色农业、旅游业、汽车及相关产业进行专题考察招商，与意向企业进行交流沟通。组织各镇街、园区和部分重点企业参加东营市融入京津冀协同发展暨重点项目推介会、第十六届中国西部国际博览会、山东省——以色列水科技企业商务对接会、河北廊坊国际贸易洽谈会等国内大型招商展会，对垦利的投资环境、资源优势、发展潜力等进行整体宣传，提高了“黄蓝经济示范区，和美幸福新垦利”的影响力和知名度。利用与徽商、浙商、苏商和温州商会等组织的合作关系和感情基础，定期进行沟通联系，及时共享信息，掌握发达地区的资本流向和产业动态，针对性地开展招商活动。2016年，共邀请和接待温州商会、中关村经济专家对接代表、新奥太阳能集团商、安徽苏州协鑫新能源有限公司、新疆轮台县考察团、浩海太阳能科技发展有限公司考察团、意大利E.D.A（企业发展咨询公司）考察组等30余家企业、商会团体的考察观摩活动。（四）深化与中关村自主品牌发展协会的合作。加快中关村（黄河口）创新创业产业基地建设，1月创业学院和孵化器揭牌并运行，入驻企业61家。中关村将发挥其品牌、技术、人才和项目等优势，为垦利培育新的经济增长点，做到由中关村研发的相关项目优先在垦利孵化，中关村孵化的项目优先在垦利落地。先后对接新能源电池、生态养猪、航天育种等多个项目，并成功签约希格斯新能源汽车制造和中油南方石油天然气2个项目。

4月20日，国际投资环境研究院院长黄静教授做《科学有效的招商引资操作与实施》专题授课（李福波）

【项目结构及规模】 2016年，全区新引进投产（营业）和注册在建项目95个，引进项目中，工业项目31个，到位外来固定资产投资13.4亿元，分别占引进项目个数、投资的33%、34.4%；农业加工项目15个，到位外来固定资产投资1.9亿元，分别占引进项目个数、投资的16%、4.9%；现代物流服务业项目41个，到位外来固定资产投资19.6亿元，分别占引进项目个数、投资的43.6%、50.3%；新能源项目7个，到位外来固定资产投资4.1亿元，分别占引进项目个数、投资的7.4%、10.5%。

（李福波　周　江）

对外贸易

【概况】 2016年，全区实现进出口总值88.1亿元，比上年增长69.6%，其中，出口33.9亿元，比上年增长17.3%，完成年度计划任务的115%；进口54.2亿元，比上年增长135%。进出口、出口、进口增幅高出全市44.8、19.3、93.5个百分点。垦利石化总厂获商务部原油进口配额252万吨。

【利用外资】 实际利用外资3393万美元，完成年度计划任务的147.5%，提前完成全年任务。批准设立外商投资企业11家，外资主要来源于美国、日本、韩国、新加坡等国家和地区。

【对外经济技术合作】 新增境外投资项目2个，垦利瑞科商贸有限责任公司总投资975万美元在加拿大新设金顶石油有限公司，主要经营采油技术服务。东营峻海兴华生物科技有限公司总投资20万美元，在韩国设立韩国中间株式会社，主要生产销售菌棒。

【招商工作】 组织香港山东周等招商活动，组织企业参加，多形式推介垦利重点对外招商项目。实施“招商引资突破年”活动，开展“百日会战”“招商活动月”等活动。开展以“优化营商环境，拓展外商投资企业发展空间”为主题的“利用外资突破年”活动，全面提高外商投资便利化水平。

垦利区2016年进出口贸易统计表

金额单位：万元

序号	指标名称 企业名称	实际出口	去年出口	同比±%	实际进口	去年进口	同比±%
	垦利区	337,385	289,233	16.65	542,341	230,755	135.03
1	山东万达宝通轮胎有限公司	152,214	142,387	6.9	33,947	25,801	31.57
2	新发药业有限公司	75,279	52,319	43.88	1,060	0	—
3	山东胜通钢帘线有限公司	24,107	21,895	10.1	6,545	4,477	46.18
4	东营石大胜华新材料有限公司	12,034	7,872	52.88	0	56	−99.89
5	东营恒诚机械有限公司	11,359	6,027	88.45	0	0	−29.87
6	东营宝丰汽车配件有限公司	10,245	6,627	54.59	1,104	550	100.62
7	山东万得福国际贸易有限公司	6,987	6,087	14.77	33	14	135.76
8	山东万达进出口有限公司	6,828	1,790	281.39	30	0	—
9	山东耐斯特炭黑有限公司	5,703	9,777	−41.67	0	0	—
10	东营三合进出口有限责任公司	4,581	3,371	35.88	0	0	—
11	山东同弘进出口有限公司	3,647	1,060	243.95	0	0	—
12	山东垦利石化集团有限公司	3,213	0	—	486,877	166,315	192.74
13	德瑞宝（中国）复合材料有限公司	2,376	582	307.94	1,278	4,569	−72.03
14	山东帝纱进出口有限公司	2,237	2,838	−21.18	0	0	—
15	东营中石大工贸有限公司	2,205	1,640	34.43	0	0	—
16	山东宝世达石油装备制造有限公司	1,878	1,456	29	0	0	150.16
17	东营三协化学股份有限公司	1,803	1,380	30.64	0	0	—
18	山东万得福实业集团有限公司	1,735	1,908	−9.06	542	0	—
19	山东九章膜技术有限公司	1,657	665	149.01	6	9	−28.8

续表1　　　　　　　　　　　　　　　　　　金额单位：万元

序号	企业名称＼指标名称	实际出口	去年出口	同比±%	实际进口	去年进口	同比±%
20	东营广兴石油装备有限公司	1,321	4,413	−70.07	0	0	—
21	山东万达化工有限公司	1,312	1,212	8.28	0	0	—
22	嘉里运达精密金属（东营）有限公司	623	546	14.03	0	2	−100
23	山东柯尔商贸有限公司	476	602	−20.98	0	0	—
24	山东陆海钻采科技有限公司	434	220	97.23	0	0	—
25	山东东辰进出口有限公司	342	371	−7.67	10,160	0	—
26	山东宇佳新材料有限公司	301	50	498.64	0	91	−100
27	山东山尔铝业有限公司	279	2,546	−89.02	0	0	—
28	山东胜通进出口有限公司	245	795	−69.13	0	343	−100
29	山东美博玻璃有限公司	240	0	—	0	0	—
30	东营市九州天健化工有限公司	234	130	80.3	0	0	—
31	东营利沃机械设备有限公司	233	0	—	0	0	—
32	山东恩诺新材料有限公司	197	29	581.28	0	0	—
33	东营市明华工贸有限责任公司	150	725	−79.3	0	0	—
34	东营力诺玻璃制品有限责任公司	144	962	−85.06	0	0	—
35	东营新世纪机件制造有限公司	140	146	−4.08	0	0	—
36	山东恒达冲压有限公司	116	10	1076.15	0	0	—
37	东营市英明石油机械有限公司	110	269	−59.16	0	0	—
38	东营晨辉机械制造有限公司	110	66	66.38	0	0	—
39	山东明珠石油装备制造有限公司	102	0	—	0	0	—
40	山东尤科斯石油装备有限公司	68	462	−85.26	0	0	—
41	山东广兴钻采科技有限公司	40	376	−89.39	4	0	—
42	山东全民塑胶有限公司	27	52	−49.3	0	0	—
43	垦利万隆化工有限责任公司	22	0	—	0	0	—
44	东营合益化工有限公司	12	0	13438.38	0	0	—
45	东营市艾德胶粘制品有限公司	9	23	−59.67	64	43	50.31
46	东营市合力石油机械有限公司	7	0	—	0	0	—
47	东营明天进出口有限公司	3	0	—	0	0	—
48	东营市德优胶带有限公司	1	0	—	0	0	—
49	山东垚坤模具有限公司	0	0	—	262	0	—
50	山东通用航空服务有限公司	0	0	—	1	0	—
51	东营博威石油技术有限公司	0	0	—	14	0	5146.32

续表2　　金额单位：万元

序号	指标名称 企业名称	实际出口	去年出口	同比±%	实际进口	去年进口	同比±%
52	东营市华胜工贸有限责任公司	0	0	—	303	243	24.47
53	东营市银丰进出口有限公司	0	0	—	63	0	—
54	山东高原压缩技术有限公司	0	18	−100	34	7	407
55	胜利油田物华管业有限公司	0	0	—	14	0	—

（尚永青）

旅　游

【概况】 垦利区旅游局为区政府直属的正科级事业单位，核定编制24名。下设办公室、监督管理股、规划发展股和两个直属事业单位。

2016年，全区接待游客人数238.6万人次，比上年增长1.2%，实现旅游综合收入12.96亿元，比上年增长7.7%，全区各项旅游指标持续稳步增长，旅游业呈现逆势增长的态势。全区建成A级景区8家，其中国家4A级景区2家，3A级景区3家；全区旅行社（门市部）8家；全区4星级饭店4家；涉足旅游商品的企业15家，旅游商品60余种。12月14日，省旅发委公布2016年“山东省旅游强乡镇”“山东省旅游特色村”“山东省开心农场”“山东省精品采摘园”名单，垦利区永安镇被评为省级旅游强乡镇；黄河口镇小高村被评为旅游特色村；胜坨镇东王村、东营市华强农业科技有限公司被评为山东省开心农场；东营市伟浩养殖有限公司被评为精品采摘园。

【景区建设】 四季温泉国际城项目完成投资5500万，酒店主体结构安装完成。春和景明乡村旅游示范园项目完成投资550万元，正委托中国文化景观集团对园区进行修建性详细规划设计，在完善修正阶段。

【基础设施】 投资300余万元新（改）建旅游厕所24处，其中新建20处，扩建4处。为2016年的厕所争取国家旅游厕所奖励资金34.257万元，省级旅游厕所奖励资金38.65万元，市级旅游发展专项资金给予扶持资金26.59万元。

【乡村旅游】 区旅游局将永安镇西三村上报为省级旅游精准扶贫村，获省旅游局批准，争取到旅游扶贫资金10万元，用于停车场等旅游基础配套设施建设，邀请省乡村旅游协会到西三村进行现场调研和座谈，实地查看村内莲藕种植基地，并对西三村的乡村旅游发展定位、扶贫工作措施等进行现场指导。胜坨镇东王村被评为省传统古村镇，获省级专项资金30万元，主要用于保护古村落的历史文化价值，营造古村镇传统文化氛围，打造传统文化特色。

【旅游管理】 （一）在全区旅游行业开展安全专项整治行动，在重大节日和重要时期对旅游企业进行安全生产大检查，落实隐患整改，彻底消除安全隐患，确保无重大旅游安全事故；（二）做好应急管理工作，完善应急预案，制定旅游行业应急预案演练计划，按时组织旅游企业开展应急预案演练，提高旅游企业的应急处置能力，确保全区旅游行业安全生产形势持续稳定；（三）加强执法队伍建设，学好用好旅游法律法规，提升执法人员的工作能力和业务水平；（四）加大综合执法力度，开展旅游市场秩序整治工作，集中打击和整治违规经营商户，净化旅游市场环境，维护垦利区旅游市场持续健康发展；（五）建立和完善旅游投诉处理机制，通过及时处理和分析旅游投诉，提高依法治旅能力。2016年，全区未发生一起游客投诉和旅游安全生产事故。

【旅游商品】 组织旅游商品生产企业参加省市各类评选活动，垦利区景明牌尚品虾皮、金钩海米获“山东省旅游商品创新设计大赛银奖”，景明牌·金银缘获东营市旅游商品创新大赛“最具东营特色的食品”金奖，吕剧动漫获“山东省旅游商品创新设计大赛优秀奖”，河海汇丰牌黄河口大闸蟹被评为首届“山东省新品牌旅游商品”的称号，山东黄河口大闸蟹有限公司的代表作品《黄河口淡干无盐虾皮（河海汇丰牌）》，获东营市旅游商品大赛“最具东营特色的食品”银奖；聚鑫斋民间手工制品厂的代表作品《虎头鞋》，获东营市旅游商品大赛“最具创意的工艺品”铜奖。区旅游局获东营市旅游商品大赛优秀组织奖。

【旅游宣传】 指导有关镇街和部门举办第十四届中国黄河口（垦利街道）桃花文化旅游节、第十三届中国黄河口（垦利街道）蜜桃·冬枣采摘节、第七届万尔果蔬采摘节、第八届中国垦利赶海拾贝旅游节、第十届中国垦利郝家葡萄文化旅游节、第二届胜坨镇东王民俗文化旅游节，通过举办活动吸引游客，增强垦利“周末休闲哪里去，东营近郊游垦利”的品牌魅力；按照“一月一主题”的原则，在东营电视台、胜利油田电视台、垦利电视台等媒体播放宣传片。

（周洪蕾）

蓝湖度假区开发建设管理

【产业转型】 （一）抓乡村文明建设，改善基础设施。实施好进场路绿化补植，增设垃圾收集点12个，落实环卫工人2名，改造院内生活用水管线，加强建设管理，优化环境。（二）投资62万元，实施社会化营林，引进企业管理，新增改造绿地100亩，提升新博路路域绿化水平；新博路沿侧设置公交旅游标识，提升品质，打造靓丽新博路。（三）投资10万元，打造丽丽农家饭、蓝宝公司农家乐、华帅生态园三家星级农家乐，提升服务水平，改善周边环境，扩大知名度。（四）投资20万元实施农田水利工程，整理支渠3000米、斗渠6000米，配套完善辖区生产道路及沟、渠、桥、林的建设，改造提升整体生产环境。（五）做好招商引资工作，逐步改变散户承包、传统养殖模式，向公司化运作、规模化经营、精细化管理的产业发展转型，突出示范带动、出亮点、创经验的工作思路。重点抓好黄河口大闸蟹产业发展。引进黄河口大闸蟹公司，实行产业化项目运作，高标准开发大闸蟹养殖池塘400亩，总投资500万元，打造核心区。实行大池塘养殖，结合江苏养殖经验，采取“围堤、提水、种草、稀放、标准投料”的措施，实行精细化管理，规范化养殖，与中科院水生生物研究所合作搞好产学研结合，开展稻蟹混养、蟹鱼套养、混养技术探索。力争出经验，提规格，上产量，增效益。搞好沟、渠、路、林建设，结合旅游观光一体发展，切实发挥示范带动作用。

【优化服务】 （一）开展党组成员包大户，党员每人联系一名承包户、党员奉献日等活动，沉下去掌握群众需求，解决群众在生产、生活上的问题。（二）优化供水，及时供水，节源增效。投资30万元，新上160千伏安变压器一台，水泵11台，完成供水8000亩。（三）加强安全生产。强化网格化管理措施，排查安全隐患苗头，即查即知即改，确保无安全责任事故发生。（四）妥善化解矛盾，确保社会稳定。工作中通过优化服务迎民心，产业发展聚民心，密切干群关系，注重苗头性问题，抓早、抓小、抓了，化解社会矛盾，加大问题处结力度，确保社会大局稳定。

（张　鹏）

综合经济管理

规划管理

【概况】 区发展和改革局（简称区发改局）是综合研究和拟定全区经济和社会发展战略、规划和政策措施，进行总量平衡、结构调整，指导全区经济体制改革的区政府工作部门。

【综合协调】 牵头各镇街、区直部门完成全区重点工程项目、政府投资项目的筛选论证和调度管理。参与完成涉及全区经济社会发展全局的产业布局、土地开发、结构调整、城镇化建设等政策制定和执行。主动适应经济发展新常态，调适经济工作指导方式，落实供给侧改革政策，促进垦利区产业结构优化提升。及时向区委、区政府汇报经济运行新情况、新问题和新趋势。2016年，形成经济运行分析报告4篇，区委常委会听取经济运行分析报告3次，向区委、区政府报送实时经济动态50多次。

【规划编制】 在与区"十三五"规划和各专项规划搞好衔接的基础上，研读宏观政策，通过调查研究，分析预测，科学编制2017年国民经济和社会发展计划，提出经济社会发展的目标任务，明确工作重点，为实现跨越发展、科学发展奠定基础。

【项目审批备案】 严格项目审批程序，杜绝高耗能项目上马，搞好项目甄别、分析，加快审批效率，确保更多、更好的项目上马。协助指导项目单位完善、规范项目方案设计，维护好稳定、有序、高效的政务服务环境。2016年，共办理立项手续251个，其中审批类91个，备案类145个，核准15个。落实节能政策，把好新上项目节能审查关，办理节能手续217个。严肃招标方案核准工作，杜绝应核未核、化整为零等问题发生，全年核准招标方案92个，办理不再招标批复53个。

【政府投资项目管理】 严格政府投资项目提报程序，征集筛选政府投资项目87个，分两批下达年度投资计划总投资6.35亿元。规范招标文件审核，加强政府投资项目控制价审核力度，严把政府投资项目"入口"。2016年，共发布招标公告63个，有53项工程完成招投标，中标额达3.95亿元；招标控制价审核41项，审减资金0.35亿元；审计资料转呈32项；政府投资项目变更文件17项，涉及资金1.09亿元；呈报资金审批单84件，涉及资金申请3.9亿元。

【深化改革】 印发《东营市垦利区经济体制改革2016年实施方案》。指导经协总公司、北辛店油棉厂、生产资料公司等3家企业完成改制。协助垦利石化集团进行股权优化和债券发行前期工作。做好区人民医院综合改革试点工作。推进全区公务用车制度改革，印发1个实施方案和6个具体配套办法。

【调查研究】 编制《垦利区新能源电动汽车规划》《垦利区“十三五”新一轮农网改造升级规划》，完成“全面对接融入中心城”“深挖放大比较优势，培育经济新动能”“对接京津冀协同发展规划”“服务业破题”“产业转型的出路与政策”等调研报告35篇，提出针对性的意见和建议20多条。

【载体建设】 筛选形成2017年区重点项目110个，总投资288.3亿元，年度计划投资127.2亿元。新增高技术创新平台2家，山东胜通钢帘线轮胎骨架材料工程实验室被评为省级工程实验室，东营恒诚机械公司机械铸件工程实验室被评为市级工程实验室。组织垦利石化申报2016年国家成品油质量升级项目贷款贴息补助，计划申请贴息资金3705万元，通过省、市发改委审核。组织宏远纺织申请2016年棉花一般贸易配额257吨。筛选上报金钊源仓储、兴达能源热力管网2个项目列为2016年专项基金项目。牵头组织西洽会、喀交会等经贸洽谈活动，签订协议项目2个。组织参加东营融入京津冀协同发展推介会及重点项目签约仪式，策划提报重点招商项目42个，签约额18亿元。

【服务业发展】 服务业载体建设实现突破，垦利区被列为全省现代服务业综合改革试点。西郊现代服务区、垦利街道分别列入市级服务业重点园区、镇街，金钊源物流、金浩物流、喜文化餐饮列入市级服务业重点企业，西郊医院、天宁湖湿地公园项目列入2017年市服务业重点项目。金钊源油城O2O公共服务平台项目120万省级服务业引导资金到位。2家重点服务业企业完成规范化公司改制，计划在新三板或创业板上市。2016年，服务业增加值实现156亿元，占地区生产总值的38.1%，较上年同期提高3个百分点。

（邢新新）

黄河三角洲建设

【项目建设】 **项目筛选储备** 围绕国家规划中明确支持的重大工程、示范园区、产业基地，精心筛选符合国家产业政策、符合规划的大项目、好项目，储备86个高端、高质、高效项目充实区域战略推进项目库。推荐山东明珠专用汽车制造有限公司专用汽车制造等19个项目列入市2016年黄蓝经济区重点推进项目，项目个数居各县区首位。山东胜通集团股份有限公司10万吨/年光学基膜特种母料及高端功能膜材料生产项目等14个项目列入2016年市黄蓝经济区建设目标任务。编印《垦利融入京津冀协同发展战略投资指南》，推介垦利在京津冀协同发展区、环渤海合作发展区、黄蓝经济整合发展区中投资优势、产业基础和发展方向，突出园区招商、资源招商、产业招商，精选承接京津产业转移、加强京津科教合作、提升旅游健康产业3类定向招商项目53个。

项目推进 培育科技含量高、具有行业领先水平的重点产业项目和重大科技成果转化项目，壮大产业规模，优化产业结构，拉伸产业链条，提升产业层次。重点抓山东胜通集团股份有限公司10万吨/年光学膜项目等总投资103.6亿元的14个项目调度工作。加强协调服务项目。围绕“一城一带三区”建设，到企业调研，优选重大项目挂牌推进，梳理项目建设中存在的问题和困难进行协调解决，搞好项目服务，加快项目建设进度，确保项目早日开工建设、早日投产达效。

项目管理 健全完善项目推进制度、定期报送制度、项目台账制度、领导负责制度、通报督办制度、评估评价制度等管理制度。对专项资金扶持的项目，加强资金管理，确保资金效率。5月迎接市审计组对骏马公司、陶园公司的项目审计，项目监管规范，无违规现象。6月山东道勤会计师事务所对东三路路灯亮化提升工程进行绩效评价。

【规划引领】 **推进融入京津冀协同发展战略** 成立推进京津冀协同发展领导小组和12个专业推进小组，制定推进工作方案，为垦利主动承接北京非首都功能疏解和京津产业转移，加快与京津冀全方位合作，打造京津冀协同发展示范区明确发展目标和重点任务。经县政府第13—49次常务会议、区委第12—144次常委会议研究通过，区委、区政府印发实施。区黄河三角洲建设办公室配合有关部门成立京津冀招商工作站，并对协同发展工作进展情况每月进行调度、通报，确保工作推进。

迎接黄三角规划中期评估 围绕全区产业发展、园区建设、创新驱动、体制改革、对外开放和生态环保等方面进行自查自评，形成黄三角规划自查报告。准备“十二五”中期评估报告、产业园区规划及实施情况报告、体制创新情况总结、统计年鉴、“十三五”规划等8方面的第三方评估材料，整理档案资料60余盒。总结提炼西郊现代服务区、黄河南展区改造、现代渔业示范区、新型农民学校4个亮点材料。5月中国国际工程咨询公司到垦利调研，先后到垦利“十二五”成果展、胜通集团钢帘线公司、骏马石油装备公司、万达集团电缆公司、永安镇六万亩土地开发整理、东营市现代渔业示范区等现场。

对接融入“一带一路”战略 结合垦利实际，经多方面征求意见，提出垦利融入“一带一路”的重大政策事项。明确垦利战略定位、发展目标、战略布局、重点任务和政策保障措施。对“一带一路”中哈对接项目进行调查摸底。4月参加省发改委组织的“一带一路”战略高层对接洽谈会。

【督查考核】 **黄蓝“两区”督导检查** 在征求意见的基础上，确定21个被考核单位的黄蓝经济区建设年度目标任务，做到定任务、定目标、定时限、定标准、定责任，确保国家规划确定的任务事项落到实处。修订完善黄蓝经济区考核实施细则，细化考核标准，树立科学导向。

落实上级政策项目资金奖励 为增强区直各部门（单位）向上争取政策项目资金的积极性，1月，区黄河三角洲建设办公室、区政府督查局等5部门联合对2015年度区直部门（单位）争取上级无偿资金情况进行审核认定，并兑现奖惩机制。

开展“三争”活动 年初，归纳提出32项争取上级支持的重大政策、重大资金和重点项目，分解目标任务，落实责任单位，明确工作要求。按照项目化管理的方式，逐项抓好落实，实行月报送、季通报制度，确保“三争”工作有序推进。

【宣传推介】 在东营日报、胜利日报等媒体刊登多篇文章，提升对外影响力和知名度。开拓网络宣传阵地，加强“黄蓝战线”网站建设，及时更新资料，健全完善信息员和联络员工作制度，丰富宣传载体，营造推进区域战略发展浓厚氛围。发挥“黄蓝战线”微信平台作用，向公众发布最新政策信息。编印《政策汇编》5册，收录2016年国家、省市最新政策186条。通过“黄蓝战线”微信平台推送政策信息、民生信息330期，日阅读量10000人次，发挥了“政策掌上宝、民生直通车”的作用。推进企业、高校“产、学、研结合”。实行干部联企制度，协助陆海公司与东华大学、江苏纺织研究院合作，引进高端人才，在壳聚糖高效快速止血医用敷料 、甲壳素纳米材料、生物基纤维材料3方面联合攻关，建立长期战略合作关系，共同培养高端人才，共建甲壳素衍生质研究中心，5月签订合作协议，年底前联合研发新产品小样问市。

（陈新明　董会芳）

东营西郊现代服务区管委会

【概况】 东营西郊现代服务区管委会（以下简称管委会）为县政府直属事业单位，核定编制15人，配备主任1名（副县级），副主任3名（正科级，其中2名分别由郝家镇、董集镇党委书记兼任）。至2016年年底，管委会有工作人员13人，较上年增加1人。管委会主要承担园区规划编制实施、项目审核、产业招商、经济管理、基础设施建设、市政管理等职责。在具体运作上，设立综合办公室、经济发展办公室、规划建设办公室、市政公用事业管理办公室4个内设机构。综合办公室主要负责管理人事、财务、档案、督查、保密、精神文明、行政后勤等机关日常工作。经济发展办公室主要负责编制服务区经济社会发展规划、年度计划和区内项目的审批、管理；制定鼓励和扶持服务区发展

5月31日，东营西郊现代服务区仲裁办事处揭牌仪式暨企业法律风险防范知识讲座举行（刘凯）

的有关政策、措施；负责区内各项经济指标的统计汇总和上报工作。规划建设办公室主要负责服务区规划的编制及组织实施；进区项目的审查、选址、工程项目招投标和建筑市场的管理等工作。市政公用事业管理办公室主要负责统筹园区内市政公用设施的管理和维护工作；负责园区环境卫生、园林绿化、市政管理、防汛排涝等工作；负责东营西郊污水处理厂及配套管网的管理工作；负责园区内立式广告牌建设和路灯杆广告投放工作。

【规划修编】 在优先发展区分区规划和水、电、气、暖、讯专项规划编制完成的基础上，进一步完善修编。《东营西郊现代服务区总体规划》《东营西郊现代服务区南区控制性详细规划》《东营西郊现代服务区北区控制性详细规划》完成并经区政府批复。区域性环境评价于上年8月份批复通过。同时抓好五六干合排部分修建性详细规划等编制工作，形成了层次清晰、布局合理的规划体系，核心区实现控制性详细规划100%全覆盖，为服务区快速健康发展奠定了基础。

7月9日，垦利县卫生体育设施及配套工程PPP项目签约仪式（刘凯）

【融资模式】 自2015年上半年始，管委会先后牵头实施总投资5.11亿元的东营西郊现代服务区市政道路配套工程PPP项目和3.47亿元的垦利卫生体育设施及配套工程PPP项目。市政道路配套工程PPP项目中包含的2.6亿元存量政府债务的化解工作于2015年5月中旬全部完成，新建项目中总投资4950万元的PPP项目一期工程于2015年3月开工，进入收尾阶段。包含多条道路和五六干合排提升改造项目的PPP项目二期工程手续办理工作完成，进入实施阶段。垦利卫生体育设施及配套工程PPP项目于2015年6月底完成采购，总投资1.17亿元的东营西郊医院基础施工完成，完成一层框架施工，总投资1200万元的西郊消防站项目正在办理前期手续。PPP项目的实施，改变了服务区基础设施单纯依靠政府投资的传统模式，通过引进民间资本，破解了基础设施投入难题，提高了基础设施项目的建设、运营和管理效率。

【基础设施建设】 实施总投资4950万元的以道路（桥梁）建设、绿化、亮化为主要内容的市

5月24日，山东金钊源仓储物流中心通过山东省审计验收（刘凯）

政道路配套PPP项目（一期）工程。永盛路、和盛路修补完成，惠园路东延、阜盛路（北二路—潍坊路）改造工程竣工通车，淄博路至济南路段建成通车，绿化工程全部完工。三是占地约60亩、总投资650万元的生态湿地工程于2015年8月通过验收，正式投入使用。采取BOT模式，集中供暖工程主管网建设全部完成。

【招商引资】 一是高效推动金钊源仓储物流中心、奥迪4S店、胜利监理技术服务中心等总投资86亿余元的21个重点项目。二是做好高端教育机构、汽车文化产业园等在谈项目的引进工作，力争生产性、生活性高端服务业实现突破式发展。其中，东营君泰宝沃4S店作为服务区招商项目正式入园并开工建设。三是实施精准招商计划，重点围绕新技术、新产业，采取“平台招商”“团体招商”“载体招商”“专业招商”等形式开展招商活动，提升园区产业层次和发展活力。2016年，管委会赴上海、北京、江苏、河南等地进行外出招商17次。同时，在管委会的推动下，全区“专业招商”取得突破，委托上海东方龙商务公司作为第三方机构负责全区的招商工作，部分项目进入深入洽谈阶段。

【优化服务】 一是与区环保局西郊中队、两镇加强沟通协作，推进综合行政执法工作，2016年进行现场检查180余次，处理信访100余起，查处土小企业25家。二是抓好市政设施维护。安装更换雨污水井盖50余套、路灯指路牌40余套、箱体广告20余套。三是优化公交专线，与市公交公司对接，将金钊源等需求较大企业纳入西城专线服务范围，服务企业群众出行。四是整合郝家、董集两镇工商登记和国、地税到西郊政务大厅集中办公，扩大政务服务覆盖面，提升政务服务便利度。五是加大宣传力度，在东营日报、东营电视台、胜利日报、胜利油田电视台设置专栏，宣传西郊发展，为企业免费发布广告。

（李焕欢　刘　凯）

市场监督管理

【概况】 垦利区市场监督管理局（加挂垦利区食品药品监督管理局牌子）成立于2015年3月，正科级政府工作部门，是东营市第一个县区市场监管局。全局在岗工作人员134人，其中科级干部34人。局机关设办公室、食品安全协调督查室、行业安全办公室、法制办、党建办、食品流通监管股、餐饮服务监管股、药品医疗器械监管股、消费者权益保护股、市场规范管理股、企业信用管理股、商标广告股、企业注册局、公平交易局14个职能股室和稽查大队、消费者投诉中心、药品不良反应监测中心3个事业单位，另设7个副科级市场监管所，承担着市场主体注册登记、维护市场经济秩序、保护消费者合法权益、保障食品药品安全等16项具体职责。2016年，被省人社厅、省工商局、省公务员局联合表彰为全省工商行政管理工作先进集体。12月，《垦利探索食品安全智慧监管新模式》在市编办、市社科联组织的“以五大发展理念推进政府职能转变和机构编制管理”主体征文活动中获二等奖。12月26日，被省食安委评为2017年山东省食品安全先进县

（市、区）创建单位。

【食品监督管理】 （一）夯实基础，完善食品生产流通环节安全监管体系。把好市场准入关，全区25户食品生产加工单位均取得食品生产许可证，55户小作坊和食品摊贩通过备案登记等方式纳入监管范畴。强化抽检，全年完成生产流通环节各类抽检1106批次，其中，国家级33批次，省级142批次，市级226批次，县级423批次，县级食用农产品抽检282批次。加强风险防控，建立健全食品生产安全风险监测分析与预警制度，指导流通环节经营者建立健全进货查验、不合格产品退市等制度，全区生产环节抽检合格率95.6%。（二）突出重点，健全餐饮行业安全监管体系。加强学校食堂和小饭桌监管，实行学校月度自查、监管单位季度检查、督导检查和飞行检查，全年每个学校检查次数平均10次。对全区15家小饭桌进行备案，并纳入2016年度区级食品安全监督抽检范围。开展示范创建，全区有14家餐饮单位获“食安山东”品牌示范店（学校食堂）称号，23家餐饮单位获省级“清洁厨房”称号。抓好餐饮环节抽检，完成各类抽检监测724个批次，其中，国家级1批次，省级38批次，市级64批次，区级321批次，监督抽检和评价性抽检均名列全市第一。

【药品监督管理】 （一）健全企业信用档案，加强风险因素评估。对全区1家药品生产企业，80家药品经营企业，54家医疗器械经营企业建立信用档案，夯实监管基础。对全区1家药品生产企业，333家药品经营和使用单位，310家医疗器械经营和使用单位安全风险因素进行分级评定，实行动态化监管。（二）强化飞行检查，随机抽取20家药品经营企业开展飞行检查，梳理出各类问题220余条，指导企业进行整改。（三）强化专项整治，组织开展疫苗流通使用专项检查、药品批发企业流通领域集中整治、医疗器械流通领域集中整治等专项整治活动，检查各类经营单位464家。（四）严查问题疫苗。对全区所有的疫苗经营和采购使用单位进行全面排查，检查涉药单位342家，发现问题疫苗共计7个品种9个批次，全部封存处置，并加强疫苗市场监管工作。

9月28～29日，区直机关党工委、市场监管局联合开展第三届“市场监管杯”国学知识竞赛

【商事制度改革】 （一）放宽准入条件。实行市场主体住所（经营场所）申报制，允许“一照多址”“一址多照”；实行“五证合一、一照一码”和全程网上登记注册申报，探索“六证合一”，发放新版执照2978张，审批网上登记申请4884笔；落实“先照后证”改革，改186项前置审批为后置审批并公示，履行“双告知”职责，签署申请人承诺书230余份，为26个后置监管部门分配市场主体信息查询认领账号，出台12项事中事后监管制度，开展抽查、检查14次。（二）行政审批制度改革。将13项企业登记简易事项由“一审一核”制改为“审核合一”制，实现“一人办理、全程服务、一办到底、全程负责”，在西郊政务大厅设立注册窗口，负责企业登记和郝家、董集辖区的个体户、食品经营许可办理，在国税服务大厅设立注册窗口实行联合办公，将食品经营许可下放到各镇街所办理，方便群众就近办理业

5月27日，省工商局党组书记、局长杨宜新一行到垦利县调研

务。（三）优化工作程序，压缩办照时限，企业平均办照时间压缩到2.17天。新登记各类市场主体5953户，全区各类市场主体发展到17558户，其中，企业3886户，农民专业合作社511户，个体工商户13161户，比上年分别增长51.3%、57.3%、18.7%、51.2%。

【助推企业发展】 （一）推进商标战略，强化宣传，重点培育，分类指导，加强保护，引导企业申请商标注册、扩宽商标运用途径，全区国内商标总量发展到1017件，其中中国驰名商标5件，山东省著名商标18件；新申请马德里商标国际注册45件，总量达57件；“垦利黄河滩区小麦”和“垦利大米”被国家工商总局认定为地理标志商标，实现垦利区地理标志零的突破。（二）扶持电子商务发展。围绕垦利特色农副食品、日用品等，搭建本土化电商平台，推动电商进入专业园区，实现集聚化发展，引导专业市场、行业代表企业发展电商，实现多样化发展，全区电子商务企业有200家，涌现出以金钊源为代表的一批龙头企业。（三）加快推动专业市场建设。协调各方、整合资源，强化引导、优化服务，推动专业市场品牌化、集约化、信息化发展，龙翔石材市场、万坤五金建材市场、中凯汽车市场、华信二手车市场等发展成为具有地区影响力的专业市场，民丰农贸市场被评为山东省2014—2015年度文明诚信市场。（四）帮助企业破解融资难题，采取股权出质、动产抵押等办法，搭建银企对接平台，帮助企业融资，全年办理各类质押、抵押75笔，帮助企业融资70.3亿元。（五）维护消费者合法权益。成立消费者投诉中心，整合12315、12331举报热线电话以及县长公开电话、网上民声职能，及时受理消费者投诉、举报，解答消费者咨询，全年受理消费者投诉咨询585件，为消费者挽回经济损失338万余元。

【市场秩序监管】 （一）开展市场主体年报，打牢信用监管基础。深入宣传发动，加强督导调度，强化人员培训，营造舆论氛围，发放各类通知文书15000余份，举办各类培训19期，完成2015年度市场主体年报工作，企业年报率88.87%，个体年报率97.49%，农合年报率94.21%。（二）开展清理“僵尸企业”工作，学习北京朝阳区等地经验，与国地税等部门配合，对两年未年报、未纳税的企业进行全面摸排，初步确定企业180户、个体172户，核实后将进行吊销处理。（三）加强成品油市场监管，牵头组织全区成品油非法经营专项整治工作，对全区29家加油站点及仓储、批发企业油品质量进行抽检，对其中3家加油站点5个不合格样品依法进行处理，达到抽检覆盖率、办结率、公示率三个100%。（四）强化公平交易执法，开展投资担保类企业监管排查工作，摸排投资企业28户，对排查中发现问题的4户企业依法处理，强化打传工作，开展宣传，张贴海报150余张，发放材料600余份，将打击传销变成一场“人民战争”，坚持抓早抓小、露头就打，处理涉传情况3起，保持对传销行为的高压态势，自2015年下半年始，开展“无传销”县区创建工作，并通过市领导小组的实地验收，为东营市通过全省无传销城市验收做出重要贡献。

8月19日，市食品药品监督管理局局长王秀凤一行来垦利区开展专题调研

【特色工作】 （一）推行智慧监管。自2014年市场监督管理局在全国首创智慧监管后，每年都被列入区政府为民办实事工程，2016年区政府投资200余万元，工程进度大大加快，基本覆盖全区学校和大型企业食堂、中型以上及旅游景区饭店，“天眼”监控对高危特殊业态实现全覆盖，保证行政执法的规范、便捷、高效，拓宽了食品安全信息公开渠道，倒逼经营者提高了自律意识。（二）创新抽检工作。在完成国家、省市抽检基础上，安排1000个批次的区级和镇街抽检，区级抽检聚焦时令热点品种，按品种出具消费警示，变部门监管为社会共治，镇街抽检聚焦风险点，争取发现隐患、发现问题，掌握防控风险的主动权。完成各类区级抽检1278个批次，每千人达5.8份。（三）规范执法行为。强化依法行政，制定行政处罚裁量基准、重大复杂案件集体讨论制度和行政处罚案件核审制度，成立行政处罚案件审理委员会和法制办，组织案卷评查6次。优化执法模式，实行“四个一”执法模式，即“留一张明白纸、送一张联系卡、搞一次执法检查、留一份执法文书”，推行网格化、痕迹化、信息化“三化”监管模式，做到工作痕迹可查证、工作行为可追溯、工作责任可追究。

（武克忠　崔　巍　朱花梅）

垦利区2016年“重合同守信用”企业名单

序　号	企业名称
	国家级
1	山东胜通集团股份有限公司
2	东辰控股集团有限公司
3	山东万得福实业集团有限公司
4	万达集团股份有限公司
	省　级
5	山东角洲石油助剂有限公司
6	山东宇佳新材料有限公司
7	山东胜通建安工程有限责任公司
8	胜利油田富邦实业有限责任公司
9	垦利县黄河家酒业有限公司
10	东营市东明石油化工有限责任公司
11	垦利县水利工程公司
12	胜利油田盛嘉化工有限责任公司

续表1

序 号	企业名称
13	东营天成建设有限公司
14	东营市胜坨燃油有限公司
15	山东垦利石化集团有限公司
16	山东胜利明珠集团有限公司
17	东营市龙翔石业有限责任公司
18	山东康瑞集团有限公司
市 级	
19	东营腾达建安有限公司
20	山东垦利石化集团有限公司
21	东营市一棵树酒水有限责任公司
22	山东东营烟草有限公司垦利营销部
23	中国联合网络通信有限公司垦利县分公司
24	东营市坤兴华园工贸有限公司
25	东营诚信建设有限公司
26	垦利县工程建设监理有限责任公司
27	垦利县华丰石油机械有限责任公司
28	东营市华科石油科技开发有限责任公司
29	垦利县黄河机械加工有限公司
30	山东利垦建安有限公司
31	东营凯迪玉石家具有限公司
32	垦利县金时利石油装备有限公司
33	垦利新华兴化工有限责任公司
34	东营市万意石油装备有限公司
35	垦利县明珠小额贷款股份有限公司
36	胜利油田天峰科工贸钢构有限责任公司
37	胜利油田固邦石油装备有限责任公司东方合金铸造厂
38	东营市振东轮胎有限责任公司
39	东营市垦利石油化工有限公司
40	垦利明珠电力工程有限公司
41	东营市英明石油机械有限公司
42	新发药业有限公司
43	山东胜利明珠集团有限公司
44	东营市万里越橡胶发展有限责任公司
45	东营坤宝化工有限责任公司
46	东营市恒信机械有限责任公司
47	山东合园建设工程有限公司

续表2

序 号	企业名称
48	胜利油田固邦石油装备有限责任公司东胜化工厂
49	山东九章膜技术有限公司
50	东营恒诚机械有限公司
51	东营宝丰汽车配件有限公司
52	山东胜通钢帘线有限公司
53	东营石大胜华新材料有限公司
54	山东山尔铝业有限公司
55	山东东辰建设有限责任公司
56	胜利油田胜利电器有限责任公司
57	山东宝世达石油装备制造有限公司
58	山东全民塑胶有限公司
59	山东威兰德精密特钢制品有限公司
60	山东鸿通化工有限公司
61	东营市大用石油助剂有限责任公司
62	东营市恒阳化工有限公司
63	山东中凯驾驶员培训有限公司
64	垦利曦光工贸有限公司
65	东营易恒化工有限责任公司
66	东营宝业石油技术开发有限责任公司
67	东营市顺风广告有限责任公司
68	山东宏基石油机械设备有限公司
69	垦利县东九水产养殖有限公司
70	山东大生新材料科技有限公司
71	山东众鑫电子材料有限公司
72	山东胜众门窗有限公司
73	山东美博玻璃有限公司
74	山东洁保生物科技有限公司
75	山东景明海洋科技有限公司
76	东营市龙翔石业有限责任公司
77	东营天喜化工有限公司
78	东营力诺玻璃制品有限责任公司
2016年市级新申报	
79	山东山尔铝业有限公司
80	胜利油田天峰科工贸钢构有限责任公司
81	东营市恒春电子科技有限公司
82	东营盛昶电子科技有限公司

续表3

序号	企业名称
83	东营利龙建设有限公司
84	山东宏基建设集团有限公司
85	东营市海域化工有限公司
86	山东军马酒业有限责任公司
87	东营市万丰盐业化工有限公司
88	山东宝利源建设有限公司
89	东营咸亨工贸有限公司
90	胜利油田昊瑞石油机械有限责任公司
91	东营市玉峰水产有限公司
92	东营万源物流有限公司
93	垦利金盾保安服务有限公司
94	东营市亨通汽车工业贸易有限责任公司
95	山东万坤置业有限公司
96	东营市学大置业有限公司
97	东营创大汽车销售有限公司
98	山东锐建钢结构工程有限公司
99	国能垦利生物发电有限公司
100	东营金仕达木业有限责任公司
101	山东尤科斯石油装备有限公司
102	东营市海盈水产品开发有限责任公司
103	东营市旅游开发有限公司

（仇理科、卜文华、高习原）

垦利区2016年驰名商标认定保护情况一览表

序号	注册号	企业名称	商标	类别	核定商品/服务	认定时间
1	1135514	万达集团股份有限公司	万全	9	电线、电缆	2009
2	5276885	山东万达宝通轮胎有限公司	BOTO及图	12	汽车轮胎	2012
3	4220998	山东胜通集团股份有限公司	胜通	6	金属绳，普通金属线，钢丝	2013
4	3469561	东辰控股集团股份有限公司	艾瑞斯特及图	1	透明质酸	2013
5	1516413	新发药业有限公司	新发及图	5	医用饲料添加剂	2016

注：驰名商标指国家工商行政管理总局认定的驰名商标

垦利区2016年山东省著名商标认定保护情况

序号	注册号	企业名称	商标	类别	核定商品/服务	认定时间
1	1516413	新发药业有限公司	新发（文字图形）	5	兽药	2006

续表

序号	注册号	企业名称	商标	类别	核定商品/服务	认定时间
2	3053210	东辰控股集团有限公司	图形	9	配电控制台	2006
3	1135514	万达集团股份有限公司	万全	9	电线、电缆	2008
4	3469566	东辰控股集团有限公司	艾瑞斯特（图形）	9	电站自动化装置	2008
5	1320046	山东万达宝通轮胎有限公司	万全	1	化工产品	2009
6	4220998	山东胜通集团股份有限公司	胜通	6	钢帘线	2010
7	4246893	山东万达宝通轮胎有限公司	易仕通	12	轮胎	2010
8	4246894	山东万达宝通轮胎有限公司	“易程德及图”	12	汽车轮胎类	2011
9	1010400	胜利油田方圆防腐材料有限公司	“胜防及图”	2	防腐油漆涂料；防腐粉末涂料类	2011
10	3469561	东辰控股集团有限公司	艾瑞斯特及图	1	透明质酸	2012
11	5276885	山东万达宝通轮胎有限公司	BOTO及图	12	汽车轮胎	2012
12	5381715	山东万得福实业集团有限公司	NWDF及图	29	食物蛋白；食用蛋白	2012
13	4998507	山东万达宝通轮胎有限公司	ECED	12	汽车轮胎	2013
14	3153210	东辰控股集团有限公司	D	9	变压器	2014
15	7478700	东营市玉峰水产有限公司	三角洲及图	31	甲壳动物	2015
16	8140352	山东耐斯特炭黑有限公司	NCEST CARBON BLACK及图		工业用炭黑	2016
17	7330881	山东山尔铝业有限公司	山尔及图		铝；金属建筑材料	2016
18	9680177	垦利县众兴小麦种植专业合作社	齐鲁众兴及图		食用面粉	2016

（许孝峰　牛　爽　单提伟）

垦利区集贸（天天、集市）市场统计表

单位：万元、平方米

序号	市场名称	地 址	占地面积	交易方式	市场类型	投资额	开业/交易日期	市场开办单位、负责人/电话
1	垦利区胜苑农贸市场	胜北社区通明苑物业公司胜苑小区	3000	零售	农贸市场	350	2007. 4. 29 天天	通明苑物业公司 苟英俊 13589983066
2	景安农贸市场	东安	2871.4	零售	农贸市场	460	2007. 2. 16 天天	景安物业 于军华 8727973
3	民丰集贸市场	垦利镇民丰村	26640	零售	集贸市场	165	2007.10 二、七	垦利镇民丰村 张洪义
4	渔洼集贸市场	垦利镇渔洼村	3000	零售	集贸市场	20	1998.10 四、九	垦利镇渔洼村 王景元
5	左家集贸市场	垦利镇左家村	2000	零售	集贸市场	25	1994.10 三、八	垦利镇左家村 张玉岭
6	西双河首集市场	垦利镇西双河村	60000	零售	集贸市场	240	2006.06 五、十 三、八	垦利镇西双河村 赵英德

续表1

序号	市场名称	地 址	占地面积	交易方式	市场类型	投资额	开业/交易日期	市场开办单位、负责人/电话
7	经纬商贸城市场	垦利镇中兴路	3600	零售	农贸市场	480	2005.10 天天	经纬商贸城市场 伍和云
8	兴安农副产品交易中心	永安镇政府驻地	50000	批发、零售	集贸市场	1920	2002.9.13 三、八	兴安农副产品交易中心 赵秀河13954666986
9	永安镇一村集贸市场	永安镇一村	10000	批发、零售	集贸市场	1	1999.6.15 一、六	一村村委会
10	永安镇下镇村集贸市场	永安镇下镇村	10000	批发、零售	集贸市场	0.5	1994.2.1 一、六	下镇村村委会
11	永安镇惠鲁村集贸市场	永安镇惠鲁村	10000	批发、零售	集贸市场	0.4	1995.2 四、九	惠鲁村村委会
12	永安镇永安集贸市场	永安镇永安村	40000	批发、零售	集贸市场	1	1983.1 五、十	永安镇永安村委会
13	西宋综合贸易市场	西宋乡政府驻地	25000	批发、零售	集贸市场	20	1984.1 四、九	周天奎 2321103
14	西张综合贸易市场	西宋乡西张村	10000	批发、零售	集贸市场	3	1994.8.24 一、六	曲金柱 13793996227
15	西宋乡大三河贸易市场	西宋乡大三河村	10000	批发、零售	集贸市场	1	1994.10.16 二、七	刘春华 13361501768
16	胜坨	胜坨镇驻地	18000	批零	集贸市场	420	1975.1.1 二、七	胜坨镇人民政府 马新起
17	宁海	宁海工作区	18000	批零	集贸市场	1	1974.1 五、十	胜坨镇人民政府 马新起
18	胜利	胜利工作区	12000	批零	集贸市场	75	1975.1 一、六	胜坨镇人民政府 马新起
19	后彩	胜利工作区	2000	批零	集贸市场	2.4	1995.8 四、九	胜坨镇人民政府 马新起
20	巴集	巴集村	4000	批零	集贸市场	1	1996.1 四、九	胜坨镇人民政府 马新起
21	尚庄	尚庄村	2300	批零	集贸市场	100	1998.1 五、十	胜坨镇人民政府 马新起
22	崔家	崔家村	1600	批零	集贸市场	6	1990.3 一、六	胜坨镇人民政府 马新起
23	郝家首集集贸市场	镇政府驻地	1500	批零	集贸市场	500	1990.12.1 二、七	郝家镇郝家村
24	董集集贸市场	乡政府驻地	1800	批零	集贸市场	300	1993.11.23 三、八	董集乡董集村

续表2

序号	市场名称	地 址	占地面积	交易方式	市场类型	投资额	开业/交易日期	市场开办单位、负责人/电话
25	郝家镇前缪村集贸市场	郝家镇前缪村	800	批零	集贸市场	100	1984.12.10 五、十	郝家镇前缪村
26	董集乡杨庙村集贸市场	董集乡杨庙村	600	批零	集贸市场	200	1989.9 四、九	董集乡杨庙村
27	董集乡大请户集贸市场	董集乡大请户村	1000	批零	集贸市场	300	1990.8 五、十	董集乡大请户村
28	黄河口镇新安集贸市场	黄河口镇政府驻地	3000	零售	集贸市场	428	1984.7.1 二、七	黄河口真政府驻地
29	建林集贸市场	黄河口镇护林社区	1500	零售	集贸市场	1	1983.5 三、八	黄河口镇护林社区
30	十三村集贸市场	黄河口镇十三村	700	零售	集贸市场		1992.10.5 五、十	黄河口镇十三村
31	四村集贸市场	黄河口镇四村	1960	零售	集贸市场	7	1998 四、九	唐玉莲 13645463011
32	保林农贸市场	黄河口镇于林村	1700	零售	集贸市场	20	1984 一、六	董培芝 2267189

注：共有集贸市场32家，其中天天农贸市场3家；综合类集贸市场29家

（仇理科　卜文华　高习原）

国土资源管理

【概况】　区国土资源局作为区政府职能部门，主要负责保护与合理利用全区土地、矿产等自然资源，规范国土资源管理秩序，优化国土资源配置，管理规范国土资源权属、地质环境保护及基础测绘工作，及时准确提供土地利用各种数据，依法征收资源收益等。下设办公室、规划与耕地保护股、土地利用管理股、地籍管理股、区测绘局5个行政股室，开发区分局、垦东分局、土地储备中心、土地评审交易中心、土地开发整理中心、不动产登记中心、地理信息中心、油区用地服务站8个事业单位，设立6个镇（街道）国土资源所。全局有编制103人，实有103人。其中行政人员26人，事业人员77人。8月11日，东营市垦利区国土资源局《垦利县智慧供地决策支持系统》项目，获山东省国土资源厅“十二五”信息化应用成果壹等奖。8月16日，东营市垦利区国土资源局被山东省国土资源厅定为“2016—2018年度依法行政工作联系点”。

【土地利用总体规划】　**土地利用总体规划编制及修改**　2016年，完成两个街道及五个镇土地利用总体规划调整修改工作。

土地规划数据库建设　开展土地利用总体规划数据库建设，编制规程和制图不断规范。

土地规划执行　年内，与区住建、交通、水利、旅游、环保等相关部门协调沟通，指导行业用地规划的编制，将保护耕地和节约集约用地要求落实体现到各专项规划中，切实提高土地利用总体规划的管控力、约束力。

【耕地保护】　**耕地保护**　2016年初，全区耕地面积4.32万公顷，年末耕地面积4.4万公顷，年度增加耕地996.78公顷，减少耕地157.66公顷，连续16年实现全区耕地稳中有增。

基本农田划定　2016年，开展中心城区及全域永久基本农田

划定工作。年底，全区基本农田34181.91公顷，基本农田保护率77.7%。

土地综合整治 立项土地开发整理项目2项，整理面积771.27公顷，可实现新增耕地28.15公顷。验收土地开发整理项目6项，整理面积2642.39公顷，实现新增耕地275.7公顷，建成高标准基本农田1698.07公顷。

【土地征收】 2016年，全区组织报批新增建设用地批次4个，面积63.79公顷，其中耕地28.57公顷；单独选址项目7个，面积107.97公顷，其中耕地18.52公顷；市批农用地转用手续7个，面积5.61公顷，其中耕地3.66公顷、县批未利用地使用手续7个，面积18.88公顷。所占耕地全部使用耕地储备库中的耕地指标进行补充。

【建设用地管理与土地市场】 年内，累计供应土地56宗，面积151.49公顷（其中划拨16宗，面积98.82公顷；挂牌出让35宗，面积39.39公顷，成交价款1.27亿元；协成出让5宗，面积13.28公顷）。储备城镇存量建设用地12宗，面积24.1公顷。

【地籍管理】 2016年，垦利区耕地后备资源调查评价成果通过省级验收，经全面调查评价，全区耕地后备资源面积9381.98万公顷（擦除湿地后），其中盐碱地8853.37公顷，其他草地462.62公顷，内陆滩涂65.99公顷；全区不稳定耕地491.91公顷。全区农村宅基地和集体建设用地使用权确权登记发证成果通过省级验收并实现集体土地所有权和使用权的信息化管理。

3月11日，市委常委、秘书长、市人大常委会副主任李金昆到垦利县国土资源局调研（王文元）

【不动产登记】 2016年，对不动产登记流程进行再造和完善，在全省率先完成海域的不动产权证书发放。加快不动产数据整合，完成房产部门的纸质档案和数据的验收整合入库。全年发放不动产权证明1407份，证书20390本。

【矿产资源管理】 *矿产资源开发秩序治理整顿* 年内，组织东营机场有限责任公司等11个建设项目的压覆重要矿产资源情况查询工作。

11月11日，国家土地督察济南局开展土地督察外业核查工作（杨茂峰）

安全生产 部署开展国土资源领域安全生产隐患大排查大整治行动。制定详细的工作方案，成立相应的工作机构，保障垦利区国土资源领域安全生产隐患大排查大整治工作的开展。

矿业市场管理 年内，征收矿产资源补偿费0.3万元。开展采矿人年检工作，年检合格率100%。全区有矿山企业1家，从业人员113人，年产开采量100万立方米，工业总产值120万元。8月26日，山东省黄河三角洲矿盐化工有限公司通过山东省公共交易中心以19203万元成交价成功挂牌竞得“山东省东营市垦利区兴隆地区岩盐矿普查”探矿权。

【地质灾害防治】 制定地质灾害防治方案，做好汛期地质灾害防治工作。采取多种形式宣传《地质灾害防治条例》《山东省地质环境保护条例》等法律法规，使人民群众了解地质灾害防治的基础知识，提高人民群众的遇险自救能力。

【测绘管理】 2016年，区国土资源局对全区所有测量标志进行全覆盖普查。以基础测绘与地理信息数据更新、智慧垦利时空信息云平台建设与应用、“多规合一”一张图工程、公共地图服务等为主要目标的《垦利区“十三五”基础测绘规划》顺利通过评审。

【执法监察】 **土地执法监察** 开展2015年度土地矿产卫片执法监督检查工作，对下发图斑中经核实的违法图斑已全部查处到位，通过省、市卫片执法检查组的验收。落实国家土地督察济南局例行督察发现问题和全天候遥感监测图斑的整改工作，完成各项整改任务。

矿产执法检查 2016年，联合区住房和城乡规划建设局成立检查小组，邀请地源热泵供暖技术方面的专家对全区29处地热供热项目（50口地热井）进行检查，并督导各地热开发利用企业安装了水气分离器和远程监测装置，基本建成覆盖全区的地热资源开发利用远程监测系统。

6月24日，庆“6.25”全国土地日“魅力国土，幸福垦利”晚会（王文远）

【宣传教育】 **土地宣传教育** 利用4·22“地球日”、6·25“土地日”、12·4“宪法日”等各种主题宣传日，通过悬挂横幅、电视台滚动字幕、广播专题报道、办公电话彩铃等多种形式，开展国土资源法律法规宣传活动，营造了全社会关注、支持国土资源工作的氛围。

矿产、测绘宣传教育 开展5·12“防灾减灾日”、8·29“测绘法宣传日”宣传教育活动。

【智慧城市建设】 2016年，省国土资源厅对“十二五”期间全省国土资源信息化应用成果进行评选，垦利区“智慧供地决策支持系统”获山东省国土资源“十二五”信息化应用成果一等奖；“数字垦利地理空间框架建设”获山东省国土资源“十二五”信息化应用成果二等奖。“数字垦利地理空间框架建设与应用”在全省评比中连续三年获五星级。

（燕静静）

物价管理

【市场物价】 2016年受天气和节日等因素的影响，垦利区各类商品市场价格均出现不同程度波动。

猪肉价格先涨后降 1月份农贸市场五花肉零售价为13.5元/斤，到6月份上涨至15元/斤，7月份后回落，11月份降至13元/斤，到12月底稳定在13.5元/斤。

鸡蛋价格波动明显 从监测数据看，鸡蛋价格波动最大，尤其受节日因素的影响最为明显。春节前鸡蛋价格为5.2元/斤，春节过后下降至3.7元/斤，降幅达28%；随着中秋节来临，鸡蛋价格再次上涨，由8月底的3.4元/斤上涨至4.8元/斤，涨幅高达41%。中秋过后，价格再次回落至3.8元/斤，到12月份，价格为3.8元/斤。

粮食价格涨跌不一 监测数据显示，前三季度小麦价格呈波浪形走势，1～6月份价格由1.13元/斤上涨到1.16元/斤，到7月份随着新麦上市价格回落到1.13元/斤，8月份开始国家启动收储政策，价格逐步回涨到1.17元/斤，到年底价格涨至1.27元/斤，环比上涨8.55%，比上年上涨13.39%。

玉米价格先降后涨 由1月份的0.9元/斤回落到9月底的0.78元/斤，又回涨至年底的0.84元/斤，环比上涨6.33%，比上年上涨1.2%。

食用油价格平稳运行 其中金龙鱼大豆油45元/5升、鲁花牌一级压榨花生油149.9元/5升。

蔬菜价格大幅波动 一季度受春节及气候因素的影响，蔬菜价格持续高位运行，尤其是3月份南方出现寒潮天气，蔬菜大幅减产，北方市场供应量不足，部分蔬菜价格创全年新高。其中，青辣椒、西红柿、土豆、黄瓜和茄子价格分别为6.3元/斤、5.2元/斤、1.7元/斤、3.5元/斤和5.8元/斤，到6月份受本地菜上市的影响，价格回落到1.3元/斤、1.5元/斤、1.5元/斤、1.2元/斤和1.5元/斤，降幅达79%、71%、11%、65%和74%。

7月份开始，蔬菜价格再次开始缓慢上升。同样还是以上五种蔬菜为例，12月底价格分别为4.5元/斤、4.6元/斤、2.9元/斤、4元/斤和5.5元/斤，相比6月份涨幅分别为246.15%、206.67%、93.33%、233.33%和266.67%。

【价格监测】 坚持每日采价，及时向省、市局及区委、区政府报告粮油、米面、肉蛋食品价格变化以及农业生产资料价格变动、城市居民服务价格变动情况。2016年完成棉花、玉米、小麦和粮油4个专项调研，全年上报报表710余份，为各级领导掌握价格动态提供第一手资料。做好“晒价格”工作。先后在区电视台、区政府网站、市民活动广场电子屏开辟价格信息公开栏目，为群众了解价格变动提供平台。

【价格收费管理】 全区行政事业性收费单位收费情况网上审核2016年5月底，完成对各行政事业性收费单位收费信息的网上审核，审核80个收费单位，注销收费单位7个，未发现违规收费问题。

居民用水阶梯价格改革 7月15日召开阶梯水价改革听证会，确定居民生活用水调整方案。12月1日，调整全区城市供水价格，建立并实施居民生活用水阶梯价格制度。

医药卫生体制改革 对2014年11月实行的新的医疗服务价格改革情况进行调研跟进，确保医疗服务改革的推进。5月，赴青岛、临沂学习考察医疗服务价格改革的经验做法，为医疗服务价格改革做好准备工作。

物业收费管理 针对居民反映强烈的物业收费问题，对全区11家物业公司建立台账，实行分类管理。除日常做好跟踪检查外，重点加强对物业公司收费项目公示制，让居民明明白白交费，减少社会矛盾。

【价格服务】 2016年，垦利区价格认证中心被评为全国价格认定工作法治建设年先进单位和价格认定信息宣传突出单位。

涉案物品价格鉴证 2016年，为公安系统办理刑事案件价格认定58件，标的额85.60万元。

交通事故车物定损 2016年，办理交通事故车物定损245件，标的总金额320万元，为公安交警部门有效处理交通事故提供依据。

涉税财物价格认定 创新开展涉税财务价值认定工作，得到省市物价局的好评。全年办理涉税价格认定7件，认定标的额1100余万元，实现增收税款50余万元，有效地避免税源流失，堵塞纳税漏洞，维护纳税人的合法权益。

公车拍卖审核认证 全年审核认证公车160余辆，标的额240余万元。

【监督检查】 **各种专项监督检查** 开展涉农价格和收费检查、涉企收费、药品价格、节日市场检查、旅游市场价格收费等范围、层次不同的专项检查。维护全区收费秩序和发展环境。

市场价格监管 加强对垦利信誉楼、垦利银座超市等大型零售企业商品明码标价的管理。

节日市场价格监管 制定《东营市垦利区物价办2016年节日期间整顿和规范市场经济秩序工作实施方案》，开展节日市场价格专项检查，加强对“五一”“中秋”“十一”期间市场价格的监管，并及时上报有关情况。尤其在中秋、国庆期间，向市场零售企业、旅游景点、客运单位、通信行业、农贸市场经营者以及其他服务性行业发放《东营市垦利区物价办关于规范五一、国庆期间市场价格行为的提醒告诫函》，以进一步规范全区市场价格秩序，保持节日市场价格基本稳定。

价格举报 对群众反映的物业管理收费、交通事故施救费等群众举报、网上民生、县长公开热线等进行调查处理。受理每一件群众的投诉、举报和咨询，保证举报案件得到落实和查处，并将处理情况反馈给举报投诉人。全年受理各类价格举报、咨询120件，其中网上民声78件、来电举报30件、12358举报平台12件，回复率100%。

【成本调查】 开展农产品成本调查工作，向农调户提供种、养、加等方面的信息，引导农民调整产业结构。搜集国内、国际农产品供求信息，及时传递给农调户。

完成小麦、玉米、棉花、粳稻等常规报表的年报工作；完成生猪年报、月报工作；完成存售粮、生产资料购买等专项调查工作。

【成本监审】 完成山东天龙环保科技公司垦利分公司垃圾处理费成本监审工作；完成城市供水阶梯水价成本监审工作。

（周雅慧）

质量技术监督

【概况】 东营市垦利区质量技术监督局是区政府统一管理全区质量、计量、标准化、认证认可和特种设备安全监管工作的职能部门，肩负综合管理、行政执法和检验检测三大职能。局机关内设办公室、质量管理股、特种设备安全监察股3个科室，有稽查队、计量所2个直属事业单位。实验室面积600余平方米，建立区级社会公用计量标准18项、检验检测标准4项、特种设备校验标准1项。标准技术情报查询实现全省联网，共享标准资源4万余项。

【质量强区工作】 制定《垦利区实施质量强区战略2016年工作要点》，并按照区直单位和镇（街）分类，分别制定考核细则。11月，牵头迎接市政府对垦利区2015～2016年度政府质量工作的考核，综合评定位列全市第一。垦利区作为全市唯一实地核查点迎接省政府对东营市的质量工作考核。

省政府考核组到企业调研质量工作

【计量监督管理】 按照周期检定计划检定强检计量器具16000余台件。开展强检计量器具普查建档工作，编制《垦利区计量器具档案》，建立115家地衡使用单位和31家加油站的信息管理台账，实行动态化管理。开展计量知识进社区、进企业、进学校等活动，先后发放计量宣传2000余份，为群众免费检定计量器具50余台，为群众提供计量咨询和帮助30余个。在全区5家集贸市场开展"诚信计量进市场"宣传服务暨计量监督检查活动，累计免费检定计量器具786台，发现作弊秤30余台。组织对全区大型粮油、金银饰品、快递邮政等在用计量器具进行检查，保障群众切身利益。对辖区内7家重点用能企业进行能源计量审查和监督检查工作，努力实现重点用能企业能源计量器具配备率、建档率、检定率和能源计量管理人员持证上岗率100%的目标。

【名牌和标准化工作】 推进品牌和标准化建设，开展标准化工作大调研活动，宣传推介企业产品执行标准自我声明公开制度，全区有77家企业的277项标准在公开系统中进行公示。帮助垦利区2家企业通过AAA级标准化良好行为复审。指导2家企业主导起草的3项国家标准和2家企业参与制定的2项行业标准发布实施。自2016年1月1日起，不再向机关、事业单位、社会团体及其他依法成立的机构发放和更换组织机构代码证书。

计量器具检定

【特种设备安全监察】 推行"2+7"工作方法，重点夯实设备信息建档和作业人员信息管理"两个基础"，并将数据及时录入新开发的"垦利区特种设备管理系统"，实现企业的在线查询功能，为企业提供人员和设备的动态管理平台，方便企业的日常管理；在实施监管过程中把好特种设备准入、日常巡查、设备定检、隐患整改、宣传教育、应急救援和充装年审"七个关口"，抓住安全监管工作的重点环节。探索实施科级干部包镇带队检查特种设备安全工作制度，要求各科级干部在开展分管领域业务工作中，及时发现特种设备安全隐患，进一步扩大监管面，提升监管工作有效性。建立到期设备"一信一谈两跟进"制度，以发

特种设备安全现场检查

送挂号信、约谈负责人、跟进服务和跟进执法的形式确保全区特种设备定检率保持在98%以上。全年累计出动执法检查人员356人次，检查特种设备生产、使用单位116家，检查特种设备1800多台，发现安全隐患和问题416条，下达《特种设备安全监察指令书》125份，立案9起，全部责令企业限期整改到位，杜绝特种设备带病运行。

【产品质量监督】 制定获证企业年度监督巡查计划，先后开展巡查活动52次，研究制定全区工业产品检查抽查计划，共抽检产品22家企业29个产品，抽检合格率100%。先后开展农资、建材、配电设备等专项整治，重点开展成品油生产领域专项整治，与相关部门联合检查涉油企业40余家，配合取缔非法加油点17家。配合省局专家对2家炼化企业进行专项检查。对溶剂油、轻烃站、炼化企业开展监督抽检，共抽检12批次。

（李学孟）

安全生产监督管理

【概况】 2016年，县安监局被命名为2015年度县级文明单位；垦利县人民政府被东营市安全生产委员会表彰为安全生产目标管理先进单位，县安监局被表彰为安全生产基层基础工作先进单位、2016年“安全生产月”活动优秀组织单位。

“智慧安监”平台企业信息录入

【责任体系落实】 **政府、部门安全生产责任落实** （一）区委、区政府把安全生产工作列入区委常委会议、区政府常务会议和区长办公会议议题，定期召开会议进行安排部署；适时调整区安全生产委员会和19个专业委员会，定期召开会议部署安全生产工作，及时协调、解决安全生产工作中的问题。（二）健全完善各级安全生产责任体制，层层签订安全生产目标责任书，将安全生产目标责任逐级分解落实到镇街、部门、村居以及企业、班组、岗位。年初，区政府与各镇街和21个部门签订责任书，与21个部门签订承诺书，全区各级各部门签订各类安全生产目标责任书1300余份。（三）严格政府督查责任和领导干部检查责任。包镇（街）督导组定期到镇（街）督导检查，区委、区政府督查局和安委会办公室及时进行检查、督导，确保各项安全生产重点工作的贯彻落实。严格《区级领导干部联系化工企业制度》《领导干部检查安全生产存档制度》，区级领导干部每两个月1次、镇（街道）领导干部每月2次、重大节日或重要时期实行包靠的办法，确保政府监管责任的落实。（四）加大政府安全生产投入。投入2.5亿元，实施交通安全设施提升、企业退城入园、农村公路安全生命防护等16项公共安全工程；设立2000多万元的政府专项安全资金，用于全区道路交通安全设施的维护和重大安全隐患整改、安全生产技术改造、应急救援、宣传教育、执法装备购置、政府购买安全生产服务的支出，保障安全生产工作开展。

企业安全生产主体责任落实 （一）督促生产经营单位健全以主要负责人为核心的安全生产责任制和企业内部网络化管控体系，确保企业在安全生产工作中做到“五落实五到位”。（二）组织危化品、烟花爆竹、非煤矿山、冶金机械、交通运输、建筑

危险化学品事故应急救援演练现场

施工等领域138家企业完成标准化建设，组织46家化工企业对生产、储存、使用装置进行本质安全状况评估，提高企业安全生产管理水平。（三）督促生产经营单位开展隐患自查自纠10000余项，落实整改资金3000余万元；在全区74家危化品企业中实行外聘专家查隐患制度，聘请专家480人次，查处各类安全隐患2700处。（四）督促全区生产经营单位完成各项应急救援预案演练400余次，提高应急处置能力。（五）督促危险化学品、非煤矿山、烟花爆竹、冶金有色、建筑施工、危险品运输等行业企业落实安全生产费用提取使用、安全责任险和全员安全风险保证金制度，确保企业各项安全措施的落实。

【监管机制体制】 **安全生产制度机制建设** 制定出台《安全生产约谈制度》《生产经营单位安全生产不良记录“黑名单”管理暂行办法》《安全生产“一票否决”办法》等16项安全生产制度，完善联合执法、安全专家服务、驻企监督员、安全生产协管员、“四不两直”明察暗访等工作制度和措施。

安全生产基层监管服务体系 （一）强化安全生产监管队伍建设，各镇（街道）、办事处配备充实5～10人的专职执法监管队伍，取得相应的执法资格，并通过采取委托国内知名高校进行培训、聘请专家授课等方式，强化安监干部队伍业务、理论能力的提升，确保安全生产执法工作。（二）完善“网格化”实名制监管体系，落实网格化实名制人员“五到、五查、五问、一帮”责任，在全区558家企业、342个村（居）实施政府工作人员实名制联系制度，实现安全监管全覆盖、无缝隙。（三）落实专家查隐患工作制度，修订安全生产专家组管理办法，建立73人的安全生产专家队伍，组织各镇（街道）、办事处和区直各部门单位每季度聘请一次专家参与执法检查或者查隐患活动，全年聘请专家参与执法检查和对企业进行会诊，排查各类隐患3900余项。（四）实施重大隐患挂牌督办制度，对24处重大隐患实施挂牌督办，促进重大隐患的整改。（五）强化安全生产信息化建设，以“互联网+”智慧安监为抓手，将361家企业和74处重大

4月7日，黄河口论坛（曹国龙）

危险源录入数字化安全生产监管平台，实现安全执法监管工作的信息化。

【重点行业领域安全整治和隐患排查治理】 2016年，主要开展安全生产隐患“大快严”集中行动。（一）组织对所有生产经营单位进行摸排，建立13222家生产经营单位的信息数据库，并按照网格化实名制的要求，全部落实到镇街、部门进行监管。（二）组织各级各部门按照“一镇街一册”“一行业一册”逐一对照检查。至年底，检查企业1353家次，查改隐患4631项；检查事业单位77家次，查改隐患248项；检查个体经济组织11486家次，查改隐患5427项；立案49起，停业整顿、停止建设、停止施工41家次，经济处罚175.1万元。（三）开展“两个体系”建设，组织排查城乡公共领域风险源227项，企业风险点870处，有限空间数量3918个。对排查出的风险源、风险点、有限空间，逐一登记建册，进行分级，建立风险管控档案，逐一落实管控责任。（四）开展安全生产隐患大排查大整治和冬季大检查活动。印发《关于印发〈全区安全生产隐患大排查大整治活动实施方案〉的通知》《关于开展全区冬季安全生产大检查切实加强岁末年初安全生产工作的通知》，以“全覆盖、零容忍、严执法、重实效”为总体要求，结合冬季和岁末年初安全生产特点，坚持问题导向，组织开展安全生产大检查，严格安全生产监管执法，强化重点行业领域专项整治。

【“打非治违”】 印发《垦利区深入开展打非治违专项行动实施方案》，组织各级各部门强化安全生产“打非治违”。组织对全区辖区内非法违法行为进行调查摸底，做到镇不漏村、村不漏户，特别是对非法违法问题突出的成品油、液化气非法经营问题等，组织有关部门和镇街联合执法进行重点打击，采取停水、停电等联动措施，对个别非法业户实施司法处置，确保打非治违效果。全年查封、关闭和取缔非法违法生产经营窝点263处，实行治安拘留26人次。加大对违规建设项目处置力度，对27处安全生产领域违规建设项目逐一进行现场核查，对每个项目提出具体的整治措施，并逐一责任到单位、到人，有25个项目处置完成，2个项目在处置中。

安全生产宣传（曹国龙）

【执法监察】 （一）科学编制年度执法计划。结合执法人员、执法装备及垦利区安全生产监管实际，科学制定《2016年度执法监察工作计划》，将99家重点监管的危险化学品、烟花爆竹经营、冶金、粉尘爆炸、涉氨企业纳入年度检查计划中，并督促各镇街及时制订年度执法监察计划。（二）开展安全生产执法检查。按照年度执法计划，加大对重点行业领域的检查力度，检查内容突出对企业主体责任落实情况的检查，开展企业主体责任专项检查、大快严集中行动、打击成品油市场不安全行为专项整治行动三个专项检查。建立“专家查隐患、部门搞督导、企业抓落实”机制，逐步提高安全监管的权威性、专业性和实效性。2016年，区安全生产监察大队检查企业240家次，查处隐患932项，查处违法行为14起。2016年12月，开展对非煤矿山、化工和危险化学品、烟花爆竹、冶金工贸等行业领域的安全生产大检查。（三）做好节日期间和重点时期的安全生产工作。根据上级部署开展的春节、元宵节群众文艺会演及“两会”“五一”劳动节、端午节等重大活动及节日期间的安排，做好应急值守和安全保卫工作，组织专家对重点领域行业进行诊断式检查，确保节日及会议活动期间的安全生产平稳运行。（四）下放行政处罚权限。上半年，通过与区法制办沟通，安监局与7个镇、街道、办事处重新签订安全生产行政执法授权委托书，将安全生产处罚权限全部下放给镇街。（五）做好应急管理工作。监督企业完善应急预案，开展应急预案评审，完成预案备案51家。强化突发事件应急预警工作，发布各类预警20余次，降低突发事件发生的概率。

【宣传教育培训】 （一）开展各类安全生产教育培训19期，涉及企业主体责任落实、职业卫生、村居协管员、烟花爆竹、平台推广等方面，培训3260多人次。（二）在区电视台开设“安全生产垦利行”专栏，播放集中行动成果，播出12期；在广播电视台设“安监之声”，每天定时播出集中行动开展情况；围绕集中行动涌现出的先进经验和典型，在《东营新闻》播放5期。（三）组织第十五个“安全生产月”活动。在安全生产月期间，组织开展文艺会演、安全生产网络知识大赛、安全征文活动、安全生产法律法规电视知识竞赛、安全演讲比赛、“安全生产垦利行”主题宣传、滨源化工“8·31”重大爆炸事故警示教育等宣教活动，编印发放《安全在我心中》《有限空间安全作业五条规定》等各类安全知识手册9000份，提高全民安全意识。

（庞瑞香　谭玉萍）

审　计

【财政预算执行审计】 组织3个审计组，重点关注政府财政资金的使用绩效，关注财政资金的存量和增量，分别对区财政局、区文广新局、区发改局、区教育局等部门单位2015年度预算执行和其他财政收支情况进行审计，查出违规违纪和管理不规范问题金额2.27亿元，推动了财政专项资金的整合高效使用。

【经济责任审计】 2016年下半年，提请区政府调整充实全区经济责任审计领导小组；全年接到30名领导干部离任审计任务，其中，市审计局安排3名县处级领导干部离任审计；市局授权5个乡镇党委书记、区委组织部委托18个区直部门领导干部和4名镇长的离任审计，完成10个。查出违规和管理不规范问题金额2.1亿元。

【村级审计】 一是2016年上半年，对全区农村干部经责审计工作开展情况进行调研并形成专题调研报告，得到区委、区政府主要领导的批示。拟定《垦利区农村干部任中经济责任审计工作方案》，于8月对农村干部履职尽责情况进行任中经济责任审计；二是9月，制定《垦利区村级审计督查工作实施方案》，从审计对象、审计方式、审计督查内容、审计程序、审计实施步骤和工作要求做出变动；三是编制《垦利区村级审计督查工作指南》《村级审计督查工作流程》，按照新要求进行培训，采

8月23日，镇街党委书记离任审计进点会

取直审组和第三方审计两种模式开展审计督查。全年完成50个村的村级审计督查工作。

【政府投资审计】 提请区政府研究出台《垦利区政府投资项目审计办法（试行）》。在借鉴外地经验的基础上，结合自身实际，开发政府投资审计管理信息系统，实现对全区政府投资工作动态化、信息化的审计监督。对重点工程实行全过程跟踪审计，安排实施22个政府投资跟踪审计项目和255项结算审计，送审值9.22亿元，审定值8.06亿元，审减1.16亿元，审减率14.39%；开展投资项目结算审计复核和项目决算财务审计，2016年完成25项政府投资建设项目财务决算审计。

【专项资金审计】 2016年，开展社会救助政策措施落实情况跟踪审计、以创新支撑引领经济结构优化升级跟踪审计、推进科技服务业发展政策落实情况跟踪审计、2016年精准扶贫政策落实情况跟踪审计、城市地下管线基础设施建设跟踪审计、2016年引导农村产权流转交易市场健康发展政策落实情况跟踪审计等方面的审计。根据审计情况提出合理建议12条，促进了政策的落实。对全区7个镇（街）卫生院2014和2015年财务情况进行专项审计调查。发现共性问题13个，个性问题11个，将问题反馈至区主管部门促进了各镇街卫生院的财务规范；二是对区教育局、区人社局开展信息系统专项审计调查，审计其信息系统基本情况、信息系统功能实现和应用效果；三是完成区东兴污水处理厂、区自来水公司资产负债损益情况审计，规范区自来水公司预收水费、代收污水处理费工作；四是完成区旅游发展公司、区经协总公司资产负债情况审计，查明企业的资产负债情况，为相关部门决策提供依据。正在进行蓝天供热有限公司2015～2016供暖季经营情况审计和2016年财政收入情况审计调查；五是完成区河务局黄河防洪迁占工程资金使用情况专项审计，延伸至垦利街道、胜坨、董集3个镇街并对专项资金拨付情况入村到户情况进行抽查核实；六是完成全区国有及国有资本控股企业经营现状情况调查；七是配合省厅开展2015年度地税审计和单位职工购建住房审计；八是配合市局进行普通中小学大班额问题专项审计调查；九是参加全省组织的社保基金审计。

（魏莎莎）

10月9日，中小学大班额审计进点会

统　计

【概况】 垦利区统计局内设办公室、业务股、统计执法检查室三个行政股室，下属事业单位垦利区统计调查大队（正科级），内设企业调查股、城乡调查股、服务业统计股和普查办公室四个股室。全局在岗干部职工35人，其中，副处级干部1人，科级干部10人，股级干部6人。在岗职工全部具有大学以上学历，具有高级职称2人，中级职称7人。全区7个镇（街道）全部建立统计站，并全部通过“五星级统计站”和“文明统计站”验收，统计站配备统计人员35名。2016年，区统计局被授予“全省统计宣传工作先进单位”“省1%人口抽样调查先进集体”、市级“职工书屋”“全县创建省级文明县、国家园林县城、国家卫生县城复审工作先进单位”“书香机关”等称号。

【统计调查】 （一）强化统计监测，全面、客观、准确反映全区经济社会发展成果。严守各项报表制度，实时监控、准确把握，高质量完成工业、农业、投资、贸易等30余个专业的202套统计报表工作，直报率100%。（二）做好第三次农业普查工作。发挥牵头抓总作用，多次召开三农普工作调度会议，定期对各部门单位、镇街工作进展情况进行督导。按照国家、省、市要求，完成各阶段准备工作，全区聘用农普专职工作人员62人，普查员、普查指导员1162人。以承办全市三农普试点培训会议为契机，对全区农普办工作人员及普查员、普查指导员进行全面培训。创新宣传形式，制作农业普查宣传片《农业普查咱家的事儿》，制作VR全景漫游《基层农普正当时》，在全市统计系统内首次利用VR全景漫游技术对农业普查进行展示，达到“声、光、影”统一的宣传效果。以12月“农业普查宣传月活动”为契机，与市统计局、东营日报社、市作协联合举办“垄上行农普情”征文活动，并在永安镇举行采风活动启动仪式，邀请市作协部分作家及文学爱好者到垦利就农业普查工作进行采风。（三）试点改革工作。完成编制自然资源资产负债表省级试点工作，为全省推广编制自然资源资产负债表提供借鉴。完成全省1%人口抽样调查工作。制定调查方案，

8月29日，东营市第三次农业普查综合试点培训会议在垦利区召开

严控评估数据质量，完成15个省样本小区、1个国家样本小区，共计1021户家庭、2605人的入户调查工作。做好“五证合一、一证一码”登记制度改革工作。组织人员到日照就“五证合一、一证一码”工作进行学习交流，积累经验。做好固定资产投资统计改革等工作。摸排有投资支出的企业和部门，加强新旧统计方法投资数据的分析比对，确保新制度数据真实反映实际。做好GDP及有关行业增加值统一核算、能源统计改革、服务业统计改革、“三新”统计等工作。

【基层基础】 （一）实施“三步工作法”，实时监控数据质量。通过报表前抓调研、报表中抓审核、报表后抓分析的“三步工作法”，以提高数据质量为核心，严抓报表质量。做好深度分

区统计局组织开展岗位练兵比武

析、专题分析、跟踪分析，将情况及时通报分管区领导及行业主管部门、镇街党政主要领导，地促进统计工作开展。（二）规范化建设。以规范化统计站建设为基础，推进统计工作向企业、向部门、向村居辐射延伸。全区7个镇（街）统计站中有6个通过“五星级统计站”验收，1个通过“示范统计站”验收，全部被评为“文明统计站”。全区“五星级企业”93家。部门联席会议制度进一步巩固，实现部门间资源共享互补，改变了“数出多门”现象，提高了统计公信力、权威性。（三）统计法治建设换挡提速。把统计法治宣传工作当作法治建设的突破点，组织干部职工参加区人大组织的“宪法在我心中”演讲比赛等活动，在全局范围内掀起学习《中华人民共和国宪法》的热潮。组织全区《中华人民共和国统计法》知识竞赛和《中华人民共和国统计法》应知应会知识考试，印发《统计法规汇编》500余册，营造全社会优统、爱统、护统氛围。

【统计服务】 （一）服务产品。及时发布统计年鉴、月报、公报、快报、专报等统计产品。开通“垦利统计”微信服务平台，构建文字、表格、图形、视频等多样化的简洁易懂的统计产品。（二）强化分析，精准服务。加大各项年度考核指标分析性研究，发挥参谋助手职能作用，共组织撰写统计分析60余篇，其中5篇被区领导签批，在市局网站发表信息400余篇。2016年，在区委、区政府政务信息排名中均位列区直部门单位第三。对各项年度考核指标进行分析研究，发挥参谋职能。

（王　栋）

·垦利城市建设开发投资有限公司·

市长赵豪志调研垦利区胜兴商务广场项目

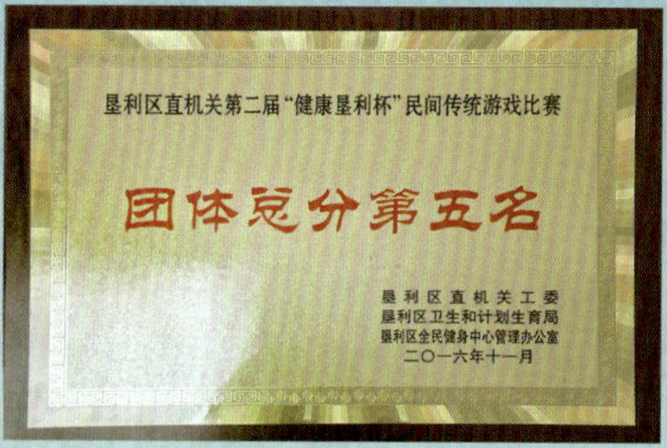

垦利城市建设开发投资有限公司成立于2010年9月，由法人股东垦利区城市资产运营有限公司和法人股东垦利区民丰湖开发建设管理办公室共同出资成立，注册资本3亿元。公司下设综合部、规划建设部、管理部、质检部、财务部5个部室及方正测绘服务中心、正和规划技术服务有限公司、正泰地产测绘评估有限责任公司、东营致诚招标代理公司及东营城投物业管理公司5个分公司，有干部职工80余人。主要承担城市重点项目投资建设、代建城市公益性项目、对政府储备土地进行一级整理开发、房地产开发、工程测量、公共资源服务、招标代理、物业管理、地籍及房产测绘等。

公司成立后，按照区委、区政府安排部署，围绕服务全区经济社会发展这一主线，聚焦拓展公司业务与增加公司收益两大主题，发挥公司开发建设、融资平台、国有资产保值增值三大职能，实力显著增强，影响力不断提升。公司累计完成棚户区及城中村改造安置房、棚户区改造区块内既有建筑节能改造及市政道路工程建设投资20余亿元，累计上缴税款2亿余元，融资30亿余元，公司资产32亿元。

棚户区改造安置房通过“市级安全文明工地”“优质主体工程”“质量诚信、用户满意”示范工程验收，部分区块楼房获东营市建设工程质量“金洲杯”奖。2011年配合市建委迎接国家住建部对垦利区保障房工程的检查，为山东省安置房建设赢得了荣誉。先后获山东省保障性安居工程建设劳动竞赛“先进单位”、垦利县“杰出贡献企业”等荣誉称号，在社会上树立了良好的企业形象。

区委书记刘斯杰、区长马保文到全面健身中心以东地块进行调研

县委常委、常务副县长付兆钦调研胜兴商务中心建设项目

副县长苟宏水调研棚户区改造合力区块

机关工委组织观摩团到城投公司观摩党建工作

·山东省垦利第一中学·

教师节慰问

名师工作室

教师业务考试

山东省垦利第一中学始建于 1958 年，是山东省规范化学校、北京师范大学基础教育实验学校、东营市重点中学。现有 76 个教学班，在校生 3858 人；在职教职工 354 人，专任教师 316 人，正高级教师 1 人，高级教师 96 人，中级教师 134 人，市级以上骨干教师 63 人。

2016 年，学校以教育教学为中心，坚持向教学改革要效率，向机制创新要活力，向专业成长要幸福，不懈努力，取得骄人的成绩。在学科德育优秀课例展评活动中，23 人次在省市比赛中获奖；在市“一师一优课”评选中，有 48 人获奖；在市优秀课程资源评选中，有 19 名教师获奖；国家级课题结题 2 个，省级课题结题 4 个。高考成绩再创辉煌：1 名同学考取清华大学，68 人考取“985”“211”院校，本科一批录取 301 人，本科二批以上录取 860 人。学校荣获东营市“文明单位”“中华优秀传统文化教育研究先进示范学校”等称号。

做四有教师

地理德育课

法制教育

成人仪式

运动会

开学典礼

·山东省垦利实验中学·

校级课题立项评审

黄河岸边感受菜花之美

山东省垦利实验中学位于垦利经济开发区腹地，占地面积 182 亩，现有 72 个教学班，学生 3600 余人。教职工 326 人，其中正高级教师 1 人，高级教师 58 人，中学一级教师 142 人。承担省、市级立项课题 17 个，获市级以上科研成果 35 项，教师论文、课件等获市级以上奖励近 300 项。

学校布局合理，功能齐全，设备先进，分为教学区、运动区和生活区。教学区所有教室、实验室、多媒体网络计算机室、电子阅览室、电脑、生化、音乐等功能室均按省一级学校要求实行标配，图书馆、阅览室集为一体，图书馆藏书 6 万册，阅览室订阅报刊杂志达 400 多类；运动区有标准的足球场、400 米环形塑胶跑道、室内体育馆、篮球场、羽毛球场、乒乓球场；生活区由学生宿舍、餐厅组成，卫生整洁，井然有序。

学校先后被评为“全国青少年足球学校”“省级优秀家长学校”“市级双文明单位”“市素质教育示范学校”“东营市中学生跨世纪实践技能大赛优秀活动单位”“东营市中学生社会实践教育活动先进单位”“东营市五四红旗团委”“东营市体育传统项目学校”“东营市十佳学校”；东营市“师德建设示范学校”等荣誉称号。

消防安全实战培训

足球教学

欣赏垦利街道黄河口生态园春色

水墨画兴趣小组活动

体育兴趣小组训练

太极拳展演

·东营市垦利区人民医院·

省监督执法领导专家莅临医院指导工作

工作会议

东营市垦利区人民医院始建于1962年10月，经过五十多年的发展建设，现已成为集医疗、教学、科研、预防、保健、康复为一体的二级甲等综合性医院。医院占地面积48亩，业务用房面积3万余平方米，编制床位500张。共设置临床科室25个，医技科室12个，行管后勤科室16个。在职职工582人，其中在编人员323人，非在编人员259人；高级职称38人，中级职称208人。现固定资产总值2亿元，拥有1.5T核磁共振、64排128层螺旋CT、全自动生化分析仪等万元以上的大型医疗设备330余台件。2016年度，医院业务总收入1.44亿元，门急诊量332574人次，住院17976人次。

2012年，医院被确立为全国首批311所县级公立医院改革试点医院之一；2013年，被国家卫生计生委授予“基层医院慢性疾病管理标准宣贯基地”称号；2015年，医院被确定为全国500家县级公立医院改革重点扶持医院，在全省县级公立医院改革考核评比中取得全省第九名的成绩；2015年，顺利通过全国“爱婴医院”复审；2015年5月，医院成为医疗机构消毒与感染控制国家级监测点；2015年11月，被确定为全国早期胃癌筛查项目单位，2016年6月，医院被中国卒中学会、中国卒中中心联盟办公室授予“卒中中心”，标志着医院在卒中防治方面达到国家标准要求；2016年12月，顺利通过二级甲等医院的考核复审。

医院确立了“医精德诚、求实创新”的医院精神和“和谐医院、健康家园”的服务品牌，内强素质，外树形象。每年选派多名业务骨干外出培训学习；与北京阜外医院、中国中医科学院西苑医院、山东大学齐鲁医院、山东大学第二医院、济南中心医院、滨州医学院附属医院、胜利油田中心医院等三级医院建立业务协作关系，专家教授定期来院坐诊授课，指导手术。医院确立了妇产科、疼痛科、康复科、中医科、神经内科、心血管内科等专业为重点专科，业务技术水平得到快速提高，2016年7月，中医科被东营市卫计委确定为东营市“十三五”中医药重点专科建设单位。医院为滨州医学院、滨州职业学院教学医院。近年来，荣获全省卫生系统贫困白内障患者复明项目示范单位、全省定点医疗机构先进单位、全省惠民医疗先进单位、全省县级医院经济管理先进单位、山东省诚信计量示范单位、首批省级无烟医疗卫生单位、全市卫生系统先进集体、全市医德医风示范医院、全市卫生系统诚信建设先进单位、全市医疗保险定点医疗机构信用等级A级单位等多项荣誉称号。

义诊活动

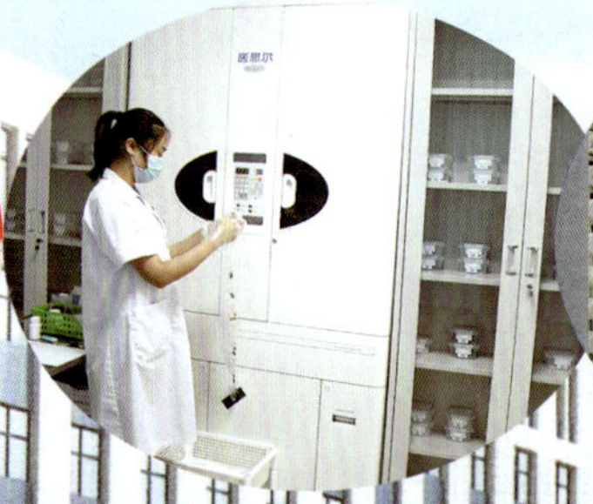
医院引进了日本进口“医思尔”全自动片剂分包机

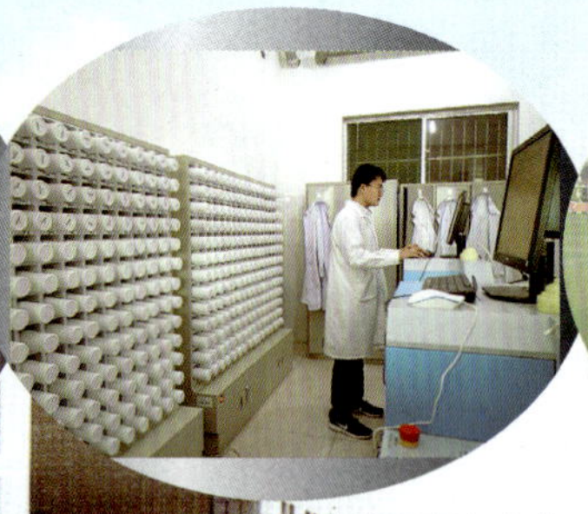
斥资98万余元引进了两台中药配方颗粒自动调剂系统

庆“五·一”拓展训练

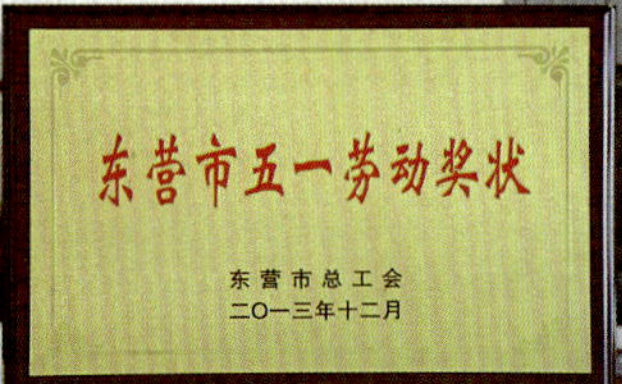

·垦利蓝湖度假区开发建设管理办公室·

垦利蓝湖度假区开发建设管理办公室（垦利区水稻示范农场），组建成立于2011年3月，为区政府直属正科级事业单位，核定编制19人，现有人员14人，科级班子成员3人。内设综合管理部、规划建设部和生态农业发展服务中心三个股级部室。主要职能是负责区域内规划建设、旅游开发、管理服务及水稻示范农场遗留问题处理。

近年来，蓝湖办在区委、区政府坚强领导下，以“生态蓝湖、产品蓝湖、旅游蓝湖”为目标，按照服务发展稳定的工作思路，抓产品、带产业，抓质量、强品牌，逐步转变家庭化、小规模、粗放式传统大闸蟹养殖经营模式，突破多年来规格小、产量低的瓶颈。通过公司化经营、规模化运作、精细化管理，推进三产融合发展，加快了产业转型升级。依托东营恒盛农业科技有限公司、黄河口大闸蟹公司，先后投资2600余万元，高标准开发养殖池塘3000亩。通过产学研结合，产品质量追溯体系建设，实现大闸蟹提规格、上产量、保质量、增效益。并以此为示范引领，带动辖区周边3万亩大闸蟹产业提档升级。黄河口大闸蟹获得国家地理标志，并入选2016年中国最具影响力的水产品区域公共品牌，真正实现产业发展、群众受益、社会稳定的良好局面。

省委原副书记、省委农村工作领导小组副组长王军民到蓝湖大闸蟹基地调研

省海洋与渔业厅厅长王守信到蓝湖大闸蟹养殖示范基地调研

省供销社副主任张传会到蓝湖大闸蟹养殖基地调研

黄河口大闸蟹示范基地

路域林带郁郁葱葱

莲藕长势喜人

蓝湖机关办公区

· 胜坨镇 ·

市委书记申长友调研胜坨镇危房改造

2017年1月17日，区委书记刘斯杰到胜坨镇走访慰问

区长马保文到胜坨调研经济社会发展情况

胜坨镇位于县境西部，距县城10.5公里，面积181平方公里，辖59个行政村，59个村民委员会，境内人口7.5万人。胜坨镇牢牢锁定建设生态文明典范镇的目标不动摇，凝心聚力，攻坚克难，扎实工作，全镇经济社会平稳健康发展。先后荣获“全国重点镇”“全国综合实力千强镇”“全国文明镇”“中国最美村镇典范奖”“中国生态强镇”“中国生态魅力镇”“中国美丽乡村建设示范镇”“山东省产业化驱动城镇化十强镇”“好客山东最美乡村”“山东省最美生态乡镇”“山东省绿化模范镇”等国家级、省级奖项或荣誉称号。

2016年，面对复杂多变的宏观形势，以率先建成生态文明典范强镇、率先全面建成小康社会统揽全局，采取“农业立镇、工业强镇、旅游活镇、油地共建、统筹兴镇”五大举措，全力稳增长、调结构、惠民生、促和谐，经济社会呈现良好发展态势。2016年全镇实现地区生产总值168亿元；完成全社会固定资产投资54.1亿元；公共财政预算收入1.95亿元；农民人均纯收入16939元；规模以上工业企业实现工业总产值1034.8亿元，主营业务收入1041.7亿元、利税124.3亿元、利润106.5亿元。

按照《胜坨镇国民经济和社会发展第十三个五年规划纲要》确定，到2020年，全镇地区生产总值达到280亿元，全社会固定资产投资累计完成177亿元，地方财政一般预算收入达到5亿元，农民人均纯收入年均递增10%以上，达到30000元，工业总产值达到1900亿元，平均增幅10%以上，实现利税、利润300亿元、230亿元，平均增速13%、12%。实施八项重大工程项目建设：南部新区开发建设工程，南展区房台村搬迁改造工程（大张社区、辛张社区、宁海社区、东张社区）、“尚庄孙家”增减挂工程、胜坨镇水气土污染治理工程、教育卫生升级改造工程、精细化工园区基础设施配套升级工程、胜坨镇镇区面貌提升工程、胜景路东延工程。

胜坨镇全景图

精细化工园区效果图

工业强镇

第二届黄河文化旅游节

和谐兴镇

村村唱戏村村舞活动

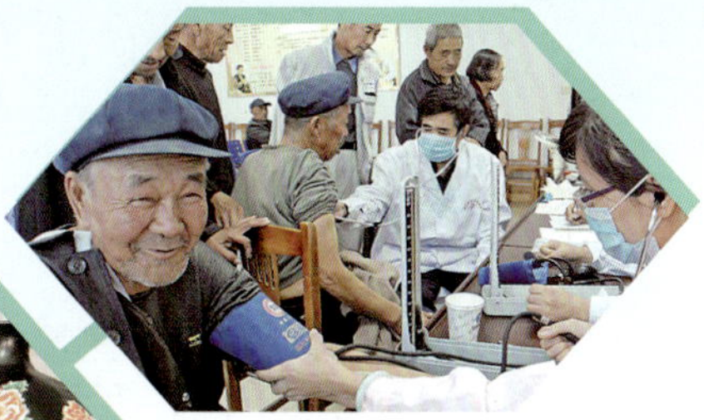

为老人免费查体

佛头黑陶

黄河晚霞

海北遗址出土文物

黄河岸边人家

胜利油田坨11井原址

天宁寺开光

美丽乡村

·郝家镇·

郝家镇位于垦利区西南部、东营市西郊，版图面积61.67平方公里，现辖28个行政村、3个社区居委会，总人口1.8万人，耕地面积4.2万亩，距垦利城区22.5公里，距东营市中心城2.5公里，距东营火车站、荣乌高速只有5公里、15公里，国道220、省道228、张东铁路和淄博路、南一路、淄博路、北二路等主干道贯彻境内，区位优势明显，交通运输便利，是东营市中心城产业及人口转移的重要目的地。葡萄和汽车是郝家的两张金名片。

近年来，郝家镇在区委、区政府的正确领导下，全力做精农业、壮大园区、打造新镇、幸福民生、提升党建，建设东营生态经济强镇、和美幸福新郝家，全镇经济社会实现又好又快发展。2016年，实现生产总值34.01亿元，同比增长7.3%，农村居民人均可支配收入15198元，同比增长8.16%，完成固定资产投资23.1亿元，地方公共财政预算收入6692万元。郝家镇先后被评为“国家级生态乡镇”“山东省级文明镇”“ 山东省旅游强乡镇”“山东省级安全生产先进单位”“东营市集体林权制度改革先进单位”“省级经济林标准化示范园”等。

市委常委、市纪委书记岳德川到郝家镇就落实党风廉政建设“两个责任”情况进行调研

区委书记刘斯杰、区长马保文到郝家镇调研西了解苑丽景项目情况

区委常委、宣传部长高加夫到郝家镇检查督导安全生产工作

畅想葡萄架下满满的情怀

沉甸甸的丰收喜悦

葡萄泛“金”

万坤国际五金建材家居广场

镇实验学校一角

静享书香

农村社区一角

中凯汽配城

汽车4S店发展到30余家

兴修水利设施

电商培训

精准扶贫送羊到户

移风易俗谱新篇

居住环境越来越美

·永安镇·

惠鲁惠丰社区建成入住

永安镇南邻东营东城，西接垦利县城，四条省道穿境而过，市、区生态工程涵盖周边，生态、区位、交通优势明显，淡水、耕地资源丰富，是全市土地后备资源最丰富的乡镇之一，全镇版图面积428平方公里，辖49个行政村、2.1万人。先后荣获全国一村一品示范镇、中国楹联文化镇、中国大闸蟹之乡等荣誉称号，并于2014年被市委、市政府列入市试点强镇。

2016年，围绕全镇经济社会发展大局和事关广大人民群众切身利益问题，镇党委政府研究确定了年度计划投资24.76亿元的21项重点项目，其中，工业项目7项，农业项目4项，新型城镇化建设项目6项，其他项目5项，统筹推进产业转型、城镇建设、民生事业、从严治党等25项重点工作，经济社会保持持续平稳健康发展，全镇实现一般公共财政预算收入9128万元，地区生产总值37.91亿元，农民人均可支配收入14979元。

石大胜华挂牌上市

党风政风焕然一新

成功入选试点强镇

所有学校全部新建

完善农村基础设施

人民生活和美幸福

扎实开展拆违治乱

农业旅游如火如荼.

安全环保常抓不懈

万亩水稻香飘十里

蓬勃发展的光伏太阳能产业

·黄河口镇·

小麦播种正当时

加快推进乡村文明建设步伐

黄河口镇位于县境东北部，距县城 41.5 公里，面积 1317 平方公里。2016 年底，辖 91 个自然村，63 个村民委员会；有 9996 户 24774 人；其中女性 12676 人，人口自然增长率为 6.1‰。

2016 年，实现生产总值 17 亿元，比上年增长 7.1%，其中一、二、三产业增加值分别为 37167 万元、70800 万元和 61793 万元，分别比上年增长 3.9%、5.9% 和 8.7%。规模以上工业总产值 5.84 亿元，实现利税 3491 万元。农林牧渔业总产值 75044 万元；全年粮食作物播种面积 9444.47 公顷，总产 6.14 万吨；瓜菜 492.1 公顷，总产 1.22 万吨；棉花 4640 公顷，总产 12088.95 吨；种植业产值 26959 万元。全年造林 800 公顷，森林覆盖率达 20%；林果总产 2754.39 吨；林业产值 1090 万元。年末大牲畜存栏 5720 头，猪存栏 0.44 万头，羊存栏 1.89 万只，家禽存栏 28.68 万只；畜牧业总产值 9584 万元。水产品总量 1.54 万吨，渔业总产值 35891 万元。有水库 8 座，总蓄水能力 798 万立方米。农业机械总动力 18.93 千瓦，农村用电量 507.13 万千瓦时。乡镇企业总产值 7.18 亿元，利税 4033 万元。地方财政一般预算收入 2277 万元。居民人均可支配收入 12838 元，比上年增加 965 元。有教育园区一处，在校学生共 1500 人，适龄儿童入学率 100%。有医院 1 处。电话普及率每百人 100 部。小康水平指数达到 54 %，有 34 个村达到小康水平。先后荣获全国生态文明先进乡镇、省级旅游强镇、省级宜居小镇“县级人口和计划生育工作先进单位”等荣誉称号。

连片治理扮靓乡村

家政培训促就业

农水会战掀高潮

青贮玉米喜获丰收

黄河口镇汇鑫莲藕种植合作社的农民在整理即将出口迪拜的莲藕

特色种植富农家

现代农业助民增收

小麦开镰了

·垦利街道·

省人大常委会原党组副书记、副主任国家森调研垦利街道

垦利街道党工委书记吕景亮、党工委副书记、办事处主任张守华到企业督导安全生产

垦利街道召开区级人大代表换届选举培训

垦利街道地处城区中心驻地，成立于2009年8月4日，是由原垦利镇、高盖镇、西宋乡和城市社区管委会合并而成，版图面积209.31平方公里，辖82个行政村、12个社区居委会，总人口11万人。

2016年，全街道经济实现平稳较快发展，实现地方生产总值65.5亿元；公共财政预算收入2.3亿元；城乡居民人均可支配收入15908元。先后荣获全国法治社区建设示范街道、全国城乡一体化幸福社区建设示范单位、山东省旅游强乡镇、全市平安东营建设先进街道、全市现代农业发展优秀乡镇等荣誉称号。

下一步，垦利街道将深入贯彻落实党的十八大、十八届三中、四中、五中、六中全会和习近平总书记系列重要讲话精神，坚持“四个全面”战略布局，厚植发展新优势，培育发展新动能，牢固树立“创新、协调、绿色、开放、共享”五大发展理念，抓住撤县设区的机遇，力争在壮大经济实力上有新跨越，在提高城市社区水平上有新提升，在服务城区发展上有新突破，在创新社会治理上有新举措，在改善民生福祉上有新作为，在从严管党治党上有新局面，为加快建设城乡融合美丽幸福新街道提供强有力地支撑。

垦利街道秧歌表演队

2016年中国黄河口（垦利街道）第十四届桃花文化旅游节

垦利街道西宋小学

垦利街道新立村冬枣喜获丰收

2016年垦利街道举办第十三届蜜桃冬枣采摘节

蓬勃发展的现代服务业

垦利街道东兴村精准扶贫产业项目收益发放现场

企业帮扶助力贫困村脱贫

垦利区第十四届人大代表换届选举现场

·垦东办事处·

区委常委、组织部长卢春玲到垦东企业调研

区委常委、宣传部长韩吉光到垦东调研重点项目建设情况

区委常委、统战部长刘军到垦东企业调研

副区长李红燕到垦东企业调研

垦东办事处位于垦利区黄河以北，辖区面积约 550 平方公里，海岸线 42 公里。现有常住人口 10900 人（包括孤东采油厂），流动人口 3500 人。

垦东办事处成立于 1988 年 8 月，为正科级建制，系东营市垦利区人民政府派出机构，先后荣获区委、区政府平安垦利建设先进单位、安全生产工作先进单位等 30 多项荣誉称号。2016 年，在全市乡镇安全生产量化管理考核中被市政府通报表扬，被授予安全生产工作先进乡镇荣誉称号；垦利区环境保护局垦东分局获得“优秀单位”荣誉称号。2016 年实现税收 2600 万元。

2016 年以来，在区委、区政府的正确领导下，垦东党工委、办事处团结带领全体干部职工，强化责任落实，努力干事创业，全力推动“五项工作创新”。一是切实推进党建工作创新，打造党建工作品牌。严格落实“第一责任”，巩固扩大“基层基础提升年”教育活动和“两学一做”学习教育成果，把基层党组织建设和党员队伍建设作为工作重中之重，持续探索创新党建工作模式，打造党建工作品牌。二是科学规划，转变循环经济产业园产业方向。修编循环经济产业园总体规划，推动园区环评工作，尽快启动循环经济产业园建设。三是加大招商引资和项目推进力度，推动项目

黄河口滨海旅游项目浴场

油地党建共建活动

华润600MW风光互补项目签约仪式

三年增绿绿化片林

马耀南之子马立修讲一马三司令故事

参观焦裕禄纪念馆

“滨海行·生态游”志愿服务

海上救援遇险渔民

建设实现新突破。建立招商引资工作机制，领导班子成员带头，积极走出去，面向深圳华润、北京华电、陕西盛昱能源科技等大型产业进行招商，努力打开招商引资新局面。完成签约项目 2 个，总投资约 43.5 亿元。达成合作意向项目 2 个，总投资 186 亿元。重点工程项目推进顺利，实施总投资 800 万元的“三年增绿”工程，造林面积 500 亩；总投资 7.6 亿元的香港华润电力垦利荣胜风电场项目正式运营投产。四是提升垦东依法治理水平，推动综合执法工作创新。牢固树立“一盘棋”大局意识，探索建立油区综合执法体制，整合各股室、部门、派驻机构力量，建立综合执法巡查队伍，提升辖区综合执法工作水平。五是美化亮化辖区环境，推动环卫一体化工作创新。投入 120 万元实现垃圾收、储、运全覆盖，彻底改变垦东辖区垃圾无人处理的脏乱差面貌。

下一步，垦东党工委、办事处将全面贯彻落实区党代会、经济工作会议精神，抢抓撤县设区重大机遇，围绕发挥支持服务功能定位，强党建，促发展，保稳定，高标定位全力推动各项工作开展，为建设“宜居宜业新城区、美丽幸福新垦利”努力工作。

风机盐田交相辉映

·中国工商银行股份有限公司垦利支行·

总行深化改革领导小组来垦利支行调研智能化银行建设工作

省行副行长范国德为垦利支行颁奖

中国工商银行股份有限公司垦利支行位于垦利区中兴路 33 号，坐落于垦利区中心位置，辖内设三部一室：市场营销一部、市场营销二部、风险管理部、办公室。六个综合营业网点：营业部、胜坨分理处、水电厂分理处、井下分理处、东安分理处和胜兴支行。现有员工 101 人，大学本科及以上学历人员 57 人，有 3 人取得 CFP（国际金融理财师）资格证书，34 人取得 AFP（金融理财师）资格证书。

2016 年，面临困难增多、挑战严峻的外部环境，全行上下团结一致、攻坚克难，不断调整经营思路，努力推动转型创新、挖潜增效，实现各项业务的全面健康可持续发展。年末，本外币全部存款余额 56.14 亿元，较年初增长 4.62 亿元。其中对公业务存款余额 26.38 亿元，较年初增长 6.64 亿元；储蓄存款余额 25.81 亿元，较年初增长 8263 万元。各项贷款余额 59.86 亿元，其中个人住房贷款余额 9.03 亿元。各项金融产品全面完成计划，全行呈现出良好发展态势，得到了上级行领导和当地政府的高度评价和肯定，并极大地支持垦利区经济的快速发展。

2016 年，全力推进信贷结构调整，加大对弱周期、政府、民生类等相对低风险信贷市场的营销力度，促信贷结构不断优化，有效防控和化解信贷风险。坚定不移实施大零售战略，传统渠道、网络平台两手抓，客户数量与资产规模稳步提升，获得市行“拓客户 增存款”竞赛优胜集体。持续加强企业文化宣传和内部管理，获得‘十二五’企业文化建设优秀单位称号，被省行评为文明单位，同时获得东营市文明单位荣誉称号。

中后员工走进大堂引导客户使用智能设备

员工家属座谈会

水电厂分理处练习微笑服务

党员红色实地教育

参加市行趣味运动会

走访慰问老干部

反假币知识宣传

组织员工健康查体

召开座谈会了解员工心声

·中国农业银行东营垦利支行·

农行东营分行深化网点经营转型现场会在垦利支行召开，垦利支行介绍了深化网点经营转型经验

深入机关企业营销业务

连续开展“六走进”营销活动。图为现场为客户办理鲁通卡

农行东营垦利支行以加强基层党建、落实从严治行为统领，以深化网点转型、对公业务转型、信贷转型和产品创新为支撑，全力抓党建、促转型、强管理、控风险、增效益，开创了转型发展新局面。在2016年全省农行87家县域支行综合考评中名列第三位，在全市农行8家支行综合考评中位居第一位。

垦利支行加大信贷投放力度，有力地支持了地方经济、社会的发展。对接政府购买服务、城市基础设施、保障性住房、文化教育等领域，成功拓展“大班额”政府购买服务项目；围绕区域骨干企业转型升级，助力区域骨干企业发展；大力发展个贷业务，采取“一个中心＋多个网点”的运作模式，实行个贷业务集中经营，减轻网点负担，提高办贷效率。

垦利支行加快业务转型和创新的步伐，在全省农行系统率先开办韩国跨境直贷业务，打通境内企业直接海外融资渠道；大力发展创新型融资业务，万达集团80亿元、石化集团20亿元超短融业务获得总行批复，相继取得东辰集团12亿元、万达集团50亿元公司债托管资格。

为提升金融服务水平，深化营业网点转型，完善网点6S管理，搭建大堂服务队伍，压实管户责任，大力发展网上金融业务，有效解决客户排队等问题。

2016年，垦利支行先后被区委、区府授予“2016年度全县经济社会发展杰出贡献企业”称号，荣获省农行“精神文明单位”称号，荣膺省级“文明单位”称号，被总行授予“三化三达标先进单位”称号。

持续开展“农行相伴、金融知识进万家”宣传活动，宣传假币识别、理财业务风险点和防范金融诈骗等金融知识，增强居民的金融安全意识

参加当地政府组织的义务清扫环境卫生活动

组织举办环民丰湖健步行活动，舒缓了员工的压力，锻炼员工体质

垦利支行开展“春节送温暖”活动

举办迎新春联欢晚会

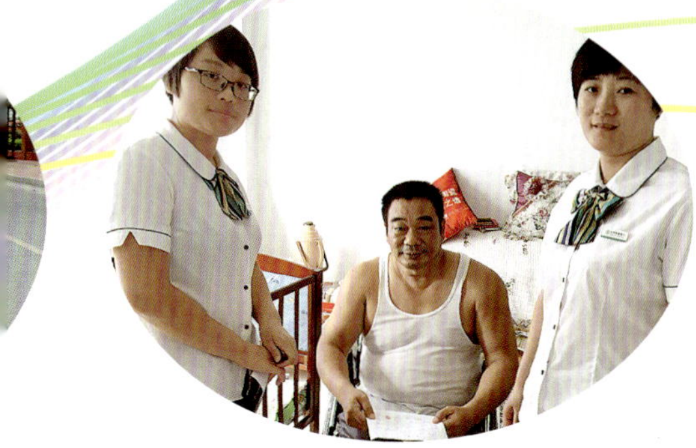
为行动不便的客户提供上门服务

农行垦利支行举办庆祝建党95周年诗歌朗诵会

组织党员干部到东营市廉政教育中心参观学习，接受廉政教育

农行垦利支行代表队表演的情景剧《慧眼识骗》在市行“两学一做”教育展示大赛中荣获二等奖

·山东垦利农村商业银行股份有限公司·

为垦利职业中专师生办理校园一卡通，并签署战略合作协议，开启银校合作先河

垦利农村商业银行位于垦利区中兴路187号，下设职能部室13个，营业网点34家，其中营业部1个、支行18个、分理处15个。营业网点遍布城区、油区和镇街，其中城区网点9个、油区网点7个、镇街网点18个，为驻地客户提供存贷款、国内结算、票据承兑与贴现、代理收付款项及代理保险业务、银行卡业务等多项金融服务，是全区营业网点最多、覆盖最广、功能最全、人员最多的金融机构。截至2016年末，全行各项存款余额65.83亿元，各项贷款余额51.90亿元，全年缴纳税金4130万元，在全区企业纳税排名第10位，全区16家银行纳税排名第1位。2012–2016年连续五年被县委、县政府表彰为“支持地方经济功勋企业”，2007–2009年连续三年被山东银监局授予“良好银行”称号，2010–2016

引进流动汽车银行，打通农村支付结算“最后一公里”

坚持四个面向市场定位，推出“惠农兴商”系列信贷产品35个，全面满足城乡居民的不同需求

丰富产品种类，正式开办代理贵金属业务，受到客户青睐

积极开展金融服务进社区，“零距离”服务进一步完善

年连续七年荣获“市级文明单位”“省级文明单位”称号，在 2016 年银监会监管评级考核中评定为二级，2016 年度全省农村商业银行各项经营指标综合考核中，综合实力排名第 14 位，获评 A 级，比去年进步 23 个位次；经营发展综合评价名列第 19 位，两项指标均名列全市农商银行之首，业务发展迈入全省农商银行“第一梯队”，各项工作得到各级党委政府和有关部门的高度认可。

发放首批“工会会员服务卡”，为工会会员提供便利

积极与辖内居民互动，开展“点灯笼 赢大奖”活动受热捧

主动对接客户需求，实施“一十百千万”工程

·中国银行股份有限公司垦利支行·

区委书记刘斯杰一行到垦利支行走访慰问

领导班子

中行东营分行行长解传富到垦利支行调研

优质高效服务现场观摩推进会

中国银行垦利支行成立于1993年12月，经过二十多年的发展，规模日益壮大，效益持续提升，现已成长为一家拥有员工60人，平均年龄为34岁的综合型全功能经营机构。支行本部设营业部、业务发展部、综合管理部三个职能部门，下辖胜北支行、胜采支行两个经营性支行。

2016年以来，垦利中行认真贯彻落实上级行的工作部署，坚持“担当社会责任，做最好的银行”战略目标，围绕“管理一流、服务一流、人才一流、业绩一流”的建设目标，全行员工精诚团结，群策群力，顺利实现内控经营环境规范、行业窗口形象一流、队伍整体素质过硬、业务经营绩效显著的工作目标。支行先后获得“中国银行业文明规范服务千佳示范单位”、东营银行业协会“规范经营行为，提升服务水平”示范单位，山东省财贸金融工会“工人先锋号”、山东省精神文明建设委员会“省级文明单位”，省行“巾帼文明示范岗”，中国银行“第四届模范职工之家”、省行、市行“先进基层党组织”、垦利区经济社会发展杰出贡献企业、中国人民银行A级单位、2016年百日大会战“战斗堡垒”等荣誉称号。

支行始终坚持业务发展与资产质量“两条腿”走路，突出“资产质量管控、内控案防建设”两个重点，以创新争市场，以管控提质量、以转型增效益，多措并举，最终实现经营管理的质量、效益双提升。截至2016年末，垦利支行人民币各项存款余额36.76亿元，人民币各项贷款余额72.66亿元，税后利润20935万元，实现人均税后利润348.92万元。全行各项业务健康稳步发展，正向着质效强行建设阔步迈进。

“百日大会战”战斗堡垒

省行级先进基层党组织

垦利支行“深化两学一做 争创中银先锋”主题党日活动

“踏响春天旋律 洋溢青春梦想”户外踏青活动

垦利支行“两学一做”学习教育活动

扶贫慰问

写春联送祝福活动

垦利支行防范和打击非法集资宣传活动

银企篮球赛

运动会团体第一名

·中国农业发展银行东营市垦利区支行·

办公大楼

区委书记刘斯杰到垦利区支行调研

中国农业发展银行东营市垦利区支行成立于1996年11月30日，位于育才路186号，作为区域内唯一一家农业政策性银行，多年来该行认真贯彻落实区委、区政府工作部署，主动提升站位，坚持执行政府意志、服务“三农”需求，紧紧围绕垦利区地方经济发展规划，全力支持地方重点项目建设，全力服务区域粮食安全、全力服务农业现代化、全力服务区域发展战略，充分发挥农业政策性银行职能作用。截至2016年12月末，贷款余额11.52亿元，净增4.34亿元。存款余额7.44亿元，全年实现账面利润1341万元。

调研现场

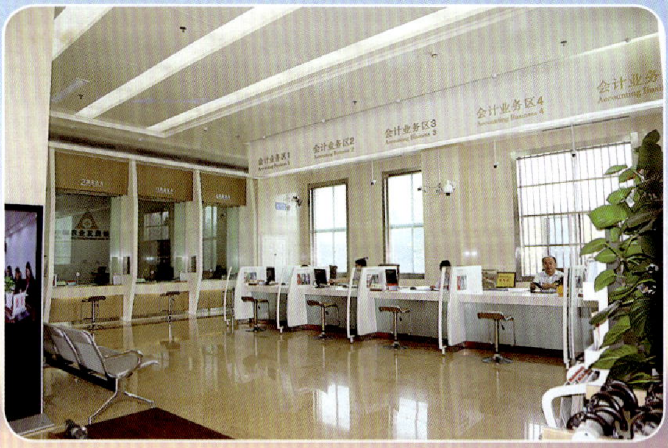
营业厅

·东营银行垦利支行·

垦利支行大厅

参加服务礼仪竞赛

东营银行垦利支行前身是东营市商业银行垦利支行，于2008年7月挂牌成立，2012年3月12日正式更名东营银行垦利支行，位于垦利县新兴路51号信誉楼西侧，下辖二级支行两家，目前全行共有员工35人。

东营银行垦利支行可以为广大客户提供存贷款、个人理财、网上银行、手机银行、国际结算、代收代付等多项金融服务。

截至2016年末，垦利支行各项存款余额合计203656万元，较年初增加25667万元。其中储蓄存款余额71176万元，较年初增加21039万元，较年初增长41.9%；对公存款余额132480万元，较年初增加4628万元，较年初增长3.6%；贷款余额160090万元，较年初增长29383万元，较年初增长22.48%。国际业务量19064万美元；无不良贷款余额。总体来看，各项指标均维持在较为合理水平，确保银行总体运营能力与风险管控能力相匹配，为银行进一步的稳健经营提供了保证。

东营银行垦利支行不断加强领导班子和员工团队建设，将垦利支行打造成为一支团结实干、敢于创新的优秀团队。先后获得县委、县政府颁发的金融工作先进单位、三八红旗集体，以及总行颁发的结算管理最佳进步团队、优秀团队、结算管理一级单位等荣誉称号。

自成立以来，东营银行垦利支行按照区委、区政府的工作要求，牢牢把握黄河三角洲高效生态经济区开发建设的战略机遇，乘势而上，积极作为，通过实施差异化、特色化发展战略，努力打造立足东营，服务黄河三角洲高效生态经济区、半岛蓝色经济区、环渤海经济区的区域化、特色化的优质银行。

反假币宣传

小微企业金融服务宣传

参加东营银行运动会

案防演习

垦利支行外景

·上海浦东发展银行东营垦利支行·

浦发银行垦利支行大楼

上海浦东发展银行东营垦利支行，2012 年底成立，现有员工 15 名，其中党员 7 名，本科学历 15 人，平均年龄 28 岁，是一支高素质的专业队伍。东营垦利支行始终坚持“以客户为中心”的服务理念，以“追求卓越，创造一流”为目标，不断加强内部管理，强化服务意识，完善服务设施，提高服务效率，以高效优质的服务质量赢得客户，占领市场，提高竞争力，业务迅速发展，赢得客户的依赖和广泛好评。截至 2016 年末，各项存款余额 241953 万元，较年初增长 16906 万元。各项贷款余额 184790 万元，其中对公贷款 172142 万元，个人贷款 14056 万元。

浦发银行垦利支行大堂引导处

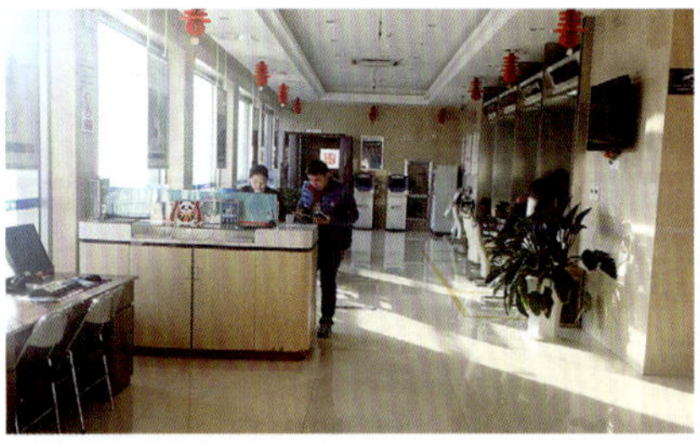
浦发银行垦利支行西大厅

浦发银行垦利支行东大厅

·垦利乐安村镇银行股份有限公司·

参观革命纪念馆，铭记红色历史

“两学一做”学习教育座谈会

“进走访”考察小微企业贷款

垦利乐安村镇银行成立于2011年8月31日，是山东省农信系统在省内发起设立的首家村镇银行，位于垦利区景苑路10号，下设郝家支行、银座支行、永安支行和董集支行四家支行，全行员工74人。

垦利乐安村镇银行在区委、区政府和各级有关部门的指导支持下，深入贯彻落实科学发展观，认真贯彻执行稳健的货币政策，在保持信贷资金合理均衡投放的同时，着力优化信贷结构，防范金融风险，改善金融服务，尤其在改善地方金融环境、完善地方金融服务体系等方面做了大量的工作。截至2016年末，资产总额96254.79万元，各项存款余额56671.31万元，各项贷款余额72243.5万元，各项经营指标完成良好。

牢固树立为“三农”服务的宗旨，立足区域经济发展状况，拓展业务领域，加大对“三农”、小微企业和区域经济的支持力度。2016年度，累计发放贷款17.05亿元，其中涉农贷款累计发放15.15亿元，积极对接各“农、小”的生产经营活动，并为其量身打造专属信贷产品，自身整体实力及金融服务能力显著提高。

“乐善富农、安德兴商”，垦利乐安村镇银行将紧跟垦利建设新步伐，继续与“支农支小”并肩前行，实现经济效益与社会效益的共赢，真正为垦利经济建设作出积极贡献。

青年员工志愿服务国际生态农业博览会

规范化服务培训

走进集市宣传金融知识

走访慰问贫困学生

“五四”健步行活动

“三八”趣味运动会

· 青岛银行股份有限公司垦利支行 ·

青岛银行股份有限公司垦利支行

青岛银行股份有限公司垦利支行员工合影

2015 年 12 月 3 日，青岛银行在香港联合交易所主板上市，从此开启与国际银行业接轨发展的新篇章。青岛银行股份有限公司东营垦利支行是青岛银行在东营地区设立的第一家县域支行。垦利支行于 2014 年 11 月正式营业，位于垦利区中兴路 27 号，内设营业部、公司银行部、零售银行部 3 个部门，员工 33 人。

垦利支行凭借着优秀的业务拓展能力与创新举措 2016 年被总行授予“电子银行开拓创新奖”荣誉称号，被市行授予“先进集体”“员工服务营销风采大赛”团队第一名荣誉称号，是第一家加入垦利区信用联合会的金融机构。自成立以来，支行树立“因行而异、因人而异、因地制宜”的创新策略，结合垦利地方经济特点，有效满足区域金融需求。截至 2016 年末，支行人民币各项存款余额 116506 万元，各项贷款余额 103147 万元，实现中间业务收入 1472 万元。

青岛银行将继续深化特色发展之路，夯实“服务温馨、风管坚实、科技卓越”特色，继续将支持垦利区经济发展作为己任，尽心尽力为客户提供温馨、专业的金融服务，为支持地方经济发展做出积极贡献。

开展防范电信诈骗常识宣传活动

服务实体经济，发展普惠金融宣传活动

成功举办“魅力女人·花与书香”贵宾客户答谢活动

·齐商银行股份有限公司东营垦利支行·

金融扶贫，青春同行活动

反假货币、人人有责

金融消费者权益活动

齐商银行股份有限公司东营垦利支行于 2014 年 12 月 28 日正式开业，是齐商银行在东营市设立的第二家支行，位于垦利县中兴路 199 号，内设营业室、市场营销部、综合业务部三个职能部门，为客户提供多元化金融服务。

作为地方城市商业银行，垦利支行始终坚持“市民银行”和“中小企业主办行”的市场定位，走“精细化、特色化、多元化”发展道路。自开业以来，在区委、区政府的正确指引下，积极扩大市场营销，努力深化网点转型，做大做强特色小微金融业务，在 2015 年度垦利县金融机构综合评价中，获评综合评价最高等级 A 等。

齐心齐行，共商共赢。齐商银行股份有限公司东营垦利支行将以打造行业精品、锻造经典为企业愿景，努力完成服务社会、和谐共赢的企业使命，努力建设资本充足、内控严密、运营安全、服务良好、效益卓越的现代金融企业，为客户、为股东创造更多的价值和财富，为垦利区经济的发展做出自己的贡献。

爱心捐款活动

VIP客户采摘之旅

篮球友谊赛

六一儿童节活动

黄河边义务清扫活动

·垦利县信达家电商场·

总经理　李善学

专业的售后团队

垦利县信达家电商场是全县规模最大的专业家电销售、安装和维修服务公司。

垦利信达家电商场位于垦利县振兴路45号，固定资产2000余万元，占地面积2000平方米，员工40余位，年销售额6000万元左右。公司主营各大品牌大型中央空调、家用空调、电视、冰箱、洗衣机、小家电等，是格力空调、格力中央空调、索尼电视、创维电视、TCL冰箱、海尔等名牌代理商。公司自1998年成立以来，凭着一流的家电品牌、先进的销售模式和高超的销售策略、一流的安装质量及完善的售后服务团队；本着“信达家电、服务无限”的工作理念深得垦利人民的认可和美誉，是垦利人首先家电商场。商场不满足于客户找上门的现状，陆续开拓发展永安、下镇、胜坨、董集、郝家、西宋、黄河口等二十多家家经销网点。

与“世界名牌、格力空调”合作十五载，为新老客户免费空调清洗保养，售后服务，安装要求严格；商场先后获得山东省星级称号、“东营市创业示范企业”“文明诚信民营企业”“拥军优属先进单位”“文明诚信个体工商户”荣誉称号。信达人本着“诚信天下，通达四海”的发展宗旨，走在了垦利家电行业的前列。

农　业

综　述

【概况】 2016年，全区种植业结构更加优化，农业生产形势保持稳定，全区小麦、棉花、玉米、水稻等主要农作物面积分别达到18.15万亩、18.34万亩、29.5万亩和20万亩，莲藕突破7万亩，粮食总产达到35.43万吨，比上年增长21.4%。全区农林牧渔业总产值41.96亿元，比上年增长4.02%；农村居民人均可支配收入达到15605元，比上年增长8.1%。12月29日，被山东省农业厅认定为第三批全省农村集体“三资”管理示范县。

【种植业结构调整】 推进小麦、玉米、水稻、莲藕等常规产业生产，调优减少棉花种植面积，扩大水稻、莲藕面积，全年全区小麦、棉花、玉米等主要农作物面积分别达到18.15万亩、18.34万亩、29.5万亩，水稻种植面积新增2.5万亩，达到20万亩，莲藕种植面积新增1万亩，达到7万亩，打造万隆水稻、盛元莲藕等一批高质量农业园区。全区形成以一邦合作社、万隆农林等为代表的水稻生产龙头，叫响了“水城米仓”“民丰社”等黄河口大米品牌。建设棉花高产良种示范片、水稻高产良种示范片各1000亩，提升全区种植良种技术水平。全区设施蔬菜个数发展到535个，种植面积2000亩。投资2600万元的“渤海粮仓”科技示范工程水稻种养项目，以点带面，为实现莲藕、水稻产业“连点成线、串线成片”的发展格局奠定基础。全年推广水稻盘育机插技术，服务面积10000亩，辐射带动发展水稻盘育机插面积5万余亩，建设水稻良种繁育基地2000亩。

【农业产业化经营】 全区规模以上农业龙头企业72家，其中国家级农业龙头企业1家、省级以上6家、市级以上44家，万得福、景明、海盈等一批农业龙头企业快速成长，带动相关产业发展；各类农民专业合作社541家（其中合作联合社3家），家庭农场283家，其中省级示范农场1家，市级示范农场38家。依托农产品质量安全示范县、出口农产品质量安全示范县项目，加快建立和完善农产品质量安全可追溯体系建设，全区认证“三品一标”农产品达到132个，其中无公害农产品96个，绿色农产品4个，有机农产品28个，登记黄河口大米、蜜桃、大闸蟹、黄河滩区小麦地理标志农产品4个。农产品注册商标达92个，其中著名商标3个，名牌产品3个。成功举办六届农博会，组织企业、合作社参加国内外知名农产品展销会，以黄河口大闸蟹、黄河口海参、黄河口大米为代表的黄河口农产品的知名度、竞争力和外向度不断提升。20余家企业开通网上销售平台，黄河口系列农产品通过网络渠道销往全国各地。以东营市美利农业开发有限公司为代表的3家农业企业获得农产品

4月23日，农业局组织小麦“一喷三防”统防统治现场（王笃志）

出口权，莲藕、食用菌成功打入国际市场。

【现代农业园区建设】 落实全区现代农业发展中长期规划，以东营西郊现代农业示范区、黄河口现代农业示范区、黄河口现代农业产业园、现代渔业示范区“四大”万亩园区为龙骨框架，加快在建园区建设进度，引进新园区项目落地，形成竞相发展的新格局。建成巨丰绿色农业示范园、一邦现代农业科技产业园等规模农业园区55处，其中市级重点农业园区达到46家，建设总投资60余亿元，规划面积50余万亩，带动农户2万余户。2016年，重点实施总投资6.5亿元的黄河三角洲莲藕高效生态创新示范区、巨丰绿色农业示范区、一邦公司“渤海粮仓”科技示范工程水稻种养基地等16处重点园区建设，依托省厅农村一二三产业融合试点项目，建设占地1.7万亩的万隆现代农业园区，建成水稻机械化育秧、种植、加工、销售于一体的农业全产业链。年内新发展市级重点农业园区9家。

【农业装备提升】 在大型农机具购置补贴政策带动下，农机具更新换代步伐不断加快，小麦玉米水稻等作物基本实现全程机械化，棉花机收实现新突破，农业生产效率大幅提升。农机服务能力不断提升，建立起以农机合作社、农机大户、农机经销、维修网点为支撑的农机社会化服务体系。各类农机户达到16678个，农机专业合作社31个，农机维修服务点216个，农机经销网点59个，全区农机总动力52.76万千瓦，农机作业综合水平达到82%。依托正大桑田农机专业合作社搞好水稻育插秧技术推广试点，完成创新示范推广水稻种植机械化播种面积5000亩；依托共赢农机专业合作社推广小麦深松分层施肥保护性耕作技术，完成推广示范作业面积6300亩；依托彤昊农业机械专业合作社实施棉花生产全程机械化项目，完成机采棉等行距种植面积1000亩，完成棉花机械采摘1000亩的推广示范任务。依靠现代农业机械化水平提升计划项目，搞好农机合作社扶持，借助项目20万元补助资金，扶持彤昊农业机械专业合作社搞好基础设施建设。

【农业服务体系建设】 农技推广体系逐步得到完善。以基层农技推广体系建设为依托，建立县乡两级农技人员直接到户、良种良法直接到田、技术要领直接到人的推广机制。在省定贫困村大力培育农业科技示范户，2016年全区发展农业科技示范户490户，其中贫困户30户，8个省定贫困村实现农技人员和村级技术指导员包村全覆盖。连续实施基层农技推广补助项目，全区农业技术推广体系建设不断强化，初步形成以区级农业技术推广机构为龙头，乡镇农业技术推广机构为骨干，村级农技人员为补充的农业技术推广服务网络体系。建立以新型农民培训学校为平台，涉农服务部门广泛参与的大农业培训网络，加大农业实用技术和经营管理等方面的宣传培训力度。农产品质量安全监管系统不断壮大。成立农产品质量安全监管股，区财政拨付专项经费用于农产品质量安全监管工作。在各镇（街道）设立农产品质量监督管理站，具体承担农业、林业、畜牧业、渔业等技术推广和综合服务工作和农产品质量监管等工作，每年区政府与7个镇街签订农产品质量安全责任状，明确各自监管职责；全区333个村都配备农产品质量安全监管员，签订协议书，发放上岗证，初步形成区、镇、村三级农产品质量安全监管体系。

【新型职业农民培训】（一）搞好室内集中培训。抽调农业技术专家与技术人员，在区农业局、新型农民学校、各镇（街道）和部分村庄组织开展农民培训，提高农民科技素质与科学种田水平。2016年，累计开展各类培训12期，培训农民1010人次。开展农机手安全教育培训班4期，培训340人；农产品质量安全培训班2期，培训330人；水稻高产栽培技术培训版5期，培训190人；棉花高产栽培技术培训版3期，培训150人。（二）推进田间巡回技术指导。组织农业技术人员，在春播和“三夏”生产重要农时到田间地头进行现场技术指导220余人次，为农民解答技术性问题咨询580余次；在科技赶集下乡活动中，累计印发主要农作物播种与田间管理技术意见6期13万余份。宣传农业科技与惠农政策，帮助农民解决农业生产中存在的实际问题，实现田间科学管理。

【重点农业项目建设】 依托园区，结合垦利优势产业，重点在莲藕、食用菌、蔬菜种植、加工等领域进行培育，膨胀园区规模。争取市级支持600万元，重点推进盛元莲藕黄河三角洲莲藕高效生态创新示范区建设项目、地合农业莲藕生态种植园区建设项目、巨丰绿色农业示范园食用菌项目、东营飞翔农业开发有限公司食用菌基地、汇丰家庭农场蔬菜种植基地5个园区的项目建设，引导企业增加投资，扩大基地规模，配套完善园区基础设施，2016年新建园区占地面积1.67万亩，全区园区累计26.1万亩。依托万隆农林科技公司实施的黄河口新生地万亩优质水稻标准化生产基地建设项目和盛元农业公司的莲藕观光提升项目重点实施好省三产融合试点项目，引导鼓励企业、合作社拉长产业链条，带动农户进入全产业链，推动“沿黄生态产业带”发展壮大，促农增收。

【农产品质量监管】 出动执法人员415人次，执法车辆107台次，检查农资店461个次，共检查农产品生产基地86个次，抽检农药样品共29个，调解处理农资质量纠纷16起。完成审核告知农药产品1732批次，发放垦利区经营农药产品告知证明书619份，农药产品告知登记率达到95%以上。全面实行农药经营许可和限用农药定点经营制度，举办种子行业备案工作培训班和农产品安全监管暨新《农药管理条例》培训，共培训农资经营人员400余人、农产品生产业主150余人。完善农资连锁配送体系，建立农资连锁配送网络和农资追溯体系。投资500万元的省级农产品质量安全县项目完成，建立完善的农产品质量安全追溯体系。

【农村生态环境保护】 总投资1098万元的广利河流域农业与农村污染治理项目全部完成。其中：投资895万元，完成胜坨镇皇殿、姜家、王营、董集镇秦家、薛家五个村的生活污水排放处理工程；投资106万元，在高效畜牧养殖区建设储粪池81个，在皇殿、尚庄、王营建设生态型拦截沟渠3条、安装杀虫灯80

8月28日，组织实施玉米一防双减项目实施现场（王笃志）

春，开展小麦苗情调查（翰林婕）

台；发放购肥补贴款97万元，推广使用配方肥1291吨，惠及农民1457户。完成2016年市级生态循环农业与农村新能源建设工程项目。垦利巨丰农业科技开发有限公司建设钢结构香菇种植高温大棚14个。东营市东旭牧业有限公司建设1600立方米青贮池一个。依托世界银行和全球环境基金赠款广利河流域农业与农村污染治理项目，推广配方肥1291吨，发放购肥补贴款97万元，惠及农民1457户。实施农作物病虫害专业化防控体系建设，发挥专业化队伍的示范引领作用，推广小麦“一喷三防”植保服务等技术服务项目，扩大应用生物农药，示范推广高效、低毒、低残留农药，降低农业生产对环境的污染。

【**惠农政策落实**】 政策性农业保险工作完成，全区小麦、玉米、棉花共计投保面积54.46万亩，赔付金额741.8万元；支持耕地地力保护政策得到落实，共补贴小麦面积18.15万亩，补贴金额2268.75万元。种粮大户和种粮家庭农场补贴资金发放到位，发放种粮大户和种粮家庭农场补贴资金1078万元；落实棉花价格补贴，发放补贴资金4178.4万元，补贴面积为27.85万亩；落实农机购置补贴资金1107.46万元，补贴机具532台，受益农户362户。

【**农村产权交易市场建设**】 依托确权颁证成果，扩大确权颁证范围，开展农村集体土地承包经营权、林权、水域滩涂养殖使用权和农村土地经营权“四权”的确权登记颁证工作，开展土地经营权颁证工作。推进农村产权交易市场体系建设，区镇两级农村产权交易体系基本建成。实施开展以土地流转交易为主的规范化建设，全区统一农村土地流转交易程序，启用土地流转标准合同文本，制定土地流转报备制度，土地流转交易走上程序化、规范化的轨道。农村土地流转规模不断扩大，规范水平不断提升，全区流转土地面积29.85万亩，占耕地面积的47.4%。

【**农业生产安全**】 加强行业安全督导检查，抓农业生产安全工作落实。对全区5家企业的大型沼气池进行不定期的安全检查。加大对蔬菜、食用菌生产基地抽

11月30日，区农村产权交易大厅首笔土地流转上线交易签约成功（薄燕）

检，做好高毒农药定点经营示范和可溯源管理，搭建县级农药监管信息平台，推行定点经营门店信息码溯源管理。结合“三秋”“三夏”农时，组织执法人员到乡村道路、田间、场院，开展农机安全检查，对无证、无牌，非法载人等违章行为及时纠正整改。全年未发生农业生产安全重大责任事故，农业安全生产形势保持稳定。

（隋小勇）

种 植 业

垦利区2016年农作物种植面积及产量统计表

作物名称	播种面积（亩）	总产量（吨）	单产（公斤）
小麦	181500	79882	440.1
水稻	200000	111580	557.9
玉米	294970	159928	542.2
高粱	3600	2200	610
大豆	12000	2860	238.6
花生	2700	900	333.3
棉花	204830	19356	94.5
蔬菜	93400	200000	2141.3
	993000	576706	580.8

【粮食生产】 2016年，全区粮食面积69.47万亩，总产35.4万吨。其中夏粮（小麦）18.15万亩，单产440.1公斤，总产7.98万吨；秋粮面积51.32万亩，总产27.42万吨，其中玉米种植面积29.5万亩，单产542.2公斤，总产16万吨。水稻种植面积20万亩，单产557.9公斤，总产11.16万吨，大豆及杂粮总产0.26万吨。

【棉花生产】 2016年，棉花收获面积20.483万亩，平均亩产皮棉94.5公斤，总产皮棉4.6649万吨。

【其他作物】 2016年，全县蔬菜种植面积9.34万亩，总产20万吨，平均亩产2141.3公斤。油料作物面积0.3万亩，总产0.09万吨，平均亩产300公斤。

【植物保护】 2016年，垦利区农作物病虫草鼠发生面积总计158.77万亩次，防治面积252.34万亩次，挽回粮食损失37228.4吨，挽回棉花损失4796.43吨。东亚飞蝗全年发生面积85万亩，其中夏蝗发生面积50万亩，防治面积50万亩，飞机防治21万亩，地面防治29万亩；秋蝗发生面积35万亩，防治面积35万亩。

【农作物病虫害专业化统防统治】 采用物化补助和统防统治作业相结合的方式对全区18.14万亩小麦进行穗期病虫害防治，投入资金90万元。结合2016年扶贫工作，向全区省定重点贫困村、户倾斜，8个省定贫困村29个贫困户统防统治面积901.34亩，由垦利区登记备案的统防统治组织进行防治；投入资金77.5万元，对全区小麦和重大蝗虫疫情发生区域实施统防统治；争取省财政资金100万元，在郝家镇、胜坨镇、黄河口镇建立10万亩玉米“一防双减”示范区，推广玉米“一防双减”技术和实施统防统治作业。

（隋小勇）

林 业

【概况】 2016年，全区完成造林1.7万亩，全区林木覆盖率达到25%，采运商品材8000立方，出圃各类苗木2700余万株，果品产量11405吨，林业生产总值16.5亿元。

【植树造林】 组织开展第38个全民义务植树节活动，以义务植树活动提高干部群众兴林爱林意识，全区48个机关部门参加植树活动，义务植树面积96亩。实施3年增绿计划，造林1.7万亩，植树261万株，完成投资1.78亿元；完成森林抚育项目，完成森林抚育1.36万亩；完成造林补贴项目1500亩。在工程实施过程中，坚持质量为先、适地适树的原则，治土改碱与抚育管护相结合，确保树木成活率，提高了造林绿化水平。年内，通过省林业厅造林实绩核查。

【产业发展】 经济林产业 2016年，以“五七”片林果基地为中心，通过开展林业招商，吸引有实力的企业或种植大户入园，发展设施林业、订单林业和观光林业，走产供销、娱购游一体的发展路子，打造全市一流精品园区。流转土地1500亩，发展大棚樱桃、大棚桃及大田桃近500亩。

种苗产业 完成新增育苗4300亩，容器育苗260万株，超额完成市级下达任务。实施市级白榆良种繁育推广及示范基地建设项目，建成工厂化育苗车间8400平方米、白榆示范林400亩，“白洼1号”“白洼2号”白榆良种育苗基地200亩，该项目通过市级验收。

【森林资源保护】 规范审批管理。办理采伐证240件，木材运输证和检疫证630件，进行苗木产地检疫4万亩，抽检苗木130万株，维护了良好的生产经营秩序；采取飞机飞防、太阳能杀虫灯诱杀、周氏啮小蜂防治等化学、物理、生物等多种方法进行综合防治，飞防面积8.6万亩，新安装太阳能杀虫灯200盏，建成太阳能杀虫灯示范区一处，防治面积1万余亩，释放周氏啮小峰繁育蛹2万枚，新建数字化监测站1处，完善6处。全年防治面积10.5万亩，防治率95%以上，实现有虫不成灾的目标。加强森林防火能力建设，在兴隆生态林场和垦利林场设立防火监测点，建设防火瞭望台三座，安装防火监控摄像头25处，设立远程视频监控点，重点林区监控率80%以上。

【林业科技培训与推广】 围绕产业发展，加大科技推广和培训力度。举办各类培训班16期，培训林农群众320余人，引进玉玲花、榉树、丁香等多个高端苗木品种，推广林果温室栽培、滴灌节水等先进生产技术。

【林政管理】 坚持依法治林兴林，落实《中华人民共和国森林法》《山东省森林资源管理条例》等林业法律法规，加强林业执法工作，有效保护全区绿化成果。抓好公益林管理保护工作，完成市级公益林的变更界定工作，并开展林业保险工作，公益林投保率100%。

【特色工作】 黄河大堤淤背区绿化项目 该项目是引进的荣成企业开展的绿化项目。项目坚持高起点科学规划，合理布局，以经济效益高的高端苗木为主，并坚持向生态旅游方向发展，兼顾经济效益和生态效益。在树种选择上以常绿树木、彩色苗木和乡土树种为基础，分为榆科种植区、蔷薇科种植区、七叶树科种植区、木樨科种植区、造型植物种植区、优质果品采摘区等几大区块，中间间植玉玲花，营造出疏密适当，高低错落的层次。项目总投资8000万元。2016年完成绿化面积1910亩，栽种数量在55万棵，主要为樱花、海棠、玉铃花、丁香、紫叶稠李、白蜡、紫椴、龙柏等观赏性观花、彩叶树种20多种，其中高杆樱花、高杆海棠、玉铃花等均为市场稀缺产品。

垦利区林地保护利用规划（2010—2020）修编 根据《全国林地保护利用规划纲要（2010—2020年）》和《关于做好全国林地变更调查工作的补充通知》（资地函〔2015〕17号）文件精神，于2016年6月底完成规划修编的编制工作，并于10月获区政府批准实施。修编完成后，全区林地面积19170.34公顷，其中：有林地面积4906.88公顷，灌木林地面积6259.37公顷，未成林造林地面积1017.28公顷，苗圃地面积1429.82公顷，无立木林地面积2800.88公顷，宜林地面积2756.11公顷。

（武茂光）

兴隆生态林场

【基础配套】 在东三路东兴村入口处进行高标准绿化和道路改造，并建设标志性景观门一处；在珍果采摘区德州路入口处建设入口景观一处，为游客提供休闲、停车、游憩等服务；在活水游憩区进行湿地修复，并配套建设巡护步道和景观栈桥；对珍果采摘区西侧循环路进行改造提升，新建循环路717米；对森林休闲娱乐区东兴村南70亩百果园林地进行防护，对珍果采摘区、森林休闲娱乐区等主要区域安装无线监控设备进行全方位监控；对东二路节点中心岛进行改造提升，补植部分景观林木，建设景观小品；对六干排北侧东三路入口进行景观绿化提升。共计完成投资1000万元。

【林地精细化管理】 （一）落实《林木管护办法》，达到6500亩林地灌溉、除草、灭虫全覆盖，对4500亩公益林进行常态化管理，确保林相整洁；对2000亩经济林实行精细化抚育，根据实际情况调整林木品种结构。（二）做好森林防火工作，做好森林防火办公室及防火大队的配套建设工作及人员管理工作。（三）做好安全巡护工作，做好区域内林木的防盗、林地防侵占、水面防侵占工作，开展乱垦乱占林地集中清理行动1次，做到林地管理规范。

【产业项目】 （一）东营市盛元生态农业有限责任公司莲藕产业基地项目，种植莲藕面积2000亩（其中大田1700亩，高产高效田180亩，高产攻关田20亩，种质资源基地100亩）；修建混凝土生产路2000米；博士工作站建设完成；农家乐房屋整修完成并投入使用；新购置莲藕深加工厂房1500平方米，完成投资9300万元。（二）东营市怡园生态农业有限公司红木雕展、花卉旅游基地项目，拟投资1500万元，打造集红木雕展、苗圃抚育、花卉培育和休闲游览为一体的旅游基地，完成投资655万元，其中培育200亩育苗基地，投资60万元；建设蔬菜大棚5个投资75万元；购入红木加工设备20余台套，厂房建设、办公用房建设及进口红木材料等投资520万元。

（商 滨）

畜 牧 业

【概况】 区畜牧局为参照公务员管理事业单位，下设办公室、规划发展股、畜牧执法与兽医兽药管理股、畜牧兽医站、动物疫病防治监控中心（加挂区动物卫生监督所和区生猪定点屠宰管理办公室牌子）、财务股6个股室，在7个镇街道分别设有动物疫病防治监控所。全局有编制51个，在编在岗人员49人，其中，在职副科级以上干部7人。

2016年，全区猪、牛、羊、禽存栏分别为14.12万头、2.87万头、9.23万只、272.32万只，比上年分别增长0.36%、−12.23%、−7.24%和2.64%；出栏分别为27.96万头、3.02万头、14.55万只和827.48万只，比上年分别增长2.46%、−10.12%、−5.83%和13.74%；全年肉蛋奶总产量为8.90万吨，比上年增长1.01%。

【产业建设】 招商引资 引入河南牧原集团100万头生猪产业体系项目，项目计划总投资14.5亿元，占地6019亩，计划建设种猪场4个、商品猪场7个、饲料厂1个和无害化处理厂1个。全部建成投产后，年出栏商品猪可达100万头，实现年产值32亿元。

项目争取 申报并组织实施2016年现代畜牧业示范县、基础母牛扩群和奶牛改扩建等政策扶持项目3个，争取省级以上扶持资金1220万元。

【现代畜牧业示范县项目】 总投资1818.05万元，各项投资构成为：土建工程费用1418.95万元、设备购置费用327.1万元、2016年畜牧科技推广示范项目费用45万元、技术推广与服务体系建设费27万元。由垦利区12个养殖企业承担。

垦利区2016年现代畜牧业示范县建设单位情况明细表

序号	建设单位	建设地点
1	山东万得福实业集团有限公司肉牛养殖场	垦利区华丰路以东、溢洪河以北
2	东营市丰和农牧业有限公司	垦利区胜坨镇尚庄村
3	垦利县永安镇东九奶牛场	垦利区永安镇东九村西800米
4	东营市东旭牧业有限责任公司	东营市垦利区胜坨镇皇殿村
5	垦利县兴发奶牛养殖场	垦利区兴隆街道办店子村南1000米
6	垦利县黄河口镇恒祥奶牛养殖场	垦利区黄河口镇建林浮桥南
7	东营市智远生态养殖有限公司	垦利区黄河口镇辛集村东500米
8	东营金海岸农业开发有限公司	垦利区垦利街道办二十一户村东1000米
9	垦利县永安镇牛圈奶牛养殖场	垦利区永安镇牛圈村
10	垦利县永安镇二十四倾奶牛养殖场	垦利区永安镇二十四顷村北1000米
11	垦利县胜坨镇海中奶牛养殖场	垦利区胜坨镇海中村
12	垦利县黄河口镇新营奶牛养殖场	垦利区良种场

【基础母牛扩群项目】 总投资242.9125万元，其中，申请上级补助资金240万元，企业自筹2.9125万元。山东万得福实业集团有限公司肉牛养殖场141.01万元，其中上级资金140万元，自筹资金1.01万元；垦利区黄河口镇牧旺家庭农场101.8025万元，其中上级资金100万元，自筹资金1.8025万元。

【垦利县东九奶牛场奶牛标准化规模养殖场（小区）建设项目】 总投资149.98万元，其中，中央投资80万元，自筹资金69.98万元。新建成年牛舍1栋720平方米，新建干草棚1栋720平方米，新建道路1584平方米，其中进场路240平方米、场区道路硬化1344平方米，购进铲车1台。

垦利县东牧畜禽养殖有限公司创建成为国家级标准化示范场验收，黄河口镇新营奶牛养殖场、东九奶牛场、坤峰肉鸡养殖场、垦利县万和种鸡场、垦利巨源畜禽养殖有限公司等5个养殖场成功创建省级标准化示范场。

【养殖废弃物处理利用】 沼气建设　在东、中、西部分别规划建设万得福、金海岸、东旭等5000立方米左右大沼气项目3处，实现垦利区养殖粪污的就近就地处理。

三区划定　落实《水污染防治行动计划》《山东省落实〈水污染防治行动计划〉实施方案》《东营水污染防治工作方案》要求，遵循《畜禽养殖禁养区划定技术指南》的各项规定，编制完成《垦利区畜禽养殖三区划定方案》并报区政府审定。

【病死畜禽无害化处理厂建设】 为解决染疫动物的随意处理和乱丢乱弃问题，引入东营市东煜生物科技有限公司，启动垦利区首家病死畜禽无害化处理厂项目建设。项目位于黄河口镇新林村北，总占地面积10000平方米（约15亩），总投资2000万元，项目引入台湾工艺，以废物质处理的“无害化、减量化、资源化、环保化”为目标，把病死畜禽及餐厨废弃物加生物菌进行高温无毒有机处理，再与食用菌下脚料等有机原料及矿物质进行高温封闭发酵，直接制造出优质有机肥。项目在处理病死畜禽及餐厨废弃物的过程中，由于是在封闭的发酵罐中高温操作，整个过程不产生任何污染，克服了传统病死畜禽处理过程中存在的诸多问题。项目建成后，日处理病死畜禽能力12吨，年生产有机肥20000吨，工业用油500吨。

【动物疫病防控】 春秋两季重大动物疫病集中免疫开展，禽流感、新城疫、猪瘟等11个项目检测合格率为100%，猪蓝耳、羊O型口蹄疫、羊I型口蹄疫3个项目检测结果全部达到和超过农业部规定标准。加强动物卫生监督，发放、张贴动物防疫责任告知书2000余份；严格到场、到点实施检疫，出具检疫证2850份，检疫各类畜禽632万头只。推动政策性养殖业保险。配合保险公司为全区养殖户承保育肥猪19960头、能繁母猪1400头、奶牛94头。2016年年底，代表山东省接受农业部秋季动物疫病检查。

【畜产品质量安全监管】 **落实监管责任** 年初，畜牧局与镇（街道）防控所，防控所与各畜牧企业（场户）层层签订畜产品质量安全责任承诺书，明确养殖企业（场户）的主体责任。落实兽药告知制度，根据《山东省兽药经营告知管理办法（试行）》和《山东省依法依规生产兽药告知书》等文件要求，对全区在售兽药进行核查梳理，对新增和首次进入垦利区销售的兽药依法进行登记备案。落实挂牌监管制度，按照属地管理原则，各镇街防控所对监管人员实行划片包区、挂牌监管，定期对养殖场户进行巡查，指导养殖场户依法依规用药、用料，确保投入品安全。完善监督举报制度，在局门户网站及各镇（街道）防控所办公场所公开监督举报电话，发动社会力量参与，畜产品质量领域违法犯罪行为。

开展专项整治 制定《2016年全县畜产品质量安全执法监督工作方案》，组织开展兽用抗菌药、“瘦肉精”、农资打假等五项专项治理行动，累计出动执法人员200人次，检查饲料、兽药生产经营企业29家、养殖场户196个，对养殖、兽药饲料生产经营等重点环节进行集中整治。

开展监测抽检 通过配合上级抽检、自行开展检测及委托专业机构监测相结合，强化畜产品质量安全风险预警能力。一是配合上级抽检。先后配合省局、市局完成各项监测抽检12次，抽检各类样品277批次，抽检合格率为99.6%。二是自行开展监测抽检。按照检疫与检测同步、集中抽检与随机抽检相结合的办法，利用快速检测卡开展“瘦肉精”监测，监测养殖场户430余户，检测牲畜4300余头，未发现使用“瘦肉精”行为。三是委托专业检测机构开展抽样监测。通过采取政府购买服务的方式，委托青岛海润农大检测有限公司在垦利区开展畜产品质量监测，抽检样品71批次，抽检合格率100%。

推进无公害认证 组织广大养殖企业开展无公害认证申报及复审工作，永安东九奶牛场、永安镇坤丰家禽养殖场2家通过无公害产地认定，丰和牧业、东营润泰等6家企业通过换证复查。

实施兽药可追溯建设 按照兽药GSP检查验收标准，组织全区23家兽药销售单位全部由个体经营变更为具有独立法人资格的企业。按照省畜牧兽医局制定的《全省兽药监管追溯系统建设实施方案》，为垦利区23家兽药经营企业安装兽药可追溯系统，完成基本信息录入。

（徐 翔）

东营市现代畜牧业示范区

【概况】 2016年，畜牧区实现生产总值5.13亿元，比上年增长14%，其中一产实现增加值3.44亿元，比上年增长6.4%；实现财政总收入4436.03万元；完成固定资产投资3.91亿元。

【发展思路】 在调研论证的基础上，确立以创建省级农高区为总抓手，以项目建设为载体，以问题解决为突破，破解发展瓶颈，拉长产业链条，培育主导产业，启动产业园区开发建设，促进经济转型升级，实现经济社会科学有序、健康稳步发展，加快建设全国重要的绿色生态农业种植基地、黄河口品牌渔业养殖基地、特色畜牧业养殖加工基地、现代农业科技创新孵化基地和休闲生态特色旅游小镇。

【省级农高区创建】 10月27日向省政府呈报关于东营市现代畜牧业示范区申报省级农高区的请示文件，11月1日副省长王书坚批转省科技厅研究提出具体意

水稻良种繁育

见，经汇报沟通省科技厅同意开展前期工作。为加快省级农高区创建与中国科学院地理资源研究所进行战略合作，进一步完善提升园区规划，同时正按照省级农高区建设标准，开展各项准备工作。

【项目建设】 5000亩黄河口大闸蟹产业示范园，开发标准化养殖池14个、育苗池1个，实现“当年规划、当年建设、当年投产达效”。创新“养殖、销售和合作”模式，总产大闸蟹217.5吨，实现增产增效。创新养殖模式，通过种植水草改善水质、提供饵料，采用生态位互补的多品种混养模式，实现大闸蟹、小龙虾、鳜鱼立体混养，稻蟹混养；创新销售模式，与境外高端知名销售企业合作，一部分直销香港、出口新加坡等国家，其余通过电商销售以及线下销售，产品供不应求；新企业合作模式，与江苏养殖企业合作，引进先进的养殖技术团队，实现优质高产，提升了黄河口大闸蟹养殖的技术水平和科技含量，实现了高附加值开发和集约化经营，有效带动全市黄河口大闸蟹养殖产业的发展。正大现代农业科技生态园。种植水稻6万亩，进行规模化生产、机械化管理，总产水稻3010万斤。年出栏10万头种植繁育项目于7月运营投产，采用国际先进的生产工艺，开展规模化、标准化、生态化养殖，存栏祖代种猪5529头，加快推进50万头生猪产业链项目前期工作，建设全国重要的生猪产业基地。初步培育了水稻种植、黄河口大闸蟹养殖和生猪养殖主导产业。

【农业科技合作】 10月8日中科院院士秦大河、中科院地理资源所研究员欧阳竹率领专家进行现场考察，中科院地理资源所确定在畜牧区建设中国科学院黄河三角洲研究中心，并于2017年1月16日与东营市人民政府签署战略合作协议。主要围绕生态、资源、环境等三角洲可持续发展问题开展理论方法创新研究、关键核心技术开发和产业化示范，建设立足黄河三角洲全球知名的国字号科技创新中心。

与山东省农科院、山东省科学院、山东农业大学、青岛农业大学4家科研院所建立合作关

中国科学院院士秦大河来我区考察推进中科院黄河三角洲研究中心建设

系。省农科院设立“耐盐植物资源博士科研工作站”，与省科学院合作共建“中澳耐盐植物国际合作成果转化基地”，青岛农业大学设立“耐盐作物种质创新与利用工程技术研究基地”，搭建了科研平台，促进了区域农业科技水平的提高。

【“渤海粮仓”科技示范工程】 建设“渤海粮仓”科技示范工程核心区1.2万亩、示范区6万亩。开展盐碱地改良、耐盐小麦玉米水稻良种选育、新技术新模式试验，试验耐盐小麦品种37个、玉米品种18个、水稻品种102个，筛选出耐盐小麦良种3个、玉米良种2个、水稻良种2个。小麦种植采用“小麦—青贮玉米轮作”模式，实现一年两熟，采用土地深耕深松及绿肥改碱措施和宽幅精播技术提高产量，小麦最高亩产551.16公斤，连续三年创山东省“渤海粮仓”最高产量。水稻种植，实行工厂化育秧、机械化插秧、规模化和精细化管理，建设盐碱地水稻高效体系研究院，试验特色稻品种5个、优质稻品种80个，发展6.2万亩生态水稻种植，配套物联网和农产品质量体系，建成全省单片最大的水稻种植基地。一系列科研成果的应用和良种、良法的推广使用，实现了农业科技融合，促进了传统农业产业升级，提高了粮食产量。

【土地管理】 开展土地清理清查，成立黄河、青坨两个工作组，对土地承包经营情况开展清理清查。通过追缴土地承包费欠款，阻止叫停侵占土地资产行为，提起法律诉讼等方式，切实主张和维护农场土地权益。对闲置的回收土地、项目预留地进行统一公开发包，加强和规范了土地租赁行为，土地承包价格亩均增长60元。加强对土地利用规划和现状管控，逐步完善土地档案资料，努力从根本上理顺和规范全区土地经营、利用行为。对土地回收中的突出问题，坚持分类处置，依法解决。对省高院王新海土地侵权赔偿案件，积极做好应诉；对永丰公司、华城公司土地回收遗留问题，努力通过协商、诉讼等途径妥善化解。

【民生实事】 启动保障房建设，制定分区块启动住房建设的方案和与延期交房相关的优惠措施，确保职工住得上、住得好，住得舒适。一期建设440套住房及配套工程全面启动，正加快房屋内外装和小区配套土方工程施工，确保2017年8月底前交房。同时，在金融机构融资保障住房建设资金需要，政策性贷款完成前期手续办理，保障后期住房建设资金需求。在垦利县支持下改建永青路路，设置青坨管理区卫生室，完成居民小区电力设施改造，改善了职工群众的生活条件。

区领导走访慰问道德文明家庭

海洋与渔业

【概况】 东营市垦利区海洋与渔业局是东营市垦利区人民政府直属的全额财拨参照公务员管理正科级事业单位，下设办公室、渔业股、海域管理与海洋利用股、船舶检验站、东营市垦利区海洋环境监测预报站（副科级）、东营市垦利区水产品质量监测中心（副科级）、东营市垦利区渔港监督管理站（副科级）、中国海监垦利区大队8个科室，有正式在编在职人员55人，其中正科级干部5人，副科级干部7人，其他职工43人。主要负责贯彻落实国家、省、市有关海洋与渔业的法律法规和方针政策；拟订全区海洋事业与渔业经济发展规划和政策，并组织实施；承担海洋经济运行监测、评估和信息发布的责任；承担规范管辖海域使用秩序、海岛生态保护和无居民海岛合法使用的责任；承担保护海洋环境和渔业水域生态环境的责任；拟订并组织实施促进渔业生产发展的政策措施；承担海洋灾害预警报和海洋与渔业防灾减灾的责任；拟订并组织实施海洋与渔业科技发展规划；组织实施海洋与渔业高新技术和应用技术研究、科技成果转化和技术推广；拟订并组织实施海洋与渔业有关标准和技术规范；组织、指导海洋与渔业系统的培训工作；组织、指导渔业技术推广体系改革与建设工作；组织开展对外经济技术交流和合作；负责海洋监察、渔船检验、渔港监督管理工作。12月，区海洋与渔业局被国家海洋局烟台海洋环境监测中心站评为“2016年度海洋环境应急监测先进单位”。

【渔业发展概况】 2016年全区水产养殖面积74万亩，其中淡水养殖面积12万亩，海水养殖面积62万亩（滩涂面积14万亩，护养面积48万亩），实现水产品生产总产量16.62万吨，较上年增长3.60%，渔业经济总产值48.77亿元，较上年增长0.73%；其中水产品产值32.13亿元，第二产业产值5.30亿元，第三产业产值11.34亿元，比上年分别增长0.26%、1.1%和0.98%。

【淡水渔业】 全年实现淡水养殖产量324200吨，产值10.8452亿元，比上年分别增长1.28%、1.52%。黄河口大闸蟹作为淡水主导品种，增养殖面积达到40万亩，其中包括30万亩的湿地生态养殖。2016年总产量6002吨，实现产值6.0269亿元。

【海水养殖】 全年实现海水养殖产量11.98万吨，产值16.1255亿元，比上年分别增长4.85%、1.50%。全区海参养殖面积达到12万亩，全年生产海参8001吨，比上年增长2.55%，实现产值7.3222亿元，比上年增长4.28%。

【海洋捕捞】 （一）全年实现海洋捕捞产量1.40万吨，产值10.84亿元，比上年分别下降1.26%和增长1.52%。（二）加强渔船、船员管理。全面加强渔港监督、渔船检验、船员培训和安全生产管理。执法人员深入到各渔港，累计登船检验渔船600余艘，增补、更换救生衣126件、救生圈32个、灭火器48具、航行作业信号灯570套；为渔民免费配发保暖式救生衣1500件；在红光渔港、小岛河渔港增加配备16具推车式灭火器；办理渔船及其船员的年审手续，并与船东签订安全生产责任书，发放《山东省渔业船舶管理办法知识问答》、《渔船检验须知》等材料。发展渔业互保，提高风险保障能力，继续抓好政策性渔业互助保险展业工作，为1307名船员办理雇主责任险和附加医疗险，为110千瓦以上钢质渔船办理船舶保险，完成保费收入220.6万元，并办结理赔案件17起，理赔总金额16.23万元，为渔民解决后顾之忧。加强伏季休渔管理，严格执行船籍港管理制度，实行逐船调度，分别落实渔业执法人员作为伏休责任人，全区没有发生违规事件和安全事故，被省海洋与渔业厅评为全省伏季休渔工作先进集体。搞好船员培训和考试工作，协助配合市支队搞好三级船长和轮机长的培训工作；同时协调县职教中心举办机架长和普通船员培训班，做好业务知识及实际操作技能考试与发证工作，确保船员持证上岗，累计培训船员83人，经考试全部合格。做好渔港普查认定工作，小岛河渔港、红光渔港两处渔港的《渔业港口技术评定书》由中诚国际海洋工程勘察设计有限公司于2016年11月编制完成，防潮闸和垦北两处渔船停泊点由垦利区人民政府《关于将防潮闸渔船停泊点和垦北渔船停泊点确立为自然港湾的批复》确立为自然港湾，均通过省海洋与渔业厅认定。开展应急管理海上救援工作，修订《垦利区海上搜救应急预案》及其操作手册；累计组织和参与海上应急救援3次，成功营救遇险渔民23人。

【渔业科技】 开展新品种、新技术的引进和推广。与中国海洋大学合作推广太平洋牡蛎“海大1号”进行浅海筏式养殖、与中国水产科学研究院黄海水产研究合作开展参虾、参贝混养试验均取得成功，提高了养殖单产和效益。与中科院武汉水生生物研究所合作，在蓝湖度假区大闸蟹养殖基地建设500亩黄河口大闸蟹标准化示范园，开展黄河口大闸蟹大规格养殖试验与推广，采取“围堤、提水、种草、套混、精养”技术，探索实行蟹鱼套养、混养模式，投产当年亩产达到75千克，规格平均在125克，亩产值7000元。开展科技入户和新型渔民科技培训工作，培植科技示范户250户、建设科技示范基地1处，遴选技术指导员50名并签订技术服务责任书，发放聘书和胸牌，举办培训班11次，培训学员1000多人次，发放技术资料3000多份，免费为示范户发放渔用微生态制剂等物化补贴。

【渔业资源修复和放鱼养水】 连续第11年实施增殖放流，共放流中国对虾、三疣梭子蟹、海蜇、黄河口大闸蟹2.45亿公斤。其中包括中国对虾2亿尾，三疣梭子蟹550万只、海蜇2833.3万头、大闸蟹137.5万只，投入资金600多万元。

【黄河口名优水产品推介】 宣传推介海参、大闸蟹两大主导品牌，组织辖区内的渔业企业、合作社、购销大户参加各类农产品展销会（博览会），全面打响“黄河口水产”品牌，黄河口大闸蟹品牌价值达16.3亿元。组织玉峰、景明、海跃等多家公司参加第六届黄河口农业博览会；推进电商网络平台建设，拓宽销售渠道。山东黄河口水产有限公司的大闸蟹登上京东东营馆、顺丰优选、淘宝、央视网以及一些农村电商平台；景明水产在天猫、淘宝、顺丰优选、京东、建行网站也有销售渠道；山东黄河口大闸蟹有限公司除天猫、京东平台外，还在微信上开展预售活动。东营市玉峰水产有限公司的三角洲牌大闸蟹获“东营市第二届十大名优农产品”称号，黄河口大闸蟹入选山东知名农产品区域公用品牌、入选2016中国最具影响力水产品区域公用品牌。

【水产品质量安全管理】 制订年度水产品质量安全监管工作方案、水产品质量安全宣传方案、执法检查计划、抽检计划及专项整治方案，明确工作内容和具体要求。全年组织开展各类水产品安全检查活动210余次，出动执法人员670多人次，累计检查经营企业590家（次），其中联合镇街水产监管人员开展集中检查活动9次。开展集中培训6次，现场宣传指导50余次。完成苗种监督抽检任务25个，成品监督抽检任务40个，垦利区自检78个，投入品风险监测11个，贝类划型抽检36个以及其他抽检任务共计200个，抽检合格率100%。组织3家复查换证的单位、2家拟新申报无公害认证的单位的5个内检员到烟台进行培训，取得无公害内检员证书。对2016年复查换证的5家企业分别进行现场检查，增强渔业企业安全用药意识、法律意识和诚信意识。垦利区无公害水产企业达到20家，无公害水产品31个。

【海域管理】 （一）海域管理有序推进。全年征收海域使用金864万元，征收率100%；办理海域使用申请4宗，面积2673.85公顷；办理到期续期开放式养殖用海101宗，面积16806公顷；转让 7宗，面积1168.9068公顷；注销7宗，面积1269.86公顷；科学制定海域开发利用规划，编制完成《垦利县海域使用规划（2013—2020）》，并经省海洋与渔业厅、东营市人民政府批准颁布实施。（二）涉海项目建设进展。东营黄河口生态海洋特别保护区海洋环境保护公益宣传教育项目、规范化能力建设项目按照批复完成全部建设任务，并通过上级验收；县级海域动态监管能力建设项目完成动态监管中心办公场所和视频会商室改造，完成海域动态监控车、水准仪等仪器设备的接收、调试，完成远程视频监控及无线基站建设选址。（三）海洋监察工作。陆地巡查23次，行驶2700余公里，出动执法人员69人次，海上巡查6次，航行500余海里，出动执法人员30余人，并按规定上报巡查情况。配合省、市海监执法巡查2次。开展“碧海2016”专项执法行动；处罚违法用海一起，规范依法用海秩序。（四）完成近岸趋势性监测、重点海参养殖区水源地动态监测、黄河调水调沙前生态环境影响评价，取得监测数据4497个。开展13号闸排污事件连续监测，完成2016年东营市海洋垃圾监测评价报告。

【网格化安全生产管理】 编制渔业系统生产经营单位“网格化、实名制”监管名册、城乡公共领域安全生产风险源摸底名册等信息资料，成立5个检查组分别到21家企业和各渔港、渔船进行专项执法检查，对于7家渔业企业和16艘渔船发现的隐患，立即下达整改指令书，按时完成整改。

【南美白对虾工厂化养殖】 在东营市现代渔业示范区建设SPF南美白对虾良种繁育、工厂化养殖及研发中心，建设五级净化水处理设施3处，建设亲虾池1座，育苗车间6座，形成年产10亿尾优质虾苗的生产能力；建成高标准恒温养殖车间37座，并配套相应设备设施，养殖水体5万立方水体，项目建成后，全区南美白对虾工厂化养殖面积达8万平方米，南美白对虾工厂化养殖每方水体产量达到20斤，可提高单位面积产量和效益。

【海上粮仓建设】 实陆基标准化渔业基地项目，以海跃水产公司养殖基地为载体，采用“科研院所+龙头企业+合作社+养殖户”的模式，运用物联网技术，实时在线监测水温、溶解氧、pH值、盐度等，实现生产运营全程在线监控，探索“参虾”“贝参”混养全生态链养殖模式，开展订单渔业、电子商务等营销模式，创建全省海参水域滩涂池塘养殖标准化程度最高、基础设施最齐全的示范基地。

（郑　华　徐万栋）

【特色产品介绍】 垦利海米是山东省东营市垦利区著名的水产之一，分布在垦利区的黄河口镇和现代渔业示范区境内及垦利近海海域。

垦利区地处黄河入海口，温带季风气候区，虽濒临渤海，但大陆性季风影响明显，冬季干冷，夏季湿热，四季分明。年日照总时数2479.7小时。夏季盛行东南风，冬季盛行西北风，春季多东北风，秋季多西风。全年气温偏高，冬季出现阶段性寒冷，夏季出现阶段性酷热，冬季少大风严寒，春季温暖湿润，温度回升快。黄河携带大量的有机质和淡水由此注入渤海，极适宜于海洋生物的衍生繁殖，独特的地域环境为鲜鹰爪虾的制作提供了条件，垦利海米由本地产的鲜鹰爪虾经传统工艺加工而成，颗颗饱满，色泽金黄，形状像一把钩子，味道鲜美且营养价值极高，是垦利区特有的海产品。

垦利海蜇是东营市垦利区著名的水产之一，海蜇水母体栖息于近岸水域，分布在垦利区的黄河口镇和现代渔业示范区境内及垦利近海海域。

垦利海蜇水温的适应范围为15～32℃，适宜水温20～24℃；对盐度的适应范围为8‰～32‰，适宜盐度18‰～26‰，黄河口水质环境十分适合海蜇生长，因此垦利海蜇的营养极为丰富。据测定：每百克海蜇含蛋白质12.3克、碳水化合物4克、钙182毫克、碘132微克以及多种维生素以及丰富的胶原蛋白与其他活性物质，是一种营养价值极高的海鲜食品。

垦利虾皮是东营市垦利区特色产品之一，在垦利区有多年养殖历史，养殖面积达3200亩，年产虾皮320吨。分布在垦利区的黄河口镇和现代渔业示范区境内及垦利近海海域。

垦利区独特的地理位置，为毛虾等生物提供了良好的生长环境。所产毛虾体大色白，味道鲜美，素有“天然钙库”和“天然味素”之美誉，发展毛虾精深加工产业潜力巨大。

垦利小龙虾是东营市垦利区的特色产品之一，是小龙虾中的优良品种，远销北京、上海、广州各大城市，供不应求。

垦利小龙虾成体长约5.6～11.9厘米，暗红色，甲壳部分近黑色，腹部背面有一楔形条纹。幼虾体为均匀的灰色，有时具黑色波纹。螯狭长。小龙虾体内的蛋白质含量很高，且肉质松软，易消化，对身体虚弱以及病后需要调养的人是极好的食物；虾肉内还富含镁、锌、碘、硒等，镁对心脏活动具有重要的调节作用，能保护心血管系统，它可减少血液中胆固醇含量，防止

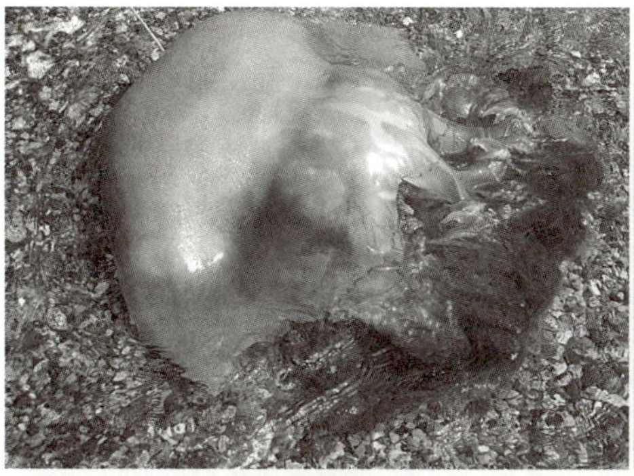

垦利海蜇

垦利银鱼

垦利虾皮

垦利小龙虾

垦利海米

动脉硬化，同时还能扩张冠状动脉，有利于预防高血压及心肌梗死，所含虾青素，更是一种很强的抗氧化剂。

垦利银鱼是山东省东营市垦利区的特产之一，历史悠久。银鱼是淡水鱼，主要产于垦利区黄河口海域，又叫黄河口银鱼。

垦利银鱼具有海洋至江河洄游的习性，分布在垦利区的黄河口镇和现代渔业示范区境内及垦利近海海域。银鱼极小，又称五余。古代本草书云：春秋时期越王勾践“食绘鱼未尽，以其半弃之”，化而为五余，其栖于近海处，4—5月间成群上溯于河川，在水草茎叶间产卵，每次约产两千卵，产卵前的银鱼，味最丰美。若取其鱼子，以酒、酱油捣烂，加麻油、茴香末等和匀做成鱼子酱，是非常名贵的补品。垦利银鱼可食部100克含：水分89克，蛋白质8.2克，脂肪0.3克，碳水化合物1.4克，灰分1.0克；钙258毫克，磷102毫克，铁0.5毫克，硫胺素0.01毫克，核黄素0.05毫克，尼克酸0.2毫克。

垦利银鱼长二寸余，体长略圆，形如玉簪，似无骨无肠，细嫩透明。垦利纬度位置而独有的气温光照特点，使垦利银鱼成为全国珍贵鱼种，垦利银鱼肉质细嫩，营养丰富，无鳞、无刺、无腥味，可烹制各种佳肴。

（刘俊龙）

农业机械

【概况】 2016年，全区农机原值55774万元，农机总动力发展到473230万千瓦，农用拖拉机保有量14572台，分别比上年减少7.86%、6.7%、4.76%。新增大中型拖拉机186台，新增粮食烘干机械设备5台套。全区机具34400台（套），机具配套比1∶2.36。全年完成机耕作业面积38014公顷（其中深耕深松8333公顷），机播36436公顷，机收22371公顷，农业作业量因农业种植结构调整导致，分别比上年减少30.95%、35.35%、26.29%。

（隋小勇）

水利水务

【防汛抗旱】 2016年，县水利局提前联系黄河河务部门制订引水计划，县管水库全力蓄水，春灌工作自2016年2月23日开始，至5月11日结束，灌溉农作物65.24万亩，保障全县农业生产生活用水，未形成春旱灾害。

进入汛期后，由于降雨阶段性特征明显、强降水过程突出、空间分布不均，先后发生7月25日的强降雨，8月6日至8日的连续暴雨等灾害性天气，造成局部农田出现积水受灾，形成7.377万亩农作物受灾，1.714万亩农作物成灾，0.217万亩农作物绝收，对全区工农业生产造成部分损失。面对如此频繁的暴雨汛情，及时向区防指部领导汇报雨情、汛情和灾情，并根据领导指示向各镇街道防办和有关单位发出紧急通知，适时启动防汛应急预案，要求抢险队伍和相关人员立即到岗到位，投入抗洪救灾。整个抗洪救灾工作有条不紊，高效运转，全区没有因工作失误造成人员伤亡，所有水库无一垮坝，各项损失降到最低限度。

市委副书记、市长赵豪志视察溢洪河水土保持工程

太阳能项目

【大型水利工程建设】 垦利县农田水利项目2016年度项目位于垦利县胜坨镇，南北向胜利路以东，南展大堤以西，东西向胜利路以南，现状2#路边沟以北，涉及林子、徐王等18个行政村，控制灌溉面积1.2万亩。项目于2016年1月5日开工，2016年8月30日完成。完成铺设管道81.45千米，安装给水栓995套；新建提水泵站2座，安装水泵6台套，装机功率540千瓦；疏浚排水沟70.8千米；新建配套建筑物19座，维修改造桥梁6座。项目完成投资1866.21万元，其中：中央投资1000万元，省级投资800万元，县级配套63.67万元，农民投劳折资2.54万元。项目的实施，解决了项目区水利设施配套不到位、年久失修等问题，形成较为完善的灌排体系。实现灌排分设、一次性提水直接输送到田间，彻底改变灌排合一、多级提水、大水漫灌

的灌溉模式。以管代渠，实现节水、节能、省地、省工的目的，实现真正意义上的“田间自来水”。

【2016全县重大水利工程】

2016年度抗旱应急水源工程项目 项目的抗旱应急保障范围为十八户灌区控制范围，农田面积9.7万亩。主要内容为改造双河干渠渠首泵站进水池，降低泵站最低工作水位，更换水泵机组6台套，更换配电设施，新建同兴分干进水闸一座，设计流量10.5立方米每秒。工程投资545万元，其中省级以上投资270万元，市县级投资275万元。项目于2016年9月5日开工，10月28日竣工。项目完成后，在严重和特大干旱情形下，能保障灌区9.7万亩农田作物生长关键期最基本用水。

溢洪河水土保持工程（溢洪河湿地项目） 占地1755亩，分两个区块建设生态湿地，其中：西区工程主要在原有生态湿地的基础上进行改造，增加一号景观池、二号景观池及相关绿化种植。东区工程主要建设节制闸、泵站各1座，并配套景观池、挺水植物湿地、沉水植物湿地及相关绿化种植。规划日处理污水5万吨，跨年度实施，投资5495万元。2016年，完成投资目标4000万元，项目于2016年5月底开工，计划2017年6月底完工。

2016年度冬春农水会战项目 一是干渠清淤工程，对十八户、路南、五七、双河干渠及宋春荣沟等5条沟渠进行清淤治理；二是生产桥维修改造工程，对广蒲沟北张桥，西干渠生产桥，稻改二支排生产桥，北分干小口子桥，大户生产桥，杨董公路二干桥等进行维修改造，保证农业生产安全和出行安全；三是节制闸维修改造工程，对三坨水库节制闸、宁海排灌闸、路干闸，广蒲沟大务闸，小岛河东隋拦河闸，五七渠节制闸改造进行了维修改造；四是小型泵站维修改造工程，董集镇总干泵站，垦利街道十八户扬水船、一号扬水船、东河滩泵站进行维修改造，保证了春季引水灌溉需要；五是张镇河下游段综合治理工程，小计投资1842万元，于2016年4月全部完成。

人大第一副主任孙海君调研农田水利项目县工程进展情况

大中型水库移民结余资金项目 2016年度水库移民后期扶持结余资金项目总投资130万元，移民工程项目涉及永安、黄河口

溢洪河水土保持工程

两个镇，工程建设内容包文化大院文化广场健身和农村道路等项目。工程建设于2016年7月11日开工，12月底竣工。项目的实施有利于库区移民群众尽快脱贫奔康致富，实现库区移民安置区经济社会可持续发展。

【水利行政执法】 2016年，依法查处违法行为6起，办结各类行政审批32项。全年征收水资源费1034万元。

【水利综合经营】 2016年，水利综合经营产值3.8亿元，实现利税4080万元。六干排综合治理工程和东营港防潮堤工程获“鲁水杯”优质水利工程奖项。

（王少臣　程建刚　史文龙　李　斌　李国庆　组稿人：武黎明）

工　业

综　述

【概况】 垦利区经济和信息化局主要负责工业行业管理、经济运行调节、煤电油气运保障、成品油流通管理、指导推广散装水泥、推进信息化和工业化融合，推进高新技术与传统产业改造结合，推进全区信息化建设，加强节能降耗综合管理，大力发展循环经济、无线电管理等十六大方面60多项重要职责。并负责盐业、烟草专卖管理的联系协调工作，牵头承担区政府安排的化工产业转型升级、成品油市场专项整治、散煤清洁化治理等多项重点工作。下设办公室（人事股）、企业股（产业政策股）、经济运行公室（交通与物流股）、科技股、信息化推进股、区政府节约能源办公室（电力股）6个职能股室，人员编制12人。所属垦利区中小企业办公室、垦利区经济信息服务中心、垦利区能源监察大队（加挂垦利区能源监测中心牌子）3个事业单位，人员编制34人。

2016年，全区181家规模以上工业企业实现工业总产值2136.2亿元、主营业务收入2111.4亿元、利润209.6亿元、利税267.5亿元，比上年增长4.3%（可比价）、-6.45%、-14.16%和-13.31%。全区实施工业项目58个（结转项目11个），完成投资120.3亿元。其中，其中上年结转项目11个，完成投资41.9亿元，分别占全区的18.96%、34.8%；2016年新开工项目47个，完成投资78.4亿元，分别占全区的81.04%、65.2%。

垦利区2016年镇、街道及开发区主要经济指标情况

单位：亿元、%

指标 / 镇街	工业总产值		主营业务收入		利润		利税	
	本期	同比	本期	同比	本期	同比	本期	同比
胜坨镇	1034.8	−5.4	1026.8	−5.7	107.1	−13.8	127.9	−38.8
郝家镇	132.5	−9.4	132.5	−9.4	15.7	−7.5	17.5	−12.5
永安镇	186.4	−15.8	185.4	−16.2	13.9	−4.5	17.2	−11.1
黄河口镇	5.8	−10.2	5.0	−17.7	0.3	78.5	0.3	63.0
董集镇	96.8	−19.7	96.8	−19.8	17.0	−21.7	20.1	−24.3
垦利街道	187.8	−13.4	187.7	−13.2	26.5	−25.8	31.0	−24.3
开发区（兴隆街）	267.8	3.5	253.1	0.9	27.0	−6.5	29.8	−7.2

垦利区2016年六大产业主要经济指标情况

单位：亿元、%

单位		户数	工业总产值			主营业务收入		
			本期	同期	增幅	本期	同期	增幅
精细化工业		46	733.2	787.2	-6.9%	730.7	779.5	-6.3%
石油化工业		33	423.7	466.2	-9.1%	411.7	461.0	-10.7%
机械制造业	总量	47	435.2	482.1	-9.7%	431.8	477.5	-9.6%
	石油装备制造业	24	168.4	202.5	-16.8%	166.8	201.3	-17.1%
橡胶轮胎业		4	291.0	285.1	2.0%	288.6	275.6	4.7%
新型建材业		23	135.3	146.3	-7.5%	132.1	144.0	-8.2%
合计		153	2018.4	2166.9	-6.9%	1995.0	2137.5	-6.7%

续表　　单位：亿元、%

单位		利润			利税		
		本期	同期	增幅	本期	同期	增幅
精细化工业		83.5	88.2	-5.4%	97.5	106.6	-8.6%
石油化工业		18.5	35.6	-48.0%	45.1	58.4	-22.7%
机械制造业	总量	46.2	56.8	-18.7%	53.6	67.2	-20.2%
	石油装备制造业	21.2	29.6	-28.3%	24.9	35.2	-29.4%
橡胶轮胎业		31.7	30.6	3.5%	34.8	34.5	1.0%
新型建材业		18.6	20.2	-7.8%	22.6	25.1	-10.0%
合计		198.5	231.5	-14.2%	253.7	291.9	-13.1%

【工业经济结构】 2016年，全区石油化工、精细化工、机械制造三大产业实现工业总产值1592.1亿元、主营业务收入1574.3亿元、利润148.2亿元、利税196.3亿元，分别占规模以上工业经济总量的74.5%、74.6%、70.7%和73.4%，比上年分别增长-8.3%、-8.4%、-17.97%和-15.5%。

【安全生产】 域贯彻“安全第一，预防为主”的方针，树立安全责任重于泰山的意识，履行“党政同责、一岗双责、齐抓共管”的原则，将安全生产工作与其他工作同部署、同落实、同督导、同考核。加强领导，落实责任，落实各级安全生产工作会议及文件精神，坚持强化监督检查，推行机关干部进企业、入车间一线工作法，根据局网格化任务分工，分管领导带领股室工作人员，定期到相关企业开展安全生产指导监督，在经信系统开展安全生产大检查及整改活动，系统内未发生重大安全责任事故。按照“管行业必须管安全、管业务必须管安全、管生产经营必须管安全”的原则，配合开展安全生产隐患大排查快整治严执法集中行动。组织辖区内企业将所有安全风险点逐一登记，建立企业安全风险管控档案（或电子档案），完善“一企一册”制度。按照《东营市人民政府办公室关于进一步落实安全生产事故隐患排查治理责任的意见》，建立健全企业隐患自查自纠制度，完善企业内部隐患排查治理工作台账，明确隐患排查治理工作责任，开展安全隐患排查工作，2016年，电力、电信行业通过自查自纠共查处隐患85处，整改85处，整改率为100%。

【工业经济】 7月，垦利成功入围工信部发布的“区域经济100强”，位列第56位。8月，再次入围“全国工业百强区（市）”，位列全国第49位。全区181家规模以上工业企业实现工业总产值2136.2亿元、主营业务收入2111.4亿元、利税267.5亿元、利润209.6亿元。

【产业转型升级】 2016年，全区实施工业项目65个，完成投资91.4亿元，其中传统产业改造提升项目47个，完成投资45.2亿元；战略性新兴产业项目18个，完成投资46.2亿元。招商引资工作强力推进，超额完成招商引资任务。争取中小企业发展、节能降耗、省提质增效等市级以上资金项目10余个，获资金425万元。

【提升工业企业整体实力】 万达控股集团、山东胜通集团2家企业多年入围“中国企业500强”和“中国民营企业500强”，万达控股集团、山东胜通集团、东辰控股集团、山东垦利石化集团4家企业多年入围“中国制造业500强”和“山东企业100强”。工业总产值过亿元的企业达107家，过10亿元的企业达32家，过50亿元的企业达8家，过100亿元的企业达6家。

【企业技术创新】 全区企业技术中心突破30家，“一企一技术”研发中心达29家，工业设计中心达到8家，列入省级以上企业技术创新项目12个，市级以上“专精特新”企业达75家。

【节能降耗】 全区万元GDP能耗逐年下降，完成市政府下达的节能目标；纳入“全省节能环保产业示范县（区）”创建名单，全省仅5家。清洁生产工作有序推进，引导东明石化、和利时等5家企业开展清洁生产审核；煤炭清洁高效利用工作开展，对全区10蒸吨/时以上工业燃煤锅炉、电站锅炉、工业窑炉、煤化工企业等进行摸底调查，全区有10蒸吨/时以上工业燃煤锅炉18台。

【两化融合】 两化融合管理贯标工作推进，胜通钢帘线列入2016年全国两化融合管理贯标试点企业名单，东辰、金钊源2家企业入围2016年省级两化融合管理体系贯标试点；“智能车间”试点培育工作效果显著，万达宝通轮胎、胜通钢帘线、金钊源3家企业列入第二批东营市“智能车间”专项试点。举办“山东两化融合深度行垦利站”活动，全国首家智慧工业平台在垦利上线，在垦利区130家工业企业内推广应用，并与好品山东、光彩网等多家国内知名电子商务平台开展对接合作，在“好品山东”建立“中国东营（垦利）石油化工产业集群”网络展馆。

【公司制改制】 实施公司制改制“五年行动计划”，编制《垦利区规模企业规范化公司制改制部分政策汇编》《垦利区规模企业规范化公司制改制部分办事服务流程汇编》，开展各类培训活动10余次，19家企业初步完成改制。

【化工产业转型升级】 垦利区首批三评级一评价工作全面完成，优等企业33家，中等企业53家，差等企业22家。共完成问题整改1670项，9家企业拆除主要生产设备，安全环保水平显著提升。

3月6日，垦利县总投资131亿元的36个项目集中开工

【现代物流业】 全区投产运营的物流企业47个，总资产30.71亿元，货运车辆2372辆，仓储面积70.47万平方米，危化品仓储容积116.79万立方米。实施物流项目11个，累计完成投资18.7亿元。物流信息平台效果明显，垦利区物流商会全国危险品物流“大数据”分析处理中心项目正式启动，金浩物流信息调度平台、金钊源第三方物流信息平台等信息平台投入运营。全区有省四星级物流企业四家，分别是山东金钊源物流集团有限公司、山东东昊石油化工有限公司、东营市汇东物流有限公司、山东金浩物流有限责任公司。垦利区发展成为全省最大的油品运输县（区）。

【企业家队伍建设】 实施“企业家素质提升工程”，坚持“请进来”和“走出去”相结合，围绕中国制造2025、互联网+、工业4.0、商业模式创新等方面，举办武汉大学·垦利县制造业企业家研修班、中国石油大学·垦利经济系统综合素质能力提升班、创新发展论坛等各类培训活动10余次，培训人数1500余人，累计近40人先后被评为省市区优秀企业家。

【惠民利企】 开展下派帮扶及“千名干部走百村联万户”工作，累计协调投入资金、物资61.05万元，实施土地流转村集体年增收9.5万元，为帮扶村群众办实事好事50余件；深化“百名干部联百企”活动，编印《涉企政策汇编实用手册》，为企业解决新上项目用电、合资企业注册等困难10余项，争取各类扶持资金520余万元；推进“在职党员进社区”工作，创新开展“中秋邻里百家宴”“节能宣传进社区”等活动，实施共驻共建“微实事”3件，机关党员认领微心愿8个、参加志愿服务活动200余人次。

【电力监管】 研究制定《2016年垦利县有序用电方案》，做好迎峰度夏有序用电工作；加强电力运行调度，修订完善电力应急预案，研究制定《垦利县处置大面积停电事件应急预案》及《垦利县处置大面积停电事件应急手册》。帮助胜通钢帘线、垦利石化、石大胜华、万达集团、东辰集团、宏远纺织、万得福、帝纱纺织、三合新材料、恒诚机械10家企业申报2016年电力直接交易试点用户，直接交易电量约6亿千瓦时，节省电费支出1200万元。

【散煤清洁化治理】 开展全区农村居民燃用散煤户数，使用普通炉具、节能炉具情况摸底调查；建立财政奖补体系，对财政补贴资金进行预算；兴隆街道为试点街道，开展散煤清洁化治理试点工作；初步确定规划建设1处煤炭制备中心、2个洁净型煤生产示范项目；对高污染燃料禁燃区进行初步划定。

【特色工作】 全国首家“智慧工业”平台在垦利成功上线运行 2016年，为更好地适应经济发展新常态，深入贯彻国家供给侧改革战略，加快推进全区信息化与工业化的深度融合，区经信局把握国家“互联网+”战略布局与垦利区“智慧垦利”建设契机，搭建一个向企业提供政策引导、管理咨询、供需互助、经营交流的互联网公共服务平台——垦利“智慧工业”服务平台。该平台按照“政府建设、中介运营、面向产业、服务企业、资源共享、

7月6日，垦利智慧工业平台上线启动仪式（徐开强）

注重实效”的原则，实现产品、服务、管理等模式的创新，自7月16日上线后，在垦利区130家工业企业内推广应用，实现企业与产品信息的平台录入整合与发布，并与好品山东、光采网等多家国内知名电子商务平台签订合作意向，开展合作对接。

成品油市场专项整治 先后开展各类执法检查448次（其中，联合执法17次），出动执法车辆603辆次、出动执法人员1570人次，下达执法文书130份，立案7起，查扣非法油品19吨，查扣流动加油车5辆，实施行政拘留5人，打击取缔非法加油站点118个。

加油站水冲式厕所改造 按照省、市旅游厕所改建要求，指导区内加油站进行水冲式厕所改造，定期对加油站水冲式厕所改造进展情况进行督导调度，逐个与加油站负责人进行对接。区内30个加油站厕所全部完成水冲式改造。

（刘福江　马金海　邵明佳　高　辉　张文涛　郭　祯）

精细化工业

【概况】 1月至12月份，行业实现工业总产值733.2亿元、主营业务收入730.7亿元、利润83.5亿元、利税97.5亿元，比上年分别增长-6.9%、-6.3%、-5.4%和-8.6%。

【企业选介】 **东辰控股集团有限公司** 创始于1994年，本着“商者无域，诚者无疆”的经营理念，实施“产学研结合”“引进来、走出去”“产业化发展”三大战略，成长为一家横跨化工、新能源、生物医药、新材料、地产开发、物流运输、保税仓储、国际贸易等多个领域的大型企业集团，产业遍布山东省、美国、中国香港、新疆等地区。集团拥有资产164亿元，控股子公司22个，2016年实现产值266亿元。在东营市率先创建“产学研结合”发展模式，建成国家博士后科研工作站和省级技术中心，打造完善的企业自主创新和技术成果转化体系。在德国、西班牙、美国、欧盟、日本、韩国等国家和地区完成商标注册，拥有4件山东省著名商标和5个山东省名牌产品，“艾瑞斯特IRISATED及图”商标被国家工商总局认定为“中国驰名商标”，透明质酸、电力变压器等高新技术产品畅销海外30多个国家和地区。先后获全国重合同守信用企业、国家AAAA级标准化良好行为企业等称号，连续多年跻身中国民营企业500强、中国制造业500强、山东企业100强。集团致力于多元化发展战略，以建成投产的石化工业园、生物医药产业园、新材料产业园、机电工业园、保税仓储物流园、煤（气）混投联产甲醇工业园、聚甲醛新材料园等八大产业园区为核心，精心打造石油化工、新能源、生物医药、新材料四大产业集团，逐步构建起科学完善的循环产业链条，企业核心竞争力日益凸显。（一）石化集团：以20万吨/年芳烃联合生产装置为基础，逐步对装置进行优化升级，确保安全、环保、能耗等指标处于行业领先水平并带动行业发展；采用成熟先进、环境友好型工艺技术，重点实施30万吨/年复合离子液体法C4烷基化、30万吨/年异构化、20万吨/年C9加氢、（美国Huntsman公司）共氧化法环氧丙烷联产甲基叔丁基醚（PO/MTBE）项目、甲基丙烯酸甲酯（MMA）、（日本可乐丽公司环氧丙烷法)1，4-丁二醇（BDO）。（二）新能源集团：推进变压器、高低压开关柜、箱式变电站等产品向高端、节能、智能型升级换代改造，重点推进可满足风能、太阳能等可再生能源发电、分布式供电储能需求的高效储能装置—全钒液流电池项目、基于电子领域的石墨烯导电油墨材料开发及产业化项目、超级电容器等。（三）生物医药集团：依托透明质酸、谷氨酰胺系列产品，提高产品质量，拓宽产品应用领域，开发生产医药级透明质酸产品；尽快上马年产12000吨/年D-泛酸钙项目，打造国内最大的泛酸钙生产基地；围绕发酵法工艺研究，发展苏氨酸、脯氨酸、异亮氨酸、色氨酸等小品种氨基酸；推进与中科院合作的长链二元酸项目。（四）新材料集团：加快三元乙丙橡胶项目进度，拓展卤化丁基橡胶（BIIR）、聚苯硫醚纤维（PPS）、全生物降解塑料（PBSA）、聚甲基丙烯酸甲酯

（PMMA）等高端新材料产品和项目。（五）保税仓储物流：利用自有仓储便利条件，将主营业务延伸至国际中转、配送、采购、转口贸易和出口加工等领域，开展跨境电商、保税加工、保税物流、保税展示等业务，打造更高层次的对外开放平台，争做全国对外开放的“桥头堡”。（六）房地产及新型高端服务产业：瞄准高端生态养老社区方向，提供24小时入住照顾的“多机能”服务和“介护”服务，针对老年人需求提供日托式或居家上门式的特色服务，提供力争提高用户QOL（生活质量）的养老援助。

新发药业有限公司 成立于1998年12月，注册资本5100万元，是以生产饲料添加剂、食品添加剂、兽药原料药及医药为主的国家级高新技术企业。公司占地面积1000余亩，职工1800余人，2015年资产总计25.88亿元，实现销售收入26.02亿元，利税4.45亿元。公司主要产品有维生素B1、维生素B2、维生素B5（D-泛酸钙）、维生素B6、维生素B9（叶酸）、维生素D3、D-泛醇、三氯蔗糖等。其中，D-泛酸钙产能10000吨/年，叶酸产能1200吨/年，均居世界第一位。产品出口欧美、东南亚、中东、日本、韩国、印度等全球70多个国家和地区。公司有3个省级创新平台：山东省工程技术研究中心、山东省B族维生素工程实验室、山东省企业技术中心，旨在利用各个方面的优势攻克一直困扰山东省维生素产业品种较少，能耗较高，污染较大的关键技术问题，提升我国在国际维生素产业中的地位。公司在省会济南设立研究所，专业从事医药新产品、新技术的研究与开发。在美国设立海外工作站，筛选全球范围内技术含量高、国内外市场明确、产业化前景好的高技术成果，并组织技术交流活动，联系国外科研机构解决技术难题。同时打造海外人才库，吸引国外人才及留学人员回国。公司自主研发的技术成果现申请国家发明专利62项，其中42项获授权。

公司依托科技进步、人才优势实现快速、稳健、持续、健康发展。公司通过ISO 9001、ISO 14001、OHSAS18001、ISO 22000、FAMI-QS、兽药GMP、NSF-GMP、BRC、Kosher、Halal等国内、国际专业管理体系认证，2016年4月7日通过美国FDA审查。公司多次承担国家级火炬计划、星火计划，研发成果多次获得省市级科技进步奖；新发商标连续四届获“山东省著名商标”，产品D-泛酸钙被评为“山东省名牌产品”；被中国出入境检验检疫协会评为“中国质量诚信企业”。

山东石大胜华化工集团股份有限公司 是教育部直属全国重点大学，国家“211工程”重点建设高校——中国石油大学（华东）的校办企业，是以基本有机化工产品的生产、销售为主的国家重点高新技术企业。公司占地1500余亩，有员工1300余人，注册资本1.52亿元，总资产25亿元。集团下属东营石大胜华新材料有限公司、东营中石大工贸有限公司、东营石大维博化工有限公司、东营石大宏益化工有限公司、青岛石大胜华国际贸易有限公司等多家单位。建有13套生产装置，拥有20多种产品，其中10万吨/年碳酸二甲酯装置产能规模位居同行业领先地位。公司生产的碳酸二甲酯曾先后获2004年上海国际工业博览会银奖，中国化工学会精细化工专业委员会“质量过硬，优秀重点推荐产品”等称号，远销欧美、日韩、东南亚地区和国内十几个省市，国际、国内市场占有率居领先地位。公司先后建起污水处理、循环水、凝结水回收、尾气回收等装置，为提高能源利用效率、推进节能减排、发展循环经济、开展环境保护等工作打下坚实基础。公司重视产品质量工作，以质量拓展市场，以质量树立品牌。自2004年6月起开始实施QHSE管理体系以来，在质量、环保、安全等各方面的管理均赢得国内外客户的高度赞誉。2011年，从“大质量”的概念出发，全面导入卓越绩效管理，推动企业核心竞争力的持续提高。2012年，由公司制定的碳酸二甲酯、1，2-丙二醇和甲基叔丁基醚三项技术标准被获准发布为山东省地方标准。

公司先后获山东省管理创新优秀企业，东营市市长质量奖、安全生产工作先进单位、外经贸工作先进企业、十佳科技创新企业、节能先进企业、诚信企业等多项称号。

（马金海　邵明佳）

机械制造业

【概况】　机械制造持续低迷。1月至12月份，行业受经济下行压力影响，整体表现不佳，龙头企业现好转迹象，万达集团生产电力电缆121.0万千米，同比增长20.7%；胜通集团生产液压元件产量11.0万件，同比增长18.0%。石油化工业石油化工运行不佳。

【企业选介】　**中国万达集团**　创建于1988年，秉承“汇聚科技精华，缔造百年万达”的企业愿景，走过“科技促腾飞、品牌创优势、合作促发展”三部曲，成为拥有总资产400多亿元、占地600多万平方米、员工1.3万名的国家重点高新技术企业。

公司拥有440万吨原油进口资质配额、燃料油进口资质、进口原油使用资质、成品油出口资质及配额、成品油批发经营资质、码头口岸开放、境外工程承包等资质，先后获全国五一劳动奖状、中国重合同守信用企业、国家标准化良好行为AAAA级企业等称号，多年进入中国企业500强、中国制造业500强、中国大企业集团竞争力500强，并与中石化、中石油等世界500强企业开展合资合作。集团拥有国家级企业技术中心、国家级博士后科研工作站和三个国家级实验室，十余个项目分别被列入国家星火计划、国家火炬计划和国家高技术产业化示范工程，十大系列产品在我国参与起草或主持制定工艺技术标准和检测标准，万达化工被评为中国名牌、万达宝通轮胎和万达电缆分别被认定为中国驰名商标，有省级以上各类名牌20多个，产品远销162个国家和地区。

万达立体仓库

中国万达集团提出“永远创业、永不守业，不做最大的企业、做最健康的企业”的发展理念，打造万达特色文化。公司围绕“实体+国际化、实体+金融、实体+资本运营、实体+信息化+互联网”的发展战略，先后投资多家银行、基金金融机构，并在美国、印尼、新加坡、马来西亚等海外投资建厂，开展销地产和国际贸易。2016年1月，在上海成立万达金控集团；3月，在青岛成立万达国贸集团；6月，经过英国FCA批准，成为伦敦牛津集团控股股东。公司下属天弘化学公司拥有1200万吨/年综合加工能力和全国民营炼厂最大的单套500万吨/年原油加工能力，万达宝通跻身世界轮胎35强，盛泰丰国际贸易公司成为黄岛区贸易企业第1名；搭建的有胶网“互联网+橡胶”、汇富网“供应链+金融”电商平台，为2000余家橡胶和外贸企业提供一站式服务。

（马金海　邵明佳）

石油化工业

【概况】　石油化工运行不佳。垦利区一些石油化工企业受市场及安全环保影响，多数停工停产，行业整体表现低迷。1～12月份，行业实现工业总产值423.7亿元、主营业务收入411.7亿元、利润18.5亿元、利税45.1亿元，比上年分别增长−9.1%、−10.7%、−48.0%和−22.7%。

【企业选介】　**山东垦利石化集团有限公司**　前身为垦利炼油厂，始建于1970年，于2011年9

月改制组建成立山东垦利石化集团有限公司，是一家以石油化工为主业，集石油加工、纺织、热电、酿酒、供热、科研为一体的综合性企业集团。公司注册资本10339.18万元，总资产157亿元，占地5000多亩，员工3000余名，下辖垦利炼油厂、东营市宏远纺织有限公司、垦利惠能热电有限责任公司、垦利阳光热力有限公司、垦利酒厂、东营凯莱进出口有限公司、凯莱能源（新加坡）有限公司、东营市精细化工研究所（省级企业技术中心）、垦利惠能石化产品销售有限公司、东营三协化学股份有限公司等子公司（分厂）。先后被授予中国制造业500强、中国化工100强、山东省企业100强、全国化工环境保护先进单位、山东省安全生产先进企业、山东省节能先进企业、东营市功勋企业、东营市市长质量奖等称号，是山东省136户重点企业集团之一。

石化主业原油一次加工能力达400万吨/年，综合加工能力达1000万吨/年。拥有常减压蒸馏、催化裂化、延迟焦化、蜡油汽柴油加氢、催化重整、干气制氢、气体分离、醚化、MTBE、甲醇、硫氢化钠、二甲醚、丁二烯、异戊二烯、催化剂、热电联产等装置及精梳纱纺织、酿酒生产线。主要产品：汽油系列、柴油系列、液化气、石油焦、丙烯、甲醇、硫氢化钠、MTBE、工业用丙烯、丙烷、混合丁烯、丁烯-1、正丁烷、异丁烷、丁二烯、己烷、硫酸、高档棉纱及花式线、“碧海缘”系列白酒等产品。公司拥有国家进口原油使用资质、原油非国营贸易进口资质、成品油出口资质、燃料油进口资质和成品油批发资质。

（马金海　邵明佳）

石油装备制造业

【概况】 2016年，行业实现工业总产值435.2亿元、主营业务收入431.8亿元、利润46.2亿元、利税53.6亿元。比上年分别增长-9.7%、-9.6%、-18.7%和-20.2%。

【企业选介】 **山东胜利明珠集团有限公司** 位于东营市垦利区，占地面积76万平方米，拥有总资产53亿元。是集专用汽车制造、石油装备、建筑建材、房地产、金融投资、送变电工程的设计与施工六大板块为一体的综合性企业集团。公司总注册资本4.4亿元，有职工1200人，其中技术管理人员260人，高级工程师16名，工程师、会计师56名，专业职能上岗人员318名，项目经理42人。下辖山东明珠专用汽车制造有限公司、山东明珠石油装备制造有限公司、东营市明珠置业有限公司、山东明珠建设有限公司、东营市明珠新型建材有限公司、山东明珠桩业有限公司、山东明珠物流有限公司、东营市明珠桩基工程有限公司、垦利明珠小额贷款股份有限公司、山东明珠元康实业有限公司等12个子分公司和省级技术开发中心，通过ISO 9001、ISO 14001、OHS 18001等“六合一”管理体系认证。

集团获中国民营企业500强、山东省民营企业100强、山东省守合同重信用企业、山东民营企业公益之星、山东省高新技术企业、山东省诚信企业、山东省管理优秀企业、东营市质量管理先进企业、东营市安全生产标准化达标单位、东营市管理创新优秀企业、东营市十佳技术创新企业等称号。

（马金海　邵明佳）

橡胶轮胎业

【概况】 2016年，行业实现工业总产值291亿元、主营业务收入288.6亿元、利润31.7亿元、利税34.8亿元，比上年分别增长2.0%、4.7%、3.5%和1.0%。

【企业选介】 **山东胜通集团钢帘线公司** 隶属于胜通集团。胜通集团创始于1987年，属于国家级重点高新技术企业，产业涵盖钢帘线、精细化工、机械制造、电力设备、建安工程、房地产开发等，是国家大型企业集团。山东胜通钢帘线有限公司自建立起就秉持以追求卓越、精益求精、遵守承诺、服务顾客为宗旨，以奉献、和谐、创新为核心的企业文化理念，以追求卓越与完美，行业龙头争一流为目标，为顾客提供优质产品与服务。公司于2005年通过ISO 9001、ISO 14001、OHS 18001综合管理体系认证，2008年通过TS16949管

胜通光学膜车间

理体系认证，2013年“胜通”被认定为中国驰名商标。获国内钢帘线行业唯一的“中国供应商”“中国名企”“中国信用企业认证体系示范单位”。

公司钢帘线制造采用先进的生产工艺和精良的技术装备，为生产出优质钢帘线产品提供了有力保障，供应客户有杭州中策、中国化工、三角轮胎、玲珑轮胎及米其林、普利司通、住友、阿波罗轮胎等国内外企业。

（马金海　邵明佳）

新型建材业

【概况】 2016年，行业实现工业总产值135.3亿元、主营业务收入132.1亿元、利润18.6亿元、利税22.6亿元。比上年分别增长-7.5%、-8.2%、-7.8%和-10.0%。

【企业选介】 **山东日泰管业股份有限公司** 成立于2006年，2013年4月25日在天津股权交易所挂牌上市企业（股权代码：637025），坐落于黄河三角洲——东营。有职工人200余人，其中专业技术人员38人。公司销售PE系列管材、供水燃气地埋系列管道、PPR系列冷、热水管、无菌纳米精装管及PE、PPR系列管件，产品畅销全国各地，部分产品常年出口西亚。主要经营新型管材、管件、阀门、集分水器生产、销售；地暖工程设计、安装。产品规格：PE系列管道系统，给水用PPR和F-PPR管材管件，采暖用PE-RT和PE-XA管材及PPR和PE管件等系列1000余个品种，各项技术指标均达到国家标准，并通过ISO 9001：2000质量管理体系认证。开发地（水）源热泵新型节能环保项目，承接中央空调、给排水系统、换热站及低温地面辐射采暖工程的设计与安装。

公司产品技术和质量均达到国内领先水平，公司拥有PE-XA，PE-RT，PPR和F-PPR及PE系列管材生产线40多条，主要生产设备有EM-V系列注塑机：EM180-V2台、EM260-V2台、EM400-V2台，捷霸JM650-C21台，捷霸JM1000-C21台，过氧化物管材设备2台，塑料双管挤出机设备2台，发泡机1台等设备，生产各种系列管材管件等1000余个品种，年产各系列管材、管件达3.6万吨，产品应用于开发冷、热水地源热泵新型节能环保项目，承接中央空调，给水排水系统、换热及低温地面辐射采暖工程安装。产品辐射全国各地，产品在满足国内各大市场同时，成功开发西亚等国家和地区市场。公司在全国重点工业中心城市设立代理机构，形成生产现代化、销售网络化、服务多元化的生产营销格局。

（马金海　邵明佳）

电　力

【概况】 国网山东垦利县供电公司成立于1973年，属国有中二型企业，2016年有职工263人，担负着全县5个乡镇、2个街道办事处、胜利油田部分油区及东营永安机场等单位的供电任务。公司境内有220千伏变电站4座、110千伏变电站8座、35千伏变电站15座、输电线路352千米、配电线路1146千米，公变台区731个。公司连续31年保持“省级文明单位”称号，并先后获全国“五一劳动奖状”、全国模范职工之家、国家电网公司“一流县供电企业”、山东省“富民兴鲁”劳动奖状、山东省首届诚信示范企业、山东省厂务公开民主管理先进单位、山东省“安康杯”竞赛优胜单位、农网技术进步示范单位、山东电力集团公司“农电先进企业”等国家、省、市、县级称号百余项。

2016年完成售电量16.35亿千瓦时，比上年增长5.76%；营业收入8.88亿元，上缴税金5287.28万元；综合线损率2.91%，比上年降低1.04个百分点；综合线损率2.56%，城网用户供电可靠率99.9762%，农网用户供电可靠率99.932%，综合电压合格率99.7%。

【城乡电网建设改造】 2016年，垦利首座500千伏垦东变电站完成首期投资1800万元，后续投资4.1亿元；公司全年电网总投资2.7亿元，比上年增长38%；全省首条OPPC光缆在110千伏双永线架设应用；配电线路百公里故障跳闸率比上年降低45%，电网最高负荷28.4万千瓦，创历史新高。召开市县电网对接会议，修编“十三五”电网规划并纳入全区国民经济发展规划。建设110千伏西郊输变电工程。实施大修技改项目23项，配网大修、配套基建等项目13个，新建、改造35千伏线路29.8公里。争取第三批中央预算、中心村改造及配网升压项目资金累计7008.17万元。完成农网改造升级、低电压治理等项目40个，新建、改造中低压线路51公里，消除低电压922户、重过载台区30个，户均容量提高至2.2千伏安。开展用户侧设备主动运维，改造配变下引线72处，加装绝缘护套214组，用户侧设备引发的停电比上年降低41%。加快配网自动化建设，终端覆盖率提升至58%，投运智能分界开关71台，线路重合成功率环比提升27%，配网“手拉手”率55.48%，供电可靠率99.9574%，供电保障能力持续提升。

5月5日，东营市委常委、宣传部部长贾瑞霞到公司永安供电所调研指导工作（戴云云）

【企业管理】 加强计划刚性管理，实施绩效计划1400项，执行率100%。严格依法治企，每月开展国网通用制度、标准学习宣贯，修订资金管理办法，完成54项审计问题整改。加强指标管控，定期开展指标分析、弱势指标大讲堂，获6个标杆班组、3个进步标杆班组。深化班组建设，突出专业管理，开展“牵手共赢·结对共建”，在班组结对成效检查评比中获第一名，班组建设保持全市县区公司领先，在省公司班组建设年度检查中得到检查组好评。加强星级供电所建设，永安供电所获评国网公司五星级供电所。集体企业管理更加规范高效，承揽电建、配农网工程26项；完成工程招标3项、物资招标14批次；实现资产总额2.3亿元，全年总收入1.55亿元，利润1311万元。

【营销管理】 加强计量管理，更换老旧终端2275块、表计2.12万只，采集成功率99.98%。严格落实电价政策，高风险用户实现“一户一策”。定期开展“量价费损”专项检查，检查高压客户520户，追补电量40万千瓦时，挽回经济损失30余万元。定期开展行风飞检，组织“改进服务作风，提升工作效能”活动，营业服务类投诉比上年降低50%。推广电力微信、电e宝、掌上电力，电子化服务覆盖超过3万户，高压业扩实现互联网自助受理。服务新能源发展，完成光伏并网26户、容量0.48万千瓦，

6月6日，国网东营供电公司与垦利县政府举行"十三五"电网发展对接会谈（戴云云）

完成电能替代4000万千瓦时。完成6个老旧小区改造和7个新建居民小区配套工程建设，低压居民客户延伸服务完成133户，"多表合一"完成28个小区、11800户改造和集中采集。实施配网带电作业494次，减少停电11.31万时·户。

【安全生产】 开展安全大检查、"三查三强化"等活动17次，查改隐患2102项。开展"四不两直"安全督察，到位监督1118人次，查禁违章32起。深化安全教育培训，普考、抽考26次，在市公司安全知识竞赛中获县区公司第一。完成春、秋季检修任务，消除隐患缺陷1587处，35千伏坨庄站检修现场获评市公司"秋检最佳现场"。加大电力设施和电能保护，发放宣传材料2500余份，清理树障9000余棵。强化应急管理，开展应急、消防等专项培训13次，修订应急预案25项。配合区政府开展打击非法储油点、"地条钢"等专项行动，完成"两会"、高中考等保供电任务百余次。公司实现四个百日安全，获2016年度全省电力行业安全生产先进单位。

【党建及精神文明建设】 开展"两学一做"学习教育，推进"三亮三比"主题活动，完成"两委"换届选举。严格落实"两个责任"，完成重点业务领域廉洁风险隐患排查治理，开展"四风"问题整治情况"回头看"，承办市公司"学法规、明规矩、守纪律"廉洁教育知识竞赛并获得二等奖。强化企业文化引领，"微党课"在区电视台展播，参加市公司职工大合唱比赛并获得一等奖，在运动会、知识竞赛等活动中多次获县区公司第一，在省公司"金点子"征集活动中获1个一等奖（全省有10名）、1个二等奖，多名职工在省市公司竞赛活动中获表彰。始终关心关爱员工，定期开展心理访谈、讲座，员工健康体检实现全覆盖；开展重阳节活动，组织离退休人员参观公司发展成效。公司卓越争先纪实、班组建设纪实和典型经验分别在《工人日报》专版、省公司《彩虹资讯》头条、《国家电网》杂志刊发。

（于花艳）

盐 业

【概况】 2016年，全区销售各类食盐1655吨，完成年计划的127.3%，其中小包装食盐806吨，完成年计划的102%。查处涉盐违法案件27起，罚款4900元，没收盐产品0.33吨。销售工业盐13万吨，完成年计划的52%。全区制盐企业生产原盐76.95万吨，完成年计划的96%，生产溴素4600吨，完成年计划的124%。实现营业收入2150.57万元，完成年计划的86.02%。

2016年度盐务局被评为全市食盐专营工作先进单位、全省打击涉盐违法犯罪工作先进单位、全省统计工作先进单位。

【盐政管理】 **加大盐政执法力度，确保食盐安全** 2016年，受盐业体制改革的影响，食盐市场出现许多新情况、新问题，食盐监管工作面临新的困难和挑战。联合区公安局、市场监管局等部门先后开展制贩假盐专项治理联合执法行动、食盐市场监管突击月及重大节日、重要时段、重点领域等保障食盐市场安全一系列专项执法行动。共查处各类涉盐

开展"坚持科学补碘，建设健康中国"活动（孙娟娟）

违法案件27起，其中因构成涉盐食品安全犯罪移交公安机关案件1起，该案件系东营市首例涉盐食品安全犯罪案件，对制贩假盐专项治理行动的开展起到推动作用，保障全区食盐市场的安全稳定。

充分发挥缉私护税职能，提高盐业对财政的贡献率 一是开展工业盐市场集中整顿活动。为加强工业盐市场管理，区政府于11月4日召开垦利区工业盐市场整顿工作会议，成立以区委常委、分管副区长任组长，经信局、盐务局主要领导为副组长，公安、国税、地税、财政、市场监管局和各镇街分管领导为成员的领导小组，以区政府办公室名义下发《垦利区工业盐市场整顿专项行动工作方案》。盐务局联合公安、国税、地税和市场监管局等部门从11月份开始，利用三个月的时间对全区工业盐市场进行集中整顿。通过活动的开展，工业盐市场秩序进一步稳定有序，有力杜绝了偷漏税现象的发生。二是加强计量管理。发挥行业职能，落实"五统一管理"制度，把计量管理纳入信息化系统，实行电子监管，工作人员每天把各制盐企业的计量信息汇总后录入系统，进行数据统计，随时掌握计量信息，确保盐业税收不流失。同时积极做好永安计量站的协调、基建设计工作。

【安全生产】 **狠抓安全生产工作** 2016年，深入各制盐企业排查和整治各类事故隐患，查处各类安全生产违法违规违章行为，确保安全生产各项工作措施落实到位。一是落实安全生产责任制。4月13日，盐务局组织辖区制盐企业召开盐业安全生产工作会议。传达学习全省盐业工作会议精神，与各制盐企业签订《安全生产目标管理责任书》，确保各项安全生产工作落到实处。二是加强教育，强化安全意识。结合《安全生产法》，给企业有关员工上一次安全生产课，进一步强化红线意识和底线思维，坚决摒弃各类侥幸心理。三是开展安全生产大排查活动。结合全区"大快严"集中行动，到企业开展安全生产隐患大排查活动，建立检查台账，及时处理事故隐患。全年共开展安全生产大检查12次，查处事故隐患5处，督促企业立即整改，把事故隐患消除在萌芽状态，保证全区盐业生产健康、稳定。四是做好企业硬件设施管理工作。对企业的各类安全设施进行一次全面清查，督促做好定期保养、维修，坚决更换不符合规定的安全设施。五是严格执行"网格化"管理。要求各企业根据安全生产"网格化"管理工作要求，进一步细化安全生产网格，实现安全生产工作全覆盖、无缝隙。

加强原盐生产产量和质量管理 年初，召开班子专题会议，研究春季原盐生产的新方法、新路子、新措施，进一步明确当前原盐生产工作目标和任务。质量管理领导小组到一线指导生产，就企业修滩、灌池、生产工艺执行等进行指导监督，帮助解决生产中遇到的实际问题，确保原盐质量的提高。

【多品种盐普及】 强化措施，食盐专营工作稳步推进。围绕市盐务局下达的任务指标，年初制定食盐销售计划，明确目标任务及考核标准，逐月考核，有效促进计划落实。按不同区域和消费群体供应不同盐种的原则，细分市场，适当增加中高档产品，满足群众的差异化需求，巩固和开拓食盐市场。

（李 娟）

石　　油

胜利油田

【概况】 胜利油田是中国石油化工集团公司胜利石油管理局、中国石油化工股份有限公司胜利油田分公司和中石化石油工程技术服务有限公司胜利石油工程有限公司的统称，主要从事石油天然气勘探开发、工程技术服务、生产保障、矿区服务等业务，机关驻地位于东营市东营区境内。胜利油田是在20世纪50年代后期华北地区早期勘探的基础上发现的。1961年4月，位于东营构造上的华8井首获工业油流，标志着胜利油田的发现。1962年9月23日，东营构造上的营2井获日产555吨的高产油流，是当时全国日产量最高的一口油井，为了纪念这个日子，胜利油田始称“九二三厂”。1964年1月，中共中央批准华北石油勘探会战。1964年5月，会战总部首先集中力量组织坨庄—胜利村勘探会战，仅用9个月时间，基本探明山东境内第一个大油田——胜坨油田，该油田的坨11井和坨9井分别获日产1134吨和1036吨的高产油流，是国内首次见到的千吨级油井。因油田位于东营地区胜利村一带，为了纪念石油会战的胜利，将九二三厂更名为胜利油田。

至2016年年底，胜利油田机关设34个职能处室，14个直属单位；下设二级单位65个、托管单位5个、全资法人单位2个、控股子公司1个、局属经济实体2个、直属项目部21个，用工总量14.54万人。

胜利油田作为中国东部重要的石油工业基地，始终把为国家多产油、多做贡献放在第一位，走出了一条开拓创新、科学发展的胜利之路，创造了石油工业发展史上的辉煌业绩。截至2016年年底，胜利油田找到不同类型油气田81个，累计探明石油地质储量54.55亿吨；投入开发油气田74个，累计生产原油11.53亿吨，生产天然气573.02亿立方米。

2016年，面对持续低油价严峻形势，胜利油田着力推动转变观念、深化改革、创新机制、精细管理、减亏增效各项工作，完成各项生产经营任务，保持了大局和谐稳定。全年新增控制石油地质储量6692万吨、预测石油地质储量1.05亿吨；生产原油2390.19万吨、天然气4.03亿立方米，技术可采储量实现储采平衡，加工原料油159.59万吨。

（审核：阮德茂　撰稿：宋占魁　苗　勇）

孤岛采油厂

【概况】 孤岛采油厂成立于1989年12月29日，是胜利油田分公司所属从事石油天然气勘探开发的二级单位，位于山东省东营市河口区行政区域之内，辖区陆地面积900多平方千米，管理着孤岛、垦利、垦西、孤南、河滩、三合村等6个油田。2016年生产原油291.9992万吨，交油量279.7024万吨；交气量3602.0771

万立方米。

【资源勘探】 强化“六位一体”，协同推进运行。勘探上突出商业发现、效益勘探，部署探井8口，试油3口均获工业油流。部署滚动井32口，完钻18口，均钻遇油层，其中三合村地区部署完钻滚动井10口，上报商业开发储量322万吨，实现三合村中部断裂带到陈家庄凸起含油气连片。坚持勘探开发融合，发现南区馆下—东营组、垦622斜16等4个区块，优化高效注采完善方案7个，对13个新老区产能方案进行10余轮次效益优化，建产能7.9万吨。全年完钻新井80口，投产59口，产油6.6万吨，单井日产油提高0.2吨。深化措施方案预设计，优先保障注采基础，实施措施430口，增油23.8万吨。

【稳产基础】 化学驱围绕提高吨聚增油能力，抓个性调整，11个低效井组转后续水驱，52个井组由二元转注聚，开展脱硫抑硫微生物试验，实施分层注聚、调剖及低液井治理311口，吨聚增油由25.7t/t提高到27.8t/t。稠油热采围绕提高油汽比，加大氮气调剖、注CO2等化学复合吞吐力度，实施转周213口，单井注汽量由2200吨下降到2047吨，注汽干度82.1%，吞吐油汽比由1.2t/t提高到1.3t/t，蒸汽驱油汽比保持在0.2t/t。水驱围绕提液控水增效益，建立西区南馆3－4提注提液示范区，日液水平提高1220吨，日油水平提高45吨；建立中一区馆3－6一体化治理示范区，加强渤72、64、61等层段合格率低单元治理，注水质量明显改善。实施水井工作量310口，分注率、层段合格率、注采对应率同比提高1.9、2.4、0.1个百分点，自然递减下降2.1%。

【科技创效】 抓科技创新，在研分公司级项目18项，其中国家重大专项1项、重点科技攻关5项、新技术推广12项，新型环氧树脂滤砂管、稠油井筒降粘等一大批低成本技术推广应用，助推效益开发。加强工艺技术推广，完成主导工艺措施304井次，稀油措施有效率78.2%，提高2.1%。挑战采收率极限的先导试验取得突破，中一区馆3聚驱后井网调整非均相复合驱，中心井区累增油8.36万吨，提高采收率6.8%，最终采收率达61.82%；中二北馆5化学蒸汽驱，累增油25.68万吨，提高采收率14.99%，最终采收率达到51.4%。推广实施“互联网+基层生产管理系统”，提升了信息化、精细化管理水平。

【精细管理】 强化预算管理，按照“三保三压三推进”原则，预算下沉率达96%，直接生产性费用占总操作成本比例控制在70%以上，辅助性劳务及管理性费用分别压缩6%和12%，弹性调控节省预算支出1700万元。完善月度效益配产，实现从单一产量安排向产量效益联动转变。应用“三线四区”评价单井2804口，关停无效井21口，77个开发单元全部盈利。加大重点费用、固定成本挖潜，年均日耗电同比下降4.3万度，调剂盘活闲置资产111项。推进管道隐患治理攻坚战，978处管道隐患全部销号。强化基础管理，推进工况管理进班站、井组注采稳升活动，累计优化1500多井次，油井工况合格率上升到91.2%，采油时率上升到97.3%，躺井率下降到2.33%。推进“练绝活、创品牌”活动，39项绝活妙招在基层应用。强化HSE责任制分解落实，制定安全生产党政同责规定，成立13个专业组，压实“管业务管安全”责任。

【民生工程】 完成朝阳七村250套住宅建设、地质综合楼主体建设，加强基层站点百队帮扶，生活环境和生产条件得到进一步改善。建立完善常态化送温暖、基本生活保障、员工互助保障和医疗救助机制，实施精准服务家庭建设项目，帮扶体系不断完善。开展“走基层、访万家”“幸福直通车”“星火志愿服务”“亲情关爱，互助情深”等活动，加强老年、计生服务，强化再生育关怀，全年走访慰问困难群体、劳模等1625人（户），志愿服务120余次，办理绿色就医233人次。

【和谐稳定】 创新开展“讲堂+故事”“互联网+”宣传教育，引导全员践行以“苦干实干”“三老四严”为核心的石油精神。加强民主管理，健全职工代表恳谈会、联席会制度，推进“三务公开”，重大事项问计于民、问需于民，切实保障职工参与企业管理的民主权益。持续强化三基工作，实施三册管理，推进三标建设，创建“五型班站”，提高基层工作水平。加强平安油区建设，完善综治指挥、区域协作机制和社区五防格局，保持严打整治高压态势，确保油区和居民区良好的生产、生活秩序。开展群众性文化体育活动，加强网络舆情管理，妥善化解民意诉求和矛盾纠纷，保持了大局稳定。

【采油厂党委获全国先进基层党组织】 采油厂党委大力践行在经济领域为党工作的理念，瞄准“树孤岛品牌，建百年油田”愿景目标，落实抓党建的主体责任，从严从实强班子、带队伍，抓基层、打基础，聚民心、增合力，推动党的政治优势转化为企业发展的强大动力，产量连续12年稳产在500万吨以上、20年保持在400万吨以上，孤岛油田六次、河滩油田三次被评为“全国高效开发油田”，为保障国家能源安全，促进区域经济社会发展做出贡献。2016年，采油厂党委获得全国先进基层党组织称号，并在庆祝中国共产党成立95周年大会上登台领受证书。新华社、人民日报、光明日报、中央电视台、中央人民广播电台等多家中央媒体集中采访报道干部职工践行石油精神的典型事迹。

【集成推广低成本开发技术】 低油价寒冬期，坚持效益为先，强化低成本技术优化应用。优化调整新井投产防砂工艺，由“高饱和大型地填防砂”优化为“地层预处理+绕丝环空充填防砂”，减少材料和施工费用，实施26口井，平均单井节约投资18万元；优化应用不动管柱重复充填防砂工艺，简化施工工序、防砂筛管得到重复利用，工具下井124口，实施重复充填29口，平均单井减少漏失43.4方，平均单井节约作业费用5.5万元；优化水平井筛管完井泥饼处理技术，实施11口井，平均单井节约8万元。为探索低油价下后续水驱单元提液增效的新路子，建立西区南馆3—4提液增效示范区，集成应用多级细分注水、出砂在线检测、高渗滤砂管防砂、大泵提液等低成本技术，实施后平均单井日增液26吨，单井日增注41立方米，单元日增油45吨。蒸汽吞吐配套工艺持续优化，创新实施密闭注汽工艺，提高井底蒸汽干度，实施32口井，同比日增液11.5吨；完善推广氮气泡沫调剖工艺，实施56口井，综合含水下降11.6%，平均单井日增油3.3吨，同比提高0.7吨。

【推行作业－采油“联责联保”运行机制】 面对油价持续低迷的严峻挑战，创新推行作业-采油“联责联保”运行机制，真正把“算效益账、干效益活、产效益油”落到实处。建立完善运行机制，完成27个作业—采油结对联合。构建“大数据”平台，将作业、采油各项工作及数据应用集成在一个网页界面；在平台开设“开发技术”区块，实现双方作业施工及采油工作知识、经验共享。强化考核管理，设置采油生产、作业修井等相关指标，对采油班站及作业小队进行排名，激励采油班站多产效益油，作业队多干效益活。“联责联保”模式实施以来，作业占井周期缩减0.5天、措施有效率提高3.6%、作业成功率提高2.01%，躺井率下降0.57%、检泵周期提高82天、工况合格率提高10.4%。

【油公司建设稳步推进】 加快推进油公司建设，完成采油管理一区体制机制调整，完成二区、三区、六区“四化”改造，生产指挥中心正式投产运行，五区、七区、八区开工建设，西区渤19－渤82二元复合驱注聚系统自动化建设项目通过验收。配套完善机制建设，集成厂级制度184项、业务职能230项、流程251项，编制基层单位管理手册、基层岗位操作手册、价值积分管理手册，把管理责任、操作责任落实到岗位、人员。推进内部市场运行，修订劳务定额价格，建立10支队伍71项条款的优质服务承诺考核体系，提高了专业化队伍服务水平。

【稠油开发优化措施提质增效】 坚持以提高油汽比为核心，优化稠油运行，降低注汽成本，提高注汽热效率。一是优化转周降本。应用“三线四区”经济运行模型，制定“五转五不转”原则，建立热采转周措施库；优化不同类型稠油注汽参数，整合集成“三图一线”，优化单井注汽量、注氮（二氧化碳）、降粘剂用量，全面降低生产成本。二是全程保干提质。优选最佳匹配锅炉，实施常规注汽锅炉干度升级改造，提高产汽干度7%以上，锅炉热效率提高1.5%；优化设备配置，由“255配备”精简为“233标配”模式，平均节约搬迁时间120分钟；实施短距离注汽，平均单井注汽管线控制在170米，井口注汽干度提高2.4%；精细“三期四季两时段”稠油井管理，进一步提高经济效益。三是技术集成增效。优选实施热化学复合吞吐、一注多采、整体转周（调剖）、分层注汽、举升配套等工艺技术的集成应用。实施转周213口，年增油15.7万吨，油汽比由1.2t/t提高到1.3t/t；蒸汽驱油汽比保持在0.2t/t，操作成本降低80元/吨。

（审核：田　波　撰稿：刘书廷）

东辛采油厂

【概况】　东辛采油厂成立于1986年1月29日，时称胜利油田会战指挥部东辛采油指挥部。地处东营市腹地，机关驻地位于东西城之间的黄河路216号，西距油田机关（西城）6千米，东距东营市政府（东城）10千米，北距石油大学2千米。东辛采油厂东西横距49.8千米，南北宽度33.4千米，油区总面积946平方千米。下设16个机关科室，11个直属科级单位，20个三级单位。管理着东辛、永安、广利、新立村和盐家5个油气田。2016年，生产原油185.5355万吨。获山东省“省级文明单位”、“绿化模范单位”、首批“德耀齐鲁”道德示范基地等称号。

【资源勘探】　资源勘探以经济、规模、可动储量为主攻方向，优化勘探布局，盐家主体西翼向北向西部署完钻的盐斜232、盐斜233井，钻遇良好油气显示，扩大了盐家中深层沙砾岩含油气范围；永斜558井钻探成功，开辟新的沙砾岩体储量接替阵地。以“图件拼接工程”为抓手，深化全员滚动勘探，优质断块资源接替取得新进展。

【油田开发】　油气开发结合月度配产和弹性预算，以“三线四区”模型为指导，科学优化产量、产液和工作量结构，全年优化压减无效低效液量243万吨、节约运行成本3556万元，开发质量效益稳步提升。围绕流场调控、协调注采，优化配产配注2597井次，增油7万吨。提升水驱“三率”，推进老油田“油藏、井筒、地面、水质”一体化治理，深化油藏动态分析及周期注采调配，注采对应率、水井分注率、层段合格率同比分别提高0.4、1.7和1.4个百分点，稳产基础持续改善。

【科技创新】　承担实施各类科研项目23项，获局级科技进步奖4项。应用水井测调一体化、分层酸化、高温高盐深层稠油内源微生物驱油等技术，为效益开发提供有力支撑。配套水井测调一体化125井次，实施分层酸化91井次，日增有效注水量7920立方米。创新应用套损井暂堵屏蔽治理技术8井次，创效185万元。现场实施辛68块内源微生物驱油先导试验，对应油井综合含水下降1.3%，高温高盐深层稠油大幅提高采收率工作取得新进展。

【经营管理】　把工作写实与员工价值积分管理相结合，通过工作写实量化员工价值积分，调动全员提质增效的积极性。深化功图综合应用，开展功图量油研究与实践，实现计量数据直接入库，有效降低了工人劳动强度。持续深化提质提速提效工作，作业工作量同比减少327口次，油井维护作业频次同比下降0.03，长寿井比例增加7.2%。创新开发抽油机平衡智能预警和优化调整软件，实现了平衡度变化实时监控、自动预警和调整参数的准确计算。全年应用562井次，节电362万千瓦时。狠抓精细注采管理、注水水质改造，年均躺井率同比降低0.2%，水质达标率超计划2.2%，原油外输含水率比计划降低0.49%。

【精神文明】　把“两学一做”学习教育作为一项重要政治任务，通过中心组、专家讲座、三会一课等方式抓好学习教育；以“转作风、树标杆、促发展”为抓手，引导广大党员以学促做，发挥了堡垒先锋作用。压实党风廉政建设“两个责任”，开展廉洁示范单位创建，强化重点领域效能监察，推行“阳光业务”风险管理，党员干部廉洁从业意识进一步增强。

（审核：王洪宝　撰稿：由刚）

孤东采油厂

【概况】 中国石油化工股份有限公司胜利油田分公司孤东采油厂位于黄河新淤积的冲积扇平原上，所辖区域东北面临渤海，南倚黄河，是一个集油气勘探、开发、处理、集输为一体的大型油气生产单位。截至2016年年底，有员工7938人，其中合同制员工6555人，内聘职工216人，劳务派遣工480人，业务外包用工533人，非全日制用工154人；管理人员和专业技术人员1816人，其中，有正高级职称7人，副高级职称618人，中级职称618人，中级以上职称占管理和技术人员的68.4%；操作服务人员6081人，其中，高级技师123人，技师227人，高级工2299人，中级工1306人，中级工以上职工占技能操作人员的65.04%。下设机关科室16个，直属中心9个，三级单位23个（采油管理区7个，专业化队伍14个，科研单位2个）。拥有固定资产原值62.45亿元，资产净值27.26亿元；拥有油气资产原值127.39亿元，资产净值51.08亿元。有抽油机、油水泵、作业设备等主要生产设备4522台，设备综合新度系数为0.39。管理着孤东、红柳、新滩3个油田，累计探明含油面积99.79平方千米，石油地质储量32934.31万吨，累计生产原油9911.3419万吨。截至2016年底，孤东采油厂有开发管理单元45个，油井2583口，开井2082口，油井利用率80.6%；水井957口，开井732口，水井利用率76.5%；日注水平90952立方米，单井日注水量124立方米，月注采比0.75，累计注采比0.93。新增探明地质储量36.25万吨，新增经济可采储量15万吨，新建（增）产能2.73万吨。2016年，完成交油气量164.443万吨。

【资源勘探】 2016年，面对自然保护区限制、主体勘探程度高的实际，以周边岩性、纵向中深层断块为重点，精细砂体描述、精细复杂断裂和微构造刻画，完钻探井3口、滚动井9口，建成产能0.8万吨，落实储量192万吨。

【开发生产指标】 （一）全年生产原油170.6002万吨，全年注水3410.0217万立方米。（二）新建（增）原油生产能力。2016年底核定原油生产能力164.13万吨，2016年新增原油生产能力2.73万吨，其中新区新增原油生产能力0.4万吨，老区新增原油生产能力2.33万吨；年度核减原油生产能力35.19万吨，其中老区核减原油生产能力19.83万吨，三次采油核减原油生产能力15.36万吨。（三）新井投产、投注。全年投产新井33口，12月份开井33口，日产液量619.9吨，日产油量120.9吨，综合含水80.4%，年产油1.7860万吨。和2015年对比，新井投产井数少6口，年产油量少1.1125万吨。投（转）注水井13口，其中新井投注1口，老井转注12口，日注水平1363立方米，年增水量22.5649万立方米。和2015年对比，投（转）注总井数减少29口，其中新井投注减少15口，老井转注减少14口，日注水平减少2797立方米，年增水量减少71.0847万立方米。（四）增产、增注措施。全年实施主要油井增产措施263井次，措施有效率93.5%，年增油量11.5413万吨。和2015年对比，措施工作量减少174井次，有效率提高7.0%，年增油量减少7.8401万吨，平均单井年增油量减少5吨。全年实施各类水井增注措施49井次，措施有效率67.4%，年增注水量6.0118万立方米。与2015年对比，措施工作量减少7井次，措施有效率下降13.0%，年增注水量减少69.6065万立方米。（五）主要开发技术指标。自然递减率17.92%，同比上升5.38%；综合递减率11.89%，同比上升8.45%。其中稀油自然递减率13.45%，同比上升4.18%；综合递减率10.29%，同比上升7.26%。稠油自然递减率33.10%，同比上升8.80%；综合递减率17.33%，同比上升12.42%。2016年，新增经济可采储量15万吨。

【HSE管理】 修订完善《孤东采油厂HSE监督管理规定》和《孤东采油厂HSE监督检查考核标准》。加强日常监督检查，开展直接作业环节、特种设备、承包商、危化品等专项检查行动，全年共计检查、通报、整改各类问题1693项，考核扣款15.7万元；组织直接作业环节现场监护8437次，其中工业用火2398次、动土作业3960次、临时用电1666次，高处作业、起重作业、进入受限空间等其他作业413次。组织各类安全资格取证、复审培训2000余人次，并重点针对含硫化氢区域变化情况，扩大培训范围，新增367人取得硫化氢资格证，857人取得HSE证书。开展“我为安全作诊断”活动。全年累计查找、诊断各类问题10260条，评选、奖励优秀诊断建议43条。组织特种设备检验46台，防雷检测4869处，整改各类问题119项。组织二级、三级应急演练320余次。落实污染现场1231余处，督导治理污染面积36.02万平方米。

【经营管理】 （一）预算管理。聚焦低油价、新常态，为实现低成本开发目标，以分公司下达月度产量、成本、利润计划为依据，抓实“241”动态调控。（二）成本管理。依托“三线四区”经济效益模型，在保障数据及时性、准确性的基础上，做好业务科室、三级单位的模型应用，落实“一区一策、一井一法”，提高措施、稠油、注聚等增量成本方案的有效性，减少无效、低效产量。（三）内控管理。一是树立财务监督保效创效理念，依托内控流程，全面梳理孤东采油厂各业务流程的风险点，排查各类潜在风险，完善全要素、全过程、全员参与的内控风险管理制度，促进机关部门“职能管理向流程管理转变”。二是通过对内审外查发现问题的梳理与分析，全面、系统的反映查证的问题，以“强化基础、动态监督、对接标准、查摆问题、堵塞漏洞”为原则，与业务职能部门一起建立常态化工作监督机制，务求及时发现问题，及早堵塞漏洞。（四）创新创效。2016年职工提出各类建议1320多条，其中油田级建议76条，有8条获得油田经营管理建议一二三等奖，厂级建议项目128条，三级建议项目1192条，实现经济效益3369万元。评审优秀调研报告44项和优秀研讨论文27项。获油田级各类成果奖励30项，上报油田典型管理经验28项，审核通过20项，在油田二级单位中综合排名第二。

【科技工作】 2016年，孤东采油厂承担股份公司及分公司课题4项，同时还与主要科研院所共同承担分公司9项课题的研究和试验；基层创新攻关课题38项，合理化建议247条；申报专利31项，其中发明专利2项，实用新型专利29项，全年取得实用新型专利授权21项。24项专利获分公司“一奖两酬”奖励；“油泥砂综合处理及资源化利用技术”获得山东省科技进步奖三等奖，“稠油热波耦合辅助层内化学裂解降粘技术研究”获中石化科技进步奖三等奖，“高渗透滤砂管研制与应用”及“含污油泥堵剂制备及应用技术研究”获分公司科技进步奖三等奖。

【民生工作】 落实低保、丧葬补助、遗属补助、死亡抚恤等政策，全年补助374人次，按时足额发放各项补助金271.62万元。完善帮扶救助制度，修订印发《孤东采油厂帮扶救助工作管理办法》，全年救助困难职工102人次，救助金额19.93万元。春节期间走访慰问358人次，发放慰问金及慰问品折款30.82万元；申请互助互济、帮扶救助、成就未来助学等救助96人次，发放救助金25.2万元。

开展慈善救助活动，为21名患大病困难职工、家属申请救助金11.7万元。关爱残疾人，组织开展第26次助残日系列活动，慰问36名困难残疾人家庭，发放慰问金2.28万元；落实“残疾人两项补贴”政策，为符合条件的37名重度残疾人发放补贴2.89万元；组织27名肢体残疾人员参加“走出户外、享受阳光”活动；为10名职工申请办理残疾证，为2名患白内障的职工、家属申请办理“爱心复明”工程。

办理各类互助保障15838人次，各类保障理赔73人次，救助金额65.59万元，获中国职工保险互助会“互助保障工作考核成绩优秀单位”。

【中国科学院院士江桂斌到孤东采油厂调研】 5月6日，中国科学院院士、中国科学院生态环境研究中心主任江桂斌，山东大学党委书记李守信等一行，在油田领导孙焕泉、张洪山，东营市领导申长友、赵豪志等陪同下，到孤东采油厂调研油地校三方战略合作项目——采油污水人工湿地生态处理及资源化利用的建设情况。

【国务院监事会领导到孤东海堤视察】 11月1日，国务院监事会主席熊维平一行5人在油田领导孙焕泉、孔凡群、张梅河及相关处室负责人陪同下到孤东海堤视察。

（审核：谭河清 撰稿：李濮生 宋鸿斌 郭兴锋 王庆峰 张其冰 高连洲 王起晶 马英丽 黄德翠）

胜利采油厂

【概况】 胜利采油厂位于山东省东营市西四路213号，1964年投入勘探开发，是胜利油田所属从事石油天然气勘探开发的二级骨干生产企业，也是胜利油田成立最早的采油单位，跨东营、垦利两个区，辖区面积230平方千米，管辖着胜坨、宁海、王庄3个油田。下设三级单位19个，科级单位2个，四级单位112个，班组587个。全厂用工总量6509人，其中合同制员工6174人，派遣制员工220人，非全日制用工115人，全厂中高级以上职称1514人，中高级以上技能等级3295人。累计探明动用地质储量49981万吨，探明动用含油面积95.89平方千米，累计产油1.94亿吨，累计产天然气113.77亿立方米。共开油井2134口，水井1051口，拥有7座集油泵站、8座注水站、7座污水处理站，日产油水平4430吨，日产液水平14.28万吨，日注水13.18万立方米，综合含水96.59%。固定资产原值235.61亿元，净值104.23亿元。设备新度系数0.42。2016年生产原油168.86万吨，上交天然气7873万立方米，全年实现收入30.32亿元。

【勘探开发】 勘探上，聚焦中浅层复杂断块、南部岩性及沙砾岩油藏，通过“十查十找”精细研究，攻关低序级断层刻画和薄层描述技术，优化论证新井21口，投产4口，均获10吨以上工业油流，取得了胜坨南部岩性油藏和宁海地区复杂断裂带的新突破。老区产能建设由注重规模建产转向高质高效建产，明确六大潜力方向，共投产新井38口，平均单井日产油5.5吨，同比增加2.3吨。运用“三线四区”经济运行模型进行效益评价，采用周期注采、堵水调剖、注采耦合等低成本调整技术，自然递减同比下降0.52个百分点，减少低效产液量1.28万吨/天，实现污水零回灌，吨油运行成本下降103元。利用建模数模一体化技术，深化剩余油二次富集规律研究，部署水平井坨62-平1，2016年1月6日开井，初期日产油134吨不含水。三采方面，持续开展胜二区东三4砂层组聚合物驱数模跟踪，超前调整防窜抑窜，年增油达到6.3万吨，同比增加0.5万吨。

【科技进步】 躺井控制持续向好。深化抽油杆腐蚀机理研究，进一步加大内衬油管、长效改进泵、新电缆等长效投入，无短板长寿井增至755口，躺井率完成2.3%，创有史以来最好水平。小直径分注技术有新突破。成功研制钢网支撑和小直径高扩张封隔器，实现贴堵后多级分注，累计实施38口，提高分注率2.8%。加大测调一体化管柱配套改进与应用，提高单井细分程度，实施122井次，增加注水层段104个，测调一次成功率从92%提高到97.5%，4口井实现五层分注。强化管线腐蚀机理和内外防腐技术研究，做优单井管线设计方案。2016年管线穿孔次数同比下降816条次。低成本水平井堵水取得突破。通过开展室内水淹分析、优化选井原则，采取低黏度堵剂、低排量注入、低压力施工的技术路线，提高了堵水选择性。2016年实施不动管柱水平井堵水6口井，吨油成本较优化前下降635元/吨。

【经营管理】 油公司改革工作持续深化。对技术人员进行优化整合，清晰技术层和操作层职能定位，集中显现技术优势。实施化验室整合，采油厂化验室由35个减到10个，年减少投入320万元。修订完成29个机关科室和直属单位部门职责，《基层单位管理手册》编制工作全部完成。突出质量效益导向，建立高效增储奖励、自营自建奖励、安全正向奖励、甲方基金奖励、亮点荣誉奖励等特殊奖励办法，进一步激发全员保效创效热情。管理创新工作。“员工价值积分管理”和“五位一体”经营管理模式获中石化企业管理创新成果一、二等奖，10项成果分获油田级奖项，6项改善经营管理建议分获油田级奖项；提炼形成“焊条用到3.5厘米”“12丝巧省12万”“皮带轮银行”等一大批妙法实招。

【HSE管理】 严格安全责任制落实，按照“管业务必须管安全”“党政同责、一岗双责”等要求，将118项指标、35项控制措施细化分解到部门、单位。修订安全监督检查细则，增加安全要求132条。实施风险清单管理，修订新一轮100项杜绝类问题，制定《关于对禁止类、严重违章类及杜绝类问题的处罚办法》。开展新一轮重大隐患再识别，排查出注水站高压分水器与配水间、高压配电线路等九大隐患。抓实隐患治理，扎实推进碧水蓝天治理工程，对抽油机防护栏、注水泵站排水及电缆沟等隐患进行全面治理。开展安全专家大讲堂，强化安全知识分享，安全生产形势总体保持平稳，先后高质量的迎接国家安监总局、集团公司和油田安全大检查。

【精神文明建设】 开展“两学一做”学习教育，党员干部的党性修养进一步增强。对照“四讲四有”合格党员标准，开展“立标画像、对标写实”。举办“战寒冬、求生存、谋发展，我们怎么想怎么办怎么干”大讨论，引导干部员工践行严细实，全力创效益。在油田金钥匙比赛、职工技能竞赛等各类比赛中，采油厂摘金夺银，捷报频传。扎实开展“争银、夺金、创标、扛旗”活动，涌现出金牌队14个，银牌队15个，优秀基层队28个。扎实开展“走基层，访万家”走访慰问活动，累计走访各类群体16800人次，发放慰问品、慰问金367.2万元，营造“心齐、气顺、劲足、家和”的浓厚氛围。采油厂被授予山东省文明单位、山东省思想政治工作优秀企业、山东省理论宣讲工作先进单位、山东省职工技术创新竞赛示范企业等称号。

（审核：高国强　撰稿：李伟星）

现河采油厂

【概况】 现河采油厂成立于1986年1月，是胜利油田所属从事石油天然气勘探开发的二级骨干生产单位，下设16个机关科室、8个机关直属单位，9个采油管理区、11个专业化队伍、2个科研单位，实际用工7952人。现河厂是胜利油田南大门，油区横跨二县二区，辖区面积1377平方千米，管理着现河庄、郝家、史南、王家岗、牛庄、乐安等6个油田。2016年生产原油116.3万吨，生产天然气1052.4万方，完成油田下达各项经营任务，获得山东省文明单位称号。

【增储建产】 突出商业可动和高效建产，加大高效断块、优质岩性油藏滚评，2016年实施探井6口、滚动井17口，新增探明储量127万吨，落实商业开发储量166万吨，为2017年准备新区产能阵地3.1万吨。在陈官庄部署的官斜17井实现南坡地区沙四下含油面积不断扩大；在牛庄老区、河4下降盘沙二10、现河庄沙二下稳实现滚动三个外扩，牛庄南沙三段探明空白区取得新发现；在丁家屋子构造部署的王161-斜20井证实了该区反向圈闭有利成藏。优化投资结构和产能项目，实施“单井细胞”工程，全年投产新井31口，平均单井初增5.8吨/天。

【油田开发】 坚持低成本开发，深化“三线四区”“五位一体”运行，实施动态经营、月度弹性预算机制，优化产液、产量、工作量，抓实高效注采完善、注采调配、流线调整、低效无效井治理，累计关停井274口，减少液量9079吨/天、无效注水5040方/天。优化措施运行，精细评价、优中选优，措施有效率达92.3%，提高4.8%；创新实施稠油“三图一线”精准注汽法，稠油吨油运行、增量、操作成本同比下降51.3%、39.2%和44.1%。加大稳产基础投入，深化单元目标管理、节能与躺井一体化治理，注采“三率”、水质达标率同比分别提高1.7、0.7、1.3%和0.8%，自然递减下降1.1%、躺井率下降0.27%。

【改革创新】 完成采油厂层面47项机制，管理区层面43项制度，专业化队伍33项通用、92项专业制度的修订；扎实推进“三册”编制推广。统筹车辆资源优化，开展大客车业务承揽，完成48名驾驶员、39台大客车移交；推进公务用车改革，压减公务用车47台，实现“四压减”目标。创新实施修井作业“工厂化”模式、注汽锅炉搬迁业务外包，全厂作业时效同比提高7.4%。优化人力资源管控，全厂业务承揽输出用工300人，年增加劳务收入1198万元；稳妥清退147名临时用工，及时办理退休、内退手续，全年净减员352人，实现了低油价下用工效益稳升、职工收入不降。

【科技进步】 全年承担分公司级科研、推广、产业化、专利实施项目9项，厂级科研课题攻关10项，获省部级、油田科技进步奖5项；申报国家发明、实用新型专利27件，获得国家专利授权11件，其中发明专利6件，创历史新高。采油厂获得油田科技进步创新杯、知识产权先进单位称号。强化科研攻关，稠油水平井热采吞吐增效技术研究、草桥北坡沙四段油气富集规律研究项目分别达到国际、国内领先水平。全面加强“四化”建设及信息化管理，实施“十大低成本”开发工艺技术，实现减液不减油，累计增加效益4031万元。

【精细管理】 开展“我为安全作诊断”活动，严格落实岗位责任制，成立10个QHSE分专业委员会，有效发挥安全监督、管理职能，单位现场问题数由去年1.38个减少到1.23个；完成管道占压、罐区隐患治埋34处和17处，废弃井封井465口，同比增加295口。采油厂获油田清洁生产先进单位和油田HSE工作优胜单位称号。狠抓经营管理，完善绩效考核机制，增加采油管理区交油气量考核权重，实施部分专业化队伍连带考核，推进联效联责。精细实施“十大提质增效”项目，全年用电量同比减少4469万千瓦时，电费下降2662万元，外部作业劳务、运费、燃料费、管理费用都实现不同程度节约。

【创新实施作业“工厂化”模式】 针对作业临时工清退、人员不足、运行效率不高等问题，率先推行“工厂化”作业模式，在油田内得到推广。推进设备搬迁专业化，将开工准备、收尾搬迁等环节从作业队职责中剥离出来，实现作业工人“拎包”转场、轻装“上阵”、专注修井，“一键搬迁”636口，增加有效作业时间9540小时。推进资源配置系统化，对修井机、值班房、常规作业工具等通用设备集中管理，实施设备共享；将各基层队大班司机集中成立专业化准备队，负责现场设备统一配送、统一维修，实施后因修井机故障造成单月设备误工时间由140小时降至50小时。2016年，全厂作业时效达到88.1%，同比提高7.4个百分点。

【采取“BOO”模式实现污水余热利用】 现河厂对乐安联合站实施污水余热替代燃气项目，采取“B00”模式，即由投资方“建设—拥有—运营”的方式建设该厂联合站余热代气项目，采油厂购买热量，对站内高温污水进行热能再利用。替代生产升温用气，采用“电动压缩式超高温热泵+板式换热器”技术提取污水余热，代替停运站内4台加热炉；替代生活采暖用气，采用“循环水+风机盘管”采暖系统替代现有蒸汽供暖系统，停运2座蒸汽锅炉。该模式实施，年可节约天然气450万立方米，节约标煤约4975吨、减排二氧化碳1.29万吨。消除了站内安全环保隐患、减少设备维护成本、减轻管网腐蚀和职工劳动强度。

（审核：孙 国 撰稿：宋有为）

油气集输总厂

【概况】 油气集输总厂成立于1986年。主要担负着胜利油田10个采油厂的原油储运、8个油气田的天然气开发管理、收集与外供、轻烃生产和民用气经营管理的任务。有大型原油储备库3座，集输泵站4座，原油设计储备能力72万立方米，年外输能力4000万吨。生产气井267口，天然气预处理站1座，压气站2座，集配气站20座。供气小区居民用户20余万户。2016年，全厂上下凝心聚力，强基固本，围绕“建设安全智能一流储运公司”的目标，抓安全、保效益、强基础、促发展、惠民生，完成了各项工作任务。全年外销原油1755.8万吨；外销原油含水率0.76%；输油管道损耗率0.24%；输气管道损耗率1.1%；工业产气量1928.2万立方米；交气量1840.5万立方米，生产轻烃1.58万吨。总厂获“山东省安全生产先进单位”“山东省重合同守信用企业”称号，被评为“山东省文明单位”。

【生产运行】 打好“寒冬”保效增效攻坚战，强化输油系统保质增效，抓好高库存运行，优化调整输量和运行模式，新东辛线输油能耗同比降低0.15个百分点；推进原油化验中心和新装油点建设，加强油品质量监控，各项指标得到有效控制。强化天然气开发稳产增效，完成措施增产作业10井次，日增气量1.5万方；推行“定量化排”“氮气气举”排水采气，完成气井维护作业32井次，气井产能递减率同比下降2.6%，开井率提高1.7%。推进老旧管网更新，开展调压装置检修，推进46个小区供气管网隐患治理，实施户表外移3310户，组织胜利花苑三区、六区等10个新建小区5933户居民用气接管，实现了安全供气。强化轻烃生产优化增效，装置开车率达96%，超额完成轻烃生产任务。

【QHSE管理】 坚持将安全环保作为“天字号”工程抓牢抓实。注重安全责任落实，成立5个HSE专业委员会，与35个部门和单位签订HSE责任书，促进了“管业务必须管安全”执行落地。注重安全监管考核，出台《HSE考核问题分类清单》和《HSE考核奖惩管理规定》，实行重点问题“四反馈、三曝光”、重复问题升级考核，全年共查处问题958项，处罚13万元。注重施工安全监管，开展承包商安全专项整治，探索实施承包商“108积分熔断”管理，确保了风险受控。注重隐患排查与治理，深化“三比一争”我为安全作诊断活动，推进孤永东、孤罗东管道隐患治理，提升了安全保障能力。注重安全素质提升，加大岗位应急处置培训，增强了员工应急处置能力。注重绿色环保，严格建设项目“三同时”管理，实施“气代油”项目，总厂达到油田一级清洁生产标准，获“油田清洁生产单位”“山东省设备管理先进单位”称号，实现了绿色低碳发展。

【智能化与素质提升】 持续推进智能集输建设，完成东辛输油管道智能化管理系统建设，推进三维集输、管道巡线、原油定量装车系统建设，提升了智能化管理水平。选拔聘任首席专家2人、安全总监1人、专家5人，组建专家团队，着力解决技术难点和瓶颈问题，全年承担油田分公司科研项目2项，厂级攻关6项，获油田科学进步奖1项，申报专利22项，取得国优、省优成果6项，局级以上管理创新成果12项。推进员工素质能力建设，举办各类培训班134期，培训3285人次，新增高级技师19人，技师17人。总厂取得油田第19届技能竞赛3个工种第一名、集输工团体第一名的优异成绩。赵勇、赵振刚分获油田第四届为民技术创新奖银奖和铜奖，邓宏玲、杨青获油田金钥匙技术竞赛一等奖；赵汝善获集团公司“技术能手”，刘龙、杨泽新获山东省“青年岗位能手”，夏欣被评为油田“十佳青年技术工人”。

【精细管理】 坚持依法合规、从严管理，加强重点环节过程管控。强化考核激励，实施员工价值积分管理，激发了全员创效增效积极性。注重过程管控，严把计划审批、招投标、物资采购、质量控制等重点环节，加强效能监察、审计监督，提升了规范管理水平。深化财务管理，推进全面预算和成本管控，严格落实“五统一、三整合、四严禁”要求，成本费用得到有效控制。推进资源优化，实施资产瘦身项目19项，促进了资产优化盘活。引导员工向一线岗位流动，推进公务用车改革和劳动用工调整，推行岗位集中值守等管理新模式，实现了用工效率提高。

【油区治理】 坚持向综合治理要效益，推进保油增效。开展管道治理隐患排查，推进了油气管道隐患整治。加强管道巡护，加大群防群治，组织军企双方安全防控联动共建，开展“两保一降”竞赛活动，巡护质量稳步提升。强化打击整治，开展打击打孔盗油违法犯罪行为专项行动，形成了打击涉油犯罪高压态势，长输管道实现454天零发案。加强要害守卫，严格门禁管理，加大“三防”投入，构建站库立体防范监控网络，筑牢了重点目标防恐守卫防线。基地保卫分处加大辖区治安巡逻和案件侦破力度，营造了良好的油区环境。总厂被评为“山东省油气管道隐患整治先进集体”。

【精神文明建设】 学习贯彻党的十八届五中、六中全会精神，开展“两学一做”学习教育，完成局党委巡视及问题整改工作。召开总厂第四次党代会，对46个基层党支部、10个三级党委进行党组织换届改选，推进基层党建标准化建设，实行分类定级、考核排队动态管理，党建工作水平持续提升。党员“先锋指数”管理成果被评为油田第四届党建创新最佳案例。选优配强各级领导班子，干部队伍结构进一步优化。落实党风廉政建设党委主体责任和纪委监督责任，细化分解责任清单，推进反腐倡廉教育，营造了风清气正的良好局面。总厂获油田党章党规知识竞赛一等奖。加强三基工作，开展“争银、夺金、创标、扛旗”创建活动，推进《基层单位管理手册》《基层岗位操作手册》和《员工价值积分管理手册》实施，涌现出金牌队7个，银牌队9个，金牌科室2个。开展“践行严细实，全力创效益”主题活动，加强形势任务和员工价值观教育，组织举办“最美集输人”典型事迹报告会、职工创新成果发布会等系列活动，调动了员工爱岗敬业、拼搏奉献的工作热情。总厂涌现出“全国五一巾帼标兵岗”孤岛原油库化验班、“富民兴鲁劳动奖章”获得者李学忠、第五届油田道德模范崔笑国、渠远、中石化、山东省安全生产先进个人赵学俭、汤胜利等一批先进典型。

【和谐集输建设】 坚持“想员工群众好，为员工群众好”，落实厂务质询、平等协商、带薪休假等制度，推进“三务”公开，完成总厂东营区人大代表换届选举工作，维护了员工群众合法权益。改造5个站库化验室，对各基层站队屋顶进行修缮，为职工书屋和活动室配发书籍、文体健身器材。实施“送温暖”工程，开展“走基层、访万家”活动，走访慰问困难职工、家属312人次，发放送温暖救助金45.92万元、医疗救助金21.3万元、困难职工子女助学金4.4万元、助残慰问金4.05万元。协调优化通勤班车路线，为员工上下班提供便利条件。实施“餐桌工程”，做到了让员工放心就餐、满意就餐。关注员工群众身心健康，优选查体项目，组织全体员工家属健康查体，利用“员工绿色通道”协调进京就医56人次，定期举办心理健康下基层等活动，增强了员工自我保健意识。开展“送文化下基层”、“群众文化广场”、“书画摄影展”等文体活动。总厂代表队夺得油田“颂歌献给党”歌咏比赛金奖，油田第三届职工歌手大赛独唱、组合第一名，全国健身秧歌大赛一等奖。总厂老年大学被授予中石化“五好”老年大学称号。

（审核：商同林　撰稿：刘明强）

石油化工总厂

【概况】 石油化工总厂是胜利油田分公司下属的从事炼油生产的二级单位，成立于1987年5月，位于东营市东营区史口镇、龙居镇和垦利县郝家镇交界处，全厂占地面积约2平方公里。炼油配套加工能力为220万吨/年，拥有220万吨/年常减压、110万吨/年重油催化、50万吨/年延迟焦化、50万吨/年汽柴油加氢精制、50万吨/年催化汽油后加氢、9200标准立方米/时制氢、100万吨/年液相柴油加氢、1万吨/年硫黄回收、15万吨/年催化重整、20万吨/年气体分馏10套生产装置，以及公用工程配套。主要产品有汽油、柴油、液化气、石脑油、硫黄、石油焦、丙烯等。经过2016年产品质量升级改造后，现生产的汽柴油均已达到国Ⅴ标准。总厂现有机关科室13个、科级单位27个、四级单位13个。全厂用工总量1826人，其中大学本科以上学历393人，正高级职称1人，副高级职称195人，中级职称163人，平均年龄41岁。固定资产原值32.87亿元，净值15.51亿元。

【**生产经营**】 2016年，石油化工总厂坚持一切工作向质量效益聚焦，统筹推进观念转变、模式创新、机制完善、保效创效，全面完成集团公司下达的各项目标任务，保持了科学和谐发展态势。全年加工原料油159.59万吨，产品产量144.16万吨，综合商品收率90.33%，轻质油收率72.43%，加工损失0.6%，炼油综合能耗84.14千克标油/吨，炼油专业实现保标；单位完全费用464.08元/吨，实现利润32420万元。全年完成投资21531万元。

【**QHSE管理**】 突出从严从实要求，严格落实“党政同责、一岗双责、失职追责”，完善构建全员安全责任体系，制定各岗位安全职责502个。开展“我为安全作诊断”活动，诊断各类问题1566项。推进监督检查常态化，建立“低老坏”“三违”等问题常态化曝光机制。从严从重追责问责，持续强化安全教育、风险分析、隐患排查、应急演练以及标准化现场等基础工作。以“四不两直”方式加密安全检查，严抓直接作业环节监控，开展各类检查26次，发现整改各类问题隐患1769项。严格执行“三同时、四评价”，稳步推进碧水蓝天工程、能效倍增计划，加强锅炉烟气脱硫除尘设施运行管理，规范科学做好危废处置，安全环保形势总体稳定。

【**高质高效发展迈出新步伐**】
千方百计抓优化、提质量、降成本、增效益，工作运行质量和效率效益持续提升。构建以效益最大化为核心的产销决策运行体系，切实把“算效益账、干效益活、炼效益油”落到实处。深化单装置投入产出分析，利用经济核算模型，深挖各装置运行潜力；科技创新日趋活跃，通过试点实施控制系统优化、蒸汽动力系统优化等措施，促进了单元质量效益提升和技术指标改善；实施全员管理创新创效，全年共取得QC等创新成果103项，实施合理化建议312条。《SRH柴油液相循环加氢技术开发及工业应用》成果，获2015年度中国石化集团科学技术进步奖一等奖。

【**经营管理**】 发挥一体化优势，完善制度标准化体系，优化承包考核模式和绩效监测手段，完善“比学赶超”考核排名机制，促进了生产经营各项部署落实到位。牢固树立依法合规治企理念，加大合同审批、招投标管理、定额预算等工作力度，有效规避各类经营风险、堵塞管理漏洞。创新加强全面预算管理、全员成本目标管理、全口径成本考核，推进控本减费，各项成本费用得到有效控制，八项管理费用同比下降5%。推广实施员工价值积分管理，开展基层“三册”管理，有效激发队伍活力和价值创造能力。规范支持天宇公司发展，稳定效益增长点，促进发展质量提升。

【**党建保障能力**】 推进“两学一做”学习教育，落实党委的主体责任，开展“党员在行动”实践活动，增强党员的“四种意识”，彰显广大党员干部“四讲四有”本色。开展党风廉政专题教育，引导党员干部认清整治“四风”的新形势，将纪律和规矩挺在前面。开展系列劳动竞赛、创新创效等工作，助推总厂各项生产经营任务完成。加大帮扶救助，全年为各类困难群体发放救助金、慰问金、生活补助金50.9万元。坚持稳定时期抓稳定，立足抓早、抓小、抓苗头，从源头细化措施，落实责任，构建和谐幸福石化。

【**检修改造升级**】 4月1日到6月1日，为期60天的停工检修改造，完成17套生产、辅助装置和10个配套公用系统检修，实施汽柴油国Ⅴ质量升级、重催LTAG等技改项目72项，设备更新176台，检修项目3660余项，完成“不着一把火、不伤一个人，不造成一次环境污染事故，安全优质高效正点完成项目建设及检修改造任务，确保一次开车成功”

的既定目标，顺利产出国Ⅴ产品，为下一周期总厂生产安稳长运行和今后的长远发展打下坚实的基础。创新落实网格化安全监管措施，首次采用重大工程施工第三方监督，重点抓实工程施工过程安全监管，实现检修改造“零事故、零污染、零伤亡”目标。

（审核：宋宜四　撰稿：戈琳）

黄河钻井总公司

【概况】 黄河钻井总公司成立于1997年5月15日，原名钻井集团二公司，1998年1月27日更名为现称，机关驻地位于东营市东营区西四路69号，是一个集钻井施工作业、后勤辅助生产于一体的专业化石油钻井公司。施工作业区域主要分布在山东省境内的东营、滨州、淄博、潍坊、德州5个地市的28个县区。公司不断加大市场开拓力度，施工区域先后扩展到新疆、江苏、四川、陕西、内蒙古等国内市场以及伊朗、沙特、科威特、墨西哥等国外市场。截至2016年底，公司用工总量8192人，其中合同制员工6186人，劳务派遣工376人，非全日制用工420人。共有资质钻井队69支，全年完成钻井进尺75.68万米，实现收入19.98亿元。

【市场运行】 针对油服市场内部投资低、工作量严重不足，外部业务量萎靡、竞争加剧的严峻形势，将全员闯市场作为破解困局的唯一出路，在各类市场上全线发力、集中突破。优化运行内部市场。科学测算内部产量需求，将钻机规模合理调控至29台，推行市场化运行模式，全面改进钻井生产、后勤保障组织流程，提升各个环节的运行效率，以良好的施工效果和工程造价，推动甲方在低油价下释放更多钻井工作量。全年胜利油区交井223口，完成进尺54.65万米。巩固扩大西北市场。针对工作量大幅下降、竞争加剧的残酷形势，北方区域协调部和各外部项目部咬牙坚守，突出低成本运营、高技术引领、项目化运作，参与黄陵一体化项目、延长油矿钻井项目及华北局大牛地工区项目，实现了华北局、延长油田等市场份额的提高和施工业务的连续。全年国内外部市场交井41口，完成进尺10.23万米，实现收入1.16亿元。精心运作海外市场。借助工程公司整体优势，加强与甲方的沟通协调，扎实做好统一运行项目的保障、自主运行项目的开发，沙特、科威特项目保持效益化发展，墨西哥项目实现重新启动。全年海外市场交井35口，完成进尺10.8万米，实现收入8.66亿元。涉足非油领域。主动放低国企身价，实行与民营企业合作等灵活方式，成功中标中石化绿源公司地热井项目四个标段施工任务，与相关民营企业达成了20余口地热井、盐水井施工协议。全年非油气项目新增钻机6台，累计交井20口，实现收入1870余万元。择优做强技术服务。加大对后勤单位外拓市场的政策、人力、资金帮扶，管具、固井业务在西北、西南以及沙特、科威特等海外市场实现了业务拓展，运输业务成功打入西北、西南、海南等运力市场，培训业务也与延长钻井达成了初步合作意向。推进劳务输出。坚持有组织、成建制的实施市场开发，采取人才输出、劳务承揽等多种方式，充分发挥井架安装四队等典型带动作用，实现劳务输出市场的多点开花、蓬勃发展。先后在超市配送、面点加工、信息测绘、修井作业、鲜果分销等多个领域扩展了合作空间、赢得了良好声誉，为盘活人力资源、增加员工收入开辟新的市场阵地。公司劳务输出人员增至1100余人，全年实现收入3000余万元。

【经营管理】 坚持把应对危机作为提升管理的契机，着力解决机制上的“顽疾”，消除管理上的“短板”，优化改进经营管控方式方法，实现了提升绩效水平、力保员工收入的工作目标。统筹推进改革调整，增强了内部管理活力。找准落实上级要求与结合工作实际的平衡点，推进扁平化改革，将机关科室由18个压减为10个，撤销钻井分公司，组建5个区域钻井协调部，加快配套机制建设，先后对生产管理、合同签订、经营考核等运行机制进行调整，提升管理效率。全力压减成本支出，夯实了薪酬保障基础。建树“一切成本皆可控”“降成本就是保工资”的理念，向“不能减、不能动”发起挑战，压缩一切不与井眼直接相关的费用，探索实行人员瘦身、装备减配，强化资源综合利用，加大废旧资产报废处置力度。全年固定费用同比减少2.99亿元，材料费、修理费等重点成本费用同比减少6.77亿元。抓好过程控制，堵塞各类管理漏洞。改变费用支出控制流程，由事后考核向事前管控转移，进行月度分析评价考核，实现资金预算的科学合理、可控可溯。执行内控要求，强化经营活动写实，深化指标对比分析，促进了薄弱环节、不足问题的发现与整改。规范项目运作程序，从严加强招投标管理、合同管理和审计监察工作，确保了各项经济活动的规范运行。优化改进考核方式。实行“分类预算、分灶吃饭”，将单井绩效考核成果延伸至生产辅助业务和机关后勤，优化调整综合绩效考核办法，完善了成本无盲区管理。试点单井单机承包及钻头、螺杆钻具分项承包模式，促进了单井经济效益进一步提升。推行以收定支、月度弹性管控的工资考核模式，拉大不同岗位、不同状态人员的收入差距，增强了全员闯市场、创效益的积极性和主动性。

【基础管理】 针对市场领域拓展、工闲时间增加、工资收入减少等新情况、新问题，坚持抓基层、打基础，着力保民生、保稳定，公司上下始终保持了安定团结、和谐奋进的浓厚氛围。安全技术保障有力。强化不同工况下的安全环保管理，抓好培训教育、素质提升，严格监管重点施工、关键环节，突出落实规范作业、标准施工，强化督导外部市场、非油气项目，保持了安全形势的总体平稳。突出强化技术指导，优化区域施工方案，持续开展泥浆不落地、减量化节能技术攻关，推广应用高清洁钙处理钻井液体系等新技术，确保了施工作业的高时效。全年万米故障复杂时间同比减少2.96小时，井身质量合格率100%。“三基”工作持续深化。以“三册”的编制推广为契机，及时修订“三基”考核标准，注重提升经济技术指标，开展“标准化基层队”、“对标共建”试点工作，全员强管理、创效益的氛围更加浓厚。队伍素质持续提升。推进观念引导和形势任务教育，宣传好典型、弘扬正能量，全员学先进、比作为、创效益的责任意识不断增强。扎实开展“两学一做”学习教育，各级党组织强化政治引领、凝聚员工群众，党员干部发挥模范作用、敢于责任担当，形成了上下同心、共渡难关的生动局面。强化寒冬期基层队伍管理，统筹做好生产施工与停待培训的管理工作，员工队伍技能水平持续提高。公司选手在油田职业技能竞赛、“金钥匙”竞赛等各类比赛中争金夺银，展示了良好的技能素质和业务水平。民生工作。依法合规支持改制企业发展，发挥工会、共青团、女工、老年等组织的作用，用足用好惠民政策，持续关注困难群体，开展走访慰问，全年两级党政组织走访基层队126队次，慰问各类群体2776户（人）。

（审核：张建阔　撰稿：张琳）

井下作业公司

【概况】 井下作业公司主要从事海陆油水井试油（气）、地层测试、大修侧钻、浅井钻井、稠油注蒸汽、压裂酸化防砂、带压作业、连续油管作业等施工及技术服务。公司现有在职员工3862人，拥有各类生产装备近千台套，固定资产原值25.8亿元，净值17.6亿元。2016年，面对国际油价持续低迷、油服市场量价齐跌，油田内部工作量极度萎缩、外部市场竞争更加激烈、公司部分行业队伍出现长时间大面积停待、创收单位盈利能力下滑的严峻形势，公司党委和公司贯彻落实上级决策部署，团结带领广大干部员工围绕“战寒冬、求生存、谋发展”中心任务，着力推进观念理念转变，奋力拓展内外部市场，加大改革调整力度，开展精细化挖潜，全力打好寒冬期保效创效攻坚战，全年实现生产经营总值18.15亿元，完成了上级下达的承包任务。公司获山东省用户满意企业、山东省守合同重信用企业、全国“互联网+时代”企业文化创新优秀单位等称号。

【服务保障能力】 适应效益勘

探、高效开发的新要求，以探井施工和海上作业为重点，强化生产运行，严格施工质量，全力打造饭碗工程、精品工程和形象工程。全年累计完成内部施工井868口层井次，各项工程技术指标均保持较高水平。在探井施工方面，先后在27口探井32层中试出工业油气流，累计日增油1019吨，日增气15.76万立方米，东部探区工业油气流率达57.5%，试油层全优率、测试工艺成功率均为100%，试油时效同比提升3.7个百分点，施工的桩斜169井日产油356吨、天然气1.3万立方米，成为近年来胜利油区产量最高的探井。

【外部市场】 坚持把外部市场作为生存发展的主战场，强化边际效益评估，优化市场布局，集中内部资源做强高端市场，重点开拓综合一体化大包市场，拓展非油气市场。公司成功进入了黄陵一体化压裂试油和贵州煤层气钻井市场，并中标华东油气分公司、西南油气分公司页岩气服务项目，规模化、高端化、一体化市场格局逐步形成。全年先后派出43支队伍5000人次进入国内外19个行业市场参与竞争，实现对外创收8.5亿元。在重庆涪陵市场，连续油管施工彻底摆脱外协服务，带压作业初步实现独立操作，全年完成大规模压裂试气井16口292段、带压作业井15口，实现创收4.36亿元，为打造涪陵国家级页岩气工程示范区做贡献。在延长油气压裂市场，优质高效地完成10口井大型压裂改造任务，施工的重点探井旬平1井喜获工业油流，为甲方发现新区块、探明新油藏做出重要贡献。在科威特修井市场，5支施工队伍全年交井173口、实现创收1.75亿元，创造多项科威特分公司参战队伍搬迁施工最高纪录。在土库曼市场，获我国商务部和机电商会的推荐，取得“两优”贷款项目参与资格，与中石油工程建设公司签订协议，承揽其投标的切里肯碘溴厂建设项目，再次中标并成功启动阿姆河试气大修项目。

【创新创效实力】 加快科技创新步伐，全年共承担科研课题13项，申报各类专利12项、获专利授权20项，有3项成果入围胜利工程公司科技成果奖，“多功能捞矛”项目获胜利工程公司技能创新成果集成优化项目推广奖，“储层改造实验室”被评为胜利工程公司重点实验室，水平井修井、连续油管作业、高压带压作业等多项工艺技术取得实质性突破并得到成功应用，为拓展市场提供了强力支撑。泵送桥塞射孔分段压裂联作、连续油管射孔及钻磨桥塞、高压带压作业等工艺技术日趋成熟，施工效率进一步提升。海上防砂及井下工具服务取得新突破，成功完成埕岛油田10口海上防砂井和西北局13口井的工具及技术服务，科技创收创效能力得到充分发挥。加快关键装备工具的研发配套，作业新一平台、新三平台投产，网电修井机完成验收并即将投入使用，为科威特项目配套完成2套修井设备，为川东北项目配套购置140兆帕高压管汇及测试流程，自动化修井设备成功进行现场试验，海上防砂撬控制系统和连续油管设备完成升级改造，海上分层防砂、液压一体式侧钻导斜器、高效合金等井下工具配套工作稳步推进，整体装备实力进一步提升。

【改革调整】 稳妥地实施机构改革，机关科室由17个压减整合为9个，管理人员从118人优化调整为89人，直属科级单位由7个整合为5个，形成了业务高度融合、职能规范高效的管理体制。推进队伍优化调整，全年共压减整合大修侧钻队8支，转岗培训和优化岗位配置842人次，有100多名管理和大班人员充实到作业岗位，实现了队伍、人员和市场工作量的有效匹配。稳步推进公务用车改革，按照“集中调配、信息化管理”的原则，将前线后勤单位公务车辆划归综合管理中心车队，统一上线运行，减少管理人员，压减公务用车34台，用车效率提高。加强井控设备设施专业化管理，将陆上井控装备和现场试压业务划归工程技术服务大队，规范业务流程，明确责任分工，实现了井控管理的规范化和专业化。

【企业管理】 完善绩效考核办法，按照利润目标完成率、收入贡献率进行兑现，加大向创效单位、外部市场、一线艰苦岗位的倾斜力度，拉大盈利与亏损、施工与等停、一线与后勤单位之间的分配差距，有效激发了全员创收创效的积极性和主动性。坚持依法合规建设，规范合同招投标管理流程，严格财务成本管理，加强风险防控体系建设，建立预算预警报告和风险管理制度，完善单井效益考核平台，严控机关及后勤单位费用补贴限额，压减合并基层小队办公用房，全年节约水电费、通讯费、采暖费450万元，各项非生产性开支得到有效控制。严格物资采购计划管理和供应商资格预审，加大询比价和议价力度，推行零库存管理，减少资金占用，全年节约采购资金1200万元。

【体系运行效能】 强化QHSE体系运行，全过程监控施工质量，注重对现场基础资料的管理，强化标准和设计的执行，落实技术交底和风险分析，找准并防控好质量管理的薄弱环节，狠抓施工设计优化完善、入井工具管材检验把关和现场设备设施配备，全年工程质量事故经济损失同比大幅减少。强化HSE管理，全面落实《中石化安全管理手册》要求，在HSE工作委员会的基础上，组建成立5个分专业委员会，按照“谁的业务谁负责、谁的属地谁负责、谁的岗位谁负责”的原则，把安全标准及工作要求融入业务与内控流程，推动了各项制度规范的执行落地，夯实HSE工作基础。加快推进标准化建设，以标准化搬迁、标准化安装、标准化设备为重点，建立完善行业标准查询平台，编制印发标准化现场实施手册和操作程序，强力推行标准化示范建设，引导干部员工自觉学标准、懂标准、执行标准，促进了安全生产标准化水平的全面提升。

【党建思想文化工作】 加强领导班子和党员干部队伍建设，以建设“负责任、能力强、敢担当、有作为”的领导班子和干部队伍为目标，统筹推进三四级领导班子和干部队伍建设，持续优化各级领导班子配备，开展“两学一做”学习教育，班子的凝聚力、向心力和战斗力不断提升，广大党员干部的先锋模范作用得到充分发挥。加强基层党组织建设，规范落实“三会一课”制度，开展党员示范岗、党员责任区争创活动，对重点外部市场派驻督导员，协调推进各项基础工作，使基层党支部真正成为保效益、保安全、保廉洁、保稳定的坚强堡垒。加强宣传思想文化工作。大力传承和弘扬石油精神、胜利精神、铁军精神，通过承办油田“弘扬石油精神，践行主流价值”巡回报告会和“新理念新故事”比赛，激发干部员工战寒冬、求生存、谋发展的正能量。

（审核：马庆利　撰稿：王玉明）

供水公司

【概况】 胜利石油管理局供水公司、山东胜利水务有限责任公司合称胜利供水，实行“一个党委、两块牌子，一体化管理”。胜利供水水务设施分布于东营、滨州、潍坊三市7个区县，服务面积4650平方千米，服务人口100余万人，是中国石化集团公司最大的专业化水务公司，山东省第三大水务企业，公司机关驻地位于东营市东营区北二路681号。截至2016年年底，公司固定资产原值25.7亿元，资产净值13.8亿元，共有水库13座，设计总库容3.68亿立方米；水库配套沉沙池10座；管理着丁字路和民丰两个取水口，引黄渠道2条；在用水厂7座，设计供水能力76万立方米/天，实际日均供水46万立方米；共有供水主支管网1793千米，管理油田居民小区176个；共有污水处理厂4座，设计污水处理能力23万立方米/天。

【安全优质供水】 持续优化生产运行，抓好引水、净水、输配水、污水处理各环节管理，切实保障了油田生产、地方经济发展和社会民生用水需求。强化水源地管理，加大治安巡查和防控力度，启动孤河水库、利津水库封闭工程。组织开展水资源论证，加快设备设施改造，调整流程加快补水，保证了安全供水。通过建立水质考核追责机制、优化水厂工艺运行、有效控制消毒副产物、推进管网防倒流隐患治理，强化了水质管控措施，全年出厂水水质综合合格率100%。加强污水处理水质检测，及时处置水质异常情况，确保水质稳定达标。推进生产数据集成应用、远程压力采集和大用户管理，先后完成生产调度指挥中心以及辛安、河口、利津水厂自动化系统建设，实现大流量水表的数据采集，安装完成管网测压点101套，生产运行效率提高。2016年6月16日至19日，公司与《中国给水排水》杂志社联合举办第四届饮用水安全保障技术交流会，提高了在行业内的影响力。

【HSE工作】 狠抓安全责任落实，强化承包商监管、直接作业环节管理和隐患排查治理，营造了良好的安全生产秩序。修订公司领导岗位、管理部门、操作工种的HSE责任制。全面开展“我为安全作诊断”活动，逐级形成“十项重大安全风险”清单，完成22个岗位的风险识别，将要害部位和关键装置全部纳入处、科、三级、班站四级承包管理。开展“安全生产月”活动，采取“四不两直”方式开展安全抽查、夜查和路查。强化承包商监管，组织承包商、项目经理、专职安全管理人员开展培训216人次。加强应急管理，开展硫化氢泄露（中毒）等应急演练73次。在管理局安全考核中，公司连续四个季度获红旗单位称号。

【经营管理】 坚持严把出口、拓宽入口，推动减亏增效。通过优化运行，原水费、动力费、药剂费等主要生产成本，办公费、差旅费等非生产性费用持续降低。坚持以低效管网治理为主攻方向，完善“巡线、抄表、收费、服务、维修”五位一体区域承包管理模式，推进分段控压，区域计量，强化用水监察和治理，防止“两率”反弹，见到了显著成效，持续改进服务方式，服务质量不断提高，客户服务满意率100%。大力开拓用水市场，阶梯水价正式落地执行，经营状况持续改善。

【衍生业务】 坚持立足自身、面向市场，大力发展衍生业务增收增效。取得水利水电三级总承包资质、招标代理暂定级资质、水利水电、市政公用工程三级监理资质，注册成立具有独立法人资格的胜利正信水质检测公司。工业污水处理技术试验见到积极成果。2016年，公司承揽部分油田单位招标代理任务、工程项目监理任务；开拓省内外30多个县区的水质检测业务市场；开拓油田、地方单位的高端水市场；做好电厂燃料运行、油田公积金管理、小区物业管理等人力资源输出业务，创收增收见到明显成效。

【党建思想文化工作】 坚持“融入中心、进入管理、推动发展、促进和谐”，党建思想文化工作与生产经营工作深度融合。开展“两学一做”学习教育，领导干部带头上党课，各级党组织定期开展专题研讨，结合实际创新自选动作，广大党员干部的政治意识、纪律意识、责任意识明显提升。持续加强党风廉政建设，完善制度规范，严肃纪律要求，巩固了作风建设成果。强化舆论引导，宣传外拓市场、增收增效的先进典型和经验做法，胜利水务品牌影响力进一步提升。组织并丰富精细管理季度“流动红旗”竞赛，开展“查身边隐患、保职工安全、促企业发展”活动，强化创新示范工作室建设，引导干部员工立足岗位建功立业。开展“走基层、访万家，深化三联系”活动，改善各级文体活动场所。关心关爱离退休职工和非在职群体，及时化解矛盾纠纷，解决问题困难，为改革发展营造良好氛围。2016年，公司先后获“省级文明单位”、山东省“安康杯”竞赛优胜单位等称号，被中国企业文化研究会评选为“互联网+时代”企业文化创新优秀单位。

（审核：燕峒胜　撰稿：商强）

电力管理总公司

【概况】 电力管理总公司成立于1983年9月，主要担负着胜利油田生产、生活供电保障任务。公司机关位于东营市东营区淄博路105号。2016年，公司借鉴油公司模式推进体制调整，精简管理机构，完成改革后设机关科室10个，直属科级单位9个，三级（科级）单位20个。截至2016年底，用工总量为4618人，具有教授级高级技术职称9人，高级职称483人，中级职称445人，其中油田高级专家1人。管辖35～220千伏变电站180座，6～220千伏电力线路701条共计5861.53千米。电网覆盖东营、滨洲、淄博、潍坊4个市的12个县区、80多个乡镇。固定资产原值42.17亿元，净值21.99亿元。2016年，转供电量64.9亿千瓦·时。获省级文明单位、富民兴鲁劳动奖状、山东省职工技术创新型示范企业等称号。

【**电网建设**】 统筹平衡长远规划、年度计划，编制三年滚动计划，强化项目过程监督，实现规划、计划、执行的有效衔接。电网调度及监控系统改造二期工程完成3座集控站建设、29座变电站综合自动化改造，镇东镇西变电站配电系统扩建、新滩黄河北35千伏电源线路配套建设以及30个居民小区综合治理改造等项目顺利完工。争取资金进行电力设施专项维修改造，实施“性能提升、隐患治理、专项整治、设施维修”等4大类、481项工程，推进实现110千伏断路器无油化、变电站综合自动化、计量仪表智能化，110千伏隔离开关、CT、PT全部更新改造，城区供暖线路实现双电源，简易变实现远方遥测、遥信、遥视，重大安全隐患有效消除。

【**保供运行**】 开展电网四季检修，狠抓日常运行和科学调度，集中力量更换老化绝缘子、拉线，加强技术改造、树木清障、抢险抢修和应急发电，电网故障率同比降低20.8%。持续优化无功管理，完成13座变电站无功补偿改造，电网综合功率因数达到0.965。强化科技攻关和新技术推广应用，引进无人机巡线技术，完成科技立项20项，获局科技进步奖2项、国家专利6项。

【**精细管理**】 稳妥推进资产运营管理，全年清理低效无效资产342项，存量资产结构更加优化。落实全员成本目标管理，全方位压费用、降成本、减支出，深化挖潜增效。深化改善经营管理建议工作，累计提报建议1604项、立项603项。推进管理创新，《以价值链为核心的协同增效平台建设》获油田创新成果一等奖、中石化创新成果三等奖。规范重点岗位法律风险防范，加大普法宣传教育，《“门”外》成为山东省及中石化系统唯一获得全国“普法30年征文活动”一等奖的作品。

【**“三基”创建**】 注重发挥培训阵地作用，举办各类培训班233期，完成17个工种719人职业技能鉴定，总公司党委党校被评为山东省先进党校。建立“三支人才队伍+”创新创效机制，发挥电力技术专家委员会、工人技术创新协会和13个创新工作室等平台作用，开展金牌工人“1+1”“金钥匙”技术竞赛、青年建功竞赛等活动，引导全员在工作中创新、在创新中工作，2人获富民兴鲁劳动奖章，3人分别获油田第四届“为民技术创新奖”银奖、铜奖，东区供电管理区《配电线路故障定位仪》获山东省职工优秀技术创新成果一等奖，为油田同类最高奖项。

【**党建思想文化**】 开展“两学一做”学习教育，引导广大党员自觉践行“四讲四有”学习要求，马坤俊作为优秀共产党员代表在油田作巡回事迹报告。通过基层调研、专题学习等形式抓好处科两级党委中心组理论学习，总公司党委中心组被评为山东省先进县级党委中心组，成为胜利油田唯一获此殊荣的单位。加强党建和党风廉政建设，落实“两个责任”，规范干部业绩考核评价，制定党风廉政建设责任清单，对6家三级单位开展党委巡察，建立廉洁谈话长效机制，营造了从严从实的政治生态和管理生态。开展“抓机遇、谋发展、提质量、增效益”深化年活动，推动观念引导和形势任务教育进课堂、进班站。加强舆论宣传和典型选树，发挥《电力通讯》、电力信息网、官方微博微信等媒体平台作用，胡金海、路鹏等同志被评为油田道德模范，1人被评为“山东好人”，1个家庭被评为第一届全省文明家庭。

【**民生民心工程**】 推进通明苑小区维修改造，联合胜北社区对公园、群众文化广场等进行改造，小区环境及配套设施大幅改善。基层建设持之以恒，加大基层办公场所、生活设施维修改造力度，基层软硬件水平不断提升。举办首届员工健身运动会，开展送健康活动，推进EAP员工心理帮助计划，组织幸福教练进一线，拓展济南就医绿色通道，促进员工快乐工作健康生活。开展“走基层、访万家，加强‘三联系’”活动，建立精准困难帮扶长效机制，健全完善“老年服务知心会”，抓实信访代理，总公司和谐稳定局面进一步巩固。

【机构调整】 稳妥推进体制调整，借鉴油公司模式，精简管理机构，精干管理人员，压扁管理层级，构建起“总公司—管理区—班站”三级管理架构，机关科室压减37.5%，基层单位压减51.4%，同步完成基层党组织设置，组织架构更加精干高效。探索完善配套机制，突出主营业务，优化生产辅助、服务保障等业务，成立四个专业化公司，推进实施专业化管理。

（审核：刘 军 撰稿：钱德强 王东飞）

胜北社区管理中心

【概述】 胜北社区管理中心成立于1997年11月9日，主要负责所辖区域的物业管理、医疗卫生、学前教育、矿区建设、群众文化、就业指导等工作。辖区面积86.27平方公里，有25个居民小区，住房29816套。中心设13个三级（科级）单位，8个机关部室，4个直属单位，在册员工2130人，非在职人员3300人。社区获“山东省文明建设先进单位”。

【经营管理】 加强单元成本管理，实施“层级目标”经营承包办法，加大CMIS平台管理力度，推进合同管理标准化、信息化建设，保障经济规范运行。强化“一切成本皆可控”理念，实践“三线四区”经济模型，各系统在成本管控、挖潜增效上出实招、求突破。物业系统承揽商业住宅物业服务和主营单位的绿化、保洁、垃圾清运业务。幼教系统以优质保教服务吸引幼儿入学，提高幼儿入园率、出勤率和家长满意率。医疗系统突出特色专科建设和日常医疗服务，拓展健康查体范围，多措并举强化服务创收。加大闲置资产盘活处置力度，优化存量，提高使用效率。全员开展革新创效活动，践行“小革新大效益”理念，降低劳动强度、提高生产效率、节约生产成本，形成QC成果37项，2项获国家实用新型专利。

【改革调整】 全面落实油田统一部署，稳妥推进体制机制调整。调研制定社区改革发展方案和实施细则。严格程序，稳妥推进，自上而下完成机关科室、直属单位、三级单位的体制调整。实施车辆集中管理，优化运行流程，提高使用效率，公务车数量和综合成本均压减30%以上。油建幼儿园与社会办学机构开展合作办园，有效缓解了偏远幼儿园结构性缺员矛盾。胜采医院以口腔科为突破点，与社会医疗机构合作办医，肛肠病防治院合作办医进入实质操作阶段。

【综合服务】 物业系统开展360便民服务，充分发挥社区综合服务平台作用，实现物业服务全过程监督管控，服务及时率、满意率均保持在99%以上。加强绿化标准化管理，有效控制辖区苗木病虫害发生。12条市政道路及其附属设施和胜采北排涝站移交地方政府。胜凯小区创建为社区首个5A级中石化文明和谐示范小区。医疗系统严格规范诊疗行为，健全完善院科“三基三严”培训考核体系，提升医疗护理质量。采取专家示教、学术交流等方式，持续加强口腔、康复、肛肠、母婴护理特色专科品牌建设。推进社区公共卫生服务工作，开展爱国卫生、卫生防疫、食品监督等工作，强化医疗安全，无重大传染病、无医疗责任事故发生。幼教系统开展岗位练兵、园本教学、优质课竞赛等活动，深化奥尔夫音乐、蒙氏教学等系列特色教育活动，强化“幼儿一日活动”标准化管理，开展省十佳、省示范幼儿园复审迎检工作，局实验二幼等4所幼儿园通过山东省重新认定。

【从严管理】 强化HSE管理。成立6个HSE专业分委员会，健全完善安全责任体系，开展安全知识、操作规程培训，结合安全生产事故案例和《HSE违章行为分类清单》，开展“我为安全做诊断”活动。开展承包商安全专项整治，突出甲方安全主体责任，确保施工安全。强化医疗污水排放控制，加强职业健康宣传教育，强化风险防控闭环管理，实现全年安全生产无事故。强化基层管理。推进“百队帮扶”项目，全员推广“三册”管理，从精细管理、优质服务、基层文化入手，培育打造基层特色管理服务品牌。强化综合治理，加强特勤中队、巡逻队、小区门卫等治安力量，规范小区视频监控管理，强化防电信诈骗宣传教育，专群结合加强群防群治。组织开展打击“两抢一盗”、打霸治痞、建筑市场治安专项治理等活动，强化重要节庆和幼儿园安保工作。加大信访事件协调处置和整体联动力度，推动信访事项的妥善化解，获中石化维护稳定工作先进集体，被推荐为山东省四星级“科学关爱和谐示范社区”。

【民生建设】 实施老旧小区改造、雨污分流、基层设施改善、安全隐患治理，完成景苑中区、景苑东区、景苑北区、锦霞南区、北苑和樱花小区等维修改造。医疗系统更新螺旋CT球管，购置彩超机、心肺复苏机等设备30余台，完成胜北医院综合维修改造以及设施设备配套。推进“碧水蓝天”工程，完成供电、东安、油建、胜采、钻井、井下等片区雨污分流改造。加强信息基础工作和信息技术的推广应用，信息化水平逐步提升。槿园新区职工住房建设项目工程本体被评为东营市“优质结构工程”，施工现场被授予“山东省安全文明施工标准化小区”。

【党群工作】 推进“两学一做”学习教育，采取“三同步”“七学联动”等方式抓好落实。召开社区第二次党代会，加强了新形势下社区党的领导，组织开展党旗传递、微党课评比、红色报告会等“十个一”活动，开展“支书沙龙”活动，经验成果获油田党建创新最佳案例。压实党风廉政建设“两个责任”，开展专题廉洁谈话，学习宣贯《关于新形势下党内政治生活的若干准则》《中国共产党党内监督条例》，强化三务公开、效能监察，确保中央八项规定精神落到实处。坚持正面引导、典型示范，宣传文明建设成果，树立良好外部形象。发挥团青服务室作用，开展“青字号”工程，持续推进“女子示范班组”、女职工“幸福工程”建设。以“走基层、访万家，深化‘三联系’”活动为主线，开展暖心帮扶工作。按照离退休职工家庭结构、健康状况等因素实行分类管理、重点帮扶，落实两项待遇，持续加强文化阵地建设，胜北老年指弹球队代表中石化集团公司参加全国指弹球锦标赛第五次蝉联团体冠军。

（审核：石冠儒　撰稿：马志强）

国 内 贸 易

商业服务

【商贸流通】 2016年，全区社会消费品零售总额预计实现67.71亿元，比上年增长11.2%。全区实现批发零售业销售额296.67亿元，增长9.36%。1—12月，重点调度的信誉楼百货有限公司、银座商城垦利店2家零售企业分别实现商品销售额47363万元、9054.3万元，合计较上年同期增长1.3%。

【电子商务】 培育电商示范点11个、包装农产品线上品牌26个，区、乡、村三级电商服务体系齐全，培育“新农+”“e村驿站”电商服务品牌，通过列入为民办实事工程，邮政村级电商服务站达到216个。京东区级服务中心在垦利区招募合伙人120人。规划建设5个特色产业园区，金钊源网络科技有限公司被评为“省级电子商务示范企业”。

【“市场开拓服务年”活动】 组织万达宝通、骏马石油装备等12家企业参加南非轮胎展、德国埃森轮胎展、美国OTC石油展等世界著名展会27个。结合“两学一做”，开展“送政策到企业”活动，将企业急需的“市场开拓政策”送到企业一线。

【商贸流通】 （一）完善社区商业网点配置，配合市商务局开展全市商业网点规划调研，完善合理布局城乡社区便民店、早餐店、菜市场、邮政快递服务等日常生活必需的商业网点，构建便利消费、便民生活服务体系。（二）强化对流通市场的运行分析和预测预警，科学引导生产和消费。（三）开展商务综合行政执法工作，落实法定监管职责，确保良好市场秩序。（四）开展“3·12商务宣传日”“满意消费惠万家”“平安商场”创建等系列主题活动，营造法治、诚信、平安营商和消费环境。

【“电子商务提升年活动”】 培

东营市首家二手车交易市场

育电商示范点11个、包装农产品线上品牌26个，区、乡、村三级电商服务体系齐全，培育“新农+”“e村驿站”电商服务品牌，通过列入为民办实事工程，邮政村级电商服务站达到216个。京东区级服务中心在垦利区招募合伙人120人。规划建设5个特色产业园区，金钊源网络科技有限公司被评为“省级电子商务示范企业”。

（尚永青）

商　会

【第六届黄河三角洲（中国·垦利）国际生态农业博览会】 于2016年10月22日至24日在黄河口经贸文化交流中心举办。本届农博会继续以“绿色、科技、品牌”为主题，植入“互联网+农业”概念，新增设农业生产资料展区。总展览面积2万平方米，分A、B、C三个展馆，布置展位1000个，设东营特色展区、国际及台湾展区、山东省特色展区、农业电商展区、农业科技展区、农业生产资料展区6大版块，参展企业共412家。展会举办期间，现场交易额4236.16万元，现场签约额1887.9万元，采购商、电商、参展企业现场达成购销合同22项，合同金额7660万元，洽谈购销意向108项，可实现购销金额2亿多元。科研院所与各参展企业、当地种养殖企业达成技术合作意向11类26个。展会期间参观人数达12.8万人次。

【平台经贸文化】 以黄河口经贸文化交流中心为平台，利用场馆资源，发挥职能优势，突出特色，打造垦利区会展城市品牌。（一）发挥平台经贸作用，举办2016年垦利年货会、春季黄河口汽车博览会、气球动漫展、家居建材展销会、红木家具展、山东一大早乳业经销商大会等经贸活动；（二）突出文化特色，举办一系列文化交流活动，通过与主办单位、会展公司等对接洽谈，引进并成功举办第三届中国（东营）艺术品博览会，第三届“黄河口书香节”、全国优秀少儿电视大赛（垦利赛区）选拔赛、山东省农民书画展、山东省新人新作书画展、“美在垦利·秀美乡村”大型摄影展等文化活动，各类活动30余次，活动天数累计100余天，基本形成以黄河三角洲国际生态农业博览会、中国（东营）艺术品博览会、黄河口汽车博览会三大重点展会为龙头，以休闲生活方式展、家具建材展销会、书画展、摄影展、各种经贸文化活动为基础的展会格局。

第六届农业博览会开幕式

【对外联络】 （一）组织企业参加春季广交会、广饶轮胎展、第28届沙特阿拉伯（吉达）国际贸易博览会等16个境内外展会；（二）组织企业参加非洲四国投资研讨会、“丝绸之路经济带”国家工商会代表团政府座谈暨企业对接会、山东省企业代表团访问斯里兰卡、泰国、越南、组织企业开拓中东石油炼化市场等13个对外经贸活动，开拓国际市场；到会员企业开展调查研究，了解企业生产经营情况，提高为企业服务的针对性和实效性，为万达、万得福、新发药业等6家企业申请国际贸易促进专项资536892.85元，减轻企业负担，促进对外贸易的发展。

（王新辉）

供销合作商业

【概况】 东营市垦利区供销社是全区供销合作社的联合组织，

由区政府领导，2003年12月列为财政全额拨款科级单位，2008年6月批准为参照公务员法管理单位。内设办公室、经济发展股、合作指导股、财务股、政工股“一室四股”。在职干部职工20人，下属11个基层社，9个改制企业，职工1236名。

【出台政策性文件】 区委、区政府成立相关部门组成的垦利区供销综合改革工作领导小组，印发《深化供销合作社综合改革实施意见》，推进供销综合改革工作。

【安置区建设工程】 2016年，区供销社与有关部门单位、企业协调，做好总建筑面积80800平方米的北辛店油棉厂安置区建设工程，项目建设期限为2016年3月至2018年12月，总投资43300万元。2016年，计划投资23300万元，实际投资额23300万元，完成额度100%，完成地暖、门窗和消防立管安装。

【为农服务中心建设】 建设为农服务中心是2016年市委市政府落实“三农”政策的重点工作，区供销社承担市重点项目为建设2处为农服务中心，2016年，重点建设黄河口金农为农服务中心、黄河口建林宜之信为农服务中心，使垦利区为农服务中心数量达到7处，助农增收82万元，比上年增长36.6%。

【社村共建】 2016年重点推进黄河口镇六村“党建带社建、社村共建”工作，依托帮扶村成立的垦利区润泽农作物种植专业社联合社，发动群众流转村内闲置荒地30余亩，供销社协调投入资金10万元对荒碱地进行改良改造，高标准修建莲藕种植池塘，发展莲藕种植，村集体增收2万元。

9月19日，市供销社副主任商桂林一行4人调研供销综合改革工作

【其他工作】 *规范提升农民专业合作社* 5月，从利益分配机制、内部规章制度、经营服务范围、机构场所标示等方面，规范提升3家农民合作社，发展合作社成员100余人。合作社建设小麦、棉花种植标准化生产基地2300亩，带动非成员农户数360户。

原垦利县农业生产资料公司改制 9月14日上午，垦利区供销社召开原垦利县农业生产资料公司改制全体职工大会，启动改制

9月14日，山东省垦利县农业生产资料公司改制工作全体职工大会

工作。

（张玉海　李　健）

粮油购销

【概况】 2016年，区粮食局获全市粮食综合目标责任考核优秀，获全国创建省级文明县、国家园林县城、国家卫生县城复审工作先进单位。5月9日，垦利县粮油储备服务中心事业单位类别调整为公益三类。

【地方储备粮管理】 坚持将地方储备工作作为保障“粮安工程”实施的总抓手、基础性工作放在重中之重的位置。投资27万元，购置部分储粮设备，增容改造供电设施，完善安全生产条件，储备基础更加夯实。开展储备粮轮换，完成地方储备粮轮换任务。启动小麦最低收购价政策，收购和储粮能力增强；规范应用“数字粮食”系统，配置安装政策性粮食收购一卡通系统并投入使用，并争取扶持资金，推进智慧粮库建设；加强学习培训，提升储粮管理水平；深化储备库人员工资和人事制度改革，调动干部职工积极性。依托“数字粮食”工程建设，以国家粮食局库存粮油识别代码试点为契机，健全完善储备粮信息化管理系统。配合市粮食局抓好市级储备油监管，加强对承储企业的引导，完善基础设施，督促企业进行轮换，储备粮油管理水平明显提升。

【民生工程】 **规范提升放心粮油工程** 按照“八统一”标准，完善粮油购销网络，新建放心粮油专柜1家，对2家不符合标准的粮油店进行摘牌处理，对9家粮油店门头进行更新改造。全区放心粮油示范店达18家，放心粮油店9家，放心粮油专区专柜4家，放心粮油供给网络进一步增强，放心粮油工程走在全市前列。强化对放心粮油项目的监管，在全区营造健康、安全、和谐的粮油消费环境。

规范发展居民厨房工程 2016年，在优化调整网点、加强监督管理。至年底，全区共建有主食加工配送中心1处，快餐亭33个、中心门店2家，注册“喜民乐”“和佳乐”服务商标2个，方便居民生活，居民厨房工程走在全省前列。

规范提升农户科学储粮工程 聚焦精准扶贫，在全区8个贫困村组织开展农户科学储粮仓推广摸底调查；对垦利区2016年至2018年国家农户科学储粮工程进行规划调研，对2009年至2013年度农户储粮仓使用情况进行专项调研，增强了服务民生能力。

做好夏粮托市收购工作（林泽龙）

【粮食宏观调控】 **落实粮食安全责任** 根据市政府《关于贯彻落实粮食安全责任制的实施意见》，结合区粮食流通工作实际，代区政府起草《实施意见》及考核办法，于10月出台实施。细化分解《实施意见》中本单位承担的任务，在增强粮食收储能力、促进粮食产业发展、粮食质量安全等方面制定具体工作措施，提出具体落实方案，促进粮食安全责任制各项目标的落实。

坚持依法管理粮食 坚持“法无授权不可为”“法定职权必须为”，制定印发部门权力清单和责任清单，梳理行政许可事项1项、行政处罚事项11项、行政监督3项、其他权利4项。依法组织开展粮油市场专项整治、地方储备粮油库存专项检查、夏秋粮最低收购价政策执行情况专项检查等执法活动，维护粮油市场秩序。

粮油市场监测预警能力建设 执行粮食流通统计制度，强化对7个镇街社会粮食统计调查员的管理考核。组织开展夏、秋粮食产量调查及2015年度粮食供需平衡调查。落实粮油价格周报和特殊情况下日报制度，重新调整确定粮食应急供应企业2家、加工企业2家、配送企业1家、供应网点10家，应急体系进一步健全。规范使用150万元省级扶持资金，完成万得福公司应急能力建设项目。修订完善粮食应急预案操作手册，组织开展储备库熏蒸作业和消防演练，实战能力不断增强。

依法治粮和爱粮节粮宣传 5月，组织开展粮食科技活动周暨《粮食流通管理条例》颁布12周年宣传活动；10月，组织以“气候在变化，粮食和农业也在变化”为主题的“世界粮食日”宣传活动，全区6家企业参加市粮食局组织的集中展销活动。

【粮油产业】 围绕“主食产业化居民厨房工程完善提升功能”主线，协助喜文化对主食产业化居民厨房工程主食加配送中心进行升级建设，申请山东省主食产业化补助资金100万元予以支持。对原有车间及部分生产线、生产流程和设施设备进行优化升级，并增加检验检测设备，主食产业化能力得到提升。

（林泽龙）

烟　草

【概况】 垦利区烟草专卖局（营销部）系央属国有企业，主要负责全区7个镇街的专卖管理、卷烟营销工作，下设综合办公室、营销科、专卖监督管理科、法制科、内管派驻组、财务科、稽查大队、城区客户服务站、董集客户服务站9个职能部门和东营泰山壹伍叁贰物联商贸有限公司垦利分公司。辖区有1175户零售户。2016年，被市烟草专卖局（公司）授予“先进工作单位”称号，被区委、区政府授予“2016年度全区经济社会发展杰出贡献企业”称号。

【烟草销售】 （一）推进市场化取向改革。扩大调研范围，针对零售户、消费者、集团单位等分类别、分重点的进行实地调研，并对辖区内不同地理位置、档位和经营业态的卷烟零售户进行梳理，充分了解当前卷烟市场的社会库存、主销品牌、价格执行、客户诉求及意见建议等情况；结合市场调研与商圈分析情况，实施差异化、个性化服务，因地制宜调整营销策略。同时，通过微信、经营指导书、驻店营销等形式，向零售户介绍品牌知识、卖点等，帮助零售户加快品牌动销，提高零售户培育品牌的积极性和主动性；对中小零售户开展“驻店营销”活动，帮助客户准确分析、加速动销、提升盈利。（二）提升营销基础工作。以客户订货率和E访到位率为抓手，坚持基础工作和卷烟销售同抓并重、实时调度、扎实提升。2016年客户经理日均走访零售户10户、刷卡签到覆盖率90.6%，实现客户订货成功率90 %以上，稳居全市第1位。推进客户经理职能向市场转移。将客户经理工作地点转移到市场上，按照“6+4”工作流程，对前40%客户进行梳理，强化拜访，利用《前40%客户需求信息采集单》跟踪重点客户订货情况，调整并深化应用数据分析模型，加强经营指导。（三）深挖市场发展潜力。围绕鲁产、细支、市场扩容量，提结构，综合运用上柜、宽度、高度优化市场环境，加大紧俏货源组织力度，指导客户建立消费者联盟，开展“大干一百天，实现新突破”销售竞赛，激活市场潜力，引导和满足需求。2016年销售卷烟10319箱；实现单箱值27595元，人均条数10.64条，实现利税7323万元。全年销售鲁产卷烟人均条数5.48条，居全市第二位。

【烟草市场管理】 （一）联合协作汇聚执法合力。由区综治办牵头与有关执法部门多次召开联席会议，密切有关部门在烟草市场整治中的协作配合，建立专项整治与日常监管相结合的长效机制，理顺卷烟打假工作机制，共同研究市场治理中的难点问题。以“齐鲁之盾”为契机，加大市场治理力度，卷烟市场整治取得新成效。全年查获涉烟违法案件87起，查获涉案卷烟124.42万支，比上年增加51.33%，查获案值44.61万元，刑事拘留涉案人员9人。（二）完善专销协同机制。开展“全员参与专销协同共筑终端”活动，采取全员参与、专销合力打造方式，通过驻店拜访、现场指导、示范引领、技能讲解，帮助客户改善店堂环境，引导客户做到“六了解、四掌握”，发挥“示范店”以点带线、以线带面引领作用，确保在现场会召开前，将终端建设对象延伸至所有市场类型和零售业态，从而夯实网络建设基础。（三）突出法律宣传。开展“人人上讲台，我要当讲师”活动。本着“人人备课、人人授课、互相学习、共同提高”的原则，制定《课程安排表》，主讲人使用PPT讲授方式，围绕烟草历史发展、专卖管理、法律法规、真假烟鉴别等知识重点教学，为专卖规范执法奠定坚实的理论基础和法律基础。针对不同对象，采取差异化的宣传方式和宣传内容，在法律宣传中不断融入精益理念。对于卷烟零售户，重点突出对烟草专卖法律法规知识的宣传讲解，通过法律讲解、案例宣传等方式，提高其知法、守法意识，自觉规范经营行为；对于消费者，重点从假烟的危害、假烟的识别、如何避免买到假烟入手展开宣传。对于无证户，在强化法律宣传的同时，重点宣讲办证事宜，符合条件的，及时予以办理。

（郝晓菲）

石油营销

【概况】 全区成品油批发企业2个；加油站（成品油零售企业）30座，其中中石化山东东营分公司加油站6座、中石油山东东营分公司加油站1座、社会加油站23座。2016年，成品油市场受国际市场油价不稳定等因素影响，国内成品油资源需求旺盛，致使供求矛盾加剧，为尽量减少成品油资源短缺对全区经济社会的不利影响，区经信局积极协调中石化、中石油，采取积极措施组织市场供应，保证了全区成品油市场正常运行。完成车用成品油升级工作，车用成品油按照规定全部达到国V标准。全区30家加油站完成水冲式厕所改造，档次进一步提升。

（高　辉　张文涛）

城建环保

城乡建设

【概况】 2016年，垦利区住房和城乡规划建设局内设办公室、建筑业管理股、住房保障与房地产市场监管股、规划建设股、村镇建设股5个行政股室，下属垦利区建筑工程管理中心、垦利区城乡规划服务中心、垦利区房产服务中心、垦东分局、垦利区物业管理中心、垦利区新型城镇化建设办公室6个事业单位，单位职工总数116人。

【规划编制】 协助东营西郊现代服务区管委会修编《东营西郊现代服务区南、北区控制性详细规划》，督促各镇街修编调整总体规划和镇区控制性详细规划。联系部分规划编制单位着手修编调整城区总体规划、东部片区控制性详细规划、海绵城市专项规划、教育设施布局专项规划、城市地下管网综合规划、城市排水专项规划、城市水系专项规划和城市建筑色彩专项规划等多项规划。

【规划管理】 落实规划评审制度，筹备召开规划委员会会议2次、项目规划设计方案评审会10次，审批规划设计方案80件。严格规划审批，核发选址意见书6个、建设用地规划许可证63个、建筑工程规划许可证100个、建设工程竣工规划验收合格证63个。加强规划管理，推行“阳光规划”，执行批前批后公示制度，强化项目批后监管，配合省政府派驻城乡规划督察员做好规划督察相关工作，提高了城乡规划的权威性和严肃性。

【小城镇和新农村建设】 （一）农村危房改造。针对居住在危房中的农村分散供养的五保户、低保户、贫困残疾人和其他贫困户，本着遵循经济最困难、住房最危险的原则，不搞普惠

7月22日，县委书记韩利学到县住建局调研“两学一做”工作

建设与城市管理安全生产委员会成员谈心对话会议

制。2016年全区危房改造完成187户，累计投资约467万元，争取上级奖补资金近300万元。（二）农村旱厕改造。按照试点先行、依次推进、建台立账、销号管理的总体思路，完成旱厕改造3673户，惠及5个镇59村，累计完成投资约440万元，争取上级奖补资金220余万元。（三）新型农村社区建设。2016年全区重点实施建设新型农村社区项目3个，涉及村庄17个，年内完成总投资7.63亿元。黄河南展区杨庙社区二期工程全部竣工，涉及7个村726户村民搬迁入住。胜利社区二期正在有序进行，预计2017年年底交工。尚庄、孙家村“增减挂”安置项目西区、康和庄园建设项目预计2017年5月交工。（四）人口市民化规划。为促使垦利区符合条件的农业转移人口逐步在城镇就业和落户，全区开展“三个市民化”工作，即外来务工人员市民化、就地转移人口市民化、城中村和城边村原有居民市民化。将任务分解下达至各镇街，并完成规划编制招标，计划2017年6月底完成人口市民化编制规划。

【重点工程项目】 2016年，区住建局承担区重点项目及为民办实事工程9项，总投资11.1亿元，年度投资5.5亿元。至年底，胜利路水系绿化项目全部完工，永丰河综合治理一期工程及原一分干综合管廊项目土建部分完工，锦霞新城幼儿园项目开始配套施工，东南部片区农贸市场建设项目在进行主体施工，3673户农村旱厕改造任务完成，胜兴商务广场市政配套工程、平安·丰湖湾住宅小区建设项目、经纬商贸城改造工程均达到时间节点要求。

（李媛媛）

城市管理

【概况】 东营市垦利区城市管理局内设办公室、公用事业管理股、执法管理股三个职能股室，下设市政管理处、环卫管理处（挂城乡环卫一体化办公室牌子）、园林管理处、热力燃气管理办公室4个副科级事业单位和供热服务中心5个单位。其中市政管理处内设路灯管理所、广场管理办公室、民丰湖管理办公室、市民活动中心管理办公室、工程计划股5个股室，园林管理处内设植物园管理办公室1个股室。主要负责全区的市容环境卫生管理、基础设施维护、城市绿化管理、城市防汛、城区路灯管理及城区冬季供暖管理等工作。有正式职工65人，各类岗位工作人员近900人。

【重点工程建设】 2016年，区城管局承担28项（包括10项生态绿化、4项市政配套设施建设、3项路口渠化改造、3项景观亮化、2项综合性园区建设、2项道路维修建设、1处街头游园建设、1项供热老旧管网改造、1项老城区雨污分流工程、1项水体循环水系统建设等）工程建设任务，总投资4亿元。按照“一个项目、一个组、一包到底”的原则，严格责任落实，在每周办公例会上对工程进度进行专门调度，集中解决工程建设过程中遇到的困难和问题，确保工程建设进度和质量。

【市容环境卫生】 2016年，区财政投入资金近1000万元，购置15辆环卫作业车辆和1100个新式果皮箱；对城区32处公厕统一安装LED灯公厕指示牌；在城区新建公厕4处，对16处公厕进行改造提升，城区公厕全部保持清洁运行；在农村按照属地管理原则，督导各镇（街道）履行环卫托管手续，环卫企业保持镇村两级保洁员队伍数量和稳定性。通过聘请第三方机构，一月一督查、一月一通报，加大突出问题的整治力度，垦利区农村卫生持续改善。2016年，垦利区城乡环卫一体化工作在全市综合考核中获第一名。

【园林绿化管理】 以景区和街头游园、广场绿化为点，城区道路两侧、永丰河、溢洪河两岸绿化为线，点线结合，坚持生态养护，全面提升城区绿化水平。2016年，区财政投资1亿元对东二路、广兴路、规三路、开发区路、利兴路等10条道路实施生态绿化，对城区道路两侧的围墙、篱笆制定立体绿化方案并组织实施，在民丰湖、植物园、体育公园和城区部分道路交叉路口增植各色花卉，共增植花卉、乔木23万余株，治理裸露土地26.5万平方米。

【市政设施养护】 一是做好市政设施维修维护工作。对城区段永丰河、溢洪河截止闸、翻板闸、橡胶坝等设施进行检修，共检修设备130处，封堵溢流口19处、清除两河河道内杂草污物、建筑垃圾等约400立方米；二是保持路灯亮化率99%以上。坚持夜间巡查和日常巡检相结合，维修更换各类灯泡2000个、镇流器160个、触发器600个、灯罩200个，处置路灯杆损毁事故13起，对城区部分桥体和楼体亮化设施进行维护。2016年，对城区53台路灯箱变及35个小配电箱和3288多基路灯统一涂刷防涂鸦、防粘贴漆，让前脚撕后脚贴的“牛皮癣”小广告彻底得到根治；三是做好公园景区的维护管理工作。对于群众反映城区部分广场的铺装出现破损、一些音响设备出现故障、广场缺少座椅、老年门球场及健身器材损坏严重等问题，对城区所有广场、街头游园进行排查，通过实地勘查、听取群众意见建议等方式，制订详细整改计划。安装各类座椅60余组，新建羽毛球场地4处，新增户外健身器材30余组，铺设塑胶健身场地400余平方米。对老年

“两学一做”学习教育工作座谈会召开

冬季热力燃气安全宣传

12月22日，区书记刘斯杰、区长马保文到民丰湖调研

门球场、篮球场、健身器材等设备进行维修改造，对城区所有广场大理石铺装、监控、音响、庭院灯、草皮灯排查维修。确保公园景区设施完好、卫生整治的休闲、娱乐环境。2016年，区城管局被老龄工作委员会授予敬老文明号称号。

【城市防汛】 按照巡查、维修、养护三到位的原则，自2016年4月开始对城区排水管网进行排查，对存在问题的育才路、兴隆街、新兴路等18条道路的检查井、雨水篦等整修、疏通，修复检查井890处，安装检查井防坠网1750套。对新兴路、兴隆街部分路段16500米的排水沟渠清淤疏通，确保市政基础设施完好率95%以上，保障城区平安度汛。

【行业监管】 一是加强对生活垃圾处理厂和生活污水处理厂的监管。通过定期检查与不定期抽查的方式，加强对生活垃圾处理厂和生活污水处理厂的检查力度，确保生活垃圾无害化处理100%，生活污水处理达标。自2016年3月，接管东兴污水处理厂。企业保持以3.5万吨的日处理量健康运行，确保收集率、处理率、达标率三个100%；二是做好热力燃气行业管理工作。做好设备设施检修维护工作，不断提升城区供热服务质量和水平，定期对燃气企业、站点安全生产责任制落实情况、入户检查情况等进行督导，全年组织燃气专项检查6次，查出、整改各类隐患54处。

（马艳青）

综合行政执法

【概况】 2016年9月，垦利区实施综合行政执法体制改革试点工作，将城市管理、住房城乡规划建设、环境保护、市场监管、公安、交通运输、水利、国土资源、文化、人防等10个领域的全部或部分行政执法权纳入综合行政执法范围。2016年9月13日成立区综合行政执法局，为区政府直属行政执法机构，机构规格正科级，配备局长1名、副局长3名（其中1名副局长由区公安局副局长兼任），机关核定编制12人，将原区城市管理行政执法大队更名为区综合行政执法大队，调整为区综合行政执法局所属公益一类事业单位，机构规格正科级，配备大队长1名、副大队长3名，区综合行政执法大队内设8个副科级执法中队，核定参公编制85人。有正式在编人员57人，科级干部14人，其他人员由各有关单位划拨，其中原城管执法大队30人，住建局3人，国土局2人，水利局2人，林业局3人，市场监管局1人，城管局1人，军转干部1人。按照区委办公室、区政府办公室关于印发《垦利区综合行政执法局体制改革试点工作实施意见》的通知要求，在行政区域内集中行使下列行政处罚以及与之相对应的行政强制措施：（一)城市管理方面市容环境卫生、城市绿化、市政公用事业管理法律、法规、规章规定的行政处罚权。（二）住房城乡规划建设领域（涉及安全管理的除外）法律、法规、规章规定的行政处罚权。（三）环境保护管理方面社会生活噪音污染、建筑施工噪音污染、建筑施工扬尘污染、餐饮服务业油烟污染、露天烧烤污染、城市焚烧沥青塑料垃圾等烟尘和恶臭污染、露天焚烧秸秆落叶等烟尘污染、燃烧烟花爆竹污染等行政处罚权。（四）市场监督管理方面户外公共场所无照经营、违规设置户外广告、户外公共场所食品销售和餐饮摊点无证经营，以及违法回收贩卖药品等行政处罚权。（五）水利管理方面向城区和镇规划区内河道倾倒废弃物和垃圾及违规取土、河道违法建筑拆除等行政处罚权。（六）交通运输管理方面城区和镇规划区内非法营运车辆行政处罚权。（七）国土资源管理方面法律、法规、规章规定的行政处罚权。（八）文化市场监管方面法律、法规、规章规定的行政处罚权。（九）人防管理（涉密事项除外）方面法律、法规、规章规定的行政处罚权。

由于省政府尚未对上述行政处罚权进行批复，区综合行政执法局三定方案未能确定，以上行政处罚权除城市管理方面的，其他行政处罚权尚未行使。

12月16日，拆除违法建筑

【日常管理】（一）市容市貌整治方面。开展街面“清脏治乱”工作和定点清理行动，组织拉网式集中清理行动20余次，整顿道路两侧占道经营及店外经营现象1500余起，暂扣经营物品150余件，对沿街出现的小广告现象及时安排清理人员进行粉刷遮蔽，清理600余处，900余平方米。（二）油烟治理方面。开展露天烧烤“百日”专项整治行动，规范整治露天烧烤摊点84家，其中66家烧烤店户更换无烟环保炉具，清理取缔占道经营的流动露天烧烤10家，依法取缔8家未更换炉具的业户，更换使用无烟炉具的烧烤业主达到100％。（三）建筑工地管理方面。在辖区内主要干道进行不定时巡查，对屡教不改、污染严重的车辆进行暂扣，全年查扣带泥上路污染路面车辆26辆，有效地改善了城区环境容貌。开展建筑垃圾专项治理，加大万达财富新城、胜利佳苑、锦霞新城及明珠庄园附近路段的巡查力度。会同城管部门共同设定专门存放建筑垃圾的地点以及禁止和疏导标志，引导集中存放。（四）门牌广告管理方面。以全区建筑立面改造提升工程为契机，严格控制门头牌匾数量，对破损和存在安全隐患的广告牌坚决取缔，下达责令限期改正通知书200余份，拆除违法违规广告牌匾180余块，拆除面积550余平方米。（五）学校周边秩序整治方面。采用提前控制、定人定时定点、机动巡查相结合的方法，重点对学校周边乱设摊点、占道经营、乱发广告等违法行为进行整治，共治理流动摊点700余处，制止散发传单广告500余次，规范门店食品经营户的经营行为，清理非法食品摊贩，在巡查中发现一

10月16日，执法队员帮助信誉楼附近的流动商贩收拾摆放物品

起，整治一起，确保广大学生的饮食安全和身体健康，营造良好的学区环境。

【特色工作】 **拆违治乱专项行动** 在全区拆违治乱工作中，作为主要牵头单位，抽调精干人员进驻区拆违治乱领导小组办公室集中办公。先后组织镇（街道）、公安等部门实施36次大型集中拆除行动，拆除住宅小区和其他区域内新增违法建设1.3万余平方米，拆除存量违法建设223处、14.5万平方米，拆除铁路公路沿线违法建设29处、9700平方米。开展大型立柱广告牌专项整治行动，排查大型广告牌33块，依法拆除违规大型广告牌29块。

公路铁路沿线环境综合治理 对公路铁路沿线违法建设进行详细排查摸底，对违法建设坚决予以拆除，2016年拆除公路铁路沿线违法建设29处、0.97万平方米。按照《东营市铁路沿线环境综合治理规划方案》开展铁路沿线环境综合治理工作，确保第一批完成铁路沿线环境综合治理验收工作。聘请测绘公司采用现场测绘及利用无人机遥感测绘的方式，形成了公路铁路沿线建筑物详细数据，制定公路沿线两侧外立面改造规划设计方案。

创城复审执法工作 在迎接2016年省级文明县（区）复审、全国文明城市复审测评工作中，发挥主要职能部门作用，实行全员上街、周末上岗、延时巡查，累计入户发放告知书3300余份，规范沿街商铺堆放物品530余处，整治流动摊点210余处，拆除影响市容市貌的私搭乱建15处，完成区创城办交办的各项整治任务。

（王　栋）

建筑业

【概况】 2016年，全区有建筑业企业58家。全年完成建筑业总产值6.8亿元，建筑业增加值 5.2亿元，实现利税0.23亿元。

【行业管理】 开展建筑业企业资质核准工作。加强建筑企业资质动态核准，通过企业的申报和增项，拓宽企业经营范围，开拓新的经济增长点，提高企业产值，增加企业效益，全年办理16家企业新增资质核准工作。做好建设领域现场专业人员培训和技能工人培训工作。开展建筑业职业技能培训，督促建筑企业加强人员培训管理，提升企业人员的综合素质。全年中级以上技能工人培训350人，现场专业人员培训150人。

【建筑市场】 （一）严把施工许可关。重点简化服务程序，优化办事流程，规范建筑工程施工许可证审批手续，完善审批流程，明确审批责任，提高办事效率。全区新开工建筑工程项目69个，新开工面积87万平方米，完成投资额12亿元。（二）严格建设工程招投标管理，开展招投标专项整治行动，以查处工程建设招投标活动存在的规避招标、围标、串标、借用资质投标等违法违规现象为重点，加大执法力度。完善招投标工作流程，运行建筑市场监管与诚信一体化平台，对招投标信息的录入进行严格审查，保证信息的准确、完善。贯彻垦利区招投标提速增效“五项制度”，有效缩短拟建项目落成时间。2016年，有163个建设工程招投标项目进入有形市场交易，中标造价9.7亿元；民营企业自行发

10月10日～12日，组织建筑企业工人进行建筑职业技能岗位培训

包备案工程75项，工程中标造价10.52亿元。（三）做好农民工清欠工作。为贯彻落实上级政府关于清理拖欠建设领域农民工工资和工程款的相关文件精神，规范全区建筑市场各方主体行为，维护建筑业企业特别是农民工的合法权益，年初开展一次针对拖欠建设领域工程款和民工工资情况的调查摸底工作，基本上掌握了全区拖欠工程款和民工工资的底数。开展拖欠工程款和农民工工资专项治理活动，在春节前集中力量努力做好农民工工资的清理拖欠问题。全年为580余名农民工讨回工资1380余万元。

2016年度建筑施工安全生产标准规范培训班

2016年垦利区三级以上资质建筑业企业名录（58家）

施工总承包一级（1家）
山东万达建安股份有限公司
施工总承包二级企业（24家）
山东胜利明珠集团有限公司
垦利县水利工程公司
东营诚信建设有限公司
山东神州建设有限公司
山东合园建设工程有限公司
山东东辰建设有限责任公司
东营华美建设有限公司
山东顺发建筑安装有限公司
东营佳辰建设工程有限公司
东营利丰园林建设有限公司
东营鑫浩水利水电工程有限责任公司
山东华城建设工程有限公司
山东东王建设工程有限公司
东营利龙建设有限公司
东营市亿诺保温工程有限公司
山东胜通建安工程有限责任公司
东营天成建设有限公司
东营市泰隆装饰工程有限公司
东营市夏不漏防水有限公司
东营市大华新材料有限公司
山东宏基建设集团有限公司
东营诚达建设工程有限公司
山东利全市政工程有限公司
东营市诚苑市政工程有限公司
施工总承包三级企业（30家）
山东明珠建设有限公司
垦利明珠电力工程有限公司
山东利垦建安有限公司
垦利县远大建筑安装有限公司
东营腾达建安有限公司
垦利县永安建筑安装工程有限公司
东营旭辰建筑安装工程有限公司
东营弘力建设有限公司
山东和利时建设工程有限公司
山东三元建设有限公司
东营市胜奥建设机械有限责任公司
东营天成劳务有限公司
胜利油田科尔工程建设有限公司
东营市明卉电力工程有限公司
东营盈丰建设有限公司
东营市福顺建筑工程有限公司
山东康森建筑工程有限公司
东营中联混凝土有限公司
东营市伟浩建材有限责任公司
东营市坤元建材有限责任公司
东营市红英成品混凝土有限责任公司
东营和润新型建材有限责任公司
东营超星混凝土有限公司
东营海特新型建材有限公司
山东金山路桥工程有限公司
东营世丰照明设备有限公司
东营轩成建设工程有限公司
山东瑞星园林工程有限公司
东营宝瑞建设工程有限公司
东营中成晟豪建筑工程有限公司
施工劳务企业（3家）
山东顺发建筑劳务有限公司
东营市红星劳务有限公司
东营市利人建设有限公司

【重要建筑企业】 山东万达建安股份有限公司 是中国万达集

团旗下的子公司之一，公司成立于1989年，有总资产600多亿元、占地560多万平方米，有职工1000多人，专业技术人员近500名，集建筑施工总承包壹级资质，公路、市政公用工程、机电安装、水利水电施工、建筑装修装饰、消防设施工程、钢结构工程、新型建材于一体的综合企业。企业按照国际标准建立完善的质量保证体系，整合ISO 9001质量管理体系、OHSAS 18001职业健康安全管理体系和ISO 14001环境管理体系三大体系。公司秉承“建精品工程、树行业品牌”的经营理念，注重技术与管理创新。先后获东营市首届建筑业十强企业、山东省建筑工程安全管理先进单位、山东省建筑业先进集体东营市建筑业先进单位、东营市安全标准化先进单位。企业开发建设的各类工程先后获山东省“泰山杯”优质工程、东营市“金州杯”优质工程，以及省市安全示范工程等奖项。

山东胜通建安工程有限责任公司 原东营市垦利胜坨建筑安装公司，成立于1987年，隶属山东胜通集团，企业资质为建筑工程施工总承包贰级；市政公用工程施工总承包贰级；防水防腐保温工程专业承包贰级；建筑装修装饰工程专业承包贰级；建筑机电安装工程专业承包贰级。山东胜通建安工程有限责任公司是东营地区建安施工骨干企业，有职工400余人，技术人员占职工总人数的40%以上，中高级职称28人，具有中专以上学历的260余人。固定资产8600万元，各类大中型机械设备59台，是以建筑业为龙头，“一业为主，多业并举”集建筑、装饰装修、市政、机电设备安装、保温防腐于一体的综合性企业。公司成立三十年时间，不断强化企业管理，以质量求生存，以安全求效益，狠抓质量管理，精心组织施工，加强设备投入和人才开发，坚持“内抓管理强素质，外拓市场树形象”。创建了一大批速度快、质量优的工程项目，工程一次交验合格率100%，工程优良品率60%以上。公司先后被评为市“规范化管理示范企业”“十佳文明单位”“建安明星企业”，连续六年被市委、市府评为“十强企业”。获省“系统先进企业”“信誉（AAA）特级企业”等称号，被农业部授予“全面质量管理达标单位”“中国CI企业形象优秀单位”等称号，在2001年通过ISO 9002质量保证体系认证。

山东胜利明珠集团有限公司 简介山东胜利明珠集团有限公司，成立于2002年4月，注册资本金3600万元，具有地基基础工程贰级，预拌混凝土工程、城市及道路照明工程，输变电工程、市政公用工程施工叁级。有职工1200人，其中技术管理人员260人，高级工程师2名，工程师、会计师20名，专业技能上岗人员318名，项目经理40人。2006年9月，通过质量、环境、职业健康三合一体系认证。

东营诚信建设有限公司 该公司成立于1998年6月，资质为建筑工程施工总承包贰级，注册资金2000千万元人民币整，2015年2月增项市政公用工程施工总承包叁级晋升为施工总承包贰级。公司现有管理人员165人，工程技术人员260人，有高中级职称的人员38人，固定资产2800万元，有大中型机具320套，年产值近亿元，公司下设二室三科和12个项目部，分别在东营、胜采、孤东、垦利、东营港、河口、孤岛等地施工。公司能承揽多种房屋建筑工程、市政工程、管道安装工程等的综合经济实体。公司获省优、省质量无通病工程、东营“金州杯”奖工程多项及市级安全文明工地多处。于2003年通过华夏认证中心GB/T19001-2000、ISO 9001：2000体系认证。公司连年被市建委、县建设局授予明星企业，十佳企业和质量信得过企业。公司于2007年3月通过中国检验认证集团质量认证有限公司ISO 9001：2000、GB/T28001-2001、ISO 14001：2004的相关体系认证。2008年通过中国石化集团胜利石油管理局安全环保处的胜利油田承包商安全资格证书；2014年公司取得中国石化工程建设诚信体系考核合格证书；2015年通过北京世标认证中心有限公司ISO 9001：2008，GB/T50430-2007质量管理体系，GB/T28001-2011职业健康安全管理体系和ISO 14001：2004环境管理体系的相关认证。

山东合园建设工程有限公司

成立于2012年，注册资本金2600万元。公司拥有房屋建筑工程施工总承包贰级资质、建筑装修装饰工程专业承包叁级、钢结构工程专业承包叁级资质；公司经营范围为：房屋建筑工程、建筑安装、市政工程、装饰装修、电气安装、土石方工程、监控安装工程、钢结构工程、园林绿化工程、石油化工工程、外墙保温工程、建筑幕墙工程、消防设施工程、建筑机械租赁等。公司下设两个土建公司，公司有员工150人，其中工程技术和经济管理人员110人；二级建造师12人，公司净资产1600万元。山东合园建设工程有限公司代表性的工程：垦利县城区特勤消防站二期综合训练馆工程、垦利县人民法院诉讼服务大厅工程、山东中凯综合楼工程、山东坨安实业有限公司科研楼工程、合海塑胶装备制造有限公司科研楼、垦利县西区供热服务楼工程、垦利县经济开发区忠正消防生产车间工程、河口经济开发区消防站工程等；工程合格率100%。

【工程质量与施工安全管理】

工程质量监管 本年度新开工工程234项，建筑面积81万平方米，工程竣工备案290项，备案面积134万平方米。加大在建工程质量监督力度，重点检查国家建设标准强制性条文落实情况，基础、主体分部结构的工程质量以及工程建设各责任主体质量行为。全年组织开展质量大检查4次，验收监督及巡查抽查1200多人次，下发质量检查记录700余份，发现并处理大小质量问题3000余项。

2016年，全区工程获东营市“金洲杯工程”39项，获“2015年度东营市优质结构工程”31项，获国家优质工程1项、申报的山东省优质结构工程1项现场复查完成。

2016年，检测站出具检测报告23961份，其中钢筋检测报告3700份，试块检测报告10659份，水泥检测报告448份，现场结构性检测232份，发出不合格报告520份。4月，完成区技术监督局开展的资质认定实验室调查摸底、登记建档工作。8月，参加省总站组织的全省第三届工程质量检测论坛研讨会。9月，完成全省建设工程质量检测机构监督检查工作。

建筑施工安全监督管理 组织开展“专家查隐患，联动抓整改”全区拉网式施工安全大检查4次，开展日常检查及专项检查97次，发现排查施工安全隐患2055项，下发整改通知书139份，停工整改通知书103份。启动股室联动治理8次，约谈企业主要负责人2次，项目经理记分31人次。实施重大安全隐患治理六项措施和制度，即“停工整改”“查封工地”“挂牌督办”“全局科室联动”“约谈企业一把手”“项目经理记分”。确保重大隐患治理措施、时限、预案、资金、责任人五到位，督促施工企业主体责任落实。完成事故控制目标，全年建筑施工安全生产零事故。

于4月29日在全民健身中心举办300余人参加的2016年度建筑施工安全生产标准规范培训班。组织6月份“安全生产月”系列活动，参加“安康杯”和安全生产知识竞赛等活动，做好宣传教育工作；联合郝家镇人民政府、山东万达建安股份有限公司、山

春季“专家查隐患，联动抓整改”大检查

省政府安全生产驻市督查组督导施工安全

东胜利建设监理股份有限公司等单位在胜利监理东营西郊现代服务区办公生活基地施工现场组织全区建筑施工安全生产事故应急预案演练；增强施工作业人员安全保护意识，组织建筑施工企业三类人员和特种作业人员安全知识培训，提高了从业人员的安全意识和安全技能。

开展安全文明工地创建活动，做到树典型、创业绩，加强指导，充分调动各方面创建积极性，把创建文明工地活动与安全标准化建设相结合。2016年，指导创建国家AAA级文明工地1个，省级安全文明工地3个，市级安全文明工地14个。

（李媛媛）

房地产开发管理

【房地产开发】 规范房地产开发经营权审批办理工作。2016年在垦利区从事房地产开发经营的企业有山东胜通房地产开发有限公司、东营市明珠置业有限公司、垦利城市建设开发投资有限公司、山东金辰建设集团有限公司、山东万达地产有限公司、山东众成地产集团有限公司等29家，为开发企业办理开发经营权手续19起，涉及房屋面积73.74万平方米。

【房地产经营管理】 做好房地产开发企业资质初审、申报工作。全年为开发企业办理开发企业资质初审手续16件。建立健全开发企业信用档案制度，对于存在严重不良开发行为的，通过采取记入开发企业信用档案、禁止在垦利区从业、向上级业务主管部门建议降级或吊销其开发企业资质等措施，有效规范了房地产市场秩序。

【物业管理】 一是加强物业服务行业制度建设。加大对物业服务市场的监管力度，规范执行前期物业管理招投标制度，做好物业承接查验的监督指导工作；强化住宅专项维修资金和新建物业质量保修金的归集管理，推进管理工作的系统化、规范化、合理化，维护业主的合法权益；加快推进业主自治，做好业主委员会组建和履职的监督指导工作，确保作用得到发挥。二是注重行为指导，提升物业服务水平。严格物业服务企业资质管理，2016年办理物业服务企业资质初审2起、备案手续7件、前期物业招投标6起；加大督导考核力度，采取日常监督、不定期抽查、年终检查等方式对物业服务企业进行考核，强化考核结果运用，完善物业服务企业信用体系；培育示范典型，鼓励企业参加物业管理优秀项目评选活动，完善督导考核和日常监管体系，年底对在垦利从业的37家物业服务企业组织开展年度信用考核，对考核中发现的问题和不足及时督促企业进行整改。

【保障性住房建设管理】 2016年全区开工新建棚户区改造安置房1949套，其中实物安置974套、货币化安置975套，总投资8.3亿元。基本建成各类保障性住房938套。落实中央和省、市棚户区及公租房专项资金4844万元。

2016年新分配公共租赁住房99户，完成到期续签592户，退出79户；发放租赁补贴35户。

【房屋权属登记及交易管理】

协助不动产登记中心出具房屋权属登记证明12573份、司法查封（解封）482份、抵押注销525份；配合市局查询1.65万份；完成合同备案2408份，涉及小区55个；完成租赁备案524份、合同撤销变更378份、存量房网上签约483份。

【房地产市场管理】 一是开展房地产市场秩序执法检查。加强对房地产开发企业的整治力度。11月对全区房地产开发项目进行联合检查，检查内容包括房地产开发资质、土地管理、房地产预售许可管理、房屋买卖合同管理、房地产预售广告管理、未竣工验收交房等。通过拉网式检查找出全区房地产开发方面存在的问题，向开发企业下达整改通知书。二是加大垦利区房屋中介管理力度，建立准入备案制度。对全区从业的房屋中介机构实施准入备案制度。经过严格审核，准许在垦利区从业的中介机构共17家，其中，房地产评估机构13家，房屋销售代理机构4家。三是开展房地产领域非法集资排查行动，向全区房地产开发企业、评估企业、中介企业下发通知，要求开展自查工作，对存在问题的查明原因，明确整改措施、整改时限。同时，加强日常监管，通过现场勘查、网上民生受理等多途径对开发企业非法集资行为进行检查，一旦发现开发企业存在违规预售等非法集资行为，将及时介入处理。

（李媛媛）

城市开发

【概况】 垦利区民丰湖开发建设管理办公室内设综合部、规划建设部、管理部，有干部职工14人，其中在编职工11人，公益性岗位3人。主要负责垦利城市建设开发投资有限公司运营，并按照区委、区政府安排部署开展工作。

垦利城市建设开发投资有限公司（以下简称城投公司）成立于2010年9月，由股东垦利区城市资产运营有限公司和股东垦利区民丰湖开发建设管理办公室共同出资成立，注册资本3亿元。公司下设综合部、规划建设部、管理部、质检部、财务部5个部室及方正测绘有限公司、正和规划技术服务有限公司、正泰地产测绘评估有限责任公司、致诚招标代理有限公司及垦利城投物业服务有限公司5个分公司，有干部职工70余人。主要承担重点工程项目投资建设、代建公益性项目、对政府储备土地进行一级整理开发、房地产开发、工程测量、招标代理、物业管理、公共资源服务、地籍及房产测绘等。

【重点项目】 2016年城投公司承担重点项目及为民办实事工程7项，完成投资3500万元。人防基本指挥所建设工程完成桩基检测。胜桥插建、合力插建及永丰小区配建完成主体工程施工。利河商业街、合力区块住宅及物业楼完成招标；国税局住宅发出招标公告。中兴幼儿园及工人文化宫完成主体一层施工；城区儿童预防接种中心完成基础工程施工。胜北社区通明苑排污口隐患治理工程竣工并调试到位。完成黄河佳苑、利泉小区、育才小区、西部区块及物资三期配套及绿化提升。

【房屋销售及不动产证办理】 销售安泰家园、黄河佳苑、育

5月27日，县委常委、常务副县长付兆钦调研胜兴商务中心建设项目（张海涛）

4月20日，副县长苟宏水调研棚户区改造合力区块（王友爱）

才小区房屋150套，实现房款收入1.13亿元。出租利河佳苑商贸房、胜桥商业街房、育才小区等物业房40余套，收入70余万元。完成永丰小区二期等小区574套房屋的房产初始登记手续资料，办理不动产证110个。

【测量测绘】 正泰测绘完成垦利区2016年卫片测量、土地定界和批次上报等500余宗；完成德州路及区市政道路勘测定界220万平方米；完成境内23个住宅小区、各类用地管线等测量178万平方米。方正测绘完成金钊源等小区及27个企业、香林美地等50多个小区、合力区块等40多个项目168万平方米的房产测绘、放线验线、竣工测量等工作。配合江苏煤炭地质物测队完成垦利区地下管线测量；完成垦利区2200户住宅的违建面积测量。

12月21日，工人文化宫建设项目（刘杰）

【业务拓展】 方正测绘公司、正泰测绘公司资质由丁级升为丙级。成立致诚招标代理公司和城投物业服务公司。在住建、国土服务大厅增设规划技术服务及不动产证办理代办窗口。利用垦利撤县设区机遇，为工业企业提供手续代办服务。投资140万元，购买航测无人机，配备电脑机房及无人机测绘车，实施垦利区城市规划区109平方公里地形测量测绘。

【项目融资】 与农发行、北京银行济南分行、东营银行、民生银行等合作，融资15.7亿元，为项目资金拨付、银行还本付息提供资金支撑。

（王友爱）

环境保护

【概况】 垦利区环境保护局内设办公室（环境安全应急管理办公室）、综合股（污染物总量控制办公室），下设环境监察大队、环境监测站和垦东环保分局、开发区环保分局，在职职工55人，主要负责辖区内的环境保护工作。

【环境空气质量】 把治污降霾作为最大的民生工程，制定《垦利区大气污染防治年度实施计划》，推进工程减排、结构减排和管理减排三大措施，对

"十三五"总量进行减排核算，7家企业13个项目全部通过省环保厅认定。抓好6家重点企业和工业园区等重点区域整治，确定挥发性有机物（VOCs）治理以及泄漏检测与修复、燃煤锅炉（机组）超低排放改造以及燃煤小锅炉淘汰或改用清洁能源等共计31项大气污染治理工程，累计投资6.4亿元，改善大气环境质量。落实全市环境空气质量生态补偿办法，实施大气污染联防联控，加强部门协作，严控建筑施工扬尘和机动车尾气污染，做好黄标车淘汰工作。夯实预警应急基础，修订并印发《垦利区重污染天气应急预案》，全年启动重污染天气应急11次，采取临时管控措施和特别强化措施，减少污染影响。2016年全区优良天数为187天，环境空气质量优良率51.2%，较上年增加37天，在全市改善幅度最大。

【水环境质量】 强化河流综合整治力度，坚持一河一策，投资9.6亿元实施污水处理厂建设及升级改造、河流湿地建设、排污口封堵、污水管网配套建设、重点企业污水处理厂提标改造等26项治理工程，全区污水处理能力得到提升。加大河流巡查力度，整治排污口，对偷排偷放、恶意倾倒等违法行为进行依法查处，并采取生态补水等措施，河流水质得到明显改善。

【污染防治】 开展危险废物规范化管理，建立工作台账，在全区范围内开展固废和危险化学品调查，聘请第三方机构指导138家企业和8家医疗卫生单位填报调查系统软件。对62家化学品生产和使用企业开展调查，按照放射源监督管理办法对全区14家核技术利用单位进行现场检查，对存在的问题要求限期整改，确保辐射环境安全。推进农村环境综合整治，重点加强对农村连片整治和畜禽污染的集中治理，改善农村环境质量。加大新建项目控制力度，严把新扩、改、建项目总量控制关，对于不符合产业政策和没有总量来源的项目一律不批，2016年审查审批建设项目80个，环境影响评价执行率100%，"三同时"执行率100%，有效控制新污染源的产生。加强建设项目竣工环保验收，完成验收项目60个，确保建设项目各项环境保护措施落实到位。对30个环保违

全县水气污染整治工作推进调度会议

世界环境日宣传活动

"两学一做"服务社区居民

规建设做好服务工作，全部清理整顿。对全区111家化工生产企业实行环保评级，对评级为差的22家企业分别依法进行关停取缔和停产整治，对评级过程中存在问题的108家企业进行限期整改。

【执法监督】 将全区行政区域划分为一级网格1个，二级网格12个，三级网格343个，对网格内的414个污染源进行摸排，列出污染源清单及治理路线图，全部实现一企一档。对污染治理设施采取定期、不定期检查、抽查、暗查、节假日检查等多种检查手段，加大执法力度和巡查频次，组织开展春季、夏季环保大检查和环渤海环境检查专项行动，制定《垦利区环境保护大检查实施方案》，排查环境风险隐患，确保对各类突出环境问题查处到位、整改到位，依法打击环境违法行为，全方位夯实环境保护日常管理、执法监督、司法联动、能力建设等工作基础，建立健全环境监管执法长效机制，防范重特大环境污染事件发生。全年出动人员2654人次，检查企业1275家次，发现环境违法行为65起，下达责令改正违法行为决定书65份，立案63起，罚款404万元，移送至公安部门行政拘留案件9起，行政拘留10人，移交公安机关刑事案件3起，刑事拘留8人，取保候审3人，刑事诉讼11人，调查处理群众环境举报420件，征收排污费1018万元，取缔土小污染企业21家。

（李宗民　燕海萍）

交通 邮政 通信

交　通

【概况】　东营市垦利区交通运输局内设办公室（法规教育股与其合署）、规划基建股（财务股与其合署）、交通运输管理股（区交通战备办公室与其合署）3个职能股室，设行政编制10人、工勤人员编制1人；直属事业单位有区交通运输监察大队［挂区交通运输局超限超载检测站（垦利Ⅱ）牌子］、区交通运输管理处2个副科级事业单位及区县乡公路管理所（挂区交通工程质量监督管理站牌子）、垦东分局2个股级事业单位，设事业编制57人。下辖垦利县运输公司、东营市垦利区开元舟桥有限公司、山东华城建设工程有限公司3个企业单位。局机关及直属事业单位现有在职干部职工65人。主要负责全区交通发展规划的制定和组织实施，县乡路的修建、养护和管理，落实国家交通行业管理的法律、法规和政策，宏观调控管理权限的运输市场及相关行业。

2016年，东营市垦利区交通运输局获“创建省级文明县、国家园林县城、国家卫生县城复审工作先进单位”“全市交通运输系统2015年度‘市级文明示范窗口’复查合格单位”“全市交通运输系统2015年度安全生产工作先进单位”等称号。

【交通基础设施建设】　重点工程　2016年，交通运输局共承担3项重点工程，计划投资8200万元。一是西外环道路工程，路线全长2.25公里，路宽22米，年度累计完成投资1000万元。二是广兴路东延工程，道路起自新博路，终止于东八路，全长6.7公里，路宽12米，年度累计完成投资500万元。三是垦孤路改线工程，道路起自永馆路与东二路交叉口，向北延伸过七千渠，与县道垦

1月20日，省交通运输厅苗青（前右三）到垦利县检查督导安全生产工作（李红晓）

8月，垦孤路建林浮桥北侧防撞护栏（周鑫）

孤路对接，全长3.34公里，路宽8米，年度累计完成投资300万元。

农村公路安全生命防护工程 2016年，垦利区农村公路安全生命防护工程涉及农村公路里程470公里，计划投资1351万元。安装标志牌830块、警示桩5000根、黄闪灯280套、防撞护栏30公里，维修桥涵护栏25座，施划减速标线230平方米、公路标线16800平方米。

农村公路养护管理 实行“县道区管、乡道乡管、村道村管”的管理模式，各镇街成立农村公路管理站，提升基层养护站软硬件水平，实现养护机构、人员、资金“三落实”；2016年，交通运输局实施农村公路小修挖补工程，重点对出现坑槽、龟裂等病害的路面进行挖补，对路肩水毁、边坡进行修复。挖补路面约15000平方米，整理路肩100公里，完成投资300万元。

【运输生产】 **运输市场发展** 垦利区有危险货物运输企业54家，危险货物运输车辆4317台；普通货物运输企业25家，普通货物运输车辆889台，成为全省最大的油品运输区。金钊源物流集团公司被中国物流与采购联合会认定为4A物流企业；东昊石油化工公司、汇东物流公司、金浩物流公司、金钊源物流集团公司4家企业入选全省星级物流企业。

安全生产 结合开展的安全生产隐患大排查快整治严执法集中行动，以春运、清明、“五一”、中秋、“十一”交通运输安全工作为重点，在各交通运输行业企业自查自纠的基础上，开展有针对性的安全隐患排查。修订《东营市垦利区交通运输局安全生产网格化管理办法》，将责任落实到人。按照网格化管理办法，由分管领导任组长的5个安全检查小组对辖区内125家道路运输企业进行安全检查。制定《垦利区道路运输经营黑名单制度（试行）》，督促企业落实安全生产主体责任，预防和减少安全生产事故的发生。

驾培市场管理 规范驾培市场管理，为社会输送合格驾驶人才。全区有中凯、永胜、金恒德、天诚4所驾校，各型教练车362辆，满足大中型客货车及小型汽车驾驶员培训条件。

【城乡客运】 **客运服务能力** 一是投资170万元实施的公交服务设施提升工程，建成18个新候车亭，完成黄河广场停车场形象工

1月6日，垦利县173辆出租车体检迎春运（李红晓）

程，为乘客提供舒适的候车环境。二是加强客运站管理力度，履行“三关一监督”职责和“三不进站，六不出站”管理规定。垦利区汽车站例行安检率100%，未发生一起安全责任事故。三是优化公交线路，协调市公交公司开通东城至黄河口生态旅游区公交线路，调整118线路周屋村站点，方便周边居民出行。初步形成以城区为中心，辐射周边乡镇的公交布局，为全区城乡公交一体化奠定基础。

绿色交通创建 开展低碳交通运输体系试点工作，2016年，完成50辆纯电动车的燃油补贴审核提报工作。对投入运行的新能源公交车做好跟进服务工作，继续申报新能源公交车辆，替代更新现有老旧双燃料公交车辆。

【**行业管理**】 **优化行政管理体制** 按照《行政许可法》和有关法律法规的规定，规范行政审批行为，加强依法行政，严格审核道路运输企业的经营资格，严把运输经营者市场准入关，严把营运车辆技术状况关，严把营运车辆驾驶员从业资格关，凡不符合审批条件的，一律不予审批。推动行政审批工作向以人为本、便民高效、程序规范、公正透明转变，审批事项严格按照审批目录和新《道路运输工作规范》进行审核，确保每项材料都有法律依据。根据最新的法律法规，明确行政审批事项要素。法律中没有规定的材料一律取消。所有审批项目均录入垦利区行政审批系统，审批过程接受监督。

规范行政执法工作 2016年，开展“危险化学品运输专项整治”和“集中治理危化品运输车辆违法行为联合执法行动”，打击非法营运、车辆超限等各类交通违法行为，维护良好的交通运输市场秩序，全年检查营运车辆6100余辆次，查处各类违规、违章车辆220余辆，受理、回复各类交通举报案件53起，违章率控制在4%以下。在抓好路面执法的基础上，做好对违规车辆的事后跟踪工作，做到及时登记，及时向运管部门抄告，有效完善交通源头管、监察路面查、案件处理与事后追踪相结合的运行机制，实现对交通违章车辆的全程监管，提高交通治超效能。

（刘　鑫）

公　路

【**概况**】 垦利公路局始建于1962年，2016年有干部职工117人，下设11个科室、2个管理中心和3处公路管理站，负责垦利区150.319公里干线公路的工程建设、养护管理以及路政管理工作等业务。2016年，垦利公路局继续保持“省级文明单位”、市级“巾帼文明岗”等称号，获“安全生产先进单位”“2016年度先进集体”等称号。

【**公路养护**】 辖区内国省干线公路共7条，其中国家干线公路1条，省级干线公路6条。养护路线分别为东郑路（G220）、新博路（S228）、东青路（S230）、河辛路（S231）、永馆路（S315）、永莘路（S316）、永青路（S319），养护里程150.319千米，养护桥梁63座，一二类桥62座，三、四类桥1座；下设双河、胜坨、永安三个公路养护管理站，有正式养路员工47名，配备各类养护机械30余台。

垦利公路局以标准路段示范工程建设为抓手，全年累计完成

公路养护

107公里标准路段建设任务，推动了普通干线公路标准化、规范化、集约化、人本化的养护管理四化进程，提升了管养干线公路通行能力和路况服务综合水平。2016 年大中修方面，完成东青路北外环以南段大修工程；对S316永莘路广利河桥、六干桥和六干排桥实施维修改造。在小保小修方面实施日常养护，加大对日常清扫保洁工作的监督管理，发挥管理职能，结合垦利城乡环卫一体化管理要求，对111.2公里干线公路实施属地托管，与各镇街签署清扫保洁托管协议，提升了干线公路清扫保洁工作水平。强化安全生产，完成各项日常养护小保计划259.8万元，完成小修计划238万元，确保150公里干线公路桥梁安全畅通。

垦利区2016年主要干线公路一览表

序号	路线编号	路线名称	里程（千米）	养护单位
1	G220	东郑路	9.967	垦利公路局
2	S228	新博路	51.133	垦利公路局
3	S230	东青路	8.382	垦利公路局
4	S231	河辛路	12.311	垦利公路局
5	S315	永馆路	15.542	垦利公路局
6	S316	永莘路	47.225	垦利公路局
7	S319	永青路	5.766	垦利公路局
合计			150.319	

【路政管理】 垦利公路局路政大队是专门从事公路路政管理工作的执法部门，主要负责垦利区辖内国、省道干线公路的路政管理工作。有路政执法人员13人，配备路政巡查车三部，取证、通信等装备和自动化办公设施齐全，设立规范化的路政服务大厅，实行一站式服务。

2016年，一是开展“路政宣传月”活动，发放宣传材料2680余份。二是集中开展公路打场晒粮专项治理行动；夏收、秋收期间走访村庄31个，散发宣传材料4000余份，张贴通告1800余份，出动车辆60余台次、执法人员280余人次；清理公路上打场晒粮220处，劝阻在公路上打场晒粮行为70余起。三是结合公路生命安全防护工程设施建设工作，协同安监、公安以及沿路各乡镇，对所辖国、省道公路安全隐患进行排查整治；对S316线、S228线、S230线等三条路段的中央隔离护栏，累计封堵隐患道口93处，共2277米。四是参与垦利区拆违治乱专项行动，顺势对辖内沿路违法大型广告牌等非公路标志进行拆除整治；全年，拆除非法大型单立柱广告牌108块。五是加强路政管理，维护路产、路权。坚持按计划上路巡查，根据实际情况对重点路段加大巡查

清理公路晒粮

力度，对涉路工程工地现场进行有效监管；填写公路巡查日记，确保路政案件得到处理。实施公路巡查里程达122000公里，非税收入达50余万元。查处路政案件19起，结案19起，路赔收入232493元。通过诉讼程序，完成往年遗留未结案件2起，追回赔偿费84万余元。

（杨庆华 董花花）

邮 政

【全公司总体收入】 2016年，邮政业务收入完成2187.67万元，完成市公司计划101.23%，增幅11.6%。

【项目推进】 （一）把解放思想、转变观念放在首位，确定“一体两翼”和以打造“买卖惠”电商平台为主体的农村电商发展总体思路；（二）围绕“深化专业化经营”主题，理顺业务经营管理，整合业务管理架构，创新经营发展模式，2016年垦利邮政各业务均完成业务收入计划；（三）围绕“窗口服务创先争优”活动，在一线窗口单位深化“党员责任区”“党员先锋岗”等亮牌示范活动，以“三亮三比三评”为载体，以点带面，提升邮政服务水平；（四）推进一体化个性服务，做到“政府搭台、企业唱戏”。2016年，组织开展垦利县首届年货会、垦利县第十三届桃花节、垦利县第四届国际农展会美食节、垦利县第八届赶海拾贝节、垦利县少年儿童书信大赛等活动，自2015年1月至2017年12月分别用三年的时间由邮政和县财政总投资432万元补贴建设便民服务站，支持全县邮政便民服务站建设。垦利邮政涉足农村电商，农村第一电商平台“买卖惠”在垦利率先试点上线，通过买卖惠公共平台+仓储+配送+供应链金融，帮助垦利县200多名便民超市就业，刺激和拉动农村市场，打造一镇一品、一村一品的优品汇进入全省平台，实现科技产品进村农产品进城的双向物流，从根本上解决农村配送“最后一公里”难题，促进邮政由经营产品和业务向经营平台和网络转变。申请上级资金400多万元对80%的邮政网点进行改造装修和设备更新，提高全县居民的用邮环境。（五）围绕“创建和谐企业”主题，拓宽党员联系员工的渠道，通过党员与员工结对帮扶等多种形式，构建党员联系和服务员工工作体系，增强企业凝聚力和向心力。（六）为加强用邮服务能力提升，加快农村电商买卖惠业务建设，提升快递包裹业务服务运行能力，协调区政府建设垦利县邮政公司国内国际邮件处理中心项目，完成前期项目各项手续的审批工作，后续建设工作在有条不紊地推进当中。

【综合服务平台建设】 邮政便民服务平台建设纳入县为民办实事工程。分销、金融、保险、函件刮刮卡等全面叠加，平台实现收入约100万元，累计开通邮掌柜44个，日活跃率达到80%。农村电商买卖惠项目推进。垦利的农村电商仓储中心获政府批复并纳入试点单位，并获200万元的建设财政补贴。“买卖惠”项目累计供应商103家，系统上线单品1800件，累计零售商292家，累计订单2230笔，订货额60.4万元，累计订货户数213户。

【“为民服务创先争优”】 （一）制定印发《垦利县邮政分公司关于进一步深化“为民服务创先争优活动”实施方案》，明确营投网点服务的8项具体要求，督促活动办公室抓好督察落实。（二）结合对标管理，把“创先争优”活动作为推进邮政业务转型发展的推进器和发展机遇，传统业务精耕细作方便城乡居民，金融业务做大规模服务中小企业。（三）结合生产经营开展创先争优活动，创新领导点评形式，细化“为民服务创先争优”活动具体举措，树立“发展以经营为中心、管理以财务为重点、资源以效益为导向”三大理念。（四）以社会效益为重点，扩大影响广覆盖，把便民服务站、员工关爱、专业化经营、流程优化、精细化管理和邮件时限六项重点工作作为“为民服务创先争优”工作的突破口，牢固树立“用户是亲人”的理念，落实“三亮三比三评”“为民服务”“企业文化”“思想政治工作”四个推进，邮政“为民服务创先争优”活动取得成效。

【专业经营机制创新】 在8大专业全面推进专业经营机制创新，制定多个配套办法，完善相关机制，强化督导落实，调动条块两个积极性，初步形成互支持、协调发展的格局。一是各专业质量效益意识明显提高。二是专业支撑力度和发展责任感明显增强。各专业局主动研发项目、策划活动，强化对基层和平台的服务支撑。地面局提高对专业发展的支撑力度，形成条块发展合力。三是员工发展业务的主动意识明显增强。晋级管理、薪酬分配的调整、营销积分的正向激励、三工转换机制的实施，调动员工工作热情。重视投递员营销培训，提升投递综合营销能力，激发营销潜力。

【企业战略管理和基础管理】

企业人才队伍建设和人力资源结构优化 制定专业领军人才队伍建设实施办法，明确专业领军人才标准、选拔方式、管理及激励措施。拟定营业环节定员标准，制定优化用工结构办法，放宽支局长、中高级营销人员以及营销能力强、综合素质高的投递员等岗位转招条件。实行省级会计集中核算和财务集中管理试点工作。实行省级会计集中核算和财务集中管理工作，完善以利润为导向的预算管理体系，细化函件、电商专业成本定额。扩大集中支付范围。

安全生产 坚持“安全第一、预防为主、综合治理”，强化安全教育，完善管理、检查机制，落实安全责任。重视邮件安全、车辆和生产安全、资金安全等工作，尤其是邮储资金安全工作，严格执行邮政金融各项规章制度，保障职工人身和企业财产安全。

邮政综合服务平台建设 自有网点购置和改造力度加大。便民服务平台建设进展较快。所有服务站点都开通代收居民电费、代缴移动话费、联通话费、电信话费；预订飞机票、火车票、汽车客票；提供商品流通配送寄递（含农产品信息发布、优质农资产品配送、日需品分销）；邮政普遍服务和农村金融（邮政银行卡助农服务已开通）等诸多居民生活离不开的服务，陆续开通水费、气费、烟草款、交通违章罚款、农村保险、城市电视闭路费、IC卡公交充值、高速路ETC通行卡销售与充值、农村农产品信供求信息发布、网络购物、土特产网络推广、电话卡类、游戏电卡类、鲜花礼仪、报刊订阅、邮件寄递等与民生息息相关的服务，让全县人民享受家门口一站式民生服务。

（王瑞谱）

中国联合网络通信有限公司垦利区分公司

【业务工作】 2016年，主营业务收入增长4.05%；收入市场份额提升8个百分点；移动业务、宽带业务、联通电视业务均完成市公司下达的任务指标。（一）做好未实名老用户补登记工作。（二）为贯彻落实山东省人民政府与中国联通签署的《深入推进“互联网+”发展战略合作协议》，于10月28召开垦利联通美丽乡村专项行动启动大会。重点推进“互联网+”在现代农业、协同制造、创业创新、电子商务、基层党建、电子政务、环保、执法、教育、养老、交通、医疗、旅游等领域的信息化应用，并加快推广，落实“美丽中国”的战略部署，打造“美丽乡村”手机APP。山东联通依托城乡全覆盖的光纤网络、4G移动互联网，基于物联网、云计算、大数据等信息技术重磅打造“美丽乡村”农村信息化综合服务平台，涵盖脱贫攻坚、三农服务、休闲生活、健康咨询等4类板块19项功能，主要服务于基层政务人员、返乡大学生以及七站八所、村办企业工作人员、农村村民等群体，着力打造成基层党建好帮手、精准扶贫好抓手、生产生活好助手。

【通信保障】 2016年，向上级公司争取通信工程建设专项资金1300万元，维护资金850万元，提高全区通信能力建设，合理规划网络结构。先后为城区的新旧小区、沿路商品房以及相关厂区传统的宽带LAN方式进行FTTH改造；对胜兴花园、水岸佳苑、康居小区光缆进行扩容改造；为有关部门单位和企业以及公安监控、交通警察监控、乡镇、农村等通信需求的500多个项目，进行施工建设和维护，新装各类专线560处。布放光缆约1068皮长公里。对2G、3G无线网的优化和4G的加快建设工作任务，加大移动网维护力度，完善公司移动网的维护流程。

【客户服务】 2016年，组织开展“服务提升年活动”。活动以“狠抓基础管理、提升客户感知、树立联通形象、挖掘潜在价值”为主线，夯实服务基础，解决服务短板，突出联通优势，打造联通优质服务品牌，为社会各界提供优质的通信保障。

以客户口碑评价为基础，强化基础管理，围绕网络、业务、服务三个方面，关注营业渠道、入户装维和客户反馈三个接触客户最主要的界面，修补短板，强化优势，让客户感觉到快速、便捷、热情的服务，提升社会口碑和美誉度。

11月，垦利联通在2016年东营联通“打造匠心服务”窗口人员服务技能大赛活动中获团体第三名，服务礼仪个人一等奖和入户服务个人鼓励奖。

【运营效率和效益】 （一）推进人力资源管理。落地执行前台岗位积分制管理，坚持简单透明和公平公正原则，开展集中考核，统一积分规则、统一考核指标、统一积分标准，优化薪酬发放模式，推动激励模式从“按劳分配”走向“多劳多得”。（二）推动财务业务一体化。推进财务核算收敛，无缝对接业务办理和资金稽核等环节，构建去现金化的资金管控体系。（三）创造安全稳定发展环境。开展内控自我测试，建立问题负面清单。依托行业管理部门，依法打击“黑宽带”和红线内变相投资等不规范市场竞争行为。加大通信机房、通信枢纽楼等要害区域安全监管，强化动火和用电安全管理，排查整治安全隐患，加大电信设施保护，巩固安全生产形势。（四）加大与电信深度合作。在大带宽领域与电信广泛合作，建立同进同退机制，开展资费协同和资源共享。注重应急通信设备和演练保障互助，开展维护经验和创新交流共享。

（尹利波）

中国移动通信集团山东有限公司垦利分公司

【经济指标】 至2016年底全县移动用户突破19万户，其中4G用户6.5万户，代办网点415家，移动用户普及率达到99.3%，客户满意度在同行业名列前茅，累计上缴税收300多万。

【网络建设】 至2016年，公司有业务基站410处，业务专线412条，光缆公里数2300公里，实现移动网络无缝隙覆盖。有线宽带业务开通小区105处，商业街32处、农村75处，覆盖用户5.6万户。

【服务质量】 落实“客户为根、服务为本”的服务理念。一是建立组织保障，完善考核机制，改善措施，加强督导落实，定期开展调查。二是加强企业整体形象与具体业务的宣传有机结合，持续强化客户大企业感知，有机结合集中性提升活动，提升客户感知，确保行业内绝对领先优势。公司分别被评为山东省消费者满意单位，振兴路营业厅被评为省级“五星级营业厅”称号。

【综合治理】 公司年初与各部室及经营单位层层签订“安全责任状”，成立安全领导小组，每月定期组织安全检查，加强交通安全管理。公司坚持“谁主管，谁负责”的原则，构建单位内部治安防控体系，健全安全保卫工作制度，采取多种形式对员工进行安全教育。

（高国厚）

中国电信股份有限公司垦利分公司

【概况】 中国电信股份有限公司垦利分公司成立于2004年8月，公司设市场部、综合部、客服部及网络部，下设支局，分为城东支局、城西支局、永安黄河口支局、董郝支局、胜坨支局、营业支局和政企支局，负责业务的拓展与服务。其中有85%的员工具有专科以上学历，平均年龄不到30岁。

【业务范围】 （一）移动业务。在全区范围内经营800兆赫兹第四代数字蜂窝移动通信业务和CDMA2000第三代数字蜂窝移动通信业务，并将逐步由新一代通信替代原有三代通信。（二）固网业务。中国电信是全国最大固网运营商。至6月底，我国国际出口带宽为6220764Mbps，中国电信占到整体出口70%。（三）卫星业务。全国范围内独家运营卫星通信业务。

【**主营品牌**】 2016年，发展800M低频4G网络。800MHz频率被业界誉为“黄金频段”，传输距离远，穿透能力强，适合大范围网络覆盖，对于农村、偏远地区的4G网络建设具有重要的意义。因此电信公司加快800兆赫兹频段发展，推进800兆低频4G网络基站建设，面向全国打造一张高低频协同的、能够广覆盖的、高质量的4G网络，让电信4G用户随时随地获得更佳的移动通信体验。

【**主营业务**】 （一）固网业务。含固话语音、宽带、专线、数字电路、卡类、电信电视等业务。为保证服务质量及服务处理及时性，建立7743000总经理热线，承接区长热线7512345及民生热线，自2016年6月起公司加设垦利公司服务电话7734567和7736112，对用户反馈的问题做到及时落实，及时处理及时回复用户，增强用户服务感知。至2016年底，宽带用户达到1.5万户，天翼高清4000户。（二）移动业务。对CDMA网络进行优化、扩容、改造和升级，提升网络质量和用户服务。至2016年底手机用户达到4万多户。

【**服务提升**】 共接入30个小区和45个村，覆盖用户达2万多户，网络改造全部完成，在全区范围内实现全光网络。

（李　红）

财 政 税 务

财 政

【**概况**】 2016年，垦利区财政局有干部职工75人，其中在职职工66人、离退休9人，下设办公室、综合预算股（行政事业股、社会保障股）、国库股、国有资产管理办公室（经济建设股与其合署，挂企业股牌子）、农财股、财政监督股（会计股）等职能股室；辖非税收入征收管理局（下设综合股、稽查股、政府债务管理股）、农业综合开发办公室（下设业务管理股、项目规划股）2个正科级事业单位；辖国库集中收付中心（下设会计核算一部、会计核算二部、会计集中核算股）、政府采购办公室（下设综合部、资料审核部、招标部）、农村综合改革办公室、区级机关事业单位会计服务中心4个副科级单位。

2016年，全区一般公共预算收入完成21.27亿元，同口径增长3.43%，增幅列全市各县区第二位，其中税收收入完成14.69亿元，比上年增长6.02%，占财政收入比重为69.05%，税比居全市各县区第二位。支出方面，全区一般公共预算支出278188万元，完成调整预算的107.01%，比上年增长8.39%，其中，教育、医疗、社保等民生支出达到23.12亿元，比上年增长6.92%，占总支出比重83.12%。

2016年，区财政局被选为全区首批党建示范点，迎接区领导和其他部门单位的现场观摩。国库集中收付中心参加市青年文明号风采展示大赛并获二等奖，被推荐参评省级青年文明号。

垦利区2016年一般公共预算收支总表

单位：万元

预算科目	决算数	预算科目	决算数
一、税收收入	146853	一、一般公共服务支出	28283
增值税	40965	二、外交支出	
营业税	37917	三、国防支出	78
企业所得税	9487	四、公共安全支出	12788
企业所得税退税		五、教育支出	57685
个人所得税	3250	六、科学技术支出	1338
资源税	275	七、文化体育与传媒支出	3879
城市维护建设税	10573	八、社会保障和就业支出	34702
房产税	6737	九、医疗卫生与计划生育支出	27811

续表 单位：万元

预算科目	决算数	预算科目	决算数
印花税	4843	十、节能环保支出	6355
城镇土地使用税	19038	十一、城乡社区支出	32309
土地增值税	4862	十二、农林水支出	48797
车船税	2166	十三、交通运输支出	3880
耕地占用税	4042	十四、资源勘探信息等支出	1593
契税	2698	十五、商业服务业等支出	8429
烟叶税		十六、金融支出	
其他税收收入		十七、援助其他地区支出	592
二、非税收入	65825	十八、国土海洋气象等支出	1211
专项收入	13818	十九、住房保障支出	4421
行政事业性收费收入	11363	二十、粮油物资储备支出	416
罚没收入	3709	二十一、其他支出	522
国有资本经营收入		二十二、债务付息支出	3099
国有资源（资产）有偿使用收入	24621	其中：地方政府一般债券付息支出	3099
其他收入	12314	二十三、债务发行费用支出	
本年收入合计	212678	本年支出合计	278188

【预算资金管理】（一）提高预算透明度，建立常态化预算公开机制。2016年区级政府预决算、区级“三公经费”预决算、区直部门预决算、区直部门“三公经费”预决算均通过网络公开，除涉密部门外，应公开的73个区直部门、单位全部公开。（二）强化预算约束，从严控制预算调整事项，减少支出随意性。调整和优化财政支出结构，压减“三公”经费等一般性支出，形成厉行节约长效机制，集中财力保障基层工资及重点民生支出。（三）深化预算管理改革，实行全口径预算管理。将部分政府性基金与一般公共预算统筹安排，加大存量资金盘活力度，将各部门、单位部分存量资金纳入预算管理。细化预算编制，编制2017年部门预算时将支出功能科目细化到末级。（四）强化预算绩效管理。制定印发《垦利区区级财政项目支出绩效目标管理办法》，建立覆盖全部区级预算单位和所有财政资金的绩效管理制度，实现“预算编制有目标、预算执行有监控、预算完成有评价、评价结果有应用”的全过程绩效管理。

【非税资金管理】（一）以政府督查通知单的形式下达2016年度非税收入预算计划，加强非税收入精细化管理，提高系统征缴率。（二）加强非税收入收缴分析，挖潜增收，2016年全区实现非税收入87533万元，其中，纳入公共财政预算收入管理的非税收入累计完成59800万元，纳入基金预算的政府性基金累计完成23954万元，纳入财政专户管理的非税收入累计完成3779万元。（三）加强票据管理，对全区用票单位2015年度财政票据使用情况进行年检；推行新版财政票据和非税征管系统，2016年发放新票据管理系统CA证书，制作完成USBkey156个，对领用者进行相关知识培训。垦利区成为全市使用USBkey登录新版非税系统的试点。对旧版财政票据进行清理、核销、销毁，核销旧版票据396173份，涉及票据种类20种，清点造册空白票据318416份。全年发放新票据3388189份。（四）承办“费惠民生”大家知——东营市政府非税收入征收管理知识电视竞赛。通过微信答题和电视竞赛，加深全社会对非税收入的内涵、性质、范围、作用的认识和相关政策的理解。（五）12月底，对《垦利区行政事业性收费目录清单（含涉企收费）》《垦利区政府性基金目录清单》进行更新，并通过网络、新闻媒体等形式进行常态化公示，凡是在收费目录和清单之外的收费项目均为违规设立，一律不得执行。

两学一做座谈会

【财源建设】 落实“营改增”、支持小微企业、促进民营经济发展等财政政策，减税金额3.4亿元。加强政策分析，强化部门配合，向上级争取各类资金6.6亿元，助力企业转型升级。盘活存量资金4767万元，统筹区本级财政资金、上级专款及其他各类资金7亿元，集中用于保障政府投资项目建设，为经济发展积蓄后劲。统筹安排各类资金5232万元，推动现代农业提质增效，加快工业转型升级，助力小微企业发展，促进旅游业、商贸物流等现代服务业发展壮大，以科技创新人才引领推动企业转型发展，为企业搭建引智平台。

【财政管理制度改革】 推进现代预算管理制度改革试点工作，制定《垦利区区级现代预算管理制度改革试点方案》，实现预决算公开“全覆盖”。强化预算绩效管理，制定《垦利区区级财政项目支出绩效目标管理办法（试行）》。按照权责发生制原则，编制政府综合财务报告。严格政府债务限额管理，争取政府债券10.16亿元，规范政府举债行为，严防债务风险，探索政府和社会资本合作（PPP）模式，成功运作西效现代服务区市政道路PPP项目和县卫生体育设施及配套工程PPP项目。其中西效现代服务区市政道路PPP项目成功入选省级PPP示范项目，并争取奖补资金214万元。推进政府购买公共服务改革，扩大政府购买公共服务范围，推动“养人向养事”转变。

【社保资金管理】 2016年社会保险基金收入98828万元，其中企业养老保险基金收入29797万元，城镇职工基本医疗保险基金11774万元，生育保险基金868万元，居民社会养老保险基金24920万元，居民基本医疗保险基金12799万元，机关养老保险基金18670万元。2016年社会保险基金支出56933万元，其中企业养老保险基金9291万元，城镇

固定资产清查大会

职工基本医疗保险基金10278万元，生育保险基金1086万元，居民社会养老保险基金9590万元，居民基本医疗保险基金12987万元，机关养老保险基金13701万元。2016年社会保险基金当年结余为41895万元，累计结余为199290万元。

【财政监督】（一）制定并下达垦利区2016年度财政监督检查计划，加强监督检查，严肃财经纪律。（二）完成财政内部控制制度建设，并定期开展内控监督检查。（三）开展部门预算编制情况的监督检查，使财政监督服务于财政管理全过程。（四）开展会计信息质量检查，维护财务运行环境。（五）开展2015年度预算绩效评价工作和2016年度预算绩效目标申报工作，探索并推进预算绩效管理工作，强化效率观念和绩效理念。

【国有资产管理】加强行政事业单位国有资产管理。通过国有资产管理信息系统建设，实行岗位责任制，将资产管理落实到岗、到人，形成“财政部门—主管部门—基层单位”三位一体的科学管理体制，资产使用效益进一步提高。实施行政事业单位国有不动产出租出借制度。研究并上报区政府《关于规范区级行政事业单位国有不动产出租出借工作的通知》。及时办理有关单位与东营市垦利区城市资产运营有限公司办公楼移交手续，优化资源配置，提高了部分单位办公条件。做好公车改革工作。配合机关事务局做好公务用车改革工作。全年拍卖公务用车108辆，成交价437.43万元，实现增值117.08万元，增幅 36.55%。加强国有企业监管。坚持规范操作，严格履行规定程序，加强国有资产监管，确保国有企业依法自主经营，防止国有资产流失。

【会计管理】做好会计从业资格证书核发和代理记账审批工作。2016年累计核发从业资格证书448人证，调转63人次，全区在册会计从业资格人数累计5641人。会计人员信息采集基本完成，换证工作进入扫尾，累计换发会计从业资格证书3885人/证。组织会计初中高级专业技术职称考试。推荐1名会计人员参加省高端会计人才选拔考试。加强对新会计制度的宣传和培训。先后组织32人赴上海、厦门国家会计学院、西南财经大学等院校参加财政绩效支出、营改增最新政策与税负管控的培训班，保证新制度的实施；组织各行政事业单位财务人员及取得会计证人员参加区直2016年度行政事业单位会计人员继续教育培训班，提高全体参训成员的业务水平。加强行政事业单位会计基础工作管理。加强行政事业单位会计人员入职资质管理。对全区行政事业单位会计人员配备及制度实施情况进行调查，建立区直部门主管会计和镇街财税办负责人备案制。试点珠心算教学。永安镇第二小学试点珠心算教学，被纳入省市珠心算教学试点单位。

2016年会计继续教育培训

【政府采购管理】2016年，全区集中采购金额累计11648.8万元，节约资金1224.9万元，节约率10.51%。完成全区重点工程、重点项目的货物、服务类采购项目监督工作，主要有交通安全设施项目，公共资源交易中心平台建设项目，市政环卫车辆采购项目，职教中心校园文化建设项目，平安乡镇视频监控系统项目，医院医疗设备采购项目等。区政府采购办公室在组织实施政府采购整个过程中，始终把规范程序放在第一位，以公开促公平，以公平促公正，重点从管理制度化、程序规范化、工作“阳光化”促进政府采购发展。

【农村综合改革】 （一）做好村级公益事业建设一事一议财政奖补工作。2016年，全区有6个镇街93个村参与一事一议项目建设，项目总投资5148.58万元，各级财政奖补资金745.16万元，项目惠及群众60903人。（二）发挥群众主体地位，坚持民主议事。各村在建设项目的选择上坚持民主议事制度，通过召开村民大会或村民代表大会的形式在群众讨论的基础上确定建设项目，奠定了群众基础。（三）抢抓试点机遇，推动农村基础设施建设水平再上新台阶。2016年，以黄河口镇“乡村连片治理”项目为契机，科学规划，推进小高、辛庄场等8个村的村内基础设施建设，项目总投资1032.44万元，各级奖补资金1000万元，涉及道路硬化、文化大院及广场新建等项目，治理成果惠及1560户、5000余人。

【农业综合开发】 （一）完成2015年度农业综合开发项目。2015年全区立项7个农业综合开发项目，总投资6836.3万元，包括土地治理项目4个和产业化项目3个，项目于2016年5月全部竣工并通过各级验收。（二）组织实施2016年度农业综合开发项目。2016年度投入农业综合开发资金4568万元，其中财政资金3390万元，企业自筹资金1178万元；组织实施11个农业综合开发项目的建设，分别为土地治理项目3个、产业化经营项目6个、产业化贷款贴息项目1个和部门项目1个。（三）做好2017年项目入库工作。根据上级文件精神，组织镇、街道分管领导调度会议，在通过实地勘察、反复调查研究和征求市、区有关部门专家意见的基础上，向市局呈报2017年度农业综合开发项目的建议书，其中土地治理项目3个和产业化项目2个。

【重要项目】 2016年，区财政支付政府投资项目资金11.88亿元，保障全区133个本年及往年政府投资项目的实施。其中，续建项目扶持资金13365万元；新增及往年政府投资项目105473万元。

（王美霞）

城市资产运营

【概况】 垦利区城市资产运营有限公司是经垦利区人民政府批准、垦利区财政局出资，按《公司法》规定注册成立的区属国有独资法人企业。注册日期2006年4月10日，注册资本金11680万元，法定代表人田兰生。公司业务范围为城市国有资产运营、投资、租赁、抵押、资产置换、资本运营等。公司依法建立法人治理结构，实行董事会领导下的经理负责制。

公司有工作人员8人，下设综合管理部、资产运营部、财务管理部、投融资部四个部门，主要负责区重点工程、重点项目的融资工作；负责区内部分国有资产和区保安公司的运营和管理工作；负责黄河口现代农业示范区土地承租合同的签订和日常监管工作。

【融资工作】 发挥筹融资平台职能，配合区财政局，综合协调全区筹融资工作。同国家开发银行、北京银行、东营银行、青岛银行、农业发展银行等多家银行进行对接，探索融资新方式、新方法。完成2016年工作计划，保障全区重点工程重点项目建设的资金需求。

【棚户区改造】 按照区政府和市区财政部门要求，公司发挥桥梁作用，开展棚户区改造项目融资工作。一是先后筛选棚户区改造项目4个，争取国家开发银行专项贷款18200万元。2016年，支付贷款8280万元。二是以胜利社区新农村建设项目为载体，争取邮政储蓄银行专项贷款29000万元。

【黄河口现代农业示范区营运】 制定完善《黄河口现代农业示范区管理意见》及各项日常规章制度，加强示范区管理办公室各类基础设施建设，使示范区管理办公室各项工作实现规范化、制度化。2016年，公司会同区农业

财政局领导验收水管

局、区法制办，对拖欠承包费的企业和个人最终通过法律途径予以解决，共收取土地承包费2126.87万元。

【国有资产管理】 一是规范市场运作，实现国有资产保值增值。通过报纸、广播、电视等宣传媒体，加大宣传力度，共收取承包费115万元。二是按照《公司法》相关规定，通过参加股东大会，定期审核其财务报表及所有必要的文件和资料，及时掌握参股企业的运营状况，加强对参股企业的监管。全年股权收益220万元。三是投入140万元对蓝海汇洲酒店资产进行维护、维修，使其更好地为社会各界提供优质服务，体现垦利区服务行业的高水准。

【保安公司运营】 一是坚持制度管人、业务练人、待遇暖人，培养出一批作风扎实、业务熟练的保安队伍。公司有后勤管理人员8人，保安队员156名，服务网点120个，其中乡镇网点95个，业务合作单位13家。6家用人单位正在合作洽谈中。二是扩大经营范围，打造保安铁军。在中国邮政集团东营分公司邮政金融网点保安服务采购项目公开招标中，在全市20多家保安公司竞标中中标。

（王　伟）

国家税务

【概况】 垦利县国税局有干部职工111人。其中，大专以上文化程度105人（其中研究生4人，大学本科63人，大专38人），党员63人。设有11个股级机构（办公室、政策法规科、税政管理科、收入核算科、纳税服务科、征收管理科、人事教育科、财务管理科、监察室、税源管理一、二科）；1个副科级直属单位（稽查局）；4个副科级派出机构（城区税务分局、胜坨税务分局、永安税务分局、开发区税务分局）；1个股级事业单位（信息中心）。主要负责垦利区境内增值税、消费税、企业所得税等税种的征收管理工作。至2016年年底管辖各类纳税人10445户。

【国税收入】 面对经济下行压力加大、国际油价低迷以及主体税种增长乏力的严峻形势，2016年，组织国内税收收入147454万元，比上年增收16375万元，增长12.49%。分级次看，中央级收入完成104013万元，比上年减收909万元，下降0.87%，区级收入完成46659万元，比上年增收18653万元，增长66.61%。县

8月11日，金税三期换版动员大会

国税局保持“国家级巾帼文明岗”“省级文明单位”“省级青年文明号”等称号。

【税收管理】 一是“营改增”工作。营改增是2016全国财税系统的头等大事。至5月1日，全区累计确认试点纳税人2988户，推行税控设备2988户，组织培训辅导6次，培训人员累计3000多人次，覆盖面100%，实现税制平稳转换。二是国地税合作深度融合。按照《合作工作规范（3.0版）》要求，县国税局与县地税局合作事项稳步推进。三是按照“专业化、集约化、扁平化”的要求，以税收征管规范试行为抓手，以风险管理为导向，打造现代税收征管体系。至12月底，终审各类风险任务220户次，其中有问题151户次，有问题比例68.64%，通过成果统计查询，应补税款813.53万元，评估入库税款811.66万元，滞纳金56.54万元，罚款1600元，抵顶留抵1701.26万元，弥补亏损2252.17万元。

【税务稽查】 抓专项检查工作，拓展案源，查深查透协查和举报案件。组织低税负企业进行税收自查。2016年累计交换非正常户认定、注销、个体工商户定额等各类信息近11178余条。联合地税对9户纳税人确定联合稽查任务，对9户企业联合实施了税务稽查，查实税款575万元。联合开展5次打击发票犯罪活动，利用互相推送发票违法线索查补税款16万元。2016年，

5月1日，营改增试点工作启动

通过第三方涉税信息分析利用，依靠日常预警评估、专项评估及银行、企业代扣代缴等途径，累计增加税收收入1176.77万元，弥补亏损1701.26万元，抵顶留抵2252.17万元。

【税法宣传】 一是开展税法宣传。围绕“营改增”、三证合一等内容，通过办税服务厅日常宣传和税收宣传月、法制宣传月集中宣传的方式有针对性地开展税法宣传工作，落实“二维码”一次性告知制度，方便纳税人快速、便捷地获取规范、准确的税收业务办理指南，印制和发放宣传册和辅导手册300余份，做好税法阐释、政策解读和热点解析工作，提高纳税人依法诚信纳税意识。二是纳税人学堂运作。2016年，县国税局为辖区内四大行业3000多户营改增纳税人开展有关培训，采取分行业、邮寄等多种形式分类培训。三是通过国税动态、中国税务、山东国税等报刊刊登垦利县国税局信息、动态，扩大宣传范围。其中，《山东国税》刊登13篇，东营日报5篇，东营国税21篇，省国税动态6篇，《中国税务》2篇，中国税务报4篇，《山东税务研究》2篇，东营税务信息2篇，黄河口论坛1篇，黄河口社会科学1篇，东营政务信息2篇，国家税务总局网站1篇。

【规范化建设】 一是落实税收执法责任制。利用税收执法信息系统加强执法监督监控，确保执法信息各率均保持100%。二是开展执法督察。制定工作方案，明确执法督察工作重点、责任分工、工作要求，确保督察工作的开展。三是开展纳税人满意度调查。根据满意度调查结果，找准短板，结合调查指标，制定工作任务。结合“问需求、优服务、促改革”专项活动，在“营改增”“金三换版”推广应用等重点工作推进过程中，收集纳税人

需求，解决纳税人反映的“痛点”“难点”问题。四是通过在线访谈节目，确保广大纳税人能够了解和掌握国税局有关工作的内容与动态，提高纳税人“税事知晓率”，建立优质高效的服务体系。

【税收信息化建设】 开展风险事项数据分析，发挥信息技术的支撑作用。以税收风险事项管理为重点，围绕涉税数据分析做文章，通过常规分析、专题分析、实证分析和查前分析辅导四种方法，增强税源管理的针对性和有效性，提升全局税源专业化管理水平。加强信息安全防护体系建设，做好省局数据综合分析利用平台的应用工作，加强广域网络运行监控，维护视频会议系统，保障各软、硬件系统的平稳运行。

垦利区2016年国税系统纳税企业前20名一览表

序号	纳税人名称	2016年税额总计	县级
1	垦利石化集团汇总	39434.68	4577.09
2	万达汇总	11067.37	4585.86
3	石大汇总	11044.83	4530.72
4	新发汇总	7058.75	3073.83
5	胜通汇总	5373.57	2099.81
6	电力汇总	4300.58	1966.12
7	胜利油田石油开发中心有限公司胜海分公司	3440.65	1525.62
8	山东垦利农村商业银行股份有限公司	2686.57	1125.34
9	胜利油田鲁胜石油开发有限责任公司	2077.30	1038.64
10	东营信誉楼百货有限公司	1917.89	667.77
11	汇东汇总	1810.44	826.09
12	山东东营烟草有限公司垦利营销部	1661.12	682.89
13	明珠汇总	1413.49	662.62
14	东营旺豪化工有限公司	1132.76	453.10
15	东辰汇总	1097.25	548.63
16	泰岳星徽汇总	1055.66	455.16
17	东营鲁明富林石油科技开发有限责任公司	998.33	481.84
18	中国银行股份有限公司垦利支行	991.13	495.57
19	中国工商银行股份有限公司垦利支行	938.24	463.76
20	胜利油田豪威科工贸有限责任公司	901.10	395.37

（林　松）

地方税务

【概况】 东营市地税局垦利分局组建于1994年7月，有在岗正式干部职工89人，劳务派遣人员50人。正式干部职工中，大专以上学历人数87人（其中本科60人，研究生3人），党员77人，平均年龄43.49岁。局机关内设8个职能科室、1个直属征收局、1个稽查局，下设6个中心税务所、1个事业单位（纳税服务中心），承担着全县1万余户企业和个体工商户的地方税收征管工作。

2016年，获“全市地税系统优秀单位”称号，在省局组织的业务大比赛中获最优档次，连续12年保持全省文明单位，连续13年保持全国青年文明号单位，区委、区政府领导10次做出肯定性批示，10余项财源建设经验被区委、区政府采纳，在招商引资考核中获所在序列第一名，在全区垂直管理单位考核中获优异成绩。

【税收收入】 2016年，区地税局按照“强基、固本、促收、维稳”的总体思路，从“保安全、强基础、重探索、创品牌、优服务、扩影响”依次推进，克服“营改增”结构性减税、油价下跌、固定资产投资下行等不利因素，紧扣税收主业，组织各项收入13.0657亿元，公共预算收入11.6658亿元，占全区地方财政收入的54.86%，按可比口径计算（扣除上年营改增基数），总收入比上年增收2.9071亿元，增长28.6%，公共预算收入比上年增收2.2593亿元，增长24%，增量和增幅均居全市各县区第一位。

【税源管理】 区政府出台关于加强税源控管的文件，将各部门配合税源管理工作纳入政务考核，税源控管工作上升为了政府工程。（一）与公安、国税协作，建立打击偷逃税的协作联防机制；率先在全市突破耕地占用税管理瓶颈，垦利区土地储备中心成为全市第一家缴纳耕地占用税的纳税人，入库税款2100万元。（二）率先在全市实现税收价格鉴定扩围，与区物价管理办公室联合制定价格认定文件，将价格鉴定范围由省局规定的二手房扩大到所有动产、不动产。（三）破解国有公司税收管理难题，对垦利城投等4家国有公司进行专项纳税评估，补缴税款4100多万元。（四）在政策争取方面，依法将东营黄河公路大桥有限责任公司等5家公司引入垦利区，增加税款4000万元。（五）应对“营改增”，对房地产、建筑业纳税人逐户评估，评增税款7826万元，实现营业税“颗粒归仓”。（六）开展企业所得税汇算清缴，汇缴面100%，补缴税款4600万元；强化风险任务应对，对全区2605户次涉及的风险疑点检查，查增483万元；反避税调查工作取得突破，入库税款210万元。

11月1日，涉税合作签字仪式

【征管基础】 （一）加强“三证合一”后续管理。加强日常管理和监控比对，督促纳税人按规定办理涉税信息补充采集、按时申报纳税。（二）落实《深化、地税征管体制改革方案》，推进国地税合作；推进业务合作，在全市率先实现“一人一机双网双系统”工作模式，纳税人在同一个窗口即可办理国税、地税两家业务，实现“进一家门办两家事”。（三）联合开展涉税信息比对工作，全年累计比对税务登记、税款缴纳、定额核定等信息2万余条，规范各类登记信息130

5月，地税干部在办理营改增业务

项，补缴税款、滞纳金52.87万元。（四）清缴欠税。全年追缴税款近100万元。（五）做好金税三期优化版上线运行工作。建立健全“一把手负总责、分管领导具体抓、各责任科室分头负责”的组织领导机制，制定应急工作预案，明确职责、责任到人，利用一个月的时间，组织20多名骨干力量放弃节假日休息时间开展测试，实现金税三期集中版向优化版的平稳过渡。

【执法服务】 （一）优化纳税服务，创新服务方式，实施“互联网+税务”，开展绿色服务、自助服务和地税、国税、工商“三家联合一站式”便民服务，方便全区纳税人。（二）落实各项税收优惠政策。备案减免税款2亿元，小微企业减免税款392万元，高新技术企业减免税款3635万元，发挥了税收调节经济、稳定社会职能的手段，更为企业的发展注入了新活力。（三）助推供给侧改革。落实房地产交易环节税收优惠政策。通过办税服务厅、税务网站、网络媒体等多种途径宣传房地产交易环节的相关税收政策，增设办税窗口、设立服务引领台，为纳税人提供及时便捷的涉税服务，为化解房地产库存提供政策支持；贯彻落实大众创业、万众创新税收优惠政策。2016年，为备案享受高新技术企业优惠和研发费用加计扣除两项税收优惠政策的企业减免企业所得税3635万元，推动垦利区高新技术企业发展；联合金融机构合力开展“银税互动”。2016年，区地税局合作的金融机构共计向符合条件的小微企业发放贷款8400余万元，推动了小微企业发展。

垦利区2016年地税系统纳税企业前20名一览表

单位：万元

排名	纳税人名称	入库税款合计
1	万达集团股份有限公司集团企业	8711.58
2	新发药业有限公司	8652.41
3	山东垦利石化集团有限公司集团企业	8303.38
4	山东金辰建设集团有限公司集团企业	6348.39
5	山东胜通集团股份有限公司集团企业	5552.98
6	山东胜利明珠集团有限公司集团企业	4128.08
7	垦利城市建设开发投资有限公司	3667.00
8	东营黄河大桥有限公司	2367.27
9	垦利县土地储备中心	2099.25
10	山东石大胜华化工集团股份有限公司垦利分公司集团企业	2018.77
11	山东通用航空服务有限公司	1856.24
12	山东万得福实业集团有限公司集团企业	1728.10
13	山东众成地产集团有限公司垦利分公司集团企业	1709.67
14	中国银行股份有限公司垦利支行	1497.43
15	中国工商银行股份有限公司垦利支行	1481.98
16	中国农业银行股份有限公司垦利县支行	1459.54
17	山东垦利农村商业银行股份有限公司集团企业	1443.18
18	中国人民财产保险股份有限公司垦利支公司集团企业	1438.40
19	垦利县水利工程公司	1407.35
20	国网山东省电力公司东营市垦利区供电公司	1372.52

（王　娟）

金融保险

金融监管

【概况】 垦利县金融工作办公室成立于2010年2月25日，为县政府所属监督管理类正科级事业单位。2013年2月，根据《关于县金融办内部机构和人员编制调整的批复》批文，内设机构设置调整为综合室、银行室、证券与资本市场室、非银行金融室，编制10人。主要负责拟订全县金融业发展规划和政策；负责联系、协调驻县各类金融机构，做好相关服务工作；配合金融监管机构做好监管工作；指导、协调、推进农村金融机构改革发展，协调有关部门推动新型农村金融机构的规范发展；负责全县小额贷款公司、民间资本管理公司等新兴民间融资机构设立的审核报批和监督管理；协调推动企业上市工作，负责拟上市公司培育、初审及推荐工作；组织协调有关部门防范、化解和处置地方金融风险等。

【金融业运行】 **银行业** 2016年末，银行业方面，全区人民币存、贷款余额分别为364.19亿元、399.94亿元，较年初分别增加30.98亿元、2.31亿元，分别增长9.3%、0.58%，为区域经济发展提供资金保障。全区外币各项存款余额2.96亿美元，较年初增加1.47亿美元；各项外币贷款余额1.42亿美元，较年初减少0.15亿美元。2016年，全区银行业累计实现利润11.48亿元；全区银行业实现各类税收1.76亿元，比上年减少8.3%。

保险业 全区各保险机构不断拓宽保险营销渠道，优化产品结构，提升服务水平，保险市场体系不断完善。2016年底，全区21家保险公司实现保费收入63484万元，较上年增长19.6%，其中：人寿险保费收入29875万元、财产险保费收入33609万元。

担保业 中信担保公司创新担保方式，至12月末担保余额1.83亿元。

民间融资组织 2016年年末，全区3家小额贷款公司贷款余额4.42亿元，4家民间资本管理公司投资余额3.13亿元，民间借贷服务中心成交资金1186万元。2016年，全区各类民间融资组织实现各类税收881万元。

【金融生态环境建设】 一是推进政银企合作。1月18日，组织召开金融工作会议，安排部署本年度金融工作。3月24日，召开全区政银企座谈会，邀请市金融主管部门和市银行行长共同研判金融形势，强化政银企对接，争取信贷投放支持。并举行垦利区人民政府与中国建设银行东营分行、恒丰银行东营分行战略合作协议签约仪式，会同垦利街道、董集镇等相继组织开展镇街银企对接会、观摩座谈会等活动，搭建银企对接沟通平台。二是加大金融机构招引力度。加强区域金融组织建设，恒丰银行垦利支行、泰山财险、太平财险分别入驻垦利区。至2016年末，全区银行机构16家、保险公司21家。基

8月16日，全区金融工作座谈会

层网点布局加快推进，东营银行西郊支行和区农商行西郊支行、建林社区分理处、井下锦霞社区分理处、惠丰社区分理处等营业网点开业运营，至2016年末，银行经营性营业网点达75处，较年初增加7处。

【资本市场】 强化上市运行调度，健全镇街推进上市挂牌调度制度，并邀请中泰证券、开来投资、龙合律师事务所等机构到垦利区重点上市后备资源企业进行实地考察。先后邀请专家组织开展工业改制企业培训会、企业创新转型金融专题项目路演等培训。2016年，瑞奇新能源12月30日在齐鲁股权交易中心挂牌；通用航空、坤宝化工启动新三板挂牌程序；旺豪化工拟赴港交所上市。扩大债券市场融资规模，2016年度，企业到位债券融资额120.3亿元，其中超短期融资券21亿元、短期融资券32.5亿元、中期票据4.5亿元、公司债62.3亿元，胜通集团30亿元公司债注册完成，为全市首家非上市公司发行企业。

5月6日，垦利县人民政府与中国建设银行东营分行战略合作协议签约仪式

【规模企业规范化公司制改制工作】 组织召开规模企业规范化公司制改制调度会，印发改制工作要点及分工表，对年度改制目标、具体分工及推进措施、立项督查等工作进行安排部署。建立健全改制工作定期督查调度制度，印发工作通知12次、调度通报4期，组织实地督查2次，各项工作得到有序推进。研究制定《支持规模企业规范化公司制改制和企业上市挂牌若干政策的措施》，编制改制政策汇编和办事服务流程汇编，争取各级奖励资金100万元。协调市场监管、地税、国土、国税等部门，帮助有关企业明确落实公司变更、税收减免等政策，帮助改制企业解决历史遗留问题。2016年，完成改制企业19家，其中3家企业启动挂牌程序，已挂牌1家，1家企业由个人独资企业改为有限责任公司，2家企业在上交所成功发行公司债券，补办或在补办相关房产、安评、危化品资质等手续企业6家。

【金融风险防控】 研究出台《垦利区金融突发事件应急预案》，并制订处置企业资金风险和金融突发事件应急预案操作手册，明确责任处置主体和流程。召开全区金融工作会议，组织各金融机构签订《垦利区金融支持实体经济发展改善融资服务公约》，引导各银行机构不随意抽贷、压贷。针对经济运行下行态势，对部分企业出现的暂时性融资困难，定期组织召集担保人委员会、银行债权人委员会会议，采取银企协商续贷、协调落实担保条件、研究制定重组托管方案等方式，协调落实续贷资金3亿元，全区未出现重大企业资金链断裂风险。在全区组织开展打击恶意逃废银行债务和打击非法追债行为专项行动，发布涉金融类失信被执行人130人次；集中开展“涉金融案件专项执行活动”，审理结案金融案件214件，追偿款项5023万元。

【金融创新】 引导辖区金融机构创新抵质押方式，2016年，辖区银行机构发放各类创新性贷款2.98亿元，农行、民生银行、邮储银行等为企业办理知识产权、林权、供热收费权等抵质押业务。组织开展新型农村合作金融试点工作，研究出台《垦利区农民专业合作社信用互助业务试点方案》，众兴小麦专业合作社信用互助试点获批筹建。研究制定全区“信用换贷款”银税合作实施方案，组织召开启动仪式，税务部门为银行提供纳税信用A级企业77家，纳税信用B级企业1662家，各银行依据纳税信用情况分别累计为A、B类企业发放贷款265笔和610笔，累计发放贷款117亿元和165亿元。做好“助保贷”业务试点推广工作，全年

3月24日，垦利县政银企座谈会

到位信贷投放1570万元。做好金融助推脱贫攻坚工作，研究制定《垦利县扶贫小额信贷工作暂行办法》，组织6家银行机构开展“富民农户贷”和“富民生产贷”业务试点。引导金融机构参与卫生体育设施、西郊市政道路、两河治理、城乡水环境治理等项目建设，到位资金10.56亿元。

【地方金融监管】 完成小贷公司、民资公司、担保公司省市2015年度年审、分类评级和年度现场检查工作。强化融资担公司保风险管控，中信担保公司换发经营许可证。首次组织开展各类机构非现场监督检查，完善定期报表、非入场检查、季度约谈等制度，将各类民间融资主体纳入监测范围。做好全区互联网金融风险专项整治工作，印发对辖区内大宗商品、贵金属类交易场所专项整治的通知，组织各镇街、区直相关部门通过工商查询、街面走访等方式，对P2P借贷平台、互联网私募、金控公司等11家相关机构进行摸底排查，并对有关机构下达整改告知书。组织开展区防范非法集资宣传月暨打击非法集资集中排查行动，并会同公安经侦大队、银行机构开展以“防范风险，护航发展”为主题的防范经济犯罪集中宣传活动，设置展板10余块，发放宣传资料1000余份。组织开展金融风险集中联合排查，对部分主干道设立的P2P、农业合作社、典当行等机构进行集中检查，维护区域良好金融秩序。

（齐春玲　王烁　刘榕　肖敏）

中国人民银行垦利区支行

【概况】 中国人民银行垦利县支行是中央银行在垦利区的基层派出机构，履行贯彻执行货币政策、维护辖区金融稳定、开展金

融服务的主要职能。2016年，为进一步强化对外履职能力、加大金融支持实体经济力度，根据济南分行统一安排，人行垦利县支行进行内设机构调整，设办公室（纪检监察室）、货币信贷调统科、金融稳定科、金融服务管理科四个科室。

【贯彻执行货币政策】 2016年，区人民银行制定《继续贯彻稳健货币政策 提升金融服务能力 支持全县经济转调增的意见》《关于金融支持石油化工、机械制造行业加快结构调整促进转型升级的意见》等指导性文件，运用再贷款和差异化准备金率等信贷政策，稳步信贷投放、优化信贷结构、支持薄弱环节。至2016年末，全区本外币存款余额384.75亿元，比年初增加41.83亿元，增长12.2%；全区本外币各项贷款余额409.79亿元，较年初增加1.96亿元，增长0.48 %；全区重点行业技术改造项目贷款余额84.2亿元，较年初增长2.88%，现代服务业贷款新增2.8亿元，较年初增长12.5%；农户新增贷款2.22亿元，较年初增长12.61%；全区小微企业贷款余额99.51亿元，比年初增加2.22亿元，比上年增长2.26%；涉农贷款余额311.6亿元，比上年增长0.43 %。

【维护辖区金融】 （一）防范和化解金融风险。开展宏观审慎评估工作，落实存款保险制度，加强对重要经济实体和重点领域的风险监测和排查，建立和执行金融机构重大事项报送排名和通报制度。2016年，协助区政府有关部门化解绿岛集团信贷风险，处置骏马石油、中凯集团两企业的风险苗头。2016年末，全区不良贷款余额1.64亿元，较年初减少2.58亿元；不良率为0.4%，较年初下降0.66个百分点，在全市“双升”的情况下垦利实现“双降”。（二）强化金融市场管理。制定《垦利县互联网金融风险专项整治工作实施方案》，开展互联网金融风险专项整治、打击电信诈骗专项整治、支付机构客户备付金风险和跨机构清算业务整治、无证经营支付业务整治等系列行动。打击非法集资和恶意逃废银行债务。加强反假人民币工作，开展反假人民币宣传。加大反洗钱工作力度，实施法人机构反洗钱监管专员制度。维护金融消费权益，完善行业自律性管理约束机制，接受咨询、受理投诉、调解纠纷。垦利区金融生态环境不断优化，守住了不发生系统性区域性金融风险的底线。

【金融服务】 （一）推进金融扶贫工作。制定印发《垦利区金融助推脱贫攻坚工作实施方案》《垦利区扶贫小额信贷工作暂行办法》，开展金融扶贫“百日”攻坚活动，全年发放建档立卡贫困户贷款120笔，累计发放扶贫贷款878万元，帮扶700多户贫困农民实现增收，组织发放全市第一笔“富民生产贷”和第一笔“富民农户贷”。（二）做好经理国库工作。按照营改增改革试点工作方案总要求，维护营改增相关预算科目及预算体制，加强凭证式国债管理工作，利用节假日、天宁寺庙会等节点加强国债知识宣传。（三）深化农村支付服务环境建设。指导推进“买卖惠”农村电商平台建设，依托“助农取款服务点+电商”平台，助推农村电商发展。依法开展人民币结算账户行政许可工作。（四）加强外汇管理与服务工作。推进经常项目外汇管理制度改革，下放审批权限，为涉外企业提供用汇便利。对重点涉外企业，坚持“一企一策”式外汇服务，完善差异化服务措施。（五）推进征信管理和服务工作。全年查询企业信用报告315笔，个人信用6848笔，司法查询21笔。加大征信宣传，到企业、学校、农村开展征信知识宣传。开展地方征信数据库建设，推进全县企业和农户信用信息平台建设，全年完成17个村、309家企业的信用信息采集工作。（六）强化金融服务大厅建设，对综合服务大厅进行改造，为群众提供便利的金融服务。

（李朝堂）

中国工商银行股份有限公司垦利支行

【概况】 22016年年末，中国工商银行股份有限公司垦利支行实现拨备前利润2.6亿元。

【贷款业务】 2016年年末，各项贷款余额59.86亿元，其中个人住房贷款余额9.03亿元。银行承兑汇票余额8.16亿元，信用证余额3.64亿元，表外其他余额9.76亿元。一是存量业务到期续作和新增业务的办理。在授信总额范围内，合理调整授信占用结构，优化流贷、项目贷款、贸易融资、银承、信用证等产品结构，实现客户授信占用贡献最大化。二是贴现业务。为客户开展电子票据、商业承兑等业务品种。三是业务办理模式。加强信贷精细化管理，根据企业实际信贷需求和实际经营状况，发展表外业务，通过多种渠道为企业提供资金支持。各项表外业务余额215888万元，其中银行承兑汇票余额81857万元，信用证余额36431万元，理财直接融资业务余额12600万元，中期票据余额85000万元。四是优质小企业客户扶持。抓住辖区网点优势，结合对公客户经理分包网点的特点，引导网点推荐优质客户，实现公私联动。五是个人贷款。与优质开发商楼盘建立合作关系，最大程度提供资金支持。加强与二手房中介的合作，建立二手房中介清单，责任落实到人。

【存款业务】 2016年年末，本外币全部存款余额56.14亿元，较年初增长4.62亿元。其中对公业务存款余额26.38亿元，较年初增长6.64亿元；储蓄存款余额25.81亿元，较年初增长8263万元。一是以优质服务争存款，树立“以客户为中心”的经营理念，把“服务是经营根本”落实到具体行动中。增强服务意识，强化服务管理，在提升服务品质和竞争力上下功夫，打造一流金融服务品牌，服务水平提升。二是强化领导意识，全行员工树立整体意识，形成并完善主要领导亲自抓、分管领导具体抓、部门主任深入抓、全行员工一起抓的工作机制。明确要求各部门共同抓好服务，建立上下联动、横向联合的服务管理工作体系，为存款工作打下基础。三是重点做好代发工资客户日常维护。梳理存量代发工资客户，做好走访维护工作，定期进入企业，开展金融知识座谈，宣传防范金融诈骗、反洗钱等金融知识，提高客户整体金融知识水平。

【内部管理】 一是内控合规“基础强化年”活动。开展“合规大家谈”、合规案例巡展、内控合规“基础强化年”宣讲会等活动，进一步提高了全员风险意识。二是多措并举严控资产风险。通过调整信贷管理思路，一手抓存量客户资产摸排，一手抓新增客户准入门槛，实现保证类贷款稳步下降；充分运用上级行出台的多种风险化解措施和政策，按照“剪刀差”控制计划，制定实施有针对性的风险处置和缓释方案，采取措施保证优质的资产质量。三是抓一线，控制关口。构建起内控分管副行长、运行督导员、业务运营副主任三道防线，把好岗位履职、业务检查、问题整改、违规处罚四个关口，确保执行到位、检查到位、处罚到位、整改到位，严控操作风险，内控管理水平得到提升，获2016年省行“内控标兵集体”称号。四是抓动态，掌握主动。落实差错通报制度、内控专题会议制度和防范案件分析会议制度，使问题苗头及时发现，案件隐患及时消除。

工商银行垦利支行水电厂分理处练习微笑服务

【企业文化建设】 一是以党建工作为抓手，加强员工思想教育。在加强党建工作上，弘扬“包容、厚德、务实、创新”的垦利精神，用党组织感召人，用实干提升人，用关爱凝聚人。支行先后被总行授予先进基层党组织、五四红旗团委、模范职工之家等称号，营业部被评为全国级青年文明号。二是以爱心行动为抓手，促进队伍和谐共进。以支行工会和团支部为组织力量，组织“学雷锋树新风”“圆梦助学”“理财驿站进社区”“阳光温暖星期五”等志愿服务活动。与东营义工协会联合到养老院关爱空巢老人、关爱残疾人、在医院担任义务引导员等，回馈社会。三是以关爱员工为抓手，不断提高凝聚力。本行“心田工坊”员工关爱计划正式启动。“心田工坊”员工关爱计划是一项长期的、系统的福利工程，重在优化心态、抚慰心灵、改善心智，是支行开展的一项“暖心”工程。

（成俊兰）

中国农业银行股份有限公司垦利支行

【概况】 2016年，农行东营垦利支行在全省农行87家县域支行综合考评中名列第三位，在全市农行8家支行综合考评中位居第一位。被垦利区委、区府授予“2016年度全县经济社会发展杰出贡献企业”，获省农行“精神文明单位”，被农总行授予“总行级‘三化三达标’先进单位”称号。

【核心业务】 至2016年年末，各项存款余额56.99亿元，较年初增长3.96亿元，余额居当地四大行首位；本外币日均存款余额55.51亿元，较年初增长4.35亿元，完成年度计划的140.71%。

【“扩户提质”工程】 搭建“三个平台”找客户，搜集整理全区新注册成立企业名单，实行“名单制”营销，从源头上营销一批高价值客户；围绕财政、社保账户做文章。成功营销社保服务中心专户，标志着垦利支行获“三户一卡”社保合作全部资格。出台《领导干部挂包账户营销考核办法》，推动开展法人账户集中营销活动。2016年，新开立对公账户270户，完成计划的108%。其中，新增基本账户103户，增量居全市农行第二位。二是扩大零售客户群体。全年开展“大堂营销竞赛”“六走进”等专项营销活动，全年累计开展“六走进”营销活动71次，新拓展代发工资单位18户、月代发金额696万元。

【网点经营转型】 把深化网点转型当作重点工作来抓，全面启动并完成深化网点转型试点任务，全行在网点管理、服务能力、渠道建设、客户体验、员工考核等方面显著提升。2016年，全市深化网点转型现场会议在垦利支行召开，推广相关经验和做法。在省农行深化网点转型考核验收中，得分居全市第一位。发展线上金融业务，通过开展大堂营销竞赛、“六走进”营销活动，做好掌上银行、网银等线上产品的体验式营销，成功上线幼儿园微信缴费业务。年末快e付（K码支付）客户净增3627户，网络金融分流率93.71%。

【新产品推广】 发展国际金融

健步行

做宣传

业务，在全省农行系统率先开办韩国跨境直贷业务，为东辰集团办理跨境直贷业务5000万元，打通境内企业直接海外融资渠道。全年累计实现国际结算量32306万美元，实现结售汇量17863万美元。发展创新型融资业务，万达集团80亿元、石化集团20亿元超短融业务获总行批复，取得东辰集团12亿元、万达集团50亿元公司债托管资格。强化与政府的合作，成功营销“大班额”政府购买服务和垦利西郊医院PPP项目，为信贷结构调整奠定基础。发展个贷业务。采取“一个中心+多个网点”的运作模式，实行个贷业务集中经营，减轻网点负担，提高办贷效率。个人贷款余额10.21亿元，较年初增加0.75亿元，余额居当地四大行首位。其中，个人住房贷款8.1亿元，较年初增长3100万元，增量居全市第一位。

【风险处置和管控】 一是开展不良资产“控新降旧”活动，集中两个季度时间进行集中攻坚，采取自主清收、责任清收和依法清收相结合的方式，加强与区法院等部门的沟通和协调，保持不良贷款清收的高压态势。出台《不良贷款清收考核办法》，实施新旧划段，对新形成的不良贷款加大追责力度，落实奖罚措施。联合法院开展集中执行活动，完善贷后管理例会制度，实现不良贷款余额和占比“双下降”。二是以“四抓”为切入点，严防运营操作风险和员工行为风险。抓员工教育，每月召开员工大会，通报风险案例和风险提示；组织员工到市廉政教育中心接受警示教育，以身边的人、身边的事进行警示教育。抓员工培训，让员工明白“为什么”和“怎么做”。不定期通过考试、电话抽查、现场提问，落实学习贯彻情况。抓监管检查，加大突击检查频次，重点检查高风险环节；开展员工行为排查活动，及时掌控员工思想动态，对员工异常行为及时进行管理。抓奖惩，对先进典型进行奖励，对屡查屡犯的违规行为加大处罚力度，形成公开透明的奖罚机制，营造全行合规守纪的氛围。2016年被省行评为“运营基础管理良好单位”，获总行“‘三化三达标’先进支行”称号。

（万新国）

中国农业发展银行东营市垦利区支行

【概况】 中国农业发展银行东营市垦利区支行成立于1996年11月30日，位于育才路186号，作为区域内唯一一家农业政策性银行，坚持执行政府意志、服务“三农”需求，围绕垦利地方经济发展规划，支持地方重点项目建设，服务区域粮食安全、服务农业现代化、服务区域发展战略，发挥农业政策性银行职能作用。2016年，贷款余额11.52亿元，净增4.34亿元。存款余额7.44亿元，全年实现账面利润1341万元。

【业务发展】 2016年度支行总计投放各类贷款7.66亿元，比上年多投放4.03亿元。一是支持地方重点项目建设，年末项目贷款余额总计10亿元。近年支持地方重点项目建设，累计支持项目6个，审批贷款金额达24.7亿元，累计投放贷款14.7亿元。其中支持新农村建设类项目3个，贷款额达7亿元，支持复垦土地79.02公顷，安置永安镇、董集杨庙及

办公大楼

胜坨镇尚庄村、孙家村居民达3290户，涉及人口达万余人。垦利区三年增绿计划相关工程、垦利区溢洪河和永丰河综合治理项目、垦利区城乡水环境综合治理项目3个项目，涉及金额17.7亿元，在实施中。二是粮油储备及挂账类贷款，金额总计3903.7万元，分别为区粮食储备库承贷县级储备粮贷款1443.51万元、万得福承贷的市级储备油贷款1872.4万元、垦利区粮食局粮食政策性财务挂账587.79万元。三是支持区域民营企业两家，贷款金额总计1.13亿元，分别为万得福6800万元、宏远纺织4500万元。

【内部管理】 一是进行客户风险排查。结合总行贷后管理年专项检查方案，对客户进行自查，并迎接上级行组织的风险排查。二是定期核查政策性粮油贷款，确保企业库贷相符。落实政策性粮油贷款的定期查库等基本制度，全年自查和陪同上级行、市粮食局等检查8次，储备贷款库贷相符，资料完善、合规。三是坚持实地检查制度。每月行领导、客户主管、客户经理均到自营性客户和相关的担保单位实地查看生产经营状况，了解掌握企业有关情况。四是有效开展基层党组织建设。抓“三会一课”及中心理论组学习等基本制度的落实，做到党建学习和业务学习融会贯通，开展党课教育，通过学习使每个党员进一步巩固理想信念和纪律意识。五是抓好党风廉政建设工作。组织签订党支部责任书、纪检小组责任书、党风廉政建设责任书、银企廉政共建协议书，推动县行党建活动带头引领作用和纪检组长的监督检查责任。

（田 祥）

中国建设银行股份有限公司垦利支行

【存款】 至2016年年底，一般性存款余额47.4031亿元，新增3.3102亿元；对公存款余额34.2001亿元，新增3.1637亿元；个人存款余额13.2030亿元，新增0.1465亿元。

【综合融资】 至2016年底，综合融资余额达114.81亿元，比年初新增15.70亿元。其中表内贷款余额45.71亿元，比年初新增-5.61亿元；表外业务余额21.60亿元，比年初新增-1.69亿元；理财产品、债券承销等投行业务余额47.50亿元，比年初新增23亿元；个人贷款余额35658万元，新增9083万元。不良贷款额36万元，不良贷款率0.007%，其中对公不良贷款率为零。

【中间业务及利润】 全年累计发行理财产品6.5亿元、债券承销31亿元，实现投行中收2375万元。分期业务快速发展，实现分期交易额4000余万元，其中装修、汽车等专项分期2600万元，增长2000多万元，网均交易额系统内第一。通过创新驱动，办理全省建行首笔对公客户对外担保咨询服务业务、首笔原油商品套期保值业务、首笔卖出美元看跌期权业务、首笔国内信用证福费廷自营业务、首笔创新产品“销货通”业务，全市建行首笔原油进口信用证项下信托收据贷款业务、全市首笔超短期融资券承销业务等，通过创新产品应用不断提升客户体验的同时，开拓支行中间业务收入的增收渠道，全年实现中间业务收入9086万元；实现拨备前账面利润约2.4亿元。

【基础管理】 一是抓制度执行，对有章不循、违章操作问题坚持追究到底，落实案防联席会议和风险分析例会制度，深化“领导负责、条线履责、网点尽责、人人有责”的案防责任体系，引导员工自觉遵守职业操守，主动规范职业行为，增强合规意识；二是落实员工家访、谈心谈话、员工行为排查和群防责任制度，加强员工从业行为管理；三是开展员工行为排查，重点排查高息融资、民间借贷、违规代客交易保管物品等异常行为，有效防范和化解案件风险。2016年无案件发生，资产质量始终保持在系统内前列，被评为分行“内控合规标兵团队”，并被推荐为2016年度省行级“合规单位”。

（邵　衍）

中国银行股份有限公司垦利区支行

【概况】 2016年，支行在中国银行东营分行综合绩效考核中列第1名。支行连续六年被当地人民银行评为A级单位，先后获“中国银行业文明规范服务千佳示范单位”、东营银行业协会“规范经营行为，提升服务水平”示范单位、山东省财贸金融工会“工人先锋号”、山东省精神文明建设委员会“省级文明单位”、省行“巾帼文明示范岗”、中国银行“第四届模范职工之家”、2016年百日大会战“战斗堡垒”、全区经济社会发展杰出贡献企业及省行、市行“先进基层党组织”等称号。

【存款业务】 利用本行产品和金融资源优势，在为客户节约财务成本、增加收益的同时提升存款水平，实现银企共赢。加强公私联动，为新发药业有限公司、东营市万兴恒业工贸有限公司共叙做“分期惠商通”产品400万元，沉淀存款共计400万元，不仅实现银行卡业务突破，而且提升了本行存款；为东营齐润化工有限公司办理全额美元质押押汇业务，并为客户申请美元存款利率优惠，给客户带来15BP的业务收益的同时实现外币存款沉淀1836万美元；推动成熟项目，为万达集团股份有限公司、山东胜通集团股份有限公司发行短期融资券9亿元，沉淀时点存款9亿元，巩固债券承销区域首选银行地位；发挥传统产品优势，为山东垦利石化集团有限公司、山东胜通化工有限公司叙做全额银行承兑汇票5.8亿元，实现保证金存款5.8亿元。

2016年年末，本行人民币各项存款余额36.66亿元，外币存款余额9386.75万美元，本外币折人民币存款共计43.18亿元，较年初新增3.04亿元，四大行占比20.78%。其中：公司存款余额29.01亿元，跑赢大市，市场份额持续提升；储蓄存款余额10.57亿元。本行人民币日均存款40.25亿元。本行外币存款余额4420.81万美元，较年初新增1305.33万美元，其中：公司外币存款余额3711.42万美元，较年初新增1136.80万美元；外币储蓄存款余额707.77万美元，较年初新增168.54万美元。外币日均存款余额3745万美元，较年初新增473万美元。

【信贷业务】 在把控好风险的前提下，贯彻创新发展，转型发展，打造贸易金融引领下的公司业务新模式，拓展直融、代发薪、养老金等业务，发展轻经济

“深化两学一做 争创中银先锋”主题党日活动

资本占用业务，优化信贷结构，扩大产业转型升级、节能减排、战略性新兴产业等优势行业和客户的授信占比，表内外授信结构合理。表外敞口授信余额16.6亿元，发行短期融资券9亿元，累计叙做贴现业务7.1亿元，国际结算量19.47亿美元，东营中行名列第一，跨境结算量31821万元，较上年显著增长。加大对一手房贷款的投放支持力度，深挖存量楼盘，推进与二手房中介的合作，加大对符合条件的个人经营贷款的支持力度。2016年全年累计投放住房贷款439笔，投放金额15012万元，其中投放一手住房贷款390笔，投放金额13377万元，一手房投放金额占2016年个人贷款总投放额的68%，零售贷款新增额列全辖第一位。

2016年末，本行人民币各项贷款余额72.66亿元，较年初新增7.66亿元。其中，公司贷款余额64.34亿元，较年初新增6.96亿元；零售贷款余额8.32亿元，较年初新增0.7亿元。外币贷款余额5817.24万美元，较年初增加682.22万美元。本外币贷款折人民币合计76.70亿元，较年初新增8.37亿元，四大行占比30.49%，新增额和余额在垦利银行机构排名第一。

【经营效益】 实现净利息收入2.47亿元，非利息收入0.6亿元，拨备前利润28232万元，较上年年同期多增723万元，增幅3%，税后利润20935万元，较上年同期多增2039万元，增幅11%，实现人均税后利润348.92万元。

【客户维护和延揽】 通过举办中高端客户观影以及联谊会等活动，拉近与客户之间的距离，用养老宝、理财等高收益产品留住客户，提高客户在本行产品持有数和使用率，增强客户对本行的满意度和忠诚度，巩固存量客户存款的稳定性。同时，紧盯他行优质客户。借助本行中银步步高、大额定期存单、优惠利率等产品的明显优势，以资金使用既灵活、收益较高又安全为卖点，开展金融知识进社区、进企业、进商场等活动，主动出击，走出去营销，挖掘新的优质客户，抢夺同业理财客户市场，带动本行储蓄存款的稳定增长。2016年末，支行对私客户金融资产余额达8408万元，计划完成率374.51%，列全辖第一位。

防范和打击非法集资宣传活动

【授信资产质量】 立足实际，正视困难，加大资源倾斜，综合运用催收、外包催收、法律诉讼、核销处置等手段，资产质量得到有效控制。百日会战期间，支行克服已核呆账回收周期长、程序复杂、见效缓慢的多重困难，行领导跟上靠上，分析已核资产结构，与法院执行局、技术室进行沟通，确定重点目标，加快评估、拍卖、回款进度，与拍卖公司联系，确保拍卖成功并及时支付尾款。于2016年最后一个工作日完成35.42万元的已核销呆账现金清收，计划完成率201.34%，列全辖第一位。

2016年年末，支行公司授信资产一直保持零不良；个人不良贷款余额181.33万元，较年初增长11.33万元，不良率0.23 %，较年初下降0.01%；银行卡不良余额74.92万元，较年初下降127.43万元，不良率1.46%，较年初下降2%，银行卡资产质量方面，不良额、不良率、关注额、关注率较年初实现“四降”。

【服务管理】 为提升服务效率、服务质量和客户体验，为客户创造价值，秉承“以客户为中心”的服务理念，按照省行、市行关于对优质高效服务工作的各项要求，以“抓规范、树形象、创特色”为发展目标。一是明确提升目标，加强组织领导；二是宣传发动，开展学习教育；三是精细服务管理，加强窗口建设；四是组织服务竞赛，树立先进典型；五是注重创新举措，突出服务特色；六是加强考核督导，严肃责任追究。

【内控建设】 一是落实案防工作责任制，以总行、省行、监管部门通报的案例为反面教材，开展规章制度教育和警示教育活动，加强员工思想政治教育、职业道德教育、依法合规教育，健全案防体系，推进合规经营文化的建设。二是落实管理自查自纠工作。支行贯彻落实监管部门及省行、市行要求，有效组织、提高标准、强化问责，抓好“两个加强、两个遏制”回头看工作。

（张 佳）

中国邮政储蓄银行股份有限公司东营市垦利区支行

【概况】 中国邮政储蓄银行东营市垦利区支行于2008年2月27日正式挂牌成立，多次被评为市级、区级“文明单位”及“金融工作先进单位”等。

【经营管理】 **存款** 至12月底，邮储银行储蓄余额为11.05亿元，储蓄余额本年净增5177.59万元，日均余额净增2952.78万元。公司业务余额9.18亿元，本年净增2.66亿元，本年日均余额6.71亿元，年日均净增1.34亿元。票据业务本年累计贴现20.83亿元，本年累计实现贴现收入265.94万元，福费廷本年累计实现收入518.02万元。

贷款 至12月底，各类贷款结余6.95亿元，各项贷款净增1.26亿元。

中间业务 至12月底，本年实现信用卡发卡1241张；本年理财产品结余12727.72万元，本年净增3665.02万元；本年保险销售2519.8万元。

经营效益 2016年，全行累计实现收入4330万元，较上年同期增长447万元；累计实现利润2340万元，较上年同期增长269万元。

【风险管控】 强化内控管理，加强风险防范培训，定期召开案件防控会，变被动防控为主动出击，将工作重点由事后处置向事前预防前移，从执行各项规章制度的细节入手，对全行经营管理中存在的薄弱环节进行整改，从源头上控制风险。区行与部室、支行层层签订安全生产责任书和案件防控责任书，加大案件检查力度，遏制违法违纪案件发生，及时上报发案及查处情况。严格执行重大事项报告制度，风险预警机制和制定应急防范措施，对风险进行及时有效处置。

【服务区域经济】 （一）做好县域人社、财政、妇联和组织部新型农民学校等部门和担保公司的对接工作，强化重点市场、重点区域的营销与宣传，做好再就业贴息贷款扩容上量工作。至12月底，小额贷款结余1.2亿元。推进新型农业主体（专业大户）贷款行业开发，按照市行下发的肉牛、生猪及家庭农场名单，在前期调研对接畜牧局、农业局、渔业局、行业协会、普惠担保公司等基础上，做好深度营销工作，本年累计发放小额新产品贷款733万元，净增45万元。加大老客户的维护力度。加强与老客户以及村委村干部的沟通，通过以老带新、上门宣传等形式扩展业务，对还款良好且具备用款需求的老客户回访及介绍新客户的方式拓展业务。（二）开展宣传活动，加强普及金融知识。将“送金融知识下乡”工作持续开展，进村入户向农户介绍宣传反假币知识，在当前利率下调的形势下如何规划好自己的存款，进而向村民介绍国债和理财产品，向村民讲解存款保险制度，开展非法集资宣传，发挥银行在资金、网络、服务、产品等方面的优势，向村民普及金融知识，累计开展“送金融知识下乡”活动12场，发放金融知识和农村青年创业小额贷款资料6000余份。（三）创新金融产品，扶持区域中小企业转型和农民创业。助力农村青年、基层团干部创业，助推中小企业成功转型。一是小企业信贷业务做民生。加快储备业务的处理速度。2017年1月完成惠能热电3000万元放款和芯能燃气2000万元的业务上报；以“政府供应贷”为抓手，做好区城投公司下属子公司的营销工作；以公司信贷客户为基础，做好其子公司、上下游客户的营销开发工作；提前做好污水处理企业、供水公司、民营加油站、供电企业的预热式营销工作。二是商务贷款业务做特色。在维护好准入3家经销商的基础上，完成丰驰汽贸、昊昌汽贸的新增经销商准入工作，实现经营车业务的正常上量；通过以老带新、政府供应商平台开发等措施，加快传统抵押类商务贷款发展速度；针对辖内油品运输行业，加快产品创新进程，开拓以挂靠公司和自然人保证为主的担保方式创新。三是小额业务做平台。持续维护好再就业人社局、劳保所平台，实现再就业业务的正常上量；重点突破家庭农场贷款和传统小额贷款，进行有效营销开发；加大客户经理自主营销组织力度，对于不符合贴息政策的意向客户，引导客户使用我行传统小额贷款业务。四是消费信贷业务。做好全区21家房产中介的维护工作，定期组织业务交流座谈会，及时解决业务处理中的问题，提升合作黏度和忠诚度；在做好已准入14家楼盘维护工作的基础上，加快完成众城石大胜华楼盘、胜北佳苑、城投公司等楼盘的准入工作；结合信用卡团办，加快辖内优质企事业单位员工的开发力度，加强本行额度类消费贷款的发展。

（魏凤楠）

山东垦利农村商业银行股份有限公司

【概况】 垦利农村商业银行位于垦利区中兴路187号，下设职能部室13个，营业网点34家，其中营业部1个、支行18个、分理处15个。营业网点遍布城区、油区和镇街，其中城区网点9个、油区网点7个、镇街网点18个，为驻地客户提供存贷款、国内结算、票据承兑与贴现、代理收付款项及代理保险业务、银行卡业务等多项金融服务。全年缴纳税金4130万元，在全区企业纳税排名第10位，全区16家银行纳税排名第1位。2016年被县委、县政府表彰为“支持地方经济功勋企业”，获“市级文明单位”“省级文明单位”称号，在2016年银监会监管评级考核中评定为二级，2016年度全省农村商业银行各项经营指标综合考核中，综合实力排名第14位，获评A级；经营发展综合评价名列第19位，两项指标均名列全市农商银行之首，业务发展迈入全省农商银行“第一梯队”。

【经营管理】 *存款* 至12月末，各项存款余额65.83亿元，较年初增加3.03亿元；日均存款余额65.72亿元，较年初增加4.38亿元。

信贷 至12月末，各项贷款余额51.90亿元，较年初增加5.05亿元。其中，涉农贷款余额47.97亿元，较年初增长4.67亿元。

中间业务 至12月末，共新增手机银行7358户，办理手机银行业务22.71万笔，金额23.84亿元，新增网银3452户，办理网银业务39.39万笔，金额484.3亿元。

改善经营效益 至12月末，全行资产总额80.73亿元，资本充足率15.32%；拨备覆盖率

为垦利职业中专师生办理校园一卡通

488.66%；向地方缴纳税金4129万元，在全区企业纳税排名第10位，全区16家银行纳税排名第1位。

【服务县域经济】 （一）加大信贷投放，支持区域经济发展。支持“三农”发展，开办高效生态农业、“农”字号企业产业链、农民集中居住、城中村改造等贷款业务，支持新农村建设。发挥一级法人机构优势，争取上级支持，加大资金投放力度，全力支持中小企业发展；推进信用工程，助力全区信用体系建设。结合“信用垦利”建设，开展以评定文明信用户、创建文明信用镇街等为主要内容的文明信用工程建设，开展“走村、入户、进社区、进市场、进企业”活动，以“一十百千万工程”为载体，逐户建立信用档案，推进阳光办贷，为诚信居民设立贷款“绿色通道”，引导诚实守信的社会风气；履行社会责任，不断提高金融服务水平。主动参与项目建设，加大对重点领域、重点项目的支持力度，切实履行社会责任，支持全区经济发展。（二）坚持“支农支小支散”，建立富有地域特色的信贷产品体系。从市场竞争出发，完善和创新信贷产品。梳理信贷产品，依托“惠农兴商”系列信贷产品，创新推出“汽车消费贷款”“信保农村产权贷款”信贷品种，详细记录35类信贷产品的特点、用途、适用范围、期限、额度，满足不同客户的信贷需求；从市场定位出发，加大产品宣传力度。在集市、大型商场、专业市场等人流集中地举办大型宣传活动，宣传信贷产品，了解信贷需求；借助“一十百千万工程”走访，印制宣传海报、单页，引导客户经理、大堂经理等一线员工走访营销周边村庄、社区，在营业网点、居民区、集贸市场等地分发宣传单页；在“垦利农商银行”微信公众平台采用微信微场景方式宣传35类信贷品种，场景画面布置喜庆、简洁，信息推出当日，有209名客户咨询信贷产品，325名客户办理微信申贷；从品牌服务出发，提高市场竞争力。梳理贷款流程，公开信贷流程和服务网点图，各网点印刷标明客户经理姓名、联系方式、服务范围等的联系卡，以

发放首批“工会会员服务卡”

引进流动汽车银行

优质高效的服务打通阳光信贷惠农"最后一公里"。推进客户经理等级管理制度，将"规范化服务""阳光信贷"作为考核客户经理的一项重要指标，从服务内涵、语言、质量和效率等方面打造优秀客户经理队伍，提高农商银行服务形象。（三）推进社区金融建设，发展普惠金融。布设社区银行。围绕城乡社区、商圈等建设，通过迁址、新建、装修等方式，对营业网点布局进行优化调整。在城市居民集中的精品社区、农民上楼的回迁社区等区域，增设小型化、自助化、便民化的社区银行网点，惠丰社区分理处、建林社区分理处、胜北社区分理处、西郊支行4处网点正式开业，为辖区居民提供全方位的金融服务；开业两处金融便利店。在民丰市场、开发区分别增设小区金融便利店，内设自动取款机、存取款一体机、自助终端、网银体验机，其中壁挂式网银体验机可实现24小时自助服务；引进流动汽车银行，贴心服务便民利民。为创新服务方式，与银监局沟通协调，获准引进全市第一辆流动银行车。配齐供电系统、业务系统、自动柜员系统、通信系统、无线网络系统、多场景摄录监控系统等，由两名综合柜员在流动汽车银行上负责业务办理，实现与物理网点同样的功能。在流动汽车银行上布放存取款一体机和网银体验机，在集市、县域大型活动等场合做好宣传，实现业务现场办理，为客户提供便捷高效的服务；加大ATM、农金通等各类电子机具的安装布放力度，全年增设农金通15处，总数达49台，增设自助设备13台，总量达101台，引进机器人大堂经理1台，自助金融服务能力显著提高。加大科技投入，网银体验机达54台，手机银行体验机16台，自助填单机2台。

（崔静静）

东营银行垦利支行

【概况】 东营银行垦利支行前身是东营市商业银行垦利支行，于2008年7月挂牌成立，2012年3月12日正式更名东营银行垦利支行，位于垦利县新兴路51号信誉楼西侧，现下辖二级支行两家，全行有员工35人。

【信贷业务】 加大对当地优质小微企业的支持力度，根据企业的实际情况，以及企业特点，在信贷产品上适当调整贷款期限，对于发展前景良好的优质企业，拉长贷款期限，解决企业短贷长用、周转频繁的问题。在企业的规模投放上，从企业规模角度，降低贷款集中度，控制大型企业信贷规模的增长，将资源倾向优质中小微企业。从行业角度上，响应国家政策，从紧控制产能过剩行业以及非优势传统产业等领域的信贷投放，增加对新型战略产业以及国家重点扶持行业的支持力度，稳定第一产业，压缩第二产业及批发零售业，重点发展其他第三产业和弱周期行业。

【结算业务】 把提供文明优质服务工作作为常年重点工作抓，通过学习和培训，提升服务水平和质量，在为客户提供优质服务的同时，减少企业的财务支出，免收企业网银开户费、网银汇款手续费、企业网银年费等多项费用，为企业的节约财务成本。

【国际业务】 重视对企业国际业务的需求，可办理外汇存款、外汇贷款、国际结算、国际贸易融资四个大类。作为一级法人，在国际业务结算时拥有决策迅速，经营灵活；可直接与国外银行建立代理行关系；可直接选择并建立境外账户行，资金划拨迅速，收付汇快捷方便；单据传递环节少，由支行直接与境外银行进行单据传递，减少单据在途时间等多项优势。

【企业文化】 加强领导班子和员工团队建设，将垦利支行打造成为一支优秀团队。先后获县委、县政府颁发的金融工作先进单位、三八红旗集体，以及总行颁发的结算管理最佳进步团队、优秀团队、结算管理一级单位等称号。

垦利乐安村镇银行股份有限公司

【概况】 垦利乐安村镇银行股份有限公司于2011年8月31日正式开业，是山东省农信系统在省内发起设立的首家村镇银行，位于垦利区景苑路10号，注册资本10000万元，全行员工74人，先后被评为区级“青年文明号”“金融工作先进单位”“全区经济社会发展突出贡献企业”，东营市“五四红旗团支部”“统计工作优良单位”“全市银行业2016年度文明规范服务先进单位”、山东省“五四红旗团支部”等称号。

【存贷款】 至2016年末，全行各项存款余额56671.31万元，较年初增加10514.1万元，增幅22.78%；各项贷款余额72243.5万元，较年初增加16321万元，增幅29.19%。

【服务区域经济】 立足区域经济发展状况，拓展业务领域，加大对“三农”、小微企业和区域经济的支持力度，2016年度，累计发放贷款17.05亿，其中涉农贷款累计发放15.15亿。在“支农支小”过程中，对接各“农、小”的生产经营活动，并为其量身打造专属信贷产品。一是惠农扶助贷款“助宝贷”支持区域农业发展，做好对农民发展农业项目信贷资金的扶持工作，至2016年末，该行累计发放“助宝贷”贷款10笔295万元，一定程度上缓解了农民专业合作社、家庭农场及其成员资金困难；二是“小微企业续贷转贷过桥资金”支持区域企业发展，帮助减轻小微企业融资压力，解决转贷难题，至2016年末，发放续贷转贷过桥资金20720万元，累计为15家小微企业循环发放58笔贷款，缓解了小微企业过桥难、过桥成本高的问题；三是“富民生产贷”精准对接脱贫攻坚工作，2016年10月31日为董集镇梦源家庭农场发放全区的第一笔“富民生产贷”；四是“创业贷”解决村民创业资金难题，帮助有创业能力但创业资金不足的农户；2016年，累计发放“创业贷”3笔，发放金额79万元；五是推出“小额学员贷”解决学习驾照一次性缴费的资金问题，减轻学员在学习过程中的费用压力。至2016年年末，发放“小额学员贷”544笔，累计发放额544万元。

【业务拓展】 一是根据区域内小微企业实际经营情况，做好周边汽配城、农产品等专业市场的走访及新户拓展；二是推广个人小额贷款，网上银行、手机银行、POS机、“扫码支付”等金融产品，开展送金融知识下乡、金融知识进万家、防范非法集资宣传等活动；三是开发“量体裁衣”式的金融产品，创新贷款品种，提高服务质量，支持辖区内小微企业、家庭农场和农户；优化贷款流程，上门签订借款合同，在风险可控、合规操作的前提下，缩短审批流程，对符合条件的个人贷款在2至3天完成放款，对符合条件的企业贷款在3至5天完成放款；四是各营业网点打造特色支农服务品牌，发展普惠金融，加强基层服务网络建设，以金融电子机具为主要手段，重点推动基础金融服务向行政村的延伸。

（刘艳萍）

上海浦东发展银行垦利支行

【概况】 上海浦东发展银行东营垦利支行自2012年12月正式开始对外营业。在2014年被评为省级“青年文明号”。

【优质服务】 柜员在服务的过程中，坚持使用柜员“七步曲”，坚持使用文明用语，做好“迅速、准确、安全、方便”服务方针，强化“三声服务”、首问责任制，站立服务，做到“来由迎声，问有答声，走有送声”，并在受理业务当中做到微笑服务，真正把客户的需要看成自己的需要，坚持服务与业务领先。

2016年，组织员工学习本行服务的理念，对员工的服务形象、服务水平等提出更高的要求，并组织了一系列的评比活动。（一）学习和技能训练。组织员工学习各项行规行约、职业操守和业务知识，训练操作技能，强化业务素质教育和服务能力培养。（二）服务践行。采取措施，改进对外服务。完善服务工作机制，梳理和简化业务操作流程，提升柜面服务质量、大堂服务流程、效率和网点整体服务水平。解决当前银行业服务工作中的矛盾，提高客户满意度和社会的认知度，改善服务形象。

（浦发银行垦利支行）

中国民生银行东营垦利支行

【概况】 中国民生银行成立于1996年，是全国首家主要由非公有制企业入股的全国性股份制商业银行。中国民生银行东营垦利支行于2013年3月28日成立。

【经营情况】 2016年，以济南分行“春耕2016”活动为契机，创新工作模式，求发展、谋效益，推动业务创新，保持了支行的稳定发展。至2016年12月末，本行的存款余额为11.45亿元，其中储蓄存款为3.02亿元；各项贷款余额为8.48亿元，其中，个贷、商贷通等小微贷款余额为1.33亿元；表外及其他融资项目中银承余额为7.92亿元，新开立对公账户40户。

【拓宽融资渠道】 2016年，以当地区域特色经济为基础，拓宽融资渠道，探索融资新模式。通过“售后回租”项目，在垦利石化原有融资租赁5亿元的基础上，新增专项融资2亿元；办理买方保理业务三笔，总金额1.65亿元；办理国内信用证业务三笔，总金额3.58亿元。

【支持企业】 2016年，在保持原有授信额度的基础上，新增准入项目四笔，授信总金额4.4亿元，分别为垦利城市投资有限公司新增授信2亿元、石大胜华新增授信2亿元、大生新材料新增授信1000万元、东营市西郊铁路货场有限责任公司新增授信3000万元。推动垦利城市投资有限公司和垦利石化发债业务，预计发放总规模20亿元。

【个人消费贷款】 2016年，本行个人消费贷款业务主要客户群体为事业机关单位、医疗卫生教育及大型企业的在职职工等。个人消费贷款具有客户群体广泛、利率低、灵活方便等特点，符合部分职工的消费需求。个人消费贷款的预计投放总金额为3000万元，可有效缓解垦利县域内部分企事业单位职工的融资需求。

【“薪悦生活”项目】 “薪悦生活”项目是济南分行根据山东当地实际，为集团客户量身打造的一款集消费贷款、信用卡、专属理财、贵宾服务、费用缴纳等多项服务于一身的特色金融服务项目，可以让客户足不出户就可轻松打理个人资金，是本行主推的项目。与石大胜华、新发药业、宏远纺织3家企业展开合作，办卡300余张，预计将新增客户1000余人。

【支付业务】 一是通过定期开展普惠金融活动，加大对本行业务的宣传，满足客户对支付业务的需求和熟悉度；二是通过设立自助网点和减免跨行取款、专款费用，拓宽客户的支付通道；三是通过网上银行、手机银行、电话银行、微信银行等电子银行产品，构建金融服务平台；四是推动二维码收银台的推广工作。面对2016年POS机费率的调整，广大个体商户经营成本增加这一现状，推出二维码收银台业务，该业务具有简单、快捷、费率低等特点，可有效缓解垦利个体经营户的经营成本。

【风险防控】 通过在行内开展合规经营教育和实行客户经理周一例会制度，提高员工对合规经营的重视程度，增强风险意识，严防道德风险。为确保资产质量，加强贷后管理，利用两周的时间，到生产一线，对行内所有小微客户进行一次梳理排查，走访客户70余家。在摸排中，对发现有经营困难，有潜在不良隐患的客户，采取有效措施，早行动、早部署、早化解，提前与其担保企业沟通，商讨应对措施，确定处理方法，有效的防范潜在的风险。

【担保机制】 在联保方式风险频发的情况下，先一步推出并完善互助基金担保方式，改变联保代偿机制的不足、规避小微企业连锁倒闭的局面。本行针对企业出现的融资难、还款难的情况采取措施，应对风险的发生。对正常运营且资金较为充足的企业，在企业贷款到期前，提前办理续授信业务，使授信具有连续性，不存在时间上的间断，保障企业资金流，解决企业资金紧张造成临时性的还款困难。融资方式多样化，除流动资金贷款外，还有贸易融资、商票贴现、信用证、保函等融资方式，防止在流动资金贷款额度紧张的情况下，影响企业续贷。截至年底，本行的贷款不良率保持为零。

【安全防控】 将安全防控工作作为重中之重，坚持对安全防控的投入不减少，不断巩固物防，提高技防，落实人防，建立起相对完备的安全保卫体系。在日常管理中，层层落实责任制，明确职责，确保各司其职；经常性和计划性开展安全防范培训教育和应急预案演练，提升员工的安防意识和水平。2016年，组织学习培训6次，应急预案演练2次，累计参加人数200余人次；以平安支行验收和安全评估工作为契机，查摆存在的问题和不足，完善安防体系。各项安保工作，确保支行自开业后未发生任何既遂盗、抢案件和治安灾害事故。

【开展公益活动】 2016年春节前夕，捐款8000余元，走访垦利县经信局的部分下岗职工和困难群众。2016年“六一儿童节”来临之际，举办“关爱明天、情系民生”捐资助学活动，捐款4000余元，资助垦利第一实验小学的8名困难学生。

（董滨德）

中信银行东营垦利支行

【概况】 2016年，垦利支行获总行级“青年文明号”，济南分行所辖二级分行中唯一的“三铁支行”称号，全市合规知识竞赛“一等奖”，东营分行党委“两学一做”知识竞赛“一等奖”，垦利县金融机构综合排名A类行，东营市无障碍环境建设工作“先进单位”。

【主要经营】 （一）负债类业务。2016年，垦利支行一般性存款余额36.43亿元，较年初新增1.45亿元。（二）资产类业务。2016年，垦利支行公司业务各项贷款余额27.77亿元，较年初减少0.61亿元。

【公司业务】 （一）挖掘大型客户。对辖内集团客户与战略客户居多，客户谈判地位高、回报较少的现状，有针对性的分类营销，从国际业务、投行业务、贴现业务等入手，主抓承兑汇票贴现、贴现回款、销售回款、中间业务收入等方面，对集团户时点及月末存款不放松，挖掘大型客户整体的潜力和收益渠道。（二）中型客户强化收益。有规模以上中型客户主要以石油化工及油品贸易为主，开展关系与业务齐头并进的营销方式，争取辖内客户在有限的批复额度内做到收益最大化，在贷款利率上浮、银承敞口管理费收取、票据业务贴现等环节逐户营销，提高企业网银结算量和销售回款力度。（三）新客户快推动。整体在把控好风险的前提下，加快垦利、利津、河口等地优质客户的开发，拓展一批优质的客户。在新客户营销上，贯彻“公私联动”、网银回款等业务模式，坚持将风险把控放在业务拓展的最前端。（四）多产品相结合。结合授信规模和客户需求，采取多产品相结合，将本行利益最大化。本行与国际业务部配合，采用上门服务，专题授课的方式，使本行成为一批潜力客户办理国际业务的首办行和主办行，通过采用美元贷款、欧元贷款、利率掉期、出口发票融资等业务，在营销中占据主导地位。

【零售业务】 （一）品牌宣传。为拓展客户渠道，形成活动常态化，每周必有活动。一是开展每月一次的中信红抽奖活动，抽奖活动有效提升客户到访率，增强产品营销机会；二是开展三期寻宝活动，通过寻宝活动有效拉升新开户数量和手机银行活跃数，针对到访领奖客户进行全员营销，提升产能。三是开展烘焙课堂和瑜伽课堂，通过这两项活动对金卡以上客户进行挖潜，实现客户以老带新，客户转介客户的形势带动业务发展；四是开展多期户外活动，培养理财经理与客户的感情，加强理财经理与客户的熟悉度和信任度。五是开展“520爱要大声说出来”定期存款活动。（二）优化人员配置，增强员工素质，提升网点营销能力。2016年零售条线人员配置到位，对产品进行333话术演练、学习电话邀约技巧。柜员的营销开口频度大幅增加，全员营销意识显著提升。采取PK赛形式鼓励全员营销。

【会计业务】（一）技能培训、以老带新。根据每人的水平进行专项培训，让老柜员指导新柜员，带动营业部整体的技能水平。通过会计业务知识培训，会计柜员的专业知识、操作技能、服务效率有提高。（二）反洗钱及反假币宣传。坚持反洗钱知识和现金知识培训，坚持反洗钱知识和人民币知识的宣传，利用营业网点的电子显示屏播放宣传标语、营业部场所内摆放宣传海报、柜台摆放反假货币宣传折页、营业网点人员讲解人民币的流通标准、假币的识别及收缴流程等渠道进行宣传。坚持人民币冠字号码的采集工作及人民币全额清分工作，通过宣传扩大反假知识宣传面。（三）推进柜面营销，提升服务质量。每日晨会组织员工进行情景演练，将培训内容落到实处。制定本行自己的服务明星评选办法和营销明星评选办法，将营销与服务量化的同时，提高员工主动性。

【风险防控】 建立与支行业务发展相适应的风险管理体系，全流程管理，有效的防范各类系统性风险的发生，2016年未发生重大操作风险、法律风险及其他风险。2016年，垦利支行各项工作合规操作，整体风险可控。2016年，未发生不良贷款，无风险暴露情况出现，零售、会计等条线未发生操作风险案件。

（殷明辉）

齐商银行股份有限公司东营垦利支行

【概况】 齐商银行股份有限公司东营垦利支行于2014年12月28日正式开业，是齐商银行在东营市设立的第二家支行，位于垦利县县中兴路199号，内设营业室、市场营销部、综合业务部三个职能部门，为客户提供多元化金融服务。在2015年度垦利县金融机构综合评价中，获评综合评价最高等级A等，2016年被总行、市行授予“文明规范服务示范单位”“先进集体”等称号。

【特色业务】 立足“中小企业主办行”的市场定位，以“服务中小”为己任，不断加大金融产品创新力度，强化培育金融服务特色，打造优质的小企业金融综合服务商品牌。齐商银行总行为小微企业量身定做“无形贷”“有形贷”“信用贷”“网络贷”四大系列五十余款金融产品，构建由专营机构、特色支行和专业支行编织的横向和纵向的综合服务平台，全方位服务一圈两链、一区两会的小微企业，让中小微企业在遇到困难时，在需要资金支持时，能够立刻触摸到齐商银行。

【内部管理】 坚持业务发展和内部管理并重的原则，做到内控先行，风险管理、问责机制同步进行。以“稳中求进”为总基调，以“防风险、提质量、促转型、抓创新、增效益”为总要求；加强党建和精神文明建设，尤其是积极配合党中央近期关于“三严三实”活动、及以“学党章党规，学系列讲话，做合格党员”为主要内容的“两学一做”学习教育活动的安排部署；针对2016年经济形势整体下滑、企业授信风险提升的情况，严把贷前审查，针对客户以及重大关联方的业务往来、财务状况等进行详细核实，加强担保审查，注重担保圈重大事项变动，注重排查集

黄河边义务清扫活动

反假货币、人人有责

团内关联担保等风险事项，加强贷后管理，监控信贷资金的流向、企业重大事项变动，预防不良授信发生。

【特色活动】 春节期间，联合区老干部局及老年大学的书法爱好者开展“写春联、送祝福”活动，为客户、周边商家等送去齐商银行的新春祝福；开展反假币宣传活动季，在区实验一小、支行附近商区等地，向群众宣传人民币反假知识，促进新版人民币在区域内的顺利发行和安全流通；“3·15国际消费者权益日”，组织开展金融消费者权益宣传系列宣传活动，向周边商户及消费者们普及消费者奉献责任教育；清明扫墓，支行员工到垦利区烈士陵园为革命先烈鲜花；11月，组织员工走进垦利信誉楼广场，参加区人行组织的开展防范电信网络诈骗宣传活动，为防范和打击电信网络诈骗，保障群众合法权益贡献力量。

【市场营销】 助力垦利经济发展，提升区域内龙头企业合作的授信种类和规模，加大对中小企业的扶持力度，并对多家微型企业进行考察合作，累计投放信贷额度10亿余元；响应区政府及人行等有关“金融助推脱贫”的号召，走进区域周边的民丰、渔洼等村居，开展“金融进农村”活动，为村民现场办理业务、讲解金融知识；为解决区域内企业员工出门难等问题，利用流动银行车、移动终端等设备，上门为“益生堂药店”等多家客户上门开卡服务；与市文化局签订“东营市文化畅享卡”印发合作协议，并于2016年9月发行文化畅享卡。

（高　菲）

青岛银行垦利支行

【概况】 青岛银行垦利支行成立于2014年11月，是青岛银行在东营地区成立的第一家县域支行。支行位于垦利区中兴路27号，内设营业部、公司银行部、零售银行部，员工33人。2016年垦利支行被总行授予“电子银行开拓创新奖”称号，被市行授予“先进集体”称号、“员工服务营销风采大赛”团队第一名。

【存款】 2016年，支行人民币各项存款余额116506万元，较年初净增22457万元，其中对公时点余额109014万元，储蓄时点余额7492万元。

【贷款】 2016年，支行贷款余额103147万元，其中公司贷款95732万元，个人贷款7415万元。

【中间业务】 2016年，实现中间业务收入1472万元。

【金融总资产】 2016年，零售金融总资产余额28321万元，较年初增长15370万元；理财余额20389万元。

【发展思路】 （一）立足区域，深耕细作。坚持支行对公业务扎实推进，保持支行业务持续健康发展，零售指标全面推进，实现公私联动，充分开发市场。（二）创新宣传，做大做强。支行形成营销宣传的常态化模式，结合线上微信公众平台，树立优质品牌形象，向公众传递企业文化，提升社会影响力。（三）特色服务，打造品牌。将温馨加放心的服务送至千家万户，擦亮青岛银行的地区品牌。

【内部管理】（一）风险管控谨慎。通过"一个加强，两个遏制"专项自查活动，逐户梳理存量客户的运营、融资变动情况，提前预警，防范风险，做到心中有数；提高对风险的敏感性，完成风险预警与后续跟踪处理。在支行内部推行模拟贷审会制度，对拟提报的授信项目，进行全面了解，充分讨论，争取有效研判、掌控风险，提高审批通过率；坚持运营条线"日培训、周测试、月总结"制度，系统性推进员工对制度规定和业务要求的学习，避免操作风险。（二）团队管理精细。通过分行荐书晨会演讲以及支行"以奋斗者为本""致加西亚的信"读后感等活动，培养员工的工作态度；通过"晨夕会计划总结""工作日志法"，引导员工从细节出发做好自我管理，培养自律、自省的工作习惯。制定员工考核办法，分岗位、分环节落实工作任务和职责，每季度进行测评打分，增强员工的紧迫感和尽职意识。

（方 向）

中国人民财产保险股份有限公司垦利支公司

【概况】2016年9月7日，垦利支公司较上年同期提前45天实现本年度签单保费、保费收入两项统计指标双双过亿。至10月31日，公司综合保费11591万元，与上年同期相比增长12.26%，代收及缴纳各项税金1594万元，实现利润2652万元，利润率25%，综合赔付率38%。其中车险8692万元，同比增长20.85%，车险市场份额37.63%，份额增量33.98%，财产险678万元，船货险133万元，责任险799万元，意外健康险129万元，比上年增长43.44%，农险1194万元。6月，垦利支公司党支部被山东省分公司党委办公室授予"三学"优秀组织奖和先进基层党组织。

【考核制度】面对同业公司车险业务的竞争，垦利支公司正确研判市场，分析行情，把费用用在刀刃上，行动谨慎推进：每月进行车险差异化费用配置，一车队一议、一批车一议、一月一核定手续费，推动车险业务发展；考核方面制定《2016年垦利支公司考核办法》，并对出单分中心、续保团队、车商团队等团队单独制定详细的考核制度，任务目标层层分解到位，对人员职能、业绩考核、薪酬奖励等工作进行明确，摸索出适用于垦利公司的管理激励办法。

【大客户服务机制】油品运输车辆是垦利支公司重要车险业务资源，公司建立大客户服务管理机制，在承保、理赔、售后、业务跟踪等多方面提供优质的服务，通过老客户介绍新客户，稳定续保、拓展新增。定期与大客户座谈沟通，帮助他们分析疑难案件，协助他们与交警队沟通、与对方谈判，解决交警、理赔过程中证明材料等问题，用服务换取客户信任、业务的发展。在上半年危化品油罐运输车的审核公示极其严格，新车迟迟未准予进入市场的情况下，一是统计垦利县内未与公司合作的运输公司，通过各种关系、各种渠道，争取运输公司的新增业务。二是组建"效益人"队伍公关，与本公司合作的危险品运输车队、物流中心突破60家。

【续保业务】利用有利政策、节日前夕等营销环境，发挥"一体两翼、五星布局"的网点优势，开展时点营销活动，将费用直达客户手中的同时，抢占先机，使公司车险业务发展提速。"快乐小年、轻松续保"活动当天签单180辆车，实收保费580144.9元，完成KPI非车险保费13300元。"3.15"消费者权益保护日公司开展让利客户回馈活动，当天签单392辆车，实收保费174.57万元，其中转保签单63辆车，转保保费收入25.64万元，破当日时点营销记录。

【团队建设】重点建设车险续保团队和车商专管专营团队：车险续保团队负责对次新车、外部数据、公司业务做续保跟进及竞回友情提示等，车商专管专营团队将辖区内4S店、修理厂、中介、担保公司业务集中负责，与原来的车险、非车险团队、营销团队、续保团队组成5支专业化团队。

在业务学习方面，一是定期将上级公司领导重要讲话精神、工作思路、业务发展思路等内容汇编整理为《PICC人保垦利支公司学习园地》，在职工大会上进行宣导学习；二是举行“五月业务大练兵”保险基础知识竞赛活动，提升员工的岗位能力和服务水平，进而带动公司整体服务水平的提升；三是组织员工参加车险销售人员个人软装备系统培训并参加技能大赛，增加销售队伍活力，提升销售人员能力，强化销售人员营销意识，养成“多说一句话、多售一张单”的销售习惯。

【打造五级机构】 公司确立“一体两翼、五星布局”发展思路，建立3个农村营销服务部和1个城区服务部，设立永安镇惠鲁、惠丰和董集镇杨庙3个社区门店。以政策性农险为依托，建设包含4个营销服务部、2个保险服务站、238个保险服务点的三农服务体系，实现区、镇、村都有公司的营业网点和工作人员（兼职协保员）。

永安、胜坨、西郊工业园作为发展中的三农营销服务部，保费收入均突破千万元。永安镇营销服务部至2016年11月11日，保费收入突破2000万元，完成全年保费计划1996万元；西郊工业园三农营销服务部至10月31日，保费收入2381.97万元；为加强城区居民服务和“二网建设”，将东安营业部迁到人口密集的垦利新区，于2016年2月重新激活，3月即实现保费收入361万元，至2016年10月底，实现保费收入978.93万元。

为激发垦利区域内农村市场活力，开拓农村市场，提高农村市场占有率，垦利支公司于年初组织所有协保员考取保险销售从业人员职业证、个人代理销售人员资格证。为增强农村协保员责任感，提高协保员的业务水平，进而提高普通散户的参保意识，公司多次召开协保员培训会议，成立以由经理为组长，车险部、非车险部、三农保险部及营销业务部负责人为讲师的宣讲团队伍，为协保员专门配备学习“黄书包”，将农村常见保险知识及一些险种的宣传彩页放进书包，做到向营销人员要业务、向农村市场要规模，最终提升公司市场份额，坚持打通费用直达的最后一公里，为打造真正意义上的五级机构奠定基础。

【协调政府部门】 按照“紧紧拉住政府的手，同心同德向前走”的工作要求，坚持把营销政府、争取地方政府支持作为一项关键举措，主动向政府领导及其职能部门汇报，将新“国十条”“属地纳税”作为突破口，借助与区委、区政府及各职能部门的关系，公司治安保险、安全生产责任险、校车责任险、特种设备责任保险等责任险维持垦利市场独家承保的局面。连续多年被区委、区政府授予“年度全县经济社会发展杰出贡献企业”“安全文明单位”“先进工作单位”。

（高英芳）

中国人寿保险股份有限公司垦利支公司

【业务指标】 2016年，垦利支公司保费合计1.28亿元，其中首年保费5884万元，比上年增长15%。短险794万元，比上年增长14.89%.公司有效创业人力750人左右。

【业务发展】 （一）2016年垦利公司提前制定开门红目标。开门红期完成1330万，创造垦利公司个险历史单月最好成绩，三个渠道均超额实现目标。（二）开展“喜从天降，五福临门”“决胜一季度，抢售国一号”“尊悦享客户回馈”“全城抢钻”等多种活动。（三）在人力发展方面，借助上级公司“创万人大业”的氛围，上半年采取常态增员，单独运作集中增员，三个渠道累计实现入司552人。

【三渠九部建设】 通过电视、网络等招聘及现有人员自愿报名的方式，通过竞聘确定拓展部经理。根据各渠道全年业务指标合理、细化、分解至各拓展部，制定各拓展部明确的发展指标。明确各拓展部的责、权、利，制定季度薪酬考核办法。

【新人育成部建设】 强化人力发展及新人育成岗的能力提升，明确两岗的职责，固化工作内容，量化工作标准，为队伍建设打好基础；明确人力发展周经营、月分析、季总结的工作内容，固化追踪、落实；常态增员体系得到强化和固化，创业梦想团把每周一次创说会和每日一个增员访逐步建立起来并形成规范，常态增员与集中增员相结合；1+10小组推动成果初显，永安、黄河口镇新增出勤人力均达10人以上；开通58同城和赶集网。

【内部管理】（一）固化周经营、月分析、季总结，有效、及时督导并解决发展中的问题，把握“前端”，争取主动，形成一套比较系统的获客、拓客、养客、粘客、促客的办法。（二）2016年个险渠道出台奖罚并重的基础管理办法。包含出勤、拜访、会议管理等方面的内容，以出席率、拜访量、客养、会销平台为重点，搭建短信、电话回访等支持平台。（三）细化管理岗位，管理不断下沉。个险渠道选取3位组训老师担任3个拓展部的平台经理，并制定单独考核办法。新设立短险管理岗和教育培训岗，强化人力发展岗和综合管理岗的岗位职责，细化考核目标，追踪达成的过程。定期召开岗位例会，推动组训队伍能力提升。

【运营管理】（一）加强客户服务工作，为销售一线提供支持。建立规范统一的行为标准，在日常的业务处理、客户服务工作中遵章办事，明确工作重点，细化责任到人，规范操作，高效服务。落实上级公司客户信息整理工作，完善1+N服务体系。推行E保账、云助理、国寿E家等线上服务支持平台。加强综合柜员工作，被市公司定为试点柜面，在正式推行中成为首批推行柜面。（二）加强理论学习，提升员工素质。通过扩大会议、内勤大会等形式宣讲党的路线、方针、政策，干部员工的理论素养和道德准则得到提升。（三）加强内控合规经营，提升风险防控水平。加强干部员工警示教育和依法合规知识学习。

（王　琳）

教育 科技 卫生

教育 体育

【概况】 至2016年年底，全区有各级各类学校23所，教职工2789人（不含教育局机关和离退休人员，其中农村教职工1232人，区直1557人），在岗专任教师2488人，在校学生29833人。其中，小学13所，专任教师940人，在校学生11750人；初中7所，专任教师885人，在校学生10782人；高中段学校2所，专任教师524人，在校学生7301人（其中，垦利一中在校学生3714人，专任教师332人；职业中专在校学生3587人，专任教师192人）。幼儿园40所，在园幼儿7091人，教职工745人（其中公办在岗192人）。

【教育投入】 2016年，教育投入6.10亿元。其中，国家财政性教育经费5.82亿元（其中，公共财政预算安排的教育经费5.78亿元，其他公共财政安排的教育经费98.8万元），政府性基金安排的教育经费419万元（其中，彩票公益金19万元），事业收入2764.1万元，社会捐赠25.9万元，其他教育经费23.9万元。2016年，全区22605名义务阶段学生享受城乡义务教育阶段中小学免除课本费、作业本费政策。

农村义务教育经费保障机制 2016年，区政府把中小学生均公用经费（初中910元/生/年，小学710元/生/年）和义务教育阶段中小学教师工资全额纳入区级财政年度预算，拨付义务教育阶段学生生均公用经费为1923万元，为全区义务教育阶段中小学教师发放工资24420.8万元。

教育惠民工程建设 2016年，垦利区将教育惠民工程列为头号为民办实事工程，总投资1.17亿元的5项重点工程实施，其中城区幼儿园维修改造、垦利一中楼顶防水、实验中学新建自行车车棚、第二实验中学校园文化建设、第一实验小学体育馆玻璃幕墙安全加固全部完成。

【信息化建设】 开展“一师一优课、一课一名师”活动，对垦利教育信息网进行改版，加强教育资源建设。利用信息技术有针对性地开展教师培训、应用能力竞赛，教学法推广、优秀应用案例评选，提升中小学教师的教育技术能力。开展“网络学习空间人人通”的规模化应用和创新应用，完善教育信息化公共服务平台建设。开通《垦利教育局》微信公众号，为传递教育资讯、服务广大师生和社会公众，搭建平台。重视网络与信息安全，健全教育信息安全管理制度。

【教育改革】 一是优化学校布局，规范行政许可事项。2016年，黄河口镇第一小学更名为黄河口镇小学，撤销黄河口镇第二小学，人员编制划入黄河口镇小学。组织梳理区教育局行政许可事项，编制行政许可运行流程图。二是推进教育改革试点工作。垦利区是省建立校长任期交流制度试点县区，自2014年起，垦利区开始探索县域内校长定期交流，制定《关于在全区中小学开展城乡结对共建活动的实施意见》，建立校长任期资格制度和校长后备人才制度，出台校长任期交流工作方案，先后有4名校长到农村中小学任职、4名农村中小学校长到城区学校任职。城乡教师交流力度逐步加大，77名骨干教师进行城乡交流，组织区级以上名师、学科带头人、教学能手、教坛新秀开展送教下乡活动500多人次。三是落实“区管校聘”改革。加大教师招聘工作力度，2016年新招聘事业编教师48人，合同制教师48人，全部充实到教学一线。新招聘教师全部与学校签订聘用合同，明确最低服务年限，稳定农村教师队伍。对中小学岗位设置进行调整，核定各学校岗位数量，区编办、区人社局、区教育局对教师职称评审和分级聘用工作只作指导性安排，由学校根据实际情况具体操作，扩大学校自主权。对6所边远区域学校170余名教师，实行生活补贴制度。四是启动中小学校长职级改革。全区中小学全部完成去行政化工作，按照市教育局安排部署推进职级制相关工作。五是推进集团化办学。重点在学前阶段实行集团化办学，在区直幼儿园实行总园领办分园模式，镇街以镇街中心幼儿园辐射各社区幼儿园模式，全区幼儿园集团化办园覆盖率80%以上，形成“资源共享、优势互补、以强带弱、共同发展”发展格局。六是加快推进现代学校制度建设。在垦利一中、区职业中专试点现代学校制度建设基础上，2016年在区实验中学、区第二实验中学、区第一实验小学、区第二实验小学、区第三实验小学5所学校扩大试点。区教育局聘任山东鲁北律师事务所郝建光律师为区教育局法律顾问，各学校普遍聘请法制副校长、法制辅导员，为教育改革发展提供法律服务。全区60所公办学校幼儿园按照程序于2016年8月全部完成章程修订并上报到区教育局，区教育局及时将修订后的学校章程进行审核批复。

【队伍建设】 一是实施“教师编制、事业单位岗位设置总量控制，区管校聘”的人事制度改革。根据《山东省事业单位岗位管理试行办法》《山东省事业单位岗位设置管理实施意见》《山东省人民政府办公厅关于进一步加强中小学教师队伍建设有关问题的意见》及行业指导意见，对全区中小学人员编制、岗位进行核定和设置，全区中小学人员编制、岗位由区教育局统一管理，学校幼儿园聘用。二是按照《关于印发山东省深化中小学教师职称制度改革实施方案的通知》，2016年全区通过1名正高级教师。高级教师职称通过22人，一级教师职称通过74人。三是按照教育部办公厅《关于做好全国教师管理信息系统部署与启用工作的通知》和山东省教育厅关于做好全国教师管理信息系统部署启用工作的通知要求，完成全区教师信息录入工作。扩大县域内校长教师队伍轮岗交流力度，优化教师队伍配置。四是在做好人才增量的同时，优化人才存量，吸收优秀人才进入教师队伍，提供高水平的培训，持续提升教师素质，改善教师待遇，关心教师健康，维护教师权益，夯实教育发展基础。近五年，累计补充教师500余人，每年至少举办一次教师集中培训、年平均培

9月10日，召开庆祝第三十二个教师节大会

训在1万人次以上，实现教师培训全覆盖，教师队伍结构持续优化，教师整体素质和教育教学能力不断提升。五是强化教师职业道德建设，提高教师队伍素质，完善教职工考核评价制度，加强对在职教师从事有偿家教的治理，开展廉洁从教承诺活动，师德师风显著提升。六是实施“名师提升工程”。开展垦利区“名校（园）长”“名师”“学科带头人”“教学能手”“教坛新秀”等骨干教师序列评选活动。全区有省特级教师2人、市特级教师4人、齐鲁名师1人，市名校（园）长4人、市名师15人、垦利名师60人；东营市名师工作室10个；市教学能手212人、区教学能手492人；市学科带头人13人、区学科带头人147人；区教坛新秀192人；市青年教师重点培养对象42人。七是加强教育管理干部和教师培训。2016年，组织各级各类培训33期次，其中国家级培训教师3人次，省级培训教师2681人次（含远程研修），市级培训教师10882人次（含公共科目），区级培训教师4938人次，2016年度总计参训教师18504人次。

垦利区2016年中小学教职工情况统计表

<table>
<tr><th colspan="2" rowspan="2">单 位</th><th colspan="4">在 职</th></tr>
<tr><th colspan="2">人 数</th><th colspan="2">其中：专任教师</th></tr>
<tr><td colspan="2">高 中</td><td>576</td><td>576</td><td>524</td><td>524</td></tr>
<tr><td rowspan="2">初 中</td><td>区 直</td><td rowspan="2">1007</td><td>449</td><td rowspan="2">885</td><td>405</td></tr>
<tr><td>农 村</td><td>558</td><td>480</td></tr>
<tr><td rowspan="2">小 学</td><td>区 直</td><td rowspan="2">1014</td><td>392</td><td rowspan="2">940</td><td>363</td></tr>
<tr><td>农 村</td><td>622</td><td>577</td></tr>
<tr><td colspan="2">公办幼儿园</td><td>192</td><td>192</td><td>139</td><td>139</td></tr>
<tr><td colspan="2">合 计</td><td>2789</td><td>2789</td><td>2488</td><td>2488</td></tr>
</table>

【教育督导】 依法对镇（街道）党委政府落实年度教育目标情况进行督导评估，做好迎接国家督查组对垦利“教育领域重要指标和任务”完成情况的专项督查，做好市政府2017年度教育重点工作目标责任书完成情况进行的督导考核，对全区中小学素质教育实施情况进行专项督导评估，对全区中小学、幼儿园进行春秋季开学情况专项督查，规范学校管理、执行课程计划、减轻中小学生过重课业负担、教师参与有偿家教、实施“阳光体育运动”和现代化教育设施设备的配管用等重点工作的随访督导和专项督导；加强双休日、节假日学校执行教育法规情况的督查，规范中小学办学行为。建立学校实施素质教育的评估机制，引导学校朝着规范加特色的办学目标迈进，促进各级各类学校科学和谐发展。建立教育督导责任区制度，配备责任区督学，聘任兼职督学，明确兼职督学的职责和工作要求，强化教育督导的监督、检查、评估、指导功能。加快现代学校制度建设及法人治理结构建设、学校章程建设、学校规章制度建设、校务委员会制度建设、法律顾问制度建设，推进全区依法治教和依法治校进程。

【学校管理】 落实《山东省普通中小学管理基本规范（试行）》，按照“山东省中小学课程实施水平评价方案”要求，指导和督促学校提高课程实施水平，在课程的设置与管理、课时及作息时间安排、考试与评价规范情况、学生综合素质评价等方面取得显著成效。重视教育教学常规，注重在常规管理中提升内涵，在常规管理中追求质量，通过多种形式的教学视导、“贴地而行”等，寻求教学常规管理的优化策略，开展教育教学的研究与指导。落实《垦利区中小学教学常规》，构建和谐高效课堂，减轻学生负担，提升教学质量。把教研活动与教师培训有机结合，逐步实现教学研究与教师培训的深度融合，构建以学校为点、学科为经、学区为纬的校本研训体系；逐步创建起各学科校本研训基地，以点带面，形成研训一体发展机制，指导教师专业成长。健全完善中小学综合素质评价体系，建立督学责任区制度，加强对教育工作的日常监管，促进学校幼儿园规范发展、健康发展。2016年，全区有1所学校、8所幼儿园通过市政府现代化学校、现代化幼儿园评估认定。全区23所学校中，区职业中专成为国家级重点中等职业学校，3所学校成为省级规范化学校，有17所学校被评为市级教育现代化学校；40所幼儿园中，12所为省级实验、示范幼儿园，27所被评为市级教育现代化幼儿园。

学生综合素质提升　一是加强素质教育督导评估和义务教育质量监测，促进教学质量的提升。二是强化课堂教学管理，定期开展教学视导活动，组织学生参加寒暑假社会实践等活动，通过开展“我们的节日”“学雷锋、做美德少年”“做一个有道德的人”“国学经典诵读”“少先队入队式”“十八岁成人礼”等活动，推动社会主义核心价值观进课堂、进教材、进头脑。三是开展反校园欺凌教育，开展阳光体育和大课间活动，开展校园艺术节，举办全区中小学春季运动会、“童心向党”歌咏比赛、庆“五四”中学生合唱比赛和中小学健美操比赛等文体活动。四是利用晨会、思品课、班队活动组织学生学习校园礼仪、家庭礼仪和社会礼仪，弘扬社会公德、家庭美德、职业道德和个人品德，让“文明礼仪知识”进课堂、进学生头脑。实施养成教育工程，把养成教育的开展和落实情况纳入日常的常规管理，促使学生将行为习惯内化于心、外化于行。五是开展“志愿者服务”活动。发挥学校共青团、少先队和学生会的作用，组织学生进社区、广场、公园等公共场所，进行清洁卫生和告别陋习的宣传。六是加强师德师风教育。实施名师名校长提升工程，倡树身边优秀教师典型。抓师德师风建设，从严规范教师言行，开展师德实践活动，引领广大教师争做“四有”好教师。七是开展“感恩”教育。通过定期举办讲述年度“感动中国”人物、中国好人、山东好人及各级道德模范的感人事迹，净化学生的心灵；构建以“慈孝”为主题的校本课程，指引学生向上向善，学会感恩，回报家庭、亲人与社会；举办感恩手抄报、写感恩信、讲述感恩故事等形式，引导师生树立懂得感恩、守德明理、勤奋学习工作的良好风尚。八是开展“小手拉大手”活动，通过家长学校、家校沟通、亲子活动等形式，将礼仪知识带进千家万户，让学生和家长共同成长，共同提高，以校园文明带动家庭文明和社会文明。九是与区科协联合举办首届垦利区青少年科技创新大赛，收集参赛作品976件，评出一等奖96项、二等奖152项、三等奖218项，优秀科技辅导教师56名，优秀组织奖11个。开展“英语口语演讲”“国学小名士经典诵读”等活动，组织参加东营市“第

2016年9月10日晚，垦利区庆祝第32个教师节“中国梦·校园情”中小学校园艺术节暨文艺会演在民丰湖畔举行

八届全市中小学生读书系列活动"，不断促进学生综合素质的提升。

"语言文字"工作 一是加强学校语言文字工作。发挥学校作为开展语言文字规范化工作的主阵地和基础作用，将普及普通话和用字规范化纳入工作计划和教育教学要求，将普通话和规范汉字培训工作作为教育教学和师生技能训练的基本内容。建立校园用语用字督查制度，开展语言文字规范化学校创建活动。二是加强行业语言文字工作。采取多种形式，加强对各行业特别是党政机关、新闻媒体和窗口服务行业工作人员的普通话和规范用字培训与考核。推进公务员在公务活动中使用普通话进行交流，使普通话真正成为公务员的会议用语、公务用语和交际用语。交通、通信、银行、保险、旅游、医院等窗口服务行业，把普及普通话和用字规范化作为企业文化建设和提高服务质量的重要内容和抓手，把普通话水平达标和用字规范列为对直接面向服务对象的人员和特定岗位人员的考核内容。2016年，有1446名重点行业从业人员通过普通话测试，至2016年年底，全区持有普通话等级证书总数超过10000人。三是加强社会用字规范管理。实行语委办、市场监管部门、城管执法部门等多方联动，加强对各类名称牌、指示牌、标志牌、招牌、标语（牌）等牌匾用字，各类电子屏幕用字，公共场所用字，建筑物及其他设施面向公众的用字的规范管理。四是加强语言文字宣传工作。组织好每年的"推普周"活动并重点向农村延伸，利用多种形式宣传推广普通话、使用规范字，开展中小学生经典诵读比赛、汉字书写大赛等常规推普活动。发挥QQ群、微信平台、短信等新媒体作用。

平安校园创建 强化组织领导，落实网格化管理。实施年度安全责任目标考核，落实"一岗双责"和责任追究制度。制定完善《垦利区教育局安全生产网格化管理实施方案》，全区校园安全实施网格化管理，实现学校安全监管全覆盖、无缝隙。2016年7月至10月，投资100余万元，对镇街34所学校、幼儿园，加固加高院墙15724米，安装带刺铁丝网14274米，提高学校的防入侵能力。全区各学校幼儿园安装视频监控探头总数2856个，其中高清视频监控探头2081个，其中安装电子围栏1450米。配强安保力量，加强应急处置。全区教育系统按标准配备191名专职保安，实行专业化保安服务。完善校园高峰勤务和"护学岗"机制，实行治安警、交警联动执勤、错时弹性布警工作机制，确保重点地段、重点时段校园治安状况始终处于在控状态。全区各学校幼儿园安装74套"一键式"报警装置并与公安联网，建立校园安全网上巡查系统，提升监督检查效能和应急反应能力。3月23日，请山东领先律师事务所律师盖乃明为全区校车管理人员解读《山东省校车安全管理办法》。7月2日至8日，在青岛海洋大学举办全区校园安全管理培训班。通过培训，强化校园安全管理责任意识，创新管理理念，明确岗位职责，提升全区教育安全管理者的能力水平。8月23日，联合区交警大队、中国人民保财产保险公司垦利分公司，在区第三实验小学举办全区校车驾驶员安全培训会，提高校车驾驶员的安全意识和安全素养。5月12日，在区第三实验小学开展2016年防灾减灾宣传周启动仪式暨地震应急疏散演练。全年举办各类应急演练350余次，提高了师生的自救自护能力。开展"大排查、快整治、严执法"集中行动，加大隐患排查整改力度。落实上级安全隐患大排查快整治严执法集中行动的要求，制定《垦利区校园安全隐患集中行动方案》，对集中行动作全面安排部署。以《东营市中小学（幼儿园）校园安全隐患排查指导手册》为抓手，对各学校幼儿园安全隐患进行排查整改。8月30日在郝家镇中学，承办市局2016年全市学校幼儿园安全管理培训班。2016年区教育局被东营市安全生产委员会评为全市安全生产先进单位。

学校体育卫生工作 加强学校体育艺术基础设施、师资队伍建设，抓实抓牢艺术体育常规工作，开展"阳光体育"活动和"艺术节"活动，提高中小学生体质健康水平和文化艺术素养。2016年6月24日，承办全市学校体育专项化教学改革暨学校阳光体育工作推进现场会，现场观摩黄河口镇中学阳光体育大课间活动，并在大会上作“阳光跳绳擦亮学校智美教育特色”的经验交流。垦利一中跳绳队、黄河口镇中学跳绳队、胜坨镇中学女子篮球队代表东营市参加在临沂举行的山东省第十三届中学生运动会，为东营市首次进入全省前十名做出了贡献。在全区体育教师一师一优课活动的基础上，推荐的体育教师张青、孙桂芹课堂教学在东营市优课展评活动中，分别以初中组、小学组第一的成绩获一等奖。11月，在全省体育学科德育优质课展评中，张青以第一名的成绩获一等奖。每年坚持举办综合性和专项性的体育运动会，举办垦利区2016年中小学生田径运动会、中小学生篮球比赛、中小学生足球比赛、中小学生跳绳比赛等活动。重视学生心理健康，加强咨询服务，为学生创造健康成长、快乐成长的良好氛围。完善学生体质健康测试和评价制度、中小学学生艺术素质评价制度，达到应测学生全覆盖、应测学校全覆盖，确保测试数据与国家抽查数据的准确。坚持立足课程，立足课堂，面向全体学生，在抓好艺术类课堂教学的基础上，各学校注重建立多种艺术社团，定期开展活动，培养并拓展学生体育艺术个性特长，促进每一位学生全面发展。在2016年东营市一师一优课展评活动中，垦利区艺术类教师取得3个一等奖、7个二等奖。在2016年山东省合唱节戏剧节中，垦利区第三实验小学合唱队获东营分赛区第一名。2016年9月，垦利区联合省教育卫视在东营市首家开展校园艺术节活动，全区各中小学通过层层选拔的方式推选出节目16个，2000多名学生参加校园艺术节书画及现场演出活动。做好“全国健康促进县（区）”创建工作，抓好传染病预防，督促托幼机构和学校落实预防接种证查验工作制度、学生晨检制度、因病缺勤病因追查登记制度和疫情报告制度。

对外合作交流 养成教育项目：垦利区第一实验小学、黄河口中学，按照《全国养成教育特色学校专家引领服务协议》所列的内容和目标继续扎实推进，在“常规化”“人格化”“课程化”三个层面深化和完善。区第一实验小学、黄河口中学走在全国的前列，被评为“全国养成教育特色学校”。攀登英语项目通过前期合作，建立攀登英语的理论体系和实践体系。举办攀登英语实验教师岗前培训及经验分享活动，将优秀教师的课例视频刻录成光盘下发至各单位进行观摩学习，各单位结合自己的学校特色，布置攀登英语墙壁文化，开展攀登英语的常规训练工作，举办攀登英语教师轮流上展示课活动，开展系列学生展示活动。

【教学研究】 落实《山东省中小学教学基本规范》，引领和指导教师规范教学行为，科学有效地实施教学活动。开展集体视导、随机视导和专项视导活动，帮助教师解决备课、上课、作业布置中存在的问题或困难，提升学生学习力，凸显学生核心素养的培养。注重对青年教师的指导和培养，教研员不定时采取多种方式指导青年教师的课堂教学活动，围绕课程标准、教材、教学方式和学习方式等方面展开讨论和交流，开展联片教研、同课异构、课堂教学和教学基本功考查（经过学校推荐，初中、小学167人参与活动，推荐65人参加东营市初中第三批、小学第四批青年骨干教师重点培养对象选拔）等活动，为青年教师的成长搭建平台。开展好“一师一优课、一课一名师”活动，教研员对学校推荐上报的课例，通过全程观课，逐一审核，最终确定优秀课例521个。在此基础上，教研员通过线上和线下混合式听课、评课、磨课等方式，打造成优质资源共享。为教师专业成长搭建平台，举办全区初中学业水平考试科目复习研讨会、心理健康教育教学研讨会、小学数学和语文学科低段教学同课异构活动、小学英语联片教研活动、骨干教师送课活动、初中生物和历史学科优秀试题展评活动，开展垦利区第三届名师和第四届学科带头人、教坛新秀评选活动，确定名师60人，学科带头人147人，教坛新秀192人。组织全区中小学德育优秀课例展评活动，184件案例获奖，择优选拔80名中小学教师参加全市学科德育优秀课例展评活动，推荐70名中小学教师参加东营市第十一批教学能手评选和第九批教学能手复评活动，其中61人通过评选。开展全区青年教师课堂教学和教学基本功考查活动，承办全市语文等9个学科的德育优秀课例展评和教学能手评选活动，组织部分骨干教师赴济南等地观摩全省学科德育优秀课例展评活动，组织参加省教科院举办的“基于学生核心素养发展专题的全省小学科学特级教师论坛暨课堂教学展示活动”、小学语文一年级新教材培训会、初中历史部编新教材培训及高端备课研讨会、初中语文部编新教材培训暨高端备课研讨会等，为教师专业成长提供学习机会，搭建交流平台。发挥教科研引领作用，对垦利区承担的全国教育科学“十二五”规划教育部重点课题“市域整体推进小班化教育行动研究”进行专题研讨，总结课题开展研究后取得的阶段性成果和经验，全区17项小班化教育专设课题进入结题阶段，并提交结题报告。7项东营市教育科学“十二五”规划立项课题、1项山东省教育科学“十二五”规划立项课题，4项山东省教学研究室立项课题开展研究工作。在第一届山东省教育科学研究优秀成果评选活动中，区教研室王爱军的论文《应慎用宋代纸币印版拓片图——兼谈历史试题与教科书的关系》获论文类二等奖。在东营市第二十五次社会科学优秀成果奖评选活动中，垦利区申报的2篇论文获三等奖，2项课题成果获优秀奖。

【学前教育】 扩充公办优质学前教育资源，扶持和规范民办幼儿园，在严格对民办幼儿园的准入、收费和质量等方面进行管理的同时，通过政策扶持、多种形式的“公助”，开展分类定级工作，提高民办幼儿园教育质量，基本建成“广覆盖、保基本、多形式、有质量”的学前教育公共服务体系。至2016年年底，全区有审批注册幼儿园40所，在园幼儿7091名，学前三年入园率99%；有幼儿园教职工745名，（其中在编公办教师195名），专业教师660名，学历合格率100%，教师资格证达标率88.2%。幼儿入园按照城区、镇直、农村社区，居民居住位置就近入园，全区幼儿园基本满足3～6岁幼儿入园需求。2016年，投资2500万元，新建锦霞新城幼儿园，年度投资800万元，计划2017年8月投入使用。投资1800万元，新建中兴幼儿园，年度投资130万元，计划2017年8月投入使用。投资49.3万对城区3处幼儿园进行改造提升工程，2016年9月投入使用。2016年，新招考在编幼儿教师5人、合同制幼儿教师7人，政府购买服务20人。全区有40所幼儿园，7所镇街中心幼儿园全部通过省级示范幼儿园认定，全区省级实验、示范幼儿园14所，市级一类幼儿园15所，市级二类幼儿园9所，教育现代化幼儿园27所。

【义务教育】 全区有小学13所，在校生11750人；初中7所，在校生10782人；有省级规范化学校1所，市级规范化学校15所。小学适龄儿童11750人，适龄儿童入学率100%，巩固率100%。初中适龄儿童10782人，适龄儿童入学率100%，巩固率100%。

贫困学生救助 加大对家庭贫困学生的救助力度，按政策界定资助对象，规范数据统计和档案管理工作，加大监管力度，确保补助资金专款专用。一是学前资助。2016年资助学前教育阶段低保幼儿园学生34人，资助金额27217元；学前教育政府助学金资助710人，资助金额852000元。二是中等职业学校学生资助。2016年全区资助中等职业学校救助金额11727164元。其中，2016年中职学校学生国家助学金资助金额711000元（资助标准为2000元/年）；中职免学费金额为11016164元（生均公用经费）。三是普通高中困难学生救助。2016年全区资助低保高中生79人，资助金额210500元；低保大学生65人，资助金额511750元；403人获得普通高中国家助学金，资助金额为806000元。四是义务教育寄宿低保生、贫困生救助。（救助标准：六、七、八、九年级1250元/生/年），2016年有896名贫困寄宿生获资助，资助金额为112万元。五是生源地信用助学贷款。2016～2017学年全区有在校大学生250人办理生源地信用助学贷款，资助金额为1845900元。六是义务教育阶段学生营养餐工程。2016年为义务教育阶段学生发放营养餐补贴

发放学生资助资金

452.42万元。七是每年由区财政安排专项资金18万元为全区义务教育阶段学生进行免费查体。全区无一名学生因家庭贫困而辍学。

【高中教育】 坚持以教学为中心，深化课堂改革，注重学校内涵发展，集中精力抓好教学工作。适应新课程改革，加强教学管理、监控、评估和学习方法指导，开展教学创新。制定高中阶段学校招生工作意见，实行将高中部分招生指标分配到各初中学校的招生办法，全面取消择校招生，加大中等职业学校招生力度。全区高中阶段招生2395人，其中普通高中1183人、中等职业学校1212人，初中毕业生综合升学率保持在99%以上。2016年2106名学生参加高考，其中，夏季高考考生1298人，春季高考考生835人。录取本科1290人，其中夏季高考本科录取860人，春季高考本科录取430人。

垦利区2016年夏季高考文科前10名基本情况一览表

姓 名	性 别	高考总分	毕业学校	录取学校
宁孟雪	女	631	垦利一中	中国人民大学
张珂璇	男	616	垦利一中	北京外国语大学
耿凤仪	女	614	垦利一中	中国政法大学
刘宏羽	男	611	垦利一中	山东大学
张书平	女	611	垦利一中	南开大学
董皓冉	女	610	垦利一中	武汉大学
王茂泉	男	607	垦利一中	中山大学
徐 鹏	女	601	垦利一中	中国传媒大学
张光美	女	600	垦利一中	山东大学
许静静	女	594	垦利一中	华中科技大学
苟文婷	女	594	垦利一中	西南财经大学

垦利区2016年夏季高考理科前10名基本情况一览表

姓 名	性 别	高考总分	毕业学校	录取学校
冯永真	男	699	垦利一中	清华大学

续表

姓 名	性 别	高考总分	毕业学校	录取学校
尚凡成	男	686	垦利一中	上海交通大学
王 宇	男	671	垦利一中	南开大学
王德凯	男	669	垦利一中	武汉大学
朱涵宇	女	664	垦利一中	中央财经大学
李 翰	男	652	垦利一中	湖南大学
黄继开	男	651	垦利一中	山东大学
巴泽群	男	651	垦利一中	山东大学
丁冠森	男	651	垦利一中	山东大学
魏志成	男	651	垦利一中	山东大学

【职业教育】 以创建第二批“国家级农村职业教育和成人教育示范区”工作为重点，以建设专业基地为目标。配备电力拖动、维修电工等38个实训室，实习设备总值2822.47万元，比上一学年设备总值增加775.3326万元，生均设备值0.7875万元。校内学生实习工位1520个，比上一学年增加实习工位400个，生均0.423个实习工位。成立东营市中职机电应用、财经商贸专业联盟，以创办优质专业为目标，以教师相互交流、相互促进为切入点，形成校际、教师、学生等多边互动交流的常态机制。深化校企联合培养模式，推行“岗学轮训，双证融通”，通过“引企入校、校企融合”等措施为学生创造实训实习环境。与中国万达集团、山东胜通集团等各大企业联合办学，开办“订单班”和校外实习基地，强化学生技能，提升学生职业素养。联合中国万达集团、山东胜通钢帘线有限公司、山东万得福实业集团、喜文化餐饮有限公司等12家东营市知名企业成立校企合作理事会，设立校外实习基地，与东营职业学院联合设立3+2学习模式，学生在校内学习5个学期，到企业顶岗实习1个学期，考核合格，颁发中职学历证书。把春鹏电气、京垦汽修和景之缘服装厂三家企业引入校园，在校园内建设生产车间，实现企业车间和学校课堂相结合。2016年1月，与蓝色电子签约成立冠名班，订单培养学生全都进入企业进行顶岗实习。承担全区新型农民学校创建工作，推行“订单”培养模式，负责学历教育、职业技能培训、农民综合素质培训三项职能培训。做好城乡教师交流轮岗工作，有7名教师到黄河口镇中学进行支教帮扶。2016年有19人参加省级培训，10人进入企业实践，有20人参加国家级培训。3名教师在东营市优质课评选中获一等奖，4名教师获市级优质课二等奖；省级优质课评选2名教师获一等奖，5名教师获二等奖；4名教师被评为东营市教学能手；2名教师被评为黄河口首席技师；1名教师被评为黄河口突出贡献的中青年专家；1名教师被评为东营市名师。

【成人教育】 依托黄河口新型农民学校，建设成人教育培训基地、社区教育中心。以“科教兴农、人才强农、新型农民固农”为目标，瞄准区域特色产业，加强创新创业教育，服务大众创业、万众创新。通过邀请知名专家来垦利授课，开展职业培训、就业再就业培训和创业培训，每年培训人数在1万人次以上。瞄准精准扶贫、精准脱贫，盘活资源、拓展功能，组织开展科教扶贫，促进了群众创业就业和社会和谐稳定。

【民办教育】 按照《东营市人民政府关于加快民办教育改革与发展的意见》，规范对民办学校（教育培训机构）审批、年检和管理。垦利区有民办学校（教育培训机构）16所，涉及音乐、舞蹈、美术、英语及文化类科目特长辅导五大类，在职教职工132人，其中专任教师70人、兼职62人，在校学生3000余人。年内新批民办教育培训机构2处，吊销2处不达标的民办教育培训机构。

垦利区2016年民办学校一览表

序号	学校名称	校 址	举办者	许可证号	批准时间
1	垦利麦克米伦国际教育培训中心	垦利区明珠怡馨园商品楼三楼	马海波	137052170000111	2010. 6
2	垦利瑞澳英语培训学校	垦利区双桥路33号	张 涛	137052170000061	2009. 4
3	英哲教育培训学校	垦利区中兴路87号幸福家园	岳 秀	137052170000051	2007. 6
4	古韵琴行艺术培训学校	垦利区中兴路87号	徐吉利	137052170000021	2005. 6
5	蓝天古筝培训学校	垦利区中兴路西首	徐春霞	137052170000041	2007. 1
6	垦利区魔力艺术培训学校	垦利区振兴路胜桥商业街9-11	周新江	137052170000071	2011. 7
7	垦利求知教育培训学校	垦利区振兴路45号	张素敏	137052170000091	2011. 8
8	垦利惠营美术培训学校	垦利区新兴路银座商品房（东）	于惠丽	137052170000141	2013. 4
9	垦利博艺培训学校	垦利区新兴路16号（老盐务局三楼）	张春江	137052170000181	2015. 2
10	垦利天亿教育培训学校	垦利区天亿阳光小区门口东侧	王海涛	13705217000013	2013. 7
11	正达培训学校	垦利区铭瑞华府沿街	商 薇	137052170000011	2003. 1
12	垦利优嘉教育培训学校	垦利区新兴路336号	付承承	137052170000201	2014. 7
13	晓雯音乐东营垦利分校	垦利区城新兴路360-2号	吕文红	137052170000221	2015. 2
14	垦利童画堂美术培训学校	垦利区明瑞华府商品楼四楼	杨 健	137052170000211	2014. 4
15	垦利区乐学教育培训学校	垦利区中兴路209号	齐雅婷	137052170000231	2016. 4
16	垦利优佳教育培训学校	东营市垦利区董集镇	缪楠楠	137052170000241	2016. 8

【家长学校】 强化家庭教育和家校合作，创建“一二五”运行模式。全区中小学、幼儿园均成立家长学校，区委、区政府将家长学校规范化建设纳入为民办实事工程，区财政每年拨付专项经费。逐步形成全区家庭教育“党政主导，区关工委协调，教育局、妇联主抓，学校主办，相关部门协作，社会各界共同参与”的有效运行架构和长效工作机制，强化创建“多部门、多渠道、多层面、开放性、联动式”的家庭教育立体框架。家长学校的生命力逐渐显现，家长学校的常态化建设局面形成。垦利区被国家教育行政学院家庭教育研究中心确定为“全国家长学校建设实验基地”；同时，垦利区教育局被确定为“全国首批中华优秀

5月12日，全国家长学校建设实验基地经验交流会议召开

传统文化教育课题研究”实验区。2016年5月11日至13日，全国家长学校实验区经验交流会在垦利区召开，区教育局及各实验学校在大会上作交流发言。

【竞技体育】 组队参加全市第六届全民健身运动会比赛19项和东营市青少年比赛，其中胜坨中学女子篮球队两夺女子乙组冠军。承办两轮青少年篮球项目比赛。完成全国体育产业调查，据统计全区体育经营单位61家，录入系统44家，抽样财务数据调查22家。2016年，垦利区有1处备人才基地和3处业余训练点通过市体育局验收。争取省体育彩票公益金资助大型场馆低费免费开放资金95万元。全区社会体育指导员总人数685人，举办社会体育指导员培训班，提升健身科学水平，满足群众对健身科学化的需求。

【群众体育】 一是实施体育设施新建、改扩建。垦利区改善全民健身设施条件。在城区新区，投资3.5亿元，建设4万多平方米的全民健身活动中心一处，每周五、六、日及节假日免费向社会大众开放；投资7000万元，新建1.1万平方米的垦利一中体育馆；投资5000万元，新建3万多平方米市民活动中心，免费向社会大众开放。在老城区，投资5000万元新建体育公园，对黄河广场、双桥公园体育设施进行改造升级，并向社会免费开放；根据居民区分布，规划建设30余处健身广场；70%以上的学校达到“一场一馆”的要求，节假日场馆向社会免费开放。全区12个城市社区均达到健身标准，配备室内乒乓球室、棋牌室、舞蹈室、室外健身路径15件以上、健身广场及室外乒乓球台或篮球场。全区7个镇街按标准建设1000平方米以上文体活动广场，配套建设篮球场、乒乓球台、健身路径。全区90%行政村均配备一处篮球场、2副乒乓球台、5件以上的健身路径，基本满足了广大群众的健身需求。场馆设施利用率的不断提高，使全区经常参加体育锻炼人口数达到45%以上。全区体育健身场地设施面积51.8万平方米，人均2.16平方米，比山东省人均1.57平方米的标准高出0.59平方米。垦利区建有黄河口休闲垂钓培训基地、越野赛车场地、盛元拓展体育培训教育基地等品牌基地。二是体育社团组织不断壮大。2016年成立垦利区体育总会，全区共有足球、徒步、篮球、乒乓球等14个体育运动协会、4个健身俱乐部，体育社会团体达到17个。全区经常参加锻炼的人数达到40%，超出山东省38%的两个百分点。垦利区组队参加香港第一届中华老年体育舞蹈国际艺术节并获金奖二等奖，组队参加东省第六届全民健身运动会万人太极拳比赛、全市第六届全民健身运动会钓鱼、百县篮球、传统武术、太极拳剑、马拉松比赛等20项群众体育比赛活动，获团体和个人第一名23个、第二名25个、第三名29个、四至八名17个。三是全民健身活动。每年举办一次全民健身运动会，承办“山东众鑫杯”国际男篮对抗赛、全国女篮巡回对抗赛、山东省第六届全民健身运动会“中国万达杯”暨太极拳锦标赛、东营市千人自行车骑行活动等10余项重要赛事活动。四是体育产业发展。2016年体育彩票销量4600万元，基本任务增长率57.75%，目标任务增长率31.43%。

8月6日，垦利区太极拳协会大型展演

（褚学旺）

科　技

【概况】 垦利区科学技术局是负责全区科技工作的部门。有干部职工37人，内设办公室、发展计划股（挂区高新技术产业化办公室牌子）、科技股（挂技术市场管理办公室和行政审批办公室牌子）3个股室，下设垦利区高新技术创业服务中心（挂科技合作办公室牌子）、垦利区科学技术信息咨询服务中心、垦利区知识产权局、垦利区地震局（挂区地震监测与应急指挥中心牌子）4个副科级事业单位和垦利区科技局农业开发试验站1个自收自支股级事业单位。

【科研机构与队伍】 构筑创新平台，发展壮大科研机构，以科研开发机构为平台，承担一批国家、省、市科技计划项目，开发一批拥有自主知识产权的拳头产品和关键技术，引进和培养一批具有一定开发能力的专业技术人才和科技带头人。2016年，山东万得福实业集团有限公司的江连洲教授和山东众力棉业科技有限公司的喻树迅教授入选泰山产业领军人才（高效生态农业创新类）。2016年，依托山东万得福实业集团有限公司组建的山东省大豆深加工工程技术研究中心升级为山东省大豆加工副产品高值化利用示范工程技术研究中心。全区有国家级科技企业孵化器1家，国家级生产力促进中心1家、省级生产力促进中心1家、省级院士工作站2家、省级示范工程技术研究中心1家、省级工程技术研究中心4家、省级企业重点实验室1家。

【成果及奖励】 2016年，组织鉴定科技成果5项。3项成果获2016年度东营市科技进步奖，其中，1项成果获经济类三等奖，2项成果分获社会公益类二、三等奖。3项成果分获东营市科技情报成果奖一二三等奖。

垦利区2016年鉴定科技成果一览表

序号	成果名称	承担单位	鉴定等级
1	高浓度污水处理用复合反渗透膜研制	山东九章膜技术有限公司	国际先进
2	高透明高抗冲改性剂MBS树脂制备技术	山东万达化工有限公司	国际先进
3	DDX10在抑制卵巢癌进展中作用的临床研究	垦利区人民医院东营市人民医院	国内领先
4	泥鳅苗种繁育及健康养殖技术研究与示范	东营市一邦农业科技开发有限公司东营市农业科学研究院	国内领先
5	水稻钵形毯状秧苗机插技术及其应用	东营市一邦农业科技开发有限公司中国水稻研究所	国际先进

【科技计划】 与国家和省、市各类科技计划搞好衔接，围绕新能源、新材料、新装备等战略性新兴产业，组织申报国家重点研发计划、省科技重大专项（产业转型升级）投标项目、省重点研发计划和省“渤海粮仓”科技示范工程等各级各类科技计划等市级以上科技计划项目50多项。2016年，全区下达市级以上科技计划项目27项，其中国家级3项，省级16项，市级8项，获无偿扶持资金1120.96万元。

垦利区2016年实施市级以上计划项目名单

单位：万元

序号	项目名称	类别	补助经费	承担单位
1	大豆基可降解新型功能材料特性的研究与产品开发	国家中小企业发展专项资金	21	山东美吉客生物科技有限公司

续表1

单位：万元

序号	项目名称	类别	补助经费	承担单位
2	LH-3钻井液综合实验仪	国家中小企业发展专项资金	21	山东陆海钻采科技有限公司
3	缓冲型耐温电动潜油泵电力电缆项目	国家中小企业发展专项资金	18	东营广兴石油装备有限公司
4	黄河三角洲大豆精深加工及产业化示范	山东省科技重大专项计划（结转部分）	270	山东万得福实业集团有限公司
5	200万根/年异型胎圈钢丝帘线技术开发及产业化	山东省科技重大专项计划（结转部分）	130	山东胜通钢帘线有限公司
6	2万吨/年塞隆-碳化硅-刚玉复合材料	山东省科技重大专项计划（结转部分）	100	山东宇佳新材料有限公司
7	DS-1环境友好型油溶性超稠油降粘剂	省级中小企业创业补助创新奖励资金	10	东营市大生新材料科技有限公司
8	高性能环保型顺丁橡胶	省级中小企业创业补助创新奖励资金	10	山东万达化工有限公司
9	发酵法生产L-谷氨酰胺项目	省级中小企业创业补助创新奖励资金	10	山东东辰生物工程股份有限公司
10	缓冲型耐温电动潜油泵电力电缆项目	省级中小企业创业补助创新奖励资金	10	东营广兴石油装备有限公司
11	通过国家标准认证	省优势企业培育资金	10	山东胜通钢帘线有限公司
12	山东省“渤海粮仓”科技示范工程	2016年山东省“渤海粮仓”科技示范资金项目计划	226.9	东营市一邦农业科技开发有限公司
13	山东省“渤海粮仓”科技示范工程	2016年山东省“渤海粮仓”科技示范资金项目计划	33.6	山东众力棉业科技有限公司
14	山东省“渤海粮仓”科技示范工程	2016年山东省“渤海粮仓”科技示范资金项目计划	12.3	山东黄三角生态农业有限公司
15	山东省“渤海粮仓”科技示范工程	2016年山东省“渤海粮仓”科技示范资金项目计划	38.8	山东景明海洋科技有限公司
16	山东省“渤海粮仓”科技示范工程	2016年山东省“渤海粮仓”科技示范资金项目计划	23.3	东营市金山农化有限责任公司
17	山东省“渤海粮仓”科技示范工程	2016年山东省“渤海粮仓”科技示范资金项目计划	36.5	东营市众兴农业科技开发有限公司
18	山东省“渤海粮仓”科技示范工程	2016年山东省“渤海粮仓”科技示范工程资金项目计划	2.5	垦利区黄河大米农民专业合作社
19	山东省“渤海粮仓”科技示范工程	2016年山东省“渤海粮仓”科技示范工程资金项目计划	6.1	东营市盛元生态农业有限责任公司
20	新型特种分离用高性能反渗透膜研制及产业化项目	东营市重点研发计划	40	山东九章膜技术有限公司
21	盐碱地稻鱼高效生态种养关键技术集成与示范	东营市重点研发计划	50	东营市一邦农业科技开发有限公司
22		市科技型中小企业技术创新专项资金	5.96	新发药业有限公司、东营合益化工有限公司
23	塑料母粒、色浆用高色素炭黑研制	东营市科学技术进步奖	2	山东耐斯特炭黑有限公司

续表2　　单位：万元

序号	项目名称	类别	补助经费	承担单位
24	易感基因检测对东营地区儿童哮喘早期筛查和前瞻性诊治的应用研究	东营市科学技术进步奖	2	垦利区人民医院
25	微创穿刺在高血压性脑出血治疗中的应用研究	东营市科学技术进步奖	1	垦利区人民医院
26	胎圈钢丝外绕机	市级专利实施补助项目	13	山东胜通钢帘线有限公司
27	一种新型炭黑反应炉	市级专利实施补助项目	17	万达集团股份有限公司
资金合计		1120.96		

【产学研结合】 到企业开展调研，收集整理垦利区主导产业、企业亟待解决的技术难题和需求；搭建科技合作桥梁，参加上级部门组织的“项目对接会”和“外出考察”等活动，帮助企业解决技术难题，加快高层次人才、技术和科技成果的引进。实施产学研合作项目4项，分别为：东营市一邦农业科技开发有限公司和山东省水稻研究所合作的黄河三角洲高效生态种养模式关键技术集成与示范；山东万得福实业集团有限公司和山东大学合作的高品质植物蛋白绿色制备工艺全互联智能关键技术研究与应用示范；东营市一邦农业科技有限公司和山东省淡水渔业研究院合作的盐碱地稻渔高校生态种养关键技术集成与示范；山东九章膜技术有限公司和天津工业大学合作的新型特种分离用高性能反渗透膜研制及产业化项目。

【高新技术及产业发展】 围绕新材料产业、新医药和生物产业、新能源和节能、资源与环境等国家重点支持的高新技术领域，加强业务培训和项目实施力度。2016年，举办高新技术企业新政策解读及认定管理培训班，全区25家科技型企业参加培训，山东山尔铝业有限公司、山东石大胜华化工集团股份有限公司和山东汇东新能源有限公司3家企业入选山东省2016年第一批高新技术企业认定名单。全区省科技型中小微企业信息库入库企业达20家。2016年，实现高新技术产业产值971.9亿元，占规模以上工业总产值的45.45%。

【高新技术创业园】 2016年，垦利区国家级科技企业孵化器通过科技部对国家级科技企业孵化器的年度考核工作。同时推进黄河口生态科技城建设，年内完成不动产证、建设规划手续、施工图纸设计与审核、防雷等各项建设手续的办理，项目达到公开招投标条件。

【科技服务】 实施“渤海粮仓”科技示范工程，引进培育农作物新品种，示范推广新型农业技术，2016年，新增示范区2个、4260亩，使全区“渤海粮仓”科技示范工程建成核心区1个、示范区15个，总面积115673亩，成为全省“渤海粮仓”科技示范工程现场会的观摩点，并在全省“渤海粮仓”科技示范工程推进座谈会上作典型发言；举办国家科技支撑计划项目“耐盐碱水稻新品种选育及配套栽培技术研究”暨黄河三角洲耐盐碱水稻高产高效交流现场会。开展科技扶贫工作，组织召开“全市科技扶贫工作推进暨成果发布会”，拓宽科技扶贫领域；帮助永安镇十八村完成280亩稻田改造；为十八村70户贫困户捐赠“一邦”测土配方肥7.6吨、优质黄河口稻米12800斤、“众力棉业”优质棉种2000斤，通过提供优良品种、技术指导、信息服务和订单生产等方式，为贫困农民转变增收方式广开致富门路。开展新型农民培训，有效提高农民种植和养殖技能，举办棉花、水产、畜牧养殖等科技培训班5期，培训群众300余人次，发放科技资料、明白纸1000余份；组织举办2016年度“科技活动周”活动，普及科学知识，宣传科技方针政策；完成第六届农博会任务，农业科技交流成果丰厚。

【地震测报】 通过科普下乡、宣传栏、网络媒体等渠道，对地震法律法规、地震知识宣传，做好群众咨询、解答。5月10日上午，区地震局在区第三实验小学举行“垦利县2016年防灾减灾宣传周启动仪式暨地震应急疏散演练活动”，发放各种宣传资料1000余份，解答地震问题咨询20余个。5月5日，区地震局参加全市地震系统2016年地震应急演练与灾害调查培训班，学习地震应急准备、地震工作现场队灾害调查方法和应急处置工作等内容，提高了现场处置工作能力和水平。2016年，区实验中学、黄河口镇中学、郝家镇中学、实验一小4所学校通过省地震局、省教育局、省科协审核验收，被评为2016年度省级地震科普示范学校；董集实验学校、永安中学、胜坨镇实验小学通过市地震局、市教育局、市科协审核验收，创建为市级地震科普示范学校。2016年，全区地震科普示范校达15所，其中省级地震科普示范学校6所，市级地震科普示范学校9所。根据国家地震烈度速报与预警项目东营基本站和一般站点的选址和建设工作要求，垦利区完成1个基本站和6个一般站点选址工作。编制《垦利区“十三五”防震减灾规划》，以区政府办公室文件印发。

2016年6月4日4时12分，县城内北纬37.56度，东经118.55度发生地震一次，震级1.7级。

【知识产权】 2016年，全区专利申请量为273件，其中发明专利54件，实用新型202件，外观设计17件，发明专利授权45件，全区累计专利申请总量达4326件。在3.15、4.26期间及中秋、国庆期间，对辖区内售卖标有专利标示的日用品、婴幼儿用品、食品药品及电器进行查验，查验商品500余种，其中涉专利产品150多余种，查处假冒专利案件2件。为42件发明专利办理市级专利申请资助，获资助资金8.4万元。万达集团股份有限公司的一种新型炭黑反应炉和山东胜通钢帘线有限公司的胎圈钢丝外绕机2个项目申报2016年东营市专利实施补助项目，获项目资金30万元。开展企业知识产权管理规范工作，山东胜通钢帘线有限公司通过知识产权管理体系认证，全区累计3家企业通过认证。万达集团、山东胜通钢帘线公司先后被省知识产权局认定为山东省知识产权示范企业，3家企业被列入2016年山东省知识产权优势企业培育计划，万达集团被国家知识产权局认定为国家知识产权优势企业。山东胜通钢帘线公司获省优势企业培育资金10万元。开展知识产权质押融资工作，山东九章膜技术有限公司获知识产权质押贷款500万元。

（马　伟）

社会科学

【组织机构】 2015年11月28日，区机构编制委员会印发《关于设立区社会科学界联合会机关的通知》，提出在区文学艺术界联合会机关加挂垦利区社会科学界联合会机关牌子，并明确社会科学相关工作职责。2016年3月30日，县委常委会同意召开县社科联第一次代表大会。5月11日，垦利县社会科学界联合会第一次代表大会召开。省社科联党组成员、巡视员李海萍，县委书记、县人大常委会主任韩利学，县委常委、宣传部部长高加夫及120名社会科学界代表出席会议。会议审议通过《县社科联章程》《县社科联委员选举办法》。县社科联第一届委员会第一次全体会议，选举产生第一届县社科联领导机构。

【理论武装】 2016年，区社科联发挥社会科学作为理论武装工作的主力军作用，借助“两学一做”学习教育，利用星期六学校，合理选择学习内容，制定学习计划，开展党的理论创新成果学习、研究和宣传工作，组织学习中国特色社会主义理论体系，党的十八大和十八届三中、四中、五中、六中全会精神，习近平总书记系列重要讲话精神，中国特色社会主义和中华民族伟大复兴中国梦，党史、国史、社会主义发展史教育，新时期党的意识形态工作，哲学社会科学前沿问题，当前经济社会形势与对策等理论成果，用科学的理论指导工作实践。号召全区社会科学工作者对相关理论成果做好学习研究、宣传阐释工作，抓好惠民性理论普及，开展一系列由浅入深、贴近群众的社科理论宣讲活动。

【服务发展】 4月，市社科联印发《关于2016年东营市社会科学研究课题公开招标的通知》，垦利县组织县委党校、县市场监管局等单位申报2016年东营市社会科学研究课题3个，垦利县申报的《东营市农民工生存状态研究》《“CGB”食品安全智慧监管创新模式研究》两个社会科学研究课题中标；上半年，印发《关于征集垦利县2016年度社会科学研究课题的通知》，面向各镇街、区直各部门征集哲学社会科学研究课题14项；11月，在东营市第二十五次社会科学优秀成果奖评选中，区委党校上报的《垦利区农村环境治理情况的调查与研究》获文章类课题研究成果二等奖，《垦利区人口老龄化问题研究》《垦利区电子商务发展情况调查研究》《现代化进程中的农民主体地位发挥研究》获文章类课题研究成果三等奖；垦利一中王守国上报的《从第十一届山东省高中英语优质课展评观摩活动看阅读教学中的问题》、垦利一中张登华上报的《生物学实验教学中对异常现象的有效引导》获文章类论文研究成果三等奖；有3个课题获优秀奖。区社科联发挥“联”的优势，通过“走出去”与“引进来”相结合的办法，加强对外交流合作，拓展社会科学工作的广度和深度，实现社科资源的优势互补和有效整合，为推进垦利区经济社会各项事业发展、促进全区产业转型升级提供高层次的交流推广平台。

【社科普及】 按照《2016年山东省社会科学普及工作要点》关于建立“社会科学普及十百千示范体系建设”的要求，依托垦利硬件设施建设基础，开展各类社会科学普及活动，争创“全省社会科学普及示范区”。按照山东省社会科学普及“十百千”行动计划示范标准，健全组织机构，明确指导思想、基本原则和创建任务目标，提出创建全省社会科学普及示范区的工作目标。4月，组织区博物馆准备有关音像资料并填制相关表格，向市社科联呈报全省社会科学普及教育基地申报资料，为创建工作做好系列基础性工作。12月，区社科联组织整理董集镇、黄河口镇、胜坨镇3个镇以及和平社区等5个社区（村）的有关社会科学普及资料，推荐上报为市级社科普及示范县（区）、示范镇（街道）、示范村（社区）。

（区社科联）

气　象

【气候概况】 2016年度平均气温14.5℃，较常年偏高1.3℃，极端最高气温37.8℃，出现在7月30日，较历年极端最高偏低2.7℃；极端最低气温−8.1℃，出现在1月24日，较历年极端最低偏低1.5℃。年降水量为658.6毫米，较常年偏多123.7毫米，较历年降水最多年份偏少381.1毫米，较历年降水最少年份偏多308.9毫米。年总日照时数为2351.3小时，较常年偏少349.2小时。2016年出现1次暴雨天气过程。全年平均气温偏高，降水偏多，但时空分布不均，日照偏少。冬季气温偏高，少严寒，降水偏多；春季温暖干燥；夏季炎热多雨，秋季温度偏高，降水偏多。大雾、大风等灾害时有发生，但综合评定2016年气候条件对农业生产的影响为正常年份。

2月4日，垦利区气象局被东营市气象局表彰为综合目标优秀达标单位。

垦利区2016年逐月降水量统计表

项　目	1月	2月	3月	4月	5月	6月	7月	8月	9月	10月	11月	12月
月累计降水量（mm）	8.9	10.0	1.1	52.0	32.2	46.8	284.5	221.7	42.1	5.4	103.9	0.6

【主要气象灾害】 受冷空气和副高外围暖湿气流共同影响，8月6日夜间至8日垦利区出现一次暴雨局部大暴雨天气过程。最大降雨量出现在董集镇，降雨量达129.8毫米。受其影响部分农田出现积水受灾，受灾面积3070公顷，其中，棉花1038公顷，玉米1625公顷，经济作物407公顷。成

灾605公顷，绝产145公顷，受灾人口15120人，损坏房屋10间，直接经济损失950.25万元，其中农业损失940.25万元，家庭损失10万元。

12月，东营市“黄河三角洲人工增雨防雹示范基地永安示范炮点”项目工程竣工（王海龙）

【气象基本业务】 垦利区气象局开展的气象基本业务有地面气象观测、天气预报、发布预警、农业气象、农业气象服务、决策气象服务、电视天气预报、GPS/met水汽含量监测、水质监测、区域自动气象监测、气象手机短信服务 。

【人工防雹增雨】 2016年垦利区人工防雹增雨办公室加大对炮点的管理力度，加强专职炮手的技能培训，炮手队伍进一步得到稳定，为全县炮手续签人身意外伤害保险，炮手持证上岗，24小时坚守岗位，遇有作业任务，随叫随到，并保质保量地完成任务。

3月下旬，邀请高炮专家到垦利指导，组织全县炮手进行技能培训，提高炮手操作、维修技能。年内多次进行人工影响天气，安全作业无事故，做到防区内无雹灾，为全县农业增产增收，防灾、减灾做出重要贡献。

【气象服务】 年内发布各类预警40期，大风警报23期，重要天气信息专报25期，麦收滚动预报15期，旬报36期，干旱监测信息36期，4月至9月发布雨情53期。为区里重大活动以及新闻媒体提供滚动天气预报，为垦利报提供周报40期。

在遇有重大天气过程时与上级台站会商天气，分析每一次过程，做到大的天气过程不漏过、灾害性天气不放过。在汛期气象服务中，关注天气变化，及时向区委、区政府领导及防汛指挥部、县直机关、村镇通过短信平台发送短信；如有降水，降水结束后向区委、区政府提供一次雨情，在遇到过程雨量较大可能会出现涝灾的情况时，一小时提供一次雨情。为区委、区政府决策提供准确的气象信息，为防灾减灾工作提供决策依据，为防汛排涝赢得时间，将灾害损失降到最低限度。

（马晓璐）

3月23日，气象台台长王海龙带领学生观看增雨火箭如何使用（杨舒婷）

卫生计生

【概况】 垦利区卫生和计划生育局行使全区卫生和计生管理职

能，内设办公室、政策法规股、疾病控制股、中医药管理局、基层卫生和妇幼保健计划生育服务股、计划生育指导股。机关编制21人，其中行政编制19人、工勤人员编制2人；配备局长1名、副局长3名，中医药管理局局长1名，内设机构股级领导职数9名。2016年，区人民医院在全省公立医院综合改革效果评价工作中，获第9名。兴隆街道和兴隆街道后李村被授予全国计划生育协会先进单位。在全系统开展“三新一创”，即“新智慧、新机制、新举措，争创群众满意优质服务品牌”活动。区卫计局获省级文明单位称号。

【计划生育】 2016年，全区计划生育工作持续稳定健康发展，全面二孩政策顺利实施，做好生育服务手册和生育证件发放、生育子女备案等生育服务登记工作，确保政策调整期工作平稳过渡。实行再生育网上审批制度，方便群众办理，各项计生奖励扶助政策全部落实到位。加强人口出生动态监测，完成1个省级监测点和2个市级监测点的人口出生动态监测工作。2016年度出生4683人，合法生育率98.95%，出生人口性别比105.48，完成年度责任目标。在全区开展“身心和谐，健康你我”主题宣讲活动13场次，参加人员1700人次。开展“健康知识进万家生育关怀伴您行”公益讲座5场次，培训群众500余人次。组织开展“计生助福——情暖黄河口”走访慰问计划生育困难家庭活动。对全区符合条件的独生子女父母大病家庭、独生子女父母死亡家庭、基层计生工作者困难家庭等10类、103户困难计生家庭发放救助金25.8万元。

【公立医院改革】 全年考核指标完成。全年基本药物和常用药品占药品销售总额比例88.45%，药品总占比为34.49%，百元医疗收入消耗占比20%，人员经费支出占医疗成本37.65%，人均工资性收入9.2万元，预约转诊占门诊就诊量的17.03%、临床路径管理的病例占出院总人数的27.7%，均比上年有不同程度的进步。为健全多方考评和监管机制，调整垦利区公立医院管理委员会，印制《垦利区公立医院院长目标责任制考核管理实施办法》。分级诊疗工作初见成效。根据东营市人民政府办公室《关于推进分级诊疗制度建设的实施意见》和《关于印发东营市2016年推进分级诊疗工作实施方案的通知》要求，印发《关于推进分级诊疗制度建设的实施意见》《2016年度垦利区推进分级诊疗工作实施方案》等配套文件，为分级诊疗工作的推进提供制度保障。区人民医院与黄河口中心医院组建医疗联合体，按照市分级诊疗标准和管理办法、双向转诊程序，对下转慢性病和康复期患者进行管理和指导，提供持续性医疗服务。

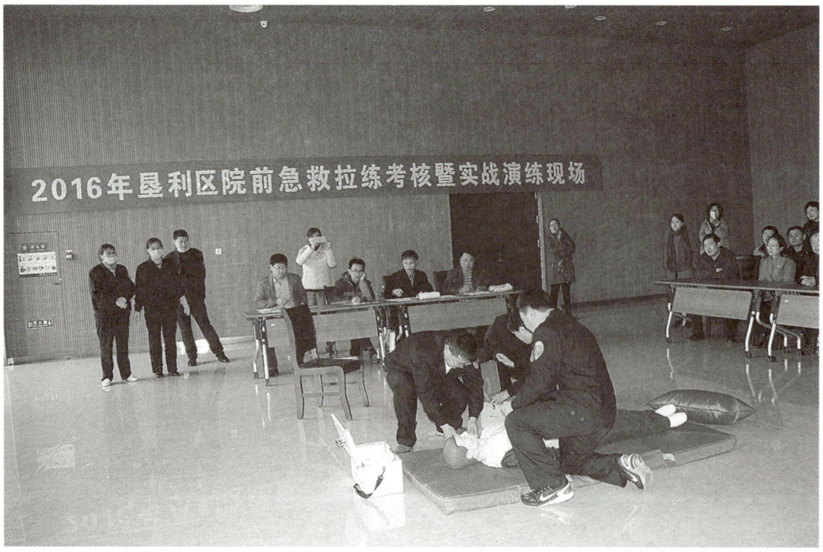

举办2016年院前急救实战拉练考核

【基本药物制度】 基本药物制度实施后，基层医疗卫生机构全部配备和使用基本药物，实行零差率销售。2016年，采购药品1657.29万元，与上年同期相比采购金额提高32.74%，其中，基本药物采购金额基本药物1450.29万元，占药品采购总金额的87.51%。市级补充药物采购金额占总比为12.49%，与药品零差率前相比为群众减少支出780.93万元，有效减轻群众看病就医的负担。有6家药品配送企业参与垦利区基层医疗机构药品配送工作，基层医疗机构共发送药品采购订单1939.44万元，总到货率为85.45%，3日内到货率为59.35%。

【医政管理】 **医疗机构标准化建设** 调整充实医疗质量控制小组成员，实行全区各专业业务指导和质量控制。举办医院感染培训班和护理、医疗、院前急救技能大赛，开展全区医院感染管理专项督导检查，将医疗质量控制各项任务落到实处。依法严格管理，医疗行业监管功能得到强化。严格准入，按照行政审批管理事项，做好医师、护士执业注册管理、医疗机构设置注册等审批事项，全年办理医师注册管理65人、护士128人，设置医疗机构9家、注册9家、变更2家、注销4家。开展抗菌药物临床应用管理，加强医院麻精药品管理使用监督检查工作，对采购使用麻精药品的医疗机构进行现场检查验收，对符合条件的医院换发《麻醉药品、第一类精神药品印鉴卡》，促进了麻精药品规范化管理。

巩固平安医院创建成果 成立垦利区医患纠纷人民调解委员会，建立第三中介调解机制，全区123家医疗机构加入医疗责任保险，调解医疗纠纷16起，分担医患纠纷处置风险。主动应对，院前急救服务能力提升。全年开展急救知识“进校园、进机关、进社区、进乡村”活动8次，提高群众在应急事件中和日常生活状态下的自救、互救意识和基本技能。76人参加全市院前急救岗位考核，提高院前急救应对能力。院前急救出诊3500余次，组织医疗保障40余场次，完成院前急救及重大活动医疗保障任务，应对日常急救和重大突发事件的能力增强。

2016年度全区中小学生健康查体

中小学生健康体检 与区教育局联合印发《关于做好2016年全区中小学生健康体检工作的通知》，2016年度中小学生健康查体30850人。

【无偿献血】 2016年，在垦利文化大厦、信誉楼和各镇街设立献血站点。全年开展无偿献血9次，献血900余人次。

【中医工作】 组织36名西医临床医生参加“西医学中医”培训活动；组织6名中医师参加山东省适宜卫生技术针灸推拿科推广项目培训班，安排3名中医医师到市级以上医院进修学习；聘请山东省中医药大学教授为垦利主要临床业务骨干及部分卫生室主要负责人等100余人做中医药知识培训；永安等卫生院引进中医专家到卫生院定期坐诊；7名人员通过传统医学确有专长考核。垦利街道办事处社区卫生服务中心建成中医药服务区，黄河口中心卫生院建成400平方米的集中医药、理疗、康复一体的中医药服务区。其他4家镇卫生院的国医堂建设任务全面完成，并完成省市验收。区人民医院中医门诊新开设6种中医诊疗项目；垦利康复医院入住胜坨镇、永安镇、兴隆街道老人102人。开展中药饮片专项检查，检查中医医疗机构10余家。

【爱国卫生】 2016年，区爱卫办以“健康城市·幸福垦利”为统领，起草《垦利区关于加强新时期爱国卫生工作的实施意见》《垦利县城乡环境卫生整洁行动实施方案（2016～2020年）》两个纲领性文件，以区政府和区爱卫会名义实施印发。无烟机关、基层卫生单位创建和健康村镇建设试点工作有序推进，2016年创建省级卫生镇街1个、省级卫生村4个、市级卫生村4个、市级卫生单位1个、市级无烟单位和社区115个。胜坨镇东王村、垦利街道胜和村被纳入首批省级健康镇村试点。开展病媒生物防制工作，新增消杀设备1台、消杀人员3名、灭蚊蝇灯17台和毒饵站65个。组织开展好爱国卫生月活动，围绕“灭蚊防病健康你我”主题，集中开展“清洁家园美化环境”义务劳动，对城乡重点区域实施环境卫生综合治理，完成卫生月安排的各项工作。

【妇幼保健和公共卫生服务】 免费为居民提供12项基本公共卫生服务，垦利县被国家卫计委确定为国家基本公共卫生服务联系县，为全国提供专家咨询、经验交流，协助做好国家基本公共卫生服务项目的实施，是全省唯一一个县。各镇卫生院、街道办事处社区卫生服务中心建立居民电子健康档案217923人份，为垦利区65岁以上老年人免费健康查体21557人，发放农村孕产妇住院分娩补助2680人，发放补助款134万元，为农村生育妇女补服叶酸1786人份。落实好计生惠民工程，为全区35～64岁的妇女宫颈癌、乳腺癌免费筛查15900人，完成年度任务数的75.7%；2016年，完成免费孕前优生健康检查和免费孕期监护等工作，为2524对夫妇实施免费孕前优生健康检查，开展免费孕期监护2839人，出生人口素质进一步提高。完成下岗无业人员健康查体3218人次，区直女职工健康检查3471人，流动人口检查2812人次。开展家庭医生签约服务，签约49584户，重点人群签约率90%以上。2016年全区乡医身份和补助年限认证工作稳步推进，发放581人，合计3256420元。

【健康创建】 做好全国健康促进区创建工作，完成健康素养和烟草流行监测基线调查问卷1200份。贯彻落实“将健康融入所有政策”策略，梳理出各部门重点开发的健康公共政策，制定配套的实施方案。开展健康促进学校、健康促进医院、健康促进机关、健康促进社区/村创建和无烟单位创建，健康场所和环境明显改善。加强健康环境建设，在植物园、民丰湖投资打造健康主题公园，建设健康教育一条街，设置健康知识宣传栏、宣传牌，设置健身提示标识，建设健康步道，定期在主题公园举办健身活动。11月4日，启动“全民健康生活健行垦利大地”暨垦利区职业人群健步行仪式，200余人加。通过政府购买服务方式，邀请专家进行健康巡讲授课，宣讲184场。创办《健康垦利》专刊，设立《健康天天看》公众微信号，完成302期。

垦利县创建全国健康促进县动员会议

【科教宣传】 3月3日至11日，以人口形势、政策法规、协会工作、生殖保健、药具管理等为培训重点，组织开展基层计生工作人员业务知识培训班。举办计生国策赶大集活动，为群众提供政策咨询、健康查体等服务，发放各类宣传品。组织各镇街医院，开展义诊活动，为群众送服务送健康。在全系统内开展“新智慧、新机制、新举措，争创群众满意优质服务品牌”“三新一创”品牌建设活动，在加强基层基础、推进改革创新、提升服务水平、促进各项工作上下功夫，满足人民群众的健康新期盼。举办“我们的价值观”主题演讲比赛，提高全系统工作人员人生价值水准。与垦利区电视台合作，开创《健康垦利》专栏，印制《健康漫画读本》6500册，《人口与健康知识读本》5000册，拍摄婚育新风微电影《二孩时代》，开办垦利卫生计生官方微信微博。组织全区卫计系统参加继续医学远程教育项目学习和东营市继续医学教育任期考核，有107人参加考核，全部考核合格。发放2016年度继续医学远程教育学分证书1200余人次。

【疾病预防控制】 2016年，全区传染病疫情总体平稳，无较大波动和大的暴发流行。开展艾滋病、肝炎、结核病等重点疾病防治工作，传染病疫情网络直报、突发公共卫生事件相关信息等报告系统运转有序，传染病报告及时率、审核及时率均为100%。推进免疫规划工作，全区7处预防接种门诊均按照数字化门诊标准建设完成，城区儿童预防接种中心在建设中，2017年竣工并投入使用。接种数据监测系统运转良好，月报告完整率100%，无漏报、迟报现象。全区八苗全程免疫接种率97.5%，乙肝疫苗接种率和首针及时接种率分别为99.4%和95.6%，均达到上级要求。重性精神疾病防制工作，摸排和录入全区严重精神障碍患者1079人，检出率4.19‰，累计管理率90.75%，累计规范管理率88.52%。代表全市迎接全省消除疟疾工作考评检查，并通过验收。利用“3·24世界防治结核病日”“4·25预防接种日”“4·26全国疟疾宣传日”等卫生宣传日及专题讲座等形式，开展宣教活动10余次，发放影像资料、明白纸、宣传单等材料40000余份，9月20日至10月20日举办“悦健康”职业人群健步走激励大赛。应急能力全面提升，修订18部应急预案并上报区政府备案。更新突发公共卫生事件专家咨询委员会和卫生应急专家库，有传染病防控专家11人，中毒处置专家12人，医疗救治专家30人，预测预警专家11人。组织各医疗卫生单位和相关部门开展突发公共卫生事件应急演练，提高卫生应急队伍的实战能力和应急处置水平。

【卫生监督执法】 开展卫生计生综合监督提升年活动，提高卫生计生综合监督执法水平。制作垦利区卫生计生监督执法工作流程图、卫生计生行政处罚工作流程图，监督执法工作按流程进行。实行行政处罚自由裁量权制度，规范行政处罚工作行为。落实行政许可和行政处罚“双公示”制度，自觉接受社会监督。开展医疗机构日常监督检查，完成212家医疗机构的校验审查工作。与医疗机构签订《依法执业承诺书》，规范医疗机构执业行为。加强医疗废物监督管理工作，杜绝医疗机构乱丢、乱堆、买卖医疗废物现象。加强公共场所卫生监督工作，对城区185家公共场所单位进行摸底排查，对存在问题的经营场所下达卫生监督意见书170份。对103家申请办证的公共场所单位进行现场审核验收，办理健康培训证812个。开展医疗卫生机构传染病防治分类监督综合评价试点工作，确定25家试点单位，组织人员开展专项监督检查与评价工作。开展医院感染专项监督检查，检查各类诊所34家。对辖区内8家从事预防接种的单位进行监督检查。对全区3家餐具集中消毒单位进行监督检查，配合省市开展生活饮用水抽检工作，采集样品16份，全部符合标准。

（崔晓磊）

妇幼保健

【技术服务质量管理】 制定事业单位绩效考核个性指标，把服务内容细化、量化，健全质量管理监督机构，定期开展质量评价，自我加压，自我完善，提升服务能力和服务水平，打造360度无缝隙全覆盖的优质服务体系。一是规范临床检验室内质量控制，每天上传质控结果，参加山东省临床检验中心室间质量评价，在血、尿常规、血液免疫、艾滋病检测、血液生化项目评价中均取得优秀成绩，检验结果的准确性受到上级的肯定，赢得了群众信赖。二是4月新建微生物实验室，通过对各科室物体表面、空气培养、湿热芽孢及工作人员双手消毒后的细菌培养和检测，提高了中心控制院内感染的

9月20日，区委副书记、区长崔建华就妇幼计生服务工作进行调研（顾红梅）

水平。三是落实药品安全责任制和责任追究制，提高药品安全保障水平，建立健全药品安全长效工作机制，促进全县药品市场健康有序发展，在药品不良反应上报工作中分别受到市、区表彰。四是加强出生医学证明的签发管理。建立健全管理制度，选配证章管理专职人员负责《出生医学证明》的签发管理，明确职责，责任到人。定期开展《出生医学证明》管理和签发人员法制教育和岗位培训，强化责任意识，落实《出生医学证明》管理相关规定，严格执行证、章分开，双人双锁和专人管理等制度，将《出生医学证明》的管理纳入常规工作计划。全年签发出生医学证明3051张。

【硬件设施建设】 一是信息化建设。投资30余万元，增加排队叫号、触摸屏查询、化验单自助打印、门诊处方点评、互联网+微信平台模块。二是投资28万元购置光电阴道镜，完善“两癌”免费检查工作的后续服务，提高对宫颈癌前病变的诊断能力。三是投资220万元，采购进口台式彩超1台，为群众提供更加优质的服务。采购在进行中。四是投资3万元，更新电脑5台。五是投资2万元更换全彩电子显示屏，轮流播放政务、业务方面的宣教视频、图像、文字，不断提升软环境建设。

【宣传培训】 一是投资2万元对单位网站进行更新并开通单位微信公众号，改进单位宣传工作方式方法，提升宣传水平。二是加大对免费“两癌”筛查的组织宣传，到各村进行“两癌”检查的同时携带音响设备循环播放自行刻录的《致适龄妇女的一封信》，引导适龄人群适时进行检查。三是举办全区基层计生工作人员培训班7期，集中到社区、集市开展宣传30余次，发放优生健康教育宣传手册3万余份，“两癌”筛查宣传资料4万余份。四是服务中心人口学校循环播放免费孕前、孕期检查及优生优育宣传光碟，提高参检群众的覆盖面，营造良好的社会环境和舆论氛围。五是加大对外宣传力度，2016年为区级部门提供工作图片106张，在区级以上刊物发表通讯报道46篇，区级刊物、

6月22日，国务院妇女儿童工作委员会两纲中期评估督导组到县妇幼计生服务中心进行实地察看（王小娜）

网站发表信息30余篇。参加纪检监察信息宣传等网评92篇。六是在组织区、镇两级专业技术人参加上级部门的继续医学教育的基础上，派出专业技术人员参加国家、省、市组织的各类培训班156人次，并于9月分两批赴烟台大学进行为期14天的干部素质能力提升培训，为有效提高服务水平和服务质量打下坚实基础。七是组织并参加机关工委、人社局、卫计局等部门组织的各类竞赛。其中在全区岗位练兵比武活动中，一名工作人员连续两年获第一名。

【民生实事项目】 一是推进免费孕前优生健康检查，累计完成检查5048人，任务进度91.12%。其中评估高风险309人，占目标人群的6.12%，均给予及时准确的咨询指导。二是做好适龄妇女“两癌”免费检查工作。5月4日，累计完成宫颈癌检查14661人，查出HPV阳性患者1268人，TCT检查细胞学改变进一步检查者335人，随访病理最终确诊宫颈癌前病变229人，确诊宫颈癌患者8人；完成乳腺癌检查15900人，建议钼靶检查者110人，手术确诊乳腺癌患者13人。三是做好免费孕期监护项目。全度累计完成唐筛孕妇2665例，其中评估为高风险孕妇285例，进行无创DNA检测174例，确诊21三体综合征5例，18三体综合征1例；完成孕期B超检查2683例，其中查出各类异常382例，确诊胎儿畸形22例。对高风险孕妇全部建立

4月27日，全省重大公共卫生妇幼项目绩效考核组到县妇幼计生服务中心考核（胡学谦）

家庭档案，并电话通知本人及家属进行面对面指导，并做好后期的随访工作，严密观察、记录孕期变化，跟踪随访到妊娠结局。四是推进新生儿疾病筛查及听力筛查工作。累计完成新生儿疾病筛查2897例，其中复查70例；完成听力筛查3426例，其中听筛未通过38例，确诊听力异常2例。五是完成退出育龄期妇女宫内节育器取出295例。

【优质服务】 一是做好全区机关、企事业单位在职女职工和城镇下岗、失业无业已婚育龄妇女生殖健康查体，流动人口查体，幼师查体，儿童入托查体等常规性工作。完成区直女职工健康检查3471人，城镇下岗、失业无业已婚育龄妇女生殖健康检查3218人，流动人口检查2812人次，儿童入托查体2356人，全部完成年初制定的工作目标。二是开展计划生育技术服务。完成皮下埋植节育及取出皮下埋植15例，药物流产90例，人工流产31例，放环49例，取环363例，无一差错事故发生。三是实施免费婚前医学检查工作，完成婚前医学检查182人次，查出各类疾病13人。四是做好艾滋病、梅毒和母婴阻断防治项目。孕前接受艾滋病、梅毒、乙肝检测5048人，未发现艾滋病、梅毒阳性病例。孕产妇接受艾滋病、梅毒、乙肝检测5113人次。艾滋病、梅毒、乙肝检测率均85%以上，在4月份全省预防艾滋病、梅毒、乙肝母婴传播工作的督导检查中得到上级领导的认可。五是开展婴幼儿沐浴、保健按摩和新生儿游泳工作，为群众提供婴幼儿早期智力开发服务，以专业医学知识向父母提供育儿指导。有1050名婴幼儿接受服务，为提升儿童素质打下基础。六是做好药具管理工作。3月3日至11日对全区镇街、村级300余名药具服务人员进行业务培训，提高基层药具服务人员的业务水平。3月23日至

24日，联合区市场管理局、区卫生监督执法局对全区辖区内药具市场进行全面检查。共检查药店25家，其中涵盖城区9家，乡镇10家，城乡接合部6家，未发现国家免费药具流入市场现象。加快区级计划生育药具管理示范站的创建步伐，按要求逐条落实、完善软硬件设施标准，建立推广“生殖健康查体与药具发放服务相结合”服务模式和“自助机24小时发放绿色通道”模式，满足群众的避孕节育需求。垦利区作为东营市第二批药具管理示范站于10月24日接受省药管站考核验收，得到省领导的高度评价。七是强化病残儿医学鉴定初审工作。为2015年市级审批通过的9名病残儿家庭建立完善的档案，并组织病残儿母亲进行优生优育培训及孕前健康查体，对2016年申报的13名病残儿组织进行初审并上报市级，经市级审核全部通过。八是完成门诊工作量139824人次，实现医疗业务收入376万元。

【安全生产】 落实医疗卫生管理法规与规章制度，规范执行医疗护理技术规程，每月一次医护质量、院感检查。定期对压力容器、配电室、锅炉房、电梯、大型医疗设备等重点部位进行督导，落实医疗风险防范措施，每季度对车辆、电气线路、安全出口检查，排除安全隐患，做到责任落实，管理到位，确保医疗卫生质量和医疗安全。在2015年投资20万元对业务楼地下消防泵房、消防控制室等消防设施进行全面维修改造的基础上，2016年投资3万余元，对楼内消防设施进行全面维修更换，并聘请维保公司进行定期保养，保障系统的良好运行。

（程金彬）

文化艺术 广播电视

广播电视

【内宣工作】 一是新闻宣传。坚定“新闻立台”的工作方向，围绕中心工作，宣传区委、区政府的重大决策部署，先后开设20多个专栏，对全区重点工作进行连续系列报道。通过加大《垦利新闻》中民生新闻的报道力度，对节日、节点活动以专栏形式进行系列报道以及对国家实施的新规新政以字幕的形式进行摘要解读等，提高新闻报道的深度和广度。全年播出《垦利新闻》310余期、2200余条，《垦利周刊》53期，《镇街播报》27期《社区风景线》26期。二是自办栏目。围绕“舞台让给百姓，镜头对准群众”的定位，不断充实各类专题、综艺节目。全年播出各类自办电视综艺节目《垦利故事汇》40余期、《快乐成长》50余期，下载播出《综艺影城》《垦利大电影》500余部，实现天天有自办综艺节目播出、日日有新电影奉献给观众。2016年，策划完成《2016年垦利电视台春节联欢晚会》《垦利电视台2016年少儿春晚》等30多场大型综艺活动及《嘻哈姐妹行》《下班路上》等多档自办广播节目，为垦利百姓献上具有浓厚本域特色、内容精彩纷呈的综艺节目，实现了收听、收视率和影响力的提升。

【外宣工作】 积极主动，重点报道，垦利形象得到有力提升。依托省电视台《山东新闻联播》《今日报道》省电台《山东新闻》等栏目，重点宣传、推介全区社会经济发展成果。采取邀请上级台记者联合制作等形式，播发一系列有影响的重头稿件。其中在山东电视台卫视频道《山东新闻联播》栏目播发《山东：构建大炼化格局 地方军赶超国家

1月16日晚，2016年春节联欢晚会录制完成

7月3日，垦利县广播电视台召开2016年半年工作总结会议

队》《山东地炼：领跑供给侧改革》等重头稿件；在山东人民广播电台《山东新闻》以提要的方式播发《东营34位逝者海葬回归自然》《小小虎头鞋走向世界大舞台》《新春走基层黄河安澜的守护人》等重头稿件。2016年，在省电视台发稿112条、953分，全省排名46名，获省台电视宣传先进集体一等奖；在省电台发稿109条、967分，全省排名37名，获省台广播宣传先进集体一等奖。

【地面数字电视广播工程】 2016年实施的地面数字电视广播工程，被区委、区政府确定为2016年为民办实事工程，通过实施这一工程，解决垦利区偏远农村、偏远渔区、偏远厂区群众看不上电视的问题，让农村群众终身免费收看12套电视节目。2016年，发展用户1300多户，预计惠及群众1万余户。

【其他重点工作】 "躬耕息壤·视听垦利"党建品牌建设初见成效，党建展厅建设完成；完成总投资120多万元的消防气体灭火和演播大厅灯光改造工程；提升策划、举办各类活动、典礼的水平，完成300万元的年度创收任务；组织举办的"沿黄百县电视联盟"活动达到宣传垦利的效果；"选师带徒"台内培训促进整体业务水平的提升；贯彻落实安全播出的各项要求，全年安全播出零事故。

（李　静）

文化艺术

【概况】 2016年9月13日，垦利区编办核销文化市场综合执法大队机构，收回编制，执法职能划转区综合执法局，区编委会批准成立垦利区文化市场管理服务中心，为正股级事业单位，编制5人。

【公共文化服务体系建设】 开展国家公共文化服务体系示范区创建工作，提升公共文化设施建设水平，全区新建农家书屋图书馆分馆20个，建设乡村剧场19处，建成示范性乡村历史文化展馆（室）35处。

【群众文化活动】 开展"村村唱戏村村舞"及"舞动垦利·唱响和美"群众文化"六进"活动；举办成人书画班师生优秀作品全国巡回展、山东省农民书画展预展活动等展览4次；采取"庄户剧团+社会文艺团体+专业院团"的模式开展"百团千场乐万家"活动，送戏下乡2010场；参与组织、辅导全区消夏广场文化活动46场次；承办"永远跟党走"垦利区庆祝中国共产党成立95周年主题文艺晚会、垦利区庄户剧团及社会文艺团体会演、东营市"群文之星"才艺大赛"声乐之星"预赛及决赛、东营市"黄河之春"文艺会演等市、区级重要文化活动29次；完成"一村一月一场电影"放映任务。

群文辅导工作。全年举办秧歌、威风锣鼓、广场舞、干部职工健身舞等培训班22期；面向庄户剧团开展戏曲、舞蹈、声乐等专业辅导培训，人数11万余人次；公共文化服务免费培训项目高效实施，开设课程涵盖舞蹈、乐器、美术、声乐、语言等艺术门类共计35个班次，年培训学员46000余人次；培训项目向镇街延伸，永安、董集开班；开展文化志愿服务，“舞动红扇”文化义工队入选文化部2016年度文化志愿服务典型。

【文艺精品创作】 **吕剧振兴工程** “吕韵悠扬·德润垦利”吕剧创新工程列入市级宣传文化创新项目，吕剧电影《幸福公寓的笑声》《考丈人》相继在全国放映近20万场。

文化艺术创作 吕剧电影《幸福公寓的笑声》获第九届泰山文艺奖；小品《实话实说》获省第三届小品新作大赛三等奖；吕剧《HOLD住，胸不住》获省第二届艺术精品调研优秀展演奖、黄河口文艺奖二等奖；绘画作品《唱支山歌给党听》在纪念长征胜利80周年华东六省一市老年书画联谊展中获金奖；快板《幸福和谐俺农家》获山东省群众文化学会年度作品评选三等奖；快板小品《美丽新垦利》获省群众文化学会年度作品评选三等奖；微电影《黄河岸边的老记忆》、歌曲《桃花源》获黄河口文艺奖二等奖。

【全民阅读服务】 **图书馆开放水平** 全年办理借阅证3680张，业务流通186567人次、279622册次；完成手机微信阅读平台升级，3300多种期刊可实现微信阅读，馆内新上电子图书借阅机和儿童电子阅读机。

图书阅读服务 推行“图书馆+”模式，20个农家书屋升级为图书馆分馆，筹备建设“黄河口悦读书社”4处，全部与区图书馆实现互联互通、资源共享；推进“图书馆+书院”模式，尼山书院全年举办国学知识讲座、“读经典·树家风”亲子家庭教育讲座、书法、围棋、古筝等国学普及课程63期，服务读者6275人次；开展特色读书活动；开展“提升优质服务·倡导文明阅读”寒暑假志愿服务、读书朗诵大赛、“庆六一·爱阅读”新书推荐、海洋科普图书展、“敬老月”系列读者活动、“我心飞扬·放飞梦想”儿童故事大王比赛、“炫彩书签·悦读新春”书签设计活动等读者活动。

【文博非遗工作】 **非遗传承和保护** 做好非遗项目申报工作，通过国家、省、市、县四级名录申报，列入省级非物质文化遗产名录1项，市级非物质文化遗产名录10项，区级非物质文化遗产名录16项，申报市级非物质文化遗产传承人4名；做好非遗项目传承工作，开办草编制作中心、桃木雕刻制作中心和黑陶研发基地，成立佛头黑陶传习所、垦利区非物质文化遗产传承基地、草编传习所、垦利区非遗传习所4个传习所传承基地；做好非遗成果保护工作，编撰非遗书刊《黄河口民间传统文化》，策划编排一台民俗表演专场，拍摄一部民间传统色彩的微电影纪录片《传承》，开展文化遗产日宣传活动。

文博工作 博物馆免费开放，全年接待各类参观18万人次；做好第一次全国可移动文物普查，完成可移动文物信息录入工作；举办海北遗址发现十周年

宪法日宣传活动现场

暨中国早期海上丝绸之路起源学术研讨会，邀请国内外专家20余人参会，就海北遗址出土瓷器的窑址和制作工艺进行讨论，论证交流海北遗址发现的意义；做好第三批市级文物保护单位申报工作，黄店遗址、官庄祠堂、东王庄古庙遗址和盖氏始祖墓碑四处单位进入第三批市保单位候选名单；做好海北遗址出土文物整理，推进海北遗址出土文物图录出版工作；开展文化交流活动，举办《海融河汇——全国书法名家邀请展》《"永远跟党走"庆祝建党95周年红色展》《共筑中国梦——庆国庆全国书法名家邀请展》等展览活动。

【文化市场管理】 网吧等互联网上网企业管理　组织召开全区网吧负责人培训会议，举办网吧、娱乐场所负责人法律法规培训班；开展互联网上网服务营业场所专项整治行动，在全市率先实施上网服务场所"零点强制断网"制度；开展春节期间文化市场集中整治行动，全年检查网吧经营单位380余家次，出动执法车辆60余车次，执法人员130余人次，对3家违规经营的网吧进行立案查处。

新闻出版行业管理　做好"扫黄打非"工作，全年出动执法人员100余人次，检查各类经营单位300余家次，收缴非法图书200余本（册）、非法音像制品300余张（盘），取缔出版物无证摊点2处，促进全县文化市场的健康发展；做好出版物市场专项整治行动，开展2016年春季中小学教辅材料出版发行专项检查活动，严查盗版盗印中小学教辅材料等违法违规行为，全年检查书店经营单位100余家次，出动执法车辆10余车次，执法人员30余人次，规范教辅材料出版发行秩序；开展文化市场经营单位许可审批和年审换证工作，受理审批各类文化经营项目申请10余件，办结率100%。

文化市场安全生产　开展集中安全生产检查8次，出动执法人员30多人次，执法车辆8车次，检查网吧90多家次，下达整改指令6份，检查娱乐场所30多家次，下达整改指令2份。不定期检查文化市场经营单位400余家次，出勤执法人员120多人次，执法车辆30多车次。

（杨文亮　李海明　刘学松　刘　敏　张艳丽　魏　莹）

黄河广场演出庄户剧团会演演出

文学艺术界联合会

【文联机关组织管理】 2016年，区文联以"打基础、求进步、促发展"为宗旨，找准定位，确保各项工作推进。11月8日，组织召开垦利区文学艺术界联合会第二次代表大会。区委书记、区人大常委会主任韩利学，区委副书记盖举波，区政协主席张葆春，区人大常委会第一副主任孙海君，区委常委、宣传部部长高加夫，区委常委、区纪委书记韩其国，区委常委、组织部部长、统战部部长卢春玲，副区长李红燕出席开幕式。会上，区委书记、区人大常委会主任韩利学发表重要讲话。会议通过区文联所作的工作报告，修订《垦利区文学艺术界联合会章程》。选举产生区文联新一届领导机构。区二次文代会前后，区文联根据工作需要及时指导区作协、美协等专业文艺家协会召开会员代表大会，确保各协会组织主体合法、管理规范。在此基础上，文联机关规范内部组织管理程序，明确人员分工，服从服务于全区工作大局。

【承办高层次文艺展演】 2016年，区文联配合区政府和区委宣传部先后成功承办“中国梦·田园情——黄河颂山东农民书画展”“第二十届山东美术新人新作展”“第三届中国（东营）艺术品博览会”“到人民中去——任勤尹、任勤林美术作品展”“到人民中去——崔振杰师生书法作品展”等多项省、市、区级大型书法美术展览，提高了垦利知名度；区作家协会、朗诵协会、作协现代诗人分会、楹联协会等协会组织充分发掘垦利特色文化资源，主动开展对外交流，组织会员及文学爱好者参与写作采风、文学创作研讨、诗文楹联征集、诗歌朗诵、演讲比赛等活动。配合区委宣传部成功举办第三届“民丰湖中秋诗会”，这项集诗歌征集、评选、朗诵、展演的文学艺术活动成为垦利一张靓丽的文化名片；区摄影家协会以记录垦利、宣传垦利为宗旨，寻找“垦利之美”，展示垦利区秀美的自然风光、丰厚的文化底蕴、多彩的城乡新貌、多姿的百姓生活及经济社会发展的新成就；区戏曲家协会、音乐舞蹈家协会及区有关文化创作、演出机构发掘垦利特有的文化资源，创作戏剧、曲艺、歌曲、影视等原创作品。在做好本土文学杂志《红柳》编辑、发行的基础上，在《垦利报》开设《文学月刊》专栏，2016年全年累计发行《文学月刊》12期；注册传播垦利文艺信息、转载本土文学作品的文联微信公众号“等你在黄河口”并定期更新，形成广播电视有声有影、报刊杂志有图有文、移动媒介灵动传播的文艺工作大格局。

【开展群众性文艺活动】 2016年，区文联充分发挥组织优势、体制优势、人才优势，准确把握新形势下群众文化需求的特点，按照“以人为本、文化惠民”的工作思路，围绕“基本设施、基本服务、基本队伍、基本保障”等基本问题，开展文艺惠民活动。开展可“书画进社区、春联赶大集”等文化下乡活动，组织区书法家协会、美术家协会、楹联协会的艺术家深入社区、村居、集市开展送文化下乡活动，现场为社区居民、农村群众写春联、画年画、创作书画艺术作品，受到基层群众的热情欢迎。4月下旬，配合胜坨镇政府举办中国梦·田园情——胜坨乡韵农民书画精品展；5月23日至24日，组织专业文艺家协会有关艺术家深入和平社区、实验中学等社区、学校开展文艺志愿者“进社区”书画笔会和文联文艺志愿者“进学校”书画辅导笔会；6月底，动员全区广大书画爱好者和机关党员干部积极参与，举办“纪念中国共产党建党95周年暨红军长征胜利80周年书画作品展”和“重温入党誓词·硬笔书法作品展”，做到了以“人民的文艺”引领时代风气，为建设“黄蓝经济示范区、和美幸福新垦利”做出贡献。

【文艺创作】 2016年，区文联倡导文艺精品创作，以高度的社会责任感、出色的艺术劳动，创作了一大批人民群众喜闻乐见的优秀作品，挖掘培养了一大批高精尖文艺人才，实现了垦利文艺繁花似锦、群芳争妍的生动局面。在2016年泰山文艺奖评选中，垦利区文化活动中心制作的吕剧电影《幸福公寓的笑声》、王连娟创作的美术作品《盛世光年》分获电影、美术三等奖，实现垦利区在这一奖项上零的突破；在2016年推出的第六届东营市“黄河口文艺奖”评选中，垦利区推荐的小吕剧《hold住，齁不住》获戏剧类二等奖，音乐《桃花源》获音乐类二等奖，宋新英创作的《静籁无尘》获美术类三等奖，刘永民创作的摄影作品《天鹅之舞》获摄影类二等奖，郑旭东创作的摄影作品《回家过年首件大事》获摄影类三等奖，电影作品《考丈人》获电影作品奖，微电影作品《黄河岸边上的老技艺》获微电影二等奖；民间舞蹈《打夯》获民间文艺类三等奖，刘俊亮、张丽创作的《谈吕剧语言的规范》获艺术理论类二等奖；垦利区设立垦利文艺奖，6月上旬，开展首届垦利文艺奖文学创作奖评选，长篇小说《儿子的海》、散文集《远去的村庄》、诗集《回望家园》和单篇散文《黄河岸边的茵陈》分获长篇小说、散文集、诗集和单篇散文奖。注重在专业文艺家协会发展壮大、文艺创作表演、文化传承传播、文化经营管理等领域培养领军人物和带头人，逐步将垦利打造成为全市文化系统优秀人才的培养基地和领军人物的诞生地。区级文艺家协会会员725人，市级会员211人，省级会员45人，国家级会员8人，其中，国家级会员包括书法家协会和戏曲家协会各2人，美术家协会、朗诵家协会、楹联协会、摄影家协会各1人，全区文艺人才梯队型储备及建设格局基本形成。年内，全区有4人入选齐鲁文化之星，6人入选黄河口文化之星。

（季海波）

垦利报

【概况】 2016年，累计出版发行《垦利报》249期，开设40余个子栏目，编排版面1000余版，刊登各类新闻报道2万余篇，图片1200余组。“掌上垦利”微信平台发布720余期，关注人数2万人。2016年5月，《垦利报》获评“2015年度山东省优秀县市报”称号；本报记者撰写的通讯《新常态下垦利经济发展》获系列报道类三等奖；摄影作品《八方宴客聚盛会》获摄影类三等奖；版面《影像》和《一周年特刊》分获版面类一等奖和三等奖。

《垦利报》创刊两周年座谈会

【新闻报道】 围绕区委、区政府中心工作，开设专栏，发挥区委机关党报的舆论引导作用，促进各项工作的开展。一是常规报道。规范新闻报道，关注反映民意，将更多的版面留给基层和一线，根据不同时期的宣传重点，开设贯彻落实市县经济工作会议精神、“辉煌十二五·喜看新成就”“三大专项行动”“民情日

新东方小区建设党报阅报栏

记”“撤县设区”“两学一做”学习教育等栏目，策划精准扶贫系列、金秋时节看收获系列、巡礼2016系列、乡村文明行动系列等系列报道，并完成采编出版工作。二是主题报道。“两会”期间，报社全体工作人员加班加点，做好每个环节的策划、采访、写稿、审稿、编排，连续编辑出版5期，实现日报模式，完成“两会”的宣传报道任务，得到区领导的肯定。围绕元旦、春节、创刊周年、五一、七一、十一等重要节点，加版增期，报纸的影响力得到提升。三是专题宣传。丰富栏目设置，加强专题新闻策划，重大活动、重大事件配发社论、短评等评论文章，增强深度报道；开设法治月刊、教育月刊、文学月刊等专刊。不断拓宽宣传形式，开设政策解读等专题，一批具有调查研究价值的新闻报道陆续推出，为党委政府提供信息参考服务。

【亮点工作】 为丰富版面内容，增强报纸可读性，报社围绕微信平台、创刊周年、发行工作等，策划各种活动，扩大报纸的影响力，提高报纸的知名度。一是微信平台影响力提升。为让“掌上垦利”微信平台发布的内容更贴近基层，开设“垦利面孔”“行行摄摄”“百姓故事”“俯瞰垦利”等10余原创栏目，分别以图文和评论等形式，展示老百姓的生活，探讨热点、时政、民生等焦点问题，提升了微信平台的深度，深受读者喜爱。其中，《广场舞男神孙长水》《小凉皮大梦想》《垦利24小时》《你在，我就有活下去的勇气》等50条原创文章点击量过千。二是创刊周年活动。以创刊两周年为契机，召开《垦利报》创刊两周年座谈会，举办“党报进社区”、“爱垦利·随手拍”——垦利报社首届拍客摄影赛、读者节之“微信有约”“报”之以“礼”、第二届“从心”优秀征文评选、“一路精彩”特刊等系列活动，编辑出版《“家”摄影作品集》《“从心”优秀征文集》等，与读者一起见证《垦利报》的成长历程，在社会各界引起强烈反响。三是报纸发行覆盖面扩大。采取电话回访、实地督导、调整发行范围等措施，解决发行中存在的问题，确保每一份报纸发行有效，扩大影响力。做好向上级领导、兄弟县（市）报社、在外工作的垦利籍工作人员赠阅工作，通过报纸这扇“窗口”，了解家乡的发展变化和优惠政策，从而吸引回家乡投资创业、支持家乡发展。

【建设党报阅报栏】 创新方式方法，拓展宣传阵地，摸索出一条传统媒体和新兴媒体深度融合，交相互动的新路子，高标准建设党报阅报栏。《垦利报》高端电子阅报栏是垦利报社的形象窗口，又是宣传党和政府方针政策的阵地。报社严格划分阅报栏功能区，阅报栏上部分为LED电子滚动屏幕，中间部分为LED液晶显示屏，两边侧栏为贴报区的“三段式”功能划分情况，在中间LED滚动显示屏部分增设当天的《垦利报》电子版，报纸区做到按时更新周二、五的《垦利报》。报社通过大量的规划设计和考察选址，首期选在新东方小区（东方社区）建设1处高端电子阅报栏。阅报栏的安置更接近市民的传统阅读习惯，拾遗补阙，方便市民在茶余饭后、沿途经过时看报，成为聚集读者群体的重要场所，更重要的是，阅报栏成为群众文化的亮点，以全新的户外媒体形式，使党报在走进群众、走向基层中，激发了党报的基层生命力。

【“走转改”活动】 组织新闻记者深入一线，进企业、入村镇，蹲点调研、实地采访，先后采写了一批新闻性强、有力度的重点报道，提高了基层新闻的分量，增强了新闻感染力和影响力。围绕群众关心的热点采写稿件，开设“垦利美”“寻找最美劳动者”等栏目，让更多的社会新闻、民生稿件见诸报端。

（张丽君　薄纯敏　张蒙蒙）

新华书店

【主要经营指标】 2016年垦利分公司实现营业收入968.7万元，

较2015年的840.4万元增长128.3万元，完成计划指标964万元的100.49%。实现利润总额62.2万元，较2015年的13.1万元增长49.1万元，完成计划指标26.52万元的234.54%。完成集团下达的主要经营业绩考核指标，实现两个10%的增长目标。

【组织结构】 根据精简、高效的原则，对内设机构调整，将原有的5个部门压缩至3个，除教材科和门市部两个经营部门外，将所有后勤职能统一由综合办公室执行。对人员重新进行配置，按照充实一线的原则增加经营部门的人员编制，综合办公室虽然职能增加，但人员由原来的6人减少至3人。在分配政策上也向一线倾斜，体现多劳多得。

【一般图书】 在馆配图书和学习文件上，通过多种渠道、多种方式做好服务。

【门店转型升级】 受益于集团政策支持，获财政扶持资金用于门店转型升级，项目推进过程中。

（山东新华书店集团有限公司垦利分公司）

社会生活

民政

【概况】 民政局行政机关内设机构设5个职能股室，由办公室（规划财务股）、区社会组织监督管理局（副科级）、基层政权和社区建设股（挂区划地名办公室牌子）、优抚安置股（挂县退伍军人和军队离退休干部安置办公室牌子）、区双拥工作领导小组办公室、救灾救助股（县社会福利和社会事务股与其合署）组成；直属事业单位7个，由市殡仪馆、市黄河口烈士陵园管理处、区社会救助中心、区军队离休退休干部休养所、区慈善总会办公室、区城乡居民家庭经济状况核对中心和区民政局婚姻登记处组成。为加强对非公有制经济社会组织党建工作的领导和指导，2016年2月20日，县委下发《中共垦利县委关于成立中共垦利县委非公有制经济组织和社会组织工作委员会的通知》（垦委〔2016〕6号）文件，成立中共垦利县委非公有制经济组织和社会组织工作办公室，办公室设在县委组织部，撤销中共垦利县委社会组织工作委员会。2016年年底，局机关核定编制17人，在岗人员24人，其中：公务员22人，工勤2人；财拨事业单位编制23人，在岗人员20人；殡仪馆为自筹自支事业单位，核定编制18人，在岗26人。

2016年1月，民政局被政协垦利县委员会表彰为2015年度提案承办工作先进单位、被垦利县人大常委会表彰为2015年度代表建议办理工作先进单位、被县财政局表彰为2015年度部门决算工作三等奖；3月，撰写的《垦利农村新型社区运行管理情况的调研报告》在“以五大发展理念推进政府职能转变和机构编制管理”主题征文活动中获三等奖。11月，区民政局被评为市级“国防建设十佳单位”。

【社会救助】 2016年，健全完善社会救助工作机制，发挥区社会救助联席会议的作用，健全完善以城乡低保为基础，五保供养、医疗救助等专项救助为主要内容，临时救助为补充的社会救助体系，健全完善社会救助网络。

社会救助体制机制建设 为加强和改进社会救助工作，解决救助工作碎片化问题，垦利区成立以分管副区长为总召集人，民政局、教育局、卫生和计划生育局、住房和城乡规划建设局、人力资源和社会保障局等20个部门为成员的社会救助联席会议制度。全年召开3次社会救助联席会议，各联席会议成员单位参加，共同协商重大事项，促进社会救助工作联动发展。建立社会救助“一门受理，协同办理”工作机制，按照受理、分办、转办（介）、结果反馈流程，确保实现快速分办处置，妥善处理群众各类救助申请。为提高社会救助工作信息化水平，市民政局开发社会救助城乡居民家庭经济状况核对联动平台，垦利区为全市首家试点单位。联合相关部门，开展家庭经济状况核对工作，确保符合条件的对象享受各项救助政策，实现救助工作公平、公正，提高全区社会救助工作水平。

城乡低保工作 2016年1月1日，保障水平继续提升，农村低保标准由3760元/人/年提高到4120元/人/年，城市低保标准由520元/人/月提高到550元/人/月，农村五保标准由6800元/人/年提高到7300元/人/年。2016年，有4416户、7516人享受农村低保，发放农村低保金2516.19万元；共有495户、868人享受城市低保，发放城市低保金478.88万元；有农村五保对象386名，发放五保供养经费291.88万元。为城乡低保、农村五保对象发放电量补助款53.2万元，为80周岁以上低保老年人发放高龄津贴14.12万元，为低保大学生发放省级救助金6.4万元。利用东营市社会救助联动信息平台，建立健全家庭经济状况核对机制，对所有新申报的低保对象全部进行信息核对，新增低保对象293人，注销391人。对城乡低保对象进行长公示，对低保对象及享受金额长期在各村、居公示，接受群众监督。实行分类管理，农村低保每季度调整一次，城市低保每月调整一次，实现动态管理下的应保尽保。

医疗救助工作 2016年，开展医疗救助工作，根据《东营市人民政府关于印发医疗救助办法的通知》文件要求，明确垦利区执行标准，申请以区政府办公室出台《垦利区人民政府办公室关于转发〈东营市人民政府关于印发东营市医疗救助办法的通知〉的通知》（垦政发〔2016〕13号），完善全区城乡困难群众、城乡低收入家庭及因病致贫支出型困难家庭救助标准，完善医疗救助政策。救助比例提高到70%。实施医疗救助“一站式”即时结算与手工救助相结合，对困难群众医疗救助实现无缝隙对接。2016年通过“一站式”结算救助群众728人次，救助医疗资金106万元。2016年对2015年符合条件的困难群众503人次实行医疗救助，救助资金169万元。

6月27日，召开医疗救助暨临时救助联席会议

灾害救助及应急工作 开展灾害应急演练，宣传防灾减灾相关知识，争取上级救灾资金143万元，下拨各镇街，救助受灾群众。在全市率先建成功能完善的救灾物资储备库，投资45万元购置帐篷、应急灯、棉被等1200余件救灾物资，灾害救助能力加强。

临时救助 通过召开社会救助联席会议决议，2016年对14户、48人实施临时救助，发放救助金13.52万元；对37户、108人实施慈善临时救助，发放救助金36.38万元。

慈善救助 2016年，除红光办事处、黄河口镇正在完善手续外，各镇街道均成立独立法人的慈善总会，创新慈善工作方式。2016年“慈心一日捐”活动自11月11日开始，至12月30日结束。接收社会各界捐款422.3081万元，其中可支配捐款118.939万元。2016年利用慈善资金开展“情暖万家”“康复助医”“春蕾计划”“送温暖献爱心”等11项慈善救助项目。

【优抚工作】 **落实优抚政策** 各类优抚对象的抚恤定补标准都达到国家现行标准并全部实现社会化发放，兑现率100%。自2016年1月起，提高全区1～4级残疾军人护理费标准，为2300名优抚对象发放抚恤定补金1153余万元。开展优抚对象数据精确核查统计工作，数据采集率98%。2016年，组织部分优抚对象到市荣军医院、青州荣军医院进行免费疗养，并组织部分优抚对象在区人民医院免费查体。举行义务兵优待金发放仪式，为279户义务兵家庭发放优待金525万元。“八一”前夕开展“爱心献功臣”活动，列支专项资金，对14名抗战老兵集中走访慰问，每人发放慰问金2000元。对全区部分重点优抚对象进行“八一”走访，每人发放慰问金600元。为11名抗战老兵配备轮椅、助听器，落实1名在乡六级以上残疾军人医药费。开展“精神抚慰”活动，组织社区群众、社会公益组织走访退伍老兵。对70名困难优抚对象实施临时救助，发放救助金10万余元。

提升优抚服务规范化、精细化水平 组织开展《山东省军人抚恤优待办法》的集中学习，推进优抚医疗“一站式”及时结算服务，为全区82名优抚对象兑现医疗救助金28.5万余元。2016年10月，首次实现城乡“三属”定期抚恤金标准一体化，使全区农村“三属”抚恤金在原来的基础上每年增加3000～5000元，受益人群34人。

烈士褒扬 在2015年烈士陵园景观改造及纪念堂布展提升工作基础上，加强烈士陵园日常管理，健全完善长效管护机制。开通黄河口英烈网，加强烈士精神的宣传，开展网上祭英烈活动，提高烈士褒扬工作水平。清明祭扫和烈士公祭期间，在黄河口烈士陵园举办群众性祭扫及烈士公祭仪式，提升烈士陵园褒扬烈士、教育群众的社会功能。

开展救灾演练活动

【安置工作】 2016年，全区接收2015年冬季退役士兵101名，2016年春季转业士官5人，符合安置条件11人。4月底前，为95名自主就业退役士兵发放一次性经济补助金153万元，发放自谋职业金165万元，支持退役士兵就业创业。4月17日至6月19日在东营市技师学院开展为期两个月的退役士兵技能培训工作。对符合安置条件的11名退役士兵，进行“双考”安置，实现公开、公正、公平的阳光安置。2016年，安置到机关事业单位3人、油田2人、供电公司1人、垦利石化5人，安置率100%。

【双拥工作】 春节、“八一”期间，组织区直部门、企业与驻军驻警单位结对，开展“十送十进”军营活动，组织庆“八一”双拥文艺晚会。安排60余万元专项资金对部分困难优抚对象及驻军驻警优抚事业单位、立功受奖军人家属进行走访慰问，在全社会营造出拥军优属、拥政爱民的浓厚氛围，推进了军地融合、军民团结和共同发展。2016年7月，区民政局局长王秀林被表彰为全省双拥工作先进个人，记一等功。

拥军优属 在全区主要路口设置大型双拥标志牌，在公共场所、交通要道、车站码头、服务窗口设置残疾军人、烈属和现役军人优先优惠服务标志，各村庄的主要街道路口粉刷了永久性双拥宣传标语，驻军驻警单位设立拥政爱民宣传窗。利用《中国民政》《当代社会》等国家和省级媒体宣传垦利区双拥工作的好典型、好做法。通过组织观摩、座谈、国防知识竞赛、巡回报告、通报表彰等形式，宣传双拥工作的最新进展和做法。为助力强军梦，区委、区政府领导采取深化调研、走访慰问、定期召开现场办公会等方式，针对部队需求，深化服务理念，为驻垦部队排忧解难。投资600余万元，为武警中队建设办公大楼，购买训练设备，购买消防设施等安全保障设备。2016年，安排拨付军休所离退休人员经费、义务兵优待金、退役士兵安置、军休所经费、抚恤金、烈士陵园建设维修等资金1410万余元。拨付走访慰问及双拥活动经费98万元。出台《关于加快推进全县军民融合深度发展的意见》，对军民融合产业发展、退伍军人安置、随军家属就业、军人子女入学等进行系统规范。依托黄河口新型农民学校成立垦利区城乡退役士兵技能培训基地，对城乡退役士兵免费进行职业技能培训。发挥培训基地教育资源优势，举办军民融合高端人才培训班，设立"拥军班"，区委党校设立自考函授班，确保能够随时为部队官兵授课。团区委开展"青年志愿者"行动，推进"为了最可爱的人"行动，加大团组织科技、政策、法律拥军力度。依托垦利街道和平社区青年志愿者服务站平台，发动区青年志愿者协会、橄榄树志愿者俱乐部、各居委会志愿服务队等公益性、专业性的社会组织到农村、企业、敬老院、军（干）休所、驻垦部队等单位为烈军属及驻垦官兵送温暖，开展"弘扬雷锋精神，汇聚青春力量"学雷锋活动、"阳光温暖星期五，志愿服务你我他"社区志愿服务、"爱心重阳节，浓浓敬老情"敬老爱老等各类青年志愿服务活动。区交通运输局加大对现役军人、残疾军人免费乘车的政策落实力度，境内的两处浮桥均落实军车免费通行政策。区妇联发挥巾帼志愿者的作用，为123名入伍的新战士们送去光荣花，把农村贫困军烈属、残疾军人家庭的孩子优先列为"春蕾计划"爱心助学资助对象，在每年组织"关爱贫困母亲"活动中，将生活困难的烈军属、老复员军人家庭作为慰问的首选。

拥政爱民 区人武部在参与地方重点工程、公益事业建设和创建"精神文明城市""卫生城市""园林城市"等活动中，投入劳动力2.2万余人次；支援社会主义新农村建设，坚持开展献爱心、送温暖活动，帮扶贫困家庭、失学儿童，联系帮扶董集镇小官村等6个后进村，帮助群众解决实际问题。强化应急分队建设，开展应急演练，结合垦利黄河防汛、风暴潮袭击等，区人武部组织民兵拉练，并根据不同时期修订抢险救灾应急预案。开展军警民联防联治，出动官兵500多人次，车辆100多台次。各边防派出所也始终把保护国家、集体和人民生命财产安全作为最高职责，开展海上执法，多次营救海上遇险渔船。

军休干部服务管理 军休所有军休干部13人，遗属3人。落实军休干部各项待遇。为军休干部订阅党报、党刊，定期组织军休干部参加党组织生活会，学习政治理论和时事政治。坚持春节、"八一"、中秋节等节日走访慰问军休干部制度。在此基础上，通过为军休干部及遗属过生日、到医院看望生病军休干部等方式落实军休干部生活待遇，到医院看望军休干部、军休干部家属、遗属11次，送去慰问金6000余元。探索人性化、亲情化服务。先后多次开展送健康、送温暖服务，组织开展形式多样的文体活动。联合垦利一中健康教育中心，举办"关爱健康情系军休"健康讲座暨义诊活动，为军休老人送去一份节日的"健康大礼包"，组织军休干部代表参加山东省军休干部够级比赛，举办庆"五一"军休干部趣味运动会及老年体协组织的区直队门球比赛、纪念建党95周年"讲故事"大赛。

【基层政权和社区建设】 规范村务公开民主管理工作。2016年，细化村务公开的形式、内容和时限，组成专项督查小组定期到各镇、街道进行抽查，对检查结果进行通报并限期整改。全年抽查20个村，确保村务公开规范运作，保障农民群众的知情权、参与权、管理权、监督权。增强城市居民委员会自治能力。2016年，成立垦利街道康居、书香社区居民委员会，兴隆街道和兴社区居民委员会和郝家镇书苑、惠园、安园社区居民委员会。以区委、区政府办公室名义出台垦利区《关于加强城乡社区协商的实施意见》（垦办发〔2016〕33号），推进城乡社区协商制度化、规范化、程序化。2016年9月，与东营市垦利区社区管理办

3月15日，举办第十个国际社工日宣传活动

公室完成社区相关工作交接。

【社会工作人才】 2016年3月15日，在第十个国际社工日来临之际，紧扣“发展社会工作，助力扶贫济困”的主题，以弘扬社会工作精神、传播社会工作知识、展示工作者风采、关爱社会工作者成长为主要宣传内容，组织开展宣传活动。在《垦利报》、垦利新闻、垦利县政府门户网站和垦利县民政局网站进行信息宣传，并在垦利电视台周六《社区风景线》节目作专题报道，突出对社会工作理念、社会工作服务效果的宣传，加深、巩固社会公众对社会工作的认知。12月，对全区社会工作专业人才进行统计并对人才库进行更新。本年度，全区有14人通过社会工作师职业资格水平考试，有助理（初级）社会工作师28名，中级社会工作师21名。

【社会组织管理】 2016年，登记成立社会组织33家，其中社会团体12家、民办非企业单位21家。注销登记4家社会组织。有9家社会组织前来办理变更登记手续。全区有社会组织145家，其中社会团体86家、民办非企业单位59家。印发《关于做好2015年度社会组织年度检查工作的通知》，将年检情况在网站、垦利报等媒体进行通报。规范社会组织名称，完成全部社会组织“三证合一”、赋码及登记证书核发工作。2016年11月24日，设立东营市垦利区民政局社会组织党委，创新党组织设置形式，打造社会组织兼合式支部建设，成立业务主管单位行业型社会组织党总支，社会组织党组织覆盖率得到提高。组织开展社会组织示范点争创工作，2家社会组织全部通过评审，成为全市第三批社会组织创建的示范典型。

【专项社会事务管理】 **收养登记** 2016年，依法办理收养登记9例，合格率100%。

救助流浪乞讨 2016年投入资金3.5万元救助流浪乞讨人员25人，为他们提供生活、医疗、住宿、返乡车票救助和护送返乡服务。

婚姻登记 2016年办理结婚登记1665对，离婚登记522对，补发婚姻登记证762对，合格率均为100%。2016年12月17日，婚姻登记处迁址到振兴路以北、兴隆路以东。根据上级最新要求，提供免费颁证服务项目，开展延时服务和预约服务。印制《颁证服务纪念贺卡》，开展文明节俭办婚事和政策宣传活动，协助卫生部门、区妇联开展当事人自愿免费婚检、孕前健康检查和优生优育优教知识的宣传工作。

区划地名 做好全区第二次全国地名补查工作。内业组详细整理全区54个中小类《地名调查登记表》《地名标志登记表》的标准填写说明和规范示例样。外业组采用外业补查、内业整理的模式，发挥影像图的优势，查漏补缺，及时更新，分镇街、按图幅、地毯式地实地进行外业地理实体调查，实地调查地名2232条，拍摄地名数码照片6673张，完成全区外业普查地理实体采集任务。8月31日上午，召开“东营市垦利区第二次全国地名补查征集资料暨加强地名文化保护清理整治不规范地名工作会议”，并进行东营市垦利区第二次全国地名补查征集资料集中培训。至12月底，157个单位按要求上报地名补查征集资料，涉及2597条应报地名，详细审核2597条各类地名。入库地名信息2396条，完成图库关联2396条，规范标注工作图15幅，确保了属性库属性信息填写质量和图形库图形数据标注质量。规范县级行政区划调整，做好撤县设区相关工作。按权限和规范程序调整县级行政区划，及时上报县级行政区划调整请示和论证评估报告，以及区划调整后成效评估报告等材料。2016年6月8日，国务院以国函〔2016〕105号文件批复山东省同意调整东营市部分行政区划，即同意撤销垦利县，设立东营市垦利区，以原垦利县的行政区域为垦利区的行政区域。7月15日，省政府以鲁政字〔2016〕156号文件下发通知落实国务院批复。为做好撤县设区工作，按照县委、县政府安排，6月，民政局先后到滨州市沾化区、德州市陵城区考察学习，借鉴外地在撤县设区工作中的成功经验，并根据自身职能，制定行政区划组具体工作方案，定期报送工作开展情况。起草《关于撤县设区筹备工作有关情况的说明》，制定《垦利县撤县设区工作计划表》、《中共垦利县委垦利县人民政府关于撤县设区工作的实施意见》（征求意见稿）及《撤县设区工作领导小组成员名单及责任分工》。8月2日，召开东营市垦利区成立大会后，按照区委、区政府安排，做好撤县设区评估总结、资料上报和档案资料整理工作，并同邻县区签订平安边界协议。完成“东营垦利线”年度边界联检工作任务。在边界联检过程中，会同东营区民政局共同制定“东营区和垦利县行政区域界线联合检查工作实施方案”，对东营垦利线实地进行外业联合检查，共联检边界线107080米，界桩20个（含东营垦利利津三交点界桩1个），审核《关于东营区和垦利区行政区域界线联合检查工作的情况报告》，以及界线界桩联检表。

殡葬服务管理 全区所有区直单位和镇街全部制定移风易俗工作实施方案，制定详细工作措施。发挥村级红白理事会的作用，出台《关于加强红白理事会建设促进移风易俗的意见》。全区333个行政村全部成立红白理事会，并做到章程、制度、人员名单上墙，倡导树文明新风。2016年2月，县民政局联合县人社局、县财政局出台《关于免除居民基本殡葬项目服务费用的通知》，自1月1日起，对于具有垦利县户籍死亡后在殡仪馆火化的城乡居民（不含行政、企事业单位享受丧葬费补贴人员）、未登记户口的社会福利机构抚养的儿童（非法收养的除外）、无法查明身份并在社会救助管理机构死亡的被救助人员、驻垦利部队的现役军人、公安部门经办处理的未知名尸体实行基本殡葬项目服务免费，每人补贴1000元。2016年为157人实行居民基本殡葬服务项目补贴，补贴资金15.7万元。深化全国殡葬管理服务专项整治活动成果，针对殡葬服务、收费标准、收费流程、服务质量进行全面自查，全面清理和规范殡葬服务收费标准和价格，严格执行物价部门规定的收费标准和价格，做到所有免费服务项目、收费服务项目和收费标准、收费依据、监督电话在服务窗口、市县民政网站公开，主动接受群众监督。实行殡葬服务自愿选择，除基本殡葬服务项目外，其他服务项目收费均向当事人列出服务清单，由当事人自愿选择，并严格按照物价部门核定的价格进行收费，杜绝强制消费、捆绑消费、误导消费，提升群众满意率。全年为4347户群众提供殡葬服务。落实《关于对全县特殊群体的减免规定》等惠民政策，降低群众治丧负担，全年为困难群众减免费用近50万元，对252名城乡低保、农村五保及抚恤定补优抚对象等群体实行基本殡葬服务费用补助每人850元，共补助资金21.42万元。为进一步深化殡葬改革，节约土地资源，推行生态葬法，3月30日举行东营市第二次骨灰撒海活动启动仪式，共撒海骨灰13盒，开启东营绿色殡葬、文明殡葬的先河。

【社会福利事业】 **社会养老服务体系建设** 为推动养老服务工作科学规范开展，投资10万元开展《养老服务设施布局专项规划》编制工作，对垦利区养老服务业发展进行翔实规划。经过专家评审及进一步修改完善，完成编制内容，通过区规划编制委员会审核，正式公布实施。2016年，新建垦利街道东兴村、黄河口镇护林村两处农村幸福院，新增养老床位50张。2016年3月，联合县财政出台《垦利县民政局垦利县财政局关于政府购买居家养老服务工作的实施意见》，自2016年1月1日起，对于全县60周岁以上、生活不能自理的城乡失能老年人等实行生活照料、康复护理、精神慰藉、紧急救援等养老服务，服务标准为每人每月200元。2016年，投入151.76万元对7588人次城乡失能老年人提供服务106232小时。联合消防大队对全区养老机构进行8次消防安全大检查。

残疾人两项补贴发放 联合县财政局、县残联转发《东营市民政局、财政局、残疾人联合会关于全面建立困难残疾人生活补贴和重度残疾人护理补贴制度的实施意见的通知》，自2016年1月1日起，困难残疾人生活补贴为一级每人每月180元，二级每人每月150元，三、四级每人每月100元；重度残疾人护理补贴标准为每人每月不低于80元。此项工作由民政履行主管部门职责，负责资格审定、补贴发放、监督管理等。2016年，为4424人次发放困难残疾人生活补贴413.20万元；为6762人次发放重度残疾人护理补贴329.98万元。

孤儿及困难儿童救助保障 2016年，为全区25名孤儿、41名事实无人抚养儿童发放基本生活费55.66万元。建立困境儿童生活保障制度，为48名困境儿童发放生活费17.1万元。开展民政干部联系孤儿活动，联系帮扶36名孤儿，救助资金1.8万元。

（付丽娜）

人力资源和社会保障

【概况】 东营市垦利区人力资源和社会保障局内设办公室（政策法规股与其合署）、公务员管理办公室（事业单位人事管理股与其合署，挂区军官转业安置办公室牌子）、工资福利室、社会保险室、就业促进室（挂区人力资源市场管理办公室牌子）、劳动关系室6个行政股室，下设公共就业人才服务中心、社会保险管理服务中心2个正科级事业单位，人力资源社会保障监察大队、专业技术人员管理办公室、外国专家局、劳动人事争议仲裁院4个副科级事业单位，人力资源社会保障局档案管理中心、工伤认定委员会办公室、人才创业中心3个股级事业单位，有职工117人。2016年，先后获全国人力资源社会保障宣传工作做得好的单位、全省人力资源社会保障系统先进集体、全省人力资源社会保障宣传工作先进单位等多项称号。

【就业创业】 （一）搭建创业载体。打造创业孵化基地集群，中关村黄河口创业孵化基地、山东金钊源物流创业园、东营诚成互联网+物流创业园3家创业示范园区（基地）被评为市级创业孵化基地和创业园区（平台），全区市级创业孵化基地和创业园区（平台）达5家。垦利大学生创业园服务功能进一步完善，入驻企业132家，被认定为省级大学生创业示范平台。（二）推进创新创业。组织开展垦利县首届创新创业大赛，有167个企业（团队）报名参赛，水陆两栖船项目和管道机器人项目等分获企业组和团队组一、二、三等奖。建立“垦利区大学生就业创业超市”微信服务平台，发布创业就业政策和招聘信息700多条等，关注人数突破4500人。引进“三实”

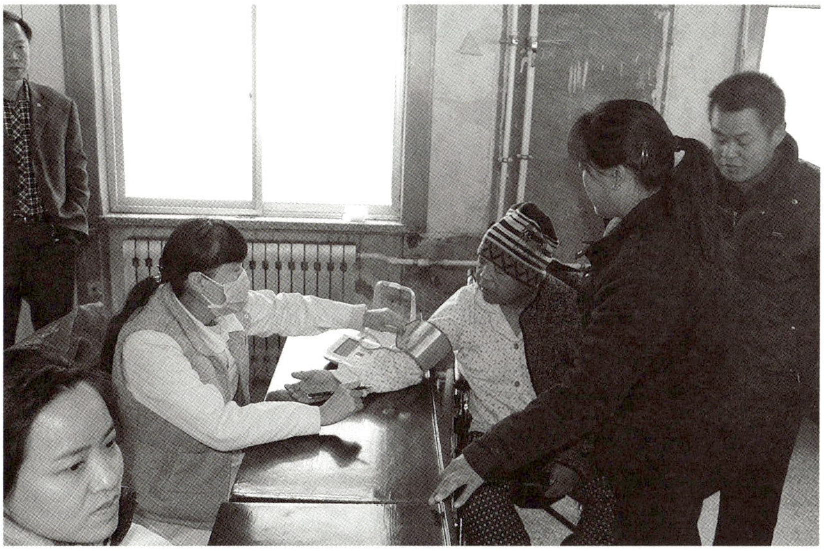

10月27日，开展秋季医疗保险门诊慢性病现场鉴定工作

创业培训模式，培训创业人员1084人，创业培训成功率大幅提升。（三）实施就业突破战略。搭建“互联网+就业”、政校企合作平台，开展“优秀企业校园行”等活动，组织万达、胜通、东辰等20多家企业赴甘肃林业职业技术学院、大连理工大学等高校举办专场招聘会，提供就业岗位1000多个，达成用工意向700多人。举办家禽家畜养殖、热金属处理工等专业培训班131期，就业技能培训4698人。发放小额担保贷款9609万元，落实创业带动就业补贴216.3万元，为就业创业提供有力资金、技能支持。全区城镇新增就业3770人，城镇从业人员47719人，城镇登记失业率控制在2.3%以内。

【社会保险】 以全民覆盖为目标，统筹推进城乡社会保障体系建设。（一）深化社保扩面提标工作。全年收缴各项社保基金6.67亿元，发放待遇5.56亿元，社会化发放率100%。开展全民参保登记试点工作，完成17.42万参加养老保险、21.97万参加医疗保险、4.8万参加工伤保险、3.6万参加生育保险和3.1万参加失业保险人员的核对工作，逐步实现参保人群动态管理。推进“同舟计划”，垦利区有71家建筑企业参加工伤保险，通过全省阶段性检查验收。实现企业退休人员养老金“十二连增”，调资后垦利区企业退休人员人均月养老金达2059.6元。将居民基础养老金标准由每人每月160元提高到175元；居民基本医疗保险政府补贴标准由400元提高到430元，均居全省最高水平。（二）深化社会保险制度改革。推进机关事业单位养老保险改革，研究和完善待遇计发、职业年金管理、参保人员范围界定等改革配套政策，确保上级各项政策得到有效落实。加快推进以病种分值结算为主的基本医疗保险付费方式改革，实现城镇职工医疗保险与城乡居民医疗保险按病种分值结算；做好按病种分值结算工作，对存在疑点的2300份病历进行互审，并按季度对参保人员省外住院治疗情况进行稽查，拒付不合规费用350多万元，有效控制医疗费用不合理增长（三）深化被征地农民养老保险资金落实工作。印发《关于进一步做好被征地农民养老保险工作的通知》，按照“试点先行、稳步推进”原则，将6.78万人的2.11亿元社保资金落实到个人账户。（四）深化社会保障信息化建设。加快推进人社公共服务一体化建设，实现“同人、同市、同库”。发放社保卡17.5万张，通过职工社保卡发放五大保险待遇。扩大医保联网结算范围，市内一级以上定点医疗机构全部实现住院联网结算，省内异地联网结算医院达148家，提高住院报销效率。

5月27日，2016年事业单位公开招聘工作人员笔试考务会召开

【人事人才】 （一）加快高层次人才引进步伐。推进“百名硕博进垦利”计划，引进高层次人才23人。加快人才平台建设，全区博士后科研工作站3家。（二）加快机关事业单位工作规范化建设。2016年，全区事业单位公开招聘、合同制教师公开招聘、卫生专业技术职务人员公开招聘及区直机关事业单位公开遴选工作完成，聘用事业单位工作人员65名、合同制教师49人、卫生专业技术职务人员30人，公开遴选机关事业单位一般工作人员14人。探索实践公务员平时考核工作，做好全区7个公务员平时

考核试点单位公务员平时考核调度工作。完成区综合行政执法体制改革涉及人员移交工作，划转移交42人。干部人事档案专项审核工作进展顺利，完成全区68个机关事业单位2903份人事档案的专项审核登记工作。加快干部档案数字化项目建设，完成68家单位2967份人事档案的扫描工作。（三）加快高技能人才队伍建设。修订完善《黄河口首席技师选拔管理办法》；东营市宏远纺织有限公司侯月云被评为第五届“山东省有突出贡献的技师”和2016年度“齐鲁首席技师”。新增东营市首席技师2人。完成黄河口首席技师评审工作，万达控股集团有限公司曲春林等10名高技能人才被评为“第六届黄河口首席技师”。新增山东万得福实业集团有限公司王海涛首席技师工作站；万达控股集团有限公司张英江首席技师工作站、山东垦利石化集团有限公司首席技师工作站分别获“特殊贡献奖”和“优秀贡献奖”。

12月28日，区人力资源社会保障监察大队到胜通集团进行农民工工资支付专项检查

【收入分配】 完成全区机关事业单位工作人员工资标准调整和晋级工作，涉及在职及离退休人员7000余人次，机关人均增资500元，事业单位人均增资541元，财政补发资金6622.81万元。为全区2505名机关事业单位退休人员调整养老金标准，人均增资245元，补发658万元。调整人民警察警衔津贴标准，审批完公安局及检察院共计241人，所需资金503.74万元，自2015年1月起补发。落实公务员职务职级并行制度，严格核查筛选人员的年龄、工作年限、考核等次等，为64名公务员兑现工资，其中科员晋升副科级的43人，副科晋升正科级的11人，正科晋升副处级的10人。为全区9000余名在职及离退休机关事业单位工作人员审批发放精神文明奖。提高乡镇补贴发放标准，一般乡镇每增加一年乡镇工作年限，每人每月增加10元，艰苦偏远乡镇每增加一年乡镇工作年限，每人每月增加15元，健全人才向基层流动、向艰苦地区和岗位流动、在一线创业的激励机制。及时发布并上调垦利区最低工资标准，将最低工资标准1600元上调至1710元。加快国有企业负责人薪酬制度改革，印发《垦利区区管企业负责人薪酬制度改革实施方案》，并按照文件规定兑现薪酬待遇。

【劳动维权】 （一）优先实行劳动人事争议调解机制。落实兼职仲裁员管理办法，为服务对象提供法律援助，受理劳动人事争议案件157件且全部结案，按期结案率100%，为劳动者挽回经济损失301万元。（二）加大劳动保障监察执法力度。坚持日常巡查与专项检查相结合，依法立案32起，按期结案率100%，涉及劳动者4600余人，涉及工人工资1700余万元。推进劳动保障监察“两网化”建设，完成全区数据信息采集工作，纳入网格监管范围的企业达410户，形成“两网化”管理基本构架。充分发挥拒不支付劳动报酬案件查处工作联席会议作用，逐步完善劳动保障监察行政执法与刑事司法衔接制度，有效打击拒不支付劳动报酬的犯罪行为。（三）构建劳动关系协调机制。落实劳动合同文本及劳动用工备案制度，2016年劳动用工备案信息系统新开户企业80户，全区累计办理用工开户企业520户，备案人员突破30000人次。开通工伤认定“绿色通道”，将60日审结期限缩短至20日，受理工伤认定案件103起，按期结案率100%。

（张健健　付　强）

老龄工作

【概况】 2016年，垦利区老龄工作委员会办公室内设办公室、业务股两个职能股室。有工作人员10名，其中管理人员9名。2016年，获山东省老年人公益维权服务示范站称号；被评为全市老龄信息宣传先进单位；获东营市老年文化艺术大赛优秀组织奖。

10月20日，老龄办被山东省老龄工作委员会命名表彰为第二届山东省老年人公益维权服务示范站。

【养老保障工作】 *老年人生活救助制度* 按照70～74周岁老年人每人每年420元，75～79周岁老年人每人每年730元，80周岁及以上老年人每人每年1100元的救助标准，为1.5万余名老年人发放生活救助金1086万元。

百岁老人长寿补贴制度 按照每人每月600元的标准为全区14名百岁老人发放长寿补贴金9.4万元。

银龄安康工程 2016年全区“银龄安康”投保人数增至45965人，投保金额105万元，比上年增长15.6%，增强了全区老人抵御风险的能力。在山东省老龄办召开的学习贯彻《关于开展老年人意外伤害保险工作的指导意见》座谈会上，老龄办作为东营市唯一县区代表提供典型经验材料。

“老年温馨家庭和康乐寿星”评选表彰 评选出老年温馨家庭40个，康乐寿星20人，举行授牌仪式。开展为老人拍照活动，精选照片印制《黄河富地夕阳红》一书，展现垦利区老年人精神风貌和孝道传统。

老年人社会优待 协调各成员单位落实在服务窗口设立“老年人优先”等标示牌、老年人免费安装、半价使用有线（数字）电视、区内旅游景点对老年人实行全部免费优惠、老年人持证到图书馆阅览室可免费阅读、老年人免费乘坐城区公交车等各项优待政策。

1月28日，胜坨镇的老年人领到了老年人生活救助金（张素云）

【养老服务业】 *指导扶持* 2016年，将基层老龄组织创建工作与全区精准扶贫工作相结合，为全区3个养老机构、2处省级贫困村老年活动室、2处省级贫困村孝文化示范点争取资金67.5万元。

探索医养结合新型养老模式 垦利国际健康庭院颐养小镇代表垦利区在中国（山东）国际第八届老龄产业博览会亮相。组织全区各镇街老龄办主任参加老博会，考察全省老龄产业突出品牌。

开展为老服务活动 各类志愿服务、便民服务活动蓬勃发展。组织成立垦利区老年志愿服务队，元宵节、雷锋月等节日走进养老机构、敬老院，为机构老人送去文艺节目和慰问品；组织开展“关爱空巢老人志愿服务行动”，劳动节、端午节、重阳节等节日走进社区，开展走访慰问和帮扶活动；继续开展为百岁老人祝寿活动；联系志愿者组织先后2次开展为失智老人发放黄手环活动。

【老年维权】 *老年法律法规宣传教育* 走进镇街、社区宣传《山东省老年人权益保障条例》，发放宣传读本5000余册；在老年优待证办证服务大厅设立宣传角，印制发放《垦利区老年人社会优待事项明白纸》《垦利区老年人防诈骗手册》。

推荐山东省老年公益维权服务示范站 老龄办被评选为山东省老年人公益维权服务示范站。2016年6月2日，县法律援助中心赴济南参加全省老年公益维权示范站建设工作经验推广会。

老年信访处理网络 确定区、镇两级信访联络员，做好“网上民声”工作，及时回应网民关切。

【老龄宣传】 **宣传活动** 筹备制定老龄事业发展“十三五”规划。对全区“十二五”期间老龄工作进行归纳整理。作为全市县区代表赴淄博参加山东省老龄事业发展“十三五”规划调研座谈会并发言。加强敬老文化建设。开展全市“双十佳”、老年人才艺大赛的推荐工作。选拔《打夯》等7个节目参加全市老年人才艺大赛，获两个一等奖、一个二等奖；参加省、市老年人书画摄影大赛，5人分获一、二、三等奖；2位老人代表全市参加山东省中老年人诗歌朗诵大赛。由省老龄办、垦利区文广新局、垦利区老龄办等联合摄制的以垦利区全国孝亲敬老之星高荣叶为原型的大型吕剧电影《幸福公寓的笑声》全国播放累计12万余场，获第九届山东省泰山文艺奖和第五届黄河口文艺奖一等奖。迎接省、市老龄办关于老年教育等6项上级调研活动，确定3项重点调研课题。形成的《创新思维 整合资源 为老者构筑幸福康养乐园》获山东省老龄工作政策调研成果三等奖，为东营市县区唯一获奖成果。完成提报《建立一元化养老服务模式 打造没有围墙的“养老院”》调研报告。获全市老龄信息宣传先进单位称号。

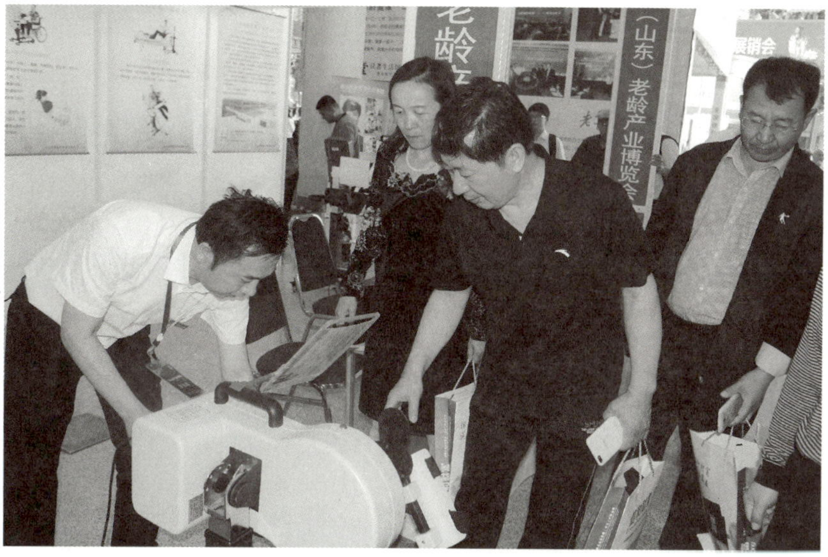

5月7日，龄办带领全区镇街老龄办主任赴济南参加第八届山东老龄产业博览会（周晓燕）

“敬老月”系列活动 区政府办公室印发《垦利区人民政府办公室关于开展2016年“敬老月”活动的通知》，加强“敬老月”活动的组织领导。区委办下发《关于“九·九”老年节期间走访慰问困难老人活动的安排意见》。区六大班子主要领导分别到镇（街道）敬老院、百岁老人和部分困难老人家中走访慰问。全区走访慰问8处养老机构，13名百岁老人，100名70周岁以上困难老年人。为每个敬老院送去3000元慰问金，每位百岁老人500

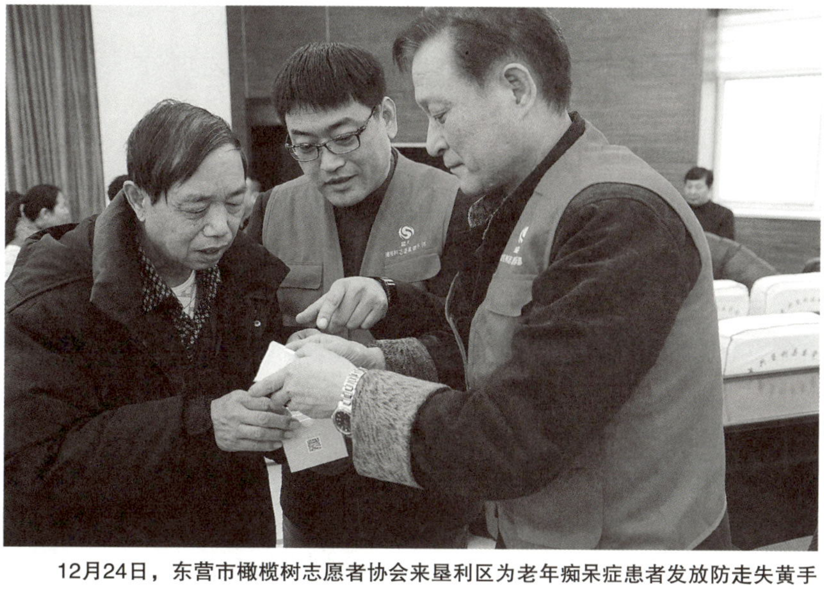
12月24日，东营市橄榄树志愿者协会来垦利区为老年痴呆症患者发放防走失黄手环（李东海）

元慰问金及每月300元长寿补贴金（按统计年度确定300～3600元不等），为每名困难老人发放500元慰问金和价值200元慰问品。区委组织部通知要求全区各驻村帮扶队走访帮扶村老年人，各级各部门单位主动参与。推进敬老爱老助老主题实践活动。研究制定十大特色活动充实敬老月：一是印发敬老月通知，明确本届敬老月主题，规范全区各部门单位敬老爱老活动的开展。二是组织开展垦利区第二届敬老文明号、垦利区敬老楷模评选表彰活动，营造尊老敬老社会氛围。三是开展老年温馨家庭、垦利康乐寿星、模范老人推荐评选及授牌活动，引导老年人参与社会生活。四是到全区养老机构开展大型吕剧电影《幸福公寓的笑声》展播活动，弘扬尊老敬老的社会风尚。五是组织开展中老年人广场舞大赛，展现老年人的精神面貌。六是组织参加全市老年人才艺大赛及老年书画摄影展，展现老年人银龄风采。七是开展为“幸福老人”拍照及送照片活动，定格幸福老人的幸福生活，展现全区社会发展的新成就。八是举办“相濡以沫 情暖夕阳”第二届金婚庆典。九是组织敬老月大型文艺会演，组织庆重阳暨纪念红军长征胜利80周年文艺会演和庆祝重阳节文艺晚会。十是在垦利报开辟专刊，以《十月菊花香 重阳敬老忙》为题对全区敬老月活动进行系统报道。

（耿丽娟）

残疾人事业

【概况】 2016年，区残联有干部职工17人，其中，理事长1人，主任科员1人，副理事长2人，内设办公室、教就部、组宣部、就业服务所、权益部，下属副科级事业单位1个。全区有各类残疾人1.68万人，占全区总人口的7.8%。被省残工委授予“全省残疾人工作先进单位”，被市残工委授予“全市残疾人组织建设先进集体”“全市残疾人康复工作先进集体”“全市残疾人信息宣传工作先进单位”“全市残疾人就业及保障金征收工作先进单位”等称号。

【特色亮点工作】 一是建立就业平台。利用区百姓就业网站发布残疾人求职和用工单位招聘信息，为残疾人提供网络就业服务。二是推广扶贫模式。将德胜奶牛扶贫基地的“基地+残疾户+培训”的扶贫模式在全区推广，使扶贫基地成为残疾人就业、生产、培训为一体的致富平台。三是开展温情助残活动。与垦利街道和平居委会联合开展“温情助残在社区，共驻共建送关爱”活动，征求对残疾人工作的意见建议，走访慰问贫困残疾人家庭8户。四是打造“残疾人信访终点站”。发挥9处残疾人维权示范岗作用，建立完善“区、镇、村”三级信访服务网络。通过残疾人信访终点站的打造，残疾人信访案件办结率100%、满意率100%，维护残疾人的合法权益。五是对“一户多残、依老养残”残疾人实施生活救助。凡家庭人均收入在当地城乡低保标准2倍以内的家庭，有2名（含）以上残疾人，或残疾人由父母供养且父母有一方达到60岁，或依法由祖父母、外祖父母、其他亲属供养且供养人有一方达到60岁的。

4月8日，省残联领导到垦利区检查残疾人文体区创建工作

救助标准为，每人每年1000元。全年有207名残疾人符合条件，发放救助资金20.7万元。

【康复工作】 一是康复项目筛查。开展0～9岁残疾儿童康复训练、助听器、人工耳蜗、白内障复明、假肢、矫形器安装、辅助器具、助视器适配等康复项目筛查，对322名有康复需求的残疾人进行逐项统计，为开展康复工作打下基础。二是白内障复明工程。联合区医院对贫困白内障患者实施免费复明手术，完成60例的复明任务。三是假肢安装工程。免费安装上肢假肢1例、下肢假肢6例。四是为23名0～9岁脑瘫、智障、孤独症残疾儿童实施抢救性康复救助。五是听力无障碍工程。完成市残联下达的34例助听器验配任务；争取协调资金，扩大救助面，为18名听力残疾人免费验配助听器。六是为80名贫困精神病患者提供免费药物治疗。

【扶贫工作】 一是开展精准扶贫建档立卡工作。建档立卡残疾人170人，市级扶贫库125人，其中享受低保、残疾人生活救助的81人，享受护理补贴的88人，享受托养或居家服务的22人，享受"一户多残、依老养残"救助的3人。二是做好残疾人"两项补贴"审核工作。做好困难残疾人生活补贴和护理补贴的审核工作，确保符合条件的残疾人全部纳入补贴范围。审查符合生活补贴救助条件的残疾人2239人，

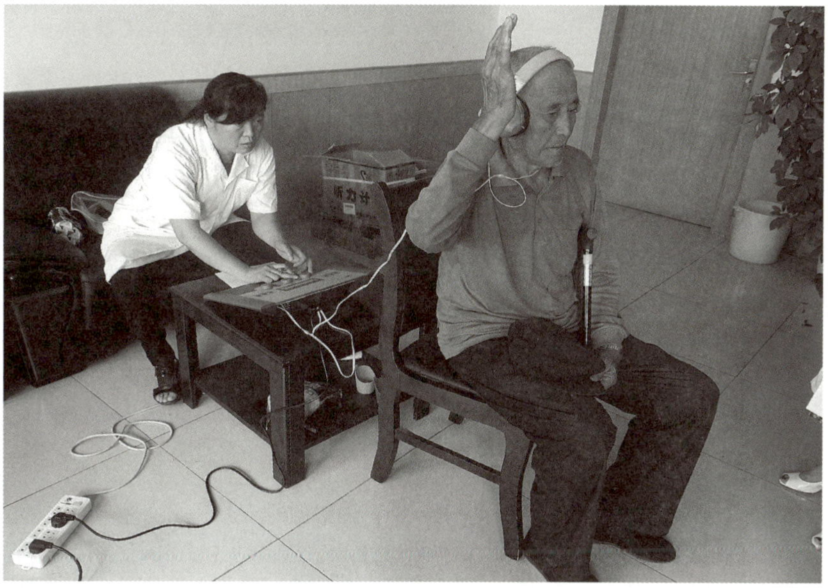

9月14日，为听力残疾人免费验配助听器

发放救助金413.21万元；护理补贴3485人，发放救助金329.98万元。三是开展扶贫项目申报工作。扶持残疾人扶贫基地1处、庭院经济22户、个体从业7户、第一书记帮扶27户、网络就业1人，发放扶持资金18.1万元。四是开展走访慰问活动。春节、助残日期间，走访慰问贫困残疾人家庭236户，送去慰问金13万余元。五是配合人社部门，做好残疾人养老金提前领取工作。为25名残疾人办理申报手续。六是为全区14周岁以下157名持证残疾儿童每人发放夏凉被一床，合计资金30000元。七是打造"整体赶平均，共同奔小康"监测点。选取2处监测点，学习其他县区工作经验，重新规划监测点的布局、展板、制度及相关档案资料，做好数据监测工作。

【教育就业】 一是实施"共享阳光·同圆大学梦"贫困残疾大学生救助工作，落实残疾大学生学费报销政策，报销学费7360元。二是实施"共享阳光·山东省残疾大学生励志助学项目"。有6名残疾人得到资助，其中专科生2名、本科生4名。三是举办培训班。全年举办残疾人实用技术培训班11期，培训残疾人334人次。四是参加就业洽谈会。组织5家企业参加全区就业援助月活动；组织14家企业参加全市春、秋季残疾人就业洽谈会，20名残疾人达成就业意向。五是做好残疾人就业保障金收缴工作。全年审核征收残疾人就业保障金235万余元。

【托养工作】 开展残疾人托养调查，通过政府买单的方式，依托市残疾人托养中心，托养智力、精神残疾人11名。依托阳光大姐为享受低保的、残疾程度二级以上的307名智力、精神和肢体残疾人提供居家服务。

12月6日，垦利区首届残疾人电子商务培训班开班

【宣传工作】 一是连续六年获全省残疾人信息通讯工作先进单位。二是参加全市残疾人事业好新闻评选活动，获一等奖和优秀组织奖。三是开展全省残疾人文化体育建设示范区创建工作。依据创建标准，开展创建活动，结合“助残日”“爱耳日”等节日，开展文体活动。省、市残联到垦利区对创建工作进行现场督导。四是举办残疾人事业书画展。30余名残疾人书画协会会员参加，展出作品80余幅。

【组织建设】 组织实施“三位一体，一员三证”创建工作，做好残疾人专职委员选拔、推荐、培训工作，巩固创建成果。选取5处村（社区）打造“三位一体”建设工作点，5名专职委员经市残联培训，持证上岗。

5月13日，举办残疾人事业书画展

【维权工作】 一是做好残疾人家庭无障碍改造工作。为10名重度残疾人发放多功能无障碍康复床；为29名肢体残疾人安装扶手、洗浴坐便椅以及无障碍遥控门锁。二是加强法律维权宣传工作。助残日期间，联合区法律援助中心到集市进行法律维权宣传活动，发放宣传资料600余份。三是做好残疾证、乘车卡办理工作。全年共办理残疾人证375个、乘车卡36个。

（张　妍）

红十字会工作

【概况】 2016年，垦利区红十字会机关内设综合室、业务部两个职能股室，全会工作人员7名。2016年获市级无烟单位称号，在“东营市遗体器官捐献纪念碑碑文评选”获三等奖。

【宣传传播】 以“5·8世界红十字日”“防灾减灾宣传周”“红十字博爱月”、世界急救日等为契机，做好重点宣传，联合有关部门开展红十字法律法规、造血干细胞及遗体器官捐献知识宣传普及和健康义诊活动。开展“学习优秀志愿者，捐献造血干细胞”专题宣传。联合教育局组织全区2000余名红十字青少年参加第四届“全国青少年红十字知识竞赛”活动。设计制作10个募捐箱，放置于全县银行、超市、通讯营业网点等公共场所，并定期对捐款情况进行公示。为基层红十字组织和名誉领导、兼职领导、会领导和科室订阅“一报一刊”，制作防灾减灾知识宣传品2个大类2万份册。建设垦利区红十字会门户网站，设置新闻、公告、政策法规、志愿者爱心榜、求助信息等板块。加大对外宣传力度，《中国红十字报》、《东营日报》、中国人道网、大众网等各类媒体采用信息200余篇。

【备灾救灾】 一是修订《垦利区红十字会应急预案》，将各镇街红十字组织纳入区红十字会应急预案，统一指挥协调。二是组建垦利区红十字救援队1支，由区红十字会医院11名医护专业人员组成，中国红十字会统一配备被服装备一批。三是1月争取中国红十字总会调拨救灾大米一批，价值10万元，1303袋19.5吨，按照各镇街上报受灾情况及民政部门统计数据发放至受灾困难群众手中。四是参与减灾委员会成员单位联合在垦利区第三实验小学举行2016年防灾减灾宣传周启动仪式暨地震应急疏散演练。五是在振兴社区组织居民举办纪念第十七个世界急救日应急疏散演练。六是推动全区中小学校开展现场救护和应急防灾知识普及，在师生中推广现场救护技术。

【人道救助】 春节开展“博爱在东营、温暖送万家”活动，走访慰问家庭70户，发放“温暖箱”70箱，价值1.4万元。到郝家镇郝家村开展“情暖垦利”活动，走访慰问四户贫困家庭，每户送去两袋面粉和500元慰问金。结合市级博爱家园创建，建军节走访振兴社区军属烈属5户，中秋节走访5户孤寡老人。与爱心企业帝纱富仕城到董集镇救助6名困难儿童，送去价值2000余元的米、面、油、被子、文具等用品。为东营环渤海物业服务有限公司、东营市福德化工有限责任公司和社会爱心人士搭桥资助16名困学生捐款2.9万元。所有救助均在网站和公开栏进行公示，做到公开透明。

【应急救护培训】 培养救护培训师资队伍14人，注册培训师6人。订购2015版《救护员指南》教材一批，配备除心肺复苏模拟人、颤仪教学机等应急救护培训教具教材。组建城市社区“博爱家园——红十字应急救护志愿服务队”10支，学校红十字应急救护志愿服务队1支。开展红十字应急救护走进高危行业培训活动，在运动爱好者中培养志愿者，举办救护员培训11期，开展应急救护和健康普及活动及志愿服务活动22期，培训救护员773人，受益群众1.5万人次。

【“三献”工作】 5月31日，开展全区造血干细胞血样集中采集活动，山东铝业公司84名职工填写《志愿捐献者登记表》，60人完成血样采集，加入中国造血干细胞捐献者资料库，全区造血干细胞捐献志愿者人数达到439人，胡永勃、王勤龙、丁常义3人完成捐献。遗体器官捐献累计登记16人，永安农民孔庆海逝后捐献眼角膜，永安农民张沙沙逝后捐献器官。

【红十字青少年】 在省级红十

世界急救日宣传活动

东营市遗体器官捐献纪念碑

字模范校职业中专开展“生命安全体检”活动。在全区开展安全防灾、应急救护知识普及进校园，设计发放《应急防灾》《救护》《交通安全》《消防安全》《运动安全》宣传手册。向中国红十字会征订2000份“全国红十字防灾避险知识竞赛”试题，在全区适龄青少年中普及防灾避险知识。5月10日至25日，启动全区第四届红十字青少年红十字应急救护知识竞赛活动，联合教育局在全区中小学中开展“学生与家长一起学救护”知识普及活动，与家人一起了解红十字知识，学习防灾减灾知识。

【胜兴社区博爱家园项目建设】 该项目是全市唯一、全省15个中国红十字总会“红十字博爱家园”核心项目点之一。年内完成全部项目，社区防灾减灾水平得到提升。1月21日，省红十字会党组书记、常务副会长李全太到胜兴社区调研博爱家园项目。4月28日，中国红十字会总会评估组到垦利县就红十字“博爱家园”项目进行终期评估，中国红十字会总会副巡视员李庆华给予肯定。

【振兴社区博爱家园项目建设】 东营市红十字会、垦利区红十字会共同投资5万元在振兴社区开展市级博爱家园项目建设，设置红十字工作站，在小区建设博爱广场，救护和应急防灾宣传长廊，开展应急救护志愿服务活动，提升社区安全防灾水平，受益居民5000余人。

【失能老人养老服务项目】 垦利康力老年公寓加入中国红十字会失能老人养老服务项目，开展“曜阳”养老工作，中国红十字会资助20万元的护理床、康复椅、洗衣机、电视机等设备物资陆续到位。

【招商引资】 引入“东营市遗体器官捐献纪念园项目”，完成1000万招商引资任务。东营市遗体捐献纪念园由永安陵园有限公司无偿建设，完成主体碑落、辅碑、观光长廊建设。10月28日上午，东营市遗体器官捐献纪念碑启用仪式及全市捐献者追思活动在永安陵园举行。山东省红十字会党组书记、常务副会长李全

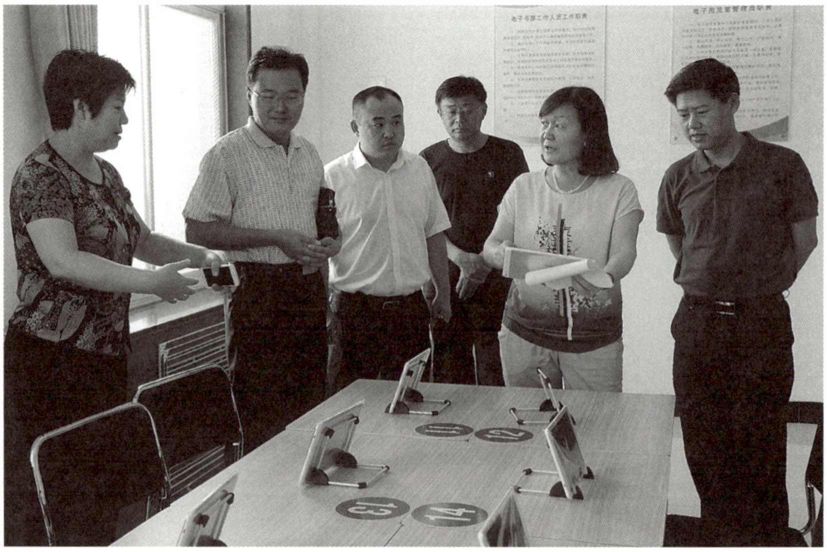

市、区领导调研振兴博爱家园

太，东营市政府副市长刘美华为纪念碑启用揭幕。纪念碑共镌刻12位遗体、角膜捐献者的信息。

（李昭良　周　萍　李海霞）

住房公积金管理

【住房公积金归集】　至2016年12月底，全区有308个单位，18473人建立住房公积金制度。归集住房公积金20367.04万元，历年累计归集住房公积金116425.12万元。

【住房公积金提取】　提取5623人，15846.18万元。其中，购房支取1846人，8503.20万元；还贷支取2973人，5424.06万元；退休支取284人，1511.85万元；其他支取520人，407.07万元。历年累计支取住房公积金70158.74万元。

【住房公积金贷款】　发放个人住房公积金贷款603笔，18850.2万元。历年累计发放个人住房公积金贷款5712笔，100165.4万元，个贷余额59634.94万元，个贷使用率为130.65%。

（王　磊）

精神文明建设

【“四德工程”建设】　2016年，全区推树道德模范人物44人次，王广玉、刘建、张金璐3人当选东营市第四届道德模范，王成菊获提名奖，张爱英、王金忠等19人当选“山东好人”，至2016年底，全区区级及以上道德类模范人物人数累计240人次。在全区范围组织开展第二届“黄河口道德模范”评选活动，经过单位推荐、组委会初选、公众投票、人大代表、政协委员和道德模范代表投票等环节，曹玉兰等12人当选东营市垦利区第二届“黄河口道德模范”，王新华等10人获提名奖。开展“身边好人”群众线索推荐活动，全年推荐线索2000余条。推进全区善行义举四德榜建设工作，完成2016年度全区网络善行义举四德榜上传工作，在确保四德榜在农村、机关、学校等实现全覆盖的基础上，进一步提高建榜质量，完成全区善行义举四德榜更新工作，向省、市推荐报送优秀农村善行义举四德榜村庄191个，拨付资金19.04万元。

【群众性精神文明创建】　**文明城市创建**　重点解决城市管理不到位、创建载体不丰富、宣传引导不深入、协调联动不畅通等问题。组织全区完成2015年度省级文明县（区）补测和2016年度省级文明县（区）复审各项工作任务，分获全市第一名和第三名；配合市里完成2016年度全国文明城市复审工作。

文明单位创建　组织开展2016年度各级文明单位（村镇、社区）复查评选工作。2016年度，全区各级文明单位（村镇、社区）237个，其中，全国文明村镇2个、省级文明单位（村镇、社区）56个、市级文明单位（社区）52个、区级文明单位47个。组织开展区级文明村（社区）评选活动，授予史王村等76个村庄2016年度“区级文明村”称号，授予惠鲁社区等4个社区2016年度“区级文明社区”称号。

文明家庭创建　确定2016年为家风建设年，开展“垦利好家风”主题活动，内容涵盖文明家庭评选、“家有一宝”摄影作品征集、“写家书·传亲情”书信征集、“晒晒我家好传统”家训家风征集、“学国学·树家风”专题讲座等活动，共评选出区级文明家庭20个、优秀摄影作品50幅，征集好家书128封、集家训家规89条。

【志愿服务】　2016年，全区志愿服务工作以“项目管理、菜单服务”为主要形式，注重整合各类社会资源，在打造知名品牌、拓展服务空间，提升社会影响力上下功夫。与东营志愿服务协会进行沟通联系，组建成立垦利分会，重点打造“爱心灯塔”义务导诊服务、“爱心陪伴空巢老人”“公共文明引导”“大手牵小手”等22个特色志愿服务项目。与省内高校对接，在建立长期志愿服务合作机制上做文章，打造大学生暑期志愿服务垦利基地，先后与山东省工艺美术学院等高校建立长期合作机制，开展“道德之光”“黄河口老记忆”“美化心灵”等4类17项特色志愿服务活动。

【未成年人思想道德建设】

（一）响应全市“十佳美德少年”推荐评选活动，垦利区来煜宸、李怡萱2名同学当选2015年度全市“十佳美德少年”。（二）开展“我们的节日”主题创建活动，以清明、端午等传统节日和五一、七一等现代节日为契机，组织全区中小学生开展“网上祭英烈”“我们的节日·端午”等主题实践活动。（三）加强乡村学校少年宫建设，组织中小学生参加全省乡村学校少年宫成果展示、乒乓球比赛、书法比赛等各类活动，其中，垦利区乒乓球代表队分获全市乒乓球比赛女子单打第一、第二名，男子单打第一名，双打第一名。（四）组织中小学生参加省、市级“国学小名士”经典诵读电视大赛，其中，垦利区刘祎一同学获东营市“国学小名士”经典诵读电视大赛三等奖。五是联合多家部门单位开展文明校园评选、“童心向党”歌曲节目录制、文明校园作品展播征集、优秀童谣作品征集、暑期网吧综合整治等近20项活动。

【乡村文明行动】 11月，垦利区选送的微纪录片——《乡村文明交响曲》获第二届山东省“文明乡村·美丽家园”微纪录片评选展映活动一等奖。（一）清脏治乱和城乡环卫一体化。坚持集中整治和建立长效机制相结合，落实《垦利区农村城乡环卫一体化工作管理办法（试行）》各项任务，实施城区、村庄及周边区域、权属部门环卫托管区域、镇街属地自管区域环卫保洁“四个全覆盖”工程，全区329家镇（街道）属地企事业单位实施生活垃圾代运，代运率90%以上。先后开展“农村卫生环境整治月”“三线一带”及公共区域环境集中治理等活动，清理路域1000公里、林带960公里、河道沟渠740公里、柴草堆2900个、垃圾7500余吨，城乡环境面貌明显改善。（二）“五化”改造和精品示范片区提升工程。以提升西郊、五七精品示范片区建设水平为重点，持续推进农村“五化”改造工程，2016年，累计投资6000余万元，新建典型示范村40个，硬化村庄26个，硬化道路34.1公里，亮化村庄30个，安装路灯1159盏，绿化村庄60个，植树19.8万株，美化村庄180个，清理乱搭乱建、乱堆乱放、乱涂乱画15467处，建设农村文化墙11860平方米，美化主街道两侧房屋墙面17.2万平方米。（三）农村综合试点改造。以突出示范点建设为着力点，因地制宜推进各农村综合试点改造工作，完成农村旱厕改造3673户，农村生活污水集中处理试点项目21个，乡村剧场19处，乡村旅游厕所16处，秸秆综合利用项目2处，为农服务中心3处，建成的29处农村社区服务中心设施配套不断完善，其中永安镇汇丰社区“惠丰惠千家”品牌获“2016年度东营市优秀社区服务品牌”称号。（四）移风易俗。把推进移风易俗工作作为农村精神文明创建的主要抓手，成立由22个区直部门单位组成的全区乡村文明行动移风易俗工作联席会议制度，初步实现移风易俗主要任务落实的全覆盖。建立定期专项督导制度，确定由组织部、宣传部、文明办、民政局等7个部门负责对各镇（街道）、区直各部门单位的移风易俗工作进行专项督导检查，定期开展实地督导。组织全区机关事业单位党员、干部签订移风易俗承诺书7000余份。狠抓移风易俗重大事务公示栏建设，全区高标准建设公示栏321处，实现所有行政村全覆盖。2016年，全区红白理事会办理村级红白事2280场，红白事大操大办现象得到有效遏制。

东营市垦利区第二届
“黄河口道德模范”名单

敬业奉献类（2人）

曹玉兰 垦利一中教师

盖俊吉 郝家镇八里村村民

孝老爱亲类（2人）

张爱花 胜坨镇苏刘村村民

刘爱臣 永安镇二十师村村民

助人为乐类（2人）

李长海 垦利街道永兴社区居民

缪春香 新发药业职工

诚实守信类（2人）

宋红卫 郝家镇宋沙村村民

侯家聘 黄河口镇新双酿造厂厂长

见义勇为类（4人）

陈卫玉、董在东、董在旺 现代渔业示范区红光新村村民

杨景明 景明海洋科技有限公司董事长

提名奖

敬业奉献类（2人）

王新华　垦利第二实验中学教师

曹光辉　永安镇九十六户村村民

孝老爱亲类（3人）

陈金英黄河口镇新生村村民

王秀莲　永安镇十九村村民

刘立峰　郝家镇中学教师

助人为乐类（2人）

丁常义　垦利区供销合作社联合社党组成员、工会主席

崔玉梅　垦利街道永兴社区居民

诚实守信类（2人）

李春颜　原山东众鑫电子材料有限公司质检员

田光花　兴隆街道黄店村村民

见义勇为类（1人）

张欣荣　郝家镇十八图村村民

东营市垦利区 2016年度各级文明单位（村镇、社区）名单

全国文明村镇（2个）

东营市垦利区兴隆街道渔洼村、东营市垦利区胜坨镇

省级文明单位（28个）

中共东营市垦利区委办公室、东营市垦利区人民政府办公室、东营市垦利区卫生和计划生育局、东营市垦利区人民法院、山东省东营市垦利区国家税务局（原垦利县国家税务局）、东营市地方税务局垦利分局（原垦利县地方税务局）、东营市垦利区国土资源局、国网山东省电力公司东营市垦利区供电公司（原国网山东垦利县供电公司）、东营市公路管理局垦利公路局、万达集团股份有限公司、东营市垦利区油区工作委员会、山东垦利农村商业银行股份有限公司、东营市垦利区财政局、东营市垦利区科学技术局、东营市垦利区人民检察院、东营市垦利区统计局、东营市垦利区海洋与渔业局、东营市垦利区交通运输局、中国农业银行股份有限公司垦利县支行、东营市垦利区人力资源和社会保障局、东营市垦利区人大常委会办公室、东营市垦利区文化广电新闻出版局、共青团东营市垦利区委员会、黄河河口管理局垦利黄河河务局、中国银行股份有限公司垦利支行、中共东营市垦利区委宣传部、东营市垦利区市场监督管理局、东营市垦利区广播电视台

省级文明村镇（17个）

东营市垦利区兴隆街道、东营市垦利区黄河口镇生产村、东营市垦利区黄河口镇五七村、东营市垦利区董集镇七里井村、东营市垦利区永安镇二十师村、东营市垦利区胜坨镇东王村、东营市垦利区垦利街道吴旺村、东营市垦利区垦利街道苍州村、东营市垦利区永安镇九十六户村、东营市垦利区永安镇牛圈村、东营市垦利区永安镇、东营市垦利区兴隆街道杜屋村、东营市垦利区董集镇杨庙村、东营市垦利区黄河口镇、东营市垦利区郝家镇、东营市垦利区垦利街道闫家村、东营市垦利区董集镇罗盖村（原东营市垦利区董集镇罗家村）

省级文明社区（11个）

东营市垦利区垦利街道康居社区、东营市垦利区垦利街道中兴社区、东营市垦利区垦利街道永兴社区、东营市垦利区垦利街道和平社区、东营市垦利区垦利街道胜兴社区、东营市垦利区垦利街道新兴社区、东营市垦利区垦利街道振兴社区、东营市垦利区垦利街道佳苑社区、东营市垦利区垦利街道万光社区、东营市垦利区垦利街道书香社区、东营市垦利区垦利街道汇丰社区

市级文明单位（51个）

东营市垦利区审计局、东营市垦利区妇幼保健计划生育服务中心、中国共产党东营市垦利区委员会统一战线工作部、中国共产党东营市垦利区委员会区直机关工作委员会、垦利报报社、东营市垦利区总工会、东营市垦利区文学艺术界联合会、东营市垦利区综合行政执法局、东营市垦利区第二实验中学、中共东营市垦利区委老干部局、东营市垦利区检验检测中心、东营市垦利区供销合作社联合社、山东省垦利第一中学、东营市垦利区金融工作办公室、东营市垦利区老龄工作委员会办公室、东营市垦利区水利局、中国共产党东营市垦利区纪律检查委员会、中国人民政治协商会议东营市垦利区委员会办公室、中国共产党东营市垦利区委组织部、中国共产党东营市垦利区委员会政法委员会、东营市垦利区机构编制委员会办公室、中共东营市垦利区委东营市垦利区人民政府信访局、中国共产党东营市垦利区委员会党校、东营市垦利区党史史志办公室、东营市垦利区档案局、东营市垦

利区妇女联合会、东营市垦利区残疾人联合会、东营市垦利区经济和信息化局、东营市垦利区民政局、东营市垦利区司法局、东营市垦利区环境保护局、东营市垦利区城市管理局（原垦利县城市管理和行政执法局）、东营市垦利区林业局、东营市垦利区机关事务管理局、东营市垦利区粮食局、东营市垦利区旅游局、东营市垦利区招商局、东营市垦利区社区建设管理办公室（原垦利县社区管委会）、山东省东营市垦利区气象局、中国邮政集团公司东营市垦利区分公司、东营市垦利区盐务局、东营市住房公积金管理中心垦利区管理部、中国工商银行股份有限公司垦利支行、中国联合网络通信有限公司东营市垦利区分公司、中国邮政储蓄银行股份有限公司垦利区支行、东营市垦利区物价管理办公室、东营市垦利区职业中等专业学校、山东省垦利实验中学、山东胜通集团股份有限公司、东营市垦利区兴隆街道办事处、东营市垦利区公安局

市级文明社区（1个）

东营市垦利区垦利街道东方社区

区级文明单位（47个）

东营市垦利区安全生产监督管理局、东营市垦利区疾病预防控制中心、垦利蓝湖度假区开发建设管理办公室、东营市垦利区民丰湖开发建设管理办公室、东营银行股份有限公司垦利支行、东营市垦利区商务局、东营市垦利区民生热线综合服务中心、中国农业发展银行垦利支行、东营市齐胜喜文化传媒有限公司、山东垦利石化有限责任公司、山东新华书店集团有限公司垦利分公司、东营市垦利区垦利街道、东营市垦利区胜坨镇、东营市垦利区董集镇、东营市垦利区人民政府垦东办事处、东营市垦利区政务服务中心管理办公室、东营市现代渔业示范区管理委员会、东营市垦利区红十字会、东营市垦利区兴隆生态林场建设管理办公室、中国国际商会东营市垦利区商会、东营市垦利区住房和城乡规划建设局、东营市垦利区发展和改革局、东营市垦利区推进黄河三角洲高效生态经济区建设委员会办公室、东营市垦利区人民医院、东营市垦利区质量技术监督局、东营市垦利区科学技术协会、东营市垦利区农业局、东营市垦利区教育局、东营西郊现代服务区管理委员会、中国人民解放军山东省东营市垦利区人民武装部、东营市垦利区畜牧局、东营市垦利区城市资产运营有限公司、东营市垦利区第一实验幼儿园、东营市垦利区第二实验幼儿园、东营市垦利区第三实验幼儿园、东营市垦利区康居幼儿园、东营市垦利区新兴幼儿园、东营市垦利区书香幼儿园、东营市垦利区胜兴幼儿园、东营市垦利区第一实验小学、东营市垦利区第二实验小学、东营市垦利区第三实验小学、垦利县中信融资担保有限公司、山东黄河口水务发展有限责任公司、山东省垦利经济开发区管理委员会、东营乾泰会计师事务所有限责任公司、东营市殡仪馆

2016年度“区级文明村”“区级文明社区”名单

一、区级文明村

胜坨镇（8个）：

史王村、王营村、郑王村、小务头村、杜家村、大张村、小张村、胥家村

郝家镇（6个）：

北张村、北王村、孟家村、宫家村、侯家村、黄店村

永安镇（10个）：

六村、二十八村、前七村、东三村、西三村、前二十五村、胜利村、后七村、十八村、东九村

黄河口镇（14个）：

南张村、四村、广林村、六村、胜合村、新生村、北宋圈村、十三村、四十三户村、义和村、万尔村、栾家村、辛庄场村、小高村

董集镇（10个）：

石家村、崔家村、邱家村、郑家村、小王村、东韩村、刘王村、大户村、东户村、薛家村

垦利街道（28个）：

西双河村、西冯村、西张村、十八户村、邱围村、六村、北尚屋村、左一村、合兴村、荆岭村、大三合村、卫东村、新立村、赵屋村、新建村、张新村、牧场村、北盐窝村、东兴村、北苍州村、北兴隆村、宋坨村、胜合村、西坨村、小三合村、南十井村、北十井村、利泉村

二、区级文明社区

惠鲁社区
惠丰社区
杨庙社区
同兴社区

（吴　琮）

社会信用管理中心

【概况】 2016年6月，为加快推进全县社会信用体系建设，县政府正式建立垦利县社会信用体系建设联席会议制度，统筹协调各项重点任务的组织实施。2016年8月，区社会信用管理中心6名工作人员到岗到位，组建工作班子，负责贯彻实施上级有关社会信用体系建设的法律、法规；负责全区信用体系建设的指导、协调和推进工作；负责拟订全区信用体系建设的标准及政策措施，制定全区社会信用体系建设的规划并组织实施；负责全区社会信用征信网络系统和诚信网站的建设、更新和维护工作；负责指导全区企业及个人信用征信工作；承担信用产品的市场培育和应用推广工作；负责承担信用工作的对外联络和合作交流工作，指导信用知识教育、宣传、考核等工作；做好区委、区政府安排的其他工作。

【完善标准文件】 按照“创新工作、制度先行”的原则，先后制定《垦利县“信用主体”奖惩办法（试行）》《垦利县“诚信企业”标准（试行）》《垦利县信用信息事项目录（试行）》等16件“信用垦利”建设方面的指导性文件。制定出台《东营市垦利区社会信用体系建设规划（2016—2020年）》《东营市垦利区创建山东省社会信用体系建设实施方案》《东营市垦利区创建山东省社会信用体系建设试点示范城市工作任务分工》等文件方案；编制发放涵盖国家、省、市社会信用体系建设各类规章制度的《信用建设政策法规文件汇编》，提高了全区广大干部群众的诚信意识和信用水平，初步形成以信用信息记录、共享、披露、应用为基础，以信用管理为支撑的社会信用体系运行模式。

【征信工作】 按照“一网三库一平台”的总体架构，完成“东营市垦利区公共信用信息平台”一期工程建设，系统内“征信、授信、用信”等主要功能全部实现，在库可识别信用主体总量约为21.5万，基本实现全区法人、自然人和其他社会组织全覆盖。依托“东营市垦利区公共信用信息平台”，一级征信端口部门单位达到63个，各部门、行业、镇街之间信用信息互通共享、联动监管机制基本成型，信用资源整合效率明显提升，信用信息共享机制初步健全完善，全面形成信息发布“一张网”，信息存储“三个库”，信用管理“一平台”的局面。

【诚信工作】 围绕打造“厚道鲁商·信用垦利”品牌要求，制定印发《“信用垦利”建设宣传工作方案》《关于在全县组织开展鲁商故事征集活动的通知》《垦利县2016年“厚道鲁商·信用垦利”公益广告大赛实施方案》等文件方案，开展以社会宣传、媒体宣传、网络宣传及主题创建活动宣传为主要内容的宣传教育活动。利用“信用垦利”网站及“信用垦利”微信、微博发布社会信用建设新闻动态、诚信故事等1600余条，以守信典型激励人，以失信案例警示人，褒扬

11月17日，全区信用建设工作会议（田鹏飞）

诚信、惩戒失信，推动形成“守信者一路畅通、失信者寸步难行”的良好社会风尚。2016年5月16日，市委宣传部、市文明委联合印发《关于“厚道鲁商·诚信东营”鲁商故事征集活动的表彰决定》，垦利获优秀组织奖，有7件作品分获二等奖、三等奖和优秀奖。

【双公示工作】 为提高全区行政管理透明度和政府公信力，制定出台《关于做好行政许可和行政处罚等信用信息公示工作的实施意见》等区级层面指导文件，将公示信息的及时性、全面性和准确性作为重要内容，明确“双公示”工作责任主体，梳理并编制完成各类行政许可和行政处罚事项公示目录，逐步健全数据管理与交换制度，依法实现行政许可和行政处罚等信用信息在7个工作日内进行公示公开。2016年，垦利区制定行政许可、行政处罚类信息公示目录3093项，保障了广大群众对政府各类行政公开事项的知情权。

【联合惩戒】 制定实施《关于印发对失信被执行人实施联合惩戒的合作备忘录的通知》《关于印发〈关于对安全生产领域失信生产经营单位及其有关人员开展联合惩戒的合作备忘录〉的通知》《关于印发〈关于对环境保护领域失信生产经营单位及其有关人员开展联合惩戒的合作备忘录〉的通知》等6个多部门、跨行业联合惩戒类文件。先后组织、参与“诚信道德讲堂”“讲诚信、促发展”“提升效能·优化环境”“争创诚信示范单位·争做诚信标兵”“3·15”消费者权益保护日、“经侦打假护农”、信用创建活动“五进”活动等主题创建活动和“打击非法逃废金融债务”“打击非法占有土地”“打击侵犯知识产权和制售假冒伪劣商品”等专项行动。2016年，累计发布“红黑榜”17次，依法公布1400余个“老赖”名单，凝聚起全区上下协同推进“信用垦利”建设的共识。

【试点工作】 2016年9月1日，山东省社会信用体系建设联席会议办公室下发《关于公布山东省创建社会信用体系建设试点示范城市（单位）（第二批）名单的通知》（鲁信用办〔2016〕8号），垦利区被列为全省12个综合性试点示范城市之一，省、市社会信用体系建设联席会议办公室对垦利区社会信用体系建设工作作出肯定，赋予很高期望。为贯彻落实上级有关安排部署，开展具有垦利特色的试点创建工作，11月17日，召开全区信用建设工作会议，会议就进一步加强区信用规章制度和信用标准体系建设、推进信用记录建设和信用信息共享、大力推进“双公示”工作、加强6大示范工程建设、开展诚信宣传教育和诚信文化建设等重点领域，细化任务分工、落实主体责任，为进全区社会信用体系建设奠定基础。

（孔令奇）

社区 镇（街道）开发区

社区建设管理

【概况】 2016年6月，东营市垦利区社区建设管理办公室由原县社区管理委员会更名成立，为区政府直属的一类正科级公益事业单位。核定编制9人，实有5人，其中，配备主任1名、副主任2名，经费实行财政全额拨款，内设综合室（社区党建工作办公室与其合署）、城市社区工作室、农村社区工作室3个职能股室。主要负责制定全区城乡社区建设管理发展规划和年度工作计划，研究提出全县城乡社区建设管理工作任务及政策措施，促进社区党建工作与社区建设管理工作融合推进，并负责组织实施和监督；制定城乡社区建设管理工作考核办法，牵头组织对镇（街道）年度社区建设管理工作进行考核；制定社区工作人员管理办法，指导镇（街道）做好社区工作人员岗位设置、日常管理和考核奖惩等项工作。

【城市社区】 全区有和平社区、永兴社区、康居社区、书香社区、胜兴社区、东方社区、西郊社区、和兴社区8个城市社区，辖有和平居委会、新兴居委会、永兴居委会、振兴居委会、万光居委会、中兴居委会、汇丰居委会、佳苑居委会、胜兴居委会、东方居委会、书苑社区居委会、惠园社区居委会、安园社区居委会、和兴社区居委会、和谐家园社区居委会、友林社区居委会等18个居委会。年内会同区委组织部、垦利街道、开发区（兴隆街道）开展以民生“微实事”、圆梦“微心愿”、公益“微创投”、志愿“微团队”、共建“微联盟”、治理“微网格”为主要内容的城市社区区域化党建“微行动”计划，凝聚区直部门单位的共建合力，探索建立社区多元投入机制，共同打造社区共驻共建的“升级版”。组织区直部门单位认领民生“微实

9月23日，微行动计划启动仪式

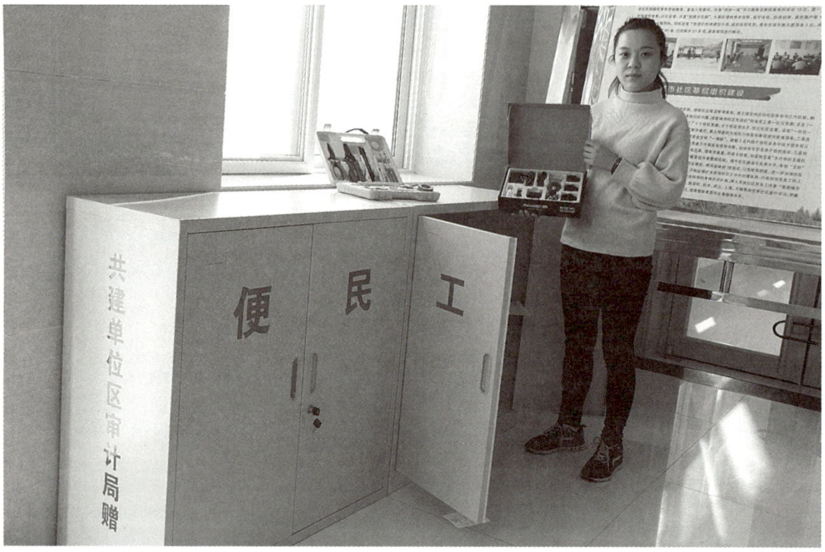

区审计局为东方社区设立的便民工具箱

事”69件，总投资36.4万元。第一批“微心愿”活动开展后，240余名党员干部认领“微心愿”160余个。第一批15个社区公益“微创投”项目由15家区直部门单位和“两新”组织认领，涉及组织文体活动、关爱弱势群体、开展教育培训等3个方面内容，总投资2.65万元。85个区直部门单位参与，成立各类志愿“微团队”102个，其中有党员干部职工1261人。49个区直部门单位组建共建“微联盟”18个，认领民生“微实事”20件，总投资16.8万元。全区共成立社区治理“微网格”示范点10个，111名在职党员参与，推选“网格长”10名，制定“微网格”活动计划24项。经验做法分别在《东营日报》头版头条、《大众日报》宣传报道。

茗瑞华府治理微网格党员进新兴社区志愿服务

【农村社区】 年内规划农村社区29个，包括胜坨镇9个、郝家镇3个、永安镇3个、黄河口镇4个、董集镇4个、垦利街道4个、兴隆街道1个、红光办事处1个。其中，集中居住社区有胜利、惠鲁、惠丰、杨庙、同兴5个社区；非集中居住社区24个，其中，镇驻地非集中居住社区5个，覆盖农村5.1万户居民、15.4万人。

【社区品牌创建】 提升业务能力，系统收集整理近5年内中央、省、市、区出台的关于社区管理的相关政策文件，组织开展全员学习，领会政策精神，在抓基层、打基础、利长远上下功夫，对全区6个城市社区、18个居委会和29个农村社区开展实地调研，到市内兄弟县区就城乡社区建设和社区品牌创建情况进行观摩学习，组织部分区直部门和有关镇街分管领导分赴济南、潍坊、青岛、日照等地学习社区建设管理先进经验，形成专题调研报告，提出完善顶层设计，明确思路举措；突出党建统领，深化共驻共建；围绕为民服务，培育社会组织；创新治理形式，建设智慧社区；整合资源要素，强化社区保障的意见和建议，报区委、区政府领导决策参考。搞好规划修编，联合区住建局、区民政局做好城乡社区规划修编工作，对全区城乡社区总体布局和发展规划进行重新调整优化，理顺城乡社区人员编制，解决社区“有人干事”的问题。在城乡社区成立协商示范点17个，对农村社区公共服务“即办清单”和“代办清单”进行梳理，探索社区社会组织培育孵化的有效途径，推动社区服务标准化建设。创新特色品牌，组织各镇街积极开展优秀社区服务品牌创建活动，10个城市社区居委会和4个农村集中居住社区分别建立自己的社区品牌。其中，垦利街道胜兴社区“胜兴·幸福汇”品牌、永安镇汇丰社区“惠丰·惠千家”品牌获2016年度东营市优秀社区服务品牌称号。完成董集镇杨庙社区、永安镇惠丰社区争创全国农村社区建设示范单位申报工作。

（燕　娇）

垦利经济开发区（兴隆街道）

【概况】 垦利经济开发区始建于1992年，1995年12月被山东省人民政府批准设立为省级经济开发区。开发区位于东营市中心城与垦利中心城的连接地带，是垦利区“一城一带三区”中部新型工业区的重要组成部分，规划面积51.13平方公里，建成面积18平方公里，常住人口5.5万人。兴隆街道于2009年8月被山东省人民政府正式批准成立，下辖16个行政村，23个自然村，农村户籍人口6000人，辖区面积79.6平方公里。2010年初，垦利经济开发区管委会与兴隆街道办事处实行联合办公，并于2011年开始实行“一个机构、两块牌子、一套班子”的“区街一体”管理模式。2016年，垦利经济开发区辖区内有各类企业400家，其中，“四上”企业54家，初步形成以高端石油装备和汽车及配件制造两大产业为主，以精细化工、生物医药、农副产品深加工、新能源新材料为辅的产业格局。工业经济平稳发展，2016年开发区（兴隆街道）地区生产总值25.2亿元，比上年增长8%，规模以上工业企业实现总产值452.5亿元、销售收入436.6亿元，比上年分别增长3.65%、1.91%，实现利税56.7亿元、利润49.9亿元。完成固定资产投资52.3亿元，实现地方公共财政预算收入2.42亿元，农村居民人均可支配收入达15557元，比2012年增加3456元。产业结构进一步优化，一、二、三产业产值占比调整为2.1%、77.9%、20%，服务业产值进一步增加。石油装备制造及汽车和零部件配套两大主导产业实现产值278.4亿元，占到规模以上工业总产值的一半；高新技术企业预计实现产值193.2亿元，占规模以上工业企业总产值的42.7%。

【项目建设】 2016年，开发区（兴隆街道）列入全区重点调度的项目14个，计划总投资70.3亿元，年内投资22.4亿元，10个工业项目全部实现投产运营。其中，山东明珠冷链物流专用车制造项目成为东营市第五家，垦利第一家获国家准入设立的专用车生产项目，与青岛港旺晟物流合作的首批集装箱运输车完成生产并交付使用；石大胜华电池新材料六氟磷酸锂生产项目实现当年建设当年投产，产品市场需求量大、应用前景广阔；兴达热电联产项目于10月份供暖发电，确保东城北部的东营市一中新校址、金湖银河片区、八分场片区、油田锦华片区和垦利城区2016年冬季供暖正常进行。

【转型升级】 按照“传统产业

垦利经济开发区（兴隆街道）召开创新转型跨越发展动员大会

新型化、新兴产业规模化”的工作思路，早谋划、早制定、早行动，加快石油化工、机械制造、食品加工等传统产业转型升级，促进新材料新能源新医药、高端精密制造等新兴产业聚集发展，不断转变企业生产方式，拓展工业企业类型，促进区内企业向优势互补、结构多元、产业延伸的现代工业体系转变。创新企业管理模式，拓展企业发展思路，打造一批科技含量高、市场需求大、发展前景好的新项目新产品，重点推进胜通光学膜特种母料及其高端功能膜材料项目，打造光学基膜上下游产业链，解决项目原料供应依赖外购，进一步开发特种保护膜等高端功能膜材料应用产品。将新能源、新材料、精密机械制造等产业作为优先发展的战略重点，以园中园建设为培育模式，加快钢铁仓储物流园、万达循环经济示范园等特色园区建设，发展资源节约型、环境友好型项目，引导企业围绕循环经济生态园布局相关项目，着力形成产业规模、特色与核心技术优势。依托“中国制造2025”“互联网+”等新兴战略，借助垦利拥有的黄蓝国家战略、环渤海经济圈和黄河经济带等多重战略叠加的区位优势，跟进骏马车船载移动撬装式烟气三回程注气锅炉项目生产及销售网络配套，依托其石油装备智能化工厂，打造高端制造业典型，加快企业“走出去”步伐。

【招商引资】 依托现有企业做活以商招商，扩大现有产业集群数量和规模，物华管业公司同英国国际管道防护公司合作的海堤隐患综合治理项目计划投资1.3亿元，进行仿生草进购和柔性海底输油管道、海底管道检测设备的生产，产品将用于中石化、中海油海上钻井平台及海上堤坝维护。安德路石化与香港黑石控股合资的连续纤维增强热塑性复合材料管道项目计划进行新型环保可回收复合型输油、供热管道生产，签订合作协议并完成新公司注册，完成招商引资百日会战目标任务，实现10个项目6.1亿元的到位外来资金；带领辖区企业赴江浙沪、京津、湖北等地洽谈合作；举办“垦利经济开发区浙商招商引资推介会”。

开发区工作人员对企业进行安全生产检查

【服务企业】 持续改进工作作风，树立为企业服务的宗旨和意识，靠前服务，帮助企业解决实际困难，逐步构建起“亲”“清”的新型政商关系，为开发区发展注入新活力。强化以服务企业为中心的软环境支撑作用，制定《开发区（兴隆街道）关于进一步强化服务企业工作实施方案》，明确包项目领导职责强化服务意识。加大企业金融支持力度，摸排企业融资需求，开展银企对接活动，协调银行深入企业，根据双方供需要求，与企业进行“一对一”对接，为企业量身定做融资方案。将企业基本情况及生产建设过程中存在的问题一并汇总，建立健全企业电子库、台账、反映单，帮助企业缓解融资难题。鼓励企业对接“互联网+”及双创进程，发展电子商务，重点依托大学生创业园、科技孵化器、中小企业辅导基地，建设电子商务孵化园，吸引电商企业以及配套产业项目入驻。借助“智慧园区”建设，整合辖区土地、资金、知识等核心资源，建设物联网应用、信息技术共享等平台，帮助企业上线、产品上网、互联互通，带动本地电商产业创新发展。

【农业农村工作】 以提升农村生产力为目标，稳步推进农村农业发展。完善配套功能，提升新型城镇化建设水平。（一）强化基础设施建设。推进总投资3465万元的开发区路跨永丰河桥、渤海路南延、明珠路东延、宝丰路绿化等工程；加快总投资1.09亿元的开发区工业污水处理厂及配套管网项目建设。（二）推进新型城镇化建设。在完成7个村拆迁上楼的基础上，2016年春利用一个月的时间完成广兴村拆迁。完成南成寨、北成寨、黄店村、兴隆村、周屋村、杜屋村、同兴村、广兴村8个村631户居民的拆迁安置工作，并全部分配到户实现入住。（三）探索新型城镇化服务机制，成立农村社区服务中心，在同兴社区设立“一站式”服务大厅，采取服务中心牵头抓总，卫生、综治、信访、司法等职能进驻，实现居民“进一扇门，办所有事”的服务格局。

【辖区党建】 （一）“两学一做”学习教育有序开展。成立16个督导组，组织辖区38个党支部各开展集中学习研讨24次。（二）落实从严治党责任。撤销13个空壳支部，组织6个届满支部进行换届，专项核算收缴党费8万余元。（三）打造基层党建亮点工作。列支基层党建专项经费60万元，落实村级办公服务经费112万元，成立“7点创客”党支部，探索非公企业区域联建模式；投入30余万元打造渔洼村、明珠集团等10个基层党建标准化示范点，明珠集团党支部被评为2016年山东省优秀基层党组织。（四）巩固党风廉政建设基础。共开展各类培训教育12次，建立健全农村党风廉政常态化建设，实现机关农村述廉述责全覆盖。（五）强化换届风气监督工作。完成领导班子换届推荐及“两代表一委员”选举，营造良好的换届秩序和换届风气。

兴隆街道中心幼儿园举办课间活动

【民生工作】 （一）推进创业层次，提升就业质量。提供“垦利大学生创业园”二期工程建设场所，注册企业15家，接纳50多名大学生在此创业；组织开展“春风行动”等各类招聘会10余场，累计提供100多个工种1200余个就业岗位；举办技能培训班，有效提高城乡劳动力就业创业能力。（二）完善社会保障体系建设。落实各类迁占、分粮款项8000多万，发放五保低保、双拥优抚等各类救助补助金125.89万元，实现困难群众救助全覆盖；城乡居民养老、医疗保险参保率均为100%。（三）保障农业正常生产。利用一分干提水泵站全力抗旱保灌，投资20万元新建西九村控制闸工程，确保农村耕地用水；落实涉农惠民政策，进行小麦良种补贴和粮食直补资金统计发放工作。（四）稳妥的实施全面二孩政策，全面做好新形势下计生工作。辖区合法生育率99%，到站查体率95%，人口生育率11.92‰，性别比98，“全家福”投保210人，完成投保额21120元。

（庄　伟）

胜坨镇

【概况】 位于县境西部，距县城10.5公里，面积181平方公里。2016年底，辖59个自然村，59个村民委员会；有21187户，60956

召开党员冬训动员暨党委书记上党课会议

人，其中镇直318户，2390人；农村20869户，58566人。

2016年，实现地区生产总值168.1亿元，比上年增长7.2%，其中一、二、三产业增加值分别为46559.7万元、1046255.2万元和588180.2万元，分别比上年增长3.9%、5.7%和3.5%。地方财政一般预算收入1.95亿元，完成固定资产投资54.1亿元。工业总产值1034.8亿元，实现利税127.9亿元。全年粮食作物播种面积6103公顷，总产4万吨。棉花1524公顷，总产1277吨。全年造林1166.67公顷，森林覆盖率达21%。年末大牲畜存栏74755头，其中，肉牛382头，奶牛1249头猪73124头；羊存栏8926只，其中：山羊6085，绵羊2841；家禽存栏59.6万只，其中：蛋鸡112493只，肉鸡214631只，鹅1142只，肉鸭267697只。农村居民人均可支配收入16939元，比上年增加573元。有中学1处，小学3处，在校学生共6415人，适龄儿童入学率100%。有医院1处。

12月30日，胜坨镇第十三届人民代表大会第一次会召开

2016年11月7日，《人民日报》和《2016中国中小城市发展报告·绿皮书》联合发布第十二届中国中小城市科学发展指数研究成果暨“2016综合实力千强镇”榜单，胜坨镇位列第217位。

【产业发展】 **农业** 培育新型经营主体，以现代农业园区、农民专业合作社、家庭农场为重点，推动总投资14亿元的“一库、两基地、三园、五区”11处农业园区建设，全镇标准化畜牧养殖场达到15家，农民专业合作社和家庭农场138家，完成土地流转5.4万亩。做好“三品一标”认证，全镇获“有机产品认证”的农畜产品21个、“无公害产品认证”的15个、“绿色产品认证”的1个。推进“三年增绿”工作，实施天宁寺生态林场提升、南展大堤生态绿化、德州路绿化等10项绿化工程，完成投资5200万元，动用土方200万立方米，新增造林6800亩，占三年增绿总体工程量的50%以上。全镇森林覆盖率22%。

工业 强化项目带动作用，汇东公司30万吨/年蒽油轻质化扩能改造（续建）、东辰公司芳烃产品综合利用及深加工（续建）等项目建成投产使用。建设完成投资1100万元的西四路、胜利路段雨污分排管网工程，投资1000万元的胜坨消防站运行良好，消防车签订购车合同，即将到位。2016年，全镇规模以上工业企业实现工业总产值1034.8亿元、主营业务收入1026.8亿元、利税127.9亿元、利润107.1亿元。

旅游 推进总投资8.4亿元的天宁寺生态林场、森林公园、天宁湖国家湿地公园、黄河口休闲垂钓基地等项目建设，实施伟浩生态园、王王庄庙、黄河人家度假区等景点提升工程，规划建设的黄河三角洲顶点公园项目在进行立项手续办理。2016年，天宁寺文化旅游区被评为全国十佳生态旅游示范景区、山东省海峡两岸交流示范点。

【城镇化建设】 利用试点强镇、管理权限下放政策优势，加快产城融合步伐，全镇城镇化率达到55%。加大基础设施建设力度，西五路北延（北二路至永莘路段）工程达到通车条件，在进行绿化、亮化等配套施工，西五路浮桥项目加快推进。新型农村社区建设顺利，总投资4.7亿元的“尚庄孙家”土地增减挂钩项目，西区24栋住宅楼在进行室内外配套施工，社区公建用房、沿街商业房、康和庄园区块正在进行框架施工；总投资9.2亿元的胜利社区建设工程，一期群众入住，二期部分楼房在进行主体施工。开展拆违治乱专项行动，共拆除整改违法建设项目79处，拆除房屋2.5万余平方米，拆除违法用地面积38亩。加大27个美丽乡村建设，开展乡村文明行动，城乡环卫实现公司化运作，实施农村旱厕改造工程，完成旱厕改造777户。东王村获山东省第三批“美丽宜居村庄”“省级文明村镇”称号。

【安全环保】 建立干部联系企业制度、三级网格管理体系，联企干部每月至少一次到生产一线检查指导安全生产工作，协助企业排查整改隐患2486处，均整改完成。开展各类安全生产专项或大检查活动9次，查出各类安全隐患1658条，现场整改292处，其余限期整改均完成，整改率99%以上。开展“专家查隐患，政府促整改”活动，聘请40余名专家成立安全专家办公室，协助查找企业安全隐患，督促企业抓好整改落实。对“打非治违”保持高压态势，先后开展46次非法（违法）项目集中清理清查行动，查出非法（违法）项目48家，处理违法违规企业相关责任人员3名。加大水气污染治理力度，实施园区污水管网提升改造、王营养殖小区养殖污水处理、胜景河改造提升、利河污水处理厂升级改造、胜坨镇第二污水处理厂及配套管网建设、燃煤锅炉超低排放改造、挥发性有机物（VOC）自动监测体系建设等7个工程。清理“土小”污染企业24家。

【民生服务】 把保障和改善民生作为一切工作的出发点和落脚点。实施年度投资6300万元的胜坨中学扩建、幼儿园整修提升、垦利二院维修改造、镇区基础设施提升等11项为民办实事工程。投资700万元实施公共文化服务体系示范区创建工程，打造崔家—皇殿—东王—史王—戈武的精品路线。与垦利区幸福老年养护中心合作，采用医养结合的方式，对全镇“五保”老人提供全方位托管式服务。做好精准扶贫工作，实施机关干部联系制度，探索“特色基地+扶贫企业+合作社+贫困户”的产业扶贫模式，

8月18日，胜坨镇2016年群众文艺会演大赛举行

45户92名贫困群众全部完成省定脱贫。加快农村富余劳动力就业转移，举办14期培训课程，转移城乡劳动力2300余人。新版《胜坨镇志》编修完成，出版发行。

（张　良）

郝家镇

【概况】 郝家镇位于垦利区境西南部，距城区22.5公里，面积60.77平方公里。辖28个自然村，28个村民委员会，3个居民委员会；有6820户，18288人；其中女9201人。

2016年，实现生产总值34.01亿元，比上年增长7.3%，其中一、二、三产业增加值分别为1.2634亿元、19.5439亿元、13.2027亿元，分别比上年增长3.8%、5.6%和10.4%。完成全社会固定资产投资23.1亿元，下降34.8%。规模以上工业总产值138.92亿元，实现利税18.76亿元。农林牧渔业总产值2.5102亿元；全年粮食作物播种面积3818.73公顷，总产2.5581万吨；瓜菜232.9公顷，总产0.7119万吨；棉花639.2公顷，总产608.48吨；种植业产值11375万元。全年造林35公顷，森林覆盖率25.4%；林果总产1170.8吨，林业产值368万元。年末大牲畜存栏324头，猪存栏0.6175万头，羊存栏0.2025万只，家禽存栏35.8847万只；畜牧业总产值12079万元。渔业总产值290万元。有水库8座，总蓄水能力400万立方米。农业机械总动力50350千瓦。地方公共财政预算收入6692万元。农村居民人均可支配收入15198元，比上年增长8.16%。有中学1处，小学1处，在校学生1561人，适龄儿童入学率100%。有医院1处，农村社区卫生服务站11处。

2016年，获“省级经济林标准化示范园”“东营市无烟单位”等称号。

【现代农业】 实施科技兴农、园区聚农、品牌强农、设施惠农四大工程，农业效益稳步提高。提升合作化水平，全镇农民专业合作社发展到38家，家庭农场发展到10家。发展葡萄产业，扩种葡萄200亩，全镇葡萄种植面积2000亩，葡萄品种10余个。坚持融合发展，以东营丽日锄禾有限公司为运营主体的宫家“e村驿站”电商便民服务中心规范运营，举办第十届中国·垦利郝家葡萄文化旅游节，“葡萄香车、魅力郝家”更具知名度。坚持走畜牧产业化发展道路，发展标准化养殖场区，全镇标准化养殖场区发展到29处，规模化养殖场区发展到18处。推动农业园区化发展，鲁百农超对接基地、郝家葡萄生态示范园、万通生态农业示范园、耿家蔬菜种植基地等农业示范园区辐射带动力明显增强。投资766万元的国家级0.65万亩高标准农田建设项目通过验收，新建建筑物94座，衬砌灌溉渠道8.07公里，搬动土方48.82万立方米，架设高压输电线路1.57千米，整平土地1500亩，植树3.2万株，农业生产条件进一步改善。

【园区发展】 新建合众一汽大众、金奥奥迪2家汽车4S店，中凯东振车服建成投用，全镇汽车4S店发展到32家41个品牌，汽车销量占全市汽车总销量的60%以上，形成了集汽车贸易、美容、维修、上牌、驾考、保险等于一体的完整产业链，成为全市最大的汽车贸易区。泰丰胜凯沥青物

葡萄节

流仓储主体验收完成，万通金顺油品仓储物流项目建成罐区81万立方米，全镇仓储物流企业发展到6家，成为东营市重要的仓储物流基地。总投资14亿元的万坤建材城、中凯汽配城1279家商铺相继建成、陆续营业，成为全市重要的汽配、建材专业市场。胜利监理大厦加快推进，佰通保温防腐项目竣工，凯尔功能寡糖项目投产，产业发展呈现更多新亮点。开展“保姆式”服务，服务区道路、绿化等配套项目推进顺利，阜盛路建设加快实施，惠园路实现贯通，服务区承载能力不断增强、功能更加完善，“魅力黄河口、活力新西郊”更具吸引力。

【城镇化建设】 总投资8.6亿元的和美家园、幸福家园、新和家园“三大村居改造工程”81栋住宅楼建成，群众陆续入住；投资16.1亿元总建筑面积43.4万平方米的海通西苑丽景、万通海欣地产、水岸华庭等居民小区建设加快推进，成为油田、西城和附近群众购房入住的首选。实施南一路西延工程，全镇公路总里程达到269千米。推进“乡村文明行动”和“美丽乡村”建设，城乡环卫实现公司化运营、无缝隙覆盖；黄河口孟子文化园——郝孟园主体竣工；新建改造无公害旱厕410套，在全区率先超额完成年度建设任务；推动农村清洁能源工程建设，实施宫家村、孟家村天然气下乡工程；投资800万元新建典型示范村4个，新修道路5100米、地沟4100米，铺设路沿石4000米、人行道1.3万平方米，植树4500株，安装路灯60盏，粉刷墙面1万平方米，墙体彩绘1500平方米，全镇示范片区达到3个、典型示范村达到18个、整体达标村达到10个。

【安全环保】 开展城市公共安全专项行动，坚持属地管理、谁主管谁负责、管行业必须管安全，创新实行安全生产工作“痕迹管理法”，落实安全生产网格化管理和实名制管理，加强风险分级管控与隐患治理两个体系建设；抓安全生产主体责任量化考核，创新实行以谈思路、谈管理、谈检查、评企业安全生产主体责任落实为主要内容的“四谈一评工作法”，企业安全生产主体责任进一步压实；建立完善安全生产工作例会制度，聘请安全专家，开展重点行业、领域安全隐患排查整治，开展安全生产“大快严”集中行动。开展水气污染治理专项行动，封堵五六干合排、老广蒲沟排污口，实施北二路以南污水管网改造、西六路水系贯通提升、西郊现代服务区人工湿地3项工程；淘汰改造燃煤锅炉等落后产能，镇域水气环境有效改善。投资1477万元大力实施“三年增绿”计划，重点实施东郑路绿化提升、0.65万亩农田林网建设、郝郑路绿化、村庄绿化、校园绿化等5项工程，累计动用土方34.1万立方米、植树12.7万株。

【民生建设】 坚持教育优先发展，投资2700万元的西郊幼儿园、和美幼儿园主体竣工。实施文化惠民工程，实施镇综合文化服务中心改造提升工程，新建文化广场4处、乡村剧场3处、历史文化展厅5处，全镇文化表演队发展到35支，庄户剧团发展到6个，举办威风锣鼓、广场舞培训，组织“舞动垦利·唱响和美”群众文化“六进”庄户剧团下乡演。开展移风易俗活动，实施“四德”工程，举办道德模范评选，倡树文明新风。提高农村低保、五保标准，坚持产业、就

9月8日，郝家镇精准扶贫送羊到户

11月25日，郝家镇道德和党纪党规知识测试

业、教育、兜底“四个帮扶” 精准扶贫，实施庭院肉羊养殖扶贫项目，困难群众生活得到了有效保障。落实食品安全监管日常巡查制度，全镇食品市场安全有序。加强社会综合治理，深入开展严厉打击打孔盗油、禁毒等专项行动，完善《郝家镇信访接待处理实施办法》，实行“一岗双责”，抓领导干部公开接访和包案制度落实，健全重点工程项目工作事前风险评估机制，切实抓好矛盾纠纷排查，抓早抓小抓苗头，把问题化解在萌芽状态，全镇社会形势持续稳定。公共卫生服务、民族宗教、双拥双建、妇女儿童等工作都取得了新成绩。

【党建工作】 压实党建责任，强化主业意识，建立机关、园区、村3个党建责任区，制定党建任务清单，落实班子成员联系点、党建指导员制度，形成镇、责任区、村三级党建责任体系。创新工作思路，补齐党建短板，创新实行村级事务全程纪实痕迹化管理工作法，完善村干部轮流坐班绩效管理等制度，村级工作更规范高效；创新运行“四〇”社区服务模式，社区服务水平有效提升；连片打造“睦邻党建”品牌，实现片区党组织优势互补、互促发展、整体提升；创新社企联建，整合鲁百绿色农业发展公司、店子村蔬菜种植农民专业合作社成立党支部；依托汽车业商会党总支，创新会员企业集体协商，促进了行业抱团发展；创新“365”强廉模式，营造了清风正气。抓好重点工作，夯实基层基础，扎实开展“两学一做”学习教育，组织集中培训、讲党课，实行“四微教育”，创新“晒晒全家福、践诺做贡献”等活动载体，确保了学习教育实效；分类制定量化积分标准，实行党员量化积分管理；开展党组织分类定级工作，对重点党组织实行重点帮扶；开发郝家民情在线系统，畅通便民服务“快车道”。

（李飞飞）

永安镇

【概况】 永安镇位于垦利区东部，距城区17公里，面积428平方公里。2016年底，辖49个自然村，49个村民委员会；有8135户，21874人，其中女12635人，人口自然增长率为13.1‰。先后被评为全国“一村一品”示范镇、中国大闸蟹之乡、山东省“幸福进家活动”先进乡镇、中国楹联文化镇、安全生产工作先进单位、工业经济运行先进单位。

2016年，实现生产总值37.91亿元，比上年增长7.1 %，其中一、二、三产业增加值分别为33716万元、209029万元和136307万元，分别比上年增长3.8%、4.3%和10.2%。工业总产值186.37亿元，实现利税171792万元。农林牧渔业总产值66825万元；全年粮食作物播种面积6929.7公顷，总产2.69万吨；瓜菜839.4公顷，总产1.45万吨；棉花3306.6公顷，总产0.77万吨；农业产值20153万元。全年造林173.3公顷，森林覆盖率达21.5%；林果总产400吨。年末猪存栏1.47万头，羊存栏1.17万只，家禽存栏204.66万只，畜牧业总产值4734万元。渔业总产值40776万元。有水库15座，总蓄水能力975万立方米。农业机械总动力75000千瓦。地方财政一般预算收入9128万元。农村居民人均可支配收入13848元。有中学1处，小学2处，幼儿园3处，在校学生共1880人，适龄儿童入学率100%。

【现代农业】 投资6669万元实施六万亩土地综合整治村庄复垦、六村片高标准基本农田建设等项目5个，辐射带动周边现代农业发展。培育新型农业经济主体，全镇规模农业经营户达到335家、农民专业合作社105个、家庭农场33个。探索实行“惠农扶助贷款”项目，为38户群众发放贴息贷款760万元，解决农业产业带头人、种养大户、农村专业经济合作社以及家庭农场等经营主体机遇少、融资难、发展渠道不广的问题。引导发展适度规模经营，共引导群众流转土地6.35万亩，引进农业龙头企业7家。发展水稻、莲藕、水产等特色产业，2016年水稻种植面积达到3.2万亩，莲藕种植面积达到1.6万亩，大闸蟹养殖面积达到1.8万亩。

【工业经济】 引进总投资2.5亿元的东营市新垦源达建筑材料项目、总投资5000万元的30000吨/年水果蒸馏酒项目。帮助36家企业补办相关手续，实施坤宝化工3万吨/年无水三氯化铝升级改造项目，开展“三评级一评价”工作，帮助9家中评化工企业查摆问题，倒逼企业转型升级。在金融部门的支持配合下，做好小微企业“助保贷”试点工作，累计贷款2020万元；实施续贷转贷过桥资金工作，为15家企业发放52

5万亩水稻香飘十里

笔过桥资金1.84亿元，有效缓解企业资金短缺难题。

【城镇化建设】 历时4年时间，总投资8.51亿元建设惠鲁、惠丰两处农村社区，全部投入使用。社区搬迁完成，两处社区搬迁完成总任务量的98%，村庄复垦有序开展。（一）镇区功能日渐完善。先后投资1.04亿元修建道路20条，镇区搭建起“八横八纵”主干道路格局。电力抢修中心、政务服务中心、文化综合服务中心建成投用，4家银行在永安设立支行，黄河口大闸蟹交易中心建成投用，永安商会大厦等城建项目进展顺利，城镇功能不断完善，承载力、吸引力增强。（二）镇村管理不断规范。镇区方面，成立和谐家园社区居委会，推动镇区管理规范化。创新开展农民进城工作，对符合条件的农村集体经济组织成员家庭购房给予补贴，共补贴49户、342.5万元。农村社区方面，确立以党建为统领的农村社区“133”管理服务模式，开展社区干部职业化试点，从优秀村支部书记中

学校规范

安全环保常抓不懈

选拔7名作为社区内专职工作人员，为群众提供高质量的社区管理服务。

【民生工作】（一）加大教育投入。全镇6所学校全部达到省级规范化标准，办学条件明显改善。（二）就业再就业工作。借助黄河口新型农民学校平台，举办美容美发、家政服务、建筑等各类技能培训100余期，250人取得大中专文凭，组织召开用工洽谈会2次，为103人发放贷款1040万元，累计转移农村劳动力1000余人次。（三）医疗服务更加优质。开展基本公共卫生服务，为20111人建立健康电子档案，建档率达到93%，360种药品实现零差价销售，镇卫生院及7处社区卫生室实现新农合现场报销，惠鲁、惠丰两处新建社区卫生室投入使用。（四）开展精准扶贫。通过设立扶贫基金、机关干部一对一帮扶等制度，对永安镇十八、西三两个省定贫困村开展项目帮扶，全部实现脱贫。（五）文化事业。实施文化惠民工程，加强文体设施建设，在惠鲁、惠丰社区建设“乡村剧场”，打造惠鲁、惠丰室内功能室，为群众开展文化活动提供平台。做好社区文化建设，打造“仁义惠鲁”“孝善惠丰”社区品牌，组织文艺会演，在镇区及两个社区举办消夏晚会3场。（六）计生工作。实施全面二孩政策，推进计划生育服务管理改革，永安镇连续十七年在全区人口计生目标责任考核中获第一名。（七）社会稳定。投资170万元，在新建农村社区建立视频监控平台，群众人身安全得到保障。加强社会治安综合治理，推进政务、村务公开，落实信访工作责任，严格开展禁毒工作，始终保持对各类违法犯罪的高压态势，营造全民安居乐业的氛围。

【党建工作】（一）落实党建工作责任制。制定《党建工作责任清单》，通过“党课+”行动抓好落实。抓好软弱涣散党组织整治，安排班子成员包靠在党支部半年测评中评定为差的8个党支部。用好约谈制度，设立约谈室，以同步录音录像的方式，对3名村主职干部、2名党员进行约谈，促进矛盾化解和村庄搬迁。（二）加强基层党组织建设。召开“基层基础提升年”工作部署大会，抓好“4321”等工作制度落实，安排镇党教中心、纪委每月2次联合检查督导。实行“村级工作计划制、村级财务预算制”，开展届中审计，在49个村推行村级权力清单制度。创建“惠丰惠千家”“家在惠鲁”党建服务品牌，确立以党建为统领的农村社区“133”管理服务模式，开展社区干部职业化试点，从优秀村支部书记中选拔7名作为社区内专职工作人员。列支600万元基层党建专项经费，按照“村均10万元”落实办公服务经费，协调帮扶资金90余万元，新建成村级办公场所3处，在建2处。指导建设二十师村、永安商会党支部等一批党建示范点。（三）加强党员队伍建设。多次召开党委会议，研究确定《实施方案》《问题清单》《负面清单》。通过“书记大讲堂”，组织全镇党员上党课1次，安排科级干部到村、企业上党课3次，累计培训党员3000余人。在镇机关开展“五分钟微党课”“戴党徽 争先进”等活动，在各村全面推行“党员好邻居”活动，在社区开展“防汛抢险 党员在行动”、党员义工巡逻队、党员爱心顺风车等活动，激励党员模范作用发挥。

（王　聪）

黄河口镇

【概况】 位于垦利区东北部，距城区41.5公里，面积1317平方公里。2016年年底，辖91个自然村，63个村民委员会；有9996户24774人；其中女性12676人，人口自然增长率为6.1‰。

2016年，实现生产总值17亿元，比上年增长7.1%，其中一、二、三产业增加值分别为37167万元、70800万元和61793万元，分别比上年增长3.9%、5.9%和8.7%。规模以上工业总产值5.84亿元，实现利税3491万元。农林牧渔业总产值75044万元；全年粮食作物播种面积9444.47公顷，总产6.14万吨；瓜菜492.1公顷，总产1.22万吨；棉花4640公顷，总产12088.95吨；种植业26959万元。全年造林800公顷，森林覆盖率达20%；林果总产2754.39吨；林业产值1090万元。年末大牲畜存栏5720头，猪存栏0.44万头，羊存栏1.89万只，家禽存栏28.68万只；畜牧业总产值9584万元。水产品总量1.54万吨，渔业总产值35891万元。有水库8座，总蓄水能力798万立方米。农业机械总动力18.93千瓦，农村用电量507.13万千瓦时。乡镇企业总产值7.18亿元，利税4033万元。地方财政一般预算收入2277万元。居民人均可支配收入12838元，比上年增加965元。有教育园区一处，在校学生1500人，适龄儿童入学率100%。有医院1处。电话普及率达到每百人100部。小康水平指数达到54%，有34个村达到小康水平。先后获全国生态文明先进乡镇、省级旅游强镇、省级宜居小镇“县级人口和计划生育工作先进单位”等称号。

【现代农业】 利用土地价值不断攀升的有利时机，适时抓住机遇夯实农业在全镇发展中的基础作用，转方式、调结构，推进农业现代化建设。一是以建促农，优化农业发展条件。投资3800万元，完成黄河滩区、孤岛四矿6800亩土地整理项目和六村片1.7万亩高标准农田提升项目。投资300万元完成宋春荣沟、西干渠小岛河南段整理项目，西隋村水库项目完成。4.5万亩耕地水浇条件得到提升，种植环境得到改善，为种植结构调整和作物增产提质起到推动作用；二是优化农业产业结构。按照全镇东、中、西产业结构规划，引导群众进行适度土地流转，流转土地4.38万亩。通过发展专业化经营，提高土地产出率、资源利用率、劳动生产率，上半年新办家庭农场5家、合作社3家，提报市级示范性家庭农场2家、合作社2家。农业产业规模化发展模式被越来越多的经营个体和组织采纳，规模效益不断扩大。全镇规模化种植莲藕4万亩、水稻4万亩、青贮玉米5000亩，500亩以上的种养家庭农场及合作社达到17家；三是发挥农业企业促进作用。东营美利农业开发有限公司注册成立，莲藕出口加工基地正在创建，农产品出口手续不断完备，带动黄河口镇莲藕产业出口创汇，向阿联酋、马来西亚等国家出口莲藕100吨。飞翔农业通过食用菌博士科研工作站探索大棚生产食用菌新模式，企业产业带动作用明显增强；四是逐步实施农产品品牌化战略。借助黄河口大米、垦利莲藕的地理性标识认证成功，

青贮玉米获丰收（刘玲玲）

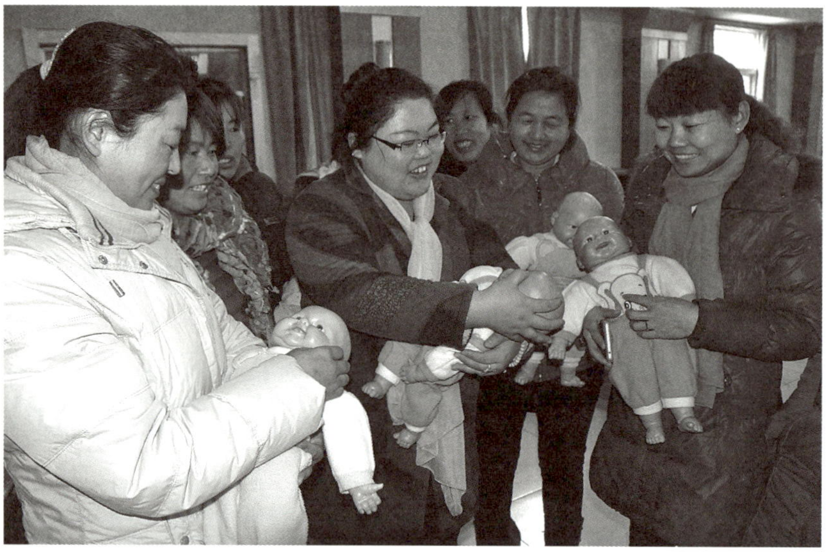

家政培训促就业（刘玲玲）

强化“三品一标”认证，打造“生态黄河口，绿色农产品”品牌，农产品产业链条逐步延伸，农产品附加值进一步提升。通过企业促进和黄河口农产品品牌的创建，农产品知名度提高。

【招商引资】 按照区域性限制规划，引进以绿色、生态、环保为主题的企业项目。一是园区招商。镇南片区黄河口生态科技城一期项目签订土地合同，环评、规划设计条件、建设场地岩土工程勘察、立项、建设用地规划许可证等建设手续办理完成，项目建设单位进驻工地。东昱畜禽无害化处理项目进驻现代农业深加工园区并开工建设。牧原集团200万头生猪养殖项目与黄河口镇达成初步合作意向；二是区域特色招商。结合生态旅游区5A级景区创建、“五七”渠产业带和黄河口镇旅游总体规划，不断加强旅游招商力度，借助旅游招商企业，成功举办第七届万尔果蔬采摘节，并开展“周末去哪儿”亲子体验活动47期；三是资源优势得到充分发挥。利用黄河口镇光照条件好、耕地滩涂面积广等优势条件，有针对性地开展招商活动。围绕“绿色”招商，东营智通有限公司投资2100万元的分布式农光项目，基础设施基本完成。

汇鑫莲藕种植合作社的农民整理出口迪拜的莲藕（刘玲玲）

【城镇化建设】 按照总体规划和专项规划项目设计，不断优化人居环境，打造美丽宜居小城镇。一是按照“两路域、两水系、一片区”的总体布局，推进“三年增绿”工程项目，投资900余万元，完成千亩用材林、经济林、林苗一体化生产基地建设，新博路绿化、五七渠绿化等6类工程全部完工，改造、新增造林绿化面积1800亩，“三年增绿”工作走在全县前列；二是乡村文明示范村项目、连片治理项目稳步推进。以实施农村“五化”改造工程为主要内容，加快推进五七精品示范片区建设，按照“扩面、连线、成片”原则，选取生产、胜合、五七、六村、四村、广林、南张、建林等17个行政村开展五七示范片区扩面工作。投资1170万元，在护林、生产、五七、胜合、辛庄场、栾家、新生、小高8个行政村实施乡村连片治理试点工作，完成道路硬化8.1公里、人行道及护坡铺装2000平方米、排水沟新建改造6300米，全镇基础设施建设水平进一步提升，镇村环境进一步改善；三是开展生态文明乡村规划，在7个试点村推开，根据各村特色打造特有的黄河口村落文化，完善农村公路、健身广场等配套设施建设，发展特色产业，打造独具特色的黄河口村落。推动美丽宜居乡村建设，充分发挥山东省宜居村庄——万尔村的示范带动作用，借鉴推广万尔村环境优化、文化打造、特色产业融合发展的模式和经验，小高村申报“宜居村庄”上报工作完成；四是持续推进农村环境综合整治。不断完善城乡环卫一体化运行机制，持续改善群众生活环境。镇环卫办及保洁公司建立日常检查评比制度，对各村出现的问题逐一列出清单并督促逐项整治，处理好柴草堆放、建筑垃圾乱放等问题，维护好各村整治成果。

【生态旅游】 山东通用航空“黄河入海口生态旅游度假区开发项目”规划初步完成，“航空小镇”建设规划推进中。发挥生态农业优势，重点建设万尔生态庄园、“盛世槐乡”农家乐园、“耕读穗月”生态庄园等多处农家乐，举办7届“万尔果蔬采摘节”，接待游客10余万人次，“周末去哪儿”亲子体验活动完成50余期，实现黄河口镇生态旅游持续性发展。

【民生工程】 做好精准扶贫工作，建设光伏发电、有机水稻种植等5个产业扶贫项目，完成水库建设、土地整理、节水灌溉等普惠型农业基础设施建设。建立镇级扶贫基金，引导贫困群众发展大棚蔬菜、特色种养等产业，实现贫困群众快速增收。全面贯彻各项惠农政策，落实各项惠农资金。五保、低保、孤儿救助、创业补贴等项目资金全部发放到位。投资230万元对80公里农村公路进行安保工程建设，改造农村公路11公里，修建农村危房55户。信用垦利、文化惠民、安全环保、打非禁毒等常态化推进，为群众提供便捷安全的生产生活条件。

（徐宝军）

董集镇

【概况】 董集镇位于垦利区西南部，距城区24公里，面积66.7平方公里。2016年底，辖33个自然村，33个村民委员会；有7798户，22670人；其中女11404人，人口自然增长率为17.1‰。

2016年，实现生产总值37.81亿元，比上年增长7.2%，其中一、二、三产业增加值分别为15083万元、222996万元和140004万元，分别比上年增长3.3%、1.8%和14.2%。工业总产值96.8亿元，实现利税200792万元。农林牧渔业总产值26713万元；全年粮食作物播种面积2633公顷，总产1.87万吨；瓜菜124.4公顷，总产0.45万吨；棉花939公顷，860吨；种植业产值10570万元。全年造林110公顷，森林覆盖率达27%；林果总产1305吨；林业产值836万元。年末大牲畜存栏507头，猪存栏1.39万头，羊存栏0.50万只，家禽存栏12.6万只；畜牧业总产值11357万元。水产品总量1200吨，渔业总产值3480万元。有水库1座，总蓄水能力120万立方米。农业机械总动力36669千瓦。地方财政一般预算收入5300万元，比上年增长7%。农村居民人均可支配收入15079

金钊源O2O购物平台仓储、运输管理系统获得专利版权

元。有九年一贯制学校1处（董集实验学校），在校学生共2203人，适龄儿童入学率100%。有医院1处。电话普及率达到每百人86部。

【园区建设和招商引资】 仓储物流、汽车贸易、商贸服务、石材建材等主导产业快速壮大，总投资50亿元的36项重点项目迅速推进，金钊源仓储物流生鲜果蔬分拨中心、10兆瓦光伏发电、东风标致DS和雷诺4S店等项目建成投用；宝德商务大厦、高档二手车交易市场、东胜集团钻采配套产业园、和利时加气站、华旺物流调度中心、西郊医院等重点项目进展顺利。先后赴北京、上海、重庆等地招商考察21次，迎接京东商城、大明集团、中国经济网等客商考察13次，与京东商城、山东公共安全馆、北方奔驰4S店等项目初步达成合作意向。组织召开政银企座谈会，探索融资新渠道，为解决企业融资难问题奠定坚实的金融基础。东营银行、人保财险正式营业，镇域内金融保险机构达到7家，园区发展动力增强。在与邮政储蓄银行、浙商保险、阳光保险洽谈。落实项目"保姆式"服务，推行项目专人包靠、手续全程代办等，为企业发展提供全方位、立体化服务，累计帮助协调房租减免187万元，争取无偿资金315万元，上报申请扶持政策8项。

【东营西郊现代农业示范区】 投资1600万元实施展区0.33万亩高标准农田建设、9.8千米东排沟拓宽及清淤、罗家片区土地整理等基础设施建设项目，改善园区引排水、道路交通、土地整理和生态绿化等基础配套，农民生产生活条件得到提升。推进适度规模经营，新增流转土地2000亩，流转面积2.5万亩，农民专业合作社、家庭农场分别达到35家、13个；嘉硕农业、恒志诚工贸、恒达农业3家企业列入第十一批农业产业化市重点龙头企业名单，金硕农业、恒达农业、德荟源现代农业种植基地均通过农产品有机转化认证，蝶文化家庭农场被评为东营市家庭农场示范场。

金融企业入驻（程永锋）

【生态环境】 安全生产方面。落实安全生产、环境保护网格化管理制度，将辖区划分为65个四级网格，配备65名网格员，压实责任，密织安全责任网。落实"党政同责、一岗双责、失职追责"，17名科级干部包靠辖区内32家重点监管企业，排查安全隐患324处，全部整改完成。按照"谁包片、谁排查、谁整改、谁负责"的原则，开展重点领域打非治违集中排查行动，出动工作人员及村"两委"人员800人次、聘请的第三方技术人员70人次、车辆40台次、无人机2台，排查行政村33个、房屋1400余间、闲置院落78处，排查正常生产经营企业42家，闲置厂区8家、闲置厂房50间。排查打击非法加油站点8处、非法原油收购点4处、非法液化气站1家、非法铝锭熔炼铸造项目1家、违规乱停槽罐车4处，查处隐患和问题46项，整改完成39项，整改率85%。环境治理方面。实施异味整治专项行动，狠抓安全环保综合治理，拆除安全环保不达标非法违法项目18家，取缔关停非法加油点6个；推进"三年增绿"工作，累计完成投资5200万元，新增造林面积6200亩；完善城乡

公共服务免费培训（程永锋）

环卫一体化管理机制，城乡生态环境大幅改善，群众满意度持续上升。拆违治乱方面，强力推进拆违之乱和土地例行督查问题整改工作，组织集中行动10次，动用铲车、挖掘机等大型机械70余台次，抽调机关干部、派出所干警1100余人次，拆除违章建筑23处，拆除面积29423平方米、院墙6500米，大型广告牌21处，调整规划补办土地手续7宗。主动对接区国土资源局，做好2016年土地变更调查初步核查的8宗违法建设用地拆除工作，对于能补办手续的尽快办理，不能补办手续的坚决拆除。

【社会事业】 农村居住环境。投资900万元实施刘家、董集等6个新增示范村改造提升工程。新建改造农村公路7.4公里，衬砌排水沟3000米，铺装人行道36000平方米，安装路灯200盏，改造旱厕646套。全面完成总投资3.2亿元的杨庙新型农村社区二期41套楼房及配套设施建设，726套房子全部分配到户，改善农村群众生活条件。教育设施条件。完成总投资1200万元的董集实验学校体育活动中心及配套工程，教学条件进一步优化。在全区率先启动学生饮食放心工程试点工作，实现镇实验学校食堂食品由金钊源统一配送，保证中小学生食品安全。文化事业。投资80余万元实施镇综合文化站、历史文化陈列馆、乡村剧场等多项重大公共文化建设工程，初步建立覆盖城乡的公共文化服务体系。委托山东淄博山和水润旅游景观规划设计公司，立足董集产业发展基础，科学编制金岸花园旅游综合体规划，明确发展思路，理清发展脉络，前期各项准备工作正在推进。壮大特色文化队伍，建成5个庄户剧团、8个文艺表演队伍、20支秧歌队伍，建成村级文化广场16个，乡村剧场5处，大王村获省级“书香之村”称号，七井村获省级“示范农家书屋”称号。开展“消夏广场群众文艺会演”“迎国庆红歌会”等文化活动，丰富群众文化生活。社会保障体系。城乡居民医保与新农合整合并轨，城乡居民养老保险实现全覆盖。镇慈善工作站募集善款42万元，救助困难群众69人，救助金额达32万元；及时足额发放低保金、70周岁以上老年人救助金、优抚对象抚恤定补金、退伍老兵补助金等补助。扶贫攻坚全面推进。落实领导干部帮扶工作机制，统筹推进产业扶贫、政策扶贫、社会扶贫，累计协调各类帮扶资金80余万元，全镇172户、358人实现脱贫。安全管理水平明显提高。投资500余万元安装覆盖全镇的“平安董集”监控网络系统，新增动态监控摄像头209处，完善人防、技防、物防安全防控体系，实现对全镇社会治安、企业安全生产、道路交通安全、城镇精细化管理的全方位、多层次、广覆盖动态监控。

（程永锋）

垦利街道

【概况】 位于垦利区政府驻地，面积209.31平方公里，总人口11万人。2016年底，辖102个自然村，82个村民委员会，12个社区居委会，人口自然增长率为13.76‰。

全年实现生产总值65.5亿元，比上年增长7.3%，其中一、二、三产业增加值分别为41184万元、354170万元和259639万元，分别比上年增长4%、5.6%和10.5%。农林牧渔业总产值40522万元；全年粮食作物播种面积4611公顷，总产2.7万吨；瓜菜563公顷，总产1.3万吨；棉花1677公顷，总产1661吨；种植业产值13335万元。全年造林370公顷，森林覆盖率27.1%；林果总产4586吨；林业产值580万元。年末大牲畜存栏2201头，猪存栏1.4万头，羊存栏0.85万只，家禽存栏55.17万只，畜牧业总产值8387万元。水产品总量11630吨，渔业总产值16590万元。有水库31座，总蓄水能力1500万立方米。农村用电量706万千瓦时。规模以上工业企业实现产值187.76亿元，主营业务收入187.74亿元，利润26.48亿元，利税30.98亿元。地方财政公共预算收入2.3万元。城乡居民人均可支配收入15786元，比上年增长8.16%。有小学2处，在校生共548人，适龄儿童入学率100%。有社区卫生院1处。

【现代农业】 有耕地面积75525亩，五七片区、黄河口现代农业产业园区、红旗滩片区、苍州片区等现代农业片区建设快速推进。2016年，小麦播种面积3.08万亩，平均亩产量在400公斤以上，植棉面积2.1万亩，玉米播种面积4.2万亩，西瓜、大田蔬菜播种面积在1000亩，莲藕面积扩展到8500万亩，水稻种植面积1.5万亩。万亩桃园新建设樱桃大棚4栋，整个桃园片区新增补植经济林850亩，经济林总面积发展到4000余亩，发展香瓜、蔬菜、果树大棚96栋，举办第十四届桃花文化旅游节和第十三届蜜桃冬枣采摘节，创建为省级经济林标准化示范园。红旗滩现代林业及林下经济示范园以润松公司为依托，建设6600亩苗木基地，重点打造大三合片区彩叶树种和林下禽类、芋头等种养殖生产基地。景明高效生态渔业科技示范园的辐射作用扩大，创建省级现代渔业示范园区，打造“水语小镇”名片，建设集黄河口大闸蟹精品养殖区、淡水名优特养殖区、工厂化养殖区、休闲垂钓渔业精品区为一体的现代渔业综合园区。市级现代农业园区达到11家。“三年增绿”工程计划总投资1.83亿元，新增造林8400亩。2016年完成投资1.4亿元，新增造林5200亩，绿化总面积2.3万亩。

【新型工业】 抓胜利油田改制企业创业园开发建设，提升工业发展的层次和水平，促进经济结构调整步伐，形成以高原钻机、利源设备制造等优质项目为龙头，高端装备制造、传统优势产业等多点支撑的现代工业产业体系。园区内有固井新材料厂等企业22家。招商引资工作方面，总投资2.8亿元的精工集成化石油装备制造项目顺利推进。全街道29家规模以上工业企业实现总产值184.4亿元，实现出口1.2亿美元，比上年增长47.7%。

【现代服务业】 坚持同城化发展理念，重点发展城市经济。小微企业创业园内英杰仓储物流、东营夏和工贸家具仓储、东正石油装备零部件加工仓储等12个项目落户垦利街道，另有电子信息、文化创意、技术服务、仪器仪表等多个项目正在洽谈中。全街道英杰物流、信达物流等重点物流运输企业发展到19家，银行16家、保险公司21家，其他限上贸易、餐饮企业28家，预计限上贸易企业实现商品零售额16.4亿元，增长1.2%，规模以上仓储物流业企业预计营业收入7.95亿元，增长11%。

【民生事业】 精准扶贫力度加

垦利街道景明水语小镇

大，投资200余万元实施东兴、西坨、荆岭3个省定贫困村文化大院、道路、排水沟等基础设施提升项目，提升村容村貌。投资183万元实施东兴村渔船租赁、40千瓦、荆岭村86千瓦和西坨村90千瓦的光伏发电项目均并网发电，群众全部脱贫。“三大专项行动”顺利推进。2016年，乡村文明行动总投资500万元，其中投资360万元重点对荆岭村、小三合村等10个村实施“五化”改造提升，农村环境面貌和移风易俗得到有效提升。溢洪河、六干排沿线直排污口全部封堵，辖区内“土小”污染项目全部关停取缔，10吨以下燃煤小锅炉全部停用，环保违规建设项目全部拆除停产，确保流域内水气环境质量。开展重点领域打非治违集中行动，建立健全覆盖全街道82个村、12个居委会及42家企业的网格化监管责任体系，明确职责分工，将安全管理任务以目标责任书的形式分解落实到各村居委会、企业、科级干部、各职能站所等人员头上，使安全生产管理责任最终有效地得到落实而不留死角。开展30余次联合执法行动，打击取缔非法加油站点113家次，确保安全生产形势的持续稳定。健全完善“四级”信访维稳组织网络体系，实行班子成员定期公开接访、包村干部周一定期深入村居访民情等一系列工作制度，社会持续和谐安全稳定，为加快建设“宜居宜业新城区、美丽幸福新垦利”做出贡献。

【基层党建】 坚持以党建工作统领全局工作，开展“两学一做”学习教育，宗旨服务意识、纪律规矩意识进一步增强。推进机关党建精细化、农村党建标准化、社区党建区域化建设，基层党建工作标准化、规范化水平全面提高。创建“阳光先锋”党建品牌，制定村干部、党员“负面言行清单”及“十要十不准”，规范党员干部行为。配套完善村级权力清单，成立项目办，实现村级权力清单“全覆盖”。强化党建引领农村发展示范作用，先后打造民丰、左一、十八户、大三合等一批党建示范点。建立“大党委”制，成立4个社区党委，94个区直部门单位党组织与社区党支部签订《共驻共建协议》，2181名在职党员到社区报到，主动认领服务岗位3746个。成立街道综合党委，强化对非公有制经济组织的分类指导和典型打造。深化“幸福路上党旗红”品牌创建，创建胜兴·幸福汇、东方·睦邻缘、万光·微爱+等12个特色服务品牌，社区服务管理水平不断提升。严格落实党风廉政建设“两个责任”和“一岗双责”，严肃查处违纪违法行为，保持了党员干部队伍清正廉洁。安全环保和社会稳定持续平安向好。

【社区品牌】 组织“邻里百家宴”“做志愿表率，为党旗增辉”等党员志愿服务活动130余次，242名党员认领并实现居民群众“微心愿”139个。51支文体队伍开展独具特色的群众性文体活动40余场次，参与居民群众近2000人，社区文化“月月有主题，节节有演出，处处有亮点”。与山东大嫂、阳光大姐等社会专业组织合作，开展就业创业培训30次702人，解决就业516人。依托智慧社区指挥中心数字系统平台，投资50万元引进智慧社区人脸识别系统和远程操控网络摄像头等网络技术，研发建设集全程纪实、视频监控、管理考核、综合服务四位一体的党建智慧工作平台，实现对基层党建的动态跟踪和针对性管理服务。街

左一村敬老院

道获“全国创新性社区建设示范街道”，和平社区、东方社区获“全国创新性社区建设示范社区”。

（张艳峰）

东营市现代渔业示范区（红光渔业办事处）

【概况】 东营市现代渔业示范区是市区两级党委、政府为全面推进黄河三角洲高效生态经济区和山东半岛蓝色经济区建设而规划的主体产业区之一。规划总面积220平方公里，西至东八路、北达小岛河、南抵青坨沟、东到防潮大堤。自2008年开发建设后，示范区累计完成投资34.2亿元，建成“六纵八横”的道路交通网络，完成水、电、气、讯等配套，开发建设20万亩海水养殖区，建成标准化海参养殖池塘10万亩。海跃和景明两家水产品加工企业年可加工海产品6200吨，销售额近7亿元。占地10平方公里的滨海温泉度假小镇建设建成16万平方米的低层住宅，初步搭起滨海城镇开发建设的框架。先后获“全国农产品加工业示范基地”“省级现代渔业园区”“好客山东最美村镇”“山东省旅游强乡镇”“山东省十大高效生态科普示范基地”等称号。渔业示范区管委会（红光办事处）核定编制43人，有干部职工35人，其中班子成员10人、副科级局室长6人，下设党政办公室、经济发展局、财政局、规划建设局、社会事务管理局、水利水产局、安全生产监督管理站7个职能局室。2016年，完成固定资产投资1.6亿元，实现税收1571万元，完成招商引资1亿元。

现代渔业示范区在开发建设中突出了四个特点。一是生态高效。养殖区坚持灌排分设，进区海水经过沉淀、净化后进入海参养殖池塘，海水随着日晒、卤度的提升，进一步养殖虾蟹、卤虫，养殖尾水制取原盐，循环利用，实现零排放零污染。二是统筹发展。在搞好水产养殖的同时，利用沿海地区太阳能、风能和地热资源，形成地上太阳能风能、地表养殖、地下热能利用三位一体的开发模式，最大限度的利用好自然资源。搞好水产品加工、贸易，建设亲水娱乐、温泉度假设施，打造滨海旅游景观、景点。三是科技支撑。与中科院海洋所、中国海洋大学、青岛农业大学、烟台大学、省海洋资环院等科研院所共建现代渔业研发中心和实验基地，搭建科研服务平台，开展技术攻关，及时推广新技术、新品种，开展水产品病害防治、水环境和水产品质量安全检测，有效规避养殖风险。四是产业富民。按照“政府主导、市场运作、龙头带动、群众参与”的原则，在抓好龙头企业开发养殖的同时，划出3000亩的富民区块，制定优惠政策，鼓励当地群众自主开发、联户开发或以合作社组织的形式进区养殖，年利润可达1700万元左右，人均年收入增加近万元，使广大农民享受到滩涂开发的成果，实现兴渔富民的目标。

【蓝色经济】 渔业产业。2016年，累计捕获成品海参3100吨，虾蟹1300吨，实现产值3.7亿元；海跃加工厂加工海参2000吨，实现产值1.7亿元；景明水产品加工厂加工海参、虾皮、鱼类700余吨，实现产值4200余万元。重点工程。实施推进总体规划修编、园区环境整治、辖区视频监控安

8月20日，东营·蓝色经济发展论坛成功签约

装、三年增绿工程等13个重点项目，其中海盈公司800亩设施渔业项目完成养殖车间的主体工程和水处理设施，预计投产后将形成1500吨成品南美虾的产能；总投资4.5亿元的光达40兆瓦、聚兴10兆瓦光伏电站项目建成投产，光伏年发电量达到8100万千瓦时，实现产值9500万元；红光渔港清淤及改造提升工程列入2017年度冬春农水会战项目。旅游产业。黄河口滨海旅游小镇获批首批省级特色小镇，在未来3年时间投资60亿元建设集“旅游度假小镇”“海洋科技小镇”“休闲运动小镇”“温泉养生小镇”等功能为一体的特色小镇。新汇东海岸温泉度假区获批国AAA级景区，打造东营首个低密度纯地中海风情的温泉度假社区，建设滨海旅游度假区。

【招商引资】 围绕建设垦利（黄河口）省级农业高新技术产业开发区、黄河口滨海旅游小镇、新能源产业发展基地的发展目标，2016年组织举办园区企业发展座谈会、示范区合作发展恳谈会等招商推介活动，邀请垦利区企业、市内餐饮协会、市内旅游企业、油田三产企业等到示范区参观考察；邀请中信旅游集团有限公司、通威深圳新能源公司、精功通航股份有限公司、山东鑫海集团等企业考察调研，达成一批合作意向，与通威集团等就合作实施“渔光一体”高效循环利用生态园项目达成初步意向；先后组织人员到东莞、杭州等地考察“特色小镇”建设，组织人员赴辽宁盘锦、天津等地考察“红地毯”湿地建设项目；安排专人多次赴北京、天津、青岛与中科院天津工业生物技术研究所、中科院海洋所、中国海洋大学、中国水产科学院黄海所等海洋科技领域知名高校、科研院所对接，就科技平台建设达成多项合作协议。先后组织人员到青岛、上海、大连、北京等地就温泉度假、养生养老等方面开展招商活动20余次。

2016年中国·垦利赶海拾贝节

【科技创新】 坚持“科技融入产业、创新引领发展”的思路，加强与各类科研院所的联系，共建院士工作站、博士后工作站、教学实践基地等科技平台，引进国内外一流人才，增强科技创新能力，促进科技成果的产业化。8月19日，组织举办首届“中国垦利蓝色经济发展论坛暨人才引进洽谈会”，中科院海洋所、中

2016年东营集体婚礼

国海洋大学等近十家全国一流科研院所、20余名国内海洋及渔业科技“领军人才”参加，达成多个合作协议，以人才和科技助推渔业养殖和蓝色经济发展取得新突破。与中科院海洋研究所共建的“莱州湾滨海湿地生物多样性综合观测站”通过环保部立项，与在财政部进行审批；与中国水产科学研究院黄海所共建的“黄河三角洲现代渔业技术咨询与推广服务平台”项目完成项目编制，在论证推进；与中国海洋大学共建的学生实习实践基地，完成全面的调查摸底，战略合作协议经双方讨论认同，在着手签约，2017年3月，将迎接首批本科生到垦利区企业实习；与中国水产科学研究院黄海所共建的院士工作站项目与赵法箴院士进行初步接洽，拟邀请到企业进行实地考察。

【宣传推介】 制作东营市现代渔业示范区宣传视频、宣传画册等外宣品，在市、区、油田电视台投放宣传片，在《东营日报》《胜利日报》刊登广告。组织举办自行车骑行活动、2016东营市集体婚礼、“美丽海岸 蓝色梦想”摄影比赛及摄影展、“2016中国垦利赶海拾贝旅游节”等宣传推介活动。其中，“2016中国垦利赶海拾贝旅游节”吸引游客近3000人次，打造东营市“赶海拾贝”品牌；“美丽海岸 蓝色梦想”摄影比赛收到参赛作品200余副，评选出50副作品进行室内室外展出，展现示范区的大美风光。在市级及以上报刊刊发新闻宣传稿件40余篇，区级政府及以上网站发布宣传稿件200余篇，广播电视台发布稿件30余篇。

（郑三强　王淋淋）

垦东办事处

【概况】 垦东办事处辖区地处垦利区黄河入海口以北，版图面积550平方公里，约占垦利区总面积的1/4，有常住人口10900人（包括孤东采油厂），流动人口3500人。

垦东办事处成立于1988年8月，内设综合办公室、财经办公室、妇幼保健计划生育服务站、油区工作办公室和安全生产监督管理服务中心5个机构。双重管理的单位有住建分局、环保分局、垂直管理的单位有交通分局、国土分局、垦东派出所、垦东边防派出所、黄河口税务分局和市场监管所。

【基层党建和党风廉政建设】（一）基层党建工作。强化主业意识，召开党建工作会议和党支部书记座谈会等各类会议8次，分别与所辖4个支部签订党建责任书，制定抓基层党建“三清单”，细化年度党建工作任务，层层压实责任。完善党建指导员制度，班子成员每月到联系点指导党建工作不少于1次，落实“一岗双责”。开展“两学一做”学习教育，加强党员教育管理。开展学习32次，观看专题片7次，集中研讨22次，班子成员讲党课12次。开展“强素质做表率—书香垦东”活动，撰写心得体会45篇，评选优秀稿件5篇。举行油田、地方、军警共建学习党章比赛，12支单位代表队参赛。开展“追忆艰辛岁月，喜看垦东发展”老党员回家活动，收集意见建议12条。组织全体干部职工参观全省党员教育基地焦裕禄故居和马耀南故居，瞻仰先模故居，弘扬先模精神。组织外出培训学习1次，不断提高党性修养。开展“动手一小时”党员奉献日活动12次，引导党员扶困帮扶、亮身份做好事当先锋，争做“四讲四有”合格党员。严格党员发展程序，培养入党积极分子，把好支部大会讨论关和预备党员转正关。开展油地“三融合”党建新机制，通过思想联通、活动联创和文体联谊，融洽油地关系。（二）党风廉政建设。召开年初党风廉政建设工作会议，统筹部署全年工作。制定《廉政风险防控一览表》，中层以上领导干部制定“一岗双责”责任清单，签订《廉政承诺书》，办事处主要领导与班子成员、各股室、站所、分局负责人分别签订《2016年度党风廉政建设工作目标责任状》，做到防患于未然。成立明察暗访小组，不定期开展纪律作风监督检查，及时清除懒政行为。召开党风廉政建设专题民主生活会和述责述廉活动，组织中层以上领导干部查摆自身问题，筑牢廉政防线。开展集体廉政谈话和个别廉政谈话4次，建立廉政档案，及时消除廉政隐患。上报“三重一大”事项19次，主动接受监督。撰写上报2016年纪检监察重点课题调研文章，投报网评文章和省纪检监察网站留言信息。开展学习教育活动，重点学习党章党规及中央、省、市、县纪委查处通报的典型案件和身边的突出案件，组织领导干部讲廉政党课9次，到市廉政教育中心参观学习，撰写心得体会28篇。

【招商引资】 以全区招商引资“百日会战”活动为契机，制定外出招商引资方案，围绕新能源产业，组织班子成员分4批次赴济南、重庆、北京、陕西等地招商，邀请企业到垦东实地考察20余次，完成5000万元招商任务。完成签约项目2个，其中，华润公司600兆瓦风光互补项目，计划总投资约42亿元，建设200兆瓦风力发电和400兆瓦光伏发电项目；采油污水人工湿地生态处理及资源化利用项目，计划投资1.5亿元，由胜利油田采用BOO模式组织实施。达成合作意向项目2个，其中，华电国际新能源项目，计划总投资180亿元，开发建设光伏发电、风电场和渤中海上风电场项目；东营清能渔光互补项目，总投资约6亿元。

【重点工程】 （一）围绕优化园区发展环境目标，推动实施35千伏变电站和加油、加气、充电三站建设，提升基础设施承载能力。（二）投资800万元实施“三年增绿”工程，完成造林500亩，提升辖区绿化水平。（三）推动投资7.6亿元的华润电力垦利荣胜风电场项目竣工投产运行。（四）实施投资2000万元实施黄河口滨海休闲观光旅游项目提升工程，优化旅游条件。

环卫一体化启动仪式

【社会管理治理】 （一）安全生产。召开年度安全生产会议，签订《安全生产目标管理责任状》，实行“领导班子成员带队，全员参与”工作机制，每周至少到分管片区巡查1次，重点管控3家非煤矿山企业与4家危化生产企业。6月30日，垦东办事处代表队在全区组织的安全生产知识竞赛中获第一名。在全市乡镇安全生产量化管理考核中被市政府通报表扬。开展“打非治违”及易燃易爆物品安全专项检查活动，清理清查闲置房屋、废弃厂房43家，企业及

华润签约仪式

海上救援

个体经营场所36家，取缔非法加油站点2处，拆除涉氨非法制冰企业1家。开展“大排查、快整治、严执法”集中行动，查处隐患220条，责令限期整改。推进危化企业“三评级一评价”活动，推进化工企业转型升级。（二）油区巡查。组织开展打孔盗油和成品油整治工作，开展油区综合巡查80余次，发现并整改违法情况9起。开展辖区电力设施安全隐患排查工作，查处隐患18处，立查立改，消除隐患。（三）水气污染整治活动。出动人员90余人次，检查企业40家次，依法拆除3台燃煤锅炉，1台达到整改进度要求，确保不出现环境污染事故。（四）拆违治乱。详细清查辖区内违章建设和违法占地情况，现场制作调查笔录21份，下发限期改正通知书21份，全部整改完成。按时完成房款补交任务。（五）环卫一体化。制定项目实施方案，公开招标管理公司，投入120万元统一配置垃圾箱、垃圾清运车和保洁员，及时清理生活垃圾，辖区的环境卫生质量不断提高。（六）禁毒工作。开展“拉网式”摸排易制毒、剧毒危化品企业、毒源物排查和禁毒宣传工作，组织全面核查4次，清理清查4次，强化辖区企业日常生产、销售监管。（七）治安巡逻防控。开展“打霸治痞”等专项行动，强化宣传发动和调查摸排。强化出租房屋、流动人口及行业场所管理，对12家“九小场所”进行不间断检查，累计发现并整改隐患29处，强化问题整改，净化辖区治安环境。（八）计划生育和流动人口管理。每季度开展1次集中查体活动，强化计划生育宣传，及时上报计生信息，随时掌握人口动态，没有出现违法生育现象。（九）道路交通安全管理。对辖区道路严密管控，共查纠各类交通违法案件2800余起，查处不按规定配备押运员的危险化学品车辆50余起。

【油地协调和项目“三争”】 研究新形势下油地结合工作的新途径、新方式，充分利用管理协调优势，发挥住房和城乡规划建设局、环境保护局、油区工作办公室、行政执法局等职能部门作用，加强与油田单位的联系，搭建起相互来往、互相交流的平台，为推动项目建设和油地发展提供坚强保障。2016年，共落实油地协调资金700余万元，上缴财政税收3000余万元。

【海上救援】 8月25日下午，垦东海域两名渔民海上遇险求救，垦东办事处迅速组织应急办、边防派出所等单位进行救援，副区长孙学诗赴现场指挥。在渔业、海事等部门的配合下，至17时50分两名遇险渔民被安全救出。

（尚婷婷）

人　　物

区级领导干部

现任领导

刘斯杰　男，1969年4月出生，汉族，山东高唐人，研究生学历，1992年11月加入中国共产党，1993年7月参加工作。中共东营市垦利区委书记、中共东营市垦利区委党校校长。1989年9月至1993年7月，在曲阜师范大学化学系化学教育专业学习；1993年7月至1994年3月，东营市东营区油郭乡党政办公室干部；1994年3月至1995年4月，东营市东营区油郭乡党政办公室政府文书；1995年4月至1997年12月，东营市东营区委组织部办公室科员；1997年12月至1999年3月，东营市东营区委组织部办公室主任；1999年3月至2001年3月，东营市东营区委办公室副主任；2001年3月至2001年12月，东营市东营区委办公室副主任、主任科员；2001年12月至2004年4月，东营市委督查考核办公室主任科员；2004年4月至2008年2月，东营市委办公室副主任［其间：2004年9月至2007年1月，在中国石油大学（华东）人文社会科学学院马克思主义理论与思想政治教育专业学习，获法学硕士学位］；2008年2月至2010年1月，东营市委副秘书长；2010年1月至2014年8月，东营市委副秘书长、市维稳办主任；2014年8月至2015年9月，东营市委副秘书长；2015年8月至9月，中共东营市河口区委副书记；2015年9月至2016年1月，中共东营市河口区委副书记、区政府代区长；2016年1月至11月，中共东营市河口区委副书记、区政府区长；2016年11月任中共东营市垦利区委书记、中共东营市垦利区委党校校长。

马保文　男，1971年3月出生，汉族，山东广饶人，大学学历，1994年7月参加工作，1998年6月加入中国共产党。中共东营市垦利区委副书记、东营市垦利区人民政府区长。1990年9月至1994年7月，在山东大学中文系汉语言文学专业学习；1994年7月至1998年8月，东营市人民政府办公室秘书科科员；1998年8月至2001年9月，东营市人民政府办公室秘书二科副主任科员；2001年9月至2003年7月，东营市人民政府办公室秘书二科主任科员；2003年7月至2004年6月，东营市委办公室正科级干部；2004年6月至2005年10月，东营市委办公室文秘科主任科员；2005年10月至2010年7月，东营市人民政府法

制办公室副主任；2010年7月至2010年12月，东营市人民政府法制办公室副主任、河口区委副书记（挂职）；2010年12月至2015年12月，中共东营市河口区委常委、区人民政府副区长；2015年12月至2016年11月，中共东营市东营区委副书记；2016年11月至2017年2月，中共东营市垦利区委副书记，代区长；2017年2月任中共东营市垦利区委副书记、东营市垦利区人民政府区长。

张和森 男，1974年4月生，汉族，山东垦利人，聊城师范学院大学学历，1998年7月参加工作，1998年6月加入中国共产党。中共东营市垦利区委副书记。1998年7月至2000年3月，广饶县花园乡乡长助理；2000年3月至2007年5月，东营市招商办综合协调部科员、副部长，招商联络部主任科员；2007年5月至2010年12月，东营市纪委研究室正科级干部、检查员，办公室主任；2010年12月至2011年12月，利津县委常委、县纪委书记；2011年12月至2015年7月，利津县委常委、县委组织部部长；2015年7月至2015年12月，利津县委常委、县委组织部部长、县委统战部部长；2015年12月至2016年5月，利津县委常委、副县长、县委组织部部长、县委统战部部长；2016年5月至2017年5月，利津县委常委、副县长、县政府党组副书记；2017年5月任中共东营市垦利区委副书记。

付兆钦 男，1966年10月出生，汉族，山东东营人，省委党校大学学历。1989年7月参加工作，1989年6月加入中国共产党。东营市垦利区人大常委会主任、党组书记。1989年7月至1993年3月，河口区统计局统计员；1993年3月至1996年3月，河口区纪委办公室秘书；1996年3月至1996年10月，河口区纪委办公室主任（副科）；1996年10月至1998年2月，河口区纪委常委、办公室主任；1998年2月至2000年11月，河口区太平乡党委副书记、乡长（其间：1995年9月至1998年6在省委党校经济管理专业业余大专班学习；1999年9月至2001年12月，省委党校经济管理专业业余本科班学习）；2000年11月至2001年12月，河口区太平乡党委书记；2001年12月至2003年6月，河口区太平乡党委书记、人大主席（其间：2003年2月至2003年5月，在省委党校乡镇党委书记班学习）；2003年6月至2006年12月，河口区政府办公室主任、党组书记；2006年12月至2011年12月，中共垦利县委常委、县委办公室主任（其间：2009年2月至2009年4月，在山东省委党校第21期县市区委领导干部进修班学习）；2011年12月至2012年2月，中共垦利县委常委、县政府党组副书记；2012年2月至2016年8月，中共垦利县委常委，县政府副县长、党组副书记（2015年9月至2015年11月，在山东省委党校第32期县市区委领导干部进修班学习）；2016年8月至2016年12月，中共东营市垦利区委常委，区政府副区长、党组副书记；2016年12月至2017年1月，中共东营市垦利区委常委，区人大常委会党组副书记，区政府副区长；2017年1月至2017年2月，东营市垦利区人大常委会党组副书记，区政府副区长；2017年2月，东营市垦利区人大常委会主任、党组书记。

张葆春 男，1961年3月生，汉族，山东垦利人，省委党校大学学历，1981年7月参加工作，1984年6月加入中国共产党。东营市垦利区政协党组书记、主席。1978年9月至1981年7月，在北镇卫生学校药剂专业学习；1981年7月至1984年7月，垦利县西宋公社卫生院药剂士；1984年7月至1985年10月，垦利县卫生局人秘股科员；1985年10月至1986年7月，中共垦利县委组织部科员；1986年7月至1987年11月，中共

垦利县委组织部秘书；1987年11月至1988年8月，中共垦利县委组织部办公室主任；1988年8月至1990年10月，中共垦利县委组员办公室组织员（副科级）、组织部办公室主任；1990年10月至1993年10月，共青团垦利县委书记（其间：1990年8月至1993年6月，在中央党校函授学院大专班党政管理专业学习）；1993年10月至1996年7月，垦利县民政局副局长（正科级）（其间：1993年9月至1996年6月，在山东省委党校函授学院本科班经济管理专业学习）；1996年7月至1998年4月，垦利县宁海乡党委副书记、乡长；1998年4月至2000年4月，垦利县宁海乡党委书记；2000年4月至2007年1月，垦利县人民政府副县长、党组成员；2007年1月至2008年12月，中共垦利县委常委，县人民政府副县长、党组成员。2008年12月至2010年12月，中共垦利县委常委，县人民政府副县长、党组副书记；2010年12月至2011年12月，中共垦利县委常委、县委政法委书记；2011年12月至2012年1月，中共垦利县委常委、县政协党组副书记；2012年1月至2月，县政协党组副书记；2012年2月至2016年8月，垦利县政协党组书记、主席；2016年8月任东营市垦利区政协党组书记、主席。

高加夫 男，1966年5月出生，汉族，山东东平县人，在职大学学历，1981年8月参加工作，1998年8月加入中国共产党。中共东营市垦利区委常委、副区长、政法委书记。1981年8月至1993年9月，垦利县下镇乡民办教师；1993年9月至1995年7月，东营师范学校民师专业学生；1995年7月至1996年6月，垦利县教委干部（1993年9月至1996年7月山东省教育学院远距离高师教育汉语言文学专业学习）；1996年6月至1997年6月，垦利县委办公室秘书；1997年6月至1998年3月，垦利县委办公室综合室副主任；1998年3月至1999年3月，垦利县委办公室综合室主任；1999年3月至2000年3月，垦利县委办公室综合室主任、副主任科员；2000年3月至2002年3月，垦利县人民政府办公室副主任、党组成员；2002年3月至2003年3月，垦利县人民政府办公室副主任、党组成员，政府法制办主任；2003年3月至2005年4月，垦利县科技局局长、党组书记；2005年4月至2009年9月，垦利县垦利镇党委书记、人大主席；2009年9月至2011年5月，东营市海洋与渔业局副调研员；2011年5月至2011年12月，东营市海洋与渔业局党组成员、市现代渔业示范区管理委员会主任；2011年12月至2013年6月，河口区人民政府副区长；2013年6月至2016年8月，任中共垦利县委常委、宣传部部长；2016年8月至2016年12月，任中共东营市垦利区委常委、宣传部部长；2016年12月至2017年5月，任中共东营市垦利区委常委、政法委书记；2017年5月任中共东营市垦利区委常委、副区长、政法委书记。

鲍建强 男，1975年9月生，汉族，山东宁津人，研究生学历，1998年7月参加工作，2004年9月加入中国共产党。中共东营市垦利区委常委、区纪委书记。1993年9月至1998年7月，在山东医科大学预防医学专业学习；1998年7月至2002年1月，东营市卫生防疫站医师；2002年1月至2011年9月，东营市卫生局科员、团委副书记、办公室副主任、办公室主任；2011年9月至2012年11月，东营市副县级干部；2012年11月至2015年7月，东营市文化活动中心副主任、党组成员；2015年7月至2016年12月，东营市文化活动中心副主任、党组成员，广饶县委常委（挂职）；2016年12月任中共东营市垦利区委常委、区纪委书记。

刘　军 男，1977年7月生，汉族，山东垦利人，大学学历。1997年6月加入中国共产党，1999年7月参加工作。中共东营市垦利区委常委、区委统战部部长。

1995年9月至1999年7月，在山东工程学院应用电子技术专业学习；1999年7月至2003年4月，垦利县董集乡乡长助理；2003年4月至2004年3月，共青团东营市委办公室科员；2004年3月至2005年10月，东营市希望工程办公室副主任；2005年10月至2006年8月，东营市少先队总辅导员；2006年8月至2007年7月，共青团东营市委办公室主任；2007年7月至2010年6月，共青团东营市委常委、办公室主任（其间：2009年2月至2010年4月，在东营市委学习实践科学发展观活动领导小组办公室综合组工作）；2010年6月至2011年9月，共青团东营市委常委、办公室主任，市经信党工委委员（挂职）；2011年9月至2011年12月，副县级干部，市经信党工委委员（挂职）；2011年12月至2012年11月，副县级干部；2012年11月至2016年12月，东营市体育总会办公室主任（其间：2013年6月至2015年7月，挂职中共利津县委常委、市直下派工作一队队长）；2016年12月任中共东营市垦利区委常委、统战部部长。

卢春玲　女，1971年9月出生，汉族，大学学历，文学学士，工程硕士，1995年7月参加工作，1995年6月加入中国共产党。中共东营市垦利区委常委、组织部长。1991年9月至1995年7月，黑龙江大学中文系汉语言文学专业学生；1995年7月至2002年2月，东营区政府办公室秘书；2002年2月至2003年12月，东营区政府政务督查局局长；2003年12月至2006年4月，东营区龙居镇党委副书记；2006年4月至2010年2月，东营区龙居镇党委副书记、镇长；2010年2月至2011年11月，东营区胜利街道党工委书记、人大工委主任；2011年11月至2015年11月，东营市纪委机关党委专职副书记；2015年11月至2015年12月，中共垦利县委常委、组织部长；2015年12月至2016年8月，任中共垦利县委常委、组织部部长、统战部部长（兼）；2016年8月至12月，任中共东营市垦利区委常委、组织部长、统战部长（兼）；2016年12月任中共东营市垦利区委常委、组织部长。

韩吉光　男，1972年2月生，汉族，山东广饶人，省委党校研究生学历，1992年7月参加工作，1997年5月加入中国共产党。中共东营市垦利区委常委、宣传部部长。1989年9月至1992年7月，在山东省卫生学校临床检验士专业学习；1992年7月至1993年12月，任广饶县石村卫生院检验士；1993年12月至1995年4月，任广饶县医院检验士；1995年4月至1998年3月，任广饶县法院书记员；1998年3月至2001年3月，任广饶县法院助理审判员、审判员（其间：1999年6月，全国高等教育自学考试大专行政管理专业毕业）；2001年3月至2003年9月，任广饶县法院执行庭副庭长（其间:1999年9月至2001年12月，在中央党校函授学院本科班法律专业学习）；2003年9月至2004年3月，任广饶县法院民事审判三庭副庭长；2004年3月至2006年11月，任广饶县法院监察室主任、民事审判三庭副庭长（其间：2004年11月至2006年11月，挂职任广饶县大王镇党委副书记）；2006年11月至2009年2月，任广饶县丁庄镇党委副书记、镇长（其间：2001年11月至2006年12月，在山东大学高等教育自学考试本科班法律专业学习）；2009年2月至2012年9月，任广饶县丁庄镇党委书记、人大主席，县清河办事处党工委书记（其间：2007年9月至2010年6月，在山东省委党校在职干部研究生班经济管理专业学习）；2012年9月至2013年12月，任广饶县大王镇镇长（副县级）；2013年12月至2016年12月，任广饶县委常委（援疆任疏勒县委常委）；2016年12月任中共东营市垦利区委常委、宣传部部长。

侯传伦 男，汉族，1963年2月出生，山东阳谷人，中央党校大学学历，1982年7月参加工作，1985年4月加入中共共产党。垦利区人大常委会副主任、党组副书记。1982年7月至1986年8月，垦利县委党校理论教员；1986年8月至1989年1月，垦利县委党校教务副主任；1989年1月至1990年4月，垦利县委党校教务主任；1990年4月至1994年1月，垦利县委党校副校长；1994年1月至1996年4月，垦利县西宋乡党委副书记、乡长（其间：1992年9月至1994年12月，在中央党校函授学院政治系政治专业本科班在职学习）；1996年4月至1997年5月，垦利县西宋乡党委书记；1997年5月至1999年1月，垦利县永安乡党委书记；1999年1月至2001年3月，垦利县永安乡党委书记、人大主席；2001年3月至2002年8月，垦利县永安镇党委书记、人大主席；2002年8月至2005年1月，垦利县委党校党总支书记（副县级）；2005年1月至2011年12月，垦利县委党校常务副校长（副县级）；2011年12月至2012年2月，垦利县委党校常务副校长，垦利县政协党组副书记；2012年2月至2016年8月，垦利县政协副主席、党组副书记；2016年8月至2017年2月，垦利区政协副主席、党组副书记；2017年2月，垦利区人大常委会副主任、党组副书记。

陆长河 男，1963年9月生，汉族，山东乐陵人，省委党校研究生学历，1984年7月，毕业于山东冶金工业学院，无党派。东营市垦利区人大常委会副主任。1980年9月至1984年7月，山东省冶金工业学院机械系机械工程专业学生；1984年7月至1988年1月，济南钢铁厂技术员；1988年1月至1991年12月，垦利县经委办事员；1991年12月至1993年3月，垦利县经委副主任；1993年3月至1998年2月，市政协常委、经委副主任（其间：1994年9月至1996年12山东省委党校党政管理专业在职研究生班学习）；1998年2月至2002年3月，垦利县政协副主席、经委副主任（2000年5月至2002年5月，东营市第二批赴国内外高校MBA培训班学习）；2002年3月至2003年3月，垦利县政协副主席、经贸局副局长；2003年3月至2005年4月，市政协常委、垦利县政协副主席；2005年4月至2007年12月，市政协常委、垦利县政协副主席、县总工会主席；2007年12月至2009年8月，垦利县人大常委会副主任、县总工会主席；2009年8月至2016年8月，垦利县人大常委会副主任；2016年8月，东营市垦利区人大常委会副主任。

张增新 男，1961年6月生，山东省寿光人，汉族，省委党校大学学历。东营市垦利区人大常委会副主任、党组成员。1978年12月至1984年7月，垦利县环境保护办公室办事员；1984年7月至1985年12月，垦利县城乡建设环境保护委员会副科长；1985年12月至1986年5月，垦利县委调研室办事员；1986年5月至1991年1月，垦利县农委秘书（其间：1988年9月至1990年6月，在东营市委党校大专班在职学习）；1991年1月至1992年11月，垦利县农委副主任；1992年11月至1994年8月，垦利县永安乡党委副书记、乡长；1994年8月至1998年12月，垦利县建林乡党委书记（其间：1994年9月至1996年12月，在山东省委党校94级业余本科班在职学习）；1998年12月至1999年3月，垦利县计划委副主任；1999年3月至2000年3月，垦利县盐务局局长、盐业公司经理、盐场场长；2000年3月至2002年3月，垦利县农委副主任、农开办主任；2002年3月至2003年3月，垦利县畜牧局党组书记、局长；2003年3月至2004年2月，垦利县农业局局长、党组书记，农机局局长；2004年2月至2005年2月，垦利县农业局局长、党组书记，农机局

局长兼农开办主任；2005年2月至2005年7月，垦利县建设局局长、党委书记；2005年7月至2006年3月，垦利县人民政府党组成员，建设局局长、党委书记；2006年3月至2009年3月，垦利县政府党组成员、县长助理，县建设局党委书记、局长；2009年3月至2009年4月，垦利县政府党组成员、县长助理，县开发区党工委书记，县招商局局长；2009年4月至2009年10月，垦利县政府党组成员、县长助理，县开发区管理委员会主任（副县）、党工委书记，县招商局局长；2009年10月至2009年12月，垦利县政府党组成员，县开发区管理委员会主任（副县）、党工委书记，县招商局局长；2009年12月至2010年2月，垦利县政府党组成员，县开发区管理委员会主任（副县）、党工委书记，县招商局局长，兴隆街道党工委书记；2010年2月至2011年12月，垦利县政府党组成员，开发区管委会主任（副县）、党工委书记，兴隆街道党工委书记、人大工委主任；2011年12月至2012年2月，垦利县人大常委会党组成员；2012年2月至2016年8月，垦利县人大常委会副主任、党组成员；2016年8月，东营市垦利区人大常委会副主任、党组成员。

周玉林 男，1967年11月出生，汉族，山东利津人，省委党校大学学历。1987年7月参加工作，1993年8月加入中国共产党。垦利区人大常委会副主任、党组成员，党校党总支书记、常务副校长，总工会主席（兼）。1987年7月至1989年9月，利津县职业高中教师；1989年9月至1990年11月，垦利县机电建化公司办事员；1990年11月至1992年6月，垦利县党史办办事员；1992年6月至1993年10月，垦利县党史办干事；1993年10月至1995年4月，共青团垦利县委科员；1995年4月至1998年3月，垦利县委组织部科员；1998年3月至2000年3月，垦利县委组织部办公室主任（其间：1997年7月至2000年1月，中共山东省委党校经济管理专业在职学习）；2000年3月至2001年8月，垦利县委组织部副主任科员、组织科科长；2001年8月至2002年3月，垦利县县委组员办主任；2002年3月至2003年3月，垦利县人事局副局长、党组成员；2003年3月至2005年2月，垦利县委组织部副部长；2005年2月至2007年12月，垦利县委组织部副部长、主任科员；2007年12月至2011年12月，垦利县人大常委、县委组织部副部长、主任科员；2011年12月至2012年2月，垦利县委党校党总支书记；2012年2月至2016年8月，垦利县委党校党总支书记、常务副校长（副县级）（其间：2012年3月至2012年4月，在东营市委党校第41期县处级领导干部进修班学习）；2016年8月至2017年2月，东营市垦利区委党校党总支书记、常务副校长（副县级）；2017年2月至3月，东营市垦利区人大常委会副主任、垦利区委党校党总支书记、常务副校长（副县级）；2017年3月，东营市垦利区人大常委会副主任、垦利区委党校党总支书记、常务副校长（副县级）、区总工会主席（兼）。

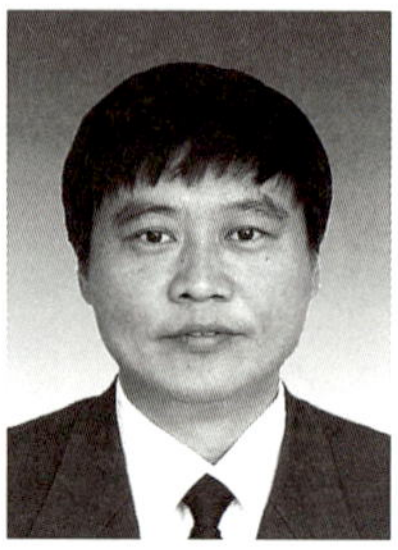

封官英 女，1968年2月出生，山东龙口人，汉族，大学学历，1992年7月参加工作，1994年10月加入中共共产党。垦利区人大常委会副主任、党组成员。1992年7月至1993年5月，垦利县高盖乡团委副书记；1993年5月至1995年5月，垦利县高盖镇妇联主席；1995年5月至1998年3月，垦利县高盖镇政府科技副镇长；1998年3月至2001年2月，垦利县高盖镇政府副镇长；2001年2月至2002年1月，垦利县垦利镇副镇长；2002年1月至2002年8月，垦利县垦利镇党委委员；2002年8月至2003年5月，垦利县妇联副主席、党组成员；2003年5月至2004年3月，垦利县总工会副主席、党组副书记；2004年3月至2009年3月，垦利县总工会副主席、党组书记；2009年3月至2010年2月，垦利县文化体育局党组

书记、局长；2010年2月至2014年2月，垦利县金融工作办公室党组书记、主任；2014年2月至2016年8月，垦利县经济和信息化局局长、党委书记；2016年8月至2017年2月，东营市垦利区经济和信息化局局长、党委书记；2017年2月至2017年3月，东营市垦利区人大常委会副主任，区经济和信息化局局长、党委书记；2017年3月，东营市垦利区人大常委会副主任。

杨月明 男，1969年11月出生，汉族，山东东营人，1996年8月加入中国共产党，1993年7月参加工作，研究生学历（全日制大学学历）。东营市垦利区副区长。1989年9月至1993年7月，在山东农业大学畜牧专业学习；1993年7月至1996年7月，河口区农委科员；1996年7月至1997年11月，河口区畜牧局站长；1997年11月至2000年7月，河口区委办公室秘书；2000年7月至2002年3月，河口区委办综合室主任；2002年3月至2003年2月，河口区委政研室副主任；2003年2月至2005年8月，河口区委办公室副主任、政研室副主任；2005年8月至2006年7月，河口区委办公室副主任、政研室主任；2006年7月至2007年10月，河口区委区直机关工委书记；2007年10月至2012年3月，河口区发展和改革局局长、党组书记（其间：2007年9月至2010年6在山东省委党校在职干部研究生班经济管理专业学习）；2012年3月至2013年2月，河口区交通运输局局长、党组书记；2013年2月至2015年11月，河口区六合街道党工委书记、人大办主任；2015年11月至2016年3月，河口区六合街道党工委书记、人大工作委员会主任；2016年3月至2016年12月，河口区六合街道党工委书记；2016年12月任东营市垦利区副区长。

燕雪英 女，1975年11月出生，汉族，山东广饶人，1995年7月加入中国共产党，1995年7月参加工作，研究生学历（全日制中专学历）。东营市垦利区人民政府党组成员、副区长。1991年8月至1995年7月，在山东省水产学校海水养殖专业学习；1995年7月至1996年4月，东营区海河路街道办事处计生办办事员；1996年4月至1998年12月，东营区海洋与水产局办公室干部；1998年12月至2003年12月，东营区信访局办公室干部（其间：1998年9月至2001年6月，在山东省委党校经济管理专业在职大专班学习；2001年9月至2003年12月，在山东省委党校档案文秘专业在职本科班学习）；2003年12月至2007年7月，东营区信访局副科级信访检查员；2007年7月至2010年2月，东营区信访局副局长；2010年2月至2011年11月，东营区史口镇党委副书记、纪委书记；2011年11月至2014年11月，东营区史口镇党委副书记、镇长；2014年11月至2016年7月，东营区东城街道党工委书记、人大工委主任（其间：2012年9月至2015年6月，在山东省委党校在职干部研究生班经济管理专业学习）；2016年7月至2016年12月，东营区东城街道党工委书记；2016年12月任东营市垦利区人民政府党组成员、副区长。

陈步先 男，汉族，1970年11月出生，山东东营人，1989年7月参加工作，1997年5月加入中国共产党，研究生学历（全日制中专学历）。东营市垦利区人民政府党组成员、副区长。1986年9月至1989年7月，在东营师范学校普师专业学习；1989年7月至1992年8月，东营市河口区六合乡中心小学教师（其间：1989年10月至1992年12月，在山东大学数学专业自学大专学习）；1992年8月至1998年11月，东营市河口区六合乡中学教师、教导副主任（其间：1990年9月至1993年6月，在山东省教育学院数学专业函授学习；1997年11月至1998

年11月，借调河口区六合乡党政办任文书、秘书）；1998年11月至2003年6月，东营市东营市河口区六合乡党委宣传统战委员；2003年6月至2005年8月，东营市河口区六合乡副乡长；2005年8月至2006年11月，东营市河口区六合乡党委副书记；2006年11月至2011年3月，东营市河口区仙河镇党委副书记、纪委书记（其间：2007年9月至2010年6月，在山东省委党校研究生班经济管理专业学习）；2011年3月至2011年11月，东营市河口区新户镇党委副书记、镇长；2011年11月至2012年1月，利津街道党工委书记、人大工作办公室主任；2012年1月至2013年11月，利津县委候补委员、利津街道党工委书记、人大工作办公室主任；2013年11月至2016年7月，利津县委候补委员、利津街道党工委书记、人大工作委员会主任；2016年7月至2016年12月，利津县委候补委员、利津街道党工委书记；2016年12月任东营市垦利区人民政府党组成员、副区长。

逯乐进　男，1978年3月出生，汉族，山东广饶人，2000年6月加入中国共产党，1996年7月参加工作，研究生学历（全日制中专学历）。东营市垦利区人民政府党组成员、副区长。1993年9月至1996年7月，在山东省水利学校水利财会统计专业学习；1996年7月至2004年11月，广饶县丁庄镇水利站技术员、农机站会计、党政办公室秘书、副主任、镇团委副书记（其间：1999年9月至2002年6月在山东省委党校业余大专班农业经济管理专业学习）；2004年11月至2008年4月，广饶县委办公室秘书、综合室副主任、主任（其间：2005年9月至2007年12月，在山东省委党校业余本科班经济管理专业学习）；2008年4月至2011年6月，广饶县委办公室副主任；2011年6月至2014年2月，广饶县委办公室副主任，县委政策研究室主任（其间：2010年9月至2013年6月，在山东省委党校在职干部研究生班经济管理专业学习）；2014年2月至2016年12月，广饶县委办公室主任；2016年12月任东营市垦利区人民政府党组成员、副区长。

刘卫星　男，1973年5月生，汉族，山东沾化人，大学学历，1991年12月入伍，1993年2月加入中国共产党。东营市垦利区人民武装部部长。1991年12月至1995年6月，坦克第三十团三营九连战士；1995年6月至1995年9月，六十七军教导大队预提军官队学员；1995年9月至1998年4月，坦克第三十团三营九连排长；1998年4月至1999年10月，装甲第三十团司令部军务股副连职参谋；1999年10月至2000年2月，装甲第三十团司令部军务股正连职参谋；2000年2月至2000年7月，装甲第三十团装备处军械装备股正连职助理员；2000年7月至2002年3月，装甲第三十团后勤处军需股正连职助理；2002年3月至2002年12月，山东省沾化县人民武装部后勤科正连职助理员；2002年12月至2005年1月，山东省沾化县人民武装部后勤科副营职助理员；2005年1月至2008年12月，山东省沾化县人民武装部后勤科科长；2008年12月至2013年3月，山东省邹平县人民武装部副部长兼军事科科长；2013年3月至2016年8月，山东省垦利县人民武装部部长；2016年8月任东营市垦利区人民武装部部长。

焦　伟　男，汉族，中共党员，籍贯山东淄博。1970年10月出生，1991年7月参加工作，大学学历。东营市垦利区人民法院党组书记、院长。2002年3月至2005年3月，东营市中级人民法院行政庭副庭长；2005年3月至2007年11月，东营市中级人民法院民二庭庭长；2007年11月至2011年11月，东营市中级人民法院执三庭庭长；2011年11月至2013年8月，

东营市中级人民法院法警支队支队长；2013年8月至2014年1月，垦利县人民法院党组书记、副院长；2014年1月至2016年8月，垦利县人民法院党组书记、院长；2016年8月任东营市垦利区人民法院党组书记、院长。

田开封 男，1970年11月出生，汉族，籍贯山东广饶，中共党员，1991年7月参加工作。大学学历，法律硕士，四级高级检察官。东营市垦利区人民检察院党组书记、检察长。1991年7月，毕业于山东建工学院；1991年7月至1995年3月，东营市油建公司技术员、副科长；1995年3月至2002年6月，东营市人民检察院书记员、助理检察员；2002年4月2005年12月，东营市人民检察院渎侦局副局长；2002年6月至2014年2月，东营市人民检察院检察员；2005年12月至2006年4月，东营市人民检察反贪局侦查二处处长；2006年4月至2007年12月，东营市人民检察院反贪局大要案指挥中心办公室主任；2007年12月至2013年6月，东营市人民检察院民事行政检察处处长；2013年6月，垦利县人民检察院党组书记；2013年7月，垦利县人民检察院党组书记、副检察长、代理检察长、检委会委员；2014年1月至2016年8月，垦利县人民检察院党组书记、检察长；2016年8月任东营市垦利区人民检察院党组书记、检察长。

黄　虎 男，1962年10月生，汉族，山东利津人，大学学历，1981年7月参加工作。东营市垦利区政协副主席、东营市垦利区职业中等专业学校副校长。1979年8月至1981年7月，在北镇师范专科学校数理系物理专业学习；1981年7月至1997年7月，垦利县一中教师；1997年7月至2007年12月，垦利县实验中学副校长；2007年12月至2011年3月，垦利县政协副主席、县实验中学副校长；2011年3月至2012年8月，垦利县政协副主席、县教育局副局长；2012年8月至2016年8月，垦利县政协副主席、县职业中等专业学校副校长；2016年8月任东营市垦利区政协副主席、东营市垦利区职业中等专业学校副校长。

刘金忠 男，1964年9月生，汉族，山东寿光人，中央党校研究生学历，1983年7月参加工作，1994年5月加入中国共产党。东营市垦利区政协党组成员、副主席。1981年8月至1983年7月，在秦皇岛煤炭财经学校财会专业学习；1983年7月至1986年10月，临沂矿务局草埠煤矿职工（其间：1985年4月至1988年7月，在山东省高等教育自学考试法律专业在职学习）；1986年10月至1991年10月，临沂矿务局草埠煤矿副科长；1991年10月至1995年5月，垦利县人事局科员；1995年5月至11月，垦利县郝家镇副镇长；1995年11月至1998年3月，垦利县郝家镇党委委员、副镇长；1998年3月至1999年11月，垦利县胜坨镇党委副书记（其间：1999年9月至2002年8月，在中央党校函授学院在职研究生班经济管理专业在职学习）；1999年11月至2000年4月，垦利县外经委副主任、党组成员兼县招商局副局长、县开发区管委会副主任、党组副书记；2000年4月至2002年8月，垦利县胜坨镇党委副书记、镇长；2002年8月至2009年4月，垦利县永安镇党委书记、人大主席；2009年4月至8月，垦利县副县级干部，永安镇党委书记、人大主席；2009年8月至2011年1月，垦利县副县级干部，垦利县政协党组成员，县总工会主席；2011年1月至2016年8月，县政协党组成员、副主席，县总工会主席；2016年8月至2017年3月，东营市垦利区政协党组成员、副主席，区总工会主席；2017年3月任东营市垦利区政协党组成员、副主席。

徐冬梅 女，1966年4月生，汉族，山东广饶人，大学学历。东营市垦利区政协副主席，九三学社

东营市委员会副主委，东营市政协常委。1990年7月参加工作，1998年6月加入九三学社。1985年9月至1990年7月，在青岛医学院医疗系临床医学专业学习；1990年7月至2004年10月，东营市计生委技术指导所职员（其间：1991年10月至1992年6月，在青岛市计划生育科研所进修）；2004年10月至2007年5月，东营市计划生育指导中心副主任；2007年5月至2009年8月，东营市计划生育指导中心主任（2008年1月任东营市政协第六届常委会委员）；2009年8月至2013年1月，九三学社东营市委员会副主委、秘书长（2012年3月任东营市政协第七届常委会委员）；2013年1月至2016年8月，垦利县政协副主席，九三学社东营市委员会副主委，市政协常委；2016年8月任东营市垦利区政协副主席，九三学社东营市委员会副主委，市政协常委。

冯建国 男，1975年2月生，汉族，山东垦利人，1995年7月参加工作，无党派。东营市垦利区政协副主席、区统计局局长。1992年9月至1995年7月，在山东省水利专科学校建筑工程系学

习；1995年7月至1997年8月，垦利县黄河口经济技术开发区管委会科员；1997年8月至1999年1月，垦利县经贸委科员；1999年1月至2000年11月，垦利县城建委规划股科员；2000年11月至2002年3月，垦利县外经委副主任（其间：1999年9月至2002年7月，在武汉大学测绘工程本科班在职学习）；2002年3月至2009年3月，垦利县对外经济贸易合作局副局长（其间：2006年3月至2008年12月，在山东大学政治学与公共管理学院在职攻读公共管理硕士学位）；2009年3月至2010年2月，垦利县对外经济贸易合作局局长、县商会会长；2010年2月至2012年2月，垦利县商务局局长、县商会会长；2012年2月至2014年2月，垦利县政协副主席，垦利县商务局局长、县商会会长；2014年2月至2016年8月，垦利县政协副主席、商务局局长；2016年8月任东营市垦利区政协副主席、统计局局长。

孙学田 男，1966年2月生，山东省垦利县人，汉族，大学学历，1986年6月加入中国共产党，1987年2月参加工作。东营市垦利区

政协党组成员、副主席。1983年10月至1987年2月，任垦利县胜坨乡政府办事员；1987年2月至1991年1月，历任垦利县胜坨乡团委副书记、书记；1991年2月至1995年4月，任垦利县胜坨乡党委宣传委员、组织委员；1995年4月至1998年2月，任垦利县建林乡党委副书记；1998年2月至1998年11月，任垦利县郝家镇党委副书记；1998年11月至2003年2月，任垦利县西宋乡党委书记；2003年2月至2008年2月，任垦利县畜牧局党组书记、局长；2008年2月至2011年2月，任垦利县司法局党组书记、局长；2011年2月至2016年7月，任垦利县审计局党组书记、局长；2016年7月至2017年2月，任东营市市垦利区交通运输局党组书记、局长；2017年2月任东营市垦利区政协党组成员、副主席。

李朝晖 女，1977年2月生，汉族，籍贯山东垦利，大学学历，1999年8月参加工作，无党派。东营

市垦利区政协副主席。东营市垦利区政协副主席。2002年12月至2005年8月，任垦利县政府办公室科员；2005年8月至2010年2月，任垦利县市政局副局长；2010年2月至2011年3月，任垦利县城市管理局副局长；2011年3月至2017年2月，任垦利县科学

技术协会主席；2017年2月任东营市垦利区政协副主席。

于洋义 男，1964年1月生，汉族，山东广饶人，大学学历，1981年7月参加工作，1987年11月加入中国共产党。东营市垦利区政协党组成员。1978年9月至1981年7月，在山东省潍坊一轻技工学校造纸专业学习；1981年7月至1983年9月，垦利县造纸厂技术员；1983年9月至1985年1月，垦利县粮食局政工科办事员；1985年1月至1987年3月，垦利县广播局办事员、人秘股股长；1987年3月至1988年9月，垦利县纪检委秘书；1988年9月至1990年7月，在山东省政法管理干部学院法律专业学习；1990年7月至1991年2月，垦利县纪检委秘书；1991年2月至1992年9月，垦利县垦利镇副镇长；1992年9月至1995年5月，垦利县垦利镇党委副书记（其间：1994年9月至1996年12月，在山东省委党校经济管理专业在职学习）；1995年5月至1998年3月，垦利县机关党委副书记、人武部长；1998年3月至2000年3月，垦利县计生委副主任；2000年3月至2003年3月，垦利县西宋乡党委副书记、乡长；2003年3月至2006年4月，垦利县西宋乡党委书记、人大主席；2006年4月至2009年4月，垦利县郝家镇党委书记、人大主席；2009年4月至8月，垦利第一中学党总支书记（副县级），郝家镇党委书记、人大主席；2009年8月至2010年2月，垦利第一中学党总支书记（副县级），县教育局党组书记、局长；2010年2月，垦利县人民政府党组成员，垦利第一中学党总支书记（副县级），县教育局党组书记、局长；2011年3月至2012年1月，垦利县政府党组成员、垦利一中党总支书记、垦利县教育局党委书记、局长；2012年1月至2016年8月，垦利县委委员、垦利县政府党组成员、垦利一中党总支书记、垦利县教育局党委书记、局长；2016年8月至2017年2月，东营市垦利区委委员、垦利区政府党组成员、垦利一中党总支书记、垦利区教育局党委书记、局长；2017年2月任东营市垦利区政协党组成员。

王 蛟 男，1971年9月出生，汉族，山东莱阳人，全日制大学学历，1996年8月参加工作，2002年12月加入中国共产党。东营市垦利区人民政府党组成员、区公安局党委书记、局长。1992年9月至1996年8月，山东工业大学学生；1996年8月至1997年8月，在山东省东营市公安局技术侦察处见习；1997年8月至2001年12月，山东省东营市公安局技术侦察处科员；2001年12月至2005年11月，山东省东营市公安局出入境管理处副处长；2005年11月至2008年9月，山东省东营市公安局指挥中心副主任；2008年9月至2011年3月，山东省东营市公安局政治部副主任；2011年3月至2015年11月，山东省东营市公安局副调研员、政治部副主任；2015年11月至2016年8月，垦利县人民政府党组成员，垦利县公安局党委书记、局长；2016年8月任东营市垦利区人民政府党组成员、区公安局党委书记、局长。

陈其卫 男，1970年5月生，汉族，籍贯山东利津，出生地山东垦利，1996年9月加入中国共产党，1991年7月参加工作，省委党校研究生学历。东营市垦利区人民政府党组成员、垦利区兴隆生态林场建设管理办公室党组书记、主任。1989年9月至1991年7月，石油大学机械系化工设备与机械专业学生；1991年7月至1995年5月，垦利县炼油厂技术员；1995年5月至1995年10月，垦利县人民法院书记员；1995年10月至1996年2月，垦利县人民政府办公室科员；1996年2月至2000年4月，垦利县人民政府办公室秘书股秘书、股长、督查室

主任（其间：1998年9月至2000年12月，在省委党校经济管理专业业余本科班学习）；2000年4月至2001年8月，垦利县人民政府办公室副主任科员；2001年8月至2004年4月，垦利县人民政府办公室党组成员、副主任；2004年4月至6月，垦利县府办党组成员、副主任，机关事务局局长、党组书记；2004年6月至2009年8月，垦利县黄河口镇党委副书记、镇长（其间：2006年9月至2009年6月，在山东省委党校经济管理专业在职干部研究生班学习）；2009年8月至2011年12月，垦利县黄河口镇党委书记、人大主席；2011年12月至2012年8月，垦利县人民政府党组成员，垦利县发展和改革局党组书记、局长；2012年8月至2013年6月，垦利县人民政府党组成员，垦利县兴隆生态林场建设管理办公室党组书记；2013年6月至2016年8月，垦利县人民政府党组成员、垦利县兴隆生态林场建设管理办公室主任、党组书记；2016年8月任东营市垦利区人民政府党组成员、垦利区兴隆生态林场建设管理办公室党组书记、主任。

刘爱民　男，汉族，1969年9月8日生，山东垦利人，1991年10月加入中国共产党，1987年7月参加工作，东营师范学校毕业。东营市垦利区人民政府党组成员、东营西郊现代服务区管委会党组书记、主任。1984年9月至1987年7月，东营师范学校学生；1987年7月至1998年7月，胜利中学教师；1998年7月至1999年8月，胜利乡党委秘书；1999年8月至2004年2月，垦利县委组织部办公室主任、副主任科员；2004年2月至2006年4月，黄河口镇党委副书记；2006年4月至2009年8月，垦利县委组织部副部长、主任科员；2009年8月至2011年11月，郝家镇党委党委书记、人大主席；2011年11月至2014年1月，中共垦利县委办公室主任；2014年1月至2014年2月，中共垦利县委办公室主任，东营西郊现代服务区管委会党组书记、主任；2014年2月至2016年8月，垦利县人民政府党组成员，东营西郊现代服务区管委会党组书记、主任。2016年8月任东营市垦利区人民政府党组成员、东营西郊现代服务区管委会党组书记、主任。

李希泉　男，1973年1月生，汉族，籍贯/出生地山东垦利，1998年8月加入中国共产党，1992年7月参加工作。东营市现代渔业示范区（红光办事处）党工委书记、管委会主任。1990年9月至1992年7月，胜利油田示范专科学校政史系政治教育专业学习；1992年7月至1997年1月，垦利县垦利镇中学教师；1997年1月至2002年1月，垦利县人民政府办公室科员（其间：1998年9月至2000年7月，在山东省委党校经济管理专业学习）；2002年1月至2003年3月，垦利县人民政府办公室副主任科员；2003年3月至2004年3月，垦利县人民政府办公室副主任；2004年3月至2007年3月，垦利县人民政府办公室副主任、垦利县人民政府法制办公室主任；2007年3月至2009年8月，垦利县安全生产监督管理局局长、党组书记；2009年8月至2011年2月，中共垦利县黄河口镇委员会党委副书记、镇长；2011年2月至2016年5月，中共垦利县董集镇委员会党委书记、人大主席；2016年5月任东营市现代渔业示范区（红光办事处）党工委书记、管委会主任。

于龙飞　男，1967年2月生，汉族，山东寿光人，大学学历，1986年8月参加工作，1996年5月加入中国共产党。东营市垦利区人民政府党组成员、垦利经济开发区（兴隆街道）党工委书记、垦利经济开发区管委会主任（副县级）。1984年8月至1986年7月，在聊城师范专科学校数学系学习；1986年7月至1987年

7月，任垦利县农技中学教师；1987年7月至1988年7月，任垦利一中教师；1988年7月至1995年7月，任垦利县教委教研室教研员（其间：1989年7月至1992年6月，在山东教育学院数学专业本科班在职学习）；1995年7月至1997年5月，任垦利县人才交流服务中心科员；1997年5月至2002年1月，任垦利县人事局办公室主任；2002年1月至2003年3月，任垦利县西宋乡党委组织委员；2003年3月至2005年2月，任垦利县胜坨镇党委组织委员；2005年2月至2008年3月，任垦利县胜坨镇党委副书记；2008年3月至2009年8月，任垦利县胜坨镇党委副书记、镇长；2009年8月至2010年11月，任垦利县委组织部副部长；2010年11月至2011年3月，任垦利县委组织部副部长、垦利县统筹办主任、县社区办主任；2011年3月至2014年2月，任垦利县经济和信息化局党委书记、局长（其间：2013年3月至2014年2月，在兴隆街道后李村任"第一书记"）；2014年2月至2015年3月，任垦利县人民政府党组成员，县政府办公室党组书记、主任，县民宗局长，县外侨办主任；2015年3月至2016年8月，任垦利县人民政府党组成员，县政府办公室党组书记、主任；2016年8月至12月，任东营市垦利区人民政府党组成员，区政府办公室党组书记、主任；2016年12月至2017年2月，任东营市垦利区人民政府党组成员、兴隆街道党工委书记；2017年2月至3月，任东营市垦利区人民政府党组成员、垦利经济开发区管委会主任、兴隆街道党工委书记；2017年3月任东营市垦利区人民政府党组成员、垦利经济开发区（兴隆街道）党工委书记、垦利经济开发区管委会主任（副县级）。

离任领导

韩利学 男，1964年7月生，汉族，山东栖霞人，全日制大学学历，农学学士，1985年7月参加工作，1986年12月加入中国共产党。1981年9月至1985年7月，在莱阳农学院果树专业学习；1985年7月至1991年11月，历任滨州（惠民）地区滨州市郭集乡团委书记、党委委员、党委组织委员；1991年11月至1992年12月，任中共滨州地委组织部干事；1992年12月至1994年12月，任中共滨州地委组织部副科级巡视员；1994年12月至1997年5月，任中共滨州地委组织部正科级巡视员；1997年5月至1998年7月，任中共滨州地委组织部主任科员、综合科副科长；1998年7月至1998年12月，任中共滨州地委组织部干部综合科科长；1998年12月至2001年11月，任中共滨州市委组织部办公室主任（其间：2000年6月至2001年11月，挂职任东营市东营区人民政府副区长）；2001年11月至2002年12月，任中共滨州市委组织部助理调研员（其间：2001年11月至2002年6月，挂职东营市东营区人民政府副区长，2002年6月至2002年12月，挂职中共东营市东营区委副书记、区人民政府副区长）；2002年12月至2008年9月，任中共垦利县委副书记；2008年9月至10月，任中共垦利县委副书记，县政府党组书记；2008年10月至2009年1月，任中共垦利县委副书记，垦利县人民政府副县长、代理县长、党组书记；2009年1月至2011年11月，任中共垦利县委副书记，县政府县长、党组书记；2011年11月至2012年2月，任中共垦利县委书记、县委党校校长；2012年2月至2016年8月，垦利县委书记、县人大常委会主任、县委党校校长；2016年8月至2016年11月，垦利区委书记、区人大常委会主任、区委党校校长；2016年11月至2017年3月，东营市人民政府党组成员；2017年3月，东营市人民政府党组成员、副市长。

崔建华 男，1967年11月生，汉族，山东利津人，大学学历，1989年7月参加工作，1986年12月加入中国共产党。1989年7月至1990年12月，任东营市建

委物资材料科科员；1990年12月至1992年12月，任东营市建筑材料管理处副处长（副科级）；1992年12月至1996年12月，任东营市建筑材料管理处副处长（正科级）；1996年12月至1997年8月，任东营市建材管理局副局长；1997年8月至2000年3月，任东营市一轻总会副会长、党组成员；2000年3月至2003年1月，任东营市河口区政府副区长；2003年1月至12月，任中共河口区委常委、区人民政府副区长；2003年12月至2005年4月，任东营市政府副秘书长、办公室党组成员；2005年4月至2008年2月，任东营市政府副秘书长，办公室党组成员、调研员；2008年2月至3月，任东营市建委主任、党工委书记，市政府副秘书长、办公室调研员；2008年3月至2010年1月，任东营市建委主任、党工委书记；2010年1月至2011年11月，任东营市住房和城乡建设委员会主任、党工委书记；2011年11月至2012年2月，任中共垦利县委副书记，县人民政府副县长、代县长、党组书记；2012年2月至2016年8月，中共垦利县委副书记，县人民政府党组书记、县长；2016年8月至2017年2月，中共垦利县委副书记，县人民政府党组书记、县长；2016年11月调东营市直任职。

盖举波 男，1968年6月生，汉族，山东东营人，大学学历，1988年7月参加工作，1992年4月加入中国共产党。1986年9月至1988年7月，在东营广播电视大学汉语言文学专业学习；1988年7月至1991年3月，任东营市东营区教育局干部；1991年3月至1993年5月，任共青团东营市东营区委干部（其间：1989年9月至1992年5月，在山东省教育学院教育管理专业本科班学习）；1993年5月至1995年3月，任共青团东营市东营区委副书记（其间：1994年4月至1995年3月，挂职任牛庄镇党委副书记）；1995年3月至1997年10月，任共青团东营市东营区委书记；1997年10月至2001年4月，任东营市东营区龙居乡党委副书记、乡长；2001年4月至2002年1月，任东营市东营区龙居乡党委书记（其间：2000年3月至2001年6月，在山东大学经济研究中心政治经济学专业研究生课程班学习）；2002年1月至2003年1月，任东营市东营区龙居镇党委书记、人大主席；2003年1月至2月，任东营市东营区政府副区长，龙居镇党委书记、人大主席；2003年2月至2006年3月，任东营市东营区政府副区长（2004年3月至2006年3月，挂职任菏泽市成武县县委常委、副县长）；2006年3月至12月，任中共东营区委常委；2006年12月至2010年12月，任中共河口区委常委、政法委书记；2010年12月至2012年2月，任中共垦利县委常委、县政府党组副书记、县人民政府副县长；2012年1月至2月，任中共垦利县委副书记、县人民政府副县长；2012年2月至2016年8月，中共垦利县委副书记；2016年8月至2017年5月，任中共东营市垦利区委副书记；2017年5月任东营市委副秘书长，东营市信访局局长、党组书记。

张　锋 男，1973年1月生，汉族，山东垦利人，中央党校研究生学历，1993年7月参加工作，1996年5月加入中国共产党。1993年7月至1995年5月，任利津一中教师；1995年5月至1998年3月，任共青团利津县委干事；1998年3月至1999年2月，任共青团利津县委副书记（主持工作）（其间：1996年9月至1999年1月，在山东省委党校业余本科班经济管理专业学习）；1999年2月至2003年2月，任共青团利津县委书记；2003年2月至2004年7月，任利津县北岭乡党委副书记、乡长；2004年7月至2005年4月，任利津县北岭乡党委书记；2005年4月至2006年12月，任利津县北岭乡党委书记、人大主席；2006年12月至2010年12月，任中共东营区委常委、办公室主任（其间：2006年9月至2009年7月，在中央党校在职研究生班行政管理专

业学习）；2010年12月~2013年7月，任中共垦利县委常委、县委组织部部长。2013年7月至2016年8月，中共垦利县委副书记（正县级，援疆）；2016年8月至2017年3月，任中共东营市垦利区委副书记（正县级，援疆）；2017年3月至2017年5月，任东营市政府副秘书长（正县级）；2017年2月任东营市投资促进局局长、党组书记。

孙海君 男，1958年9月生，汉族，山东高青人，1975年12月参加工作，1982年3月加入中国共产党，大专学历。东营市垦利区人大常委会第一副主任、党组书记。1975年12月至1976年3月，垦利县西张公社卫生院医生；1976年3月至1977年2月，参加垦利县卫生长训班学习；1977年2月至1978年6月，垦利县西张公社卫生院医生；1978年6月至1981年8月，垦利县卫生防疫站医生；1981年8月至1983年6月，垦利县宁海公社团委书记（其间：1981年8月至1982年1月在省团校培训）；1983年6月至1984年9月，垦利县委组织部办事员；1984年9月至1986年7月，山东省农业管理干部学院农业生产管理专业学习；1986年7月至1987年2月，共青团垦利县委书记；1987年2月至1991年10月，垦利县胜利乡党委书记；1991年10月至1991年12月，垦利县农委主任；1991年12月至1993年11月，垦利县农委主任、黄河三角洲农业开发领导小组办公室主任；1993年11月至1994年1月，垦利县农委主任、党组书记；1994年1月至1996年10月，垦利县农委主任、农委党委书记兼农开办主任（其间：1994年9月至1995年1月，东营市委党校第3期中青年干部培训班学习）；1996年10月至1999年3月，垦利县农委主任、党组书记；1999年3月至2000年4月，垦利县农业办公室主任、党组书记，兼县畜牧局党组书记；2000年4月至2002年3月，垦利县政府党组成员，县政府办公室党组书记、主任，县机关事务管理局党组书记、局长；2002年3月至2003年1月，垦利县政府党组成员，县政府办公室主任、党组书记；2003年1月至2007年12月，垦利县政府副县长、党组成员；2007年12月至2008年1月，垦利县人大常委会第一副主任（正县级）；2008年1月至2015年9月，垦利县人大常委会第一副主任、党组副书记；2015年9月至2016年8月，垦利县人大常委会第一副主任、党组书记；2016年8月至2017年2月，东营市垦利区人大常委会第一副主任、党组书记。

韩其国 男，1968年11月生，汉族，山东东营人，本科学历，1989年7月参加工作，2002年9月加入中国共产党。1987年9月至1989年7月，山东省枣庄师范专科学校政治系学习；1989年7月至1995年5月，东营区乡镇中学教师；1995年5月至2000年12月，东营区人民法院书记员、助理审判员；2000年12月至2003年3月，东营区监察局副局长；2003年3月至2013年10月，东营市纪委机关服务中心主任，办公室副主任，宣教室副主任、主任；2013年10月至2016年8月，中共垦利县委常委、纪委书记；2016年12月调东营市任职。

陈　志 男，1966年2月生，汉族，山东利津人，省委党校本科学历，1984年7月参加工作，1988年4月加入中国共产党。1984年7月至1987年2月，任利津县前刘中学教师、乡团委书记；1987年2月至1992年1月，任共青团利津县委学少部部长（其间：1988年9月至1991年7月，在山东省青年管理干部学院行政管理专业学习）；1992年1月至1992年11月，任利津县委办公室秘书；1992年11月至1995年2月，任利津县档案局副局长（其间：1992年9月至1995年2月，在山东省委党校文秘档案专业学习）；1995年2

月至1997年1月，任利津县陈庄镇政府副镇长；1997年1月至1998年4月，任利津县盐窝镇政府副镇长；1998年4月至2001年2月，任利津县盐窝镇党委副书记；2001年2月至2003年2月，任利津县盐窝镇党委副书记、镇长；2003年2月至2005年7月，任利津县盐窝镇党委书记（其间：2001年9月至2003年6月，在山东大学经研中心工商管理专业研究生进修班学习）；2005年7月至2007年1月，任利津县人民政府县长助理、县经贸局局长；2007年1月至2010年12月，任利津县人民政府县长助理、县交通局局长；2010年12月至2014年1月，任垦利县人民政府副县长、党组成员；2014年1月至2016年8月，中共垦利县委常委、政法委书记；2016年8月至2016年12月，中共东营市垦利区委常委、政法委书记；2016年12月调东营市任职。

王英明 男，1969年6月生，汉族，山东广饶人，大学学历，1989年8月参加工作，1992年5月加入中国共产党。1985年9月至1989年8月，山东省林业学校经济林专业学生；1989年8月至1990年3月，任广饶县大王镇林业站技术员；1990年3月至1992年9月，任广饶县大王镇政府办公室科员；1992年9月至1993年4月，任广饶县大王镇团委书记；1993年4月至1994年8月，任广饶县大王镇党委秘书兼团委书记；1994年8月至1998年3月，任广饶县大王镇党委组织委员（其间：1993年8月至1996年6月在中央党校函授学院大专政治专业学习）；1998年3月至2001年12月，任广饶县大王镇政府副镇长；2001年12月至2004年12月，任广饶县大王镇党委副书记（政法）（其间：1999年9月至2002年6月在省委党校业余本科班档案文秘专业学习）；2004年12月至2005年11月，任广饶县大王镇党委副书记（政工）、纪委书记；2005年11月至2006年3月，任广饶县大王镇党委副书记、纪委书记兼任县成人中专党支部书记；2006年3月至2007年11月，任广饶县稻庄镇党委副书记、镇长；2007年11月至2010年12月，任广饶县稻庄镇党委书记、人大主席；2010年12月至2016年1月，任河口区政府副区长、党组成员；2016年1月至8月，中共垦利县委常委、垦利县人民政府副县长；2016年8月至2017年5月，任中共东营市垦利区委常委、垦利区人民政府副区长；2017年5月任中共利津县委副书记。

袁明道 男，1970年10月生，汉，安徽霍邱人，大学学历，1989年3月参加工作，1991年4月加入中国共产党。1989年3月至1994年1月，任二十集团军五十八师炮兵教导队一中队战士；1994年1月至1995年2月，任济南军区海防二团二营130加农炮五连排长；1995年2月至1996年3月，任济南军区海防二团海防二营炮三连副指导员；1996年3月至1997年1月，任济南军区海防二团政治处宣传股副连职干事；1997年1月至1999年2月，任济南军区海防二团海防二营炮四连指导员；1999年2月至2000年5月，任济南军区海防二团政治处组织股正连职干事；2000年5月至2002年12月，任济南军区海防二团政治处组织股长；2002年12月至2003年7月，任济南军区海防二团内长山要塞区政治部组织科副营职干事；2003年7月至2005年1月，任济南军区海防二团海防一营教导员；2005年1月至2006年2月，任济南军区海防二团政治处副主任；2006年2月至2007年1月，任东营市东营区人武部政工科科长；2007年1月至2012年3月，任东营军分区政治部副团职干事；2012年3月至2015年2月，任莱芜市钢城区人武部政治委员；2015年2月至2015年6月，任垦利县人武部政治委员；2015年6月至2016年5月，中共垦利县委常委、垦利县人武部政治委员；2016年11月调离。

李金锋 男，1969年9月生，汉族，山东利津人，中央党校大学，1995年7月参加工作，1994年6月加入中国共产党。1992年9月至1995年7月，胜利油田师范专科学校政史系政

治专业学生；1995年7月至1999年11月，任东营市人大常委会人事代表工作室代表联络科科员；1999年11月至2004年1月，任东营市人大常委会人事代表工作室代表联络科副主任科员（其间：1998年8月至2000年12月，在中央党校函授学院本科班政法专业学习）；2004年1月至2009年10月，任东营市人大常委会人事代表工作室代表联络科科长；2009年10月至2012年9月，任东营市人大常委会人事代表工作委员会代表联络科科长；2012年9月至2015年7月，任东营市人大办公室信访室主任；2015年7月至2016年8月，东营市人大办公室信访室主任，中共垦利县委常委（挂职）、市直驻垦利县下派工作队队长；2016年8月，东营市人大办公室信访室主任，中共东营市垦利区委常委（挂职）、市直驻垦利区下派工作队队长。

刘　燕　女，1961年3月生，汉族，山东青岛人，1977年6月参加工作，1985年6月加入中国共产党，省委党校大学学历。东营市垦利区人大常委会副主任、党组成员。1977年6月至1979年6月，垦利县垦利镇寿山中学教师；1979年6月至1988年7月，历任垦利县饮食服务公司服务员、旅馆副经理、公司副经理；1988年7月至1989年12月，垦利县直机关妇联主任、县妇联常委；1989年12月至1993年10月，垦利县工会副主席、党组成员、女工委主任、党支部书记（其间：1990年8月至1993年6月，中央党校函授学院党政管理专业大专班学习）；1993年10月至1995年6月，垦利县油区办副主任、党组成员、党支部书记；1995年6月至2001年2月，垦利县统计局局长、党组书记（其间：1997年9月至1999年12月，山东省委党校经济管理专业本科班学习）；2001年2月至2002年3月，垦利县外经委主任、党组书记，县招商局局长、县经济开发区管委会主任、党组书记；2002年3月至2003年3月，垦利县经济开发区管委会主任、党工委书记，县招商工作委员会办公室主任、县招商局局长；2003年3月至2005年1月，垦利县政府党组成员、县长助理，县经济开发区管委会主任、党工委书记，县招商工作委员会办公室主任、县招商局局长；2005年1月至2005年6月，垦利县政府党组成员、县长助理，县经济开发区管委会主任（副县级）、党工委书记，县招商工作委员会办公室主任、县招商局局长；2005年6月至2007年10月，垦利县政府党组成员、县长助理，县经济开发区管委会主任（副县级）、党工委书记，县招商局局长；2007年10月至2008年1月，垦利县政协副主席、党组成员，县经济开发区管委会党工委书记、县招商局局长；2008年1月至2009年3月，垦利县政协副主席、党组成员，县经济开发区管委会党工委书记、县招商局局长；2009年3月至2010年12月，垦利县政协副主席、党组成员；2010年12月至2011年1月，垦利县人大常委会党组成员，县政协副主席；2011年1月至2016年8月，垦利县人大常委会副主任、党组成员；2016年8月至2017年2月，东营市垦利区人大常委会副主任、党组成员。

杨广岭　男，1959年9月生，汉族，山东垦利人，1979年12月参加工作，1982年7月加入中国共产党，大专学历。东营市垦利区人大常委会副主任、党组成员，区人大城建环保委员会主任委员。1978年3月至1979年12月，山东德州粮食学校会计统计专业学习；1979年12月至1984年8月，垦利县计委办事员；1984年8月至1986年6月，南京大学经济系国民经济计划与管理专业干部专修科学习；1986年6月至1986年12月，垦利县计划委办事员；1986年12月至1987年8月，垦利县计划委科员；1987年8月至1989年12月，垦利县计划委副主任；1989年12月至1993年10月，垦利县计划委副

主任兼农业综合开发试验办公室主任；1993年10月至1995年5月，垦利县计划统计委副主任兼农业综合开发试验办公室主任；1995年5月至1995年6月，垦利县计划统计委主任、党组书记；1995年6月至1997年11月，垦利县计划委主任、党组书记；1997年11月至1998年3月，垦利县政府党组成员，县政府办公室党组书记、县计划委主任；1998年3月至2000年3月，垦利县政府党组成员，县政府办公室主任、党组书记；2000年3月至2002年3月，垦利县政府党组成员，县计划委主任、党组书记；2002年3月至2003年3月，垦利县政府党组成员，县发展计划局、县物价局局长，县发展计划局、县物价局党组书记；2003年3月至2004年2月，垦利县政府党组成员，县发展计划局局长、党组书记；2004年2月至2005年6月，垦利县政府县长助理、党组成员，县发展计划局局长、党组书记；2005年6月至2010年11月，垦利县政府县长助理、党组成员，县发展和改革局局长、党组书记；2010年11月至2010年12月，垦利县政府党组成员，县发展和改革局局长、党组书记；2010年12月至2011年1月，垦利县人大常委会党组成员，县发展和改革局局长、党组书记；2011年1月至2011年3月，垦利县人大常委会副主任、党组成员，县发展和改革局局长、党组书记；2011年3月至2016年1月，垦利县人大常委会副主任、党组成员；2016年1月至2016年8月，垦利县人大常委会副主任、党组成员，县人大城建环保委员会主任委员；2016年8月至2017年2月，东营市垦利区人大常委会副主任、党组成员，区人大城建环保委员会主任委员。

李增明 男，1977年6月生，汉族，山东东营人，研究生学历，2002年7月参加工作，2002年5月加入中国共产党。1995年9月至1999年7月，在青岛大学高分子材料专业学习；1999年9月至2002年7月，在南开大学有机化学专业学习；2002年7月至2005年12月，在东营市招商局招联部工作（其间：2002年7月至2003年7月，在东营市东营区招商局挂职；2002年7月，省委组织部考试录用）；2005年12月至2007年5月，任东营市招商局考核奖惩部副主任科员（其间：2007年1月至5月，借调到中共东营市委办公室工作）；2007年5月至2008年3月，任东营市委督查考核办公室副科级秘书；2008年3月至2010年5月，任东营市委督查考核办公室主任科员；2010年5月至2011年12月，任东营市委督查考核办公室副主任；2011年12月至2016年8月，垦利县人民政府副县长、党组成员；2016年12月离职。

孙学诗 男，汉族，1966年7月出生，山东郓城人，出生地山东东营，1992年6月加入中国共产党，1995年1月参加工作，在职学历大学（山东省委党校业余本科班档案文秘专业）。1984年9月至1988年9月，河口区新户乡供销社职员；1988年9月至1998年2月，河口区新户乡人民政府职员（其间:1994年4月至1996年6月，在山东省经济管理干部学院经济管理专业大专班函授学习）；1998年2月至2001年12月，任河口区土地管理局土地执法中队队长（其间：2000年9月至2002年12月在省委党校档案文秘专业本科班函授学习）；2001年12月至2007年4月，任河口区太平乡党委副书记、乡长；2007年4月至2010年5月，任河口区太平乡党委书记、人大主席；2010年5月至2011年11月，任河口区新户镇党委书记、人大主席；2011年11月至2012年3月，河口柽柳林场场长人选（换届后到位）；2012年3月至2014年1月，任河口柽柳林场党组书记、场长；河口林业局党组书记、局长；2014年1月至2014年2月，任垦利县人民政府党组成员；2014年2月至2016年8月，垦利县人民政府副县长、党组成员；2016年12月离职。

李红燕 女，1965年3月生，汉

族，籍贯北京。大学学历。1983年9月至1987年7月，莱阳农学院农业工程系农业机械化专业学习；1987年7月至1997年6月，任东营市科委科技计划科科员；1997年6月至1999年6月，任东营市科委科技计划科副科长；1999年6月至2001年9月，任东营市科委星火计划办公室主任；2001年9月至2002年7月，任东营市科技局科技计划科科长；2002年7月至2005年4月，任东营市科技成果转化促进中心主任；2005年4月至2005年4月，任东营市外来投资者服务中心副主任；2005年4月至2012年11月，任东营市行政审批中心办公室副主任；2012年11月，任东营市政务服务中心管理办公室副主任；2015年12月至2016年8月，东营市政务服务中心管理办公室副主任、垦利县副县长（挂职）；2016年8月至2017年7月，东营市政务服务中心管理办公室副主任、东营市垦利区副区长（挂职）；2017年7月离职。

宋建明 男，1960年1月生，汉族，山东垦利人，大专学历，1981年7月参加工作，1983年11月加入中国共产党。1981年7月至1982年11月，任垦利县高盖公社团委副书记；1982年11月至1984年8月，任垦利县文化局文书；1984年8月至1987年11月，任垦利县纪委秘书（其间：1985年9月至1987年7月，在山东电大东营分校党政管理专业脱产学习）；1987年11月至1989年1月，任共青团垦利县委副书记；1989年1月至1990年10月，任共青团垦利县委书记；1990年10月至1992年11月，任垦利县宁海乡党委副书记、政协工作办公室主任；1992年11月至1993年4月，任垦利县宁海乡党委副书记、乡长；1993年4月至1994年8月，任垦利县胜利乡党委书记；1994年8月至1996年8月，任垦利县宁海乡党委书记；1996年8月至1997年12月，任垦利县垦利镇党委书记；1997年12月至2000年3月，任垦利县乡镇企业局局长、党组书记；2000年3月至2001年2月，任垦利县外经委主任、党组书记，县招商局局长、县经济技术开发区管委会主任、党组书记；2001年2月至2002年3月，任垦利县城建委党委书记、主任；2002年3月至2003年3月，任垦利县城建局局长、党委书记；2003年3月至2005年2月，任垦利县人民政府县长助理、党组成员，垦利县城建局局长、党委书记；2005年2月至2007年12月，任中共垦利县委统战部部长；2007年12月至2011年1月，任垦利县政协党组成员、常委，中共垦利县委统战部部长；2011年1月至2016年8月，垦利县政协副主席、党组成员，中共垦利县委统战部部长；2016年8月至2017年2月，任东营市垦利区政协副主席、党组成员；2017年2月离职。

王东峰 男，1976年9月生，汉族，山东巨野人，大学学历，2000年7月入伍，2002年4月加入中国共产党。2000年7月至2001年9月，在沈阳炮兵学院学习；2001年9月至2003年8月，任济南军区海防五团炮兵营三连二排排长；2003年8月至2003年12月，任山东省垦利县人民武装部政工科副连职干事；2003年12月至2005年12月，任山东省垦利县人民武装部政工科正连职干事；2005年12月至2008年1月，任山东省垦利县人民武装部政工科副科长；2008年1月至2013年3月，任山东省垦利县人民武装部政工科科长；2013年3月至2016年8月，山东省垦利县人民武装部副部长兼军事科科长；2016年8月至2017年7月，山东省垦利区人民武装部副部长兼军事科科长；2017年7月，调任东营军分区政治工作处主任。

胥光远 男，1966年12月生，汉族，山东垦利人，1982年1月参加工作，1989年4月加入中国共产党。1982年1月至1985年12月，任

垦利县建林乡统计员；1986年1月至1988年3月，任垦利县计生委统计员；1988年3月至1991年11月，任垦利县新安乡政府计生办主任（其间：1991年8月至1994年6月，参加中央党校函授大专班在职学习）；1991年11月至1993年4月，任垦利县宁海乡政府计生办主任；1993年4月至1995年5月，任垦利县宁海乡党委委员；1995年5月至2001年2月，任垦利县宁海乡政府副乡长；2001年2月至2003年3月，任垦利县董集乡党委副书记；2003年3月至2004年2月，任垦利县垦利镇党委副书记；2004年2月至2005年2月，任垦利县垦利镇党委副书记、纪委书记、主任科员；2005年2月至2008年3月，任垦利县开发区党工委副书记、副主任、主任科员，县招商局副局长。2008年3月至2009年10月，任垦利县经贸局局长、党委书记；2009年10月至2011年12月，任垦利县油区工作办公室主任、党组书记、油地结合办主任；2011年12月至2012年3月，任垦利县人民政府党组成员、县经济开发区管理委员会（兴隆街道）党工委书记；2012年3月至2016年8月，垦利县人民政府党组成员，垦利经济开发区（兴隆街道）党工委书记、垦利经济开发区管理委员会主任（副县级）；2016年12月离职。

附 录

【政策和地方规范性文件选辑】 垦发〔2016〕1号 中共垦利县委、垦利县人民政府关于提升现代化黄河口生态新城规划建设管理水平的意见（2016年3月5日）

垦发〔2016〕4号 中共垦利县委、垦利县人民政府关于坚决打赢脱贫攻坚战的意见（2016年3月9日）

垦发〔2016〕5号 中共垦利县委、垦利县人民政府关于贯彻落实发展新理念加快推进农业现代化的实施意见（2016年3月9日）

垦发〔2016〕6号 中共垦利县委关于深入开展党建工作“基层基础提升年”的实施意见（2016年3月11日）

垦发〔2016〕8号 中共垦利县委、垦利县人民政府关于印发《2016年全县安全生产工作实施意见》的通知（2016年5月4日）

垦发〔2016〕10号 中共垦利县委、垦利县人民政府关于撤县设区工作的实施意见（2016年8月2日）

垦发〔2016〕12号 中共垦利区委、垦利区人民政府关于印发《加快融入京津冀协同发展战略工作方案》的通知（2016年8月13日）

垦发〔2016〕13号 中共垦利区委、垦利区人民政府印发《关于深化供销合作社综合改革实施意见》的通知（2016年9月5日）

垦发〔2016〕14号 中共垦利区委关于繁荣发展社会主义文艺的实施意见（2016年9月10日）

垦发〔2016〕22号 中共垦利区委、垦利区人民政府关于加强和改进新形势下党校工作的实施意见（2016年12月2日）

垦委〔2016〕40号 中共垦利区委、垦利区人民政府关于实施全面两孩政策改革完善计划生育服务管理的意见（2016年12月2日）

垦委〔2016〕62号 中共垦利区委、垦利区人民政府关于2017年度农水会战实施意见（2016年12月29日）

【垦委文件选目】 垦委〔2016〕1号 中共垦利县委、垦利县人民政府关于印发《2016年重点项目安排意见》的通知（2016年2月6日）

垦委〔2016〕2号 中共垦利县委、垦利县人民政府关于表彰全县创建省级文明县、国家园林县城、国家卫生县城复审和乡村文明建设暨城乡环卫一体化工作先进单位先进个人的通报（2016年1月14日）

垦委〔2016〕6号 中共垦利县委关于成立中共垦利县委非公有制经济组织和社会组织工作委员会的通知（2016年2月20日）

垦委〔2016〕7号 中共垦利县委、垦利县人民政府印发《关于选派第五批农村基层党组织“第一书记”的实施方案》的通知（2016年3月11日）

垦委〔2016〕11号 中共垦利县委、垦利县人民政府关于调整充实“一城一带三区”建设推进领导小组和2016年重点项目工程推进领导小组的通知（2016年4月26日）

垦委〔2016〕12号 关于深化住房制度改革工作情况的报告（2016年4月28日）

垦委〔2016〕13号 中共垦利县委印发《关于开展县级党政班子成员向同级纪委全委会述廉述责工作实施方案》的通知（2016年5月25日）

垦委〔2016〕16号 中共垦利县委、垦利县人民政府关于成立垦利县环境保护工作委员会的通知（2016年6月22日）

垦委〔2016〕19号 中共垦利县委、垦利县人民政府关于表扬县经济开发区（兴隆街道）等25个集体的通报（2016年7月11日）

垦委〔2016〕22号 关于成立县社区建设管理办公室党组的通知（2016年7月21日）

垦委〔2016〕23号 中共垦利区委关于中共垦利县委员会所属机构名称和干部职务名称变更的通知（2016年8月2日）

垦委〔2016〕26号 中共垦利区委关于成立区委区镇领导班子换届工作领导小组的通知（2016年8月29日）

垦委〔2016〕28号 中共垦利区委、垦利区人民政府关于2015年度人口和计划生育目标责任制考核情况的通报（2016年9月21日）

垦委〔2016〕29号 中共垦利区委关于设立区综合行政执法局党组的通知（2016年10月12日）

垦委〔2016〕30号 中共垦利区委、垦利区人民政府关于调整充实垦利区安全生产委员会的通知（2016年10月13日）

垦委〔2016〕31号 中共垦利区委、垦利区人民政府关于公布2015年度区级优秀人才名单的通知（2016年10月21日）

垦委〔2016〕32号 中共垦利区委关于调整充实垦利区委统一战线工作领导小组的通知（2016年11月3日）

垦委〔2016〕40号 中共垦利区委、垦利区人民政府关于实施全面两孩政策改革完善计划生育服务管理的意见（2016年12月2日）

垦委〔2016〕47号 中共东营市垦利区委关于中国共产党东营市垦利区第一次代表大会代表选举工作的通知（2016年12月13日）

垦委〔2016〕59号 中共垦利区委、垦利区人民政府关于调整充实垦利区安全生产委员会的通知（2016年12月28日）

垦委〔2016〕60号 中共垦利区委关于成立中国共产党东营市垦利区第一次代表大会筹备工作领导小组的通知（2016年12月28日）

垦委〔2016〕62号 中共垦利区委、垦利区人民政府关于2017年度农水会战实施意见（2016年12月29日）

【县（区）人大文件选目】 垦人发〔2016〕1号 垦利县人大常委会2016年工作要点

垦人发〔2016〕2号 垦利县人大常委会关于同意对我县行政区划进行调整的意见

垦人发〔2016〕3号 关于调整垦利县人民代表大会及其常务委员会办事机构和工作机构的决定

垦人发〔2016〕4号 县十三届人大常委会第34次会议

垦人发〔2016〕5号 关于办理县十三届人大五次会议以来代表所提建议的通知

垦人发〔2016〕6号 县十三届人大常委会第35次会议纪要

垦人发〔2016〕7号 垦利县人民代表大会常务委员会关于加强预算决算审查监督的决定

垦人发〔2016〕8号 关于表彰2015年度基层人大工作先进单位、人大宣传工作先进单位、履职优秀县人大代表、优秀人大工作者和人大宣传工作先进个人的决定

垦人发〔2016〕9号 全县城乡社会保障体系建设工作专题询问方案

垦人发〔2016〕10号 关于调整县十三届人大常委会代表资格审查委员会的决定

垦人发〔2016〕11号 关于批准垦利县2015年县级财政决算的决定

垦人发〔2016〕12号 关于批准县政府关于垦利县卫生体育设施及配套工程PPP项目政府付费列入财政预算的报告的决定

垦人发〔2016〕13号 县十三届人大常委会第36次会议纪要

垦人发〔2016〕14号 县十三届人大常委会第37次会议纪要

垦人发〔2016〕15号 垦利县人民代表大会常务委员会关于批准设立城镇化建设基金的决定

垦人发〔2016〕16号 垦利县人民代表大会常务委员会关于批准垦利县2016年地方政府债务限额和新增债券调整情况的决定

垦人发〔2016〕17号 垦利县人大常委会执法检查工作暂行办法

垦人发〔2016〕18号 垦利县人大常委会关于垦利县撤县设区有关事项的决定

垦人发〔2016〕19号 关于开展区人大常委会组成人员联系区人大代表、人大代表联系选民“双联月”活动的安排意见

垦人发〔2016〕20号 县十三届人大常委会第39次会议纪要

垦人发〔2016〕21号 东营市垦利区人大常委会关于预算审查前听取区人大代表和社会各界建议的若干规定（试行）

垦人发〔2016〕22号 关于集中走访联系代表征求意见建议情况的反馈意见

垦人发〔2016〕23号 关于在全区公民中深入开展第七个五年法治宣传教育的决议

垦人发〔2016〕24号 关于《东营市垦利区2016—2020年依法治区规划》的决议

垦人发〔2016〕25号 关于区、镇人民代表大会换届选举的决定

垦人发〔2016〕26号 关于区、镇两级人大换届选举工作安排意见

垦人发〔2016〕27号 关于任命区、镇选举委员会组成人员的通知

垦人发〔2016〕28号 区十三届人大常委会第39次会议纪要

垦人发〔2016〕29号 垦利区第十三届人民代表大会常务委员会关于接受尚文岭辞去市人大代表职务的请求的决定

垦人发〔2016〕30号 关于接受尚文岭辞去市人大代表职务的请求的报告

垦人发〔2016〕31号 垦利区第十三届人民代表大会常务委员会关于接受尚文岭、冯树乐、姜少辉辞去区人大代表职务的请求的决定

垦人发〔2016〕32号 关于评议部分部门工作的反馈意见

垦人发〔2016〕33号 关于批准东营市2016年棚户区改造项目—垦利县胜坨镇胜利新型农村社区建设项目（二期）政府购买服务资金列入区级财政预算的报告的决定

垦人发〔2016〕34号 区十三届人大常委会第40次会议纪要

垦人发〔2016〕35号 区十三届人大常委会第41次会议纪要

垦人发〔2016〕36号 关于批准2016年全区财政预算调整方案的决定

【县（区）政府文件选目】 垦政发〔2016〕1号 关于印发垦利县国民经济和社会发展第十三个五年规划纲要的通知

垦政发〔2016〕2号 关于印发垦利县2016年国民经济和社会发展计划的通知

垦政发〔2016〕3号 关于公布县政府领导同志工作分工的通知

垦政发〔2016〕4号 关于公布县政府领导同志工作分工的通知

垦政发〔2016〕5号 关于印发垦利县政府投资项目审计办法（试行）的通知

垦政发〔2016〕6号 关于印发垦利县黄河防洪预案的通知

垦政发〔2016〕7号 关于进一步做好防范和处置非法集资工作的实施意见

垦政发〔2016〕8号 关于印发支持规模企业规范化公司制改制和企业上市挂牌若干政策措施的通知

垦政发〔2016〕10号 关于贯彻落实粮食安全责任制的实施意见

垦政发〔2016〕11号 关于公布第五批区级非物质文化遗产代表性项目名录的通知

垦政发〔2016〕12号 关于印发东营市垦利区社会信用体系建设规划（2016－2020年）的通知

垦政发〔2016〕13号 关于转发《东营市人民政

府关于印发东营市医疗救助办法的通知》的通知

垦政发〔2016〕14号　关于印发垦利区黄河防凌预案的通知

垦政发〔2016〕15号　关于印发东营市垦利区全民健身实施计划（2016－2020年）的通知

【县（区）政协文件选目】　垦政协发〔2016〕1号　政协垦利县委员会2015年度表彰决定

垦政协发〔2016〕2号　关于设立政协垦利县委员会政协委员联络工作委员会的决定

垦政协发〔2016〕3号　政协垦利县委员会2016年工作要点

垦政协发〔2016〕4号　政协垦利县委员会2016年度委员学习活动安排意见

垦政协发〔2016〕5号　关于调整充实委员学习活动组的通知

垦政协发〔2016〕7号　关于全县非公有制经济组织党建工作情况的调研报告

垦政协发〔2016〕8号　县政协关于全县康复医疗工作情况的视察报告

垦政协发〔2016〕10号　关于中国人民政治协商会议山东省垦利县委员会所属机构名称和干部职务名称变更的决定

垦政协发〔2016〕11号　关于加快金融创新助推经济发展的调研报告

垦政协发〔2016〕12号　关于全区养老服务体系建设情况的视察报告

垦政协发〔2016〕13号　关于加大“家长学校”建设力度的协商报告

垦政协发〔2016〕14号　关于全区乡村旅游发展情况的调研报告

垦政协发〔2016〕15号　中国人民政治协商会议垦利区委员会提案办理协商办法

垦政协发〔2016〕16号　关于膨胀壮大物流产业的调研报告

垦政协发〔2016〕17号　关于区内企业互惠对接情况的调研报告

垦政协发〔2016〕18号　政协东营市垦利区委员会委员履职工作规则

【县（区）纪委文件选目】　垦纪发〔2016〕1号　关于组织《中国共产党廉洁自律准则》和《中国共产党纪律处分条例》测试的通知

垦纪发〔2016〕2号　关于认真做好《习近平关于严明党的纪律和规矩论述摘编》学习宣传工作的通知

垦纪发〔2016〕3号　关于调整派驻机构监督检查部门单位的通知

垦纪发〔2016〕4号　关于印发《垦利县纪检监察信访双向承诺工作细则》的通知

垦纪发〔2016〕5号　关于加强派驻纪检组（监察室）例行监督工作的通知

垦纪发〔2016〕6号　关于印发《关于加强对违规违纪党员教育管理的暂行办法》的通知

垦纪发〔2016〕7号　关于印发《关于开展分类廉政教育的实施方案》的通知

垦纪发〔2016〕8号　关于印发《2016年度巡察工作实施方案》的通知

垦纪发〔2016〕9号　中共垦利县纪委机关内设机构调整实施方案

垦纪发〔2016〕10号　中共垦利县纪委关于王利渤等同志任职的请示

垦纪发〔2016〕11号　关于开展镇街工程（项目）专项检查的通知

垦纪发〔2016〕12号　关于许孝涛同志任职的请示

索　　引

说明：本索引为综合性主题索引。索引标目按汉语拼音音序排列。标目后数字为页码，页码后a、b、c分别表示为该页的左、中、右栏。

A

C

D

F

G

H

J

K

L

M

N

Q

R

S

T

W

《垦利年鉴》（2017卷）特邀编委

鸣谢单位

胜利油田大明集团

·山东康瑞集团有限公司·

董事长 张兆文

公司荣誉

康瑞集团办公楼

山东康瑞集团有限公司成立于2000年，是由经营12年之久的垦利县建林运输经营部发展而来，现在规模为涉及铁路运输装卸、成品油批发储存、劳务输出、原油仓储运输、危险品物流运输、危险品车辆挂靠、加油站、汽车维修与货车品牌代理、农药制剂生产、医药与农药中间体生产等领域。

公司自组建以来，由不足400万元投资起步，用短短15年时间，成为实有注册资金5000万元，资产规模发展到现在的近3亿元的集团公司。所有成绩归功于合理化的股东治理结构；规范化的股东会、董事会、监事会运作机制；产权与经营权分离的管控模式；及公司持之以恒的派员学习专业知识与注重团队培训的孜孜不倦的求学精神。公司盈利模式是以分红为主体培育，逐步向绩效激励、制度完善过度；终极发展目标是致力于打造百年公司。

公司战略目标：三年多元化，产值超十亿；五年创品牌，国际占市场；十年稳上市，持股享分红；百年业长青，奉献留美名。

公司服务宗旨：保质量，重安全，缺陷必赔偿；高效率，享便捷，延误我承担；诚合作，守规则，互信促发展；顾大局、优服务，统筹求发展。

公司对员工承诺：尽职尽责踏实干，获奖励；能力突出敢创新，给平台；德才兼备肯担当，受重用；团结忠诚讲奉献，成股东。

公司发展策略：凝聚精英，铸造职业团队；塑造价值，赢得客户忠诚；合作互补，达成优势共赢。

·鲁胜石油开发有限责任公司·

油田领导来公司视察工作

公司职代会现场

鲁胜石油开发有限责任公司（简称鲁胜公司）主要从事低品位、难动用油气藏的勘探开发，在胜利油区 15 个油田有 25 个开发单元，储量 8623 万吨，油区分布在东营、滨州、淄博 3 市 10 县区。公司现有 8 个科室、1 个三级单位、2 个科级单位、7 个生产单位。2016 年超额完成油田利润、产量、成本、开发等考核任务，始终保持安全稳定。油田第一家连续 3 年获得“全国质量信得过班组”，中石化第一家在国家发改委完成 ccer 项目申报。同时，职工素质全面提升，先后在油田产能建设方案、金钥匙、“三位一体”等比赛中获得一等奖。

面对持续低油价带来的巨大生存压力，公司始终立足于改革发展，全面推进向质量、向管理、向作风要效益三大发展战略，全面推进“四化”建设和绩效考核战略，将效益意识和效益理念不断融入公司改革发展过程中，确保公司在低油价下持续发展、高效发展。

公司生产现场

党旗下宣誓

管理区“四化”生产指挥中心

·胜利油田分公司物探研究院·

物本探源 为国找油

——物探研究院全力打造勘探科技先锋

物探研究院全景

物探研究院成立于 2001 年 1 月，位于东营市东营区北一路 210 号，是中石化最大的地震资料处理、勘探综合研究、数据库与信息化建设和地球物理技术研发中心。作为中国石化重点科研院所、胜利油田“勘探科技先锋”，是山东省文明单位，全国企业文化建设先进单位和中国石化先进基层党组织。

物探研究院现有正式职工 840 人，其中教授级高工 20 人，高级职称 357 人。全院设立 8 个机关管理部室，3 个直属管理中心，21 个生产研究室，共有 28 个党支部，在职党员 474 人。拥有国际先进水平的微机集群并行处理系统（节点总数 2102 个，CPU 总核数 18632 个，GPU 总核数为 586752 个，理论峰值浮点运算次数总数达到每秒 650 万亿次）以及其他主要设备 311 台套，具有多套世界先进的地震处理软件。与同济大学、石油大学等高校合作建立了《油藏综合地球物理实验室》《信息与软件工程实验室》等多个实验室。

物探研究院始终坚持以“物本探源，为国找油”为企业使命，大力弘扬“敬业、协作、创新、卓越”的企业精神，注重加强党建思想文化和人才队伍建设，高质量的完成了胜利油田地震资料处理、勘探综合研究及井位部署等工作。2016 年，完成桩海、罗家、四扣等 7 个区块 15 个采集方案设计工作，获总部领导高度评价。地震资料处理支撑作用更加突出，完成处理项目 33 个，为油田勘探开发部署提供保障。勘探综合研究方面，井位部署水平持续提高。全年采纳井位 120 口，占油田部署井总数 67.04%，为油田 5 个油气发现、5 个商业发现作出重要贡献，完成 272 块原始地震资料和东部探区 175 块三维成果资料的品质评价工作，为今后勘探开发地震采集及目标处理部署提供了重要依据。信息化建设实现新跨越，首次以任务书的形式负责油田 10 个信息化建设项目，全方位承担了油田信息化项目的甲方设计，积极参加总部三大资源中心规划设计等，进一步巩固了物探研究院在油田信息化建设中的支撑地位。强化科技创新，成果转化水平持续提升。全年共承担分公司以上级项目 63 项，其中国家级 3 项、股份公司级 23 项，项目总数、高级别项目数量进一步增加。

物探研究院、上海交大信息安全工程学院“信息安全联合实验室”揭牌.

院领导检查指导罗家高精度三维处理工作

中国石化南京物探技术研究院考察交流胜利油田三基工作

物探研究院评选表彰突出贡献生产科研人员

物探研究院机房外景

物探研究院组织参加油田新理念新故事比赛活动

物探研究院组织新党员到华八井举行入党宣誓活动

物探研究院基层班组参加EAP团训

物探研究院举行消防演练

·胜北社区管理中心·

社区党委书记、副主任　李二青

社区主任、副书记　石冠儒

胜北社区管理中心成立于 1997 年 11 月 9 日，主要担负辖区的物业管理、医疗卫生、学前教育、矿区建设、群众文化、就业指导等工作。区域面积 86.27 平方公里，南至胜利油建公司（潍坊路），北至垦利县通河路以北一公里处，东至东安镇（青州路），西至北区供电公司西围墙以西一公里，区域内有黄河钻井总公司、胜利采油厂、井下作业公司、地质录井公司、钻井工程技术公司、胜利油建公司等油田主营单位，管理 25 个居民小区，住房 29816 套。管理中心下设 13 个三级（科级）单位，8 个机关部室，4 个直属单位，在册员工 2130 人，管理服务非在职人员 3300 人。

胜北地区是胜利油田的重要发祥地，社区成立以来，坚持服务支持油田生产，为前线提供坚实可靠的后方保障，为职工家属创造良好的居住生活环境，社区物业管理、医疗卫生、学前教育、基本建设、文化建设等方面取得了显著成绩，为改善矿区环境面貌、提高职工群众生活质量、促进油田改革发展稳定和区域经济社会的发展进步做出了积极贡献。2016 年社区荣获山东省文明单位和胜利油田文明建设先进单位称号。

整洁优美小区

小区忠勇卫士

党员服务社亲情相伴

绿化美化家园

幼儿快乐成长

健康服务居民

群众文化广场

·胜利石油工程有限公司井下作业公司·

2016年12月6日，井下作业公司阿姆河试修项目正式开工

胜利井下作业公司成立于1965年11月，主要承担油田海陆试油、地层测试、油水井大修侧钻、浅井钻井、稠油注汽、压裂酸化防砂、连续油管、带压作业等施工及技术服务。公司现有在职职工3861人，下设9个机关科室，9个三级单位，5个科级单位，6个直属科级单位， 131个四级单位。公司拥有海上作业平台、大吨位修井机、压裂车组、注蒸汽锅炉、连续油管设备等各类主要设备近千台（套），具备年试油（气）1200层、油气水井大修侧钻600口、压裂酸化防砂2000井次、稠油注蒸汽500口、地层测试800层、综合作业近4000井次的技术服务能力，整体施工能力和服务水平居国内同行业领先水平。近年来，公司先后荣获全国“五一”劳动奖状、全国用户满意服务企业、中央企业先进基层党组织、全国企业文化建设先进单位、中国品牌行业贡献奖、山东省守合同重信用企业、山东省用户满意企业、中石化先进集体、全国“互联网＋时代”企业文化创新优秀单位等荣誉称号。

荣誉证书

NO.237

中石化胜利石油工程有限公司井下作业公司：

荣获“互联网＋时代”企业文化创新

优秀单位

中国企业文化研究会

二〇一六年十一月

中石化重点投资建设项目胜利作业新三平台完工交接仪式在胜利油建海工基地举行

井下作业公司2016年度文明建设总结表彰大会

公司党委书记来庆良讲话

井下作业公司第十七届职工代表大会第一次会议

公司经理马庆利讲话

井下作业公司职代会

签约仪式

·胜利油田分公司胜利采油厂·

胜利采油厂位于山东省东营市西四路213号，1964年投入勘探开发，是胜利油田所属从事石油天然气勘探开发的二级骨干生产企业，也是胜利油田成立最早的采油单位，跨东营、垦利两个区，辖区面积230平方千米，管辖着胜坨、宁海、王庄3个油田。下设三级单位19个，科级单位2个，基层单位112个，全厂中高级以上职称1514人，中高级以上技能等级3295人。累计探明动用地质储量49981万吨，探明动用含油面积95.89平方千米，累计产油1.94亿吨，累计产天然气113.77亿立方米。共开油井2134口，水井1051口，拥有7座集油泵站、8座注水站、7座污水处理站，日产油水平4430吨，日产液水平14.28万吨，日注水13.18万立方米，综合含水96.59%。固定资产原值235.61亿元，净值104.23亿元。设备新度系数0.42。2016年生产原油168.86万吨，上交天然气7873万立方米，全年实现收入30.32亿元。

集团公司领导来采油厂调研指导工作

党委书记宋政谦慰问技术创新带头人

厂长高国强春节看望一线值班员工

采油厂“两学一做”学习教育动员部署会

采油厂职工代表大会

传承三老四严好传统，谱写转型发展新篇章

标准化操作

标准化现场

勤耕不辍打牢扎实功底，油田技术比武勇夺第一

建模数模一体化，技术引领再提升

五彩帮扶志愿者，真情服务暖人心

群众体育丰富多彩　强身健体再立新功

高歌唱响时代强音　祝福祖国美好明天

·胜利油田分公司现河采油厂·

集团公司总经理、党组副书记戴厚良（中排左四）到郝现采油管理区调研时与干部员工合影留念

现河采油厂召开第五次代表大会

现河采油厂成立于 1986 年 1 月，机关驻地位于东营市济宁路 11 号，是胜利油田所属从事石油天然气勘探开发的二级骨干生产单位。现实际用工 7952 人，设 16 个机关科室、8 个机关直属单位，9 个采油管理区、2 个科研单位、11 个专业化队伍。管理着现河庄、郝家、史南、王家岗、牛庄、乐安等 6 个油田，其中现河庄油田河 50 丛式井组是全国著名的大型陆地钻井平台。建厂以来，累计生产原油 8316 万吨，生产天然气 92744 万立方米。

2016 年，现河采油厂紧紧围绕集团公司和油田“战寒冬、求生存、谋发展”部署，扎实开展“践行严细实，全力创效益”主题活动，统筹推进观念转变、模式创新、机制完善、保效创效，圆满完成了油田下达的各项生产经营任务，实现了“十三五”良好开局。突出高效勘探、高效建产，新增探明储量 127 万吨，落实商业开发储量 166 万吨。坚持低成本开发，实施动态经营管理、月度弹性预算机制，深化“三线四区”“五位一体”运行，优化关停低效无效井 274 口，减少液量 9079 吨 / 天、无效注水 5040 方 / 天，实施“十大低成本”开发技术，实现减液不减油，增加效益 4031 万元。深化改革管理，完善油公司机制建设，开展大客车业务承揽，推进公务用车改革，进一步激发释放活力创效；创新实施修井作业“工厂化”运行模式，作业时效提高 7.4%；优化人力资源，全厂业务承揽输出用工 400 余人，年增加劳务收入 1198 万元；实施“十大提质增效”项目，其中用电量同比减少 4469 万千瓦时，电费下降 2662 万元。全面落实从严治党要求，扎实开展“两学一做”学习教育，顺利召开采油厂第五次党代会，圆满完成东营区人大代表换届选举，认真开展“四风”整治“回头看”，党建工作持续加强。采油厂获山东省文明单位荣誉称号。

现河采油厂办公楼

现河采油厂采取“BOO”模式实现乐安联合站污水余热利用（图为局部设施流程）

现河采油厂开展打孔盗油专项行动实现零发案

现河采油厂启动CIE项目

现场施工

举办第十六届职业技能竞赛

承揽胜利花苑物业服务

休闲娱乐

·鲁明油气勘探开发有限公司·

鲁明公司召开三届三次职代会

油田领导到鲁明公司开展春季调研

鲁明油气勘探开发有限公司成立于2008年3月，主要从事低品位、难动用油气藏的勘探开发，总部位于东营市济南路大明大厦，下设6个直属单位、1个科研所、9个采油管理区，分布在17个县区。截至2016年底，公司拥有在职员工1819人，其中党员668人，管理和专业技术人员614人。公司累计探明含油面积108.06平方千米，石油地质储量9998万吨，天然气储量40.8亿立方米。

近年来，鲁明公司紧紧围绕建立可持续发展现代化油公司目标任务，坚持以质量效益为中心，以“深化改革、转型发展、从严管理”为主线，发展完善资源扩张、效益开发、绿色发展、人才强企、和谐发展“五大战略”，逐步建成“资源有序接替、开发基础稳固、管理科学精细、效益稳步提高、队伍和谐稳定”新型油公司。面对低油价寒冬期的挑战，公司坚持以效益勘探和优质可动为原则，2016年部署探井和滚评井14口，增加地质储量195万吨；自主开展高凝油微生物降凝、稠油油藏FNS热采等技术攻关，形成仿水平井和VF非常规开发等先进技术，累计获局级科技进步奖25项，国家专利32项，省部级科技成果14项。2016年生产原油52.31万吨、天然气1003万立方米，实现减亏1717万元。自公司成立以来，累计生产原油502万吨、天然气1.97亿立方米、上缴税费72亿元。公司先后荣获山东省“文明建设先进单位”“富民兴鲁劳动奖状”“企业文化先进单位”和集团公司及油田“优胜采油厂”“油公司改革管理创新奖”等荣誉称号。

鲁明公司下属富林石油科技开发有限责任公司位于垦利县境内，拥有在职员工76人，探明地质储量678万吨，2016年生产原油4.89万吨，缴纳地方性税收1709万元，为推进区域经济合作、促进地方繁荣发展做出了积极贡献。

鲁明公司举办“企业开放日”活动

大型压裂施工现场

油田领导走访慰问鲁明公司困难员工

鲁明公司举办第七届职业技能竞赛

利用远程监控系统跟踪油井生产情况

·胜利石油开发中心有限公司·

查隐患，保安全，促发展

石油开发中心有限公司胜海采油管理区组建于2006年5月，现有职工172人，党员55人，队伍平均年龄34岁。管辖着垦东12、垦东70、701、垦东6等区块，北、东、南三面环海，属典型的滩海普通稠油高渗油田，采用海油陆采方式开采，建成了121#、0#、1#、2#、3#等5个人工岛和1座沉降接转站，修建进海道路5.8公里。KD12是目前国内最大的海油陆采平台群，是胜利油田当时建设速度最快、产量增长最快、技术含量最高的主阵地，也是胜利油田对外展示形象的窗口之一。年交油量由2006年1300吨，发展到2013年23.47万吨，增加了180倍，截至2016年底，累计产油181.45万吨，实现了跨越式发展。先后被授予中国能源化学工会“海上模范职工小家”、中石化“金牌采油管理区”“银牌采油队”“山东省青年突击队”“山东省女职工建功立业标兵岗”“胜利油田金牌基层单位”“胜利油田文明建设先进单位”等荣誉称号。2009年10月18日，胡锦涛同志对KD12人工岛进行了视察。

虚心学习，共同提高

一个支部一座堡垒，一名党员一面旗帜

深夜强开，争分夺秒

自主维修，降本增效

碧水与蓝天相接，禽鸟与白云齐飞

忆传统，学先进，鼓干劲，上水平

夺油上产，青年先锋

清理白色垃圾，保护碧海蓝天

腾挪跳跃，喜迎新春

美丽胜海，石油明珠

·中石化胜利石油工程有限公司钻井工程技术公司·

党委书记宁龙慰问一线员工

经理施进慰问一线员工

中石化胜利石油工程有限公司钻井工程技术公司成立于 1997 年 5 月 15 日，主要为国内外油田勘探开发提供定向井、水平井等特殊工艺井以及优质钻井液现场技术服务和科研攻关，并提供钻井专业技术培训和多种安全资质培训。

公司主要包括定向井公司（SDDC）、泥浆公司 (SDMC)、钻井职工培训中心 (SDTC)3 个专业化公司（培训中心）。泥浆研究与评价实验室、定向井测量仪器实验室为胜利油田重点实验室。可同时为 100 台钻机提供定向井、水平井技术服务和 50 台钻机提供泥浆现场技术服务，具备年完成各类定向井、水平井 1250 口，泥浆技术服务井 500 口，培训学员 5.5 万人（次）的规模和能力。国内市场技术服务区域覆盖胜利、塔里木、辽河、冀东、大港、江汉、四川等 21 个油田，以及煤层气开发、硭硝矿开采等非石油领域，并在新疆和四川开辟了培训基地。国际市场先后为卡塔尔、墨西哥、伊朗、土库曼斯坦、中东、孟加拉等多个国家、区域提供定向井、水平井、泥浆现场技术服务；为阿联酋、朝鲜等多国外籍学员举办石油安全技术培训班。2016 年获“中国职工互助保障工作优秀单位”荣誉称号，连续十一年荣获省级“文明单位”称号。

在国际合作日益加深的今天，公司将依托定向井、泥浆、培训三个专业化公司(培训基地)的雄厚基础和服务实力，在为国内外各界同仁进行技术合作与服务中，努力实现彼此利益共赢、成果共享。

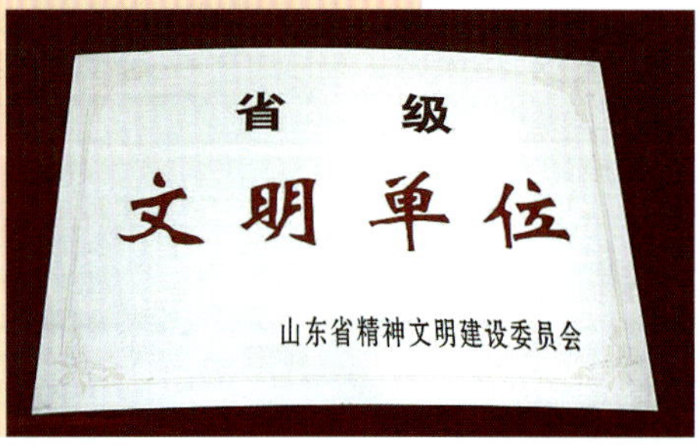

公司全景

公司员工在“胜利油田山东平邑事故抢险救援表彰会”上被授予立功奖励

尼日利亚阿达克斯石油公司来公司考察交流

中石化石油工程公司来公司检查和指导工作

定向技术现场服务

公司开展“走出户外 享受阳光”爱心助行活动

开展全民健身系列活动

泥浆现场技术服务

公司参加油田“新理念新故事”比赛

·胜利石油工程有限公司地质录井公司·

公司党委书记吴荣彪为公司科以上党员领导干部上“两学一做”学习教育专题党课

地质录井公司成立于1983年10月，为胜利石油工程有限公司下属二级单位，主要提供钻井地质设计、工程（井位）测绘、录井技术服务、信息远程传输、资料解释评价、地质综合研究、录井设备研发等专业技术服务项目，是全国录井行业企业规模最大、技术装备最精良、服务项目最齐全、综合能力最强的专业化录井公司之一。

公司位于东营市东营区钻井乐园路1号，占地面积11万平方米，下属8个科室，15个三（科）级单位，在岗职工1264人。中级及以上职称（含技师）545人，其中石油工程高级专家1人，首席专家4人，高级职称200人（教授级6人）。现有10个基层党委，3个党总支，37个党支部，731名党员，其中在职党员556人，非在职党员175人。具备中石化资质专业化队伍160支，其中97支综合录井队，63支地质录井队，分布在胜利、新疆、南方、西北等国内市场和墨西哥、孟加拉、印尼、蒙古、土库曼斯坦等6个海外市场，另外有5支测量小队。拥有综合录井仪98台，开发井录井仪117台，井位测量设备26台套，卫星传输设备35台套。

2016年，面对市场之寒、创效之艰、转型之难、责任之重的多重考验，地质录井公司党政领导班子审时度势、科学谋划，团结带领广大干部职工全力“战寒冬、求生存、谋发展”，全年完成录井施工651口，井位测量1365井次，地质设计1304井次，发现各类油气显示2213层厚33866米，油气显示发现率99.9%，岩屑剖面符合率94.1%，层位卡准率、预报及时准确率均为100%，各项质量指标均达到要求，圆满完成各项生产经营任务，连续18年实现安全生产无责任事故。获得山东省文明单位、山东省劳动关系和谐单位、集团公司创先争优先进基层党组织等荣誉称号。

胜利录井外闯市场的脚步从未停歇，足迹遍布中石化、中石油、中海油、延长油矿、贵州煤层气、河北地热井等区域

2016年8月17日，壳牌中国勘探与生产有限公司为胜利录井颁发“最佳合作奖”，为左朝华颁发“飞龙先锋”奖

2016年11月26日，地质录井公司第三次党代会胜利召开。

公司表彰文明建设先进集体和个人

在公司十二届三次职代会上，公司方代表与职工方代表签订《2017年度集体合同》

2016年2月16日，公司为出征南海壳牌项目的录井将士举行隆重的送行仪式

公司隆重表彰为公司外闯市场做出突出贡献的优秀人才

端午节，油大妈包香粽慰问一线录井将士

胜利录井人尽情抒发战寒冬、求生存、谋发展豪情，公司“小春晚”异彩纷呈

·胜利石油管理局供水公司·

党委书记　徐向业

经理　燕峒胜

胜利石油管理局供水公司、山东胜利水务有限责任公司合称胜利供水，实行“一个党委、两块牌子，一体化管理”。公司水务设施分布于东营、滨州、潍坊三市 7 个区县，服务面积 4650km2，服务人口 100 余万人，是中国石化集团公司最大的专业化水务公司，山东省第三大水务企业，公司机关驻地位于东营市东营区北二路 681 号。公司共有水库 13 座，设计总库容 3.68 亿 m3；水库配套沉沙池 10 座；管理着丁字路和民丰两个取水口，引黄渠道 2 条；在用水厂 7 座，设计供水能力 76 万 m3/d；共有供水主支管网 1793km；共有污水处理厂 4 座，设计污水处理能力 23 万 m3/d。多年来，公司持续优化生产运行，抓好引水、净水、输配水、污水处理各环节管理，在用的 7 座水厂全部被省卫生厅授予 5A 级水厂，出厂水质全部达到国家《生活饮用水卫生标准》106 项标准，切实保障了地方经济发展和社会民生用水需求。公司先后获得“全国企业文化建设先进单位”“省级文明单位”“富民兴鲁”劳动奖状、山东省“安康杯”竞赛优胜单位、中石化“信息化建设先进基层单位”等荣誉称号等荣誉称号，被中国企业文化研究会评选为“互联网＋时代”企业文化创新优秀单位。

2016年6月，承办了《中国给水排水》第四届饮用水安全保障技术交流会

胜利水韵瓶装水生产车间

污水处理厂

供水生产指挥中心

水质检测

水厂

水源地

·黄河钻井钻前公司·

中石化领导到公司检查指导工作

胜利石油工程公司总经理张煜到公司调研

公司书记上井检查指导工作

公司经理陪同总公司经理与甲方沟通

中石化船级社专家到公司审核

公司经理调研环保治理工作

荣誉证书

在2014-2015年度集团公司组织开展的“创建金银牌基层队”活动中，成绩显著，被评为银牌基层队，特发此状。

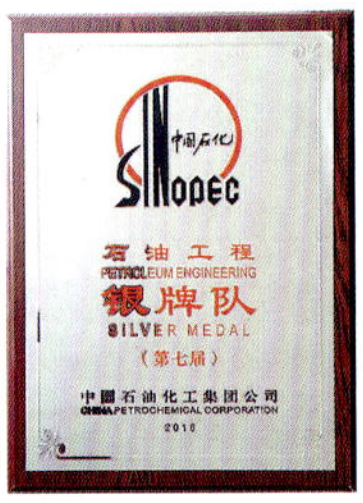

黄河钻井钻前公司位于东营市东营区北二路707号，成立于1983年6月，是一个为油田钻井生产提供钻前工程服务的专业化公司。主要担负着处理工农关系、修筑井场道路、打摆基础、拆装塔形井架、整拖钻机、钻井泥浆随钻处理、机械保搬迁等任务。公司现有职工546人，下设7个机关办公室、17个基层单位，拥有车辆和施工机械等设备123台（套）。固定资产原值3826万元，净值1792万元。

公司干部员工发扬“攀登奋进”的钻前精神，凝心聚力，开拓进取，在油田改革与发展的大潮中不断发展壮大。公司企业管理日臻完善，科技发展水平不断提高，综合实力显著增强。公司长期坚持以科技促发展战略，积极探索开发与钻前工程有关的新技术、新工艺。曾先后创出10多项全国石油系统同行业先进经济技术指标，20余项科研及革新成果获得局级以上奖励，拥有国家专利9项。公司努力拓展发展空间，大力实施“走出去”战略，利用沙漠快速修路、钢木钻机基础、海洋井架拆装等独有的专业技术优势，勇闯新疆、四川、江苏、吉林等油区开拓外部市场。公司物业管理等劳务输出项目部发展良好，塑造了钻前物业管理品牌。

公司召开党员大会

公司大力加强企业文化和基层队伍建设，使职工队伍持续保持奋发向上的昂扬斗志，确保了生产经营建设的顺利进行。公司曾被评为山东省培育“四有”职工队伍先进集体，首批体育先进单位，石油天然气总公司基层文化活动先进单位，多次被评为管理局文明先进集体。井架安装四队自1984年至1993年，连续10年荣获全国石油系统同工种基层队社会主义劳动竞赛金牌奖，1997年被评为管理局基层建设“六面红旗”之一，2003年被中石化评为“石油工程金牌队”；井架安装一队一班被山东省总工会授予“富民兴鲁劳动奖状”，并被中华全国总工会授予“全国先进班组”荣誉称号；公司还先后有15人次获省部级先进个人称号；2010年，公司被评为“全国企业文明建设优秀单位”称号；2012年公司荣获“全国职工文化建设先进单位”称号；2013年公司荣获油田劳动关系和谐“十佳”基层单位称号。2014年、2015年、2016年公司党委和井架安装四队党支部连续获得“油田先进党组织”称号。

公司井架安装四队员工参加生鲜配送培训

·黄河钻井总公司固井公司·

黄河钻井总公司固井公司地处环境优美的黄河三角洲新兴城市－东营市东营区昌平路。公司组建于1964年，是为油气田勘探开发提供油气井固井设计、固井施工和技术服务的专业化公司。公司下设党政、人力资源、经营、生产、安全机动、技监6个职能办公室、1个固井技术研究所；同时设固井一、二、三中队、工具队、混配车间、物资配送队、汽车队、公共事业中心8个基层单位及长城固井1个项目分公司。公司现有员工314人，专业技术人员32人，硕士4人，黄河钻井主任技师、责任技师3人，精通3种以上岗位操作的职工到达40%以上，形成以油田及钻井固井技术权威和行业技术带头人为主的专家群体，以技师和复合型技能人才组成的高级蓝领团队。公司现有固定资产原值近亿元，拥有国际先进水平的万国100MPa双机双泵水泥车、奔驰70MPa双机双泵水泥车、奥龙多功能供水车和双机双泵70MPa固井撬等各型固井装备90台，能够满足沙漠、戈壁、平原、山区等各种工况条件下的固井施工，年固井能力近2000井次。

出征垦利万达财富新城项目

外部市场施工

设备安全大检查

导师带徒活动

庆五一乒乓球比赛

固井快餐厅开业

慰问残疾人家庭

大吨位井施工

·黄河钻井工程物资供应公司·

公司党委书记　王义良

公司经理　贾学军

黄河钻井工程物资供应公司位于东营市东营区西四路与西二路交汇处，是黄河钻井总公司下属的物资供应专业化公司，现有干部员工166人，主要担负着胜利油区黄河钻井总公司井队重晶石粉、柴油、部分大宗料的仓储管理与配送工作和胜东社区锦华六区、九区的物业服务工作。

公司领导班子

2016年，黄河钻井供应公司积极应对低油价寒冬期，以党的十八届四中、五中、六中全会精神和习近平总书记系列重要讲话为指导，持续推进“两学一做”学习教育，积极践行“三严三实”要求，坚持全面从严治党，围绕“打造服务品牌、实现更大发展”目标，深入开展“践行严细实，全力创效益”主题活动，强化观念引导，深化管理挖潜，全员创先创效，夯实队伍管理，筑牢发展根基，物资仓储配送、物业服务管理、野营房维修规范有序，各项目标任务有效落实，保障了公司和谐稳定科学发展。2016年全年共为井队配送物资2.92万吨、2420车次，大宗料收发2.9万件。

2017年，供应公司干部员工将积极应对新形势、新挑战，转变观念，价值再造，岗位创效，巩固主业，外输劳务拓宽公司发展空间，全力完成公司2017年发展目标和任务，为公司持续稳定发展做出新的更大贡献。

公司召开党员大会

召开形势任务教育宣讲大会

参加总公司第二届职工拔河比赛

传授防火技能

夜间配送重晶石粉

为小区居民免费送春联

·黄河钻井综合公司·

黄河钻井综合公司成立于2006年，其前身为胜利油田钻井农副业公司，2011年全面调整，现有4个机关科室：党政办公室、生产安全办公室、经营管理办公室、财务办公室；5个基层单位：农业队、园林绿化中心、招待所、维修队、物业项目部，托管大众汽修厂。土地面积16820.72亩，在册职工240人，干部18人，其中科级干部10人。公司共有6个基层党支部，党员69人。主要从事土地外包、房屋出租管理、苗木繁育、绿化养护、物业劳务输出，并担负总公司机关日常维修服务、餐饮接待等经营项目。协助黄河老年管理中心管理九站管理着非在职群体2000余人。

党委书记、经理　邢仁辉

总公司党委书记曹新华到公司物业项目部指导

公司劳动竞赛启动仪式

公司办公楼

做好会务服务

公司为贫困山区小学捐建图书室

导师带徒

居民给物业项目部送锦旗

物业人员给管线保温

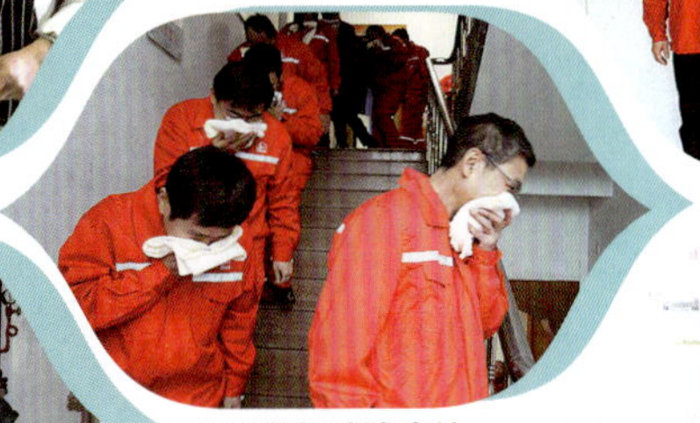

公司举行消防演练

消防泵房压力检查

和谐共建 物业居民一家亲

· 垦利区水利工程公司 ·

东营市文化公园希望之桥

六干排泵站

垦利区水利工程公司始建于 1973 年，主要承建大中型水利、市政、公路等各类建筑工程。现具有水利水电工程施工总承包贰级、市政公用工程施工总承包贰级、房屋建筑工程施工总承包贰级、城市园林绿化工程施工总承包贰级、地基与基础工程专业承包贰级及多项专业承包资质，并顺利通过质量、职业健康安全和环境三大管理体系认证。经过近四十年的发展，现已成为东营市实力雄厚的水利、市政工程施工龙头企业之一。

公司集五个部室、三个项目管理公司和三个专业实体子公司于一体，资产总额 1.7 亿元。现有干部职工 260 余人，拥有高级工程师、工程师 100 余人；一、二级注册建造师 80 余人；大中专毕业生 70% 以上；常年从业人数达 1200 余人。公司年施工能力达 4 亿元，其中水泥制品厂各种规格砼管 30 千米、预应力桥板砼 8000 方，各种小型预制构件 2 万方、商砼 10 万方，沥青 3 万吨，水稳 7 万吨；项目管理公司年施工能力达 2 亿元。

公司多年来所承建的工程项目合格率 100%，优良率达到 85% 以上，施工中从未发生质量事故和安全事故，得到建设单位、监理单位和当地政府的一致好评，具有良好的企业声誉和社会形象。公司近几年承建的东青高速－东二路综合治理、利津小农水工程等十几座工程被评为“山东省水利优质施工工程和山东省水利建设工程安全文明工地”，东营市六干排综合治理等 2 项工程被评为山东省“鲁水杯”优质水利工程。公司一直秉承“以水利为依托，多元化发展”的思路。近年来，除水利工程外，公司相继在市政、土建等项目中取得较大成绩。民丰路北延道路工程、广兴路跨育才路水系桥、棚户区改造大桥宾馆区块住宅楼等 8 项市政、土建工程获得“市级安全文明工地”称号；民丰路景观桥、民丰路北延道路工程、东营市文化公园未来之桥等 5 项工程被评为“质量诚信，用户满意示范工程”和山东省“市政金杯示范工程”。

公司先后被评为市水利系统先进单位、市建设系统优秀施工企业、市质量管理先进单位、省水利系统先进单位、山东省优秀水利企业、全国优秀水利企业、全国优秀施工企业。公司的信誉也获得社会各界的广泛认可，先后被评为“AAA”级信用示范施工单位、东营市诚信企业，并连续五年被评为垦利县经济社会发展杰出贡献企业、连续六年被评为省级守合同重信用企业。

垦利县民丰湖景观桥